KB177553

루소(1712–1778) 초상화

명상에 잠긴 루소　뒤누이. 파리 마르모탕 미술관

루소 섬　제네바 론 강에 있는 작은 섬

루소의 석고상 장 앙투안 우동. 1741~1828년 사이 제작

루소의 최후 그는 창문을 열어 한 번 더 푸른 초목을 보고 싶다고 했다. 모로. 파리, 카르나발레 미술관

《사회계약론》 1789년판 화보

프랑스혁명기 풍자화 속의 루소 초상 풍자화에는 삼각 깃발, 프리지아 모자와 같은 혁명의 상징이나 이성을 상징하는 눈, 루소 초상화가 그려져 있다. 조라 드 베르트리. 파리, 카르나발레 미술관

《인간불평등기원론》(1755) 초판본 권두화 및 속표지 암스테르담. 레이출판사

《고독한 산책자의 몽상》 루소의 친필 원고

DU
CONTRACT SOCIAL;
OU
PRINCIPES
DU DROIT POLITIQUE.

Par J. J. ROUSSEAU,
CITOTEN DE GENEVE.

—— *fœderis æquas.*

Dicamus leges.

Æneid. XI.

Suivant la Copie imprimée

A AMSTERDAM,
Chez MARC MICHEL REY.
M. DCC. LXII.

Jean-Jacques Rousseau

Rêveries du promeneur solitaire

Les Classiques de Poche

《고독한 산책자의 몽상》 표지

세계사상전집019
Rousseau, Jean Jacques
DISCOURS SUR L'ORIGINE ET LES FONDEMENTS DE
L'INÉGALITÉ PARMI LES HOMMES
DU CONTRAT SOCIAL OU PRINCIPES DU DROIT POLITIQUE
LES RÊVERIES DU PROMENEUR SOLITAIRE

인간불평등기원론/사회계약론/고독한 산책자의 몽상

장 자크 루소/최석기 옮김

동서문화사

디자인 : 동서랑 미술팀/표지그림 : 민중을 이끄는 자유의 여신, 드라크로와 그림

인간불평등기원론/사회계약론/고독한 산책자의 몽상
차례

고독한 산책자의 몽상

루소의 생애와 사상

Discours sur l'origine et les fondements de l'inégalité parmi les hommes
인간불평등기원론*

---

* 정확히 말하면 〈사람들 사이에 있어서의 불평등의 기원과 기초에 대한 논문〉. 이 논문은 루소에 의해 〈학문 예술론〉 제1 논문이라고 약칭된 것처럼 제2 논문이라 약칭되어 오늘날에도 이 약칭이 통용되고 있다. 루소가 직접 쓴 저서의 저작명에 〈주네브의 시민〉이라는 칭호를 붙인 것은 이 책이 처음이다.

디종 아카데미가 제출한 문제
〈인간 불평등의 기원은 무엇인가, 그리고 그것은 자연법에 의해 인정되는가?〉에 관한 논문

자연이란 타락한 사람들 속에서가 아니라 자연에 따라 행동하는 사람들 속에서 연구하지 않으면 안 된다.

아리스토텔레스 《정치학》 제1편 제2장

주네브 공화국에 바친다

비할 데 없이 고매하신, 삼가 존경하는 분들[*1]께

자기 조국에 그 조국이 허용할 수 있는 경의를 바치는 일은 덕(德)이 있는 시민에게만 허용되는 일로 굳게 믿고 있으므로, 나는 공공연한 찬사를 바치기에 적합한 자가 되도록 30년 동안 노력해 왔습니다. 다행히 이번 기회가 내 노력으로 이룰 수 없었던 일을 일부 보충해 줌으로 여기서는 나에게 행동을 허용하는 법보다 나를 강하게 움직이고 있는 열정 쪽으로 더 많이 치우쳐도 무방하리라고 생각했습니다. 당신들 사이에서 삶을 받은 내가 자연이 사람들에게 준 평등과 사람들이 만든 불평등을 고찰할 때, 그 깊은 지혜를 생각하는 것은 마땅합니다. 지혜가 있으므로 평등과 불평등이 이 국가에선 잘 어울려 자연법에 가장 가깝고, 더욱이 사회에 가장 편리하도록 공적인 질서 유지와 개개인의 행복을 위해 협력하고 있는 것입니다. 정부의 구성에 대해 양식(良識)이 명령할 수 있는 최고의 준칙(準則)을 구했을 때, 나는 그 준칙이 당신들의 정부에서 이루어지고 있음을 보고 몹시 놀랐습니다. 그 때문에 비록 내가 당신들의 성벽 안에 태어나지 않았더라도 모든 국민 중에서 가장 뛰어난 장점을 갖고, 게다가 나로서는 그 폐해를 가장 교묘하게 피해 온 것으로 생각되는 국민에게 나는 다음과 같은 인간 사회의 그림을 보여 주어야 한다고 생각한

[*1] 여기에 실린 이 헌사는 주네브 공화국의 총의회(Conseil général), 즉 시민 전체에 대한 것이다. 이 헌사의 초고는 루소의 주네브 체류(1754년 6~10월)에 앞서 파리에서 만들어지고 6월 샹베리에서 완성되었다. 이 체류 중에 몇 사람의 주네브인은 이 헌사의 내용을 알고 있었으나, 루소는 공화국 당국, 주네브 시회에서 이 작품 헌정에 대한 아그레망을 얻는 일은 불가능하다고 생각하고, 논문을 공간할 때 이 헌사를 첨가했을 뿐이었다. 그 반향은 루소에게 그다지 호의적인 것으로는 비치지 않았다. 그로서는 순수한 애국심에서 쓴 것인데, 주네브 사회와 시민 속에 적으나 반감을 만들어 냈다고밖에 생각되지 않았던 것이다. 당시의 일반적인 비평은 이 헌사의 비현실성, 유토피아성과 애국의 열정을 지적하고 있었다.

것입니다.

만일 태어날 장소*2를 선택할 수 있었다면 나는 인간 능력의 범위로 한정된, 이를테면 충분히 통치할 수 있는 크기를 가진 사회, 그리고 각자가 그 일을 충분히 해낼 수 있으므로 누구나 자기가 책임진 직무를 다른 사람에게 떠맡기는 일이 없는 사회를 택했을 것입니다. 그런 국가에선 개개인이 서로 알고 있으므로, 몰래 이루어지는 악덕이나 검소한 미덕이 모두 대중의 시선과 평가를 면할 수 없으며, 이처럼 서로 안다는 것을 통해 조국애는 토지에 대한 사랑보다 시민에 대한 사랑으로 나타나게 될 것입니다.

나는 국가 기관의 활동이 모든 국민에게 공통된 행복 이외에는 작용하지 않도록 하기 위해 주권자와 국민이 같은 이해(利害)를 가진 나라에 태어나고 싶다고 생각했을 것입니다. 그러나 그런 일은 국민과 주권자가 동일한 인격이 아니고서는 이루어질 수 없는 일이므로, 결국 나는 사려 깊고 온건한 민주적인 정부 아래 태어났더라면 하고 생각합니다.

나는, 나든 누구이든, 법이라는 명예로운 멍에라면 벗어 던지지 않고 그것에 순종하며 살다 죽고 싶을 것입니다. 이 유익하고 마음에 드는 멍에야말로 스스로 목이라도 맬 자연스러운 것입니다. 그 이외의 멍에는 어떤 것이든 맬 수 없으므로 더욱 순순히 매게 되는 법입니다.

따라서 나는 누구나 국가 안에 있는 사람은 자기를 법으로부터 초월한 존재로 생각하지 않기를 바라며, 또 누구나 국가 밖에 있는 사람이 국가에 법을 무리하게 강요하여 그것을 인정하도록 만드는 일이 없기를 바랐을 것입니다. 왜냐하면 정부의 구성이 어떤 것이든, 그곳에 단 한 사람이라도 법을 따르지 않는 사람이 있다면, 다른 사람들은 필연적으로 그 사람의 뜻대로 움직이게 되기 때문입니다.*3 그리고 한 사람의 국가 통치자와 또 한 사람의 국외 통치

---

*2 이 글은 우연히 주네브 시민으로 태어난 루소가 이번은 자신의 자유로운 의지에 의한 선택에 따라 다시 주네브 시민이 될 작정이라는 뜻을 품은 것이라고 볼 수 있을 것이다.

*3 헤로도토스가 말하는 것에 의하면, 가짜 스멜디스가 살해된 뒤 페르시아의 7명의 해방자가 국가가 갖춰야 할 정부 형태에 대해 토의를 하기 위해 모였을 때, 오타네스는 공화정에 극구 찬의를 표명했다. 이것은 태수의 입에서 나온 것으로는 대단히 색다른 말이다. 특히 그가 자기 지배권을 주장할 가능성이 있을 뿐만 아니라 그들 귀족들은 자기네들에게 백성을 존중하지 않을 수 없게 한 정부를 죽기보다도 두려워하고 있었으므로 더더욱 그러하다. 오타네스의 말은 당연히 그렇게 생각할 수 있다고 들을 수는 없었다. 그리고 한 사람을 위

자*⁴가 있다면, 그들이 권력의 분할을 어떻게 행했다 하더라도 양쪽 모두 국민을 잘 다스리고 국가를 잘 통치하는 일은 불가능합니다.

나는 아무리 좋은 법을 갖고 있더라도 새로운 제도의 공화국에 살고 싶다는 생각은 하지 않습니다. 왜냐하면 정부가 현재의 필요에 적합치 않도록 구성되어 새로운 시민에 정당치 않든가 또는 시민 쪽이 신정부와 맞지 않을 경우, 그런 국가는 생겨나자마자 거의 흔들리고 파괴되는 위험을 모면할 수 없기 때문입니다. 자유란 실질적이고 영양 많고 맛있는 음식이든가 진한 포도주 같은 것이므로, 거기에 익숙한 튼튼한 체질을 길러 강하게 하는 데는 적당하지만, 거기에 맞지 않는 허약한 체질은 압제하고 파괴하고 취하게 하기 때문입니다. 일단 복종이 습관화된 국민은 통치자 없이는 살아갈 수 없습니다. 속박을 떨쳐 버리려고 시도하면 그들은 점점 자유로부터 멀어져 갑니다. 그것은 자유와는 반대인 방종을 자유로 잘못 알아서 그들이 꾀하는 혁명은 언제나 자신의 사슬을 무겁게 하는 데 불과한 선동가들의 손에 자기 몸을 맡기게 되기 때문입니다. 모든 자유로운 국민의 모범인 로마 국민조차도 타르키니우스 집안*⁵의 압제에서 벗어났을 때, 자치(自治)를 행할 수 없었습니다. 로마 국민은 타르키니우스 집안이 강요한 노예 상태와 굴욕적인 고역 때문에 타락해 버려, 지혜를 짜내어 돌봐 주고 통치해야 할 어리석은 백성의 무리에 지나지 않았습니다. 그런 뒤 압제 아래에서 무기력하게 되었다기보다 어리석게 된 이들 영혼은, 비로소 조금씩 건강에 좋은 자유로운 공기를 호흡하는 데 익숙해져, 마침내는 로

한 군주의 선거가 이루어지려고 하는 것을 보고, 그는 복종하는 일이나 명령하는 일을 원하지 않았으므로 자기가 왕위를 요구할 수 있는 권리를 기꺼이 다른 경쟁자들에게 양보하고, 그 대가로 그와 그의 자손들이 자유롭게 독립적인 삶을 살아가기만을 원했던 것이다. 그리고 그는 그 일을 인정받았다. 예를 들어 헤로도투스가 이 특권에 대해 가하고 있던 제한을 우리에게 전달하지 않았다 하더라도, 그것은 필연적으로 생각해 보아야 하는 것이다. 아니면 오타네스는 어떤 종류의 법률도 인정하지 않고 아무것도 고려할 필요가 없으므로 그는 전능해지고 국왕보다도 강력해졌을 것이다. 그러나 이런 경우, 그런 특권으로 만족할 수 있는 사람이 아무래도 그것을 남용할 수 있었을 것 같지는 않다. 실제로 현자 오타네스에 의해서 이 권리가 왕국에서 조금이라도 혼란을 야기시켰다고는 볼 수 없다.〔원주〕

*4 로마 교황을 가리킨다.

*5 전설상의 고대 로마 최후의 왕 루키우스 타르키니우스를 가리키는 듯하다. 브루투스들에 의해 쫓겨났다. 이런 점은 티투스, 리비우스, 특히 마키아벨리의 《티투스 리비우스 론》에 따른 것 같다.

마 국민을 모든 국민 중에서도 가장 존경받는 국민으로 만든 엄격한 풍속과 자랑스러운 용기를 점점 획득하게 된 것입니다. 그러므로 나는 내 조국을 위해 행복하고 평온한 공화국을 추구했을 것입니다. 그 공화국이란 기원은 태고의 어둠 속에 사라졌을 정도로 오래되었고, 주민 속에 용기와 조국애를 불어넣고 강화하는 데 도움이 될 만한 공격밖에 받은 일이 없으며, 그리고 그곳 시민은 오래전부터 독립에 익숙해졌으므로 자유로울 뿐만 아니라 자유로운 정신에 적합한 공화국입니다.

나는 다행하게도 무력하므로 잔인한 정복욕에 괴로워하는 일 없이, 또 지리적 이점으로 인해 다른 나라에 정복될 위험에서 보호된 조국, 즉 몇 개의 국가들 사이에 위치하면서 어떤 국민도 침략하려는 관심을 갖지 않고, 또 어떤 국민이나 다른 국민에게 이를 침략받지 않도록 하는 일에 관심을 갖는 자유로운 도시, 한 마디로 말해 이웃 나라의 야심을 조금도 유발하지 않고 필요에 따라 그 이웃 나라의 도움도 충분히 받을 수 있을 만한 공화국을 택하고 싶다고 생각했을 것입니다. 그렇게 하면 이 공화국은 그런 행복한 위치 덕분에 자기 자신 외에는 아무것도 두려워할 필요가 없으며, 따라서 그 시민이 군사 훈련을 받는다고 해도 그것은 그들의 자기 방어를 위한 필요에서라기보다 진정으로 자유에 적합한, 그리고 자유로운 정신을 기르는 씩씩한 기상과 자랑스러운 용기를 유지하기 위해서라고 할 수 있습니다.

나는 또한 입법권을 모든 시민이 공유하는 그런 나라를 구했을 것입니다. 왜냐하면 동일한 사회에서 함께 생활을 하려면 어떤 조건으로 하는 것이 자기네들에게 적합한가를 그들만큼 잘 알 수 있는 사람들은 없기 때문입니다. 그러나 나는 로마인의 플레비스키토움과 유사한 국민 투표는 인정하지 않았을 것입니다. 그곳에서는 국가의 통치자들이나 국가의 보전에 가장 관계 깊은 사람들이 때로 국가의 위급과 존망을 좌우한 토의에서 제외되고, 어리석은 모순이지만 위정자들이 보통 시민이 가지고 있던 권리마저도 빼앗기고 있었습니다.

반대로 나는 다음과 같은 일도 원했을 것입니다. 다시 말해 개인의 이익을 목표로 서투르게 고안된 계획이나 마침내는 아테네 사람들을 멸망케 한 위험한 개혁을 중지시키기 위해 누구나 새로운 법률을 제안하는, 그런 힘을 갖지 않을 것, 그같은 권리는 위정자에게만 속할 것, 또한 위정자는 이것을 극히 신중하게 행사할 것, 국민측에서도 이 법률에 동의를 하는 데 조심하도록 노력할 것이며, 그 공포(公布)는 엄정한 수속을 거치지 않으면 행하지 못하도록 할 것 등입니다. 따라서 국가 조직이 흔들리기 시작하기 전에 법률이 신성시되고 존중되는 것은 특별히 그 법률이 오래된 것이기 때문이며, 국민은 날마다 바뀌는 법률을 경멸하게 될 것입니다. 제도를 개선한다는 구실을 내세워 오래된 습관을 무시하는 일에 익숙해지면, 사람들은 종종 사소한 악을 바로 잡으려고 큰 악을 끌어들인다는 사실을 확신할 만한 시간적 여유가 없을 것입니다.

게다가 나는 국민이 위정자는 없어도 된다거나 임시 권력만을 위정자에게 남겨 두면 된다고 믿고, 경솔하게도 시민에 대한 공무(公務)를 담당하는 관리와 그 법률의 집행을 자기들의 손에 남기는 공화국은 틀림없이 나쁜 통치를 하게 될 것으로 보고 이를 피했을 것입니다. 자연 상태에서 갓나온 최초 정부의 조잡한 구성은 틀림없이 이러했을 것이며, 아테네 공화국을 멸망케 한 결함도 이런 것임에 틀림없습니다.

나는 다음과 같은 공화국을 택했을 것입니다. 즉 개개인이 법률에 인가를 부여하는 일과 단체로서, 또 지도자들의 보고에 따라 가장 중요한 공사(公事)를 결정하는 일로 만족하여 권위있는 법정을 확립하고, 주의깊게 그 관할(管轄)을 구분짓고, 또 재판을 관리하여 국가를 통치하기 위해 시민 중에서 가장 유능하고 공명 정대한 사람들을 해마다 선출하는 공화국, 또한 위정자들의 미덕이 지혜로운 국민의 증거가 되어 이 둘이 서로 존경하는 공화국을 택했을 것입니다. 따라서 불행한 오해로 공공연한 화합이 어지럽혀지는 일이 있더라도, 그같은 맹목과 오류의 시대에도 절도와 서로간의 존경과 법률에 대한 공통된 존중의 증거가 뚜렷이 나타나 있을 것입니다. 그것이야말로 영구적인 화해의 징조이며 또 보장이기도 합니다.

비할 데 없이 고매하신 존경하는 분들이여, 위에 말한 것이 내가 택한 조국이며 내가 바라고 있던 여러 가지 아름다움입니다. 여기에 만일 신이 매력적인 지세(地勢)와 온화한 기후와 비옥한 토지, 그리고 지상에서 가장 마음에 드는 경치를 덧붙여 주셨다면, 나는 행복을 만끽하기 위해 그 모든 은혜를 누리고 동포인 시민들과 즐겁게 사귀며 평화롭게 생활하고, 또 그들의 본을 받아 사랑, 우애, 그 밖의 모든 덕을 행하고 선인(善人)으로서, 그리고 성실하고 유덕한 애국자로서 영광스러운 기념을 뒤에 남기는 일 외에는 아무런 소원도 없었을 것입니다.

예를 들어 내가 그다지 행복하지 못하고 또 내가 뒤늦게 깨달은 탓에 다른 국토에서 병들어 의지할 곳 없는 생애를 마치게 되어, 청년기의 무분별로 잃은 안식과 평화를 안타까워하더라도, 적어도 나는 내 나라에서 할 수 없었던 위와 같은 견해를 내 영혼 속에 품었을 것입니다. 그리고 멀리 떨어진 동포 시민들에게 대한 세밀하고 사심 없는 애정에 잠기며, 마음속으로부터 그들에게 다음과 같은 말을 했을 것입니다.

"친애하는 동포 시민 여러분, 아니 형제 여러분, 같은 피를 나눈 민족으로서 법률이 우리 모두를 결합시키고 있으므로, 내가 여러분의 일을 생각할 때 아울러 여러분이 누리고 있는 모든 은혜를 생각지 않을 수 없음은 나로서 기쁜 일입니다. 그리고 여러분 가운데에서 그 누구라도 그런 은혜를 잊어버린 나 이상으로 그 가치를 느낄 수는 없을 것입니다. 나는 여러분의 정치적·사회적 상태에 대해 고찰하면 할수록 인간적 사상(事象)의 본성(本性)에서 현재 이상으로 좋은 상태가 허용된다고는 상상할 수 없습니다. 다른 정부에서는 국가의 최대 이익을 보장하는 일이 문제가 될 때, 모든 것은 관념상의 계획, 기껏해야 단순한 가능성에 한정되는 게 보통입니다. 그러나 여러분에게는 여러분의 행복이 이미 완성되어 있으므로 행복을 누리기만 하면 됩니다. 여러분이 완전히 행복해지려면 행복하다는 사실에 만족하는 일 이외에는 아무것도 필요하지 않습니다. 무력을 통해 손에 넣고, 또는 되찾고, 나아가서 무용(武勇)과 지혜로 2세기 동안 보존된 여러분의 주권은 널리 완전하게 인정되고 있습니다. 명예로운 계약이 여러분의 한계를 정하고 여러분의 권리를 보증하며, 여러분의 평안한 상태를 확립하고 있습니다. 여러분의 헌법은 훌륭합니다. 가장 숭고한 이성의 가르침에 따라 쓰여지고, 존경할 수 있는 우호적인 여러 강국들에 의해 보장되고 있기 때문입니다. 여러분의 국가는 평온합니다. 여러분은 전쟁이나 정복자도 두려워할 필요가 없습니다. 여러분에게는 자신이 만든 현명한 법률 외에는 아무런 주인도 없고, 그 법률도 여러분이 선출한 공명 정대한 사법관에 의해 시행되고 있습니다. 여러분은 빈둥빈둥 놀았으므로 유약해지거나 쓸데없는 안일에 빠져 참된 행복과 견고한 덕에 대한 취미를 잃을 만큼 풍족하지도 않고, 또 여러분의 산업에 의해 여러분이 손에 넣는 것 이상으로 다른 나라의 원조가 필요할 만큼 가난하지도 않습니다. 강대국에서는 이 귀중한 자유를 높은 과세에 의존하지 않고는 유지할 수 없는데, 여러분은 그것을 보존하는 데 거의 아무런 희생도 치를 필요가 없습니다.

시민의 행복을 위해, 또 여러 나라 국민의 모범으로서 보다 현명하고 적절하게 구성된 공화국이 부디 영원히 계속되기를 바랍니다! 이것이야말로 여러분이 해야 할 유일한 기원이며, 마음가짐입니다. 여러분의 행복을 이룩하는 데 있어서는 여러분의 선조가 여러분을 위해 노력을 아끼지 않았으니, 앞으로 이것을 선용한다는 차원에서 지혜로써 영속시키는 일이 바로 여러분이 해야 할 일입니다. 여러분의 영원한 단결, 법률에 대한 복종, 법 집행자에 대한 존중, 이런 일이야말로 여러분 자신을 지키는 일입니다. 만일 여러분들 중에 조금이라도 원망스러운 일이나 의심의 싹이 남아 있다면, 언제라도 여러분의 불행과 국가의 파멸을 야기시키는 불길한 씨앗으로 보고 서둘러 그것을 파괴해 버리십시오. 나는 여러분이 자신의 마음속으로 돌아가 양심의 소리에 귀기울여 주기를 간절히 바랍니다. 이 세계에 여러분 나라의 위정자보다 더 공명정대하고 총명하며 존경해야 할 사람들의 집단을 알고 있는 사람이 있겠습니까. 위정자들은 모두 중용의 덕과 소박한 풍속, 법률에 대한 존경과 더없이 성실한 화해의 모범을 보이고 있지 않습니까. 그러므로 그런 현명한 통치자들에 대해서는 이성이 미덕에 바치는 유익한 신뢰를 사양하지 말고 받아들이십시오. 생각해 보시지요. 그들은 여러분이 선출했고 그 선택의 정당함을 그들이 증명하고 있으며, 여러분이 요직에 오르게 한 사람들이 받아야 할 명예는 여러분 자신에게 돌아오는 법입니다. 여러분 가운데 법의 효력과 그 옹호자의 권력이 정지되는 곳에는 누구에게나 안전과 자유가 있을 수 없다는 사실을 모를 만큼 무지한 사람은 한 사람도 없습니다. 따라서 여러분이 참된 이익과 의무에서, 또 이성에 의해 마땅히 이루어져야 할 일을 올바른 신념으로 행한다는 일 외에 여러분 사이에 문제가 될 일은 없을 것입니다. 헌법 유지에 무관심하다는 것은 삼가야 할 죄악이므로, 여러분이 그런 일로 여러분 가운데서 가장 지식이 있고 또 열의에 찬 사람들의 현명한 의견을 무시하는 일은 절대로 없기를 바랍니다. 게다가 평등과 중용과 가장 겸허한 정신이 여러분의 행동을 계속 규정짓고, 자신의 자유뿐만 아니라 명예를 소중히 여기는 자랑스럽고 겸허한 국민의 본보기를 여러분 자신이 온 세계에 계속 제시해 주었으면 합니다. 그리고 특별히 주의하지 않으면 안 되는 것은, 이것이 내 마지막 충고입니다만, 목적인 행위보다 종종 가장 위험한 동기를 감추고 있는 음험한 해석과 독을 품은 연설에 절대로 귀를 기울이지 말라는 것입니다. 도둑이 다가올 때가 아니면 절대 짖지 않는 선량하고 충직한 개의 울음 소리를 들으면, 집안 사람들은 곧 잠이 깨어 경계의 태세를 갖추는 법입니다. 그러나 늘 사람들의 안식을 어지럽히고, 계속 잘못 알리는 경보 때문에 정말 중요할 때엔 들어주지 않은 그 소란스러운 동물들의 끈질김을 사람들은 미워하는 것이지요.

참으로 고매하신 존경하는 분들이여, 사유로운 국민의 훌륭하고 존경할 위정자인 여러분, 내가 특별히 당신들에게 찬사와 의무를 바칠 수 있도록 허락해 주십시오. 이 세상에 사람들의 이름을 뛰어나게 하기에 적합한 지위가 있다면, 그것은 의심할 것도 없이 재능과 덕으로 얻어지는 지위이며, 당신들이 거기에 적합한 사람이 되고 동시에 당신들의 동포인 시민들이 당신들을 오르게 한 지위입니다. 그들의 가치가 당신들의 가치에 다시 새로운 가치를 더해주고 있습니다. 당신들은 다른 사람들을 다스릴 만한 능력이 있는 사람들을 보면 그들을 다른 위정자들보다도 뛰어나다고 생각합니다. 그것은 자유로운 국민, 더욱이 스스로 세계를 이끌어간다는 명예를 걸머지고 있는 국민이 총명한 지혜와 이성을 통해 다른 나라의 민중보다 뛰어난 것과 마찬가지입니다

한 가지 예를 인용하도록 해 주십시오. 그 예에 대해서는 좋은 추억이 남아 있을 것이므로, 그 예는 언제나 내 마음속에 생생하게 떠오를 것입니다. 나는 나에게 이 세상의 삶을 주고 내 유년 시대에 당신들을 존경해야 함을 종종 이야기해 주던 한 사람의 덕 있는 시민*6의 일이 생각날 때마다 더없이 기쁜 감동을 느끼지 않을 수 없습니다. 그가 직접 일해서 생활하고, 숭고한 진리로 그 영혼을 기르고 있는 모습이 지금도 눈에 선합니다. 그의 앞에는 그 일을 위한 연장과 함께 타키투스와 플루타르코스, 그로티우스의 저작*7을 볼 수 있습니다. 그의 옆에는 한 명의 귀여운 아들이 대대로 내려온 아버지들 가운데에서도 가장 뛰어난 아버지로부터 애정이 담긴 교육을 받으며, 가난한 결실밖에 올리지 못하는 것을 볼 수 있습니다. 그러나 어리석은 청춘의 방황이 한동안

---

*6 아버지 이작 루소를 말한다.

*7 이 무렵 주네브의 직인이나 수공업자들은 책을 많이 읽었던 모양으로, 《고백록》 속에서도 아버지 이작 루소의 독서나 정서에 대해 말한 곳이 있다. 루소가 일생 동안 애독한 플루타르코스는 칼뱅이 신자들에게 특히 권한 책 목록 속에 들어 있었다고 한다.

은 이처럼 현명한 교훈을 잊게는 했지만, 마침내 나는 아무리 사람이 악덕의 경향을 가지고 있더라도 마음을 주고받는 교육이 헛되지는 않으리라는 사실을 행복하게 맛보고 있는 것입니다.

참으로 고매하신 존경하는 분들이여, 당신들이 다스리고 있는 국가에 태어난 시민들은, 아니, 단순한 주민*8이라도 다 이같은 사람들이며, 다른 국민 사이에서는 직인(職人)이라든가 천민이라든가 하는 이름 아래 천하고 그릇된 관념을 주고 있는 교양 있고 사려 깊은 사람들이 바로 그들인 것입니다. 고백합니다만, 우리 아버지는 동포 여러분들에 비해 별로 위대하지 않았습니다. 그는 다른 사람과 다름이 없었습니다. 그리고 어느 고장엘 가나 그는 있는 그대로의 인품으로 훌륭한 사람들로부터 교제하기를 요청받았으며, 또 그것이 깊은 관계를 맺게 했고, 결실을 가져왔을 것입니다. 이런 성품을 지닌 사람들이 당신들로부터 받기를 기대해도 좋은 경의에 대해 이야기한다는 것은 내가 할 말이 못 되며 또 그럴 필요는 없습니다. 그들은 교육면에서 뿐만 아니라 자연의 권리, 타고 나면서부터 지닌 권리에 있어서도 당신들과 대등하며, 당신들보다 하급 지위에 있는 것은 자신의 의사에 따른 것이고, 당신들의 가치를 인정하여 자진해서 그것을 존중했기 때문입니다. 그 대신 당신들도 그들에게 감사하는 마음을 가져야 합니다. 당신들이 그들에 대해 얼마나 부드러움과 간곡함으로 법의 집행자에게 적합한 위엄을 완화시키고 있는지, 또 그들이 당신들에 대해 지켜야 할 복종과 존경에 대해 당신들이 얼마나 경의와 주의로 보답하고 있는가를 알고 나는 대단히 만족하고 있습니다. 이 행위는 불행한 사건의 기억을 점차로 멀리하는 데 알맞은 정의와 지혜에 찬 행위이며, 또 공평하고 고결한 국민이 그 의무를 즐기고 당신들을 존경하는 일을 자연히 좋아하며, 그리고 가장 열심히 자기 권리를 주장하는 사람들이 당신들의 권리를 존중하는 경향이 있기 때문에, 이것은 더욱 분별있는 행위가 되는 것입니다.

정치 사회의 위정자들이 그 사회의 영광과 행복을 사랑하는 일은 조금도 이상한 일이 아닙니다. 그러나 자기들을 보다 신성하고 숭고한 조국의 위정

---

*8 주네브 공화국의 인원을 구성하는 네 계급 Citoyen, Bourgeois, Habitant, Natif의 세 번째. 참정권이 없고 거주와 노동의 권리만 있었다. 루소는 Citoyen 가운데에서도 하층에 속하고 있었다. 여기서 루소는 직인 계급, 하층민을 위해 변호하고 있다.

자,*9 아니 오히려 지배자로 보고 있는 사람들이 자기들을 이끌고 있는 지상의 조국에 어떤 애정을 나타내는 일은, 사람들의 마음의 평화라는 점에서 볼 때 몹시 이상한 일입니다. 우리를 위해 법률에 허용된 신성한 교의(敎義)들로 뜨거운 주네브에선 설교에 대한 위대한 기술이 연구되어 어떻게 성공을 거두고 있는가 누구나 알고 있으므로 자신이 참여할 수 있다는 것은 뭐라 해도 몹시 즐거운 일입니다. 이 사람들의 생생하고 부드러운 웅변은 그들이 언제나 복음서의 준칙을 실행하므로 그만큼 잘 그 준칙을 사람들의 마음에 새깁니다. 주네브에선 설교를 위한 위대한 기술이 어떻게 연구되어 성공을 거두고 있는지 누구나 알고 있습니다. 그러나 말과 행동이 다른 것을*10을 너무 많이 보아 왔기 때문에 그리스도교 정신이나 풍속의 신성함, 그리고 자기에 대한 엄격함과 타인에 대한 관대함이 어느 정도로 우리의 목사단(牧師團)을 지배하고 있는가를 알고 있는 사람은 거의 없습니다. 신학자와 문학자들 사이에 있는 이같은 완전한 화합의 실례를 보여 주는 일은 아마 주네브 시민이 할 수 있는*11 일일 것입니다. 내가 시의 영원한 평화에 희망을 걸고 있는 것은 대부분의 사람들도 인정하고 있는 그들의 지혜와 절도에 바탕을 두고 있으며, 또 국가 번영에 대한 그들의 열의에 바탕을 두고 있는 것입니다. 또한 나는 역사가 여러 차례 그 실례를 제공하고 있는 그 신성하고 야만적인 사람들의 참혹한 준칙을 그들이 얼마나 두려워하고 있는가를 주목하여 놀라움과 존경이 뒤섞인 기쁨을 느낍니다. 그 사람들은 이른바 신의 권리, 다시 말해 그들의 이익을 주장한다고 하여 인간의 피를 흘리는 데는 그다지 인색하지 않았는데, 그것이 자기들의 피가 언제나 존중되는 것이라고 자부하고 있었기 때문입니다.*12

*9 신의 왕국의 위정자, 즉 목사들, 뒤에 루소는 그리스도교와 애국심이 양립하기 어렵다는 것을 《사회 계약론》의 '시민의 종교' 장에서 나타내고 있는데, 주네브의 목사들에게 예외를 두고 있다.

*10 가톨릭 교회에 대한 풍자.

*11 틀림없이 주네브 시민이 할 수 있는, 칼뱅이 1559년에 건설한 아카데미를 가리키고 있다.

*12 여기에 종교적 광언에 대한 비난을 포함하고 있다. 이 비난은 칼뱅에게도 해당할 것이다. 루소가 칭찬하는 신학적으로 관용된 리버럴리즘(진보주의)은 특히 장 알퐁스 튀레탄(튀레니티 1671~1737)으로 대표되고 있었다. 18세기 초 이래 데카르트 철학, 계몽 철학의 영향으로 주네브의 신학에 새 경향이 일어났다. 루소는 소년 시절에 그 자유로운 분위기를 호흡했던 터인데, 편지나 작품 속에서 튀레니티에 대한 말을 한 일이 없다(CF., Gaspard Valette, Jean Jacques Rousseau genevois, 1911. p.16~18).

공화국에 다른 절반의 행복을 만들어 내고, 상냥함과 현명함으로 나라의 평화와 양속(良俗)을 유지하고 있는 그 소중한 절반의 일을 내가 잊을 수 있겠습니까. 사랑스럽고 우아한 여성 시민들이여, 당신들 여성의 천직은 언제나 우리 남성을 제어하는 일일 것입니다. 부부의 결합에 있어서만 행사되는 여성들의 순결한 권력이 국가의 영광과 공공의 행복을 위해서만 행사될 때는 참으로 행복합니다! 그렇게 하여 스파르타에선 부인이 명령을 내릴 자격이 있는 것입니다. 상냥한 아내의 입에서 나오는 명예와 이성의 소리에 어떤 야만스런 남자가 저항할 수 있겠습니까. 또 당신들에게 어울리는 빛남으로 아름다움을 늘리는 데 가장 유리한, 당신들의 검소하고 소박한 장식을 보고 하찮은 사치를 경멸치 않는 사람이 어디 있겠습니까. 당신들의 사랑스럽고 천진한 지배로 나라 안에는 법률에 대한 사랑을, 시민 사이에는 화합을 항상 유지하는 일, 또 헤어져 있는 가족을 행복한 결혼으로 결합시키고, 특별히 설득력이 있는 부드러움과 담화의 우아한 매력을 통해 우리 나라의 청년들이 어쨌든 타국에 가서 몸에 익힌 나쁜 버릇을 교정하는 일, 이런 모든 것들을 여성들이 해야 합니다. 청년들은 외국에서 그렇게 유익한 일이 많은데도 타락한 여자들 사이에서 배운 어린애다운 어투와 우스꽝스러운 모습과 함께 뭔가 알 수 없는 위대한 것에 대한 찬미만을 가지고 돌아오지만, 그것은 굴종에 대한 경박한 보장일 뿐이며, 엄숙한 자유와는 비할 바도 못되는 것입니다. 그러므로 당신들은 현재 있는 그대로의 순결한 풍속의 수호자이며 평화의 부드러운 매개자이기를 바랍니다. 그리고 이런 경우라도 의무와 미덕을 위해 어디까지나 마음과 자연과의 권리를 일으켜 세워 주십시오.

나는 이같은 보장에 입각하여 시민들의 공통된 행복과 공화국의 영광에 대한 희망을 걸고 있는데, 그것이 어떤 사건에 의해 배신당하는 일은 없을 것이라고 믿고 있습니다. 이처럼 여러 가지 아름다운 장점들을 가지고 있어도 이 공화국이 대다수 사람의 눈을 현혹케 하는 화려함으로 빛나는 일이 없음을 인정합니다. 그런 화려함에 대한 해로운 취미는 행복과 자유에 있어서도 가장 중대한 적이기 때문입니다. 단정치 못한 청년들은 어딘가 다른 곳으로 가서 값싼 쾌락을 추구한 사실을 뉘우치는 게 좋을 것입니다. 취미를 사랑하는 사람들은 다른 고장으로 가서 장엄한 궁전과 아름다운 시종(侍從)들, 호화로운 가구(家具)와 화려한 연극, 그 밖에 우아하고 세련된 모든 사치를 감탄하는 편이 좋을 것입니다. 주네브에서는 인간밖에 찾아볼 수 없을 것입니다.

그러나 그같은 광경에는 나름대로의 값어치가 있습니다.

그러므로 그것을 구하는 사람들은 그 이외의 것을 감탄하고 칭찬하는 사람들에게 결코 뒤떨어지지는 않을 것입니다.

참으로 고매하신 삼가 존경하는 분들이여, 부디 당신들의 공통된 번영에 대해 내가 지니는 관심을 모두 선의로 받아 주시기를 바랍니다. 불행히도 내가 이 마음을 솔직히 말하는 데 있어서 뭔가 조심성 없는 감격 때문에 문책받을 일이라도 있다면, 참된 애국자로서의 부드러운 애정에 비추어, 또 당신들이 모두 행복한 것을 본다는, 행복보다도 큰 행복은 자기의 이익을 생각지 않는 한 인간의 타는 듯한 열정에 비추어 용서해 주기를 부탁드립니다.

더 없이 깊은 존경으로
비할 데 없이 고매하신, 삼가 존경하는 분들께,
당신들의 지극히 겸허하고 지극히 온순한
봉사자이고 시민인

장 자크 루소
샹베리에서 1745년 6월 12일

서문

　인간의 모든 지식 중에서 가장 유용하면서도 진보되지 않은 것이 인간에 관한 지식이라고 나는 생각한다.*¹ 그래서 나는 델포이 신전의 격언*²만으로도 모랄리스트(人性批評家)들이 쓴 두툼한 책보다도 중요하고 난해한 가르침을 내포하고 있다고 감히 말하고 싶다. 따라서 나는 이 논문의 주제를 철학이 제기할 수 있는 가장 흥미 있는 문제 가운데 하나이며, 더욱이 우리에게 있어 불행하게도 철학자들이 해결할 수 있는 가장 성가신 문제 가운데 하나로 보고 있다. 왜냐하면 첫째로 인간 그 자체를 알지 못하고 어떻게 사람들 사이의 불평등의 기원을 알 수 있겠는가. 그리고 잇따라 일어난 시대나 사물에 의해 인간의 본원적 구조 속에 생겨났을 모든 변화를 통해 인간은 자연이 만든 그대로의 형상으로 자기를 바라보는 일을 어떻게 잘 해 나갈 수 있겠는가? 또

---

*1 첫발을 내디딜 때부터 나는 철학자들에게 존경받게 되어 있는 그 권위 가운데 하나를 신뢰하고, 근거로 하기로 한다. 왜냐하면 그런 권위 있는 주장은 그들만이 발견하고 느낄 수 있는 견실하고 숭고한 도리에 유래하고 있기 때문이다. "우리가 우리 자신을 아는 일에 아무리 관심을 가지고 있어도 우리는 완전히 우리 쪽이 아닌 것을 보다 잘 알고 있는 것이 아닌가 싶다. 오로지 자기 보존을 위해 정해진 기간을 자연으로부터 부여받고 있는 우리는, 그런 기관을 외부의 인상을 받아들이는 데만 쓴다. 다시 말해 우리는 자기를 밖으로 넓히고, 자기 외부 세계에서 생존하는 일만 구한다. 우리의 감관 기능을 증대하고 우리 존재의 외적인 확대를 증대하는 일에 너무 바빠서, 우리는 자기를 그 진짜의 크기로 되돌려, 자기를 자기에게 속하게 하지 않는 모든 것으로부터 구별짓는 그 내부 감각을 여간해서 쓰지 않는다. 그런데 우리가 자기를 알고자 하면, 바로 이 감각을 쓰지 않으면 안 된다. 그것은 우리가 자기를 판단할 수 있는 유일한 감각인 것이다. 그렇다면 어떻게 해야 이 감각에 활동과 모든 영역을 줄 수 있겠는가? 또 그 감각이 깃드는 우리 영혼을 어떻게 하면 우리 정신의 온갖 미망으로부터 구출해 낼 수 있을까? 우리는 그 영혼을 쓰는 습관을 없애 버렸고, 영혼은 우리의 들뜬 육체적 감각에 둘러싸여 움직이지 않고 있다. 그것은 우리 정념의 불 때문에 메말라 버렸다. 마음, 정신, 감각, 모든 것이 영혼에 반대하여 움직인 것이다." 뷔퐁 《박물지》'인간의 본성에 대해'(Hist. nat., de la nature de l'homme)(원주)

*2 소크라테스적인 유명한 격언 "너 자신을 알라." 이것은 《에밀》 제1편의 "우리가 정말 연구해야 할 것은 인간 조건에 관한 것이다"와 대응한다.

인간 고유의 소질에서 얻어지는 것과 환경이나 인간의 진보가 인간의 원시 상태에 덧붙였다든가 또는 그것을 변화시킨 것을 어떻게 식별할 수 있겠는가. 시간과 바다와 폭풍우 때문에 볼품없이 변해 버려 신이라기보다는 맹수와 비슷해진 글라우코스*3 상(像)처럼, 인간의 정신은 사회 속에서 계속 되풀이되어 일어나는 무수한 원인에 의해, 온갖 지식과 오류를 얻는 데 의해, 신체의 구성에 일어난 갖가지 변화에 의해, 또 정념(情念)의 끊임없는 격동에 의해 그 외모를 거의 식별할 수 없을 정도로 바뀌 버린다. 그리고 지금 그곳에서 발견할 수 있는 것은 언제나 일정불변의 원리에 의해 행동하는 존재가 아니며, 또 인간의 창조주의 손으로 새겨진 신성하고 엄숙한 단순함도 아니고, 다만 도리를 따르고 있는 것으로 알고 있는 정념과 망상에 빠져 있는 오성(悟性)과의 기괴한 대조에 불과한 것이다.

그리고 보다 가슴 아픈 일은 인류의 모든 진보가 원시 상태로부터 인간을 멀어지게 하기 위해 우리가 새로운 지식을 축적하면 할수록 점점 우리는 모든 지식 가운데에서 가장 중요한 것을 획득하는 수단을 스스로 버리게 된다는 것이며, 또 우리가 인간을 알 수 없게 된 것은 어떤 뜻에서는 인간을 많이 연구한 결과라는 것이다.

사람들을 구별하게 하는 차이들의 기원은, 인간 구조에 차례차례 일어난 그 변화*4 속에서 구해야 한다는 사실을 알기란 쉬운 일이다. 인간은 누구나 인정하듯이 본디 서로 평등하다. 그것은 온갖 물리적 원인이 어떤 종류의 동물 속에 오늘날 우리가 인정하는 변종(變種)을 만들어 놓기까지는 어떤 종류의 동물도 다 평등했던 것과 마찬가지이다. 사실 이런 최초의 변화가 어떠한 수단에 의해 일어났다 해도, 동시에 더구나 같은 방법으로 종(種)의 모든 개체를 변질시켰다고는 생각할 수 없다. 그러나 어떤 개체는 우수하게 되거나 또는 나쁘게 되어, 그 본성이 지녔던 고유한 것이 아닌 온갖 좋은 성질 또는 나쁜 성질을

─────────

*3 그리스 신화에 나오는 보이오티아의 어부. 바다로 들어가 해신이 되었다. 플라톤은 《국가편》 제10권 611에서 인간의 영혼이 육체와 결합했으므로 영혼이 지닌 본디의 불멸의 성질이 몰라 볼 정도로 변모한 비유로 글라우코스를 예로 들고 있다.

*4 이 경우의 구조 또는 구성(Constitution)은 심신의 양면을 가리키며, 생득적이고 변화하지 않는 자연(la Nature)에 비해 인간 속에서 변화하기 쉬운 부분을 뜻한다. 루소가 읽었으리라고 생각되는 뷔퐁의 《박물지》에 의하면, 인간은 그 기원에선 단 하나의 종이었으나, 지구에 확산되면서 풍토, 식물, 생활 양식, 역병 따위의 영향에 의해 여러 민족으로 다양화했다.

획득했는데, 다른 개체들은 더 오랜 동안 그 원초(原初)의 상태에 머물러 있다. 인간 사이의 불평등의 첫째 원천(源泉)이란 이같은 것이었으나, 그것을 이처럼 일반적으로 논증하는 일은 그 참된 원인을 정확하게 지시하기보다는 쉽다.

그러므로 독자는 내가 간파하기 어렵다고 생각하는 것을 간파했다고 자부하는 것으로 여겨서는 안 된다. 나는 문제를 푼다는 희망보다 문제를 명백히 하여 그것을 참된 상태로 되돌리려는 의도에서, 몇 가지 추리를 비롯하여 때로는 어느 정도의 억측도 사양하지 않았다. 다른 사람들은 이와 똑같은 길을 더 멀리까지 쉽게 갈지도 모른다. 종점에 이르는 것은 누구에게나 쉬운 일은 아니지만. 왜냐하면 인간이 지닌 현재의 성질 속에서 근원적인 것과 인위적인 것을 구별하게 하고, 또는 이미 존재하지 않거나, 아마 존재하지 않았을, 틀림없이 앞으로도 존재할 것 같지 않은 한 가지 상태, 더구나 거기에 대한 올바른 관념을 갖는 일이 우리의 현재 상태를 잘 판단하기 위해서 필요한, 그런 상태*5를 충분히 인식한다는 것은 그렇게 쉬운 일이 아니기 때문이다. 실제로 이 주제에 대해 확고한 관찰을 하기 위해 어떤 주의를 기울여야 하는가를 정확하게 판단하려면, 보통 생각보다 많은 철학이 필요할 것이다. 그리고 나로선 아리스토텔레스나 폴리니우스에게 적합치 않다고는 생각할 수 없다. 다시 말해 "자연인을 인식하는 일에 성공하려면 어떠한 실험이 필요한가, 그리고 그같은 실험을 사회 내부에서 행하기 위한 수단이란 어떠한 것*6일까." 나는 이 과제를 해결할 생각은 없으나, 그 주제를 충분히 고찰했으므로, 미리 다음과 같이 대답할 수 있다고 생각한다. 즉 아무리 위대한 철학자들이나 가장 큰 영향력을 손에 쥔 권력자들이라도 이런 실험을 시도하는 것을 반기지는 않을 것이라고. 더구나 이 둘의 협력을 기대하는 일, 특히 시종일관 성공하는 데 어느 쪽이고 없어서는 안될 인내, 인내라기보다 명지(明知)와 선의(善意)를 동반한 협력을 기대한다는 것은 거의 무분별에 가까운 일이다.

이처럼 하기 힘들며 더구나 오늘날까지 거의 아무도 생각해 보지 못했던 이런 탐구야말로, 인간 사회의 현실적 기초에 관한 지식을 우리 눈에서 숨기고

─────────────────

*5 루소의 유명한 자연상태의 정의. 이것은 오늘날까지 많은 해석을 만들어 왔다.
*6 기원을 관념에 의한 가설적 실험으로 재구성하는 일이 18세기의 사상가와 학자들 사이에 유행하고 있었으므로, 이 설문 자체는 이상하지 않다. 로크, 뷔퐁, 모펠튀이 등에도 선례가 있었다. 글 속에 나오는 플리니우스는 기원 후 1세기의 로마 학자, 유명한 《박물지》의 저자.

있는 무수한 어려움을 제거하기 위하여 우리에게 남겨진 유일한 수단이다. 자연법의 참된 정의에 대해 그처럼 불확실함과 모호함을 던져 주고 있는 것은 인간의 본성에 관한 무지에서 비롯된 것이다. 왜냐하면 뷔를라마키*7의 말에 의하면 법의 관념, 더군다나 자연법의 관념은 인간의 본성에 관한 관념이기 때문이다. 그는 계속해서 말한다. 인간의 자연 그 자체에서, 인간의 구조와 그 상태에서 이 학문(법학)의 모든 원리를 연역하지 않으면 안 된다고.

이 중요한 사항에 관해서 그것을 논한 많은 저자들 사이에 거의 의견 일치를 볼 수 없다는 것을 알았을 때, 우리는 놀라움과 분노를 느끼지 않을 수 없다. 아주 성실한 저자들 사이에서도 이 점에 대해 같은 의견을 가진 사람은 한 사람도 없다. 가장 근본적인 모든 원리에 대해, 마치 서로간에 모순이 생기도록 애쓴 듯한 고대의 철학자들은 제외하고, 로마의 법학자들은 인간을 다른 동물과 차별 없이 동일한 자연법에 따르게 하고 있다. 왜냐하면 그들은 이 자연법이란 이름 아래 자연이 다른 것에 대해 명하는 법칙보다는 오히려 자연이 스스로에게 부과하는 법칙을 생각하고 있기 때문이다. 그 이유는 이 법률가들이 법이라는 말을 이해하고 있는 특수한 취급 방법에 바탕을 두고 있다. 이런 경우 그들은 이 법이란 말을 오로지 자연이 생물 공통의 보존을 위해 모든 생물 사이에 확립하고 있는 일반적 관계를 표현한 것으로 생각한 듯하다. 근대의 법학자들은 법의 이름 아래 도덕적인 존재, 이를테면 지적이고 자유로우며 다른 존재와의 관계에서 고찰된 존재에 부합되는 규칙만을 인정하므로, 그 결과 자연법의 권능을 이성을 가진 유일한 동물, 즉 인간에게만 제한하고 있다. 그러나 이 법을 각기 자기 나름대로 정의하여 그들은 모두 형이상학적인 원리 위에서 이것을 정의하므로, 우리는 이런 원리를 스스로 발견하기는커녕 이것을 이해할 수 있는 사람도 거의 없었을 정도이다. 그러므로 이들 학자의 정의는 모두 다른 점에서는 영원히 서로 모순되고 있지만, 다만 대단히 위대한 추론가나 심오한 형이상학자가 아니고서는 자연의 법칙을 이해하는 일, 그리고 그 법칙에 따르는 일은 불가능하다는 점에서는 일치한다. 즉 인간은 사회를 건설하기 위해서는 사회 그 자체의 내부에서 극히 소수인들에게만 발달한 지력

＊7 Jean Jacques Burlamaqui. 1694~1748. 주네브 학원(아카데미)의 교수, 법학자. 주요 저서로는 《Principes du droit naturel》(1747) 《Principes du droit politique》(1751). 여기서는 전자에서 인용되고 있다.

(知力)을 사용하지 않으면 안 되었음을 뜻하고 있다.

자연에 관한 지식이 거의 없으며, 더욱이 법이라는 말의 뜻에 대해서도 거의 일치하지 않으므로 자연법에 대해서 타당한 정의를 내리는 것은 대단히 어려운 일이다. 그러므로 책 속에서 발견되는 정의는 모두 조금도 같지 않다는 결점 외에, 또 사람들이 자연 상태에선 갖고 있지 않았던 몇 가지 지식과, 사람들이 자연 상태에서 빠져나온 뒤가 아니고선 생각할 수 없는 유리한 입장에서 취해졌다는 결점을 가지고 있다. 사람은 공통된 이익을 위해서는 서로간에 협정하기에 적당하다고 보여지는 규칙을 탐구하는 일부터 시작한다. 다음으로 이런 규칙을 모은 것에 자연법이라는 이름을 붙이지만, 그것을 실시해 보고 그 결과가 좋다는 것밖에는 아무런 증거도 없다. 확실히 이것은 정의를 만들어 놓고 거의 멋대로의 편의에 따라서 사물의 자연을 설명하려는 안이한 방법이다.

그러나 우리가 자연 상태의 인간을 모른다면 자연인이 받아들인 법, 또는 자연인의 구성(構成)에 가장 적합한 법을 결정하려고 해도 그것은 쓸데없는 일이다.*8 우리가 이 법에 대해 확실하게 인정할 수 있는 일은, 단순히 그것이 법이기 위해서는 그 법에 의해 강요받는 사람의 의지가 충분히 납득이 된 뒤에 그 법에 복종할 수 있을 뿐만 아니라, 그것이 자연적이기 위해서는 그 법이 자연의 소리를 통해 직접 말해 주는 것이라야 한다는 점이다.

그래서 인간을 이미 완성된 형상으로 보는 일밖에 가르쳐 주지 않는 모든 학문적인 책들과는 관계 없이 인간 영혼의 최초의 가장 단순한 움직임에 대해 고찰해 보면, 나는 거기에서 이성보다 앞선 두 가지의 원리*9를 인정할 수 있다고 생각한다. 그 하나는 우리의 안락과 자기 보존에 대해 열렬한 관심을 기울이는 일이며, 또 하나는 모든 감성적 존재, 주로 우리의 동포가 멸망하고 또

---

*8 인간이 무엇인가를 알지 못하고는 인간에게 적합한 법에 대해 결정을 할 수 없다. 따라서 디종 아카데미 설문 조사의 뒷부분 "불평등은 자연법에 의해 인정되는가"는 타당한 물음이 아니라는 뜻.

*9 자기에 대한 사랑(amour de soi)과 연민의 정(pitié)을 가리킨다. 루소에 의하면 이 두 가지는 자연적 도덕의 기초를 이루는 감성의 자연스러운 작용, 인간성에 내재하는 내적 충동으로, 이 논문 속에서 이에 대해 자세히 말했으며, 《에밀》(제1편, 제4편), 《대화》 등에서도 설명을 덧붙이고 있다. 특히 '자기에 대한 사랑'은 나쁜 사회조건에 의해 일어나는 후천적이고 상대적 감정인 '자존심(amour propre)'과 대비된다. 이것은 루소 해석의 중점이 되는 중요한 개념.

는 괴로워하는 것을 보고 자연스러운 혐오를 일으키게 하는 일이다. 여기에 사회성의 원리 따위를 끌어올 필요는 없으며, 위에서 말한 두 가지 원리를 우리의 정신이 협력케 하고 짝지우게 함으로써 자연법의 모든 규칙이 생기는 것이라고 생각한다. 그리고 나중에 이성의 계속적인 발달을 통해 마침내 자연을 질식시켜 버렸을 때, 이성은 이들 규칙을 다른 기초 위에 다시 세워야만 하는 것이다.

따라서 우리는 철학자를 먼저 인간으로 만들기 전에 인간을 철학자로 만들어야 할 까닭은 없다. 타인에 대한 인간의 의무는 오로지 지혜가 주는 뒤늦은 교훈으로서만 명령되는 것이 아니다. 그리고 인간은 연민이라는 내적 충동에 거역하지 않는 한, 다른 인간에게나 또 다른 어떤 감성적 존재에 대해서도 결코 해를 끼치지 않을 것이다. 다만 자기 보존에 관계되므로 자기를 우선적으로 앞세워야 할 정당한 경우만은 예외이다. 이 방법에 의하여 동물도 자연법에 관계되느냐 아니냐 하는 예부터의 논쟁도 역시 결말을 짓게 된다. 왜냐하면 지적 능력이나 자유가 인간만큼 주어지지 않은 동물들이 이 법칙을 인식할 수 없음은 명백하기 때문이다. 더구나 동물도 그 부여받은 감성에 따라 어느 정도 우리의 자연과 관련성이 있는 것이므로, 그들도 자연법에 포함시켜야 할 것이며, 인간은 그들에 대한 어떤 종류의 의무를 지니고 있다고 판단될 것이다. 실제로 내가 같은 창조물들에 대해 어떤 악(惡)이라도 저질러서는 안 된다면, 그것은 그들이 이성적 존재이기 때문이라기보다는 감성적 존재이기 때문이다. 이 특질은 동물과 인간에게 공통된 것이므로 적어도 동물이 인간에게 쓸데없이 학대받지 않을 권리*10를 동물에게 주어야만 하는 것이다.

본원적 인간과 그 인간의 참된 욕구와 그 의무의 기본적 원리에 관한 이같은 연구야말로, 지금도 도덕적 불평등의 기원과 정치 단체의 참된 기초나 그 구성원 서로간의 권리, 그 밖에 중요하기는 하지만 잘 설명되고 있지 않은 무수한 같은 문제들에서 일어나고 있는 많은 어려움들을 제거하기 위해 사람이 쓸 수 있는 효과적인 유일한 방법이다.

인간 사회를 냉철하고 공정한 눈으로 고찰하면, 우선 그것은 강한 자의 폭

---

*10 루소는 감성적 존재인 동물에 대한 인간의 편견과 연민 등을 지적한다. 인간은 사회 조건 들에서 비롯되는 잔혹한 감정을 동물에게 전가시켜 공연히 동물의 광폭성을 인정하고 있다는 것이다.

력과 약한 자에 대한 압박*¹¹만을 나타내고 있는 듯이 보인다. 그래서 사람의 정신은 강한 자의 냉혹함에 반항하거나, 약한 자의 무자각(無自覺)을 한탄하고 싶어진다. 그리고 인간들 사이에서 지혜보다는 종종 우연에 의해 생겨나고 약함 또는 강함, 부유 또는 빈곤이라 불리는 그 외적 관계만큼 불안전한 것은 없으므로, 인간이 건설한 것(제도)은 얼핏 보기에 허물어지기 쉬운 모래 산 위에 서 있는 것처럼 보인다. 그것을 주의 깊게 점검하고 건물 주위의 먼지와 모래를 없애야만 비로소 사람은 건물이 서 있는 반석의 주춧돌을 발견하게 되고, 그 토대를 존경해야 한다는 것을 배우게 되는 것이다. 그러므로 인간과 자연의 모든 능력과 그 능력의 계속적인 발달을 주의깊게 연구하지 않는다면, 사람은 절대로 이들을 구별하여 사물의 현실적 구성 속에서 신의 의지가 만든 것과 사람의 기술이 만들었다고 일컫는 것을 구별하지 못할 것이다. 그러므로 내가 검토하고 있는 이 중대한 문제에서 생기는 정치적 도덕적 탐구는 어쨌든 유용한 것이며, 온갖 통치의 가설적(假說的)인 역사는 인간에게 있어 모든 점에서 도움이 되는 교훈이다. 우리가 만일 자신만으로 버려져 있었더라면 어떻게 되었을까 하고 생각해 보면, 우리는 그 자비심 많은 손으로 우리 제도를 고치고, 거기에 흔들리지 않는 지위를 주어, 그 모든 제도에서 결과적으로 일어나는 무질서를 미리 막고, 나아가서 틀림없이 우리의 비참함을 더하리라고 생각되었던 수단을 써서 우리에게 행복을 낳아 주신 '신(神)'을 축복하는 일을 배우지 않으면 안 된다.

　　신은 그대에게 무엇이 되라고 일러 주었는가, 그대가 인간의 세계에서 어떤 위치를 차지하고 있는가를 깨달아야 한다.

(페르시우스 《풍자시》 제3편 71~73행)

---

*11 서문의 결론으로 루소다운 주제를 내어 놓고, 뒤에 본문에서 그것을 증명할 생각인 것 같다.

본론

　나는 인간에 대해서 말하고자 한다. 더구나 내가 검토하고 있는 문제는, 내가 올바른 인간에게 말하고자 한다는 것을 스스로에게 일러 주고 있다. 왜냐하면 진리를 존중하기를 두려워할 때, 사람은 이같은 문제를 결코 제기하지 않기 때문이다. 그러므로 나는 나를 재촉하는 현자들 앞에서 자신을 가지고 인간을 위해 변호할 것이다. 그리고 나의 논제(論題)와 평가자들에게 적합한 일을 할 수 있다면, 나는 자신을 불만스럽게 생각하지 않을 것이다.

　나는 인류 속에서 두 종류의 불평등을 생각한다. 그 하나를 나는 자연적 또는 신체적 불평등이라 부른다. 그것은 자연에 의해 정해지는 것으로, 나이이나 건강, 체력의 차이와 정신, 또는 영혼의 질의 차이로 이루어졌기 때문이다. 또 하나는 어떤 약속에 의존하여 사람들의 합의에 따라 정해지든가 정당화되는 것이므로, 이것을 사회적 또는 정치적 불평등이라고 부를 수 있다. 사회적 또는 정치적 불평등은 얼마간의 사람들이 다른 사람들에게 손해를 끼침으로써 누리게 되는 갖가지 특권, 이를테면 다른 사람들보다 부유하다든가 존경을 받고 있다는가 권력이 있다든가, 나아가서는 그들을 자기에게 복종시킨다는 등의 특권으로 이루어져 있다.

　자연적 불평등의 원천이 무엇인가를 묻는 것은 쓸데없는 일이다. 왜냐하면 이 말의 정의 자체 속에 그 답이 표현되어 있기 때문이다. 또 이 두 가지 불평등 사이에 뭔가 본질적인 관계가 있지 않을까 탐구하는 일은 더욱 불가능한 일이다. 왜냐하면 명령하는 사람이 복종하는 사람보다 반드시 더 훌륭한 사람인가, 그리고 육체나 정신의 힘, 지혜 또는 미덕이 언제나 권세와 부(富)에 비례하여 동일한 개인에게 있는가를 다른 말로 물어보는 것이 되기 때문이다. 그런 일은 주인이 듣는 자리에서 노예들을 말다툼시키는 데는 아마 안성맞춤인 문제일지 모르지만, 진리를 탐구하는 이성적이고 자유로운 사람들에게는 적당하지 않다.

그러면 이 논문에서 문제가 되는 것은 정확히 말해서 무엇인가. 사건들의 진행 과정에서 폭력 뒤에 권리가 생겨나고, 자연이 법에 굴복한 시기*¹를 지적하는 일, 그리하여 어떤 기적의 연결고리들에 의해 강자가 약자에게 봉사하고, 국민이 현실의 행복을 희생하여 상상 속 안식을 얻게 되었는가를 설명하는 일이다.

　사회의 기초를 검토한 철학자들은 모두 자연상태에까지 소급할 필요성을 느꼈다. 그러나 그곳에 도달한 철학자는 없었다. 어떤 사람들*²은 이 상태에 있는 인간에 대해서 정의와 불의(不義)의 관념을 부여하기를 망설이지 않았지만, 인간이 이 관념을 가지고 있었으리라는 것과 그 관념이 그에게 유용했다는 것까지도 증명해 보일 생각은 하지 않았다. 다른 사람들*³은 자기에게 속한 것을 보존하려고 하는, 누구에게나 있는 자연권에 대해 말했으나, 속(屬)한다는 것이 어떤 뜻인가에 대해서는 설명하지 않았다. 또 다른 사람들*⁴은 먼저 강자에게 약자에 대한 권력을 주고 거기서 곧 정부가 생겨나는 것이라고 했지만, 권력이나 정부라는 말의 뜻이 사람들 사이에 존재할 수 있을 때까지 지나왔을 시간에 대해서는 생각지도 않았다. 마지막으로 누구나 늘 탐구와 탐욕과 압박과 욕망과 교만에 대해 말하지만, 자기들이 사회에서 얻은 관념을 자연상태 속에 끌어들였을 뿐이다. 즉 그들은 미개인에 대하여 말하면서 사실은 사회인을 그렸을 뿐이다. 대부분의 현대 철학자들은 자연상태의 존재 여부에 대해 생각조차 해 보지 않았다. 그러나 성서를 읽어 보면 명백한 일이지만, 최초의 인간은 신으로부터 직접 지혜와 계율(戒律)을 받은 것이지, 인간 자신이 그와 같은 자연 상태에 있었던 것이 아니라고 되어 있다.*⁵ 그리고

---

*1 법률제도를 가리킴.

*2 그로티우스《전쟁과 평화의 법》서론)를 가리킴.

*3 푸펜도르프《자연법과 만민법》제4편 제4장) 및 로크《속 시민정부론》제2장 '자연상태에 대해')를 가리킴.

*4 홉즈《시민에 대해》1,14)를 가리킴.

*5 신의 손 안에 있었던 인간은 초자연 상태에 속하며 신에게 생활 방법을 배우고 있음을 인정한다. 루소는 성서가 증명하는 역사적 진실과 맞닥뜨리는 일을 피하고 불경스런 비난으로부터 몸을 지키려고 한다. 다음의 "모든 사실을 무시하고 착수하자"는 그 조심성을 가리킨다. 즉 자신의 주장을 순수한 가설로 나타내는 것이다. 이 방법은 콩디야크의《인간 지식의 기원에 관한 시론》(1749, Condillac, Essai sur l'origine des connaissances humanines)의 제2부 첫머리에도 쓰이고 있다. 인간이 지닌 인지(認知)의 기원을 탐구하기 위해 성서에 있는 대홍수

그리스도교 철학자라면 누구나 그래야 하듯이 모세가 쓴 것을 믿는다면, 홍수 이전에도 인간이 순수한 자연 상태에 있었다는 것을 부정하지 않으면 안 된다. 아니면 그들은 뭔가 이상한 사건에 의해 그곳(자연상태)에 또 빠져든 셈이 된다. 이것은 변호하기에 대단히 어려운 일이고, 증명하는 일도 전혀 불가능한 역설이다.

그러므로 먼저 모든 사실을 무시하기로 하자. 왜냐하면 이 사실은 문제와 조금도 관계가 없기 때문이다. 우리가 이 주제에 대해 구할 수 있는 연구는 역사적 진리가 아니라 다만 역설적이고 조건적인 추리라고 보지 않으면 안 된다. 그런 추리는 사물의 참된 기원을 나타내기보다 사물의 자연(본성)을 나타내는 데 적합하며, 자연과학자들*⁶이 날마다 세계의 생성에 대해 하고 있는 추리와 비슷하다. 종교가 우리에게 믿으라고 명하고 있는 것에 따르면, 신이 만물을 창조한 바로 뒤에 인간을 자연상태로부터 끄집어 낸 것이므로, 인간이 불평등한 것은 신이 그렇게 원했기 때문이라고 한다. 그러나 만일 인류가 그 상태로 그대로 버려져 있었다면 그들은 어떻게 되었을까 하는 일에 대해 인간과 그를 둘러싼 존재들과의 자연 본성만을 바탕으로 추측하는 일은 종교도 금지하고 있지 않다. 이야말로 내가 구하고 있는 일이며 내가 이 논문에서 검토하고자 하는 것이다. 나의 주제는 인간 전반에 관계된 것이므로 나는 모든 국민에게 적합한 표현 방법을 쓰기로 하겠다. 그러므로 내가 말해 주고자 하는 사람들의 일만을 생각하기 위해 때와 장소를 잊고, 자기가 지금 아테나의 학원에 있으며, 선생들의 가르침을 복송(復誦)하면서 플라톤과 크세노크라테스*⁷와 같은 사람들을 평가자로 인류를 청중으로 하고 있다고 가정하자.

오오 인간이여, 네가 어느 나라의 사람이든, 네가 어떤 의견을 가지고 있든 들어 보라. 다음에 말하는 일이야말로 거짓말쟁이인 네 동포들의 책 속에서가 아니라, 절대로 거짓말을 하지 않는 자연 속에서 내가 읽었다고 생각한 대로의 너의 역사이다. 자연으로부터 오는 모든 것은 변함없는 진실일 것이

뒤에 닥쳐온 제2의 고난을 가정하고, 과거의 지식을 완전히 잃어버린 인류가 남녀 한쌍의 유아로서 자기의 경험을 다시 시작한다는 설정으로 되어 있다.

*6 이를테면 뷔퐁《지구 이론》, 모페르튀이《우주론》 따위를 가리킴.

*7 기원전 4세기의 철학자. 플라톤의 제자. 청렴결백한 인물로 알려져 있어 루소는 《에밀》《대화》 등에서도 그를 언급하고 있다.

다. 그 역사 속에 거짓이 있다면, 그것은 나도 모르는 사이에 거기에 나 자신의 것을 섞어 놓았기 때문일 것이다. 내가 이제부터 말하고자 하는 시대는 아득히 먼 옛날이다. 너는 어쩌면 그토록 변해 버렸는가! 네가 받은 교육과 네게 주어진 관습들은 너의 본성들을 앗아갔음에도, 너의 종(種, 인간)의 삶을 완전히 파괴하지는 못했을 것이다. 개인의 생애에는 사람이 머무르고 싶어하는 시기가 있는 법이다. 그러므로 너도 너의 종(種)이 머무르고 싶어하는 시대*8를 추구할 것이다. 너의 불행한 자손들에게 더 큰 불만을 예고하는 여러 가지 상황들 때문에 현재 상태에 불만을 갖는 너는, 아마도 다시 한 번 옛날로 돌아가기를 원할 것이다. 그리고 이 감정은 너의 최초의 선조에 대한 찬사와 동시에 인류에 대한 비판이 되어, 불행히도 너의 뒤에 살아갈 후손들에게 공포를 불러일으킬 것이다.

---

*8 인류의 황금시대를 암시하는 말. 본서 제2부 첫머리에 루소는 갓 태어난 사회, 순수한 자연 상태가 상실되고 있으나, 원시 상태의 마음 편함과 사회 상태의 자존심(amour propre) 사이에서 바쁘게 활동하는 중간 시기를 인류의 청년기로서 가장 행복한 시대로 보고 있다. 단 플레이아드판의 스탈로반스키의 주(註)가 나타내고 있는 것처럼, 여기에 인류의 역사와 개인의 생물학적 운명을 비교하고, 낙천적인 인류의 진보 이미지와 인류의 쇠퇴, 몰락의 이미지를 대치하고 있는 점도 있다. 루소는 본서에서 계몽 사상의 주된 방향이 인류를 이끌어 가는 것에 대해 인류는 강한 의지와 노력을 기울이지 않는다면 인류 몰락의 운명을 피할 수 없을 것이라고 경고하고 있는 것으로 보인다. 특히 이 점에서 본서 부록 '필로폴리스에게 보내는 회답'은 좋은 참고가 된다.

제1부

　인간의 자연상태를 질 파악하기 위해서는 인간을 그 기원에서부터 고찰하고, 종의 최초 발아(發芽) 속에서 검토하는 일이 아무리 중요하다 해도, 나는 인간의 연속적인 발전을 통해 그 신체적 조직을 더듬지는 않을 것이다. 이를테면 인간이 최초에 어떠한 모습에서 출발하여 오늘과 같이 되었는지 동물의 체계 속에서 탐구하기 위해 머무르지는 않을 것이다. 아리스토텔레스가 생각하듯, 인간의 길게 자란 손톱이 애초엔 동물과 같은 갈고리 모양으로 구부러진 손톱이 아니었다든가, 인간이 곰처럼 털북숭이가 아니었다든가, 또 네 발로 걷고 있었으므로[1] 시선이 땅바닥 쪽 몇 발짝 앞으로만 한정되어 있었다는 따위

---

[1] 두 다리로 걷는다는 오랜 습관 때문에 인간의 구조에 생겼을지도 모르는 온갖 변화나 인간의 팔과 네 발 짐승 사이에 지금도 인정되는 관계, 그들의 걸음걸이에서 끌어낼 수 있는 추론이 우리에게 가장 자연스러운 걸음걸이에 대해 의문을 일으키게 했다. 아이들은 다 처음에는 네 발로 걷는다. 그리고 한자리에 서 있는 것을 배우기 위해서는 우리의 본보기와 가르침이 필요하다. 호텐토트족처럼 아이들을 매우 오랫동안 손으로 걷게 내버려 두어 뒷날 그들을 세우는 데 몹시 고생하는 미개 민족도 있다. 서인도 제도의 카리브인 아이들도 같은 경우이다. 네 발 인간의 예도 여러 가지 있지만, 그중에서도 1344년 헤센 근처에서 발견된 아이의 예를 들 수 있다. 그 아이는 그곳에서 이리에게 양육되었다. 그뒤 그는 하인리히 공의 궁정에서, 만일 자기 뜻대로 할 수 있다면 인간 세상에서 생활하기보다는 이리들이 있는 곳으로 돌아가고 싶다고 곧잘 말했던 것이다. 그는 짐승들처럼 걷는 습관이 몸에 배어 버렸으므로, 그가 두 다리로 똑바로 서게 하고 평형을 잡게 하기 위해서는 막대를 쥐어 줘야만 했을 정도였다. 1694년 리투아니아 숲속에서 곰들과 함께 생활하다 발견된 아이도 마찬가지였다. 그에게는 이성 같은 것은 조금도 찾아볼 수 없었고 손과 발로 걸었으며, 말을 몰라 인간의 목소리와는 비슷하지도 않은 소리를 내고 있었다고 콩디야크는 말하고 있다. 수 년 전 영국의 궁정에 데려왔던 하노버의 미개인 소년은 두 발로 걷게 되기까지 온갖 고생을 했다. 그리고 1719년에는 피레네 산속에서 또 다른 두 명의 미개인이 발견되었는데, 그들도 네 발 짐승처럼 산을 뛰어다니고 있었다. 이런 사실은 우리가 많이 이용하고 있는 두 손의 쓰임을 스스로 금하고 있는 것이라고 반론하는 사람도 있을지 모르지만, 이에 대해서는 원숭이 종류의 예가 손을 충분히 겸용할 수 있음을 나타내고 있을 뿐만 아니라, 그것은 다만 인간이 자기 손발에 자연이 정한 용도보다 더 편리한 용도로 쓰일 수 있음을 증명하고 있는

의 일을 나는 검토하지 않을 것이다. 나는 그런 일에 대해서는 막연한 상상 속 억측만을 할 수 있을 뿐이다. 비교해부학은 아직 진보하지 않았으며, 박물학자의 관찰은 아직도 너무나 불확실하므로 그같은 토대 위에 탄탄한 추리의 기초를 세울 수가 없다. 그래서 나는 이 점에 대해 우리가 지니고 있는 초자연적인 지식에 의존하지 않을 것이며, 또 인간이 차츰 그 팔다리를 새로운 습관에 적용시켜 새로운 음식을 먹게 되면서 인간의 내면과 외면의 양쪽 구조 속에 일

것이다. 또 자연이 자기가 가르치는 것과는 다르게 걷도록 하는 운명을 인간에게 주었다고 할 수는 없다. 그러나 인간이 두 발 짐승이라는 것을 주장하기 위해서는 훨씬 그럴듯한 이유가 있는 것으로 보인다. 첫째로 인간은 처음에는 우리가 지금 보는 것과는 다르게 형성되고 있었으나 마침내 현재와 같이 되었다는 것을 증명했다 하더라도, 그것만으로는 결론을 내리기에 충분치 않을 것이다. 왜냐하면 그같은 변화의 가능성을 추측하고서 그 변화를 용인하기 전에, 적어도 그 일의 진실을 드러내는 일이 필요했기 때문이다. 게다가 인간의 팔이 필요에 따라 발의 역할을 할 수 있게 되었다 해도 그것은 이 이론에 편리한 단 하나의 관찰이며, 이와는 반대인 다른 관찰들이 수없이 많이 존재한다. 그 주된 것을 들어 보면, 인간의 머리가 그 동체에 달려 있는 자세 때문에 인간이 네 발로 걸을 경우에는 다른 동물이 하고 있는 것처럼, 또 인간이라도 서서 걸을 때 하고 있는 것처럼 시선을 앞으로 던지지 않고 바로 땅 위로 떨구었을 것이다. 이것은 개체의 보존에 있어서는 대단히 나쁜 자세이다. 또 인간에게는 없고 두 다리로 걷는 데는 쓸모없는 꼬리가 네 발 짐승에게는 도움이 되고, 부인의 유방은 자기 아이를 팔에 안은 두 발 짐승에게는 대단히 좋은 위치에 있는 것이지만, 네 발 짐승에게는 대단히 나쁜 상황이므로 유방이 그런 위치에 있는 네 발 짐승은 하나도 없다든가, 하반신이 앞다리에 비해 극단적으로 높으므로 우리가 네 발로 걸으면 몸의 무게로 무릎을 꿇게 되고, 전체적으로 균형이 잡히지 않아 걸음걸이가 어색해 보일 것이라든가, 만일 인간이 손과 마찬가지로 발을 땅바닥에 댄다면 다른 동물에 비해 뒷다리 관절이 하나 작아서 관절을 정강이뼈에 연결시키는 관절이 모자라게 될 것이라든가, 그리고 발끝만을 땅바닥에 붙인다면, 복사뼈는 그것을 구성하는 뼈의 수가 많은 것은 말할 나위도 없다하더라도 관골을 대신하기엔 너무 굵고, 또 척골과 경골과의 관절이 너무 접근하여 이 위치에선 인간의 발에 네 발 짐승과 같은 유연성을 줄 수 없는 매우 나쁜 자세가 된다. 자연의 모든 힘이 아직 발달하지 않고, 손발도 튼튼해지지 않은 나이의 아이들을 예로 들어 보아도 거기서는 아무런 결론도 나오지 않는다. 마찬가지로 개는 걷게끔 되어 있지 않다고 말해도 무방하다. 왜냐하면 개들은 태어난 지 몇 주간은 기어다니기만 하기 때문이다. 개개의 특수한 사실은 모든 인간의 보편적인 습관에 거역하는 힘을 아직 거의 갖지 않고 있다. 그런 점은 다른 민족과 아무런 교류가 없었으므로, 그들에 대해 무엇 하나 모방할 수 없었던 모든 민족에도 마찬가지이다. 아직 걷지도 못할 때 숲속에 버려져 어떤 짐승에 의해 키워진 아이는, 그 짐승처럼 걷는 연습을 했을 것이다. 습관은 그가 자연으로부터 받지 않은 편의를 주게 한다. 불구자가 연습을 통해 우리가 손으로 하는 일을 다 발로 할 수 있게 되는 것처럼 마침내는 그 손을 발과 마찬가지로 쓸 수 있게 되었을 것이다.[원주]

어났을 모든 변화는 고려에 넣지 않고, 인간은 어느 시대에나 오늘날 나의 눈에 비치는 것과 같은 구조이며, 두 다리로 걷고 우리가 하는 것과 똑같이 손을 쓰고, 자연 전체에 시선을 보내면서, 광대한 하늘의 넓이를 눈으로 재고 있었다[*2]고 가정해 둔다.

이처럼 구성된 존재에서, 그가 부여했을지도 모르는 모든 초자연적인 재능과 오랜 동안의 진보에 의해 비로소 획득한 모든 인위적인 능력들을 살펴보면, 즉 인간을 지연의 손에서 나온 그대로의 상태에서 고찰해 보면, 나는 그곳에서 어떤 동물보다는 약하고 또 어떤 동물에 비해 재빠르지는 못하나, 결국 그 어느 것보다도 유리한 구조를 부여받은 동물이라고 인간을 생각하게 된다. 나는 그가 한 그루 떡갈나무 밑에서 배를 채우고, 시냇물을 발견하면 곧 목마름을 해결하고 끼니를 제공해 주었던 바로 그 나무 밑에서 잠자리를 발견하는 모습을 떠올린다. 이런 식으로 그의 욕망은 채워진 것이다.

토지는 자연 그대로의 풍성함으로 방치된다면,[*3] 아직도 도끼를 써 본 일

[*2] 루소는 여기서 동물로부터 인간으로 진화하는 일을 분명하게 인정하고 있지는 않지만, 원시인은 동물과의 유사성을 지니는 것으로 보고 있다. 이 둘 사이에는 자유의 질적 차이, 후반에 설명되는 '향상 능력'이 그 명확한 한계점이 된다. 스탈로반스키는 이것을 제한된 진화설(transformisme restreint)로 본다. 루소도 18세기의 일반적인 경향에 있어 전통적 철학에서 볼 수 있는 정신(신성, 이성)을 바탕으로 한 인간에 대한 고전적 정의보다 하위적 개념(동물성, 감각)을 바탕으로 근대적 인류학에 가까워졌다고 볼 수 있다(플레이야드 판 전집 제3권 1350~6페이지 참조).

[*3] 만일 나의 독자들 가운데 이처럼 토지의 자연적인 비옥함을 가정하는 생각에 대해 나에게 이의를 주장하는 심술궂은 과학자가 있다면, 나는 그에게 다음 구절로 대답을 대신할 것이다. "식물은 그 양분을 토지보다도 공기나 물에서 훨씬 많이 끌어내므로, 썩으면 토지에서 끌어낸 것보다 많은 것을 토지로 돌려보내는 수가 있다. 게다가 숲은 수분을 증발시켜 비의 양을 결정한다. 그리하여 오랫동안 사람의 발이 닿지 않은 채 보존되는 삼림 속에서 식물을 위해 도움이 되는 지층이 많이 늘어나게 될 것이다. 그런데 동물은 토지에서 끌어내기보다 토지로 되돌려 주는 쪽이 적고, 또 인간은 불이나 그 밖의 용도 때문에 목재나 초목을 다량으로 소비하므로, 그 결과 사람이 사는 지역의 식물지층은 계속 줄어들어, 마침내는 중앙 아라비아나 그 밖에 수많은 근동 지방처럼 되어 버리고 말 것이다. 이 근동 지방은 사실 예부터 사람이 살았던 풍토이지만, 그곳에서는 소금과 모래밖에 발견되지 않았다. 왜냐하면 식물이나 동물의 다른 부분은 기화해 버리는데, 비휘발성의 염분만은 남기 때문이다." 《박물지》〈지구 이론의 증거, Hist. nat., preuves de la terre, art. 7〉(제7조) 외에, 최근 몇 세기 동안에 발견된 무인도가 온갖 종류의 수많은 초목으로 뒤덮여 있었다는 일과 지구에 인류가 나타나 자연을 개발하면서 지상 각처의 넓은 산림을 대체하게 되었다는 역사가의 가르침을 들어, 사실의 증거를 덧붙일 수 있다. 거기에 나는 다음 세 가지 사실을 지적하고 싶다.

없는 무성한 삼림으로 덮여 있어 한 걸음 내디딜 때마다 모든 종류의 동물들에게 음식 창고와 은신처를 제공한다. 인간은 그런 동물들 사이에 여기저기 흩어져서 그들의 먹이 활동을 관찰하고 모방하여 동물의 본능 영역에까지 이른다.*4 더구나 동물은 어느 종(種)이나 자기 고유의 본능밖에 가지고 있지 않은데, 인간은 아마도 자기에게 특유한 본능은 아무것도 가지지 않은 상태에서 모든 본능을 자기 것으로 하여, 다른 동물들이 저마다 나누어 가진 온갖 다양한 먹이들의 대부분을 똑같이 자기 것으로 취하여,*5 그 결과 다른 동물들보

하나는 뷔퐁 씨의 추리에 따라, 동물에 의해 이루어지는 물질의 소모를 메꿀 수 있는 식물이 있다면 그것은 특히 숲속의 나무이며, 그 우듬지나 잎이 모여 다른 식물보다도 많은 수분과 수증기를 우리의 것으로 만들어 준다는 사실, 둘째는 토양의 파괴, 즉 식물에 적합한 물질의 손실은 토지가 갈수록 개척되면서, 보다 근면한 주민이 더욱 다량으로 토지의 온갖 종류의 산물을 소모하는 데 비례하여 증대할 것이라는 사실, 세 번째로 더욱 중요한 것은 나무들에서 열리는 과일은 다른 식물들이 영양분을 공급한다는 것인데, 이것은 내가 스스로 한 실험으로, 질이 같은 양쪽 토지에 한쪽에는 밤나무를 잔뜩 심고, 또 한쪽에는 보리를 심어 그 산물을 비교해 본 것이다.[원주]

*4 인간은 본능에 따라 일정한 방향의 변화가 없는 행동밖에 못하는 동물과 달라서 지성에 의해 다양하고 변화 있는 행동이 가능하다는 생각은 아리스토텔레스 이래로 있었으며, 사상가들은 이것을 인간의 장점으로도 보고 약점으로도 보았다. 라 메트리는 《인간 기계론》 속에서 '자연에 의해 (인간에게) 영원히 부과된 불가사의한 조건'으로 "사람은 정신에서 얻는 바가 많으면 많을수록 그만큼 본능에서 잃는" 것이 있다고 하며, "잃는 것과 얻는 것 가운데 어느 것이 뛰어난가?" 하고 묻고 있다.

*5 네 발 짐승 가운데에서 육식동물을 구별하는 가장 보편적인 방법이 두 가지 있는데, 하나는 이(齒)의 형상에서, 또 하나는 장의 구조에서 알아낼 수 있다. 식물만 먹고 사는 동물은 말, 소, 양, 토끼처럼 다 넓적한 이를 가지고 있으나, 육식 동물은 고양이, 개, 이리, 여우처럼 뾰족한 이를 가지고 있다. 그리고 장에 있어서는 과일을 주식으로 하는 동물은 육식동물에서는 찾아볼 수 없는 결장 같은 것을 여러 개 가지고 있다. 그런데 인간은 과일을 먹는 동물과 같은 이와 장을 가지고 있으므로, 본디 그 부류에 넣어져야 마땅한 것처럼 여겨진다. 그리고 해부상의 관찰이 이 의견을 확신하고 있을 뿐만 아니라, 고대의 기념물도 이 의견에 찬성하고 있다. 성 히에로니무스는 말하고 있다. "디카이아르코스는 〈그리스 고대〉에 대한 그의 저작 속에서, 대지가 아직 비옥했던 사트루누스의 치세 아래에서는 아무도 고기를 먹지 않았으며, 누구나 저절로 자란 과일이나 채소를 먹고 살았다고 보고하고 있다."(Lib. II, adv. Jovinian)(이 의견은, 다시 근대 몇몇 여행가들의 견문록을 근거로 삼을 수 있다. 그중에서도 프랑수아 코레알의 증언에 의하면, 스페인인이 쿠바나 산토 도밍고, 그 밖의 섬에 이주시킨 바하마 제도의 주민들의 대부분은 고기를 먹었으므로 죽었다고 한다(1782년 판). 이것으로 내가 유리하게 살 수 있는 많은 이점들을 회고해 보지 않음을 알 수 있을 것이다. 왜냐하면 육식동물 사이에는 먹이가 투쟁의 유일한 동기로 되어 있으며, 과일을 먹는 동물은 서로간에 언제나 평화로운 상태로 생활하고 있으므로, 만일 인류가 이 후자의 종류에 속해 있다면 인류에게 있

다 쉽게 자기 생활의 밑바탕을 발견한다는 유리한 점도 가지고 있다.

어렸을 때부터 혹독한 기후와 매서운 계절에 익숙해지고, 피로에 견딜 수 있도록 단련되고, 맨발로 무기도 없이 다른 동물들로부터 자기의 생명과 수확물을 지키거나 달아나거나 해야 했으므로, 인간은 불사신의 튼튼한 체격을 만들어 내게 된다. 아이들은 아버지들의 뛰어난 체격을 닮고 태어나 그것을 만들어 낸 훈련 과정을 다시 거쳐 강하게 되고, 이렇게 해서 인류가 지닐 수 있는 가장 튼튼한 체격을 획득한다. 자연은 바로 스파르타의 법률*6이 시민의 아이들에게 한 것과 똑같이 행동한다. 즉 자연은 훌륭한 체격의 사람들을 더 튼튼하고 늠름하게 하고, 그렇지 않은 사람을 다 도태시켜 버리는 것이다. 이런 점에서 자연은 우리 인간의 사회와는 다르다. 우리 사회에선 국가는 아이들을 아버지의 짐이 되게 하므로 태어나기 전부터 그들을 무차별하게 죽여 버리는 것이다.

미개인의 신체는 그가 알고 있는 단 하나의 도구이므로, 그는 오늘날에는 연습 부족으로 우리 신체로는 도저히 할 수 없을 것 같은 온갖 일에 신체를 쓴다. 그리고 미개인이 필요에 의해 획득한 힘과 민첩함을 우리가 잃게 된 것은 사실 우리가 살면서 터득한 생활의 지혜 때문이다. 만일 그가 도끼를 가지고 있었다면 지금 그의 손목이 저렇게 센 가지를 꺾을 수 있겠는가? 만일 투석기(投石器)를 가지고 있었다면 손으로 저렇게 힘껏 돌을 던질 수 있겠는가? 만일 사다리를 가지고 있었다면 저렇게 가볍게 나무를 뛰어넘을 수 있겠는가. 만일 말을 가지고 있었다면 저렇게 빨리 뛸 수 있겠는가. 이런 기계를 모두 몸 주변에 모을 만한 여유를 문명인에게 주어 보자. 그가 쉽게 미개인을 압도하리라는 것은 의심할 여지가 없다. 그러나 여러분이 더 힘에 걸맞지 않는 승부를 보고 싶으면, 양쪽을 벗겨 알몸으로 마주 세워 보는 게 좋을 것이다. 그러면 여러분은 자기의 모든 힘을 계속 발휘할 수 있어 언제나 어떤 일에나 준비가 되어 있는, 말하자면 언제나 자기의 모든 능력을 몸에 지니고 행동한다는

어 자연상태로부터 벗어날 필요와 기회가 훨씬 적었으리라는 것은 명백하기 때문이다.)(원주)

*6 스파르타에선 불구인 아이는 태어나면 곧 사회로부터 버림을 받았는데, 이는 하나의 자연 도태 또는 우생적 선별법이 이루어졌음을 가리킨다. 루소는 가끔 이 일을 들추는데, 그 자신의 《고백록》에서 말하고 있듯이 태어났을 때 '정말 죽을 뻔한' 것을 숙모인 쉬종의 정성으로 살아났으므로, "착하신 숙모님, 나는 당신이 나를 살려 준 일을 용서해 드리겠습니다" 하고 말하고 있다.

일이 얼마나 유리한가를 곧 인정할 수 있을 것*7이다.

---

*7 반성을 요구하는 모든 지식은 관념의 연쇄 작용에 의해서 획득되고 이어지는 것이 아니면 완성되지 않는다. 미개인의 힘이 전혀 미치지 않는 곳에는 이런 일이 일어난다. 그것은 미개인에게 동족들과의 연락이 없으므로, 즉 이 연락에 도움이 되는 도구와 그것을 필요로 하는 욕구가 없기 때문이다. 그의 지식과 생산 활동이란 뛰는 일, 달리는 일, 싸우는 일, 돌을 던지는 일, 나무 위로 올라가는 일에 한정되어 있다. 그러나 그가 이런 일밖에 못한다 하더라도, 그 대신 그는 그런 일을 필요로 하지 않는 우리보다도 훨씬 잘 할 수 있다. 그리고 그런 일은 신체의 훈련에 의존하고 한 개인으로부터 다른 개인으로 전달하는 일과 진보하는 일이 전혀 불가능하므로 최초의 인간은 그 최후의 자손과 마찬가지로 그 일에 숙달되어 있었던 셈이다. 여행가들의 견문록에는 야만적인 민족이나 미개한 민족에게 사람들의 강함과 늠름함을 나타내는 예가 많이 실려 있다. 그런 견문록은 또 그들의 재빠름과 경쾌함을 거의 비슷하게 칭찬하고 있다. 이런 일을 관찰하려면 눈만 있으면 되므로 거기에 대해 현장 목격자가 증언하는 일을 믿는 데 아무런 어려움도 없다. 나는 되는 대로 손에 들어온 책에서 몇 가지 예를 들어 본다. "호텐토트족들은" 하고 콜벤은 말한다. "케이프타운의 유럽인들보다 어업을 잘 이해하고 있다. 그들은 강이나 강가에서, 그물이나 바늘이나 작살 어느 것에나 비슷하게 숙달되어 있다. 그들은 또 마찬가지로 손으로도 물고기를 잘 잡는다. 그들은 헤엄을 치는 데도 더없이 재빠른 솜씨를 갖추고 있다. 그들의 헤엄 솜씨에는 놀라운 것이 있는데, 그것은 완전히 그들 특유의 것이다. 그들은 몸을 곧바로 하고, 두 손을 물 밖으로 쫙 벌리고 헤엄을 친다. 그러므로 마치 땅 위를 걷고 있는 것처럼 보인다. 바다가 출렁거리며 산더미 같은 큰 파도가 일 때, 그들은 마치 코르크 조각처럼 오르락내리락하며 춤을 추듯이 파도를 탄다." 저자는 계속해서 말한다. "호텐토트족 사람들은 사냥에 있어서도 놀라울 만큼 교묘하다. 그들이 얼마나 가볍게 뛰는지 상상도 할 수 없을 정도이다." 그는 그들이 자신의 민첩함을 그다지 자주 악용하지 않는 일에 놀라고 있다. 특히 그것은 그가 내세우고 있는 실례로도 판단할 수 있듯이 가끔 그들이 하는 일이기는 하다. "어떤 네덜란드 선원이 케이프타운에 상륙하여"라고 그는 말하고 있다. "호텐토트족 한 사람에게 약 20파운드의 담배를 들고 시내까지 따라오라고 명령했다. 그들 둘이 일행으로부터 어느 정도 떨어졌을 때, 그 호텐토트족 사람들이 선원에게 '당신 뛸 수 있습니까' 하고 물었다. '뛰다니?' 하고 네덜란드인이 대답한다. '뛸 수 있지, 참 빨라' 하고 말하자, '그럼 해봅시다' 하고 이 아프리카인이 말한다. 그렇게 말하고 그는 담배를 든 채 달아나 삽시간에 없어져 버렸다. 선원은 이 너무도 빠른 달음질 솜씨에 어이가 없어 뒤를 쫓을 생각도 하지 않았다. 그 뒤로 담배와 그 운반인을 다시는 볼 수 없었다. 그들은 유럽인이 옆에도 다가설 수 없을 만큼 날카로운 예리한 시력과 확실한 손을 가지고 있다. 백 보나 떨어진 곳에서 그들은 돌을 던져 동전만 한 크기의 목표물에 명중시킨다. 그리고 가장 놀라운 일은 그들이 우리처럼 목표물을 주시하지 않고 몸을 움직이거나 꼬는 일이다. 그들의 돌은 마치 보이지 않는 손으로 던져지는 것 같다." 희망봉의 호텐토트족 사람들에 대해 지금 말한 것과 거의 비슷한 일을 테르트르 신부가 서인도 제도의 미개인에 대해서도 말하고 있다. 그는 그들이 날고 있는 새나 헤엄치는 물고기를 화살로 쏘는 정확함을 칭찬하고 있다. 그 쏘아 맞춘 물고기를 나중에 물 속으로 뛰어들어가 잡는다. 북아메리카의 미개인들도 그 힘과 재빠름으로 유명하다. 다음의 한

홉스가 주장*[8]하는 것에 따르면, 인간은 본디 대담하여 공격하고 싸우는 일 외에는 바라지 않는다. 어떤 유명한 철학자*[9]는 그와는 반대되는 생각을 가지고 있다. 그리고 컴벌랜드*[10]나 푸펜도르프*[11]도 그것을 보증하고 있다. 즉 자연상태에 있어 인간만큼 겁쟁이는 없다. 그는 언제나 벌벌 떨고 있으며, 바스락대는 소리를 듣거나 하찮은 움직임만 보아도 곧 달아나려고 한다는 것이다. 그가 모르는 일에 대해서는 그럴지도 모른다. 그러므로 그가 자기에게 일어날지도 모르는 육체적인 행·불행을 스스로 판단할 수 없고, 또 자기가 맞닥뜨리고 있는 위험에 자기의 힘을 대항시킬 수 없을 것 같은 경우에는 언제나 눈앞에 나타나는 모든 새로운 광경에 인간이 겁을 먹는다는 것은 조금도 의심할 바 없이 분명하다. 단, 자연 상태에서는 사람들의 정념(情念)이나 변덕에 의한 갑작스럽고도 끊임없는 변화를 입는 일이 없으므로, 이상과 같은 상황은 드문 것이다. 그러나 미개인은 동물들 사이에 흩어져 살아가면서 일찍부터 그들과 힘을 겨루던 상태에 있으므로, 그는 곧 동물과 자신을 견주게 된다. 그리고 힘에 있어서는 동물이 인간보다 뛰어난 것 이상으로 지혜에 있어서는 인간이 동물보다 뛰어나다는 것을 느끼면, 인간은 이미 동물을 두려워하지 않게 된다. 튼튼하고 재빠르고 용감한 미개인들—그들은 다 그러하지만—가운데

예는 남아메리카 인디언의 힘과 날램을 판단할 수 있는 자료이다. 1746년 부에노스아이레스의 한 인디언이 카디스에서 노예선을 타라는 형을 선고받았을 때, 총독을 향해 제례 때 자기 생명을 위험 속에 내던져 자유를 얻고 싶다고 말했다. 그는 밧줄 하나 외에는 아무런 무기도 갖지 않고 혼자서 미쳐 날뛰는 황소를 공격하겠다고 약속했다. 게다가 황소를 쓰러뜨리고 소의 지정된 부분을 그 밧줄로 묶어 안장을 놓고 고삐를 매어 탄 다음, 우리에서 끌려 나오는 것 가운데에서 가장 광포한 다른 두 마리의 황소와 싸워, 명령받은 순간에 누구의 도움도 받지 않고 차례차례로 그 두 마리를 죽이겠다고 말한 것이다. 그는 그렇게 하라는 허락을 받았다. 이 인디언은 약속을 어기지 않았다. 자기가 약속한 일을 그대로 해낸 것이다. 그가 취한 행동과 싸움에 대한 상세한 점에 대해서는 고티에의 박물지고(博物誌考, Observation sur l'histoire naturelle 제1권(Premier tome in 12)를 참조해 주기 바란다. 이 사실은 그 책의 262페이지에서 인용한 것이다.〔원주〕

*8 홉스의 사상이 루소의 사상과 가장 날카롭게 맞서는 점은 인간의 본질, 자연상태에서의 인간의 존재 방법이며, 만인 대 만인의 전쟁 상태가 홉스가 본 자연적 평등의 한 양상이다.

*9 몽테스키외를 말함(《법의 정신》 제1편 제1장 제2절 참조.)

*10 Richard Cumberland. 1631~1718. 영국의 국교회 감독, 홉스의 논적(論敵). 주저(主著) 《자연법》(1672). 발베라크의 프랑스어 역(1744). 푸펜도르프와 함께 자연 상태는 평화롭다고 본다.

*11 Pufendorf, 1632~1694. 독일의 법학자, 그로티우스의 원리를 조술(祖述)한 사람, 그의 《자연법과 만민법》 프랑스어 역도 발베라크에 의해 간행되었다(1706).

한 사람을 돌과 몽둥이로 무장시켜 곰이나 이리와 겨루게 해 보라. 그러면 위험이 적어도 서로에게 모두 닥쳐올 수 있음을 몇 번 겪은 뒤에는 본디 서로 공격하는 것을 좋아하지 않는 동물들은 인간이 자기네들과 마찬가지로 사납다는 점을 발견했을 터이므로 인간을 쉽게 해치는 일은 거의 없게 됨을 알게 될 것이다. 인간의 지혜보다 실제로 더 강한 동물을 대할 때, 인간은 그런 동물에 대해서는 일반적으로 더 약한 다른 동물들과 같은 처지에 놓이게 되는 셈이지만, 그런 동물이라도 역시 생존을 계속해 나아가고 있다. 게다가 인간은 그들 못지않게 발이 빠르고 나무 위에서 거의 완전한 피난처를 발견하므로 언제 어디서 만나더라도 선택은 자유이며, 달아나거나 싸우는 것도 뜻대로 할 수 있는 유리함이 있다. 게다가 어떤 동물이라도 자기 방위를 위해서나 극도로 굶주렸을 경우를 제외하고는 본디 인간과 싸우려는 생각은 하지 않으며, 특히 어떤 종(種)이 자연에 의해 다른 종의 먹이가 되도록 정해져 있음을 나타내는 그런 맹렬한 반감을 인간을 향해 나타내고 있다고 생각할 수는 없다(흑인이나 미개인이 숲속에서 만나는 맹수를 조금도 걱정하지 않는 까닭은 바로 이 점에 있다. 그중에서도 베네수엘라의 카리브인*12은 이 점에 있어 안심하고, 아무런 불편도 느끼지 않고 생활하고 있다. 그들은 거의 알몸으로 있으며 프랑수아 코레알*13의 말에 따르면, 활과 화살로만 무장을 하고 아무렇지 않은 듯 숲속을 돌아다닌다. 더구나 그들 가운데 단 한 사람이라도 야생동물에게 잡혔다는 말은 아직 들어 본 적이 없다)(1782년 판).

더 두려운 적이며 인간이 막을 수 없는 적은 타고난 병약함으로, 어린 시절의 취약함과 나이가 들면서 겪는 노쇠(老衰), 그리고 온갖 종류의 질병이다. 그것은 약함의 슬픈 표시이며, 처음의 두 가지는 모든 동물에게 공통되지만, 마지막 것은 주로 사회생활을 하는 인간과 관계되는 것이다. 한편 인간의 어머니는 자기 아이를 어디에나 데리고 갈 수 있으므로 동물의 암컷보다 훨씬 쉽게 아이를 기를 수 있다. 동물의 암컷은 한편으로는 먹이를 찾기 위해, 또 한편

─────────────

*12 인디언 종족에 속하고 서인도 제도에 살며, 그 무렵 여행가의 기록에 의해 미개인의 전형으로서 유럽인의 흥미거리였다.

*13 Francisco Coréal, 1648~1708. 스페인의 여행가. 《서인도 여행기(Voyages de Francois Coréal aux Indes Occidentales)》의 저자, 프랑스어 역 1722년. 루소는 이 프랑스어 번역을 읽고 여기 그 한 부분을 거의 그대로 덧붙여 썼다. 코레알의 이 저작은 뷔퐁에 의해서도 인용되었다(플레이아드 판 전집 제3권 1309페이지 참조).

으로는 젖을 먹여 새끼를 키우기 위해 계속 수고스럽게 이동을 해야 하기 때문이다. 어머니가 위험에 빠지게 되면 어머니와 함께 아이도 위험에 빠질 우려가 있다. 그러나 이 위험은 새끼가 오랫동안 자기 힘으로 먹이를 찾아 나설 능력이 없는 수많은 다른 동물에도 공통된 일이다. 그리고 인간의 유년기가 동물들보다 길더라도, 수명 또한 그만큼 길기 때문에 그 점에 있어서는 모든 것이 거의 평등하다.*14 다만 유년기의 길이나 태어나는 아이들 수에 대해서 다른 법칙이 있지만,*15 그것은 지금의 나의 주제는 아니다. 움직이는 일이나 땀을 흘리는 일이 적은 노인은 음식에 대한 욕구도 음식을 공급하는 능력과 함께 감퇴한다. 그리고 미개한 생활 덕분에 그들은 통풍(通風)이나 류머티즘으로 고통받지 않으며, 모든 질병을 일으키는 그들의 노쇠함은 아무도 모르는 사이

---

*14 뷔퐁은 말한다. "말의 수명은 다른 종류의 동물과 마찬가지로 그 성장 기간의 길이에 비례하고 있다. 인간은 성장하는 데 14년이나 걸리므로 그 기간의 6, 7배, 즉 90세에서 백 세까지 살 수 있다. 말은 4년 동안에 걸쳐 성장하므로 그 6, 7배, 즉 25세에서 30세까지 살 수 있다. 이 기준을 벗어나는 실례는 대단히 드물기 때문에 이것을 어떤 결과를 끌어낼 수 있는 하나의 예로 보아도 될 것이다. 그리고 살찐 말은 날씬한 말보다 빨리 성장하므로 그들은 사는 기간도 짧고, 15세가 되면 늙은 말이 된다."《박물지》 '말에 대하여(Hist nat., Du Cheval)'.〔원주〕

*15 육식 동물과 열매를 먹는 동물 사이에는 앞서 (註) 5에서 지적한 것보다 더 일반적인 차이를 인정할 수 있을 것이다. 왜냐하면 이 차이는 조류에까지 미치고 있기 때문이다. 이 차이는 새끼의 수로 성립된 것으로, 식물만으로 살고 있는 종류는 한 배에 절대로 두 마리를 넘지 않으나, 육식 동물에선 보통 이보다 많다. 유방의 수에 따라 자연의 목적을 아는 일은 쉬운 일이다. 그것은 말이나 소나 산양이나 사슴이나 양과 같은 종류의 암컷에는 유방이 두 개밖에 없지만, 개나 고양이나 이리나 호랑이 같은 종류의 암컷에는 언제나 6개 내지 8개의 유방이 있다. 닭이나 거위나 집오리는 매나 독수리나 올빼미와 마찬가지로 모두 육식 조류이므로, 또한 많은 알을 낳아 부화한다. 그러나 이런 일은 비둘기나 꿩처럼 낟알밖에 먹지 않는 조류에게는 절대로 없는 일이며, 그런 조류는 한 번에 알을 두 개만 낳아 부화시키게 된다. 이런 차이에 대해 사람들이 내세울 수 있는 이유는 다음과 같다. 풀이나 나무만으로 살고 있는 동물은 하루종일 풀밭을 떠나지 않고 있어 몸을 키우기 위해 많은 시간을 써야만 하므로 많은 새끼들에게 젖을 주기가 힘들 것이다. 이에 반해 육식 동물은 순간적으로 식사를 끝내 버리므로, 쉽게 또 자주 새끼들이 있는 곳이나 먹이가 있는 곳으로 되돌아 갈 수 있으며, 또 다량으로 소모되는 젖의 양도 회복시킬 수 있다는 것이다. 이런 일에 대해서는 많은 특수한 관찰과 반성을 해야만 할 것이다. 그러나 여기서는 그런 경우를 말하는 것이 아니며, 나로서는 이 부분에 있어서는 자연의 가장 일반적인 체계를 나타내는 것만으로 충분하다. 즉 인간을 육식 동물의 부류에서 끌어내어 과일을 먹는 동물 부류에 넣은 한 가지 새로운 이유를 제공하는 체계이다.〔원주〕

에, 또 자기 자신도 거의 모르는 사이에 사라져 없어지는 법이다.

병에 대해서, 나는 대부분의 건강한 사람들이 비난하는 의술에 대한 공허하고 잘못된 말들을 되풀이하지는 않겠다. 그러나 이 의술이 가장 소홀히 다루어지고 있는 지역에선, 의술이 가장 주의 깊게 연구되고 있는 지역보다도 인간의 평균 수명이 짧다고 결론지을 수 있는 확실한 결과가 있는지 그 여부를 물어 보고 싶다. 의술이 우리에게 제공할 수 있는 치료법보다도, 우리가 더 많은 병에 걸리는 것은 도대체 어찌된 일인가. 생활양식에 있어서의 심한 불평등, 어떤 사람에게는 여가가 있고 다른 사람에게는 노동이 과중하다는 것, 우리의 식욕과 정욕을 쉽게 자극하고 만족시키는 사태, 부자에게 변비성의 영양을 주어 소화불량으로 괴롭히기 일쑤인 미식(美食), 가난한 사람들의 조식(粗食)(그것조차 가끔 거르게 되어 그 때문에 그들은 어쩌다 먹게 되면 정신없이 양껏 먹게 된다). 게다가 밤샘, 그 밖의 모든 종류의 무절제, 모든 정념의 과도한 열광(熱狂), 정신의 피로와 소모, 온갖 상태에서 사람들이 경험하며, 그 때문에 쉼없이 영혼을 좀먹게 하는 무수한 비애와 고통, 이것들은 우리 불행의 대부분이 우리 자신의 행위*16로 이루어진다는 것이며, 따라서 우리가 자연이 명령한 간소하고 한결같은 고독한 생활양식을 지키고 있었다면, 아마 이런 것은 거의 다 피할 수 있었으리라는 불길한 증거이다. 자연이 우리에게 건강한 삶을 살도록 운명을 정해 주었다면, 나는 감히 이렇게 단언해도 될 것이다. 사색하는 상태는 자연을 거스르는 상태이며 명상하는 인간은 타락한 동물이라고.*17

---

*16 우리 불행의 대부분이 우리 자신의 행위에서 나온다는 생각은 루소와 친했던 스토아의 모랄리스트 세네카나 키케로나 그 전통에 서는 몽테뉴 등이 지녔던 생각—병은 정념의 폐해와 문명 생활의 모순에서 생겨난다는 생각—에 연결되고 있다. 루소도 병을 문명 생활에서 온 정념과 오류의 결과로 보고 의료나 약물의 폐해를 모르는 자연 생활을 찬미한다. 《에밀》 제1편 참조.

*17 루소의 반대자에게 반론을 불러일으키며, 수많은 해설과 논의의 바탕이 된 유명한 말. 이것은 디드로의 《백과전서》 항목 '자연법'에 있는 문구 가운데 "인간은 단순히 동물일 뿐만 아니라 이성을 활용하는 동물이며, 따라서 당면 문제에 대해 진실을 발견하는 수단을 가지고 있고, 그것을 찾는 일을 거절하는 사람은 인간의 자격을 버리는 자로서 다른 사람들에게 짐승 취급을 받아 마땅하다……"에 대응하고 있다. 루소의 말에는 그 나름의 과장법이 인정된다. 《불평등론》 전체의 문맥으로 보면, 이성의 사용에 대한 반성이나 사색을 모두 부정하는 반이성주의에 중점을 두는 것이 아니라, 자연인은 건강하고 행복한 동물, 문명인처럼 사색을 통해 복잡한 욕구를 만들어 내지 않음으로써 악덕이나 결함으로 괴로워하는 일이 없는 존재였다는 것이다. 그러나 이성의 발달, 사회의 발전으로 그 원초의 행복을 잃

미개인의 훌륭한 체격, 적어도 우리 인간이 만든 강한 술로 그 몸을 못쓰게 만들지 않은 사람들의 체격을 생각해 보면, 또 그들이 다치거나 노쇠함 이외에는 거의 병을 모른다는 사실을 알고 보면, 인간이 지닌 질병의 역사는 정치 사회의 역사를 더듬는 것으로 쉽게 엮어낼 수 있다고 여겨진다. 그것이 플라톤의 의견*18이다. 그는 트로이의 포위전(包圍戰) 때 포달레이리오스와 마카온에 의해 쓰였거나 인정된 몇 개의 약법(藥法)에 대하여, 이런 약이 일으킬 수 있는 각종 병들은 그 무렵 사람들 사이에 아직 알려지지 않았다는 판단을 내리고 있다(켈수스*19는 오늘날 우리에게 매우 필요하게 된 식양법(食養法)은 히포크라테스에 의해 발명된 것에 지나지 않다고 보고하고 있다).

이처럼 병의 원천은 거의 없었던 것이므로 자연 상태의 인간에겐 거의 약이 필요치 않았으며, 의사는 더더욱 필요치 않았다. 이 점에 있어서도 인류는 모든 동물에 비해 조건이 결코 나쁘지 않다. 그리고 사냥꾼들이 뛰어돌아다닐 때 허약한 동물을 많이 발견할 수 있느냐의 여부는 사냥꾼들을 통해 쉽게 알 수 있다. 대부분의 사냥꾼들은 동물들이 심한 상처를 입었지만 그것을 아주 교묘하게 고쳤으며, 뼈와 다리까지 부러뜨렸는데 시간이라는 외과의사 외에는 다른 의사도 없이 일상생활 말고는 아무런 양생법(養生法)을 쓰지 않고도 나

고 자연으로부터 멀어져 퇴화하거나 타락한 것을 뜻하고 있을 뿐이다. 결국 그의 주요 주제는 문명의 진보의 모순 또는 양의성, 인간의 역사에 내재하는 하나의 패러독스라는 지적으로 돌아간다. 단 타락은 동물에겐 없다. 플루타르코스, 몽테뉴 등에 의해 예부터 설명되어 이상한 것은 아니지만, 루소의 말을 문맥에서 떼어 놓으면 이 패러독스의 논리가 상실되어 완전히 부조리로 빠져들 우려가 있다. 다음으로 스탈로반스키의 해석을 요약하여 독자들에게 참고하게 하려 한다.

여기서 루소는 자연인의 '육체'만을 문제로 삼고 있다. 루소가 증명하려고 하는 것은 특별히, 원시인은 사회 상태의 기술에 의한 편리성, 기계 따위가 없어도 살아남는 경향이 있었다는 것이다. 건강이라는 점에선 동물이 사회인보다 혜택을 받고 있지만, 그것은 동물의 조건이 절대적인 가치에 있어서 더 바람직하다는 뜻은 아니다. 순수하게 육체적인 행복도 가리키고 있으나, 그것은 반성, 이성의 발전을 통해 더욱 위험에 처하고 있다. 즉 "인간은 그 향상능력에 의해 동물학적 결정성으로부터 자유롭게 되는 정도에 따라 획득한 것의 대가로, 건강을 결정하는 기본적 자동기제를 잃는 셈이 된다"(플레이야드 판 전집 제3권 131페이지 참조). 특히 〈필로폴리스의 편지〉도 이 점에 대해 말하고 있다.

*18 (플라톤 《국가론》 제3편 405~406 참조) 다음에 나오는 포달레이리오스와 마카온은 둘 다 아스클레피오스의 아들로 호메로스의 《일리아스》에 그 이름이 나오는 그리스인 의사.

*19 기원 1세기의 로마의 의사, 박학자. 히포크라테스에 대한 언급은 그의 저작 《의술에 대하여 (De Medicina)》를 가리킨다.

은 동물을 발견하고 있다. 이런 동물은 절개(切開)로 괴로워하는 일이나 약제로 중독되는 일, 또 절식으로 마르는 일도 전혀 없이 완전히 나은 것이다. 요컨대 훌륭한 의학은 우리 사이에서는 아무리 효과가 있다 하더라도, 병든 미개인은 혼자 방임되어 자연 외에 희망을 걸 곳이 없다. 그 대신 그는 자기 병 외에는 아무것도 두려워할 게 없다는 것[20] 만은 확실하다. 이것이 때때로 미개인의 상태가 우리 상태보다 나아 보이게 하는 이유이다.

그러므로 우리가 눈앞에 보고 있는 인간과 미개인을 혼동하지 않도록 조심하자. 자연은 자기가 돌보아 주어야 할 모든 동물들을 감싸 준다. 그것은 자연이 이 권리를 어떻게 소중히 하고 있는가를 나타내고 있는 것이다. 말이나 고양이, 소나 당나귀조차도 집에서 기를 때보다는 숲속에 있을 때가 대개 키도 크고 체격도 튼튼해지며, 기운도 더 왕성해지고, 힘도 세고 용기도 있게 된다. 그들은 가축이 되면 이런 장점의 절반을 잃고 만다. 그러기에 이들 동물을 소중히 다루고 기르려는 우리의 모든 배려가 오히려 그들을 퇴화시키는 결과를 가져온다고 해도 지나친 말이 아니다. 인간의 경우도 마찬가지이다. 사회에 예속된 인간은 약해지고 겁이 많고 비굴해진다. 그리고 마침내는 그의 유약함으로 여성화된 생활양식은 그의 힘과 용기를 완전히 무력하게 만든다. 게다가 미개인과 문명화된 인간의 차이가 야생동물과 길들여진 동물의 차이보다 클 것이다. 왜냐하면 인간과 동물은 자연에 의해서 동등하게 취급되었으므로, 사육되어지는 동물보다 인간이 자신에게 주는 편의가 훨씬 더 많으므로, 이는 인간 자신을 고스란히 타락시키는 특수한 원인이 되기 때문이다.

그러므로 옷이 없다든가 집이 없다든가 그 밖에 우리가 필요하다고 믿고 있는 것들을 갖지 않은 일은, 최초의 인류에게는 그다지 큰 불행도 아니며 특히 그들의 보존에 있어 그다지 큰 장해도 아니다. 그들은 털이 많은 피부를 지니지 않았지만 따뜻한 지방에선 이런 것이 필요하지 않으며, 추운 지방에선 인간이 정복한 동물의 털가죽을 자기 것으로 만드는 법을 배운다. 인간은 달아나기 위해 두 개의 다리밖에 쓸 수 없지만, 동시에 자기를 방어하고 필요한 것을 얻기 위해 두 팔을 함께 쓸 수 있다. 그들의 아이는 아주 천천히, 한걸음 한걸음 어렵게 걸음마를 뗄 것이다. 그러나 어머니는 아이를 쉽게 옮길 수 있다.

---

[20] 의사를 가리킨다. 여기서는 투약, 수술 따위의 간섭주의적인 의학에 대한 비판.

다른 동물들은 어미가 쫓기게 되면 새끼를 버리든가 새끼의 걸음에 맞추지 않으면 안 된다. 여기에는 몇 가지 예외가 있을 수 있다. 이를테면 니카라구아 지방의 어떤 동물의 예가 그러하다. 이 동물은 여우와 비슷하면서도 인간의 손과 같은 발을 지녔는데, 코레알의 말에 의하면 배 밑에 주머니를 가지고 있어서 어미가 달아나야 할 때는 새끼를 그 속에 넣는다고 한다. 이것은 바로 멕시코의 트라코돈이라는 동물과 같은 종류이며, 암컷은 같은 주머니를 가지고 있다고 라에[21]가 보고하고 있다. 결국 뒤에 다룰 예정이지만 결코 일어나지 않을 수도 있었던 그 진기하고 우연한 상황의 일치를 상상해 가하지 않는 한, 처음에 옷이나 주거를 발명한 자가 사실은 필요치 않은 것을 만들었음은 명백하다. 왜냐하면 그는 그때까지 없어도 되었으며, 게다가 어렸을 때부터 견디어 온 생활양식을 어른이 되면서부터 왜 견딜 수 없게 되었는지 그 이유를 모르기 때문이다.

오로지 혼자서, 아무것도 하지 않고 언제나 위험 앞에 놓여 있는 미개인은 동물과 똑같이 잠자기와 가벼운 졸음에 잠기기를 좋아했을 것이다. 동물은 거의 생각하는 일이 없으므로 생각하지 않을 때는 언제나 자고 있다. 자기 개체의 보존이 미개인에게는 유일한 걱정거리이므로, 그가 신체를 단련하는 가장 큰 이유는 먹이를 구하기 위해서나, 다른 동물의 먹이가 되는 일이 없도록 몸을 지키기 위해서일 것이다. 반대로 유약함과 정욕에 의해 완성되는 기관은 언제나 조잡한 상태에 머무를 게 틀림없으며, 때문에 그의 마음에는 어떤 종류의 섬세함도 파고들 여지가 없게 된다. 그리고 이 때문에 그의 감각은 크게는 둘로 나뉘게 되어 촉각과 미각은 극단적으로 조잡해지고, 시각과 청각과 후각은 몹시 예민해질 것이다. 이것이 일반적으로 동물의 상태이며, 또한 여행가들의 보고에 의하면 대부분의 미개 민족들의 상태[22]이기도 하다. 그러므로 희망봉의 호텐토트족이, 네덜란드인이 망원경으로 보는 것과 다름없이 먼 바다에 있는 배를 육안으로 발견한다고 해서 놀랄 것이 못되며, 또 아메리카 미개

---

[21] Jean Laët. 1593~1649. 네덜란드의 지리학자이며 박물학자. 네덜란드의 서인도회사 탐험대가 수집한 관찰 기록을 편찬하여 출판(1633), 그의 프랑스어 역 《신세계사 또는 서인도 제도지》(1650)가 나왔다.

[22] 여기서 루소의 원주에 나오는 미개인에 대한 기술은 주로 그 무렵 여행기의 집대성인 《여행기 총람》(1748, Histoire générale des voyages)에 실린 문헌에서 재료를 얻고 있는 것으로 보인다.

인이 가장 우수한 종류의 개가 아니면 감지할 수 없는 후각으로 발자국 냄새를 맡아 스페인 사람을 알아낸다고 해서 이상할 것도 없고, 또는 이 모든 야만적인 민족들이 아무렇지 않은 듯이 옷도 없이 생활하고, 고추를 써서 미각을 자극하고 유럽의 술을 물처럼 마신다고 해서 놀랄 것도 없다.

이상으로 나는 물리적인 인간만을 고찰해 왔다. 이번에는 인간을 형이상학적·도덕적 측면에서 살펴보도록 하겠다.

나는 어떤 동물에서나 정교한 기계만을 보게 된다. 이 기계가 자기 힘으로 나사를 돌리고, 또 이것을 망가뜨리거나 고장을 낼 것 같은 모든 상황에서 어느 정도까지 몸을 지키게 하기 위해, 자연은 그 기계에 감각이라는 것을 주었다. 나는 인간 기계 속에서도 분명히 같은 것을 인정한다. 다만 짐승의 행동에 있어서는 자연만이 모든 것을 행하는 데 대해 인간은 자유로운 능력에 근거해 자연의 행동에 협력한다는 점이 다르다. 한편은 본능에 의해, 또 한편은 자유의지에 따라서 행동한다. 그러므로 짐승은 그렇게 하는 일이 자기에게 이익이 되는 경우에도 자기에게 명령되어진 규칙에서 벗어나지를 못하며, 인간은 가끔 손해를 무릅쓰고도 그것을 범하게 된다. 따라서 비둘기는 가장 좋은 고기가 들어 있는 그릇 옆에서 굶어 죽고, 또 고양이는 산처럼 쌓인 과일이나 곡식 위에 있어도 굶어 죽을 것이다. 어느 쪽이나 그것을 먹어 볼 생각을 했다면, 그 경멸하고 있는 음식으로 문제없이 살아갈 것인데. 그러기에 방종한 인간은 열병이나 죽음의 원인이 되는 무절제에 빠진다. 그 까닭은 마음(또는 정신)이 감각을 변질시켜 버려, 자연이 잠자코 있을 때도 의지는 여전히 작용하기 때문이다.

모든 동물은 감각이 있기 때문에 관념을 지니게 된다. 동물은 어느 정도까지 그 관념을 결합할 수도 있다. 인간은 이 점에 있어서 짐승과 정도의 차이가 있을 뿐이다. 몇몇 철학자는 인간과 인간 사이의 차이가, 인간과 짐승과의 차이보다 크다고까지 주장했다. 그러므로 동물 사이에서 특별히 인간을 구별짓는 것은 지성이 아니라 그의 자유행동권이라는 특질이다. 자연은 모든 동물에게 명령하고 짐승은 그것에 따른다. 인간도 같은 것을 겪는다. 그러나 그는 자기 스스로 자유롭게 승낙하거나 저항할 수 있음을 알고 있다. 특히 이 자유로운 의식 속에 그 영혼의 영성(靈性)이 나타나는 것이다. 왜냐하면 물리학은 감각의 구조와 관념의 형성을 설명해야 하지만, 의지의 힘이나 선택하는 힘 속에서, 그리고 이 힘의 느낌 속에서 역학의 법칙에 의해서는 어떠한 것도 설명하지 못하는 순수하고 영적인 행위만 발견할 수 있기 때문이다.

그런데 이러한 물음들을 둘러싼 많은 어려움이 인간과 동물과의 차이에 얼마간 논의의 여지를 남기고 있다 하더라도, 이 둘을 구별하는 매우 특수한 또 하나의 특질이 존재한다. 그것은 자기향상 능력이다. 즉 환경의 도움을 빌려 여러 다른 능력들을 차례차례로 발전시키는 것이다. 이에 비해 동물은 몇 개월 뒤에도 그대로의 상태로 있으며, 또한 그 종은 천 년이 지나도 그 천 년의 첫해에 있었던 그대로의 상태에 있다. 왜 인간만이 쉬 늙게 되는가. 그것은 인간이 이렇게 하여 원시상태로 복귀하고, 짐승은 아무것도 얻거나 잃을 것도 없어 언제까지나 본능과 함께 머무르고 있는 데 비해, 인간은 노쇠나 그 밖의 우연한 사건 따위로 향상 능력*23을 통해 얻은 모든 것을 잃게 되어 짐승보다 낮은 상태로 떨어져 내려가기 때문이 아닐까. 이 특유한, 게다가 거의 무제한의 이 능력이 인간이 지닌 모든 불행의 원천이라는 것, 또한 평온하고 죄 없는 나날이 지나갈 그 원초적(原初的)인 상태에서 시간의 힘으로 인간을 끌어내는 것이 이 능력에서라는 것, 또 인간이 지닌 지식의 빛과 오류(誤謬), 악덕과 미덕을 여러 세기의 흐름 속에 꽃피워 마침내는 인간을 자신과 자연에 대한 폭군으로 삼고 있는 것이야말로 이 능력*24이라는 사실, 이런 일들을 인정하지 않

---

*23 Perfectibilité. 이 말은 학문상에서 새로 만든 말로 일반적으로 루소가 만든 말로 되어 있고, 18세기 민간의 국어사전으로서 중요한 트레부의 사전 Dictionnaire de Trevoux에서 1771년의 제6판부터 나타났다. 1798년의 아카데미 사전(제5판)에는 루소가 말한 뜻으로 나타나 있다. 그 뒤로 이 말은 그림의 《문예통신》(1755, 2월) Correspondance littéraire나 콩도르세의 《인간 정신의 진보에 관한 역사적 개요》(1793 완성) Esquisse d'un tableau historique des progrés de l'esprit humain 따위에 쓰이고, 이른바 진보 이론의 역사 속에서 큰 역할을 하게 된다. 그러나 이 말은 루소가 쓴 데서 볼 수 있듯이 인간과 동물을 구별하는 특수성을 나타내며, 탈 자연상태화의 원동력으로서 밝은 측면과 어두운 측면의 이중적 의미, 다시 말해 양의성을 지니고 있다.

*24 유명한 저자는 인간의 삶에서 선과 악을 계산하여 양자의 총계를 비교하니 악이 선을 훨씬 능가한다는 점, 그래서 결국 인생은 인간에게 있어 그다지 선하지 않은 선물임을 발견했다. 나는 그의 결론에 놀라지 않는다. 그는 그 모든 추론을 인간의 사회화 과정에서 끌어내고 있다. 만일 그가 자연인에게까지 거슬러 올라갔다면 그는 다른 결과를 발견했을 것이고, 또 인간은 스스로 불러들인 악 이외에는 거의 악을 갖지 않는다는 사실을 인정했을 것이며, 자연의 올바른 일이 증명되었으리라고 생각한다. 우리가 자기를 이렇게까지 불행으로 이끌어 가는 것은 그리 쉬운 일이 아니다. 한편으로 인간의 광대한 사업, 그처럼

많은 학문을 규명하고, 많은 기술을 발명하고, 많은 힘을 쓰고, 산을 깎고, 암석을 깨고, 바다를 항해하며, 토지를 개척하고, 호수를 파고, 늪지를 말리고, 거대한 건물을 지상에 세우고, 배와 선원으로 해상을 뒤덮는 일 따위를 고찰할 때, 또 한편으로는 인류의 행복을 위해 이런 모든 것에서 온 참된 이익을 조금이나마 마음을 집중시켜 탐구할 때, 이 두 가지 사항 사이에 존재하는 놀라운 불균형에 충격을 받지 않을 수 없다. 단 인간의 어리석은 교만과 뭔지 모르는 공허한 자기 예찬을 키우기 위해, 인간이 빠져들기 쉽고 더구나 친절한 자연이 주의하여 그로부터 멀리해 준 비참함을 그토록 열심히 추구하는 인간의 무분별을 슬퍼하지 않을 수 없는 것이다. 인간은 사악하다. 연속적인 슬픈 경험들이 그 증거를 소용없는 것으로 느끼게 할 따름이다. 그러나 본디 인간은 선량하다. 나는 그것을 논증했다고 믿고 있다. 그럼 이렇게까지 그를 타락시킨 것은 무얼까. 그의 사회화 과정 중에 생긴 변화와 그가 행한 진보, 그가 획득한 지식이 아니라면 도대체 무엇일까. 인간 사회를 찬미하고 싶으면 얼마든지 찬미해도 좋다. 그래도 사회는 필연적으로 사람들이 서로 미워하게 하면서, 겉으로는 서로 생각해 주는 체하며, 실제로는 상상할 수 있는 한도 안에서 온갖 해를 서로 가하려 한다는 것은 진실일 것이다. 공공의 이성이 사회라는 집단에게 가르치는 것과는 정반대의 원칙을 각 개인의 이성이 각자에게 강요하여, 저마다 타인의 불행 속에서 자기의 이익을 발견한다는 상업적 계산에 대해 어떻게 생각하면 좋을까? 유복한 사람으로, 탐욕스러운 상속인들이나 가끔 자신의 자식까지도 남몰래 그의 죽음을 간절히 바라는 처지에 서게 되지 않는 자는 한 사람도 없을 것이다. 또 바다에서 그의 난파가 어떤 상인에게나 좋은 소식이 아닌 배는 한 척도 없을 것이다. 악덕 채무자가 집안에 있는 모든 서류와 함께 타버렸으면 좋겠다고 생각지 않는 가옥은 한 채도 없을 것이다. 이웃나라 민족의 재난을 기뻐하지 않는 민족은 하나도 없을 것이다. 이처럼 우리는 동료의 손해 속에서 자기 이익을 발견하며, 또 한쪽의 파멸은 거의 언제나 다른 쪽의 번영으로 이어진다. 그러나 그보다도 더 위험한 것은 공공의 재해가 다수에게 기대감을 주고 희망이 된다는 것이다. 즉 어떤 자는 병을, 또 다른 자는 기근을 원하고 있는 것이다. 나는 풍년의 징조를 보고 울며 슬퍼하는 무서운 사람들을 보았다. 또 그처럼 많은 불행한 사람들에게 생명이나 재산을 잃게 한 런던의 저주스런 화재로 아마 1만 명 이상의 사람들이 재산을 만들었을 것이다. 아테네 사람 데마데스가 관을 대단히 비싸게 팔아, 시민의 죽음으로 큰 돈을 번 직인을 처벌한 일이 있는데, 이를 몽테뉴가 비난했다는 사실을 나는 알고 있다. 그러나 몽테뉴가 내세우고 있는 논거는 '그렇게 하면' 다른 여러 사람들도 모두 처벌해야 하므로, 이는 나의 논거를 확인해주는 셈이다. 그러므로 우리의 보잘것없는 표면적인 자비를 넘어서 우리의 마음속에 일어나고 있는 일이 무엇인지 통찰하지 않으면 안 된다. 또 모든 사람들이 서로 파괴하지 않으면 안 되며, 또 그들이 의무 때문에 적이 되고, 이해관계 때문에 사기꾼이 되는 상태가 도대체 왜 생겨나는 것인가에 대해 반성하지 않으면 안 된다. 만일 누가 나에게 사회는 저마다 타인에게 봉사함으로써 이익을 얻을 수 있도록 구성되어 있는 것이라고 대답한다면, 나는 거기에 대해 저마다 타인에게 손해를 줌으로써 더 많은 이익을 얻지 않는다면 그것은 몹시 훌륭한 일이라고 반론하겠다. 적어도 정당한 이익이 부당한 수단으로 얻을 수 있는 이익을 넘어서는 일은 결코 없다. 또 이웃사람에게 가할 수 있는 손해는 언제나 봉사보다도 돈이 되는 것이다. 거기서 확실히 벌을 모면하는 수단을 발견하는 일이 문제가 된다. 그리고 이를 향해 강자는 모든 힘을 쓰고, 약자는 모든 잔꾀를 쓰는 것이다. 미개인은 식사를 마치면 자연 전체와 사이가 좋아지며 모든 동포의 친구가 된다. 가끔 그 먹을 것을 두고 다투는 일이 있다 해도, 그는 상대를 이기는 것과 다른 곳에서 먹을 것을 찾는 일 가운데 어느 쪽이 더 어려운가를 비교해 보지 않고는 주먹을 휘두르지 않는다. 그리고 투쟁 속에는 교만이 섞여 있지 않으므로 그것은 몇 번 주먹다짐을 하는 것만으로 결판이 난다. 이긴 자는 먹고 진 자는 행운을 찾으러 간다. 그리고 모든 것은 가라앉는다. 그러나 사회 속의 인간은 사정이 달라진다. 우선 첫째로 필요한 것을, 이어서 여분의 것을 채우지 않으면 안 된다. 그리하여 환락이 오고 거대한 부, 이어서 부하, 그리고 노예가 온다. 그는 잠시도 쉬고 있을 수가 없다. 더 기묘한 일은 자연스럽고 긴박한 것이 아닐수록 욕망이 더욱 높아지고, 더 나쁜 일은 그것을 만족시키는 힘도 커진다는 것이다. 따라서 오랫동안의 번영이 있은 뒤 많은 재물을 삼켜 버리고 수많은 사람들을 괴롭힌 뒤에, 나의 영웅은 마침내 모든 것을 쥐어짜서 세계 유일의 주인이 될 것이다. 이러한 일들은 요컨대 인생을 쳐들 것까지는 없다 하더라도, 적어도 문명화된 인간의 숨은 요구를 정신적으로 묘사한 것이다. 아무런 편견도 갖지 않고 문명인의 상태를 미개인의 상태와 비교해 봄이 좋을 것이다. 그리고 어떻게 문명인이 사악함과 욕망과 비참함 외에 고통과 죽음을 향해 새로운 문을 열었는가를 가능한 한 연구해 주기 바란다. 만일 우리를 소모시키는 정신적 고통, 우리를 지치게 하고 괴롭히는 심한 정념, 가난한 사람들의 무거운 짐이 되고 있는 극도의 노동, 부자들이 빠져드는 것으로 어떤 자는 그 욕구 때문에, 다른 자는 그 과도함 때문에 죽게 되는 더더욱 위험한 나태한 생활, 이런 것에 대해 여러분이 반성한다면, 또 음식의 이상한 혼합, 해로운 조미료, 썩은 식료품, 변조된 약제, 그것을 파는 사람들의 사기 행위, 그것을 담는 용기(容器)에서 나오는 유해 물질, 이런 것을 여러분이 생각한다면, 그리고 수많은 사람들이 붐비는 통에 생긴 나쁜 공기 때문에 발생하는 전염병, 우리 생활 양식의 취약함이나 우리가 집 안팎을 드나듦으로써 생기는 병, 너무 조심성 없이 입고 벗는 옷의 사용법이나 우리의 과도한 욕심에 의해 필요한 습관이 되어 버려 그것을 등한히 하든가 또는 모자라게 하면 마침내 우리의 생명이나 건강을 잃게 되는 '의학적' 조치로 말미암아 일어나는 병 따위에 여러분이 주의를 기울인다면, 또 많은 도시를 전멸시키거나 전복시키거나 하여 주민을 수천 명이나 죽게 한 화재나 지진을 생각한다면, 요컨대 이 모든 원인들이 계속 우리 머리 위에 가하는 위험들을 모두 합쳐 생각한다면, 우리가 자연의 가르침을 경멸한 일에 대해 자연이 어떻게 우리에게 대가를 치르게 하고 있는가를 느낄 수 있을 것이다. 나는 전쟁에 대해서는, 다른 곳에 말한 것을 여기서 되풀이하지는 않겠다. 그러나 나는 사정에 정통한 사람들이 군대의 군수물자 공급자나 병원 용역업자들에 의해 이루어지고 있는 나쁜 일을 한번 상세하게 세상 사람들에게 알렸으면 한다. 그렇게 하면 그들의 책략으로, 가장 빛나는 군대가 삽시간에 무너지며, 적의 무기에 의해 쓰러지는 것보다 더 많은 병사가 멸망해 가고 있음을 알 수 있을 것이다. 기아, 괴혈병, 해적, 화재, 또는 배가 난파됨으로써 해마다 바다가 삼키게 되는 인간의 수도 거기에 못지 않게 놀라운 수에 이르고 있다. 암살, 독살, 강탈, 이런 범죄에 대한 처벌조차도 역시 사회 탓으로 돌려야 함은 명백한 일이다. 왜냐하면 이런 범죄에 대한 처벌은 더 큰 악을 예방하기 위해서는 필요하지만, 그것은 한 사람을 살해함으로써 두 사람 또는 그 이상의 생명을 잃게 하는 것이므로, 실제로는 인류의 손실을 배로 늘리는 셈이 된다. 또 인간의 출생을 가로막고 자연을 속이는 수치스러운 수단이 얼마나 많이 이루어지고 있는지 모른다. 이는 자연의 가장 매력있는 작품을 모욕하는 그 야만스럽고 타락한 취미, 미개인도 모르고 동물도 몰랐던, 다만 타락한 상상으로 문명국에 생긴 그 취미에 의해, 방자함과 불명예에 걸맞는 결실인 그 비밀스런 낙태(墮胎)에 의해, 부모의 빈곤이나 어머니들의 야만스러운 치욕의 희생물인 수많은 아이들의 유기나 살해에 의해, 마지막으로 자기 생존의 한 부분과 자손의 모든 것이 공허한 노래 때문에, 그보다 더 나쁜 일로는 어떤 사람들의 흉포한 질투 때문에 희생물로 바쳐지는 불쌍한 이들의 거세에 의해 이루어지고 있다. 더구나 거세는 이것을 당하는 사람들이 받는 대우로 보더라도, 또 그들이 쓰이는 목적으로 보더라도 이중으로 자연을 모욕하고 있는 것이다. (그러나 무엇보다도 아버지의 권리로 공공연하게 인간성을 모욕하는 가장 위험한 일들이 무수하게 일어나는 것은 아닐까? 경솔한 아버지들이 가하는 속박에 의해 묻혀 버린 재능이나 강제된 자질이 얼마나 많은지 모른다! 적당한 상태에 있으면 다른 사람들보다 뛰어났을지도 모르는데, 자기 취미에 전혀 맞지 않는 다른 상태에 놓였기 때문에 불행과 불명예 속에 죽어가는 사람이 얼마나 많은지 모른다. 자연의 질서와 언제나 모순되는 자기의 질서 때문에, 참으로 행복할 수도 있었을 신분에 의해 얼마나 많은 결혼이 깨어지거나 어지럽혀지고, 얼마나 많은 정결한 아내가 더럽혀졌는가! 그 밖에 또 얼마나 많은 기묘한 결합이 이해관계에 의해 만들어지고 사랑과 이성에 의해 부인되고 있는가! 그뿐만이 아니다. 성실하고 덕이 있는 많은 부부들조차도, 그 인연이 좋지 않았으므로 얼마나 서로 괴롭히고 있는가! 얼마나 많은 불행한 젊은이들이 부모의 탐욕으로 희생이 되어 악습에 젖거나, 또는 눈물 속에 슬픈 나날을 보내고 있는가! 마음속으로는 물리치면서도 황금만능이 만들어 낸 속박에서 헤어나오지 못하여 얼마나 많은 이들이 괴로워하고 신음하고 있는가! 야만스러운 폭력 때문에 범죄나 절망 속에 일생을 보내기 전에, 자기의 용기와 미덕에 의해 스스로 생명을 끊는 여성들은 때로는 행복한 사람들이다! 영원히 불쌍히 여겨야 할 부모들이여, 나를 용서해 주기 바란다. 미안하게도 나는 당신네들의 슬픔을 들추어내는 것이다. 그러나 누구나 자연 속에서 가장 신성한 것을, 자연의 이름으로 범하려는 자에 대해, 당신네들의 슬픔이 영원히 무서운 선례로서 도움이 될 수 있었으면 하는 것이 본디의 소망이다! 내가 우리 사회 조직의 소산인 이런 잘못된 결합에 대한 말만 한다고, 애정과 동정이 지배한 결합은 스스로 결합을 모면하고 있다고 생각할 수 있겠는가) 〔1782년 판〕. 만일 인류가 그 근원에 있어서나 온갖 관계에서 가장 신성한 부분에 있어서까지 이미 침범당하고 있는 모습을 내가 나타내려고 한다면 어떻게 될 것인가. 그런 상태에서는 아무도 감히 자연에 귀를 기울일 생각을 하지 않으며, 또 사회의 무질서가 미덕과 악덕을 혼동하고 있으므로 순결은 죄 많은 조심성으로 여겨져 동포에게 생명을 주는 일을 거절하는 일이 인도적 행위로 되어 있다! 그러나 이처럼 많은 전율을 덮고 있는 베일을 찢어 낼 생각은 하지 말고, 우리는 다른 사람들이 치료해야 할 해악을 들추어내는 데서 그치기로 하자. 더구나 이런 모든 것 위에 광산 노동과 금속, 특히 납·동·수은·코발트·비소·계관석 따위의 갖가지 조제처럼 수명을 단축하거나, 체질을 파괴하는 등 건강을 해치는 많은 직업들을 더해 보면 알 것이다. 그 밖에 지붕잇기나 목공, 미장이, 석공 등 수많은 노동자들의 목숨을 날마다 앗아가는 위험한 직업들을 덧붙여 보면 될 것이다. 그렇게 하면 많은 철학자에 의해 관찰된 종의 감소 이유를 사회의 성립과 완성 속에서 인정할 수 있을 것이다. 사치는 자기의 안일과 타인으로부터 받는 존경에 굶주리고 있는 사람들에게는 예방할 수 없는 것이며, 그것은 이 사회가 시작한 악을 완성한다. 그리고 본디 만들어 내지 말았어야 할 가난한 사람들을 먹여 준다는 구실 아래, 사치는 나머지 모든 자들을 가난하게 하고, 국가의 인구를 감소시킨다. 사치는 악을 고친다고는 하나 그 악보다도 훨씬 나쁜 치료법이다. 아니 그 자체가 어떤 국가에 있어서나 모든 악 가운데 최악의 것이며, 그것은 자기가 만들어 낸 수많은 하인이나 쓸데없는 자들을 먹이기 위해 농민이나 시민을 압박하고 멸망시킨다. 그것은 마치 푸르게 자라는 풀이나 나무에 해충을 끓게 하여 동물의 먹이를 빼앗고, 그런 기미가 보이는 모든 장소에 기아와 죽음을 가져오는 남쪽의 열풍과도 흡사하다. 사회와 사회가 만들어내는 사치로부터 미술 공예나 상업, 문학, 그 밖의 산업을 번영케 하고, 국가를 넉넉하게 하며, 끝내는 망하게 하는 그 모든 쓸모없는 군더더기들이 생겨난다. 이 쇠퇴의 이유는 아주 간단하다. 농업은 그 성질로 보아 모든 기술 중에서 가장 적은 벌이가 됨을 쉽게 알 수 있다. 왜냐하면 그 생산물은 아무래도 모든 인간이 써야 할 것이므로, 가격은 가장 가난한 사람들의 능력에 걸맞아야 하기 때문이다. 같은 원리에서 다음과 같은 규칙을 끌어낼 수 있다. 일반적으로 기술은 그 효용성에 반비례하여 이익이 있고, 가장 필요한 것이 결국은 가장 돌이켜 생각할 수 없게 되는 일이다. 이것으로 산업의 참된 이익과 그 산업의 진보에서 생기는 현실의 효과를 어떻게 생각해야 하는가 알게 된다. 이상과 같은 일이, 즉 가장 감탄의 중심이 되는 국민마저도 부유함 때문에 마침내 온갖 불행에 빠져드는 것이다. 산업이나 기술이 보급되고 번영됨에 따라 남의 멸시를 받으며 사치를 유지하는 데 필요한 조세를 짊어지게 되고, 더구나 노동과 기아 사이에서 일생을 보내게끔 되어 있는 농민은 논밭을 버리고, 본디 그가 그곳에 가지고 가야 할 빵을 구하러 도시로 간다. 도시가 백성의 우둔한 눈을 경탄케 하면 할수록 논밭은 버림을 받고, 토지는 황폐해지며 한길에서 불행한 시민들이 우글대는 모습을 보고 한탄을 할 수밖에 없을 것이다. 시민들은 거지나 도둑으로 변해 언젠가는 수레로 찢어 죽이는 극형에 처하게 되거나, 빈약한 구렁텅이에서 비참한 일생을 마치는 운명에 처하게 되기 때문이다. 이리하여 국가는 한편으론 부유해지면서도, 한편으론 약해져 인구의 감소를 가져온다. 그리고 가장 강력한 군주국도 자기를 부유하게 하는 동시에 인구를 감소시키는 일을 많이 함으로써 마침내는 가난한 다른 국민의 먹이가 된다. 이 가난한 국민도 또 그런 부유한 나라를 침략하려는 유혹에 빠져, 이번에는 이쪽이 부유해지고 이어서 무력해지며, 마침내는 저절로 다른 국민의 침략을 받아 파괴되고 만다.

그처럼 여러 세기 동안 유럽과 아시아와 아프리카에 구름처럼 몰려든 수많은 무리들은 도대체 무엇에 의해 이루어진 것인지 누구에게 설명해 달라고 말하고 싶다. 그들이 그처럼 놀랄 만한 인구를 가지고 있었던 것은, 그들 기술의 교묘함이나 법률의 현명함이나 정치 조직의 우수함에 의한 것이었는가? 왜 이런 지식도 없고 억제력도, 교양도 없는 광포하고 악한 자들이 그렇게까지 번식하는 대신, 서로 목초나 수확물을 놓고 다투어 죽이는 일을 하지 않았는지 그 까닭을 우리 학자들에게서 알아보고 싶은 것이다. 그렇게 비참한 자들이 어째서 그렇게 훌륭한 군사훈련과 그렇게 훌륭한 규율과 그렇게 현명한 법률을 가지고 있었으며, 그렇게 숙달된 사람들, 즉 우리 선조들에게 맞설 만한 대담함을 가질 수 있었는가 설명해 줬으면 한다. 그리고 마지막으로 사회가 북쪽 나라에서 완성된 이래, 또 그곳에서 그처럼 힘을 아끼지 않고 사람들에게 서로에 대한 의무와 함께 즐겁고 평화롭게 사는 법을 가르치려고 한 이래, 북쪽 나라들이 전에 배출한 수많은 사람들과 비슷한 사람들이 이미 끊어져 나타나지 않는 것은 웬일일까. 이에 대해 누군가가 다음과 같은 대답을 하려고 할까봐 나는 매우 걱정이 된다. '곧 이런 모든 위대한 것, 즉 기술이나 과학이나 법률은을 수 없다는 것은 우리에게 슬픈 일이다. 오리노코강*25 연안의 주민은 아이들의 관자놀이에 댈 판자의 사용을 처음 그들에게 알려 준 사람을 은인으로 칭찬해야 한다는 것을 실로 무서운 일이라고 생각한다. 적어도 그 판자는 어린 이들의 어리석음과 본디 가지고 있던 행복의 일부분을 그들에게 보증하고 있기 때문이다.

종의 과도한 번식을 예방하기 위한 유익한 페스트(급성 전염병)로, 사람들에 의해 교묘하게 발병된 것이다. 그렇지 않았으면 우리가 살아야 할 이 세계는 그 주민들에게 너무 좁은 곳이 되었을 것이다'라고 말이다. 이게 무슨 꼴인가. 사회를 쳐부수고, 내 것과 네 것(소유권)을 잃어버리고 숲속으로 돌아가 곰과 함께 살아야 한단 말인가. 이것은 나의 적들이 내린 결론으로 나는 그들에게 그런 결론을 끌어 낼 수치감을 남겨 주고도 싶지만, 아울러 그 결론을 격려하고도 싶다. 아아, 하늘 위의 목소리가 조금도 들려 오지 않았고, 자기의 종족을 위해 평화롭게 이 짧은 삶을 끝마치는 일 이외의 목적을 인정하지 않는 너희들, 너희들의 불길한 획득물, 불안한 정신, 부패한 마음, 끝도 없는 욕망을 도시 한가운데에 풀어놓을 수 있는 너희들, 너희들의 생각 나름이니 태고에 지녔던 최초의 순진함을 되찾는 게 좋을 것이다. 너희들과 같은 시대에 사는 사람들의 범죄를 보지 않기 위해 숲속에 가는 것이 좋을 것이다. 그리고 인류의 악덕을 버리기 위해 그 지식도 버림으로써, 인류의 가치를 낮추는 일을 두려워해서는 안 된다. 나와 같은 인간들은 영원히 태초의 단순함을 없애버려 이미 풀이나 도토리로 몸을 돌보는 일도, 법률이나 도장이 없이도 해나갈 수 있는 일도 할 수 없게 되었다. 최초의 조상 때 초자연적인 가르침을 받는 영광을 지니게 된 그 사람들, 오랜 세월에 걸쳐서도 획득할 수 없었던 도덕성을 인간 행위에 처음부터 주려고 하는 의도 속에 그 자체로서는 아무것도 아니지만 다른 체계 속에서는 설명할 수 있는 원칙의 근거를 인정하려는 사람들, 요컨대 신의 소리가 온 인류를 하늘 위의 빛과 행복으로 초대했다고 확신하고 있는 사람들, 그런 사람들은 자기네들이 아는 일을 배우며 실행할 의무가 있는 미덕의 수업을 통해 그로부터 그들이 마땅히 기대해도 좋은 영원한 보상에 잘 맞도록 노력할 것이다. 그들은 자기네들이 구성원인 사회의 신성한 인연을 중히 여길 것이다. 그들은 자기네들의 동포를 사랑하고 온 힘을 다해 거기에 봉사할 것이다. 그들은 법률에, 또 그의 입법자이며 집행자인 사람들에게 신중히 복종할 것이다. 그들은 계속 우리를 당장이라도 압도하려고 하는 그 무수한 폐해나 악한 일들을 예방하고, 고치고, 또 완화할 수 있는 선량하고 현명한 군주들을 존경할 것이다. 그들은 두려워하거나 아첨하거나 하지 않고 그 훌륭한 지도자들에게 그 일의 위대함과 의무의 엄격함을 나타내어 그들의 열의를 고무할 것이다. 그러나 그들은 여간해서 얻기 힘든 많은 훌륭한 사람들의 도움을 빌리지 않으면 유지되지 않는데, 그들이 아무리 주의해도 언제나 겉으로 보이는 이익보다도 실제로는 재해 쪽이 더 많이 생기게 하는 사회 구조를 역시 경멸할 것이다.(원주)

*25 베네수엘라의 큰 강. 루소는 여기서 기이한 재료를 앞서 말한 프랑수아 코레알의 《서인도 여행기》에서 얻은 것으로 보이며, 그의 말투에는 갓 태어난 유아의 머리와 얼굴을 판자 조각으로 눌러 납작하게 하는 어리석고 기이한 이 풍습이 문명의 해악을 피하는 데 필요하다는 것을 한탄하고 있는 것처럼 보인다.

자연에 의해 본능에만 맡겨진 미개인, 아니 그것보다 그들에게 결여된 본능을 우선 보상하고 이어서 그것을 자연 이상으로 훨씬 더 높일 수 있는 능력으로 변화되어 가는 미개인은, 그 때문에 처음에는 순수하게 동물적인 기능에서 시작할 것이다.*26 지각하는 일과 감각하는 일이 그의 최초의 상태이며, 그것

---

*26 직접 자신이든가 역사가의 저작을 통해서, 또는 여행가들의 기록을 통해 우리가 알고 있는 인간들 가운데 어떤 자는 검고, 어떤 자는 희고, 또 어떤 자는 노랗다. 어떤 자는 머리털이 길고, 어떤 자는 곱슬머리를 가졌다. 어떤 자는 털북숭이인데 어떤 자는 수염도 없다. 전에는, 그리고 지금도 그러하겠지만, 거대한 키의 민족이 있었다. 그리고 과장에 지나지 않을지도 모르는 난쟁이 족속의 이야기는 그만두더라도 라포니아인이나 특히 그린란드인이 인간의 평균 신장보다도 훨씬 작다는 사실은 잘 알려져 있다. 모두 네 발 짐승처럼 꼬리를 가지고 있는 민족이 있다는 것을 주장하는 사람조차 있다. 헤로도토스나 크테시아스의 보고를 맹목적으로 믿지 않는다 하더라도, 적어도 거기서 다음과 같은 진실에 가까운 의견을 끌어낼 수는 있다. 즉 온갖 민족이 서로 다른 생활 양식에 따르고 있던 고대 사회에 대해 충분한 관찰을 할 수 있었다면, 거기에서는 신체의 형태나 습관 속에 훨씬 두드러진 다양성이 인정되었을 것이다. 변함없는 증거를 제공하기 쉬운 이 모든 사실들도, 자기 주위의 사물밖에 바라보지 않는 습관이 몸에 붙어 기후나 공기나 음식이나 생활양식의 다양성, 일반적으로 여러 습관들의 강력한 효과, 그리고 특별히 같은 원인이 오랫동안 이어져 여러 세대에 걸쳐 잇따라 작용할 때의 놀라운 힘을 모르는 사람들만을 놀라게 한다. 바야흐로 무역이나 여행이나 정복이 여러 민족을 차츰 연결시켜 그들의 생활 양식은 잦은 교류에 의해 계속 비슷해지므로, 몇 가지의 국민적 차이가 줄어든 일이 인정되고 있다. 그리고 오늘날의 프랑스인은 이미 라틴의 역사가들에 의해 그려진 것처럼 흰색에 금발의 큰 몸을 지니고 있지 않다는 것은 누구나 인정할 수 있다. 단 주민의 타고난 체격이나 피부색에 대해서는 로마인과의 접촉이나 기후의 영향 때문에 사라지게 되었는지도 모르는 부분이, 흰색이고 금발이었던 프랑크인과 노르만인과의 혼합에 더해져 시간의 경과에 따라 회복되었다 하더라도, 무수한 원인이 인류 속에 생겨날 수 있고, 또 실제로 생겨 온 다양성에 대한 이런 모든 관찰들은 나에게 다음과 같은 의문을 갖게 한다. 즉 충분히 조사하지 않았던 탓인지 또는 다만 외형상으로 인정된 약간의 차이 때문인지, 또는 단순히 말을 하지 않았다는 이유에서인지 여행가들에게 짐승이라고 생각되고 있는 인간과 비슷한 많은 동물들은 사실 미개인이 아닌가 싶다. 그리고 옛날 숲속에 흩어져 있던 그 인종은, 그들의 잠재적인 능력을 발전시킬 기회가 없어 어느 정도의 완성에 다다르지 못하고 지금까지도 자연의 원시상태에 머물고 있는 것이 아닐까 하는 의문을. 내가 무엇을 생각하고 있는지, 그 예를 들어 보겠다. 《여행기》의 번역자는 이렇게 말한다. "콩고 왕국에서는, 동인도에서 오랑우탄이라 불리는 인류와 비비와의 중간 상태에 머물러 있는 큰 동물이 많이 발견된다. 로앙고 왕국의 마윰바 숲에선 두 종류의 괴물이 발견되는데, '큰 쪽은 퐁고, 다른 것은 엔조코라 불린다'고 바텔은 말하고 있다. 퐁고는 인간과 아주 비슷한 점이 있으나 그들은 훨씬 더 퉁퉁하고 키가 몹시 크다. 얼굴은 인간 같으나 눈이 쑥 들어가 있다. 손과 볼과 귀에는 털이 없고 다만 눈썹만은 예외로 몹시 길다. 몸의 다른 부분에는 꽤 많은 털이 나 있

으나, 그 털은 그다지 짙지 않고 빛깔은 갈색이다. 마지막으로 그들과 인간을 구별하는 유일한 부분은 다리인데, 그들의 다리에는 장딴지가 없다. 그들은 손으로 목을 붙잡으며 곧바로 서서 걷는다. 그들의 은신처는 숲속에 있다. 그들은 나무 위에서 자고 그곳에 비를 피하는 지붕 같은 것을 만들어 놓았다. 그들의 주식은 야생의 과일이나 호두이다. 절대로 고기는 먹지 않는다. 흑인들이 숲을 지나갈 때는 밤에 그곳에서 불을 피우는 일이 하나의 습관으로 되어 있는데, 그들이 아침에 떠나려고 할 때 퐁고가 불 둘레에 자리를 잡고 불이 꺼질 때까지 떠나지 않고 있는 일을 맡게 된다. 왜냐하면 퐁고들은 대단히 날쌔기는 하나 나무를 때어 불을 끄지 않게 할 만한 분별은 없기 때문이다. 그들은 때때로 떼를 지어 다니면서 숲을 지나가는 흑인을 죽인다. 자기가 살고 있는 장소에 풀을 뜯으러 오는 코끼리를 불쑥 만나는 일조차 있다. 그러면 주먹이나 곤봉으로 세게 후려쳐서 코끼리들이 비명을 지르고 달아나게끔 한다. 퐁고가 사로잡히는 일은 절대로 없다. 그들은 대단히 힘이 세서 그들을 잡으려면 열 사람이 덤벼도 안 될 정도이기 때문이다. 그러나 흑인은 퐁고의 어미를 죽인 뒤에 그 어미의 몸에 매달려 있는 어린 퐁고를 많이 붙잡는다. 이런 동물 가운데 죽는 것이 있으면, 다른 자들은 그 시체를 나뭇가지나 잎으로 가린다. 퍼처스는 여기에 덧붙여 말하고 있는데, 그가 바텔과 나눈 대화 속에서 바텔에게 들은 바에 의하면, 한 마리의 퐁고가 바텔이 데리고 있던 흑인의 아이를 채어가, 그 아이가 그 동물 사이에서 한 달 동안을 지냈다고 한다. 왜냐하면 그들은 이 흑인의 아이가 관찰한 것처럼 적어도 인간이 그들을 물끄러미 쳐다보지 않는 한, 인간을 습격하기는 해도 조금도 위해를 가하지 않기 때문이다. 바텔은 또 한 가지 종류의 괴물(엔조코)에 대한 이야기는 쓰지 않았다. 다페르가 확인한 바에 따르면, 콩고 왕국에는 인도에선 오랑우탄, 즉 숲 속의 사람이라는 이름을 갖고, 또 아프리카인의 쿠오자 모로라 부르고 있는 동물이 많이 있다고 한다. 그가 말하는 바에 의하면, 이 동물은 인간과 아주 비슷해 인간의 여자와 원숭이 사이에서 태어났을지도 모른다는 생각이 몇몇 여행가의 머리에 떠오를 정도였다고 한다. 그것은 흑인도 배척하는 공상이다. 이 동물 한 마리가 콩고에서 네덜란드로 운반되어, 오란니에 공 프리드리히 하인리히에게 헌상되었다. 그것은 세 살짜리 아이만 한 키에 살집은 보통이나 아주 단단해 보이고 균형이 잡힌 몸집을 하고 있었고, 대단히 날쌔고 활발하며, 다리는 살집이 좋고 튼튼했다. 몸 앞쪽에는 전혀 털이 없었으나 등은 검은 털로 덮여 있었다.

얼굴은 언뜻 보기에는 인간의 얼굴과 비슷했으나 코가 납작하고 비뚤어졌다. 귀도 인간의 귀와 똑같았다. 암컷의 몸은 통통하고 불룩하며 배꼽은 쑥 들어가고, 어깨는 딱 바라지고, 손은 엄지손가락과 다른 손가락으로 갈라졌으며 장딴지와 뒤꿈치는 살이 통통하게 쪄 있었다. 그 동물은 자주 다리로 곧게 서서 걸으며, 꽤 무거운 짐을 들어올리기도 하고 운반할 수도 있었다. 술이 마시고 싶으면 그는 한 손으로 항아리 뚜껑을 잡고 또 한 손으로 바닥을 받쳤다. 그리고 품위 있게 입술을 닦았다. 그는 잘 때, 머리를 쿠션에 올려놓고 마치 침대에서 자고 있는 사람이라고 보일 정도로 교묘하게 몸을 가리고 잤다. 흑인들은 이 동물에 대해 기묘한 이야기를 하고 있다. 그들은 이 동물이 부인들이나 처녀들을 범할 뿐만 아니라 무장한 남자까지도 대담하게 공격한다고 단언하고 있다. 한 마디로 말하면 그것은 고대인이 말하는 사튀로스(牛人牛羊神)로 생각되는 일이 많다. 메롤라가 흑인들이 사냥을 할 때 미개인 남녀를 붙잡는다고 말하고 있는데, 그는 아마 이 동물을 말하고 있는 것인지도 모른다.

또 이 종류의 인간의 모습을 한 동물에 대해서는 같은 《여행기》 제3권에 베코와 만도릴의 이름으로 나와 있다. 그러나 앞의 보고에 의하면 이런 괴물의 묘사에는 인류와의 뚜렷한 일치점이 발견되며, 차이점은 인간끼리의 사이에서 지적되는 일보다 오히려 적다. 문제의 동물에 대해 미개인이라는 명칭을 주지 않으려고 저자들이 근거로 들 만한 이유는 찾아볼 수 없다. 그러나 그것이 그들이 어리석기 때문이며 또 그들이 인간처럼 말을 하지 못했기 때문이라는 것은 쉽게 추측할 수 있다. 이런 일은 발성기관이 인간에게 자연스럽다 하더라도 말 그 자체는 인간에게 자연스럽지 않다는 것을 알고 있는 사람들, 또 인간의 향상 능력이 어느 점까지 문명인을 그 원시상태보다 높일 수 있었는가를 알고 있는 사람들에게는 박약한 이유이다. 그런 묘사를 포함하는 문장이 적은 데서, 어떻게 이런 동물이 충분히 관찰되지 않았는가, 또 어떻게 그들을 편견을 가지고 보게 되었는가를 우리는 판단할 수 있는 것이다. 이를테면 그들은 괴물이라는 명칭을 받고 있다. 더구나 누구나 그들이 아이를 낳은 일을 인정하고 있다. 어떤 부분에서 바텔은 퐁고가 숲을 지나가는 흑인이 그들을 물끄러미 쳐다보지만 않는 한, 흑인에게 조금도 위해를 가하지 않는다고 덧붙여 말하고 있다. 퐁고들은 흑인들이 사라지면 피워 놓은 불 둘레에 모여 있다. 그러다가 불이 꺼지면 퐁고들도 사라져 버린다. 이것은 사실이다. 관찰자의 해석은 이러하다. "그들은 아주 재빠르기는 하지만, 그 모닥불에 나무를 넣어 불을 꺼지지 않게 할 만한 분별력이 없다"라고. 바텔이나 그 편찬자 퍼처스는 퐁고의 퇴거가 그들의 의지라기보다는 그들의 우둔함 때문이라는 것을 어떻게 알 수 있었을까. 나는 그것을 추측해 보고 싶다. 로앙고와 같은 기후에서는 불은 동물들에게 그다지 필요한 것이 아니다. 흑인이 모닥불을 피우는 것은 추위를 피하기 위해서보다도 들짐승에게 위협을 주기 위해서이다. 그러므로 잠시 불꽃을 즐기며 충분히 몸을 녹인 뒤 퐁고가 같은 장소에 서 있기가 싫증이 나서 먹이를 찾아 사라진다는 일은 아주 마땅한 일이다. 왜냐하면 그들의 초식은 육식인 경우보다 시간이 더 많이 걸리기 때문이다. 더구나 인간도 예외는 아니며, 대부분의 동물이 본디 게으르기 때문에 절대적으로 필요치 않는 한 여러 가지 성가신 일들을 싫어한다는 것은 이미 알려진 사실이다. 끝으로, 사람들에게 그 재빠름과 힘을 칭찬받고, 시체를 이장하고, 나뭇잎으로 지붕을 이을 줄 아는 퐁고가 장작을 불 속에 넣는 일을 몰랐다는 것은 대단히 기이하게 생각된다. 나는 퐁고는 할 수 없다고 사람들이 생각하려고 하는 이같은 일을, 한 마리의 원숭이가 해치우는 것을 본 기억이 있다. 그 무렵 나의 사상이 이 방면으로 향하고 있지 않았으므로, 여행가들에 대해 지금 내가 비난하고 있는 실패를 나 자신이 했고, 또 원숭이의 의도가 실제로 불을 유지할 작정이었는지 아니면 단순히 내가 믿고 있는 것처럼 인간의 행위를 본뜨는 일이었는지 조사하는 일을 게을리한 것은 사실이다. 그것은 고사하고 원숭이가 인간의 한 변종이 아니라는 것은 잘 논증되고 있다. 그것은 그가 말하는 능력이 모자라서만이 아니라 특히 그의 종이 인류에게 특유한 특질인 자기 향상의 능력을 조금도 지니지 않았다는 사실이 확실하기 때문이다. 이 실험이, 이와 같은 결론을 끌어 낼 수 있을 만한 충분한 주의를 기울여 퐁고나 오랑우탄에 대해서도 이루어졌으리라고는 생각되지 않는다. 만일 오랑우탄이나 그 밖의 것이 인류에 속해 있다면, 아무리 조잡한 관찰자들이라도 이것을 확인할 만한 수단은 있을 것이다. 그러나 다만 이 실험을 위해서는 단 1세대만으로는 충분하지 않을 것이며, 거기다 이 실험은 실행 불가능한 것으로 생각지 않으면 안 된다. 왜냐하면 사실을 검증해야 할 시험이 아무런 선입관도 없이 이루어지기 전에, 단순한 가정에 지나지 않는다는 일이 진실이라고 논증될 필요가 있을 테니까 말이다. 계발된 이성의 결실이 아닌 성급한 판단은 어쨌든 극단적으로 치닫기 쉽다. 우리 여행가들은 고대인들이 사튀로스, 파우누스(목양신), 실바누스(숲의 신) 등과 마찬가지로 퐁고, 만도릴, 오랑우탄 등을 신으로 숭배했다고 보고 있다. 아마 좀 더 정확한 연구를 한다면(그것은 짐승도 아니고 신도 아닌) 〔1782년 판〕 인간임을 발견할 수 있을 것이다. 그러기까지 이에 대해서는 학문의 성직자이며 현장 목격자이기도 한, 또 극히 소박하면서도 재기에 넘친 사람이기도 한 메롤라도, 상인 바텔이나 퍼처스나 그 밖의 편찬자와 마찬가지로 믿어도 좋다고 생각한다. 이미 내가 앞서 말한 1694년에 발견된 아이에게서 이성의 표시는 조금도 나타나지 않았고 발과 손으로 걸으며 아무런 언어도 없이 인간의 음성과는 조금도 비슷하지 않은 음성을 내고 있던 아이를 이런 관찰자들이 보았다면 어떤 판단을 내렸으리라고 생각할 수 있을까? "꽤 오랜 시간에 걸쳐" 하고 이 사실을 나에게 제공해 주는 철학자는 말을 잇는다. "그는 몇 가지 말을 할 수는 있었다. 그는 그 말을 아주 조잡하게 했다. 그가 말을 할 수 있게 되자, 곧 사람들은 그의 처음 상태에 대해 질문했다. 그러나 우리가 자신의 요람 속에서 일어난 일을 기억하고 있지 않은 것처럼, 그도 또한 그 일을 기억하고 있지 않다." 불행하게도 이 아이가 우리 여행가들의 손에 걸려들었다면 틀림없이 그들은 그가 말을 하지 않는다는 사실과 우매한 사실을 알아차린 뒤에, 그를 숲속으로 다시 보내든가 가축 우리에 넣을 결심을 했을 것이다. 그리고 그들은 훌륭한 보고서에 이것을 인간과 매우 비슷한 기묘한 짐승으로 단정하고 학자답게 말했을 것이다. 최근 3, 4백 년 이래 유럽의 주민이 다른 여러 대륙에 흘러 들어가 계속 새로운 여행기나 보고서를 공공연하게 발표하고 있는데, 인간에 대해서 우리는 다만 유럽인밖에 모른다고 나는 확신하고 있다. 그래도 학식 있는 사람들 간에도 사라지지 않은 웃지 못할 편견에서, 누구나 인간 연구라는 어마어마한 이름 아래 거의 자기 나라 사람에 대한 연구만을 하는 것으로 생각된다. 개개인의 왕래에도 헛수고가 되어 버리고 마는 철학은 조금도 여행하지 않은 것과 같은 것이다. 그러므로 어느 민족의 철학도 다른 민족에게는 그다지 적합치 않다. 이런 사실은 적어도 먼 나라들에 대해서는 확실하다. 왜냐하면 먼 여행을 하는 인간이라고 하면 우선 뱃사람, 상인, 병사, 선교사라는 네 종류밖에는 없기 때문이다. 그런데 최초의 세 부류가 좋은 관찰자를 공급하리라는 것은 거의 기대해서는 안 된다. 네 번째 부류의 관찰자는 그들이 숭고한 천직이라 믿는 데 전념하므로, 그들이 다른 사람들처럼 직업상의 편견에 지배되지 않는다하더라도, 순수한 호기심에 속한다고 생각되는 연구, 더구나 그들이 할 예정인 중요한 일로부터 그들을 벗어나게 하는 연구에 그들이 스스로 전념하는 일은 있을 수 없다고 생각하여야 한다. 게다가 효과적으로 복음서의 가르침을 설명하는 데는 열의만 있으면 되며 나머지는 신이 주게 된다. 그러나 인간을 연구하기 위해서는, 신이 누구에게도 약속해 주지 않으며 더구나 성자에게도 주어지지 않는 재능이 필요한 것이다. 어떤 여행 책을 펴 보더라도 그곳에는 반드시 성격이나 관습의 기록이 발견된다. 그러나 그처럼 많은 것을 기술한 그 사람들이 누구나 이미 알고 있는 일만을 적어 놓았고, 세계의 다른 끝을 가도 자기네 거리에서 한 발짝도 나아가지 않고, 다만 자기만의 흥미에서 알아차린 일 이외에는 인정할 수 없었던 일, 또 모든 민족을 구별하는, 그리고 보기 위해서 생긴 눈이라면 틀림없이 놀라게 될 그 참된 특징을 보지 못하고 있다는 사실을 보고 정말 놀라게 되는 것이다. 거기서 철학자인 체하는 친구들에 의해 그렇게도 오래전부터 말해 온 훌륭한 도덕상의 격언이 나온 것이다. 바로 인간은 어디까지나 똑같다, 어디까지나 같은 정념과 같은 악덕을 가지고 있으므로 저마다 다른 민족의 특징을 구별하고자 하는 것은 쓸데없는 헛수고라는 것이다. 그것은 피에르나 자크가 모두 코와 입과 눈을 가지고 있으므로 이 두 사람을 구별할 수 없으리라는 것과 거의 비슷한 말이다.

　백성들이 철학을 하는 일에 손을 내밀거나 하지 않았던 행복한 시대, 플라톤이나 탈레스나 피타고라스와 같은 사람들이 알고자 하는 열망에 불타, 오로지 학문을 연구하기 위해 여행을 하면서 먼 곳까지 나아가 국민적인 편견의 멍에를 벗어던지고 사람들의 차이를 배우고, 단순히 하나의 세기(世紀) 또는 하나의 나라에 대한 지식이 아니라 모든 시대와 모든 장소에 속하며, 말하자면 현자들의 공통된 지혜인 그 보편적인 지식을 손에 넣으려고 했던 시대의 재래는 이제 다시 볼 수 없을 것인가? 사람들은 오두막을 스케치하거나 비명(碑銘)을 해독하거나 모사(模寫)하기 위해, 학자나 화가들을 데리고 많은 비용을 들여 동양으로 여행을 했다. 또는 여행을 보낸 몇몇 호사가의 호기로움에 사람들은 감탄했다. 그러나 나는 이 훌륭한 지식을 자랑하는 세기에 있어, 마음이 잘 맞는 두 인간이 있다고 하고, 한 사람은 금전으로 풍부하고 또 한 사람은 천재의 재질이 풍부하고 둘이 다 영광을 사랑하며 불사(不死)를 위해, 여느 때처럼 돌이나 초목이 아니라 한 번은 인간이나 관습을 연구하기 위해, 한쪽은 그 재산의 2만 에퀴를, 또 한쪽은 그 생애의 10년을 유명한 세계 일주 여행에 바친다. 그리고 집을 측량하고 시찰하기 위해 많은 세기들을 보낸 뒤에도, 마침내 집에 사는 사람을 알려고 하는 일이 왜 일어나지 않는지 나는 이해하기가 어려워지는 것이다. 유럽 북부와 미국 남부를 돌아다니고 온 아카데미 회원들은, 철학자로서라기보다는 기하학자로서 그런 지역을 시찰하는 것이 목적이었다. 그러나 그런 지역들은 동시에 그 양쪽의 특성을 지니고 있으므로 라 콩다민이나 모페르튀이처럼 사람들에게 보여지고 기술된 그런 지방을 완전히 미지의 것으로 볼 수는 없다. 플라톤처럼 여행한 보석상인 샤르뎅은 페르시아에 대해 아무런 기록도 남기지 않았다. 중국은 예수회 선교사에 의해 잘 관찰된 것처럼 생각된다. 켐펠은 그가 일본에서 본 몇 가지 안 되는 일에 대해 꽤 많은 관념을 주고 있다. 이런 보고를 별도로 하면, 우리는 두뇌보다는 지갑을 채우려고 유럽인이 교섭을 했던 동인도의 모든 민족들을 조금도 모른다. 아프리카 전 지역과 그 다수의 주민은 성격으로 보나 피부색으로 보나 독특하여 앞으로 검토해야 한다. 지구 전체는 우리가 이름밖에 모르는 여러 국민들로 덮여 있다. 더구나 우리는 인류를 평가하는 데 말참견을 하려 드는 것이다. 지금 몽테스키외나 뷔퐁이나 디드로, 뒤클로나 달랑베르나, 콩디야크나 그 밖에 그런 자질의 사람들이 그 나라 사람들을 교화하기 위해 여행하고, 그들에게 할 수 있는 것과 마찬가지로 터키, 이집트, 북아프리카의 바르바리아 지방, 모로코 제국, 기니아, 카프랄리아인의 나라(동남아프리카), 아프리카 내륙과 그 동해안, 마라발 해안지방(인도 서남단), 무갈(인도), 갠지스 강 유역, 샴페그(미얀마), 아바(미얀마)의 여러 왕국, 중국, 타타르, 일본, 그리고 또 하나의 반구에선 멕시코, 페루, 칠레, 마젤란 해협 지방, 거기에 진짜 또는 가짜 파타고니아인, 투크만(아르헨티나), 파라과이도 잊지 않고, 가능하면 브라질이나 마지막으로 카리브인이나 플로리다, 그 밖에 모든 미개 지역을 관찰하고 기술한다고 가정해 보자. 그것은 모든 여행 중에서도 가장 중요하며, 가장 주의깊게 이루어져야 할 여행이다. 다음으로 그 새로운 헤라클레스들이 이 기념해야 할 여정에서 돌아와 틈틈이 자기들이 보고 온 사물의 자연적이고 도덕적이며 정치적인 역사를 쓴다고 가정해 보자. 그렇게 하면 우리는 그들의 펜은 미개인과 모든 동물에게 공통되는 일일 것이다. 의지를 움직이는 일과 움직이지 않는 일, 욕망을 느끼는 일과 두려워하는 일은 새로운 환경이 그의 능력에 새로운 성장과 발전을 불러일으킬 때까지는 그의 정신에 있어 유일한 최초의 움직임이 될 것이다.

모랄리스트들이 말하는 인간 오성(人間悟性)은 정념에 많은 영향을 받고 있으며, 또한 정념도 누구나가 인정하듯 인간 오성에 많은 영향을 받고 있다. 우리의 이성은 이 둘의 활동에 의해 완성되는 것이다. 우리가 지식을 열망하는 것은 다만 즐기고 싶어하기 때문이다. 그리고 욕망도 두려움도 없는 인간이 애써 이성을 활발히 작용시킬 까닭은 없다. 정념도 또한 그 기원을 우리의 욕구로부터, 그리고 그 진보를 우리의 지식으로부터 끌어낸다. 왜냐하면 사람은 자기가 가질 수 있는 관념에 의해서, 또는 단순한 자연적 충동에 의해서 사물을 탐내거나 두려워하거나 할 수 있기 때문이다. 그러나 미개인은 모든 종류의 지식이 결여되어 있으므로 이 마지막 종류의 정념(충동)만 겪게 된다. 그의 욕망은 육체적 욕구 이상으로 나아가는 일은 없다.*27 이 세계에서 그가 알고 있는 욕망은 먹는 것과 이성(異性)과 휴식뿐이다. 그리고 그가 두려워하는 불행은 고통과 굶주림뿐이다. 나는 고통이라고 했지 죽음이라고는 하지 않았다. 왜냐하면 동물은 죽음이 어떤 것인지 전혀 모르기 때문이다. 죽음과 죽음의 공포에 대한 지식은 인간이 동물적 상태로부터 벗어날 때 처음으로 얻는 것 가운

밑에서 하나의 새로운 세계가 생겨나는 것을 보게 될 것이다. 또 그렇게 하여 우리는 우리의 세계를 알게 될 것이다. 그같은 관찰자들이 어떤 동물에 대해 그것은 사람이다, 또 다른 동물에 대해 그것은 짐승이다 하고 단정할 때야말로 그들이 말하는 것을 믿어야 한다고 나는 말해 둔다. 그러나 이 점에 대해 조잡한 여행가들을 믿는 것은 너무 단순할 것이다. 그런 사람들은 다른 동물에 대해 의문을 해결하는 일에 참견하고 있는데, 사람은 그와 비슷한 의문을 그들에게 가끔 품고 싶어지는 것 같다.(원주)

*27 이것은 더 없이 분명한 사실로 생각된다. 그리고 우리 철학자들이 자연인에게 상정하고 있는 모든 정념을 어디서 생겨나게 할 수 있는지, 나는 아무래도 이해할 수 없다. 자연 그 자체가 요구하는 유일한 물질적 필요를 제외하고는 다른 모든 우리의 욕구는 다만 습관에 의해 그렇게 된 것, 다시 말해 습관이 되기 전에는 조금도 욕망을 불러일으키지 않았거나, 또는 우리 욕구에 의해 처음으로 그렇게 된 것이든가 할 것이다. 그리고 사람들은 알지도 못하는 것을 절대로 탐내지는 않는다. 거기서 끌어낼 수 있는 귀결은, 미개인이 자기가 알고 있는 것에만 탐을 내며, 자기가 소유할 힘을 가지고 있는 것인가 또는 손에 넣기 쉬운 것인가를 모르는 상태에서 그의 영혼만큼 평정하고 그의 정신만큼 한정된 것은 아무것도 없을 것이라는 것이다.(원주)

데 하나이다.

이 생각을 사실로 유지하는 일, 즉 세계의 모든 국민에게 있어서 정신적 진보는, 국민들이 자연으로부터 받았거나 환경에 의해 강요받은 욕구, 그리고 이 욕구들을 채우도록 그들을 재촉하는 정념과 꼭 정비례했다는 사실을 보이는 일은 나로서는 쉬운 일이다. 나는 이집트에서 나일 강의 범람과 함께 여러 가지 기술이 생기고 퍼져 가는 것을 예로 들 것이며, 그리스인들 사이에서 일어난 여러 가지 기술 진보를 더듬어 볼 수도 있다. 그곳에서는 온갖 기술이 비옥한 에우로타스 연안에서는 뿌리를 내리지 못하고, 오히려 아티카의 모래와 바위 사이에서 싹이 트고 성장하여 하늘까지 뻗어 올라가는 것을 볼 수 있다. 나는 일반적으로 북방 민족들이 남방 민족들보다 근면하다는 사실에 주의를 기울이게 할 것이다. 왜냐하면 자연이 이처럼 토지에 주기를 거부한 비옥함을 정신에게 줌으로써 사물을 평등히 하기를 원하는 것처럼, 북방*28 민족이 더 근면하지 말라는 법은 없기 때문이다.

그러나 불확실한 역사적 증거에 의존하지 않더라도 모든 상황이 미개인에게서 그의 미개 상태를 벗어나고 싶어하게 하는 유혹과 그 수단을 없애버리는 것처럼 보인다는 사실을 인정하지 않는 사람이 있겠는가. 그의 상상력은 그에게 아무것도 요구하지 않는다. 그의 자잘구레한 필수품은 아주 쉽게 발견되고, 더구나 그는 좀 더 높은 지식을 획득하려고 원하는 데 필요한 정도의 지식에서는 멀어져 있으므로, 앞을 내다보는 힘과 호기심*29도 가질 수 없다. 자연의 광경은 너무 많이 보았으므로 그의 관심을 끌지 못한다. 그가 보고 듣는 모든 것은 언제나 같은 순서이며 같은 모순을 담고 있다. 그는 기적같은 일에도 놀라워할 만한 정신적 여유를 갖고 있지 않다. 그러므로 인간이 날마다 보

---

*28 풍토와 인간 정신의 관계에 대한 기술에서는 몽테스키외의 영향이 매우 강하게 느껴진다 (《법의 정신》 제18편 제4장 참조). 언어의 발생에 대해서도, 남방과 북방 민족의 차이를 《불평등론》 무렵부터 쓰기 시작한 《언어기원론》 속에서 논하고 있다(Cf., Essai sur l'origine des langues, ch. IX, ch. X). 《사회계약론》의 제3편 제8장에서는 마찬가지로 풍토와 정체의 관계를 말하고 있다.

*29 미개인은 자족하며 오로지 현재에 살고 있으므로 진보를 원하고 지식을 늘리려는 욕구를 갖지 않는다. 앞을 내다보는 힘은 오히려 나쁜 욕망, 상상력을 증대시키는 위험한 힘으로 움직인다. 《에밀》에서 아이들의 경우도 이 능력의 움직임은 마찬가지이다. "선견지명, 계속 우리를 우리 밖으로 끌어내어 가끔 우리들이 다다를 수 없는 곳에 두는 선견지명, 이것이 우리 인간이 겪는 모든 불행의 참된 원천이다."

아 온 것을 한 번으로 충분히 관찰할 수 있도록 하기 위해 인간이 필요로 하는 철학을 그에게서 구해서는 안 된다. 그의 마음은 어떤 일에도 움직이지 않고, 오로지 눈앞의 자기 생존에 대한 생각에만 몰두하며, 그것이 아무리 가까운 미래라도 미래에 대해 어떠한 관념도 가질 수 없다. 또 그의 계획은 그의 시야와 마찬가지로 좁게 한정되어 그날의 끝에 겨우 미칠 정도이다. 오늘날에도 카리브인의 예지력은 이 정도이다. 그는 밤에 그것이 필요할 것이라고 짐작하지 못하고 아침에 자기 이불을 팔고, 저녁에는 울면서 그것을 다시 사러 온다.

이 주제(主題)에 대하여 깊이 고찰하면 할수록 순수한 감각과 가장 단순한 지식과의 거리는 더욱더 커진다. 그리고 인간이 필요성의 자극도 없이, 다만 자기의 힘만으로 이렇게 큰 간격을 어떻게 뛰어넘을 수 있었는가를 상상한다는 것은 불가능하다. 인간이 하늘의 불(태양) 이외의 불을 발견하기까지는 아마 많은 세기가 흘러갔을 것이다! 가장 많이 알려진 원소(原素)(불)의 쓰임을 배우기 위해서, 인간에게 얼마나 많은 우연이 필요했을까! 불을 만들어내는 기술을 획득하기까지 몇 번이나 그들의 손에서 불이 꺼졌던 것일까. 그리고 그 비결이, 그것을 발견한 사람과 함께 몇 번이나 사라져 버렸을까! 농업에 대해서 우리는 어떻게 말하면 좋을까. 그것은 참으로 많은 노동과 예지력을 필요로 하며, 참으로 많은 다른 기술들과의 연결성이 있고, 적어도 하나의 사회가 시작되지 않으면 실행 불가능하다는 것이 너무나 명백하다. 그런 것이 없어도 대지가 훌륭하게 공급할 수 있는 식량을 대지에서 끌어낸다기보다, 우리의 미각에 가장 맞는 식물을 생산하게끔 무리하게 대지에 강요하기 위해 우리들에게 필요한 기술인 것이다. 그런데 인간의 수가 아주 많이 늘어나 자연의 생산물만으로는 먹여 살릴 수 없게 되었다고 가정하자. 이것은 이와같은 생활양식이 오히려 인류에게 아주 유리하다는 것을 나타내는 가정이다. 또 다음과 같은 일도 가정해 보자. 모든 사람들이 끊임없는 노동에 대해 품는 극단적인 증오의 마음을 극복하고, 그들이 자기들의 필요를 아주 빨리 예견하는 법을 배우며, 왜 땅을 갈고 씨를 뿌리고 나무를 심는가를 알아내고, 보리를 타고 포도를 발효시키는 기술을 발견했다고 가정해 보자. 이런 것은 다 그들이 스스로 배웠다고는 생각할 수 없으므로, 신들로부터 배워야 했던 일이다. 그러나 그렇게 되면 인간이든 짐승이든 가장 먼저 찾아온 자가 그것을 먹어 치워 발가숭

이로 만들어 버릴 밭을 애써 가꿀 만큼 어리석은 인간이 도대체 어디 있겠는가? 게다가 고된 노동을 위해 자기 생애를 보내려고 누가 마음을 먹겠는가. 그리고 그 일에 대한 보상이 자기에게 필요하면 할수록 손에 들어오지 않는다는 사실을 확실히 인식하게 될 것이다. 요컨대 토지가 그들 사이에 분배되어 있지 않는 한, 다시 말해 자연 상태가 조금도 소멸되어 있지 않는 한, 이러한 상황에서 어떻게 인간이 토지를 갈 기분이 들겠는가?*30

그렇다면 생각하는 기술에 있어 우리 철학자들이 던저주는 것에 뒤지지 않을 만큼 교묘한 미개인을 가정하기로 하자. 즉 그들의 예를 따라 그 미개인을 한 사람의 철학자로 가정하고, 그 사람이 혼자 힘으로 가장 숭고한 진리를 발견하여, 질서 일반에 대한 사랑으로부터, 또는 그 창조자의 주지(周知)된 의지로부터 나온 정의와 도리의 원리를 극히 추상적인 추리를 거듭함으로써 자기의 힘으로 만들어 낸다고 가정해 보자. 요컨대 미개인의 정신 속에, 그에게 분명히 있으며 현재도 발견되고 있는 둔하고 어리석은 정도밖에 되지 않는 지식과 지성이 있다고 가정해 보자. 그렇게 가정해 본들, 사람에게 전할 수 없었기에 그렇게 발명한 개인과 함께 멸망해 버린 이런 모든 형이상학에서, 인류는 어떠한 실리(實利)를 끌어낼 수 있겠는가. 동물들 사이에 섞여 숲속에 산재하고 있었던 인류가 어떤 진보를 했을 것인가. 정해진 주거도 없고, 서로 상대방을 필요로 하지도 않고, 일생에 한두 번 만날까 말까 할 정도로 잘 아는 사이도 아니며, 말을 나누는 일도 없는 사람들이 어느 정도까지 나란히 발전해 나아가면서 서로를 계발할 수 있겠는가.

우리가 얼마나 많은 관념을, 말을 사용함으로써 얻고 있는지, 문법이 얼마나 정신의 움직임을 훈련하며, 서로에 대한 이해를 돕는가를 생각해 보는 것이 좋다. 또 언어를 처음으로 발견하느라 소비했을 엄청난 노고와 무한한 시간을 생각해 보는 것이 좋다. 그리고 이러한 반성을 앞서 한 반성에 결부시켜 보는 것이 좋다. 그렇게 하면 인간 정신 속에 그것이 이룩할 수 있었던 온갖 움직임을 차례차례로 발전시키기 위해서 몇천 세기가 필요했는지 판단될 것이다.

여기서 잠시 언어의 기원*31에 대한 온갖 고난을 고찰하는 일을 허용해 주

---

*30 여기서 루소는 토지의 분배 또는 사유제가 없는 한 농업은 나타나지 않았을 거라는 말을 하고 있다. 자연 상태에서 고립된 생활을 할 때 사유 문제는 일어나지 않기 때문이다.

*31 언어의 기원 문제는 18세기에는 많은 사상가들에 의해 연구되었다. 콩디야크, 디드로, 모페

기 바란다. 나는 여기서 이 문제에 대해 내 관점을 정리하게 해 준 콩디야크 신부의 연구를 인용하든가, 되풀이하는 일에만 그치겠다. 그러나 이 철학자가 임의적 기호 설정(記號設定)의 기원에 대해 자기에게 계시한 문제점을 해결하는 방법을 보면, 그는 내가 의문시하고 있는 일, 즉 언어의 발명자들 사이에서 이미 어떤 언어 기호 체계가 존재했었다고 가정하고 있음을 알 수 있으므로, 나는 그의 고찰을 참고로 하면서도 같은 어려운 문제를 나의 주제에 들어맞게 끔 하기 위해 나 자신의 고찰을 첨부하려고 생각한다. 처음 나타나는 어려움은 어떻게 언어가 필요하게 되었는가를 상상하는 일이다. 왜냐하면 사람들은 서로 아무런 의사 소통도 하지 않았고, 또 그 필요성도 없었다. 만일 언어의 발명이 반드시 필요한 것이 아니었다면 언어를 발명할 필요도 생각할 수 없기 때문이다. 나도 다른 많은 사람들과 마찬가지로, 언어가 아버지와 어머니와 아이들의 가정적 교류 속에서 생겨난 것이라고 말하고 싶다. 그러면 반대론이 해결되지 않을 뿐더러 자연상태에 대한 추리를 하는 데 있어서, 사회 속에서 얻은 관념을 결부시켜 가족은 언제나 같은 주거에 모여 있는 것이라고 생각하고, 또 그 구성원들은 많은 공통된 이해관계에 의해 결합되어 있는 우리 가족의 경우와 마찬가지로 친밀하고 영속적인 결합을 유지하고 있다고 여기는 잘못을 범하게 된다. 그런데 이와 반대로, 이 원시상태에 있어서 서로는 집이나 오두막 등 어떠한 종류의 재산도 없었으므로, 닥치는 대로 하룻밤을 묵기 위해 주거를 정했다. 남성과 여성은 만나서 기회가 있는 대로, 욕망이 솟는 대로 우연히 결합했으나, 언어는 그들이 서로 전해야 했던 뜻을 소통하는 데에 그다지 필요하지 않았다. 마찬가지로 헤어지는 것도 쉬웠다. 어머니는 먼저 자신의 필요 때문에 아이들에게 젖을 먹였다. 이리하여 포유(哺乳)의 과정에서 어머니가 아이들을 귀여워하게 되고, 아이들은 자기 먹이를 찾을 만한 힘을 갖게 되면 곧 그 어머니를 못 본 체했다. 그리고 그들이 다시 만나기 위해서는 서로 모습을

르튀이, 튀르고 등과 비교해 보는 루소의 언어론은 대단히 독특한 것이다. 여기서 루소는 언어의 기원에 대한 몇 가지 가설을 나타내고 있는데, 이 《불평등론》에서 주로 쓸 예정이었던 언어론은 뒷날 시간을 들여 이루어지고 다듬어져 《언어 기원론》이 되었으며, 그 속에 그의 언어론이 보다 완전한 형태로 씌어져 있다. 여기서 루소가 펼치고 있는 이론의 재료는 콩디야크의 《인간 지식의 기원에 관한 시론》(1746)(제2부)이나 뒤보스의 《시와 회화에 관한 비판적 성찰》(1719) l'Abbé Du Bos, Réflexions critiques sur la poésie et sur la peinture, Section XXXV 등에서 얻고 있다.

잊지 않는 것 말고 달리 아무런 방법이 없었으므로, 마침내 그들은 서로 기억하는 일조차 없게 되었다. 더욱이 주의할 일은 아이들은 모든 욕망을 설명하지 않으면 안 되고, 따라서 어머니가 아이들에게 말하기보다 아이들이 어머니에게 해야 할 말이 더 많았다. 그러므로 언어를 발명하기 위한 노력을 더 많이 해야 하는 쪽은 아이들이며, 또한 그들이 쓰는 말들은 대부분 아이들이 만든 것이 될 것이라는 점이다.*32 그 결과 언어는 그것을 말하는 개인의 수만큼 많

---

*32 나는 로크의 《시민 정부론》 속에서 하나의 반대론을 발견하는데, 그것은 너무도 그럴듯하여 모르는 체할 수 없는 것으로 생각된다. 이 철학자는 말한다. "수컷과 암컷 사이에 성립되는 결합 관계의 목적은 단순히 생식이 아니라 종을 지속시키는 것이므로, 이 결합관계는 생식 뒤에도 적어도 아이의 양육과 생존에 필요할 만한 기간, 즉 그들이 스스로 그 욕망을 채울 수 있게 되기까지 지속하지 않으면 안 된다. 이 규칙은 창조주의 무한한 지혜가 그 손으로 만든 물건에 대해 정한 것으로, 우리가 보는 바로는 인간보다 하등의 피조물이 그것을 정확하게 지키고 있다. 풀을 먹고 사는 동물의 수컷과 암컷은 성교 행위가 오래 이어지지는 않는다. 왜냐하면 새끼들이 풀을 뜯어먹게 되기까지는 그들을 키우는 데 어미의 유방만으로도 충분하므로, 수컷은 새끼를 낳게 하는 일만으로 만족하고 그 뒤로는 암컷이나 새끼에 대해 조금도 간섭하지 않는다. 그들의 생존에 그가 조금도 도움이 될 수 없기 때문이다. 그러나 맹수는 결합 관계가 좀 더 오래 이어진다. 그 이유는, 어미는 그가 획득한 것으로 자기 자신의 식량을 충당할 수는 있지만 새끼들을 키울 수는 없으며, 먹이를 얻는 방법이 풀을 먹고 생활하기보다는 힘이 들고 위험이 따르므로, 이런 말을 써서 좋다면, 그들의 가족공동체를 유지하기 위해서는 수컷의 도움이 필요하며, 이 가족의 새끼는 스스로 먹이를 찾아 나갈 수 있게 되기까지 수컷과 암컷의 돌봄 없이는 생존할 수 없기 때문이다. 계속 먹이가 넉넉히 있어, 수컷이 새끼를 키울 걱정을 하지 않아도 되는 장소에 있는 몇몇 집짐승을 제외하면 지금 말한 것과 같은 일이 모든 조류에게도 해당된다. 즉 둥지 속의 새끼들이 먹이를 필요로 하는 동안, 그 새끼들이 날아다니며 스스로 먹이를 구할 수 있게 되기까지는 수컷과 암컷이 그곳에 먹이를 날라다 주는 것이다. 그리고 내 의견으로는, 왜 인류는 수컷과 암컷이 다른 생물이 유지하는 것보다 오랜 기간 결합관계를 계속해야 하는가 하는 유일한 이유는 아니라도 주요한 이유가 이런 점에 있다고 생각된다. 그 이유란 여성에겐 임신하는 능력이 있고, 보통은 먼저 아이가 아직 부모의 도움 없이는 살아 나갈 수 없으며, 자기에게 필요한 것을 스스로 구할 수 있게 되기 훨씬 이전에 또 배가 불러지고 새로운 아이를 낳는다는 일이다. 이리하여 아버지가 그 아이의 시중을 들고, 더구나 오랫동안 돌봐야 하므로 그는 또 그 아이를 낳게 한 같은 여성과 부부의 결합관계를 만들어 생활을 이어가고, 다른 동물보다도 훨씬 오랫동안 이 결합관계에 머물 의무를 지게 되는데, 다른 동물은 다음 생식기가 오기 전에 새끼들이 스스로 생존해 나갈 수 있게 되므로 수컷과 암컷의 인연은 저절로 끊어지게 된다. 그리고 양쪽이 다 완전히 자유로운 상태로 돌아가며, 마침내는 동물에게 교미를 촉진하는 계절이 되면 그들은 새로운 상대를 골라야 한다. 여기서 사람은 창조주의 지혜를 아무리 찬미해도 모자랄 것이다. 창조주는 인간에 대해 현재와 마찬가지로 미래에도 갖추기에 적합한 특질을 내려 주었는데, 인간의 결

합관계가 다른 동물들 사이의 암수 결합관계보다도 훨씬 오래 이어지도록 원하고, 또 그렇게 한 것이다. 그것은 이 일에 의해 남성과 여성의 삶의 지혜가 더욱더 자극되고 그들의 이해 관계가 더더욱 일치하여, 그들이 아이들을 위해 저축을 하고 재산을 남겨 주도록 하기 위해서였다. 왜냐하면 부부의 결합관계가 불안정하고 모호한 상태이거나 그 관계가 쉽게 소멸되는 것만큼 아이들에게 해로운 것은 없기 때문이다." 나에게 이 반대론을 성실하게 서술하게끔 한 진리에 대한 사랑에서, 나는 여기에 몇 가지 고찰을 덧붙이고 싶다. 그것은 이 반대론을 해결하기 위한 것이 아니라 이를 설명하기 위해서이다. 1, 먼저 나는 물리적인 일에 대해서는 도덕적인 증명은 그다지 힘을 갖지 않는다는 것으로, 그것은 현존한 사실의 이유를 설명하는 데에는 도움이 되어도 그런 사실이 실제로 존재한다는 것을 확증하는 데에는 도움이 되지 않는다는 것에 주목하겠다. 그러나 이것이야말로 지금 내가 인용한 문장 속에서 로크가 쓰고 있는 종류의 증명이다. 왜냐하면 남녀의 결합이 영속적인 것이 비록 인류에게 유익하다 하더라도, 그것이 자연에 의해 확정된 것이라고 할 수는 없다. 그렇지 않으면 정치 사회나 예술이나 상업 등 인간에게 유용하다고 일컫는 모든 사항도 자연이 제정했다고 하지 않으면 안 되기 때문이다. 2, 맹수 사이에는 수컷과 암컷의 결합관계가 초식 동물들 사이에서보다 오래 이어진다든가, 새끼들을 키우는 데 수컷이 암컷을 돕는다는 따위의 일을 로크가 어디서 발견했는지 나는 모른다. 왜냐하면 개나 고양이나 곰이나 이리가, 말이나 양이나 소나 사슴, 또 그 밖의 모든 네 발 짐승보다도 그 암컷을 잘 식별한다는 일 따위는 알 수 없기 때문이다. 그와는 반대로, 만일 암컷이 그 새끼를 보존하기 위해 수컷의 도움이 필요하다면, 특별히 풀만으로 살고 있는 종의 경우에 그렇다고 생각되는 이유는 어미가 풀을 먹기 위해서는 대단히 오랜 시간이 걸리고, 또 그동안 어미는 새끼들을 방임해 둬야 하기 때문이며, 그에 반해 곰이나 늑대의 암컷은 먹이를 순식간에 먹어치우고, 어미는 배고픔을 참지 않고 그 새끼에게 포유하는 시간을 더 많이 갖게 되기 때문이다. 이 추리는 육식을 하는 종과 열매를 먹는 종을 구별하는 유방과 새끼와의 상대적인 수에 관한 관찰로 확인된다. 거기에 대해서는 주 〈15〉에서 말해 두었다. 만일 이 관찰이 올바르고 보편적인 것이라면 여성은 유방을 두 개밖에 갖지 않았고 한 번에 아이를 하나만 낳으므로, 이것이야말로 인류가 본디 육식 동물이라는 것을 의심하기 위한 또 하나의 유력한 이유이다. 따라서 로크의 결론을 끌어내기 위해서는 그 추리를 완전히 뒤집어야 한다고 본다. 동일한 구별을 조류에게 적용했을 경우에는 똑같은 주장을 할 수 없다. 왜냐하면 콘도르나 까마귀가 꿩과 비둘기보다 암컷과 수컷의 결합이 오래 지속된다고 누가 믿을 수 있겠는가. 우리에게는 이 저자의 학설에 정반대의 실례를 제공하는 두 종류의 글을 볼 수 있다. 곡식만을 먹고 살아가는 비둘기는 언제나 암컷과 사이좋게 지내고 있다. 그리고 그들은 힘을 합하여 새끼를 키운다. 욕심이 많기로 알려져 있는 집오리는 자기의 암컷이나 새끼를 알아보지 못하며 새끼의 생육을 전혀 도와주지 않는다. 또 마찬가지로 육식 종인 암탉들 사이에서 수탉이 조금이라도 새끼의 시중을 드는 것은 볼 수 없다. 만일 다른 종류에 있어 수컷이 새끼를 기르는 시중을 암컷과 분담하고 있다면, 그것은 새들은 처음에는 날 수도 없고 또 어미가 그들에게 젖을 줄 수도 없으므로, 적어도 한동안은 어미의 젖만으로 충분한 네 발 짐승보다도 수컷의 도움이 없으면 해 나갈 수 없기 때문이다. 3, 로크의 추리 전체의 기초를 이루고 있는 주요한 사실에 대해서는 부정확한 점들이 많다. 왜냐하면 그가 주장하듯, 순수한 자연상태에 있어 여성은 보통 먼저 아이가 스스로 필요한 것을 손에 넣을 수 있게 되기 훨씬 이전에, 다시 배가 불러 새로운 아이를 낳는가의 여부를 알기 위해서는 몇 가지 실험이 필요할 것인데, 로크는 이 실험을 하고 있지 않으며 아무도 이것을 할 능력이 없기 때문이다. 남편과 아내가 연속적으로 함께 살면 새로 임신할 기회가 대단히 많다. 따라서 순수한 자연상태에서 우연한 만남이나 단순한 기질의 충동이 부분적 결합관계(혼인 관계) 상태에 있어서만큼 빈번한 결과를 초래했다고는 믿기 어렵다. 그렇게 빈번하지 않는 임신이 아마 아이들을 보다 튼튼하게 하는 데 도움이 될 것이고, 또 젊었을 때 임신 능력을 너무 남용하지 않았던 여성들의 경우, 그 능력이 보다 높은 연령에까지 연장됨으로써 보상될 수도 있을 것이다. 아이들에 대해서는 그들의 힘과 기관이 내가 말하는 원시 상태에 있어서보다 더 늦게 발달한다고 믿어야 할 이유가 많이 있다. 그들의 손발을 다 써 버리며 아이가 스스로 몸을 움직이는 것을 방해하는 그런 보살핌, 그들을 키우는 데 있어 지나치게 후한 태도, 그리고 자기 어머니의 젖이 아닌 다른 젖의 사용, 그런 일들 모두가 그들에게 있어 자연의 최초의 진보를 방해하여 지연시키고 있다. 또 계속 무수한 사물에 그들의 주의를 고정시키고 이에 열의를 갖도록 강요하는 한편, 그들의 체력에는 아무런 훈련도 시키지 않는다는 점도 역시 그들의 성장을 현저하게 방해할지도 모른다. 그러므로 우선 첫째로 그들의 정신에 온갖 부담을 주어 피곤하게 하는 대신, 자연이 그들에게 요구한다고 생각되는 운동으로 그들의 신체를 훈련시켜 두면, 아마 그들은 훨씬 빨리 걷고 성장해 나아가며 자기에게 필요한 것을 스스로 할 수 있으리라고 생각된다.

4, 마지막으로 로크는 여자가 아이를 낳았을 때, 남자가 여자 곁을 떠나지 않는 하나의 동기가 남자에게 있을 수 있음을 애써 증명하고 있는 데 불과하다. 그러나 그는 분만 전이나 임신 9개월 동안에, 남자가 여자로부터 떠나지 않고 있어야 했던 일은 증명하고 있지 않다. 만일 그런 여자가 9개월 동안에 남자가 아무래도 상관없으며, 거기다 그녀의 임신이 알려지지 않은 상태였다면, 어째서 분만 뒤에 그가 그 여자를 돕겠는가. 자기 아이인 줄도 모르고 그 탄생을 자기가 결정도 하지 않고 예상도 하지 않았던 아이를 키우는 데 그가 왜 그녀를 돕겠는가. 로크는 명백히 의문시되고 있는 일을 가정하고 있다. 왜냐하면 문제는 남자가 왜 분만 뒤에 여자로부터 떨어지지 않고 있느냐가 아니라, 그가 왜 임신 뒤에 여자로부터 떨어지지 않고 있느냐 하는 것이기 때문이다. 욕망을 채우고 나면 이미 남자는 여자를 필요로 하지 않는다. 남자는 자기 행위의 결과에 대해서는 조금도 신경을 쓰지 않으며, 대개 아무런 관념도 가지고 있지 않다. 한 사람은 이쪽으로, 또 한 사람은 다른 쪽으로 사라져 버리고, 9개월 뒤에 그들이 서로 알고 있었다는 기억을 가지고 있는 것 같지도 않다. 왜냐하면 한 개인을 택한다는 이런 종류의 기억은, 내가 본문 안에서 증명하고 있는 것처럼 여기서 문제가 되고 있는 동물적 상태에 대해 상정할 수 있는 이상으로 많은 인간들에게 오성에 있어서의 진보 또는 타락을 필요로 한다. 어쩌면 다른 여자가 남자의 새로운 욕망을, 그가 이미 알고 있던 여자와 마찬가지로 만족시킬 수도 있다. 또 여자가 임신 중에도 같은 욕망에 쫓기고 있다면, 이것은 상당히 의심스러운 것인데, 역시 다른 남자가 그 여자를 만족시킬 수도 있다. 만일 자연상태에서 여자가 아이를 뱃속에 가진 뒤에 사랑의 정념을 느끼지 않는다면, 여자가 남자와 영위하는 사회(결합관계)에서 그녀가 겪는 어려움은 그 때문에 더욱 커진다. 그렇게 되면 그녀는 자기를 임신하게 한 남자나, 또 다른 누구라도 필요로 하지 않기 때문이다. 그러므로 남자로서 한 여자를 구할 아무런 이유도 없고, 여자로서 동일한 남자를 구할 아무런 이유도 없다. 그러므로 로크의 추리는 깨어져 버리고, 이 철학

아지고, 거기에 또한 서로에게 지속적인 시간을 허용치 않는 방랑생활로 인해 언어의 다양성이 증가한다. 왜냐하면 아이들이 어머니에게 어떤 물건을 요구하기 위해 써야 할 말을 어머니가 아이들에게 일을 통해 가르친다 해도, 그것은 이미 완성된 언어가 어떻게 형성되었는지 그 과정을 가르쳐 주지 않기 때문이다.

이 첫째 어려움이 극복되었다고 가정해 보자. 그리고 순수한 자연상태와 언어의 필요성 사이에 있었을 넓은 간격을 뛰어넘는다고 하자. 그리하여 언어는 필요했다고 가정*33하고 어떻게 해서 그것이 확립되었는가를 조사해 보자. 이것은 앞의 것보다도 더욱더 새롭고 어려운 문제이다. 사람들이 생각하는 일을 배우기 위해 말이 필요하다면, 그들이 말하는 기술을 발견하기 위해서는 생각하는 능력이 더 필요했을 것이기 때문이다. 그리고 어떤 인위적인 목소리가 우리의 생각 또는 관념을 관습적으로 대변하도록 받아들여지더라도, 그 관념을 대변하는 관습적인 부분들이 도대체 무엇인가를 또 알아야만 한다는 문제가 남을 것이다. 관념이란 것은 직접적인 감각을 통해 느낄 수 있는 대상을 갖지 않으므로, 몸짓이나 음성으로 지시되지 않기 때문이다. 그러므로 자기의 사상

자의 변증법은 홉스나 다른 사람들이 범한 잘못에서 그를 지키지 못하게 된다. 그들은 자연 상태, 즉 사람들이 고립하여 생활하고, 또 어떤 인간이 어떤 인간의 옆에서 살아야 할 아무런 동기도 없으며, 더한층 나쁜 일로는 사람들이 서로 나란히 살아갈 아무런 동기도 없었던 상태라는 사실을 설명했어야 할 것이다. 그리고 그들은 여러 세기 동안 사회 속에서 사람들이 서로 관계를 맺으며 살아야 할 이유가 늘 있었기에, 어떤 남자가 자주 그 시대를 넘어 앞으로 거슬러 올라가는 일을 생각해 보지 않은 것이다.(원주)

*33 나는 이 언어 성립의 이익과 불이익에 대해 이루어져야 할 철학적인 고찰에는 손을 대지 않도록 주의하겠다. 비속한 잘못을 구태여 공격하는 일은 내 임무가 아니다. 더구나 학식이 있는 사람들은 너무도 자기의 편견을 존중하므로, 나의 역설을 꾹 참고 들을 수 없을 것이다. 그러므로 때로는 다수자의 의견에 반대하는 이유를 감히 지지하더라도 조금도 비난당하지 않았던 사람들에게 말하게 하자. "만일 사람들이 의사 소통 방법의 부재로 일어나게 될지 모를 불행을 막기 위해 기호나 동작이나 몸짓 등으로 모든 일에 대해 자기 의견을 나타낼 수 있는, 유일하고 획일적인 방법에 숙달하도록 노력한다면, 인류의 행복에는 하나도 부족한 것이 없다고 말해도 될 것이다. 그런데 현 상태에 있어서는, 세속적으로는 우둔하다고 보고 있는 짐승 쪽이 이 점으로는 우리보다도 훨씬 바람직한 상태에 있는 것처럼 보인다. 그들은 우리 인간보다도 신속하고 충실하게 통역 없이 자기의 감정과 사상을 다른 것에 전달할 수 있는 것이 아닐까. 특히 외국어를 쓸 때의 인간보다도 그 점에서 뛰어난 것이 아닐까." 아이작 포시우스 《가요와 음률의 특성에 대하여(Is. vossius, de poemas. Cant. et viribus rhythmi, p.66)》.(원주)

을 전달하는 정신과 정신 사이의 교류를 확립하는 이 기술의 발생에 대해서는 그럭저럭 허용할 수 있는 추측을 할 수 있을 정도에 지나지 않는다. 게다가 이 숭고한 기술은, 그 기원으로부터 이미 꽤 오랜 시간이 흘렀는데도 철학자는 그것이 완성되려면 아직 놀랄 만큼 시간이 흘러야 한다고 보고 있기 때문에, 비록 때의 경과를 통해 필연적으로 일어나는 계절의 변화가 그 기술에 편리하도록 멈춰지고, 아카데미가 편견을 버리거나 침묵을 지켜도, 또 여러 세기에 걸쳐 끊임없이 이 대상에 선념할 수 있다 하더라도 이 기술이 완성되리라고 확신할 만큼 대담한 사람은 없다.

인류가 사용한 최초의 언어, 가장 보편적이며 가장 생생한 언어, 즉 인간에게 필요했던 유일한 언어는 자연의 외침이다.*[34] 이 외침 소리는 절박한 경우에 구조를, 또 심한 고통을 느낄 때는 그것을 덜려고 호소하기 위한 어떤 본능에서 나온 것이다. 따라서 조용한 감정이 지배하는 보통 생활의 흐름 속에서는 그다지 쓰이지 않았다. 사람들의 관념이 넓어지고, 언어의 수가 늘어나기 시작하면서 사람들 사이에 더 밀접한 교류가 열렸을 때, 그들은 더 많은 기호들과 범위가 넓은 언어를 바라게 되었다. 그들은 음성의 억양을 늘리고 거기다 몸짓*[35]을 더했다. 몸짓은 그 본성으로 봐서 더욱더 표현적일 뿐만 아니라 그 뜻이 이전의 결정에 의존하는 정도가 적다. 즉 그들은 눈에 보이는, 움직이는 물건을 몸짓으로, 청각에 호소하는 물건을 모방음으로 표현했다. 그러나 몸짓은 눈앞의, 또는 묘사하기 쉬운 대상과 보이는 행위 외에는 거의 지시하는 바가 없으며, 또 어둠 속이나 물체에 차단되는 경우에는 소용없게 되므로 일반적으로는 쓰기 어렵다. 또 몸짓은 주의를 불러일으키기보다는 주의를 강요하는 것이므로, 마침내 사람은 몸짓 대신 음성의 분절화(分節化)(음성을 음절로 구분지어 발음하는 일)를 생각해 냈다. 그 음성의 분절은 어떤 관념에 대해 같은 관계를 갖는 것은 아니지만, 그런 관념을 정해진 기호로 나타내기에는

---

*34 루소는 인위적이지 않은 사회의 영향에 의한 것으로, 변화가 일어나지 않는 "모든 인간에게 공통된 자연의 언어"(《에밀》 제1편)가 있다고 보았다. 아이들이 말을 하게 되기 전에 쓰는 외치는 소리 따위의 자연의 언어를 통해 그의 주위에 있는 모든 것에 대한 최초의 관계가 생긴다. 여기에 사회의 질서를 형성하고 있는 긴 사슬 고리가 처음으로 만들어진다(《에밀》 상권 참조. 특히 《언어 기원론》의 제1장도 참조할 것).

*35 몸짓의 언어적 기능에 대해 콩디야크(《인간 지식의 기원에 관한 시론》), 디드로(《청각 장애인에 관한 편지》) 등에 의해서도 일종의 자연이 행동어로서 주목되고 있다.

더욱더 적절한 것이다. 이 바뀌치기는 공동의 동의에 따르지 않은 것이면 이루어지지 않았고, 또 아직 연습을 쌓지 않은 조야(粗野)한 기관을 가지고 있던 사람들에게는 실행하기 힘든데다 그 자체로서 이해하기 힘든 방법이 아니면 불가능했던 것이다. 왜냐하면 이같은 전원 일치의 동의에는 동기가 있어야만 하며, 말의 사용을 확립하기 위해서는 말의 반복적 쓰임이 대단히 필요했다고 생각되기 때문이다.

사람들이 쓴 최초의 단어는 사람들의 정신 속에 이미 완성된 언어로 쓰이고 있는 단어보다도 훨씬 넓은 의미를 가지고 있던 것이며, 또한 말을 그 구성 부분(품사 등)으로 분할할 줄 몰랐으므로 그들은 우선 낱낱의 단어에 하나의 문장 전체의 뜻을 담은 것이라고 판단하지 않으면 안 된다. 그들이 주어와 보어, 동사와 명사를 구별하기 시작했을 때, 그것만으로도 힘겨운 노력이긴 했지만, 명사는 처음에 고유명사밖에 없었고 부정법(不定法) 현재가 동사의 유일한 시제(時制)였다. 형용사는 커다란 어려움을 겪은 뒤 겨우 그 관념이 발달한 것임에 틀림없다. 왜냐하면 모든 형용사는 추상적인 말이며, 추상적인 표현들은 알기 어렵고 자연스럽지 못하기 때문이다.

각 사물은 처음에는 그 종류나 종(種)에 관계 없이 특수한 이름을 받았다. 그런 것을 처음 설정한 사람들은 그것을 구별할 능력이 없었기 때문이다. 그리고 모든 개체는 자연의 화면에 있어 그러하듯 고립된 것으로 그들의 정신에는 나타났다. 한 그루의 떡갈나무가 A라고 불렸다면, 다른 떡갈나무는 B라고 불렸다(왜냐하면 두 개의 사물에서 끄집어내는 최초의 관념은 양자가 똑같은 것이 아닐 것이기 때문이다. 그리고 양자가 지니는 공통점을 관찰하려면 많은 시간이 필요하게 된다. 1782년 판). 따라서 지식이 한정되어 있으면 있을수록 어휘는 차츰 넓어져 갔다. 이러한 명명법(命名法)에 따르는 불편은 쉽게 제거될 수 없었다. 왜냐하면 갖가지 존재를 공통된 종속적인 명칭 아래 배열하기 위해서는 그 존재의 특성과 상이점(相異點)을 알아야 했기 때문이다. 많은 관찰과 정의, 즉 이 시대 사람들이 가질 수 있었던 것보다 훨씬 많은 자연사(自然史—박물학)와 형이상학이 필요했던 것이다.

게다가 일반적인 관념들은 말들의 도움을 빌리지 않고는 마음속에 받아들여질 수가 없고, 오성(悟性, 지성 또는 생각하는 능력)은 문장에 의하지 않고 일반 관념들을 파악하지 못한다. 이것이 동물이 왜 그같은 관념을 만들 수 없고 또 거기에 의존하는 향상 능력을 획득할 수 없는지에 대한 이유 가운데 하나다. 한 마리의 원숭이가 조금도 머뭇거리지 않고 한 호두나무에서 다른 호두나무로 뛰어 옮길 때, 그가 이 종류의 열매에 대해 일반 관념을 가지고 있어그 원형(原型)을 이 두 개체와 비교하고 있는 것이라고 생각할 수 있을까. 확실히 그렇지는 않다. 호두나무를 본 경험이 다른 호두나무를 보게 되자마자 그가 이전에 받은 감각을 기억에 되살려 눈에 어느 정도 변용(變容)이 일어나면서, 지금부터 받아들이려고 하는 변화를 그의 미각에 알리는 것뿐이다. 모든일반적 관념은 순수하게 지적이다. 조금이라도 상상이 섞이면 곧 그 관념은 개별적인 것이 된다. 나무에 대한 일반적인 이미지를 마음속에 그려 보라. 그대들에게는 그것이 불가능한 일이 될 것이다. 그대들이 그렇게 하지 않으려 해도작든가 또는 큰 나무, 잎이 성기거나 무성한 나무, 색이 옅거나 짙은 나무를보지 않을 수 없을 것이다. 그리고 모든 나무에서 발견할 수 있는 것만을 거기서 볼 수 있다는 일이 당신들의 생각에 달렸다면, 그 이미지는 이미 한 그루의 나무와 비슷하지는 않을 것이다. 순수하게 추상적인 존재는 똑같은 모습으로 생각에 떠오르거나, 또는 말에 의해서만 생각 또는 관념을 이어갈 수 있다.삼각형의 정의만이 삼각형의 참된 관념을 준다. 당신들이 한 개의 삼각형을 마음속에 그려내면, 그것은 곧 하나의 특정한 삼각형이지 다른 삼각형은 아니다.그리고 마음속으로 그 선을 뚜렷이 하거나 그 면에 색을 칠하거나 하지 않을수 없다. 그러므로 일반적인 관념을 갖기 위해서는 문장으로 표현하고 말해야한다. 왜냐하면 상상이 멈추면 정신은 말의 도움을 빌리지 않고서는 이미 앞으로 나아갈 수 없기 때문이다. 그러므로 만일 초기의 발명자들이 이미 그들이 지니고 있던 관념에만 명칭을 줄 수 있었다면, 최초의 명사는 고유명사 이외의 것이 될 수 없었다는 결과가 된다.

그런데 내가 미처 생각하지 못한 방법에 의해 우리의 새로운 문법가들이 그들의 관념을 확대하고, 말을 일반화하기 시작했을 때, 그 발명가(문법가)들의무지(無知) 때문에 이 방법은 극히 좁은 범위에 국한되지 않을 수 없었다. 그리고 그들이 처음에 종류 및 종(種)의 지식을 지니지 않았으므로 개체의 명칭을함부로 많이 부여한 것처럼, 이번에는 갖가지 존재를 그 모든 차이에 따라 고찰하지 않았으므로 종류나 종의 수를 함부로 적게 한 것이었다. 구분을 세밀히 하기 위해서는 그들이 가질 수 있었던 것 이상으로 많은 경험과 지식, 또한 그들이 쓰려고 원한 것 이상으로 많은 연구와 조사가 필요했을 것이다. 그런데 오늘날에도 우리의 관찰에서 이제까지 벗어나 있었던 새로운 종(種)이 날마다 발견되고 있다면, 사물을 슬쩍 보기만 하고 판단했던 사람들의 눈이 얼마나 많은 종을 놓쳤던가를 생각해 보아야 한다. 원시적인 강목(綱目)과 가장 일반적인 개념들에 대해서는, 그것 또한 그들이 소홀하게 놓쳐 버린 것들임은 더 말할 나위도 없다. 이를테면 물질, 정신, 실체, 양식, 형태, 운동과 같은 말을 그들이 어떻게 상상하고 이해했을까. 우리 철학자들이 꽤 오래전부터 이런 말들을 써 오고 있으나 그것을 이해하기에 매우 어려움을 겪고 있으며, 또 이런 말들에 연결되는 관념들이 순수하게 형이상학적이기에 미개인이 자연 속에서 그 원형을 하나도 발견할 수 없었을 말들을.

나는 이 최초의 몇 걸음에서 멈추어서기로 하겠다. 그리고 나를 평가하는 이들에게 여기서 이 글을 읽는 일을 멈춰 달라고 부탁한다. 그것은 물질적인 명사만의 발명을 바탕으로, 즉 언어 가운데에서 가장 발견하기 쉬운 부분을 바탕으로 언어가 사람들의 온갖 사상을 표현하거나, 일정불변의 형태를 취하거나, 대중 속에서 말하여지고, 사회에 영향을 주게까지 되는데, 아직 언어에 남겨져 있는 거리를 고찰해 달라고 하기 위해서이다. 나는 수(數)*36나 추상어

---

*36 플라톤은 부연속량과 그 여러 관계와의 관념이 가장 사소한 기술에 있어서도 어떻게 필요한가를 나타내어, 동시대의 저자들을 조소하고 있는 것은 마땅한 일이다. 왜냐하면 그들은 이 철학자가 말하는 바에 따르면, 마치 아가멤논이 자기에게는 다리가 몇 개 있는가를 그때까지 모르고 있었던 것처럼, 수라는 것을 트로이를 에워쌀 때, 팔라메데스가 발명한 것이라고 주장하고 있었기 때문이다. 실제로 사람들이 수와 계산을 쓰고 있지 않았다면, 사회와 기술이 트로이를 에워쌀 때의 단계까지 도달할 수는 없었을 거라고 생각한다. 그러나 다른 지식을 획득하기 이전에 수라는 것을 알 필요가 있다고 해서 수의 발명이 더 생각해 내기 쉽게 되는 것은 아니다. 수의 명칭이 일단 알려지면, 그 뜻을 설명하고 그 명칭이 나타내는 관념을 불러일으키는 일은 쉽다. 그러나 그것을 발명하기 위해서는 그런 관념을 생각해 내기 전에, 말하자면 철학적 명상을 가까이 하며, 갖가지 존재를 그 유명한 본질에 의해, 더구나 다른 개념으로부터 독립적으로 고찰하는 훈련을 쌓아 둘 필요가 있었다. 이것은 대단히 힘이 들고, 몹시 형이상학적이고, 자연으로부터 상당히 먼 추상적 개념이지만, 그것이 없으면 결코 그런 수적 관념이 하나의 종(種) 또는 유(類)로부터 이전하는 일도, 보편적으로 되는 일도 없었을 것이다. 미개인은 자기에게 다리가 두 개 있다는 것을 생각지도 않으므로, 오른쪽 다리와 왼쪽 다리를 따로따로 생각하거나, 또 그것을 한짝이라는 불가분의 관념 아래 바라볼 수도 있었다. 왜냐하면 우리에게 어떤 대상을 묘사해 보이는 상징적 관념과 이 대상을 결정하는 수적 관념은 별개의 것이기 때문이다. 게다가 그는 다섯까지 세는 일은 더더구나 할 줄 몰랐다. 그리고 그는 두 손을 서로 포개어 양쪽 손

나 정과거(定過去)*37나 동사의 모든 시제, 단음철어(單音綴語)나 통사법(統辭法)을 발견하고, 문장이나 추리를 연결하여 이야기의 논리를 형성하기 위해 어느 정도의 시간과 지식이 필요했던가를 생각해 주기를 부탁한다. 그리고 나는 차츰 증대하는 어려움에 두려움을 갖는 동시에, 언어가 순수하게 인간적인 수단*38에 의해 생겨날 수도 확립될 수도 없었음을 거의 확신을 갖고 증명함으로써, 다음 문제의 논의는 그것을 기획하려는 자에게 양보하기로 한다. 다시 말해 언어가 발명되기 위해 이미 결합된 사회가 필요했을까, 아니면 사회가 존재하기 위해 이미 발명된 언어가 필요했을까 하는 문제이다.

그러나 언어와 사회의 기원이 어찌 되었든 사람들을 서로간의 욕구에 의해 접근시키고 그들에게 말의 쓰임을 쉽게 하기 위해 자연이 주의를 기울이지 않았다는 일로 미루어 생각할 때, 자연이 그들의 사회성을 준비하는 일이 얼마나 적었던가, 그리고 그들이 그런 인연을 맺기 위해 행한 모든 일에 자연이 얼마나 기여하는 바가 적었던가를 알 수 있다. 실제로 이같은 원시상태에서 원숭이나 이리가 그 동족을 필요로 하는 것보다 인간이 다른 인간을 더 많이 필요로 해야 하는 이유를 상상한다는 것은 불가능하다. 또 그럴 필요가 있다 하더라도 어떤 동기가 그 밖의 인간을 그 필요에 응하게 하는가, 또 이 최후의 경

가락이 정확하게 대응하고 있는 일을 알아차릴 수는 있었지만, 그것이 수로서 같다는 데에는 생각이 미치지 못했다. 그는 모발과 같은 수를 그 손가락으로 셀 줄도 몰랐다. 그러므로 만일 누군가가 수란 무엇인가 하는 것을 그에게 알려 준 다음에, 너의 발에도 손과 같은 수의 발가락이 있다고 말했다면, 그는 아마 그 발가락을 비교해 보고 그것이 사실이라는 것을 알고 대단히 놀랐을 것이다.[원주]

*37 그리스어의 시법. 프랑스어의 정과거(단순과거)에 해당된다.

*38 이것은 이해하기 어려운 말이다. 요컨대 루소는 언어의 기원 문제는 언어를 신으로부터 받았다고 하지 않는 한, 해결하기 힘들다는 것을 암시하는 것 같다. 그렇게 되면, 모든 것을 자연인으로부터 설명하려는 이 논문의 취지와 일치하지 않는 셈이 된다. 스탈로반스키는 거기에 대해 언어의 인간적 기원이라는 가설을 입증하기 어렵기 때문에 새로 마련된 가설일 뿐이라는 뜻을 말하고 있다(플레이야드 판 제3권 1328페이지 참조). 이 문제는 마땅히 《언어기원론》에서도 취급되지만, 그곳에서도 루소는 라미 신부에게 언급하여 언어의 기원에 신이 개입되어 있음을 암시하고 있다. 그러나 여기서도 기원에 관한 문제의 중점은 역사적 기원보다도 본질에 있어, 사회의 나쁜 영향을 받는 일이 적은 원시 언어 속에서 언어의 참된 기능과 본질을 찾는 일을 목표로 삼고 있다. 단 《불평등론》에선 자연상태로부터 사회상태로의 이행은 언어의 경우에도 필연적인 것이 아니라 우연적인 것이 강조되며, 그 형성이 우연성에 귀결될 가능성이 있는 것으로 본다.

우에 어떻게 그들 서로의 조건을 결정할 수 있는가를 상상할 수는 없다. 이 상태에 있는 인간만큼 비참한 것은 없을 거라고 계속 되풀이해서 말하고 있다는 사실을 나는 알고 있다. 그리고 내가 증명했다고 믿고 있듯이, 만일 인간이 여러 세기가 지난 뒤에야 비로소 이 상태에서 빠져나갈 욕망과 기회를 가질 수 있었다는 일이 진실이라면, 그것은 자연을 꾸짖을 것은 아니다. 그러나 내가 이 '비참한(misérable)'이라는 용어를 올바르게 이해하고 있다면, 그것은 아무런 뜻도 없거나 뼈아픈 궁핍과 심신의 괴로움만을 뜻하는 말이 된다. 그런데 나는 마음이 평화롭고 신체가 건강한 자유로운 존재의 비참함이란 도대체 어떤 종류의 것인지 설명해 달라고 요구하고 싶다. 나는 사회생활과 자연생활 가운데 어느 쪽이 그것을 누리는 사람들에게 아마도 견디기 힘든 것이 될까를 물어보고 있는 것이다. 우리는 주위에서 자기 존재에 대해 불평하지 않는 사람을 거의 찾아보기 어려우며, 실제로 수많은 사람들이 할 수만 있다면 자기 삶의 많은 부분을 스스로 포기하고 있음을 볼 수 있다. 신의 법과 인간의 법을 함께 받아들이더라도 그러한 내적 혼란을 멈추게 하기는 어렵다. 나는 자연상태의 미개인이 삶을 한탄해 자살을 하려고 했다는 이야기를 들은 적이 있는지 묻고 싶다. 그러므로 좀 더 겸허한 태도로 어느 쪽이 정말 비참한가를 판단해 주기 바란다. 그와는 반대로, 지식의 빛에 눈이 어지럽혀지고 정념에 괴로움을 받아 자기 자신의 상태와는 다르게 추리를 하는 미개인이 있었다면, 이보다 비참한 일은 없을 것이다. 미개인이 잠재적으로 지니고 있었던 능력은 그것을 쓸 기회가 찾아옴으로써 비로소 발전된 것이라고 보지만, 그것은 대단히 총명한 신의 섭리에 의한 것이며, 또한 그런 능력이 적당한 시기보다 앞서 나타났기에 그들에게 쓸데없는 부담이 되든가, 또는 너무 뒤늦어 막상 필요할 때 소용없게 되어서는 안 되기 때문이다. 인간은 자연상태에서 생활하기 위해 필요한 것을 모두 본능 속에 갖추고 있었다. 그리고 사회에서 생활하는 데 필요한 것만을 연마된 이성 속에 지니고 있는 것이다.

우선 첫째로, 이 상태에 있는 인간들은 서로간에 어떤 종류의 도덕적인 관계나 뚜렷한 의무도 가지고 있지 않았으므로 선인이 될 수도 없고 악인이 될 수도 없었으며, 또 악덕도 미덕도 가지고 있지 않았다고 본다. 다만 이런 말을 물리적인 뜻으로 해석하여 개인 속에 있는 자기 보존에 해가 될 성질을 악덕이라 부르고, 자기 보존에 도움이 될 성질을 미덕으로 부른다면, 이야기는 다르다. 그 경우에는 단순한 자연의 충동에 가장 거역하지 않는 사람을 가장 덕이 있는 사람이라고 불러야 할 것이다. 그러나 말이 지니는 보통의 관념(상식, 常識)*39에서 벗어남이 없이 공평한 저울로 다음과 같은 사항에 대한 검토가 끝날 때까지는 그런 상태에 대한 판단을 멈추고, 우리의 선입견을 믿지 않는 편이 좋다. 즉 문명인에게는 악덕보다 미덕이 많은가, 그들의 미덕은 악덕이 해로운 것 이상으로 유익한가, 또는 그들의 지식 진보는 그들이 서로 행해야 할 선을 배움에 따라 그들 사이에 시로 행하고 있는 악을 충분히 보상할 만한 것인가? 결국 보편적인 의존 관계에 복종하여 그들에게 어떠한 것도 줄 의무가 없는 사람들로부터 모든 것을 받아야만 하는 상태보다는, 그 누구로부터의 악도 두려워하지 않고 선도 기대하지 않는 편이 오히려 그들에게 행복한 상태가 아닌가 하는 것을 먼저 검토해야 할 것이다.

특히 홉스처럼 인간은 선(善)에 대해 아무런 관념도 갖고 있지 않으므로 본디는 사악하다든가, 미덕을 모르므로 악에 빠지기 쉽다든가, 동포에 대한 봉사를 의무라고 생각하지 않으므로 그것을 언제나 거부한다든가, 또한 인간은 자기에게 필요한 것에 대해 마땅히 권리가 있다고 인정하여, 어리석게도 자기를 온 우주의 유일한 소유자라고 상상하고 있다든가 하는 따위의 결론을 내리지 않도록 하자. 홉스는 자연법에 대한 모든 근대적 정의의 결함을 잘 파악했다. 그러나 자신의 정의에서 끌어낸 결과에 따르면, 그 또한 그릇된 뜻으로 해석하고 있음을 알 수 있다. 그는 자기가 정한 원리에 대해 추론해 나아갈 때, 자연상태란 우리의 자기 보존을 위한 배려가 타인의 보존에 있어서도 가장 해가 적은 상태이므로, 이 상태는 평화에 알맞은 인류에게 가장 적합한 것이었다고 말했어야 했을 것이다. 그런데 그는 미개인의 자기 보존을 위한 배려 속에 사회의 산물이며 법률이 필요로 했던, 많은 감정을 만족시키고 싶다는 욕구를 까닭 없이 받아들인 결과, 아예 반대의 사실을 말했던 것이다. "악인이란 튼튼한 어린아이다"*40라고 그는 말한다. 그러나 미개인이 튼튼한 아이인지는

---

*39 '사회 속에 배려와 함께 성립되는 미덕'이라는 뜻. 즉 자연적 본능적 행위가 아니라 올바른 판단을 지닌 용기 있는 행위.

*40 홉스가 자연인의 비유에 사용한 유명한 말(Hobbes, De Cive). 루소에 의하면 약한 육체는 영혼의 힘을 약하게 한다. 인간은 성장하면서 육체와 정신의 균형을 얻을 수 있다. 그리고 육체의 힘이 정신의 요구에 따를 때 육체의 힘은 좋은 것이 된다. 《에밀》 속에서도 "홉스가 악인은 튼튼한 아이라고 불렀을 때, 그는 완전히 모순된 말을 하고 있는 것이다. 악은 나약

아직 모른다. 그것을 인정했다 하더라도 그는 거기서 어떤 결론을 내릴 것인가. 이 미개인은 튼튼한데 만일 약한 경우와 마찬가지로 다른 사람들에게 의지하고 있는 것이라면, 그는 어떤 악한 일도 하게 될 것이다. 이를테면 어머니가 젖을 늦게 준다고 어머니를 때리고, 동생이 자기 마음에 안 든다고 목을 조르고, 동생의 다리가 자기에게 부딪쳤거나 걸리적거린다고 그 다리를 물어뜯을지도 모른다. 그러나 튼튼하면서도 남에게 의지하고 있다는 것은 자연상태에서는 두 가지 모순된 가정이다. 인간은 타인에게 의지하고 있을 때는 약하다. 더구나 튼튼하게 되기 전에 그는 자기 자신의 주인이 된다. 홉스는 우리 법률가들이 주장하듯 미개인에게 이성의 사용을 가로막고 있는 똑같은 원인인 동시에 홉스 자신이 주장하고 있는 것처럼, 미개인은 선인(善人)이 무엇인가를 모르므로 악인이 아니라고 해도 될 것이다. 왜냐하면 그들이 나쁜 일을 하지 않는 것은 지식의 발달이나 법률의 구속에 의한 것이 아니라 정념(情念)이 온화하고 악덕을 모르기 때문이다. "어떤 사람들이 악한 일을 모른다는 것은 다른 사람에게는 선한 일을 알고 있는 것보다 유익하다."*41 더구나 홉스가 깨닫지 못했던 또 하나의 원리가 있다. 그것은 어떤 종류의 상황에 있어 인간의 자존심에서 비롯된 성급한 판단을 완화시키고, 이 자존심*42의 발생 이전에는 자기 보

함에서 생긴다. 아이가 나빠지는 것은 그 아이가 약하기 때문이다. 튼튼하게 하면 선해진다. 무엇이나 할 수 있는 자는 절대로 나쁜 일은 하지 않는다"라고 말하고 있다.

*41 라틴어 원문. 유스티누스의 《역사》 제2권 제2장에 있는 구절. 그로티우스의 《전쟁과 평화의 법》 제2편 제2장에서 인용.

*42 자존심(이기심) amour propre과 자기애 amour de soi—même를 혼동해서는 안 된다. 이 두 가지 정념은 그 성질로 보아서도 자기 효과로 보아서도 확실히 다른 것이다. 자기애는 자연적인 감정이며, 이것이 모든 동물을 자기 보존에 주의하게 하고, 또 인간에 있어서는 이성에 의해 인도되고 연민에 의해 변용되어 인간애와 미덕을 자아내게 하는 것이다. 자존심은 사회적 관계에서 나타나는 상대적이고 인위적인 감정에 불과하며, 그것은 각 개인에게 자기를 다른 누구보다도 중히 여기게 하고, 사람들에게 서로 행하는 모든 악을 생각하게 하며 아울러 명예의 참된 원천이 된다고 말할 수 있다. 이런 사실이 잘 이해되면 우리의 원시 상태, 참된 자연 상태에선 자존심은 존재하지 않는다고 나는 감히 말하겠다. 왜냐하면 누구나 자기를 관찰하는 유일한 구경꾼, 우주에 있어 자기에게 관심을 가진 유일한 존재, 자기 가치의 유일한 심판자로 자기 자신을 보고 있으므로, 자기 힘이 미치지 않는 비교라는 감정이 그의 마음속에 싹튼다는 일은 불가능하기 때문이다. 같은 이유에서, 그런 인간은 증오나 복수의 생각을 가질 수 없을 것이다. 그것은 모욕을 받았다는 생각에서만 생겨나는 정념이기 때문이다. 그리고 모욕을 성립시키는 것은 경멸이나 침해의 의도이지 (현실의) 악은 아니므로, 서로 평가하고 비교하는 일을 모르는 사람들은 어떤 것이 자기들에게 이익

존의 욕구를 완화시키기 위해 인간에게 주어진 원리이며, 동족의 괴로움을 보기 싫어하는 선천적 감정으로 말미암아 인간이 자기 행복을 갈망하는 열정을 완화하는 원리이다. 나는 인간의 미덕을 아무리 극단적으로 비난하는 자[*43]라도 인정하지 않을 수 없었다. 단 하나의 자연적인 미덕을 용인한다고 해서 어떤 모순을 범할 우려가 있다고는 생각지 않는다. 지금 나는 연민의 정을 말하고 있는데, 그것은 우리처럼 약하고 여러 가지 불행에 빠지기 쉬운 존재에는 적절한 기질이다. 그것은 인간이 쓰는 모든 반성에 앞서는 것인 만큼 더욱더 보편적이며, 또 그만큼 인간에게 유용한 덕이다. 때로는 짐승조차도 그 징후를 나타낼 만큼 자연적인 것이다. 아이들에 대한 어머니의 애정이나 어머니가 아이들을 지키기 위해 무릅쓰는 위험에 대해서는 말할 것도 없고, 말이 살아 있는 생명체를 발로 밟기를 싫어하는 것은 늘 보아온 일이다. 동물은 자기와 같은 종류의 시체 옆을 지나갈 때는 반드시 불안을 느낀다. 그중에는 어떤 매장 비슷한 행동을 하는 경우조차 있다. 그리고 도살장에 들어가는 가축의 슬픈 신음소리는 그가 마음을 아프게 했던 무서운 광경에서 받는 인상을 예고하고 있는 것이다. 《꿀벌 이야기》의 저자[*44]가 인간은 연민을 느끼기 쉬운 존재라고 인정하여 예를 든 것들 가운데에서, 한 죄수의 비통한 모습을 우리에게 나타내기 위해 냉정하고 치밀한 그의 문체(文體)에서 일탈[*45]하는 것을 보고 사람

이 될 경우에는, 서로 모욕을 주지 않고 횡포 만을 부리는 일도 있을 수 있다. 요컨대 미개인은 동족을 거의 다른 종류의 동물을 보듯 하기 때문에 약자로부터 그의 수확물을 빼앗는다든가, 강자에게는 자기의 수확물을 양보한다든가 하는 일은 있을 수 있어도, 약탈도 단순한 자연의 사건이라고 볼 뿐 교만이나 경멸의 마음은 품지 않으며, 성공의 기쁨이나 실패의 슬픔 외에는 어떠한 정념도 없다.(원주)

[*43] 바로 뒤에 나오는 맨더빌(다음 주 참조)을 가리킴.

[*44] 맨더빌 Maindeville, 1670~1733. 네덜란드 태생으로 라이덴 대학에서 의학을 공부한 뒤 영국에 정착했다. 역설을 좋아하여 인간의 타고난 이기심 또는 악덕으로부터 사회나 국가의 번영이 비롯된다고 말하고, 사회의 번영과 개인의 미덕이 양립하지 않는다고 주장했다. 홉스의 경우와 마찬가지로 기존 사회 현실의 분석으로는 반(反)미덕과 부, 사회 예찬의 결론을 제외하면 루소의 지지를 받을 만한 것이다. 맨데빌의 이상과 같은 주장은 그의 주저 《꿀벌 이야기》(The Fable of the Bees, or Private Vices, public Benefits)(1723)에 쓰여져 있다. 이 책은 여러 차례 프랑스어로 번역되었는데, 그 중 가장 좋은 번역은 베르틀랑(Bertland) 역(4권. 암스테르담 1740년)이다.

[*45] 여기는 《꿀벌 이야기》의 전기 역본 제2권의 〈자애심과 자애심의 교훈에 대한 시론〉이란 글의 요약.

들은 쾌감을 느낀다. 그 죄수는 한 마리의 짐승이 한 어린아이를 그 어머니의 가슴에서 가로채 무시무시한 이빨로 손발을 물어뜯고 그 아이의 살아 움직이는 창자를 손톱으로 찢고 있는 것을 감옥에서 바라보고 있는 것이다. 사건에 아무런 개인적인 이해관계를 갖지 않은 이 목격자라도, 어찌 무서운 동요를 느끼지 않을 수 있겠는가! 이 광경을 보고 정신을 잃은 어머니와 숨이 끊어져 가고 있는 아이를 위해 어떠한 도움의 손길도 뻗지 못하는 일에 어찌 깊은 고뇌를 느끼지 않을 수 있겠는가!

이것이 모든 반성에 앞서는 자연의 순수한 충동이며, 이것이 아무리 타락된 풍속이라도 파괴하기 힘든 자연의 연마된 힘이다. 왜냐하면 폭군의 위치에 앉기만 하면 틀림없이 자기 적에게 더 심한 고통을 주려고 했을 패들이 극장에서는 불운한 사람의 불행을 보고 동정하여 눈물을 흘리는 모습을 날마다 볼 수 있기 때문이다.

그런 인간은 자기가 일으키지 않은 불행에 대해서는 몹시 느끼기 쉬웠던 잔인한 술라[46]와 비슷하며, 또 자기 명령으로 날마다 살해된 많은 시민들의 울음소리를 듣고도 태연했지만 무대 위의 안드로마케나 프리아모스를 동정하여 우는 것을 남이 보지나 않을까 하고, 어떤 비극 공연에도 참석할 용기를 갖지 못했던 펠레로우스의 알렉산드로스[47]와도 비슷하다.

가장 부드러운 마음이야말로
인류가 자연으로부터 물려받은 것.
자연이 인류에게 보낸 눈물이 그 증거이다.[48]

---

* 46 Lucius Cornelius Sulla(Sylla. 기원전 138~178. 로마의 장군, 독재적인 정치가). 가끔 전공(戰功)을 세웠으나 마리우스 시대까지 민주적 제도를 제한하여 독재적인 정치를 폈다. 루소가 말하는 술라의 동정은 플루타르코스의 《영웅전》 30장 술라의 생애 속에서 다루어지고 있다. 《플루타르크 영웅전》 〈술라〉참조.

* 47 기원전 369~358에 재위했던 그리스의 참주. 몽테뉴의 《에세》 제2권 제27장 "극장에서 비극을 듣는 데 견딜 수 없었다……"라는 내용이 플루타르코스 23장에도 실려 있으므로 루소가 이 둘을 읽었을 가능성이 있다.

* 48 유베날리스 《풍자》 제15, 제5장, 131~3행. 이 시구 외의 6행은 1782년 판에 첨가되고 뒤에 〈달랑베르에게 보내는 편지〉가 다시 첨가되었다.

만일 자연이 인간에게 이성의 보조 역할로 연민의 정을 주지 않았다면, 인간은 그 모든 덕성을 가지고 있어도 괴물에 지나지 않았으리라는 것을 맨더빌은 깨달았던 것이다. 그러나 그는 오직 이러한 특질로부터 (그가 인간에게 인정하지 않으려는) 모든 사회적인 미덕이 흘러나온다고는 생각하지 않았다. 실제로 관용, 온유, 인간애라는 것은 약자, 죄인, 또는 인류 일반에게 적용된 연민의 정이 아니고 무엇이겠는가. 친절과 우정 또한 그것을 올바르게 이해하면, 특정한 대상에게 쏟은 변함없는 연민의 정에서 나온 것이다. 왜냐하면 어떤 사람이 괴로워하지 않기를 원하는 것은 그 사람이 행복해지기를 원하는 것과 같지 않은가. 동정이란 괴로워하는 자의 입장이 되어 보는 감정일 뿐이며, 미개인에겐 뚜렷하지 못하지만 활발한 한편, 문명인에게는 발달되어 있지만 약한 감정에 지나지 않는다는 것이 진실이라면, 이와 같은 관념은 내가 말한 진실성에 더욱더 힘을 보태는 것이 아니고 무엇이란 말인가. 사실 동정은 옆에서 보고 있는 동물이 괴로워하고 있는 동물과 깊이 동화하면 할수록 더욱 강력한 것이 된다. 그런데 이같은 동화가 추리 상태에서보다는 실제로 자연상태에서 훨씬 내면적으로 깊었으리라는 것은 명백하다. 자존심을 낳는 것은 이성 (理性)이며 그것을 강하게 하는 것은 반성이다. 이 반성을 통해 인간은 자기를 돌아보며, 또 자기를 가로막고 괴롭히는 모든 것에서 벗어난다. 인간을 고립시키는 것은 철학이다. 인간이 불운에 처한 사람을 보고, "너는 죽고 싶거든 죽어. 나는 안전하니까" 이렇게 말하도록 이끄는 것은 하나의 철학이라고 말할 수 있다. 철학자의 곤한 잠을 깨우고 그를 잠자리에서 끌어내는 것 또한 사회 전체를 위협하는 그런 일반적인 악들이다. 사람은 철학자의 창문 밑에서 그 동족을 죽여도 철학자에게 잔소리를 듣지 않는다. 철학자가 자기와 살해될 자를 동등하게 보려고 마음속에서 반항하는 자연을 멎게 하려면 귀에 두 손을 대고 이치를 조금 따지기만 하면 된다.*[49] 미개인에게는 이와 같은 재능이 없다. 그리고 지혜와 이성이 없으므로 그는 언제나 인류 최초의 감정에 경솔하게 몸

*[49] 이 전후의 철학자를 풍자한 문장은 디드로의 암시에 많은 영향을 받고 있다는 뜻을, 루소는 《고백록》 제8권에서 말하고 있다. 그리고 디드로의 악의 어린 조언 덕분에 《불평등론》에 냉혹하고 음험한 투가 나와 있음을 비치고 있는데, 이것은 박해 의식에 괴로워하고 있을 때, 더구나 《고백록》의 원고를 쓴 지 꽤 오랜 뒤에 가필된 것(장 모렐의 지적)이라는 점을 고려해야 한다.

을 맡기는 것을 볼 수 있다. 폭동이나 거리 싸움이 일어났을 때 모여드는 것은 하층민일 뿐이다. 조심성 있는 사람들은 슬쩍 피한다. 신사들이 살인 소동을 벌이지 못하도록 말리는 자는 천민들과 시장의 아낙네들이다.

그러므로 연민은 자연의 감정이며, 그것은 각 개인에게 있어서는 자기로 말미암은 폭력을 조절하여 종(種) 전체의 보존에 공헌한다. 타인이 괴로워하는 것을 보고 우리가 아무런 반성도 없이 도와주려고 하는 것은 바로 이 연민 때문이다. 또 자연상태에 있어 법률, 풍속, 미덕을 대신하는 것도 이것이며, 그 부드러운 목소리에는 아무도 거역하지 못한다는 장점이 있다. 튼튼한 모든 미개인들에게 만일 어딘가 다른 곳에서 자기 생활 물자를 발견할 수 있다는 희망이 있으면, 나약한 아이나 병약한 노인이 고생하여 손에 넣은 생활물자를 빼앗을 생각을 하지 않는 것은 이 연민 때문이다. "남에게 대접을 받고자 하는 대로 너희도 남을 대접하라"*50는 그 숭고한 합리적 정의의 원칙 대신 "타인의 불행을 되도록 적게 하여 너의 행복을 이룩하라"는, 앞의 것만큼 완전하지는 않으나 더욱더 유용한, 자연의 선한 성품에 대한 또 하나의 원칙을 모든 사람의 마음속에 품게 하는 것은 이 연민의 정이다. 한 마디로 말하면 모든 사람이 교육의 원칙과는 관계가 없더라도, 잘못된 행위를 한 경우에 느끼는 혐오의 원인은 교묘한 논거 속에서보다도 이 자연의 감정 속에서 구해야 한다. 이성에 의해 덕을 획득하는 일은 소크라테스나 그와 비슷한 사람들에게 속할지 모르지만, 인류의 보존이 인류를 구성하는 사람들의 이성적 판단에만 의존한다면 벌써 오래전에 인류는 없어져 버렸을 것이다. 그다지 활발하지 않은 정념과 대단히 효과적인 억제력을 갖추고 있던 그때 사람들은 사악하기보다 야성적이며, 타인에게 해를 끼치려는 마음보다 자기들이 입을지도 모를 해(害)로부터 몸을 지키는 일에 더 신경을 쓰고 있었으므로 위험한 분쟁에 말려들어 갈 우려*51는 없었다. 또 그들은 남의 것과 내 것이라는 관념이 없었다. 또 난폭한 일을 당하는 일이 있더라도 그것을 쉽게 보상할 수 있는 손해로 보았고, 벌을 주어야 할 죄악이나 범죄로는 보지 않았다. 그리고 돌팔매질을 당하면 물고 덤비는 개처럼 본능적으로 그 자리에서 덤벼드는 거라면 몰라도 복수 따위는 생각지도 않았다. 그러므로 그들의 싸움은 먹는 것보다 더 중요한 것이 아

---

*50 〈마태복음〉 제7장 12절 및 〈누가복음〉 제6장 31절 참조.
*51 여기서 홉스가 주장한 자연인의 전쟁 이론을 염두에 두고 반론을 가하고 있다고 보여진다.

닌 이상, 피를 흘리는 결과를 가져오는 일은 없었을 것이다. 그러나 나는 더 위험한 사항이 한 가지 남아있음을 말해 두어야겠다.

인간의 마음을 움직이는 몇 가지 정념 속에는 서로 이성(異性)을 구하는 타는 듯한 정념이 있다. 그것은 온갖 위험을 아랑곳하지 않고 모든 장해도 물리친다. 그것은 열광 상태가 되면, 본디 인류를 보존하기 위해 있음에도 오히려 인류를 파멸시키기에 알맞을 무서운 정념이 되고 만다. 만일 이 억제력이 없는 난폭한 격정에 사로잡혀 부끄러움도 조심성도 없이 날마다 자기 피를 흘리더라도 사랑의 쟁탈전을 벌인다면, 인간은 도대체 어떻게 될 것인가?

우선 정념이 심하면 심할수록 그것을 억제하기 위해 법률이 필요하다는 것을 인정하지 않으면 안 된다. 그러나 정념이 날마다 우리 사이에 일으키고 있는 무질서와 범죄는 이러한 목적을 완수하는 데에 있어서 법률의 불충분함을 많이 드러내고 있지만, 이러한 악들은 법률 그 자체와 함께 발생한 것이 아닌가 하는 점을 검토해 보는 것도 좋다. 왜냐하면 그럴 경우, 법률이 그런 무질서를 억압하는 힘이 있다면, 법률이 없으면 존재하지 않을 해악을 거절하는 일이야말로 법률에 대해 해야 할 최소한의 요구이기 때문이다.

먼저 연애감정에서 정신적인 것과 육체적인 것을 구별하자. 육체적인 것이란 이성끼리 서로 맺어지게 하는 일반적인 욕구이다. 정신적인 사랑이란 이러한 욕구를 단 하나의 대상에 고정시키거나 적어도 그 선정된 대상을 위해 한층 고도의 정력(에너지)을 쏟는 일이다. 그런데 정신적인 사랑이란 사회적이고 인공적인 감정이며, 이 감정은 부인들이 자기들의 지배력을 확립하여 복종해야 할 성(性)[52]을 앞세우려고 많은 재능과 주의를 기울여 찬양하고 있다는 것을 쉽게 알 수 있다. 이 감정은 미개인으로서는 가질 수 없는 어떤 종류의 가치 또는 미의 관념, 미개인으로서는 도저히 불가능한 비교에 바탕을 두었으므로 그들에게는 거의 아무런 가치도 없을 것이다. 왜냐하면 미개인의 정신이 올바른 일과 균형이라는 추상적인 관념을 만들어 낼 수 없었듯이, 그의 감정 또한

---

*52 루소는, 여성은 남성에게 복종해야 하는 것으로 이 둘 사이의 자연적 불평등을 인정하고 있는 것으로 보인다. 《에밀》 안에서도 특히 제5편에서 에밀의 약혼자 소피에 대해 여성의 역할을 논하고 있는데, 대체적으로 그의 여성관은 소극적이고, 여성의 사회적 역할을 가정에 한정하며, 여성의 특질을 지적인 부분이 아니라 정서적인 부분에서 인정하고 있다. 그것은 《신 엘로이즈》의 여주인공 줄리에 관한 기술에서도 인정된다.

감탄과 연애감정을 받아들이지 못하기 때문이다. 그런 감정은 위에 말한 이러한 관념들을 적용함으로써 서서히 만들어지는 것이다. 즉 미개인은 자연이 그에게 심어 놓은 기질에만 귀를 기울여 자기가 획득할 수 없었던 취미에는 귀를 기울이지 않는다. 그러므로 미개인에게는 여성이면 누구나 되었던 것이다.

연애가 육체적인 것에만 한정됨으로써 더 자극적이거나 어려운 사랑의 선택을 모를 만큼 행복한 사람들은, 심한 애욕을 그렇게 자주 그리고 강하게 느낄 리도 없고, 따라서 서로 다투는 일도 드물 것이며 그다지 잔혹하지도 않을 것이다. 우리 사이에선 상당히 심한 해를 미치는 상상력도 미개인의 마음에는 조금도 영향을 주지 않는다. 저마다 조용히 자연스런 충동을 기다리고, 영광보다는 오히려 쾌감을 느끼며, 선택을 하지 않고 거기에 몸을 맡긴다. 그리고 욕구가 채워지면 욕망은 완전히 사라지게 된다.

따라서 다른 정념과 마찬가지로 연애도, 인간에게 때때로 불행을 가져다주는 그 격렬한 열정을 사회 속에서 획득했다는 사실은 논의할 여지가 없다. 그러므로 미개인을 가리켜서 그들의 야수성을 만족시키기 위해 언제나 서로 죽이고 있다고 표현하는 것은 경험적 사실과는 전혀 다르므로 더욱 우스꽝스러운 일이다. 현존하는 모든 민족들 가운데에서 오늘날까지 자연상태를 가장 잘 보존하고 있는 민족인 카리브인*53은 언제나 이 연애 감정에 더욱더 큰 활동성을 자극할 만한 뜨거운 기후에서 살고 있는데도, 그들의 연애는 가장 온화하며 질투에 사로잡히는 일이 드물다.

몇몇 종류의 동물들은 늘 가축우리를 피투성이로 만들거나 봄철에 암컷을 둘러싸고 숲속을 시끄럽게 하는데, 이러한 수컷의 투쟁에서 내릴 수 있는 결론에 대해서는, 우선 최초로 양성(兩性)의 상대적인 힘 속에 자연이 인간들 사이의 관계와는 다른 관계를 설정하고 있는 종(種)은 모두 제외하지 않으면 안 된다. 따라서 수탉의 투쟁에서 귀납하는 결론은 인류에게는 해당되지 않는다. 암컷과 수컷 수의 비율이 가장 잘 지켜지고 있는 종에 있어 이런 투쟁의 원인이 되는 것은, 수컷 수에 비해 암컷이 적다는 것, 또는 암컷이 일정한 기간에만 수컷의 접근을 허락한다는 것뿐이다. 그리고 이 둘째 원인도 결국 첫째 원인에 귀착된다. 왜냐하면 예를 들어 어느 암컷이나 1년 중 2개월 간만을 수컷

---

*53 앞서 나왔다. 몽테뉴 《에세》 제1부 31장 〈식인종에 대하여〉 참조.

에 허용한다면 암컷의 수가 6분의 5나 적은 것과 다름없기 때문이다. 그런데 이 두 가지 경우가 모두 인류에게는 적용되지 않는다. 인류는 일반적으로 여성의 수가 남성보다 많고, 미개인들 사이에도 여성이 다른 종류의 암컷처럼 열정의 시기와 거절의 시기를 가지고 있다고 관찰된 일이 없기 때문이다. 그리고 이런 동물 가운데 몇몇 동물간에는 종(種) 전체가 동시에 흥분 상태에 들어가므로 공통된 열정과 싸움과 무질서와 투쟁의 무서운 시기가 찾아온다. 이것은 연애가 주기적이 아닌 인류 사이에는 결코 일어나지 않는 일이다. 그러므로 어떤 종류의 동물이 암컷을 손에 넣기 위해 행하는 투쟁에서, 자연상태에 있는 인간에게도 같은 일이 일어나리라고 결론지을 수는 없다. 그리고 결론을 얻을 수 있다 하더라도 그런 분쟁이 다른 동물 종을 파멸시키는 일은 없으므로, 적어도 그것은 우리 인류에게 해가 없으리라고 생각할 수 있다. 또 그런 분쟁이 일으키는 손해는 사회 속에서보다 자연상태에 있어 훨씬 적다는 것은 명백한 일이다. 특히 풍속이 어느 정도 존중되고 있으므로 사랑하는 남자의 질투나 남편의 복수가 결투나 살인, 그 밖에 더 나쁜 사건을 일으키고 있는 나라들, 영원한 정절의 의무가 다만 간통자를 만드는 데 도움이 될 뿐 정조와 명예의 법률 자체가 필연적으로 방탕을 조장하고 낙태를 증가시키고 있는 나라에 있어서는 그러하다.

결론을 내려 보겠다. 숲속을 돌아다니며 살아갈 뿐, 산업 기술도 언어도 주거도 없고, 전쟁이나 동맹도 없고, 동족을 필요로 하지 않을 뿐만 아니라 그들을 조금도 해치려들지 않고, 그들 가운데 아무도 개인적으로 기억하는 일조차 없었던 미개인은, 아주 미약하게 정념에 지배당할 뿐 스스로 충족감을 느끼며, 자기에게 주어진 상황에 걸맞는 감정과 지식만을 가지고 있었다. 그는 자기의 순수한 욕망만을 느끼고, 보아서 이익이 있다고 생각되는 것만 바라보았다. 그리고 그의 지성은 그의 허영심과 마찬가지로 진보하지 않았다. 우연하게 무엇을 발견했다 하더라도, 그는 자기 자식도 기억하지 못했으므로 그 발견을 전할 수조차 없었다. 기술은 발명자와 함께 소멸되었다. 교육도 진보도 없었다. 세대는 그저 흘러갔다. 그리고 각 세대는 언제나 같은 시점에서 출발하므로 몇 세기가 초기 시대의 발전하지 못한 상태 그대로 지나갔다. 종(種)은 이미 늙었는데, 인간은 언제까지나 어린아이 상태로 있었다.

내가 이같은 원시상태의 가정(假定)에 대해 이처럼 상세하게 논하는 것은,

오래된 오류와 뿌리 깊은 편견을 깨뜨려야 한다는 신념 때문이다. 또한 그러기 위해서는 뿌리 밑까지 이 원시 상태의 가정에 파고들어, 현대 작가들이 주장하는 그러한 현실성과 영향력을 참된 자연 상태에서—인류의 불평등이 자연에서 오는 것이라 해도, 그들은 이러한 자연으로부터 얼마나 멀리 떨어져 있었던가—찾아보아야 한다는 것이다.

실제로 사람들을 구별하는 차이점들 가운데에서 몇 가지는 자연적인 것으로 보고 있으나, 많은 부분은 단순히 습관적인 것이거나 사회 속에서 사람들이 받아들이는 온갖 생활양식의 산물임을 쉽게 알 수 있다. 그러므로 강한 체질인가 허약한 체질인가, 그에 따라 힘이 센가 약한가 하는 문제는 근본적인 체격보다 그 교육 방법이 엄한가 유약한가 하는 점에 원인이 있다. 정신의 힘에 대해서도 마찬가지다. 교육은 교양이 있는 정신과 교양이 없는 정신 사이의 차이를 드러낼 뿐만 아니라 교양 있는 정신 사이에도 교양의 정도에 비례하여 차이를 증가시킨다. 왜냐하면 거인과 소인이 같은 길을 걷는다면 그들 둘이 다 한 발짝씩 걸을 때마다 거인 쪽이 새로운 이점을 얻게 되기 때문이다. 그런데 지금 사회상태의 갖가지 계층을 지배하고 있는 교육과 생활양식의 놀라운 다양성을, 모두 같은 음식을 먹고, 똑같이 생활하고, 정확하게 같은 일을 하고 있는 동물이나 미개인 생활의 단순함 및 획일성과 비교해 보면, 사람들 사이의 차이는 자연 상태 쪽이 사회 상태에 있어서보다 얼마나 더 적은가를 알 수 있다. 또 자연의 불평등이 사회 제도의 불평등에 의해 얼마나 크게 증대하고 말았는가를 이해할 수 있다. 그러나 자연이 그 물건을 분배하는 데 있어서 사람들의 말처럼 편파적인 처사를 했다 해도, 가장 덕을 본 사람들이 자기들 사이에 거의 어떤 종류의 인간관계도 배려하지 않는 상태에서 타인을 희생시켜 가며 도대체 어떤 이익을 얻을 수 있을까.

사랑이 전혀 존재하지 않는 곳에서 아름다움이 무슨 소용이 있겠는가. 이야기를 하지 않는 사람들에게 재치가 무슨 소용이 있겠는가. 또 거래를 하지 않는 사람들에게 책략이 무슨 쓸모가 있겠는가. 강자가 약자를 억압하리라는 말을 나는 여러 번 들었다. 그러나 이 억압이란 말의 뜻을 설명해 주기 바란다. 어떤 자가 폭력으로 지배하면 다른 자는 강자의 처사에 굴복하여 한탄하고 괴로워할 것이다. 이것이 바로 내가 우리 사회에서 보아 온 것이다. 그러나 나는 이러한 일이 미개인에게도 적용할 수 있는 것인지 알 수 없다. 그들에게는 복종과 지배라는 것이 어떤 것인가를 이해시키는 데도 무척 힘이 들 것이다. 한 인간이 다른 인간이 따온 과일이나 죽인 짐승, 숨어 살던 동굴을 가로챌 수는 있을 것이다. 그러나 그가 그 인간을 어떻게 복종시킬 수 있을까. 그리고 아무것도 갖지 않은 사람들 사이에 어떤 종속관계의 속박*54이 있을 수 있겠는가. 만일 내가 한 그루의 나무에서 쫓겨난다면 그것을 버리고 다른 나무로 가기만 하면 된다. 만일 내가 어떤 장소에서 괴로움을 받는다면, 다른 장소로 옮겨 가는 것을 누가 가로막겠는가. 또 나보다도 힘이 세고, 몹시 타락하고 게으르며 횡포한 남자가 있어서, 자기는 아무것도 안 하고 나에게 강제로 생활비를 가져오도록 시킨다고 하자. 그러면 그는 한시도 나에게서 눈을 떼지 않고, 자는 동안에도 주의에 주의를 하여 나를 묶어 놓도록 굳은 결심을 해야 할 것이다. 그렇지 않으면 내가 달아나거나 그를 죽이거나 할지도 모를 일이다. 즉 그는 자기가 피하고 싶어하는 고통보다도, 또 그가 나 자신에게 주는 고통보다도 훨씬 큰 고통을 스스로 받을 각오를 하지 않으면 안 된다. 그렇게까지 해도 그의 경계가 한순간 소홀해지거나 뜻하지 않은 소리에 그가 머리를 돌리거나 하면, 곧바로 나는 숲속으로 훌쩍 뛰어들어가 내 사슬은 끊어지고 그는 일생에 두 번 다시 나를 볼 수 없게 될 것이다.

이같은 세세한 일은 하나하나 말하지 않아도, 종속의 인연이란 것은 사람들의 서로에 대한 의존 관계와 그들을 결부시키는 서로에 대한 욕망 없이는 형성되지 않는 것이므로, 어떤 사람을 복종시키는 일은 미리 그 인간을 다른 인간이 없으면 해 나갈 수 없을 그런 사정 아래 두지 않는 이상 불가능하다는 것은 누구나 알고 있을 것이다. 이같은 상황은 자연 상태에는 존재하지 않으므로 그곳에서는 누구나 속박으로부터 자유로우며, 강자의 법률은 쓸데없는 것이 된다.

이상으로 자연상태에 있어서는 불평등이 거의 느껴지지 않는다는 것과 불평등의 영향도 그곳에서는 거의 없다는 것을 증명했으므로, 앞으로 해야 할 일은 그 불평등의 기원과 진보를 인간 정신의 연속적인 발전 속에서 찾아보아야 한다. 그리고 자기 완성 능력이나 사회적인 덕, 그 밖의 자연인이 발전시킬 수 없었던 일, 모든 능력의 발전을 위해서 몇 가지 외적인 요인—결코 일어나

---

*54 사유제와 사회적 불평등의 필연적인 관계를 지적하고 있다. 본문 제2부 첫 페이지 참조.

지 않을 수도 있었으나 그것이 없으면 인간은 영원히 원시 상태로 머물렀으리라고 생각되는—의 우연한 협력이 필요했다는 것 따위를 나타낸 것이므로, 다음에는 인간의 종을 상실함으로써 이성을 완성하고, 인간을 사회적으로 결속함으로써 사악한 존재를 만들고, 마침내 먼 기점(起點)에서 인간과 세계를 현재 우리가 보는 지점까지 데리고 올 수 있었던 갖가지 우연*55을 다시 고찰하여 결부시키지 않으면 안 된다.

털어놓고 말하면, 내가 묘사하지 않으면 안 될 여러 사건들은 몇 가지 방식으로 일어나므로, 그 선택을 하려면 억측에 따를 수밖에 없다. 그러나 이런 억측은 그것이 사물의 본성으로부터 끌어낼 수 있는 가장 확실성에 가까운 추측이며, 진리를 발견하기 위해 쓸 수 있는 유일한 수단이 될 때, 그것은 이치에 맞을 뿐만 아니라 내가 자신의 억측으로부터 연역하려고 하는 결과가 결코 추측에 불과한 것이 되지는 않을 것이다. 왜냐하면 내가 여기서 확립한 모든 원리에 입각해 사람들이 무언가 다른 체계를 만들었다면, 그것이 같은 결과를 불러온다든가, 또는 거기서 내가 같은 결론을 끄집어 낼 수는 없기 때문이다.

이런 일만 거절해 두면, 다음 각 항(各項)에 대해 나의 성찰을 말하지 않아도 될 것이다. 즉 사건의 진실성이 적은 것을 어떻게 시간의 경과가 보상*56하느냐는 것, 아주 가벼운 원인이라도 쉬지 않고 움직일 때는 놀라운 힘을 미친다는 것, 어떤 종(種)의 가설은 한편에 있어 사실과 같은 정도의 확실성을 주지 못하더라도 다른 한편에선 그것을 파괴하는 일이 불가능하다는 것, 두 사실이 현실의 것으로 주어지고 그것들이 미지의, 또는 그렇게 여겨지고 있는 일

---

*55 인간의 사회성을 형성하는 모든 요소, 즉 이성, 도덕, 그리고 사회적 불평등을 포함하는 사회 조직 자체의 탄생은 역사의 필연적인 발전이라고 볼 수 없으며, 또 인류에게 있어 은혜를 뜻하는 것도 아니고 외적인 상황에서 오는 우연성에 의한 것임을 여기서도 강조하고 있다.

*56 스탈로반스키는 여기에 주를 달아 루소가 집착하고 있는 것은 정치 사회의 기원에 관한 플라톤적 사고 방식의 전통이라고 지적하고 있다. 인간의 관념이나 기능의 발생에 대해 로크나 그 제자들과 달리, 루소는 시간의 역할을 매우 중요시하고 있다. 또 거북한 연대적 구분을 생각하여 약간의 시간만을 가정하는 신학들과 더불어 막대한 시간의 경과를 가정한다. 그것은 플라톤의 《법률편》(제3권의 첫머리)에 쓰여 있는 것과 흡사하다(플레이아드 판 전집 제3권 1338페이지 참조). 바로 사회의 기원을 이해하려면 "무한히 멀리 떨어진 시대로 거슬러 올라가" "무한한 변화"를 상상하고 오늘날 같은 사회가 생겨날 때까지 수십만 년 수백만 년이나 경과한 일을 인정해야 한다는 뜻이다.

런의 중간적 사실로 결부되어야 할 때, 그것을 결부시키는 사실을 나타내는 것은 역사의 역할이라는 것, 역사가 침묵하고 있을 때는 그것을 결부시킬 수 있는 비슷한 사실을 결정하는 것은 철학의 역할이라는 것, 마지막으로 여러 사건들에 대해서 말하면 비슷하다는 것으로 여러 사실들을 사람들이 보통 상상할 수 있는 것보다 훨씬 수가 적은 종류의 분류로 환원하는 것 따위이다.*57 이들 사항을 나를 평가하고 판단하는 여러분이 고찰 자료로서 흔쾌히 받아들여, 일반 독자가 더 이상 문제 삼지 않게 되기를 바란다.

---

*57 이 제1부의 끝부분은 루소가 과학적 방법에 대한 그의 생각을 요약해 나타내고 있는 점이 주목할 만하다.

제2부

어떤 토지에 울타리를 두르고 "이것은 내것이다" 선언하는 일을 생각해 내고는, 그것을 그대로 믿을 만큼 단순한 사람들을 찾아낸 최초의 사람은 정치사회(국가)의 창립자였다. 말뚝을 뽑아내고, 개천을 메우며 "이런 사기꾼이 하는 말 따위는 듣지 않도록 조심해라. 열매는 모든 사람의 것이며 토지는 개인의 것이 아니라는 것을 잊는다면 너희들은 파멸이다!" 동포들에게 외친 자가 있다고 한다면, 그 사람이 얼마나 많은 범죄와 전쟁과 살인, 그리고 얼마나 많은 비참함과 공포를 인류에게서 없애 주었겠는가?*¹ 그러나 그때는 이미 상황이 전과 같은 상태를 계속할 수 없을 정도였으리라고 생각된다. 왜냐하면 이 사유(私有)의 관념은 순차적으로밖에 발생할 수 없었던 많은 선행 관념에 의존하고 있으며, 인간 정신 속에 갑자기 형성된 것이 아니었기 때문이다. 즉 자연 상태의 이 마지막 지점에 도달하기까지는 많은 진보를 이룩하고, 많은 생활기술과 지식을 획득하면서 그것들을 시대에서 시대로 전달하여 증가시켜야만 했다. 그러므로 사물을 거슬러 올라가 다시 생각해 보고 가장 자연적인 순서에 따라서, 이어져 일어난 사건과 지식을 하나의 관점에서 모아 보도록 노력하겠다.

인간의 첫 감정은 자기 생존을 위한 것이었다. 그리고 첫 배려는 자기 보존을 위한 배려였다. 땅에서 나는 산물은 인간에게 모든 필요한 도움을 제공했다. 본능에 따라 인간은 그것을 이용했다. 굶주림과 그 밖의 욕구들이 그에게 그때마다 다른 생활방법을 경험하게 하였으나, 이 가운데 인간에게 자기 종을

---

*1 사회적 불평등의 기원이 사유제에 있음을 암시한 루소의 말로, 뒤에 종종 인용되는 유명한 문구이다. 이것은 볼테르를 화나게 하여, 자주 그에게 비난의 붓을 잡게 했다. "이것이야말로 돈많은 사람의 것을 가난한 사람이 훔치기를 바라는 무례한 철학이다"라고 볼테르는 《불평등론》의 여백에 써넣었다(G.R. Havens, Voltaire's Marginalia on the pages of Rousseau, 1933, p.15).

영구히 존속시키도록 촉구한 방법이 하나 있었다. 그리고 애착의 감정이 완전히 결여되어 있는 이 맹목적인 경향은 순수하게 단 하나의 동물적인 행위만을 만들어 냈다. 욕망이 채워지면 양성(兩性)은 이미 서로 상대방을 기억하는 일도 없었다. 아이들마저도 어머니가 없이도 살 수 있게 되면 곧 어머니와의 애착 관계는 사라져 버렸다.

　이것이 처음 태어난 인간의 상태였다. 처음에는 순수한 감각만을 가지고 있으므로 자연이 준 선물을 거의 탐닉하지 않고, 자연으로부터 빼앗을 생각도 하지 않았다.[*2] 그런데 여러 가지 어려움이 생겨나 그것을 극복하는 법을 배워야만 했다. 나무가 높이 자라면서 그 과일에 손이 닿지 않거나, 같은 과일을 먹고 살아가는 다른 동물들과의 경쟁이 있거나, 그의 목숨을 빼앗으려는 광포한 동물들이 있거나 해서, 그는 신체 단련에 힘을 기울여야만 했다. 그의 몸은 민첩해지고 빨리 달리고 싸움에 강해질 필요가 있었다. 나뭇가지나 돌 같은 자연의 무기가 발견되었다. 그는 자연의 장해를 극복하거나 생활에 필요한 것들을 놓고 다투거나, 또는 힘센 자에게 양보해야 했던 것을 다른 곳에서 보충하는 법을 배우기도 했다.

　인류의 수가 증가하면서 그만큼 신경 써야 할 것들도 많아졌다. 토지나 기후나 계절의 차이로 말미암아 그들의 생활양식에도 서로 변화가 일어났다. 모든 것을 멸망시키는 불모의 세월이나 춥고 긴 겨울, 타는 듯한 여름이 그들에게 새로운 생존 방식을 요구했다. 바다와 강 연안에서 그들은 실과 바늘을 발명하여 어부가 되고 물고기를 잡는 민족이 되었다. 숲속에서 그들은 활과 화살을 만들어 사냥꾼이 되고 전사(戰士)가 되었다. 추운 지방에서 그들은 자기가 죽인 동물의 털가죽을 몸에 둘렀다. 천둥과 화산, 또는 어떤 행운 덕으로 그들은 불을 알게 되었으며, 그것이 겨울의 추위에 대한 새로운 대책이 되었다. 그들은 이 불을 보존하는 방법, 이어서 이 불을 다시 만들어내는 방법, 마지막으로 이제까지 날 것으로 먹고 있던 고기를 조리하는 방법을 배웠다.

────────────

[*2] 자연인은 자연과 언제나 밀접하게 직접 접촉하는 것에만 반응할 뿐, 자기를 위해 자연을 이용하는 방법을 아직 모른다. "자연인은 직접성 속에서 살고 있다. 장해와 맞서 싸우지 않으면 안 되므로 그 잠재적 기능을 발휘하게 된다. 즉 자연을 변형시키거나 복종시키기 위해 도구를 발명하고, 동시에 생각이 가능하게 되며 이성의 매개적 능력을 발견하게 되는 것이다. (단) 이 진보는 양의적이다. 왜냐하면 직접성이라는 원시적 특권의 상실을 뜻하는 것이 되기 때문이다"(스탈로반스키, 플레이아드 판 전집 제3권 1340페이지).

이같은 온갖 존재 방식을 인간 자신을 위해, 또 서로 되풀이 적용한 결과 마땅히 인간들의 정신 속에는 몇 가지 관계들에 대한 지각(知覺)*³이 생겨날 수밖에 없었다. 대소, 강약, 빠르고 느림, 두려움과 용기 등의 말들이 필요에 따라 비교되고, 거의 생각지도 않은 관념에 의해 이들 관계는 마침내 우리 마음 속에 반성이라기보다는 오히려 무의식적인 조심성을 갖게 했으며, 안전에 가장 필요한 것들을 가르쳐 주었다.

이같은 발전의 결과로 얻게 된 새로운 지식은 다른 동물들에 대한 인간의 우월성을 자각시켜 줌으로써 그 우월성을 증대시켜 갔다. 인간은 동물들을 함정에 빠트리기 위해 온갖 방법으로 속임수를 썼다. 몇몇 동물들은 싸우는 힘이나 뛰는 속력에서 인간보다 뛰어나지만, 인간은 시간이 지나면서 자기에게 도움이 될 수 있는 동물에게는 주인이 되고, 자기에게 해를 끼칠 수 있는 동물에게는 위험한 존재가 되었다. 이리하여 인간이 자신에게 보낸 최초의 시선은 자기 마음에 자존심을 만들어 냈으며, 동시에 아직 서열의 구분도 하지 못하면서 (인류라는) 종(種)의 입장에서 자기를 동물 가운데 가장 우월한 위치에 있다고 생각했다. 그리고 일찍이 개인으로서도 그 지위를 요구하려는 태도를 취했다.

인간은 다른 동물들에게 대하는 것과 마찬가지로 동족들과 거의 교류가 없었다. 그럼에도 동족들을 잊지는 않았다. 시간이 지나면서 그들 사이나 이성(異性)과 그 자신과의 사이에 인간이 아직 모르고 있던 일치하는 부분이 있음을 알게 되었다. 그리고 그들이 모두 같은 상황에 있었다면 자기도 했으리라고 생각되는 행동을 그들이 똑같이 하는 것을 보고, 그는 다른 사람들의 사고방식과 행동방식이 자기와 일치한다고 결론지었다. 그리고 그의 정신 속에 확립된 이 중요한 진리는 변증법처럼 확실하고 그보다 더 재빠른 예감에 의해, 그가 가장 훌륭한 것이라고 믿는 행위의 규칙들을 스스로 따르도록 이끌었다. 그 규칙들은 그가 자기의 이익과 안전을 위해 다른 사람들과 함께 지키기에 적절한 것이었다.

편안함을 좋아하는 마음이 인간 행위의 유일한 동력임을 경험을 통해 배운 인간은, 공통된 이해관계에서 동족의 도움에 의존해야 할 경우와 경쟁을 위해

---

*3 이것은 루소가 《에밀》 제2편 속에서 아이의 정신 발달 단계를 구분하고, 인간의 최초의 이성으로서 지적 이성의 기초가 되는 것으로 본 감각적 이성 la raison sensitive에 해당된다.

그들을 경계해야 할 경우를 구별할 수 있게 되었다. 첫 번째 경우, 그는 동족들과 가축의 무리처럼 결합하든가 최소한 일종의 자유로운 협동에 따라 결합했다. 그 협동은 아무도 구속하지 않고 그 협동을 만들어 낸 일시적인 욕구가 존재하고 있는 동안에만 지속했다. 두 번째 경우, 각자는 만일 자기가 할 수 있다고 생각되면 폭력에 호소하고, 자기 쪽이 약하다고 느끼면 수단과 지략을 써서 자기의 이익을 얻으려고 노력했다.

이렇게 사람들은 모르는 사이에 서로의 약속과 그것을 실행하는 일의 이익에 대해 개략적인 관념을 획득할 수 있었다. 그러나 그것은 현재 눈에 보이는 이해(利害)가 그것을 요구할 수 있는 한도 안에서 이루어졌다. 왜냐하면 그들에게 앞을 내다본다는 일은 아무런 의미도 없었기 때문이다. 그들은 먼 미래의 일을 걱정하기는커녕 내일 일어날 일도 생각하지 않았다. 사슴을 잡으려고 할 경우, 각자는 자기가 맡은 자리를 충실하게 지켜야 한다고 생각했다. 그러나 한 마리의 토끼가 그들 중 누군가의 손에 닿는 곳을 우연히 지나가는 일이라도 있으면, 그는 아무 주저 없이 쫓아가 그 토끼를 잡았고, 그 때문에 자기 동료가 짐승을 놓치는 일이 있더라도 전혀 마음에 두지 않았다.

이같은 교섭을 위해선, 거의 비슷하게 몰려 살고 있는 까마귀나 원숭이보다 더 세련된 언어가 필요치 않았던 것은 쉽게 이해할 수 있다. 음절이 확실치 않은 부르짖음, 많은 몸짓, 그리고 몇 가지 모방음이 오랫동안 보편적인 언어*4를 구성하고 있었을 것이다. 거기다 내가 이미 말했듯이 어느 지방에서나 그것이 왜 정해졌는가를 설명하기는 어렵지만 몇 가지 관습적인 음이 가해져 여기에 특유하면서도 거칠고 불완전한, 오늘날까지도 여러 미개민족들이 지니고 있는 것과 거의 비슷한 언어를 사람들은 갖게 되었다.

시간은 흘러가고 해야 할 말은 너무 많고, 원시 시대에 사물의 진보는 거의 눈에 띄지 않기 때문에 나는 여러 세기들을 화살처럼 스쳐 지나간다. 사건의 연속이 느리면 느릴수록 그 묘사는 빨라지기 때문이다.

이러한 초기의 진보 덕분에 인간은 더 빠른 진보를 하게 되었다. 정신이 계

---

*4 원시적 보편어의 문제는 라이프니츠를 비롯해 17, 18세기엔 학자들의 관심을 끌었다. 루소는 원시상태의 특징을 뿔뿔이 흩어져 살아가는 고립적인 삶으로 인정하고 있었으므로, 언어의 다양성을 설명하기 위한 보편어의 문제가 아니라, 오히려 《언어 기원론》에서 볼 수 있는 남방어나 북방어처럼 개별적인 언어의 차이가 문제되었다.

몽되면서 점점 삶의 수단이 개선되었다. 마침내 그저 눈에 띄는 나무 밑에서 자거나 동굴 속에서 살거나 하는 일은 중지되고, 사람들은 튼튼하고 잘 드는 돌도끼를 발견했다.*5 그것은 나무를 자르거나 흙을 파거나 나뭇가지로 오두막을 엮거나 하는 데 도움이 되었지만, 사람들은 뒤이어 그 오두막을 점토나 진흙으로 다져 만드는 방법을 생각해 냈다. 이것이 바로 가족 관계를 형성하고, 일종의 사유재산을 도입한 최초의 혁명시대*6이다. 아마 그 사유재산은 이미 다툼과 싸움의 근원이 되었을 것이다. 그러면서도 처음 주거를 만들고 그것을 자기가 지킬 힘이 있다고 느낀 것은 아마 강한 자였을 것이므로, 약한 자는 그들을 쫓아낼 생각을 하기보다는 오히려 그들을 흉내내는 편이 간단하고 확실하다고 생각했을 것이다. 그리고 전부터 동굴을 가지고 있던 자들의 경우에, 아무도 이웃사람의 동굴을 내 것으로 하려는 생각은 하지 않았을 것이다. 왜냐하면 그것이 자기 것이 아니기 때문이 아니라 자기에게 필요하지 않기 때문이며, 또 그곳에 살고 있는 가족과 아주 심한 투쟁을 하는 위험을 무릅쓰지 않으면 손에 넣을 수 없었기 때문이다.

여기에 남편과 아내, 아버지와 자식을 한 지붕 아래 결합하는 새로운 상황에서, 인간 정서의 발달이라는 결과가 나타난 것이다. 함께 살아가는 공동체의 삶은 인간에 대한 사랑, 부부애, 부성애 등을 불러일으켰다.

또한 자유를 추구하는 마음과 서로에 대한 애착은 가족이라는 작은 사회 안에서 그들의 결합 관계를 더 강하게 만들었다. 그리고 이제까지 단 하나의 생활양식밖에 가지고 있지 않았던 남녀 양성의 생활 양식 속에 처음으로 차이가 확립된 것은 이때다. 여성들은 한층 더 집에만 있게 되고, 오두막과 아이들을 지키기에 익숙해졌다. 이에 대해 남자는 가족에게 필요한 식량과 생활 물자를 찾으러 나갔다. 남녀 모두 이제까지보다 유약한 생활에 그 용맹과 원기를 어느 정도 잃기 시작했다. 그러나 각자가 1대 1로 들짐승과 싸우는 것은 전보다 못할지 모르지만, 그 대신 공동으로 그들에게 저항하기 위해 모이는 일

---

*5 이 무렵 원시인의 기술을 말하기 위해 루소는 뒤 메르트르 등의 여행기나 뷔퐁에게서 소재를 얻은 것으로 보인다.

*6 이것은 선사시대의 구석기 시대에 해당되는 최초의 집단생활로 보인다. 그러나 이 시대는 아직 전(前) 사회상태로 분업도 생기지 않았다. 이에 대한 두 번째 혁명이 뒤에 나오는 농업과 야금(冶金)이 발명된 시기이다.

은 전보다도 쉬웠다.

이제까지 단순하고 고립적인 삶과 한정된 욕구만을 가지고 있던 사람들은, 도구를 발명하게 되면서, 새로운 환경 속에 많은 여가를 가지게 되었다. 따라서 그들은 선조가 몰랐던 많은 종류의 즐거움을 누릴 수 있었다. 그리고 그것이야말로 그들이 알지 못하고 자기에게 과한 첫 멍에이며, 그들이 자손을 위해 준비한 여러 가지 불행의 시초가 되었다. 왜냐하면 그들이 이렇게 하여 점점 신체와 정신을 나약하게 만들어 갔을 뿐만 아니라, 이런 즐거움이 습관이 되었으므로 그 전에 누렸던 원시적 즐거움은 거의 사라지게 되었다. 그리고 본디 누리던 즐거움은 변질하여 욕구가 되어 버렸으므로, 그것을 빼앗기는 괴로움은 그것을 지니고 있었을 때 즐거웠던 만큼 더 비참하게 느껴졌다. 그리고 사람들은 그것을 소유해도 행복을 느끼지 못했으며 그것을 잃으면 불행해졌다.

여기서 사람들은 각 가족의 내부에서 어떻게 무의식중에 말의 쓰임이 확립되었는가, 또는 완성되었는가를 전보다 조금 더 잘 관찰할 수 있다. 또 갖가지 특수한 원인이 어떻게 언어를 점점 더 필요한 것으로 만들고, 언어의 진보를 촉진시킬 수 있었는가를 추측할 수 있다. 큰 홍수나 지진이 물가나 낭떠러지로 고립된 지역을 에워쌌다. 지각(地殼)의 변천*7은 대륙의 몇 부분을 끊어 섬으로 만들었다. 대륙의 삼림 속을 자유로이 돌아다니는 사람들 사이에서보다도 오히려 이렇게 섬 안에서 서로 가까이 생활해야만 했던 사람들 사이에 하나의 공통된 방언이 형성되었으리라는 것은 쉽게 짐작할 수 있다. 그러므로 섬 주민들이 첫 항해를 시도한 뒤, 말을 쓰는 방법을 전한 것은 얼마든지 있을 수 있는 일이다. 사회와 언어가 섬 안에서 탄생하고, 대륙에 알려지기 전에 그곳에서 완성되었다고 적어도 추측해 볼 만하다.

이제 모든 것이 모습을 바꾸기 시작한다. 이제까지 숲속을 헤매고 돌아다녔던 사람들도 보다 안정된 장소를 얻었으므로 점차 서로에게 다가가 여기저기 떼를 지어 결합하고,*8 마침내는 각 지방에서 독특한 국민을 형성하게 된다. 그것은 규칙이나 법률에 의해서가 아니라 같은 양식의 생활과 음식을 통해,

---

*7 루소는 뷔퐁의 지리학 이론을 신봉하고 있었는데, 여기서 그 흔적을 잘 나타내고 있다.
*8 루소는 같은 생각을 《언어 기원론》 제9장에서 말하고 있다. 같은 장에서, 건조한 지대에선 샘이나 강이 집단화와 언어 발생의 매개가 된다는 것도 말하고 있다.

또 공통된 기후의 영향에 의해 관습과 성격 면에서 결합되고 있다. 계속 이웃을 이루고 있는 상태는 마침내 다른 가족들 사이에 어떤 결합을 가져온다. 젊은 남녀들이 이웃에 살고 있다. 자연이 요구하는 일시적 관계가 일어나게 된다. 사람은 갖가지 사물을 바라보고 비교를 하는 일에 익숙해진다. 그리고 무의식중에 가치와 미(美)의 관념을 획득하고, 이것이 좋거나 싫은 기호의 감정을 가져온다. 자주 만나는 동안에 이제는 서로 지속적으로 만나지 않고는 살 수 없게 된다. 일종의 부드럽고 달콤한 감정이 정신 속에 파고들어, 그것은 사소한 반대를 만나게 되더라도 맹렬한 분노가 된다. 연애와 함께 질투가 움트는 것이다. 불화가 승리를 차지하면 가장 부드러운 정념마저 인간의 피에 희생된다.

여러 가지 관념과 감정이 쉬임없이 일어나 가슴과 두뇌가 훈련됨에 따라 인류는 유순해진다. 결합은 넓어지고 유대는 강화된다. 사람들은 오두막 앞이나 큰 나무 둘레에 모이는 일에 익숙해졌다. 연애와 여기에서 파생된 노래와 춤은 여가를 내어 모인 남녀들의 즐거움이 되기보다 일이 되었다.*⁹ 저마다 타인에게 주목하고 자기도 주목을 받고 싶어하게 되며, 공공연하게 존경을 받는 일이 하나의 가치를 갖게끔 되었다. 가장 노래를 잘 부르고 춤을 잘 추는 자, 가장 아름다운 자, 가장 강한 자, 가장 재치있는 자, 또는 가장 말 잘하는 자가 가장 주목받게 되었다. 그리고 이것이 불평등을 향한, 또 동시에 악덕을 향한 첫걸음이었다. 이 최초의 선택으로 한편에선 허영과 경멸이, 또 한편에선 치욕과 선망의 감정이 일어났다. 그리고 이러한 새로운 효모로 야기된 발효가 마침내는 순수한 행복에 치명적인 불길한 합성물을 낳게 했던 것이다.

사람들이 서로 상대방을 평가하기 시작하고 존경이라는 관념이 그들의 정신 속에 형성되자, 누구나 존경받을 권리를 주장했다. 그리고 이미 거기서 예의범절의 첫 의무가 미개인들 사이에서도 생겨났다. 또 고의적인 부정(不正)은 모두 모욕이 되었다. 왜냐하면 모욕받은 자는 그 부정에서 생긴 손해와 함께 때로는 그 손해 자체보다도 견디기 힘든 자기 자신에 대한 경멸을 보고 깨달

---

*9 이 원시적인 축제는 《언어 기원론》 제9장에 자세히 씌어 있다. 이러한 모임은 사람들을 서로 경쟁하게 하고 자존심을 불러일으키게 하는데, 그와는 반대로 개인이 서로의 차이를 잊고 집단 속에 파고들어 전체의 화합을 도모하는 참된 축제는 《달랑베르에게 보내는 편지》 속에 씌어 있다.

았기 때문이다. 이렇듯 각자는 자기에게 주어진 경멸을 자기 자신을 중히 여기는 정도에 따라 벌했으므로, 복수는 맹렬해지고 사람들은 피를 흘리는 일을 좋아하게 되고 잔혹해졌다. 이것이 우리에게 알려진 대부분의 미개 민족들이 도달해 있던 단계인 것이다. 그리고 몇몇 사람들이 인간은 본디 잔인하며, 성향을 부드럽게 하려면 단속이 필요하다고 성급하게 결론지은 것은 갖가지 관념을 충분히 구별하는 일 없이, 이들 민족이 이미 최초의 자연상태로부터 얼마나 멀리 떨어져 있는가에 주의하는 일을 게을리했기 때문이다. 그런데 실제로는 원시상태의 인간만큼 온순한 것은 없으며, 짐승의 우매함과 사회의 불행한 지식으로부터 비슷하게 떨어진 지점에서 똑같이 본능과 이성에 의해 자기를 위협하는 해악으로부터 몸을 지키기만 했던 인간은, 자연적인 연민의 정으로 인해서 어떤 사람에게도 스스로 해를 끼치는 일을 억제하며, 어떤 일이 있어도, 예를 들면 해를 입은 뒤에도 그런 짓을 할 마음은 생기지 않았다. 왜냐하면 현자 로크의 격언에 의하면 "사유(私有)가 없는 곳에 부정(不正)은 있을 수 없기"[10]때문이다.

그러나 이렇게 사회가 시작되고 사람들 사이에 여러 관계들이 설정되면, 사람들이 원시 시대에 지녔던 성질과는 다른 성질이 그들 속에 요구된다. 이때 도덕이 인간 행위 속에 모습을 드러내기 시작한다. 그리고 법률이 존재하기 전에는 각자가 자신이 받은 모욕에 대한 유일한 심판자이며 복수자였으므로, 순수한 자연 상태에 적합한 선은 이렇게 새로 만들어진 사회에는 적합하지 않게 되었다. 서로를 모욕할 기회가 점점 잦아지면서 벌은 점점 더 가혹해질 수밖에 없었고, 복수에 대한 두려움 대신 엄격한 법률 제도가 사회 안에 자리를 잡게 되었다. 이렇게 하여 사람들은 전보다 참는 힘이 약해지고 자연적으로 우러나오는 연민의 정은 이미 어느 정도 변질되고 있었다. 그러나 이 인간능력의 발달 시기는 원시상태의 태연함과 우리 자존심의 손댈 수 없는 활동 사이의 중간에 위치하여 가장 행복하고 가장 안정된 시기[11]였을 것이다. 이에 대해 잘 생각하면 할수록 이 상태가 가장 혁명이 일어나기 어렵고, 인간에게 가

---

*10 로크《인간 지성론》제4편 제3장 제18절 참조.

*11 루소는 이 시기를 일종의 황금 시대로 보고 있는 것 같다. 그것을 이 글의 다음 주(註) 12에서 예증되는 문명을 체험한 미개인의 문명생활에 대한 혐오와 대조시켜, 사회의 진보에 의해 인간이 잃은 행복의 요소를 암시하고 있다.

장 좋은 상태*[12]이며, 또 인간이 공통의 이익을 생각한다면 절대로 일어나서

---

*12 몇 년 전부터 유럽인들이 세계 여러 지방의 미개인들을 자기들의 생활양식에 끌어들이기 위해 고심하고 있는데도 아직 그런 미개인을 단 한 사람도 얻지 못하고 그리스도교를 이용하지도 못했던 일은 주목해야 할 일이다. 왜냐하면 우리 선교사들은 때때로 그들을 그리스도 교도로 만드는 일은 있지만 결코 문명인으로 만들지는 못하기 때문이다. 우리의 관습에 따라 우리와 함께 사는 일에 대해 그들이 갖는 누를 길 없는 혐오감은 아무도 제어할 수 없다. 만일 이 불쌍한 미개인들이 사람들이 말하는 것처럼 불행하다면, 대체로 어떤 상상도 할 수 없는 판단력의 퇴화에 의해 우리를 흉내내어 문명화되거나, 우리 사이에서 행복하게 살거나 하는 일을 배우는 것을 그들은 왜 계속 거부하는 것일까? 한편 프랑스인들이나 그 밖의 유럽인들이 스스로 이런 종족들 사이로 도피한 뒤, 그들만의 특정한 생활양식을 떨쳐 버리지 못하고 거기서 그의 온 생애를 보냈다는 기사를 수많은 곳에서 읽거나, 선교사들마저도 그처럼 경멸당하고 있는 그 미개인들과 함께 지낸 평화롭고 무구한 세월을 감동하며 그리워하고 있음을 볼 수 있지 않은가. 만일 사람들이, 그들에게는 자기들의 상태와 우리 상태를 건전하게 판단할 만한 지식이 없다고 대답한다면 나는 이를 반박하여, 행복의 평가는 이성보다 감정에 관련되는 것이라고 대답하겠다. 이 대답은 더 큰 힘으로 그대로 우리에게 되돌아올지도 모른다. 왜냐하면 우리의 관념과 미개인의 생활양식에서 나타나는 기호성을 이해하기 위해 우리에게 필요한 정신적 간격은, 미개인의 관념과 그들에게 우리의 생활양식을 이해시킬 수 있는 관념 사이의 간격보다 더 크기 때문이다. 사실 약간의 관찰을 행한 뒤 우리의 일은 단 두 개의 대상, 즉 자기를 위한 생활의 안락과 타인 사이에 존중되는 일에 향해지고 있음을 인정하는 것으로, 이는 오히려 쉬운 일이다. 그러나 미개인이 혼자 숲속에서 일생을 보내거나 낚시질을 하거나 또는 단 하나의 조음(調音)을 낼 수도 없고, 그것을 기억하려는 마음도 없이 서투른 피리를 불거나 하는 일에서 맛보는 쾌락을 우리가 상상하는 방법은 어떤가. 사람들은 몇 번이고 미개인을 파리나 런던이나 그 밖의 도시로 데리고 왔다. 그리고 우리의 사치나 부나 가장 유용하고 진기한 모든 기술을 열심히 그들에게 보였다. 그러나 그런 것은 그들 사이에서 다만 우둔한 경탄을 불러일으켰을 뿐 그것을 탐내는 눈치는 조금도 없었다. 나는 특히 약 30년 전에 영국의 궁정에 데리고 왔던 몇 명의 북아메리카인 중 한 사람의 추장 이야기가 생각난다. 사람들은 뭔가 그의 마음에 드는 선물을 하려고 그의 눈앞에 여러 가지 물건을 내밀어 보였으나, 그의 마음을 끈 것은 아무것도 없었다. 우리의 무기는 그에게는 무거워서 불편한 것 같았고, 구두는 그의 발에 상처를 냈고, 옷은 그를 불편하게 해서 마침내 그는 모든 것을 거부했다. 마지막으로 그들은 그가 한 장의 담요를 집어 어깨에 두르며 좋아하고 있는 것을 보았다. "적어도 이 물품이 도움이 되는 것은 인정하죠?" 사람들이 그에게 말했다. "네" 하고 그는 대답했다. "이것은 짐승 가죽이나 마찬가지로 좋은 것 같습니다." 만일 그가 비올 때 그것을 걸쳐 보았다면 그렇게는 말하지 않았을 것이다. 아마 나를 보고 이렇게 말하는 사람이 있을지도 모른다. 그것은 각자가 그의 생활양식에 집착케 하여, 미개인에게 우리의 생활 양식 속에 있는 좋은 점을 느끼게 하지 못한 탓이라고. 그렇다면 유럽인을 그 복지의 향락에 연결해 두기보다 미개인을 그 빈곤에 대한 취미에 연결해 두기 위해 많은 힘이 든다는 것을 의미하는 것이 되며, 이것은 몹시 이상한 일로 생각되지 않을 수 없다. 그러나

는 안 되었던 뭔가 불행한 우연*¹³에 의해 처음으로 이 상태에서 일탈했으리라는 것을 알 수 있다. 미개인은 거의 모두가 이 단계에서 발견되었는데, 그들의 실례는 인류가 영원히 이 상태에 머무르도록 만들어져 있었다는 것, 이 상태는 세계의 청년기라는 것, 그리고 그 이후의 모든 진보는 표면상 그만큼 개체의 완성을 향하고 있으면서 실제로는 그만큼 종(種)의 노쇠로 향해 걸어가고 있음을 확증하고 있는 듯이 보인다.

사람들이 그 보잘것없는 오두막으로 만족하고 있는 한, 또 그들이 모피 의복을 가시나 생선뼈로 꿰매고 새의 깃털이나 조개껍질로 몸을 장식하고 몸에 갖가지 색을 칠하고, 활과 화살을 완성하거나 아름답게 하고, 잘 드는 돌로 여

이 마지막 반대에 대해 한 마디 반박의 여지도 없는 답변을 하기 위해 나는 사람들이 문명화하려다 실패한 모든 젊은 미개인들은 인용하지 않고, 또 사람들이 덴마크에서 키우려고 시도해 보았으나 비애와 절망 때문에 다 여위어 죽어 버린든가 바다에 뛰어들어 헤엄쳐 자기 나라로 돌아가려고 시도한 결과 익사해 버린 그린란드인이나 아이슬란드의 주민의 일도 말하지 않고, 다만 충분히 증명된 단 한 가지 예를 인용하는 데 그치며, 유럽 정치 사회의 찬미자들에게 그 검토를 의뢰해 보겠다. "희망봉의 네덜란드 선교사들이 온갖 노력을 기울였지만 단 한 사람의 호텐토트인도 개종시킬 수 없었다. 케이프타운의 총독 판 데르 스펠은 호텐토트인 한 명을 어렸을 때부터 데려다 그리스도교의 원리에 입각하여, 또 유럽의 습관에 따라 키웠다. 사람들은 그에게 훌륭한 옷을 입히고 몇 가지 언어를 배우게 했다. 그리고 그의 진보는 그의 교육을 위해 애쓴 보람에 충분히 보답하는 것이 있었다. 총독은 그의 재능과 지혜에 크게 희망을 걸고 한 사람의 감독관과 함께 그를 인도로 보냈으며, 그 감독관은 그를 효과적으로 회사 사무에 썼다. 그는 감독관이 죽은 뒤 케이프타운으로 돌아왔다. 돌아온 지 며칠도 안 되어 친척이 되는 몇 사람의 호텐토트인들을 방문했을 때, 그는 그 유럽풍의 장신구를 벗어 던지고 다시 양의 모피를 몸에 걸치기로 결심했다. 그는 이제까지 입고 있던 옷을 보따리에 넣어 짊어지고, 새로운 차림으로 돌아왔다. 그리고 그 보따리를 총독에게 내밀며 다음과 같은 말을 했다. '각하, 제가 이같은 옷을 영원히 버리는 일에 제발 주의해 주시기 바랍니다. 저는 또 모든 생애를 통해 그리스도교를 버립니다. 저는 우리 선조들의 종교와 풍습과 습관 속에서 살다 죽기로 결심했습니다. 당신에게 말하고 싶은 단 한 가지의 소원은 제가 지니고 있는 이 목걸이와 단검을 이대로 제가 지닐 수 있게 해달라는 것입니다. 저는 그것을 당신에 대한 사랑을 위해 보존할 것입니다.' 이렇게 말하고 판 데르 스펠의 대답도 기다리지 않고 그는 도망쳐 버렸다. 그 뒤로 그는 케이프타운에서 다시 볼 수 없었다"(《여행기총람》 제5권 L'histoire générale des voyages, tome V, p.175)(원주)

*13 루소는 이 말로 개선 능력의 현재화, 따라서 사회상태로의 이행이 필연적이 아니라는 것을 강조하고 있으나, 루소에게 있어 사회의 발전, 진보는 도덕적 타락과 종으로서의 퇴화를 뜻하므로, 만일 그것에 필요하다고 본다면 자연의 선한 성향을 추구하는 그의 근본 관념은 자기 모순에 빠져들 우려가 있을 것이다.

러 개의 어업용 통나무 배와 보잘것없는 악기류를 만드는 데 그치고 있는 한, 다시 말해 그들이 혼자서 할 수 있는 일이나 몇 사람의 협력만을 필요로 하는 기술에만 관심을 기울이는 동안, 그들은 그 본성이 허락하는 대로 자유롭고 건강하고 선량하게 살면서, 서로 독립 상태에서 교류의 즐거움을 계속 누렸던 것이다. 그런데 한 사람의 인간이 다른 인간의 도움을 필요로 하자, 또 단 한 사람을 위해 두 사람의 협력이 더 효과적이라는 것을 알게 되자, 평등은 사라지고 사유관념이 개입되어 노동이 필요하게 되었다. 그리고 광대한 삼림은 아름다운 들판으로 바뀌어 그 들판을 사람들의 땀으로 적셔야만 했고, 마침내 그곳에는 수확과 함께 노예제와 빈곤이 싹터, 그것이 커져 가는 것을 보게 되었다.

야금(冶金)과 농업의 발명이 이 커다란 혁명을 만들어 낸 기술이었다. 인간을 문명화하고 인류를 타락시킨 것은 시인에 의하면 금과 은이라고 하지만, 철학자에 의하면 쇠와 밀*14이다. 그러므로 양쪽이 다 미국의 미개인들에겐 알려져 있지 않았다. 그 때문에 그들은 언제까지나 미개 상태에서 머무르고 있었다. 다른 만족도 이 기술의 한쪽만을 행하고 있었을 동안에는 여전히 야만적인 상태로 있었던 것 같다. 그리고 유럽이 세계의 다른 부분에 비해 보다 더 문명화된 가장 큰 이유 가운데 하나는, 아마 유럽이 쇠가 가장 풍부했고 동시에 보리도 가장 풍부했기 때문일 것이다.

사람들이 어떻게 쇠를 알고 쓰게 되었는가를 알아내기는 대단히 어렵다. 왜냐하면 그들이 이 물질을 광산에서 채굴하여 결과가 어떻게 될지도 모르면서 그것을 용해시키는 데 필요한 준비를 스스로의 힘으로 생각해 냈다고는 믿어지지 않기 때문이다. 또 광산은 나무도 풀도 없는 불모의 장소가 아니면 형성되지 않는 것인 만큼, 더구나 이 발견을 우연한 화재의 탓으로 돌릴 수도 없다. 따라서 마치 자연이 운명적인 비밀을 우리 눈앞에서 숨기려고 미리 배려했던 것만 같다. 그러므로 우연히 화산 폭발이 일어나, 금속성 물질이 분출되는 것을 보고 인간이 이러한 자연의 작용을 모방하게 되었으리라는 것이다. 더구나 그들이 그처럼 힘이 드는 일을 기획하여, 거기서 끌어낼 수 있는 이익을 그

---

*14 이것도 루소의 말로 유명한 것. 금과 은이란, 야금술과 사유제와 사회로부터 나타난 사회의 폐해를 상징한다. 디드로도 《백과전서》의 '농업' 항목에서 농업이 소유권의 기원과 일치한다고 주장하고 있다.

렇게 오래전부터 예상한다면, 상당한 용기와 선견지명을 가지고 있었으리라고 생각하지 않으면 안 된다. 그와 같은 일은 그들의 지적 능력보다 더 많은 경험을 쌓은 정신에만 부합되는 일이다.

농업에 대해서는 그것이 확립되기 훨씬 이전에 그 원리는 이미 알려져 있었다. 그리고 사람들은 나무나 풀에서 계속 생활에 필요한 물자를 끌어내는 일에 마음을 쓰고 있었으므로, 자연이 식물의 번식을 위해 쓰는 방법에 대한 관념을 그들은 꽤 이른 시기부터 가지고 있었을 것이다. 그러나 그들의 생산 기술은 아마 훨씬 뒤늦게 이러한 방향으로 발달했을 것이다. 그 까닭은 사냥이나 낚시와 함께 그들에게 양식을 제공한 수목이 그들의 손질을 필요로 하지 않았기 때문인가, 그것을 재배하는 도구가 없었기 때문인가, 그들에게 장래의 필요성을 내다보는 힘이 없었기 때문인가, 또는 자기 노동의 수확을 남이 내 것으로 삼는 일을 막을 수단이 없었기 때문이다. 그들은 밀의 조리법을 몰랐으며, 대량 재배에 필요한 도구를 갖기 훨씬 전에 예리한 돌과 뾰족한 막대로 자기네들의 오두막 둘레에 몇 가지 채소나 풀 뿌리를 재배하는 일부터 시작했을 것이라고 짐작된다. 물론 이 같은 농사 일을 시도하는 동안, 나중에 많은 것을 얻기 위해 처음에는 얼마간 잃을 각오를 해야만 했다. 이것은 저녁에 필요한 것을 아침에 생각하기도 어려워 하는 미개인의 정신 활동과는 비교할 수 없는 조심성이다.

그러므로 인류를 농업 기술에 힘쓰게 하기 위해서는 다른 모든 기술의 발명이 필요했다.*15 쇠를 녹여 두드리기 위해 사람의 손이 필요하게 되면, 곧 그 사람들을 키우기 위해 다른 사람들이 필요했다. 노동자의 인원 수가 늘어날수록 모든 사람에게 공통적으로 필요한 생활물자를 공급하기 위해 쓰이는 사람의 손은 점점 줄어들고, 더구나 그것을 소비하는 입은 줄지 않았다. 그리고 어떤 사람들에게는 자기의 쇠와 식료품을 교환해야 할 필요가 생겼으므로, 다른 사람들은 결국 식료품을 늘리기 위해 쇠를 쓰는 법을 발견했다. 그러자 한

---

*15 루소는 원칙으로, 자기의 독립을 침범당하지 않는 노동, 즉 수공업의 일을 생각해내고, 에밀에게도 직인(職人)의 일을 견학케 하여 목수의 기술을 획득하게 한다. 그러나 사회적인 분업을 받아들이는 경우 식량을 제공하는 농업을 첫 번째 위치에 놓고, 여기에 필요한 도구를 생산하는 대장장이를 두 번째, 살 집을 만드는 목수를 세 번째 위치에 놓는다. 《에밀》 제3편 참조.

편으로는 경작과 농업이, 또 한편으로는 금속을 가공하고 그 사용을 늘리는 기술이 생겨난 것이다.

토지 경작에서 필연적으로 토지 분배가 일어나고, 사유가 일단 인정되면, 거기서 처음으로 정의에 관한 규칙들이 생겼다. 왜냐하면 각자에게 그 소유물을 돌려주기 위해서는 각자가 뭔가를 소유하지 않으면 안 되기 때문이다. 게다가 사람들이 미래로 시선을 돌리기 시작하여 모든 사람이 잃을 염려가 있는 어느 정도의 재산을 가지고 있음을 깨닫자, 자기가 타인에게 행할지 모르는 부정에 대한 보복을 자기 자신이 혹시 당하지 않을까 걱정을 하게 되었다. 이 기원은 생겨난 지 얼마 안 되는 사유의 관념이, 손으로 하는 일 이외의 것에서 유래한다고는 생각할 수 없는 만큼 더욱·자연적인 것이다. 왜냐하면 자기가 만들지 않은 것을 내 것으로 하기 위해 인간은 자기 노동 이상의 어떤 것을 거기에 더할 수 있는지 모르기 때문이다. 경작자에겐 그가 일군 토지의 산물에 대한 권리를 준다. 따라서 토지에 대한 권리를 적어도 수확기까지 갖게 하여, 해마다 주는 것은 다만 노동뿐이다. 이런 일이 계속적인 점유를 만들어 내고 쉽게 사유(私有)로 바뀐다.*16 그로티우스에*17 따르면 고대인들이 케레스*18에게 입법자라는 형용어를 주고, 이 여신을 칭송하기 위해 행해진 제전에 테스모폴리아*19라는 이름을 붙였을 때, 그들은 그것을 통해 토지 분배가 하나의 새로운 권리를 만들어 냈음을 뜻했다. 즉 자연법에서 생기는 권리와는 다른 사유의 권리를 만들어 낸 것이다.

사람들의 재능이 평등하여, 이를테면 쇠의 사용과 식료품의 소비가 언제나 정확한 균형을 이룬다면 사람들의 관계는 이 상태에서 늘 평등한 채로 머무를 것이다. 그러나 이 균형은 무엇에 의해서도 유지되지 않았으므로 얼마 가

---

*16 루소의 소유권에 관한 관념은, 원시 공동체는 별도로 하고 본서 제2부 첫머리에 나오는 소유권에 대한 저주를 비롯해 소유권을 모든 시민의 권리 가운데 가장 신성한 것으로 한 《정치 경제론》, 가정교사가 소유권에 대한 필요하고 올바른 개념을 학생인 에밀에게 전해 주는 과정이 그려져 있는 《에밀》제2편, 《사회 계약론》제1편 제9장 등에서 볼 수 있다. 루소의 소유 관념은 노동을 중심으로 하여 노동의 산물을 소유한 것에서 그를 위한 토지의 소유로 옮겨간다. 그의 결정적인 관념은 앞서 말한 《사회 계약론》에 있다고 보아도 된다.

*17 그로티우스는 《전쟁과 평화의 법》에 의하면 인류 탄생 초기에는 재산의 공유를 믿었으며 자연 자원이 인간의 욕구를 초월하고 있는 한 그 공유는 계속되었다고 생각했다.

*18 그리스 신화 데메테르의 로마 이름. 농업 법률의 여신.

*19 그리스어. 케레스를 모시는 고대 그리스인의 제전.

지 않아 깨져 버렸다. 강한 자는 가장 많은 일을 하고, 재치있는 자는 자기 일을 교묘하게 이용하며, 영리한 자는 노동을 생략하는 수단을 발견한 것이다. 경작자는 다시 많은 밀을 필요로 했다. 똑같이 일을 하면서도 어떤 자는 수확이 많은데 어떤 자는 가까스로 살아가고 있었다. 이렇게 하여 자연의 불평등은 사회적 결합에 의한 불평등과 함께 모르는 사이에 점점 심해졌다. 환경의 차이에 의해 더 커진 사람들 사이의 격차는 그 결과에 있어서 한층 더 두드러지고 영속적이 되어, 그와 같은 비율로 개개인 간의 운명에 영향을 미치기 시작한다.

사태가 여기에 이르면, 그 뒤는 상상하기 쉽다. 나는 다른 기술의 계속적인 발명이나 언어의 진보, 재능의 시련과 용도, 재산의 불평등, 부(富)의 이용 또는 남용, 그 뒤 계속 일어난 모든 자질구레한 점들을 구구하게 말하지는 않을 것이다. 그런 일은 누구나 쉽게 보충할 수 있기 때문이다. 나는 다만 이 새로운 질서에 놓인 인류를 훑어보는 일로 그치기로 하겠다.

이제 우리의 모든 능력이 발전해 나아가면서 기억력과 상상력은 움직이기 시작하고, 자존심은 이해관계에 눈뜨고, 이성은 활발해지고, 정신은 가능한 한 완성의 극점에 달하고 있다. 이제 모든 자연적인 소질은 활동을 시작하고 인간은, 저마다 재산의 분량이나 사람들에게 도움이 되는, 또는 해가 되는 능력에 대해서만이 아니라 정신이나 아름다움이나 체격 또는 재치에 있어서, 나아가서는 장점 또는 재능에 있어서도 그 단계와 운명이 정해져 있는 것이다. 이 소질들은 사람들의 존경을 끌어낼 수 있는 유일한 것이었으므로 마침내 그것을 가지고 있는가 가지고 있는 체하는 일이 필요하게 되었다. 즉 자기의 이익을 위해선 실제의 자기와는 다른 것처럼 보여야만 했던 것이다. 존재 자체와 외적 모습은 전혀 다른 두 가지 것*20이 되었다. 그리고 이 구별에서 엄숙한 겉치장과 기만적인 책략과 그것에 따르는 모든 악덕이 나왔다. 한편 전에는 자유롭고 독립적이었던 인간이 지금은 무수한 새로운 욕구를 위해, 말하자면 자연 전체와 게다가 자기 동족에까지 굴종하게 되어, 그는 그 동족의 주인이 되

---

*20 루소가 거의 대부분의 그의 저작 속에 전개한 사회비판, 도덕비판의 중요한 논점이 여기 이미 명확하게 나타나 있다. 있는 일, 즉 실체 être와 보이는 일, 즉 외관 paraître과의 불일치, 말하는 일과 행하는 일의 불일치라는 도덕적 악과 사회적 억압, 불행 등의 조건들이 공존하는 현실을 지적한다.

어 있을 때에도 어느 정도는 노예처럼 살아가고 있는 것이다. 즉 부자이면 동족의 봉사가 필요했으며, 가난하면 도움이 필요했다. 그와 동시에 중간층의 사람들도 동족이 없으면 도저히 해 나갈 수 없었다. 그래서 인간은 계속 그 동족을 자기 운명에 관심을 갖게끔 하여, 사실상 또는 표면상 그의 이익을 위해 일하는 것이 자기들의 이익이라고 생각하게끔 노력하지 않으면 안 되었다. 그 결과 그는 어떤 사람들에 대해서는 교활하고 악해지고, 다른 사람들에 대해서는 횡포하고 냉혹하게 되며, 또 자기가 필요로 하는 모든 사람들이 자신을 두려워하며 다르게 할 수 없을 때, 그리고 그들을 위해 효과적으로 봉사해도 그것이 자기의 이익이 될 수 없다고 알았을 때, 그는 좋고 그르고 간에 그들을 기만할 수밖에 없게 된다. 마지막으로 탐욕스런 야심, 참된 필요성에서가 아니라 타인 위에 서기 위해 저마다 재산을 늘리려는 열의가 모든 사람에게 서로 해를 끼치는 나쁜 경향을 불러일으키고, 또 한층 확실하게 성공을 거두기 위해 자주 친절한 가면을 쓰는 일이 있으므로 더욱더 위험한 숨은 질투심을 불러일으킨다. 요컨대 한편으로는 경쟁과 적대감, 또 한편으로는 이해관계의 대립과 언제나 타인을 희생시켜 자기의 이익을 얻으려는 숨은 욕망, 이런 모든 악이 사유제(私有制)로부터 나왔으며 점점 커져 가는 불평등과는 떼어 놓을 수 없는 것이다.

부(富)를 나타내는 상징*[21]이 발명되기까지는, 부는 전적으로 토지와 가축으로만 이루어졌다. 그것이 사람들이 소유할 수 있는 현실적인 유일한 재산이었다. 그런데 상속 재산이 수에 있어서나 범위에 있어서나 증대하면, 어떤 자는 다른 자를 희생하지 않고는 더는 자신의 부를 확장할 수 없게 되어 버렸다. 그리고 무력해서든지 또는 무관심해서 자기의 상속분을 손에 넣을 수 없었던 자들은, 주위에선 모든 것이 변하는데 그들만은 하나도 변하지 않았으므로, 자기는 아무것도 잃지 않았는데 가난해지고, 어쩔 수 없이 생활에 필요한 자료를 부자의 손으로부터 받든가 빼앗을 수밖에 없게 되었다. 그리고 그곳에서 사람들의 갖가지 성격에 따라 지배와 굴종, 또는 폭력과 약탈이 일어나기 시작했다. 한편 부자는 지배하는 쾌락을 알게 되자 곧 다른 모든 쾌락을 경멸했다. 그리고 새로운 노예를 소유하기 위해 이웃 사람들을 정복하고 예속시키

---

*21 화폐를 가리킴.

는 일밖에 생각하지 않았다. 그것은 마치 사람고기 맛을 알면, 다른 모든 먹이를 버리고 그 뒤로는 사람만 잡아먹는 굶주린 늑대와 같은 것이다.

이렇게 하여 가장 강한 자, 또는 가장 빈곤한 자가 그 힘이나 욕구를 타인의 재산에 대한 일종의 권리—그들에 의하면 소유권과 같은 것—로 여겼으므로 평등이 깨어지는 것과 동시에 가장 무서운 무질서 상태가 일어났다. 이렇게 하여 부자의 횡령과 가난한 자의 약탈과 모든 사람들의 방종한 정념(精念)이 자연적인 연민의 정과 아직 약하기만 한 정의의 소리를 질식시켜 사람들을 욕심 많고 사악한 야심가로 만들었다. 강자의 권리*22와 최초 점유자의 권리 사이에 끝없는 분쟁이 일어나, 그것은 투쟁과 살해로 끝이 났다.*23 생긴 지 얼마 안 되는 사회는 더없이 두려운 경쟁상태*24에 자리를 양보했다. 타락하고 비탄에 빠진 인류는 이미 왔던 길로 되돌아갈 수도 없고, 자기의 명예가 되는 모든 능력을 남용함으로써 다만 창피를 당하는 일에 노력할 뿐 스스로 멸망하기 직전에 이르렀다.

새로운 악에 놀라 부자나 가난한 자나 재물을 피하려 하고, 전에는 원하던 것을 싫어한다.*25

사람들이 이처럼 비참한 상태에 대해, 또 자기네들이 억눌리고 있는 갖가

---

*22 라 퐁텐의 《우화》 제7편 제16화 '고양이와 족제비와 아기 토끼' 참조.
*23 또는 나에게 이렇게 반대하는 사람이 있을지도 모른다. 이같은 무질서한 상태에서 사람들은 서로 고집을 부리고 죽이는 대신, 만일 아무런 한계도 없었다면 뿔뿔이 흩어져 버렸을 것이라고. 그러나 최초에 이 한계라는 것은 적어도 이 세계의 한계였을 것이다. 그리고 자연상태의 결과로 생기는 과도한 인구를 생각한다면, 지구는 이 상태에서 이처럼 서로 모일 수밖에 없었던 인간들로 곧 꽉 찼을 것이라고 판단할 만한 것이다. 게다가 만일 일찌감치 불행이 일어나거나 하면 그들은 흩어졌을 것이다. 그러나 실제로 그들은 처음부터 그 멍에를 메고 태어난 것이다. 그들이 그 무게를 느꼈을 때는 그 멍에를 짊어질 습관을 몸에 붙이고 있었다. 그리고 그것을 떨쳐 버릴 기회를 달갑게 기다린 것이다. 마지막으로 그들은 자기들을 부득이 집단을 이루게 한 무수한 편의에 이미 익숙해졌으므로 흩어지는 것은 벌써 초기에 있어서만큼 쉽지 않았다. 초기에는 누구나 자기만의 필요에 따르고 있었으므로 각자는 타인의 동의를 기다리지 않고 자기 의지를 결정하고 있었기 때문이다.(원주)
*24 이 자연 상태의 종국점에서 루소는 홉스의 '전쟁 상태'와 일치하나, '불평등론'의 이 단계에선 곧 계약의 설립이 필요치 않고 폭력의 지배가 시작된다.
*25 오비디우스 《변신 이야기》 제11권 제5장 127행. 몽테뉴 《에세》 제2편 제12장.

지 재해(災害)에 대해 반성을 하지 않았던 것은 아니다. 특별히 부자는 자기들만 모든 비용을 부담한 지루한 전쟁이 그들에게 아무런 이득이 되지 않는다는 것을 깨달았을 것이다. 더구나 그 전쟁에선 생명의 위험은 공통적이었으나 재산의 위험은 개인적이었다. 게다가 그들이 그 약탈에 어떤 색채를 줄 수 있다 하더라도, 그 약탈이 단순히 일시적이고 부당한 권리를 방패로 삼고 있는 데 불과하며, 또 다만 힘에 의해 획득한 것이므로 그것을 힘에 의해 빼앗겨도 그들은 거기에 대해 불평을 할 이유를 갖지 못한다는 것을 충분히 느끼고 있었다. 단순히 교묘한 지혜나 술책에 뛰어난 자들이라도, 사유(私有)를 좀더 훌륭한 권한에 의하여 근거짓는 일은 거의 할 수 없었다. "이 벽을 세운 것은 나다. 나는 노동으로 이 땅을 손에 넣은 것이다" 이렇게 말해 본들 아무 소용이 없었다. "누가 너희들에게 경계선을 정해 주었는가?"라고 사람들은 그들에게 되물을 수 있었다. 또 "우리가 너희들에게 강요하지도 않은 노동의 지불을, 우리를 희생시켜 가며 너희들이 요구하는 것은 무슨 까닭인가? 무수한 너희 형제들이 너희들에게는 남아돌아가는 것이 모자라기 때문에 죽거나 괴로워한다는 것, 그리고 너희들이 자기 몫 이상의 모든 것을 공동생활의 재료 속에서 꺼내어 내 것으로 하기 위해서는 인류 모두의 분명한 동의가 필요하다는 것을 너희들은 알지 못하는가?"라고. 그러므로 자기 입장을 정당화하기 위한 타당한 이유도, 자기를 방어하기 위한 충분한 힘도 없으므로, 한 사람의 개인은 쉽게 짓밟을 수 있어도 도적 떼에게는 오히려 자기 쪽이 짓밟히어, 오직 혼자서 모든 사람을 적으로 돌리며, 게다가 서로간의 질투심 때문에 약탈이라는 공통된 희망으로 단결된 적에 대항해 자기 동족을 규합할 수도 없었던 부자는, 필요에 쫓기어 마침내 전부터 인간의 정신에 파고 들었던 것들 중에서 가장 깊이 고려된 계획을 생각해 낸 것이었다.

이러한 의도에 따라 부자는 이웃 사람 모두를 무장시키고, 그들의 소유를 그들의 욕구와 똑같이 부담이 크게 하는 상황, 더구나 어떤 사람이나 안전을 발견할 수 없는 두려움을 그들에게 설명하고 나서, 부자는 이웃 사람들에게 자기 목적을 달성하기 위한 그럴듯한 까닭을 설명한 것이다. 그는 그들을 향해 말했다. "약한 자들을 억압으로부터 지키고, 야심가를 억눌러 각자에게 속하는 소유를 각자에게 보증하기 위해 단결하자. 정의와 평화의 규칙을 세우자. 그것은 모든 자가 따라야만 하는 것으로, 아무도 편들어 주는 일 없이, 강한 자나 약한 자나 평등하게 서로의 의무에 따르게 함으로써 운명의 변덕을 보상하는 규칙이다. 요컨대 우리의 힘을 우리 자신에게 불리한 쪽으로 향하게 하지 말고, 그것을 하나의 최고 권력으로 집중하자. 현명한 법에 따라 우리 자신을 다스리고, 그 결합체의 전원을 보호하고 방위하며, 공통된 적을 물리치고, 우리를 영원한 화합 속에 유지시키는 권력으로."*26

성질이 거칠고 치켜세우는 데 넘어가기 잘하는 사람들을 선동하기 위해서는, 이런 연설과 비슷한 것조차 필요치 않았을 것이다. 특히 그들은 서로 해결지을 사건이 너무도 많아 중재자가 없으면 안 되었고, 또 강한 욕망과 지나친 야심 때문에 오랫동안 주인 없이는 안 되었던 것이다. 누구나 자기의 자유를 확보할 작정으로 자기를 얽어맬 쇠사슬을 향해 달려갔다. 왜냐하면 그들은 정치제도의 이익을 느낄 만한 이성은 가지고 있었지만, 그 위험을 내다볼 만한 경험이 없었기 때문이다. 그 폐해를 가장 잘 예감할 수 있었던 것은 바로 이를 이용하려고 했던 자들이었다. 그리고 현명한 자들까지, 마치 부상자가 신체의 나머지 부분을 구하기 위해 팔을 잘라 버리는 것처럼 자기들이 누리고 싶어하는 자유의 한 부분을 다른 부분을 보존하기 위해 희생할 것을 결심해야 한다고 생각했다.

사회와 법률의 기원은 이런 것이었다. 아마 이런 것이었으리라. 이 사회와 법률이 약한 자에게는 새로운 멍에를, 부자에게는 새로운 힘을 주어*27 자연의 자유를 영원히 파괴해 버렸다. 또 사유와 불평등의 법률을 영원히 고정시키고, 교묘한 찬탈로써 취소할 수 없는 권리를 만들어 일부 야심가들의 이익을 위해 이후 전인류를 노동과 예속과 빈곤에 굴복시킨 것이다. 그리고 단 하나의 사회 성립이 어떻게 모든 사회의 성립을 필수적인 것으로 만들었는가, 또 단

---

*26 이것이 사회계약을 암시하는 것이 아님은 말할 나위도 없다. 부자에겐 편리한 불평등을 고정화하기 위한 '협약'을 뜻하는 데 불과하다. 오히려 부자의 속임수단으로서 극히 풍자적으로 쓰여져 있다.

*27 빌라르 원수(元帥)가 말하는 바에 의하면, 어느 야전 진지에서 식량 청부인의 사기 행위로 군대가 괴로움을 받고 불평이 끊이지 않았으므로, 그는 그 청부인을 심하게 꾸짖고, 교수형에 처하겠다고 위협했다. "그런 위협쯤 나에게는 아무것도 아닙니다" 이렇게 그 악당은 대담하게 대답했다. "10만 에퀴나 되는 돈을 자유롭게 할 수 있는 인간이 교수형이 되지는 않을 것이라는 사실을 나는 말하는 것입니다." "어째서 그렇게 되는 건지 나는 모르겠다"고 원수는 소박하게 덧붙여 말했다. 그러나 실제로 그는 교수형을 받지는 않았다.(원주)

결한 세력에 대항하기 위해서 그 나머지 인류가 어떻게 스스로 단결하지 않으면 안 되었는가를 쉽게 수긍할 수 있다. 사회는 급속히 증가하고 퍼져 나가면서, 마침내는 지구의 전 표면을 덮어 버렸다. 그리고 세계의 어느 구석에서도, 사람이 멍에에서 해방되어 자기 머리 위에 있던 칼*28이 떨어져 내려오는 것을 목을 움츠려 피할 수 있는 장소를 발견하는 일은 이미 불가능하게 되었다. 이리하여 시민법이 시민들에게 공통된 규칙이 되었으므로, 자연법은 이미 갖가지 공동체 사회들 사이에서만 이루어지게 되었다. 그곳에서는 국제법의 이름 아래 통상이 가능해지고, 자연의 연민이 베푸는 보상을 위한 자연법이 암묵적인 약속에 의해 완화된 것이다. 그러므로 자연의 연민에서 나오는 사람과 사람 사이에 지니고 있던 모든 힘은 사회와 사회 사이에서 거의 사라져 버리고 말았다. 따라서 지금은 서로 다른 민족과 국민으로 분열케 하는 모든 상상적인 경계를 초월하며, 세계를 창조한 최고의 존재를 모방하여 인류 전체를 그 선의(善意) 속에 포옹하는 몇몇 위대한 인도주의자들의 영혼 속에만 존재하게 되었다.

개인들 사이에 여전히 자연 상태에 머무르고 있던 갖가지 정치제도도 마침내는 각 개인을 자연상태로부터 벗어나게 하는 불편을 경험하게 했다. 그리고 이 상태는 그런 큰 집단 사이에서는 그 구성원인 개개인에게 보여지던 것보다 한층 싫은 것이 되었다. 자연을 전율케 하고 이성을 괴롭히는 국가간의 전쟁이나 전투나 살육이나 복수, 그리고 또 인간의 피를 흘린다는 명예를 미덕의 대열에 끼게 하는 그 모든 두려운 편견들이 그런 상태에서 생겨난 것이었다. 가장 성실한 사람들까지 동족을 죽일 의무가 자기 의무 속에 있다고 생각하는 일을 배웠다. 마침내 사람들이 그 까닭도 모르고 서로 몇천 명씩 학살하는 것을 볼 수 있었다. 그리고 자연상태에서 몇 세기나 걸쳐 지구의 전 표면에 이루어진 것보다 더 많은 폭력이 단 하나의 도시가 점령되면서 저질러졌다. 이것이 인류가 여러 사회들로 분할된 일에서 추측할 수 있는 최초의 결과이다. 여기서 이야기를 그러한 사회 제도로 돌리기로 하자.

나는 몇몇 사람들이 '강한 자의 정복'이라는가 '약한 자의 단결'이라는 표현

---

*28 기원전 5세기에 시라쿠사의 참주 데니스가 다모클레스의 머리 위에 실로 단검을 매어단 사건을 가리킴.

에서처럼 정치 사회의 기원에 대해 서로 다르게 주장*29을 한다는 것을 알고 있다. 그러나 이런 원인의 어느 것을 택하든지 내가 증명하려는 사항과는 관계가 없다. 그렇지만 내가 지금 말한 원인은 다음과 같은 까닭에서 나에게는 가장 자연스러운 것으로 생각된다. 첫째로 앞서 말한 강자의 정복인 경우, 정복권은 결코 본질적인 권리는 아니므로 그것은 다른 어떤 권리도 만들어 낼 수가 없다. 완전한 자유상태에 놓인 국민이 정복자를 스스로 자기 우두머리로 선출하는 것이 아닌 이상, 정복자와 정복된 국민들은 언제나 서로 전쟁 상태에 머무르게 되기 때문이다. 그러기까지는 사람들이 항복을 했더라도 그것은 다만 폭력을 바탕으로 한 것이며, 따라서 그것은 사실상 무가치한 것이므로 앞서와 같은 가설 속에서는 참된 사회나 정치 체제, 아니면 가장 큰 권력을 가진 자의 법만이 존재할 수 있다. 둘째로 앞서 말한 약한 자가 단결하는 경우, 이 강함과 약함이라는 말이 모호하다. 소유 혹은 선점자(先占者)의 권리에 대한 확립과 정치적 지배의 확립 사이에 있는 중간 시기에 있어서는 이런 용어의 뜻은 가난하다거나 부자*30라거나 하는 말을 쓰는 편이 보다 이해하기 쉽다. 왜냐하면 인간은 실제로 법률 이전에 있어서는 자기와 동등한 자를 복종시키려면 상대방의 재산을 빼앗던가 자기 재산을 얼마만큼 상대방에게 나누어 주는 방법 외에는 달리 방법이 없었기 때문이다. 셋째로 가난한 자는 자유 외에는 잃을 것이 아무것도 없었으므로 그들이 아직도 누릴 수 있는 유일하게 가치로운 것을 스스로 내놓았다면 그야말로 어리석기 이를 데 없을 것이다. 이에 반해 부자인 자는 재산의 모든 부분에 대해 민감했으므로 그들에게 손해를 주는 편이 훨씬 쉬운 일이었다. 따라서 그들은 그런 손해를 입지 않기 위해 한층 더 조심할 필요가 있었다. 그리고 요컨대 물건의 발명은 그로 인해 득을 보는 사람들에 의해 이루어졌다고 믿는 편이 타당하다.

　생긴 지 얼마 안 되는 정부는 아직 일정한 형태를 갖추지 못했다. 철학과 경험이 부족했으므로 눈앞의 불편만을 보았다. 그러므로 그 밖의 불편에 대해서는 다만 그것이 눈앞에 나타났을 때에야 사람들은 가까스로 그것을 고치려고 생각했을 뿐이었다. 현명한 입법자들이 모든 노력을 다했음에도 국가 상

＊29 《사회계약론》 제1편 제2장, 제3장, 제4장 참조.
＊30 경제적 관계가 정치적 관계의 기초를 이룬다는 것, 부자가 정치적 압제자가 되는 것을 뜻하고 있다.

태는 언제나 불완전했다. 그것은 국가 상태가 거의 우연의 소산이었으며 처음부터 시작이 나빴기 때문에, 시간이 지나면서 드러난 결점들이 이에 대한 대책을 시사하면서도 조직의 근본적 결함을 보상할 수 없었기 때문이다. 즉 뒷날 훌륭한 건물이 세워지기 위해서는 리쿠르고스가 스파르타에서 한 것처럼 먼저 기초가 되는 대지를 깨끗이 치우고 오래된 모든 건축 재료들을 멀리했어야 할 텐데, 사람들은 잘못 지어진 건물에 계속 수리만 했던 것이다. 사회는 처음에 일반적인 몇몇 협약으로만 성립되었고 모든 개인이 이것을 지키기로 약속하고 그들 각자에 대해 공동체가 그 협약의 보증인이 되었다. 그같은 조직이 얼마나 힘이 없었으며, 또 대중만이 증인이고 재판관이었던 사회에서 잘못에 대한 증거나 처벌을 모면하는 일이 위반자에게 얼마나 쉬웠는지 경험을 통해 알게 되었다. 사람들은 여러 방법으로 법망을 뚫었을 것이다. 그리고 불편과 무질서가 끝도 없이 늘어 갔으므로, 마침내 사람들은 공권력이라는 위험한 직분을 몇몇 개인에게 위탁하려고 생각하고, 백성의 의결을 지키게 하는 일을 위정자에게 위임하게끔 되었을 것이다. 왜냐하면 하나의 단체가 만들어지기 전에 우두머리가 선출되었다든가, 법률 그 자체가 존재하기도 전에 법률의 집행자가 존재했다든가 하는 일은 진지하게 반박할 가치도 없는 가정이기 때문이다.

다음으로 백성들 쪽이 먼저 절대군주의 팔 속에 스스로 무조건적이며 영구적으로 몸을 던졌다든가, 공통의 안전을 갖추기 위해 굴복하지 않으려는 사람들이 생각해 낸 최초의 수단이 노예 상태 속에 뛰어들어가는 일이었다든가 하는 일을 믿는 것도 마찬가지로 이치에 맞지 않을 것이다. 실제로 그들이 억압에 맞서 자신을 지키기 위해, 말하자면 그들 존재의 구성 요소인 재산이나 자유나 생명을 보호하기 위해서가 아니라면, 무엇 때문에 자신을 지배하는 인간을 만들었던 것인가. 그런데 인간과 인간의 관계에 있어 일어날 수 있는 최악의 사태는 한편이 다른 편의 손 안에서 그의 처분만을 기다리는 일이다. 그리고 그 백성들은 다른 어떤 것과도 바꿀 수 없는 자기 보존을 위해서 지도자의 도움이 필요했던 것인데, 그것을 그들이 처음부터 지도자 손에 주어 버린다는 것은 양식(良識)에 어긋나는 일이 아니었을까. 그렇게도 훌륭한 권리를 양도한 대가로, 지도자는 거기에 걸맞는 어떤 것을 제공할 수 있었던가. 만일 지도자가 백성을 지킨다는 구실 아래 그 권리를 감히 요구했다고 하더라도,

그는 곧 어리석은 대답*³¹을 얻게 되었을 것이다. "우리가 적에게서 무엇을 바랄 수 있단 말인가?"라고. 따라서 백성들이 자기들을 위해 통치자를 만든 것은 자기들을 노예로 하기 위해서가 아니라 자기들의 자유를 지키기 위해서였다는 것은 이론(異論)의 여지가 없다. 또 그것은 모든 국법의 근본적인 원칙이다. 플리니우스는 트라야누스에게 말했다. "우리가 군주를 갖는다면 그것은 우리가 주인을 갖지 않기 위해서이다"*³²라고.

정치가들은 자유를 사랑한다는 일에 대해 철학자들이 자연상태에 대해 말한 것과 같은 궤변을 멋대로 늘어놓고 있다. 그들은 자기들에게 보이는 것을 기준으로, 전혀 본 일이 없는 다른 것을 판단한다. 그리고 눈앞에 있는 사람들이 그 예속에 견디고 있는 인내력을 보면서 인간에게는 예속에 대한 자연적 경향이 있다고 본다. 그러나 그들은 자유란 미덕과 같은 것으로, 그런 것의 가치는 사람이 스스로 그것을 누리는 경우에만 느낄 수 있는 것이며, 그런 것을 잃으면 거기에 대한 호감도 빨리 잃게 된다는 사실을 생각해 보지도 않는다. 스파르타의 생활을 페르세폴리스의 생활에 비교한 어떤 총독을 향해 브라시다스는 말했다.*³³ "나는 당신 나라의 더없는 장점들을 잘 알고 있소. 그러나 당신은 우리 백성들이 누리는 기쁨을 알지 못하오."

훈련된 말은 채찍이나 박차를 참고 견디지만 길들지 않은 준마(駿馬)는 재갈을 가까이 가져가기만 해도 갈기를 세우고 발로 땅을 구르며 완강히 저항한다. 그와 마찬가지로 원시 상태의 인간은 문명인이라면 온순하게 참고 견디는 속박에 조금도 복종하지 않는다. 그는 평온한 굴종보다도 파란만장한 자유를 선택한다. 그러므로 이미 노예상태가 되어 있는 민족들을 보고 인간에게 굴종에 대한 자연적 성향이 있는가 없는가를 판단할 것이 아니라, 모든 자유로운 인간이 억압으로부터 자신을 지키기 위해 굉장한 노력을 기울여 왔다고 보아야 할 것이다. 나는 노예가 된 백성이 그 쇠사슬에 매여 누리는 평화와 안식

---

*31 "우리의 적은 바로 주인이란 말이다"라는 대답. 라 퐁텐의 《우화》 제6편 제8화 '노인과 당나귀' 참조.

*32 소(小) 플리니우스(61~114, 로마의 정치가, 문인) 《트라야누스 송사(頌詞)》 55, 7에서 인용. 홉스가 쓴 《레비아탄》의 주권론에 대한 반론.

*33 브라시다스는 기원전 5세기의 스파르타 장군. 페르시아의 총독은 사치하기로 유명했다. 페르세폴리스는 호화로운 부에 빛나는 왕의 수도 가운데 하나. 이 말은 플루타르코스로부터의 부정확한 인용. 루소가 브라시다스를 통해 한 말은 다른 사람의 말이다.

을 찬양하면서 "더없이 비참한 노예 상태를 평화라 일컫고 있다"[34]는 것을 잘 알고 있다. 그러나 자유로운 인간에게 가치있는 것은 단 하나밖에 없으며 그것을 잃은 사람들로부터 그처럼 경멸당하고 있는 그 자유라는 재산의 보존을 위해 쾌락이나 휴식이나 부(富)나 권력, 그리고 생명마저도 희생하는 이들을 볼 때, 또 자유로운 몸으로 태어나 갇히는 것을 몹시 싫어하는 동물이 감옥 창살에 머리를 부딪쳐 부수는 것을 볼 때, 그리고 벌거벗은 많은 미개인들이 유럽인의 관능적 쾌락을 경멸하고 오로지 자기들의 독립을 지키려고 굶주림이나 불이나 칼이나 죽음과 맞서 싸우는 것을 볼 때, 나는 자유를 논하는 것은 노예들이 하는 일이 아니라고 느낀다.

전제 정부를 비롯하여 모든 사회가 유래한 원천으로 생각되는 아버지의 권력[35]에 대해서는, 로크와 시드니의 반증에 의존할 것까지도 없이 다음에 설명하는 점을 주의하는 것만으로 충분하다. 바로 이 세상에서 이 권력의 부드러움만큼 전제주의의 잔인한 정신으로부터 먼 것은 없으며, 그것은 명령하는 자의 효용보다도 복종하는 자의 이익을 보다 많이 고려하고 있다는 것, 또 자연법에 의하면 아버지는 도움이 필요할 동안만 아이들의 주인이며, 이 기한을 넘으면 둘은 평등해지고 그렇게 되면 아들은 아버지로부터 완전히 독립하여, 아버지에 대해서는 존경만 하면 되고 복종해야 하는 의무는 없다는 것이다. 왜냐하면 감정은 분명히 이행하여야 할 의무이긴 하지만 사람이 요구할 수 있는 권리는 아니기 때문이다. 정치 사회는 아버지의 권력으로부터 유래하는 대신, 반대로 그 권력 쪽이 주된 힘을 정치사회로부터 끌어낸다고 말해야 했던 것이다. 한 개인이 몇몇 사람으로부터 아버지라 인정된 것은 그들이 그 개인의 둘레에 모여 있을 때만이었다. 아버지가 참으로 자유로이 다룰 수 있는 재산은, 아이들을 그에게 의존 상태로 머무르게 하기 위한 기반이다. 그리고 아버지는 아이들이 아버지의 뜻을 계속 존경하고 따름으로써 아버지에게 공헌한 정도에 따라서 그들에게 상속물을 나누어 주면 되는 것이다. 그런데 백성들은

---

*34 타키투스 《역사》 제4권 제17장에서 인용.

*35 세습적 왕정 변호의 이론을 가리키고, 이 경우 특히 영국의 로버트 필머의 《페이트리아카》(Robert Filmer, Patriarca, 1680)를 가리키고, 이에 대해 로크가 《시민 정부론》에서 반박을 했으며, 엘저넌 시드니(Algernon sidney. 1622~1683. 영국의 공화주의 정치가)도 이에 맞서기 위해 《통치론》(Discourses concening Government. 1680~1683년 집필. 1698년 출판, 프랑스어 역 1702년)을 썼다.

그들의 전제군주로부터 이와 비슷한 은혜를 기대할 수는 없다. 현재 그들 자신도, 그들이 갖는 모든 것도 다 군주의 소유에 속하거나, 적어도 군주의 주장이 그러하므로, 그들은 가끔 군주가 자신의 재산 가운데 아주 조금 남겨 주는 것을 하나의 은혜로 받게 되는 것이다. 군주는 백성들의 것을 약탈할 때 정의를 행하며, 그들을 살려 둘 때 은혜를 베풀고 있는 것이다.

이처럼 어디까지나 권리에 의해 사실을 검토해 가면, 전제정치의 자연적 확립이라는 설에는 확실성이나 진실성을 발견할 수 없다. 그리고 양자 가운데 한쪽만 구속하여, 한쪽은 모든 것을 소유하고 다른 쪽은 아무것도 소유하지 못하며, 게다가 구속되는 자만이 손해를 보게 되는 그런 계약의 타당성을 증명하기란 쉽지 않을 것이다. 이 저주스러운 제도는 오늘날에도 현명하고 선량한 군주들, 특별히 프랑스 국왕들의 제도와는 극히 인연이 먼*36 것으로, 이는 그들 국왕들의 칙령이 가는 곳마다, 그리고 특히 루이 14세의 이름과 그 명령에 의해 1667년 발표된 유명한 칙령*37의 다음 문장 속에서 볼 수 있다. "그러므로 주권자는 그 국가의 법률을 따르지 않겠다는 말을 해서는 안 된다. 그 반대의 명제(命題)가 국제법의 진리이며, 선동하는 자들이 때로 이 진리를 공격했지만, 선량한 군주들은 언제나 이것을 국가의 수호신으로서 옹호해 왔기 때문이다. 현자 플라톤과 함께 다음과 같이 말하는 편이 보다 정당하지 않을까. '왕국의 완전한 복지는 군주가 그 신민(臣民)의 신뢰와 복종을 받고, 군주는 법률에 따르고, 법률은 올바르며 언제나 공공의 복지를 지향하고 있는 것이다'라고."

자유는 인간의 많은 능력 가운데 가장 고귀한 것이므로 잔인하거나 무분별한 주인을 기쁘게 하기 위해, 이 대지의 창조주가 주신 모든 선물 가운데 가장 귀중한 것을 포기하여 무제한으로 버려 두거나 창조주가 우리에게 금하는 모든 죄를 서슴없이 범하거나 한다면, 인간이 자연을 타락시키고 본능의 노예인 짐승처럼 자신을 버려 두어 자기 존재의 창조주까지 거역하는 일이 되지 않겠

---

*36 이 글은 루소가 검열을 경계하여 취한 조심스러운 태도를 보여주고 있는데, 글 속에 포함된 풍자적 의도는 당시의 독자들에게 충분히 이해되고 있었다.

*37 《스페인 왕국의 여러 주에 대한 극히 그리스도교적인 여왕의 모든 권리에 관한 규약》(1667, 왕실 출판 Traité des droits de la monarchie d'Espagne) 이 책의 익명의 저자는 Ant. Bilain과 l'Abbé de Bourzéis.

는가. 그리고 이 숭고한 장인은 자기의 가장 아름다운 작품이 이렇게 모욕당하느니 차라리 파괴되는 것을 보는 편이 오히려 화를 덜게 될지도 모르지 않는가. 나는 그런 일을 하나하나 탐색하지는 않을 것이다.

로크를 모방해서 누구나 자기를 멋대로 취급하는 전제 권력에 굴복하여 자신의 자유를 팔아넘겨서는 안 된다고 단언한 바르베이락*[38]의 권위도, 원한다면 무시해도 좋다. "왜냐하면" 하고 그는 덧붙여 말하고 있다. "그것은 자기가 스스로 삶의 주체가 될 수 없으므로 자신의 생명을 파는 셈이 될 테니까."

나는 다만 다음과 같이 물어보겠다. 이 정도로 서슴없이 자기의 품위를 떨어뜨리고도 걱정하지 않았던 사람들이 어떤 권리에 의해 자손도 같은 불명예에 복종시킬 수 있었을까. 또 자손이 그들의 은혜에 의해 얻은 것도 아닌 가치, 더구나 그것이 없으면 삶 자체가 모든 이에게 무거운 짐이 되는 신의 선물을 어떤 권리에 의해 그들은 자손 대신 버릴 수 있었을까 묻고 싶다.

푸펜도르프는*[39] 인간은 합의 및 계약을 통해 자기 재산을 타인에게 양도하는 것과 마찬가지로, 자유도 누군가를 위해 버릴 수 있다고 말한다. 이것은 몹시 서투른 추리로 생각된다. 왜냐하면 첫째, 내가 양도하는 재산은 나와는 전혀 관계 없는 것이 되었으므로 누군가가 그것을 남용해도 되기 때문이다. 그러나 사람들이 나의 자유를 남용하지 않는다는 것은 나에게는 중요한 일이다. 그리고 내가 강요당하는 나쁜 일에 대해 그 죄를 짊어질 각오 없이는 나는 스스로 죄의 도구가 되는 위험을 범할 수는 없다. 게다가 소유권은 합의와 인간의 제도에 의한 것이므로 누구나 뜻대로 자기가 소유하고 있는 물건을 처분할 수 있다. 그러나 생명이나 자유와 같은 자연의 본질적인 선물에 있어서는 똑같지 않다. 그것은 각자가 누리도록 허용되어 있으나, 그런 것을 버릴 권리가 있는가의 여부는 의심스럽다. 다시 말해 이 둘 가운데 하나(자유)를 제거하면 사람은 자기 존재 가치를 떨어뜨리고, 다른 하나(생명)를 제거하면 그 존재를 멸망케 해 버린다. 그리고 어떤 현세적인 재물을 가지고 있어도 이 둘 가운데 어느 쪽도 보상할 수 없으므로, 예를 들어 어떤 대가를 치르더라도 이

---

*38 1674~1744. 프랑스의 법학자. 그로티우스, 푸펜도르프 등의 번역으로 알려졌다. 바르베이락에 대한 언급은 1782년 판에 처음으로 이루어졌다.

*39 푸펜도르프《자연법과 만민법》제7편 제3장 제1절. 루소는《사회계약론》제1편 제4장〈노예 상태에 대하여〉에서 이 문제를 다룸.

것을 버리는 일은 자연과 이성(理性)을 동시에 거역하는 셈이 될 것이다. 그러나 사람이 재산과 마찬가지로 자기의 자유를 양도할 수 있다 하더라도, 그 권리의 이양을 통해 아버지의 재산을 누리는 아이들에게 그 차이는 대단히 클 것이다. 그런데 자유는 그들이 인간의 자격으로 자연이 내려주는 선물이므로, 그들의 부모는 그것을 그들에게서 빼앗을 아무런 권리도 갖지 않았던 것이다. 그러므로 노예제도를 수립하기 위해서는 자연을 등져야 했던 것처럼, 이 권리를 영속시키기 위해서는 자연을 바꾸지 않으면 안 되었다. 그래서 노예의 아이는 태어나면서부터 노예가 되어야 한다고 장중하게 선고한 법률가들은, 다른 말로 바꾸면 인간은 태어나면서부터 인간이 되지 말라고 결정한 셈이 된다.

그러므로 나로서는 다음 일이 확실하다고 생각한다. 정부는 단순히 전제적인 권력으로부터 시작된 것만은 아니며, 극단적으로 말해 그같은 권력은 정치의 부패를 뜻하고, 마침내 정부를 가장 힘이 센 자의 법으로까지 이끌게 된다. 하지만 처음에는 그것을 바로잡을 목적으로 정부가 만들어졌던 것이다. 더구나 정부가 그렇게 하여 시작된 것이라 해도 이 권력은 워낙 비합법적이었으므로 그것은 사회의 온갖 법에 대해서도, 또 제도의 불평등에 대해서도 그 기초로서 도움이 될 수 없었기 때문이다.

모든 정부의 기본적 계약이 지닌 성질에 대해서 해야 할 탐구에는 지금 깊이 들어가지 않겠다. 나는 다만 세상의 통념(通念)[40]에 따라 여기서는 정치 체제의 설립을 백성과 그들이 선출한 지도자 사이의 계약이라고 보는 데서 그치기로 하겠다. 그것은 그 양쪽 당사자가 그곳에 규정되고, 이 둘의 결합을 형성하는 법률을 지킬 것을 서로 의무화하는 계약이다. 백성은 사회적 관계라는 점에서는 그 모든 의지를 단 한 가지의 의지로 결합했으므로, 이 의지가 설명되고 있는 모든 조문(條文)은 저마다 기본적인 법률이 되어, 사회의 모든 구성원을 예외 없이 의무화하고 있다. 그리고 그 가운데 하나는 나머지 법률의 집행을 감시하는 임무를 가진 위정자[41]의 선택과 그 권력을 규정하고 있다. 이

---

*40 특히 《백과전서》에 실렸던 디드로가 집필한 '정치적 권위'에 나타나 있는 생각. 루소는 여기서는 아직 《사회계약론》의 사상에 다다르지 않았다. 복종 계약의 사고방식을 아직 벗어나지 못했다.

*41 행정권을 맡게 된 왕을 암암리에 뜻하며, 다음 위탁자는 백성을 뜻한다. 이미 《사회계약론》에서와 마찬가지로 위정자는 권력의 소유자가 아니라 위탁자이며, 백성들을 위한 대리에 불과하다고 말하고 있는 것 같다.

권력은 정치구조를 유지할 수 있는 모든 것에 미치나, 그것을 변경하게까지는 안 된다. 게다가 거기에 법률과 그 집행자들을 존경받게끔 하는 갖가지 명예들이 위정자 개인에게 주어진다. 즉 그들이 선한 정치를 위해 치르는 고생의 대가로서 각종 특권들이 첨가된다. 그 대신 위정자는 자기에게 맡겨져 있는 권력을 오로지 위탁자의 의향에 따라 행사하고, 각자에게 그 소유하는 물건을 언제나 평화롭게 향수할 수 있게 하여, 모든 경우에 자기 이익보다도 공익을 선택한다는 의무를 지고 있다.

이같은 정치구조의 폐해가 피할 수 없는 것임을 경험으로 알게 되거나 인간의 마음에 관한 지식을 통해 예상하기 이전에는, 그 정치구조의 보존을 감시하는 임무를 맡은 사람들이 가장 이해관계를 갖는 사람들이었으니만큼 그 정치구조는 더욱 훌륭한 것으로 보였을 것이다. 왜냐하면 위정자의 직분과 그 권리란 기본적인 법률을 토대로 하여 비로소 성립되고 있는 것이기 때문이다. 그런 법률이 파괴되는 일이 있으면 곧 위정자들은 합법적일 수 없게 되며, 백성은 그들에게 복종할 의무가 없어질 것이다. 그리고 국가의 본질을 구성한 것이 위정자가 아니라 '법률'이었을 터이므로, 각자는 마땅한 권리에 의해 자연의 자유로 되돌아갈 것이다.

조금 주의하여 이 일을 깊이 생각해 본다면, 그것은 새로운 이유로 확인될 것이다. 그리고 계약의 본질로 보아 그것이 취소할 수 없는 것임을 알 수 있을 것이다. 왜냐하면 계약자의 충실을 보장하거나, 또 그들에게 서로의 약속을 이행하도록 강요하거나 할 수 있는 우위의 권력이 없다면, 계약 당사자만이 자기들의 소송을 판가름하는 심판자가 되고, 각자는 상대방이 그 조건을 위반하는 일을 알아차린다거나 그 조건이 자기에게 적당하지 않거나 하면 그 자리에서 계약을 파기할 권리를 갖기 때문이다. 그리고 이같은 원리에 의해서 기권이라는 것이 근거를 갖게 된다고 생각한다. 그런데 우리가 행하고 있는 것처럼 인간의 제도만을 고찰한다고 하고, 모든 권력을 손에 쥐고 계약의 모든 이익을 자기 것으로 하고 있는 위정자가 특히 권위를 버릴 수 있는 권력을 가지고 있다면, 백성은 지도자들의 모든 잘못에 대한 대가를 치르고 있는 것이므로 종속(從屬)을 파기할 권리를 가져야 할 것이다. 그러나 이 위험한 권력이 필연적으로 일으키는 무서운 불화와 끝없는 혼란은 무엇보다도 다음 사항을 분명히 하고 있다. 즉 인간의 정부는 단순한 이성보다도 좀더 견고한 기초를 필요로 한다는 것이다. 그리고 주권을 자유롭게 한다는 불길한 권리를 백성으로부터 빼앗는, 그 신성하고 범할 수 없는 성격을 주권에 주기 위해 신의 의지가 개입하는 일이 공공의 평화를 위해 필요했던 것이다. 종교가 인간에 대해 착한 일만을 행했다 하더라도, 모든 인간이 종교를 그 폐해마저 포함하여 깊이 사랑하고 채택해야 할 까닭은 충분할 것이다. 왜냐하면 종교는 광신(狂信)이 흘리게 하는 피보다 훨씬 많은 피를 절약해 주기 때문이다. 여기서 우리가 세운 가설의 실마리를 더듬어 보기로 하자.

정부의 갖가지 형태는, 기원을 밝히면 그 제도가 설립되었을 때 개개인 사이에 존재했던 차이에서 나오고 있는 것이다. 만일 한 인간이 능력에 있어서나 덕에 있어서나 부에 있어서, 또는 신용에 있어서 뛰어났다면, 그 사람만이 위정자로 선출되어 그 국가는 군주정치 체제가 되었다. 또 서로 거의 동등한 몇몇 사람은 다른 사람들보다 귀족정치를 선호했다. 재산이나 재능이 그다지 불균등하지 않고, 자연의 상태를 멀리하는 일이 가장 적은 사람들은 최고의 행정권을 공동으로 관리하고 민주정치를 형성했다. 이런 형태 가운데 어느 것이 사람들에게 가장 유리했던가는 시간이 증명했다. 어떤 사람들은 끝까지 그저 법률에 복종했다. 다른 사람들은 마침내 주인에게 복종했다. 시민들은 자기들의 자유를 지키려고 했다. 그러나 군주국가의 백성들은 자기네들이 갖고 있지 않은 행복을 타인이 갖고 있는 것을 참을 수 없어 이웃에게서 자유를 빼앗을 생각만 하고 있었다. 요컨대 한쪽에는 부와 정복이 있고, 또 한쪽에는 행복과 덕이 있었다.*42

이런 온갖 정부에 있어 모든 위정자의 직분은 우선 선거에 따른 것이었다. 그리고 부가 우세한 힘을 갖지 않았을 때 우선권이 주어진 것은, 자연의 지배력을 나타내는 재능과 일에 있어서는 경험, 토의에 있어서는 침착함을 나타내는 연륜에 대해서였다. 헤브루인의 장로들, 스파르타의 게론테스, 로마의 원로원, 거기다 우리나라(루소가 태어난 프랑스)의 seigneur(영주, 귀족)라는 말의 어원이 옛날에 어떻게 노인들이 존경받았던가를 나타내고 있다. 선거의 결과가 나이를 먹은 사람들에게 인정되면 될수록, 선거는 점점 빈번해지고 거기에 따르는 새로운 사건들이 생기게 되었다. 즉 책모(策謀)가 어느 틈에 파고들어 도

---

*42 전자는 군주제와 귀족제, 후자는 민주제를 가리키고, 백성은 전자에 속하고 시민은 후자에 속한다.

당(徒黨)이 만들어지고, 당파의 알력이 심해지고, 내란이 일어나 마침내는 시민의 피가 국가의 행복이라 일컫는 것의 제물로 바쳐져, 사람은 바로 이전 시대의 무정부 상태로 다시 빠져들려고 했다. 지도자들의 야심은 이런 상황을 이용하여 자기 자신들의 지위, 직권을 영구화했다. 백성은 이미 종속과 휴식과 생활의 안락함에 익숙해졌고, 또 이미 쇠사슬을 끊을 만한 힘도 없었으므로 자기들의 평안을 확보하기 위해 그 예속(隸屬)을 늘리는 일에 동의했다. 이렇게 하여 세습이 된 지도자들은 위정자의 직분을 집안의 재산 가운데 하나로 보고, 처음에는 국가의 관리에 지나지 않았던 자기를 국가의 소유물 속에 포함시켜, 자기를 신과 같은 존재라느니 왕 중에 왕이라느니 하고 스스로 높이는 일에 익숙해져 버린 것이다.

이런 온갖 변혁 속의 불평등을 더듬어 보면, 우리는 법률과 소유권의 설립이 처음으로 불평등을 만들어내고, 위정자의 직분 설정이 그 다음으로, 마지막으로 합법적 권력으로부터 전제적 권력으로의 변화가 불평등을 조장했음을 알 수 있을 것이다. 따라서 부자와 가난한 자의 상태가 첫 시기에 용인되고, 강자와 약자의 상태가 두 번째 시기에 용인되고, 그리고 세 번째 시기에는 주인과 노예의 상태가 용인되는 것이다. 이 세 번째 시기가 불평등의 마지막 단계이자 다른 모든 시기가 결국은 귀착하는 한계로서, 마침내는 새로운 여러 변혁이 정부를 완전히 해체하든가, 이것을 합법적인 제도에 접근시키게 되는 것이다.

이같은 진보의 필연적 과정을 이해하기 위해서는 정치 체제가 이루어진 동기보다 정치 체제를 실시함에 있어 취하는 형태와 그것이 뒤에 일으키는 갖가지 장해를 고찰하지 않으면 안 된다. 왜냐하면 사회제도를 필요로 하는 악덕은 사회제도의 남용을 피할 수 없는 것으로 만든 악덕과 같은 것이기 때문이다. 그리고 스파르타에 있어서만은 법률이 주로 아동교육을 감독하고, 리쿠르고스는 법률을 덧붙일 필요가 거의 없는 미풍양속을 확립했기 때문에 예외이지만, 일반적으로 법률은 정념만큼 강하지는 않으므로 인간을 억제하기는 하지만 변화시키지는 않는다. 그러므로 부패나 변질도 하지 않고 언제나 정확하게 그 제정 목적에 따라 운영되는 정부는 필요도 없는데 설립된 것이며, 또 아무도 법망을 뚫고 들어가지 않고 위정자의 직분을 남용하는 일이 없는 나라에서는 위정자도 법률도 필요없다는 것을 증명하기는 쉬운 일이다.

정치적 차별은 필연적으로 사회적 차별을 가져온다. 백성과 지도자 사이에 증대해 가는 불평등은 마침내 개개인 사이에 느껴지고, 정념이나 재능에 따라, 또 사정에 따라 여러 가지 모양으로 변용된다. 위정자는 비합법적인 권력을 빼앗을 때, 어느 정도의 부분을 나눠 주어야 할 부하를 만들지 않을 수 없다. 게다가 시민들이 압제를 달게 받는다하더라도 그것은 다만 맹목적인 야심에 이끌리어 자기들의 윗사람들보다는 아랫사람들을 바라보고 지배하는 편이 독립보다 좋아졌다는 것뿐이며, 또 그들을 쇠사슬에 매이게 할 수 있다는 것에 불과하다. 사람을 명령하는 야심을 조금도 갖지 않은 자에게 복종을 강요하는 일은 대단히 어렵다. 또 아무리 교묘한 정치가라도 오로지 자유롭게 있고 싶다고 원하는 사람들을 굴복시킬 수는 없다. 그러나 언제나 운명의 모험을 무릅쓰고 그 운명이 자기들에게 유리한가 불리한가에 따라 예사롭게 지배하거나 봉사하는 태세로 있는 야심 많고 비겁한 사람들 사이에서는 불평등이 쉽게 퍼지는 법이다. 이렇게 하여 백성의 눈이 현혹되고 지도자들이 사람들 가운데서 가장 천한 자를 향해 "위대해져라, 너와 너의 집안이여" 하고 말만 하면, 곧 그 천한 자가 자기 눈에만 그렇게 본 것이 아니라 모든 사람의 눈에도 위대하게 보였고, 그의 자손들은 점점 위대해졌다는 시대가 찾아왔을 것이다. 원인이 멀어져 불확실하게 되면 될수록 결과는 점점 커지는 것이다. 한 집안 속에 게으른 자의 수가 많아질수록 그 가문은 점점 더 명문*[43](名門)이 되었다.

여기서 상세하게 설명한다면, 나는 다음을 쉽게 설명할 수 있을 것이다. 예를 들어 정부가 간섭하지 않더라도 개개의 인간이 동일한 사회에 결합되어 그들이 서로 비교하고, 또 서로 이용하여야 할 관계 속에서 발견되는 차별을 고려하지 않을 수 없게 되면, 신뢰와 권위의 불평등은 그들 사이에서 피하기 어렵게 된다*[44]는 것이다. 이같은 차별에는 몇 가지 종류가 있다. 그러나 일반적

---

*43 이 몇 행, 그 지도자들이 언급한 것 따위에서 마지막 행까지는 귀족계급에 대한 통렬한 비판이다.
*44 분배상의 정의는 정치 사회에 있어서는 실행이 가능하다 하더라도 자연상태의 그 엄격한 평등에는 대립하는 일도 있을 것이다. 그리고 국가의 모든 구성원은 국가에 대해 자기의 재능과 능력에 따른 봉사를 해야 하므로 시민들도 그들의 봉사에 따라 구별되고, 우대되어야만 한다. 소크라테스의 문구는 이 뜻에서 이해하여야 할 일이며, 그 속에서 그는 초기 아테네 사람들이 다음 두 종류의 평등 가운데 어느 쪽이 유리한가를 올바르게 구별하는

으로는 부와 귀족의 신분, 또는 지위와 권력과 개인적인 가치가 사람이 사회 속에서 자기를 재는 데 주요한 척도가 되므로, 나는 이런 온갖 힘의 일치 또는 충돌이 국가의 구성이 좋으냐 나쁘냐를 정하는 가장 확실한 지표임을 증명할 수 있다. 즉 그런 네 종류의 불평등 속에서 개인적인 특질은 다른 모든 특질들의 기원이 되므로, 부는 그런 특질들이 결국 귀착할 최후의 특질임을 설명할 수 있을 것이다. 왜냐하면 그것은 가장 직접적으로 안락한 삶에 도움이 되고 가장 쉽게 사람에게 전해지므로, 사람은 다른 모든 것을 사들이기 위해 자유롭게 부를 쓰기 때문이다. 이에 대한 관찰이야말로 각 민족이 가장 처음 가지고 있었던 제도에서 얼마나 멀어졌는가의 정도, 또 그 제도가 어느 정도 부패의 궁극점을 향해 가고 있는가의 거리를 상당히 정확하게 판단케 할 수 있다. 우리 모두의 마음을 괴롭히는 그 평판과 명예와 특권에 대한 일반적인 욕구가 어떻게 재능이나 힘을 훈련시키고 비교하는가, 또 그 욕구가 어떻게 정념을 자극하고 증대시키는가, 어떻게 그 욕구가 사람들을 경쟁하게 하고 대항하게 하며, 또는 적대시하게 하여 권리를 주장하는 많은 이들에게 날마다 온갖 종류의 실패와 성공 또는 재해를 야기시키고 있는가를 나는 지적해 보고 싶다. 또 자기 평판을 높이고 싶다는 열망, 언제나 우리를 흥분케 하는 그 사

방법을 알고 있던 것을 칭찬하고 있다. 바로 하나는 모든 시민에게 차별 없이 동일한 이익을 분배하는 일에서 성립되고, 또 하나는 각자의 가치에 따라 이익을 분배하는 일에서 성립되고 있는 것이다. "이 숙련된 정치가들은" 하고 이 웅변가는 덧붙인다. "악인과 선인 사이에 아무런 구별도 없는 부정한 평등을 배제하고, 각자를 그 공적에 따라 보답을 하거나 벌하거나 하는 평등에 어디까지나 집착했다. 그러나 우선 첫째로 사회가 어느 정도의 부패에 도달했다 하더라도 악인과 선인을 조금도 구별하지 않는 사회는 아직 존재한 일이 없다. 그리고 풍속의 문제에 대해서는 위정자에게 전적으로 도움이 될 만큼 정확한 척도를 법률이 정할 수는 없지만, 시민의 운명과 지위를 위정자의 뜻대로 맡겨두지 않기 위해 법률이 위정자에게 인격에 대한 판정을 금하고 행위의 판결만을 맡기고 있다는 일은 참으로 현명한 방법이다. 고대 로마인들의 엄격한 풍속만큼 풍속 검열관의 심판을 견디어 내는 것은 없다. 그런 법정이 있었다고 한다면 우리 사회에서는 곧 모든 것을 뒤집어 엎어 버렸을 것이다. 악인과 선인 사이의 구별을 짓는 일은 공공(公共)의 평가가 할 일이다. 위정자는 오로지 엄밀한 법의 판정자에 불과하다. 그러나 백성은 풍속의 참된 판정자이다. 이 점에 대해서는 공명정대한 지식만이 풍요한 판정자이며, 때로는 속을 수도 있지만 결코 타락하는 일은 없다. 그러므로 시민의 지위는 그 개인적 가치에 따라 정해질 일은 아니다. 그런 일을 하면 틀림없이 자기 마음대로 법률을 적용하는 수단을 위정자에게 주는 셈이 되기 때문이다. 그 대신에 그들이 국가에 대해 행하는 보다 정확한 평가를 받기 쉬운 현실의 봉사에 따라 정해져야만 한다."(원주)

람보다도 뛰어나고 싶다는 열광 덕분으로, 우리는 인간 속에 있는 최선의 것과 최악의 것, 즉 우리의 미덕이나 악덕, 우리의 학문과 오류, 우리의 정복자와 철학자, 다시 말해 소수의 선한 것에 대해 다수의 나쁜 것을 가지고 있다는 것을 설명해 주고 싶다. 마지막으로 나는 다음 사항을 증명해 보고 싶다. 바로 대다수의 사람들이 어둠과 빈곤 속을 기어다니고 있는데, 몇 명 안 되는 권력자와 부자가 권세와 부의 절정에 있다는 것은 그들이 자기들이 향수하는 것을 다만 다른 사람들이 그것을 부족하게 여길 동안만 존중하기 때문이며, 또 민중이 비참하지 않게 되면 그들은 신분을 바꾸지 않고서는 행복해지지 않을 것이라는 점이다.

그러나 이런 일은 세부적인 것만으로도 꽤 큰 작품*[45]의 소재가 될 것이다. 그 저작 속에서는 모든 정부의 장점과 단점들이 자연상태의 모든 권리와 비교하여 평가될 것이며, 그런 정부의 본질과 시간이 지나면서 그런 정부들에 필연적으로 일어나는 모든 변혁에 따라, 불평등이 오늘날까지 나타나고 있으며 또 장차 여러 세기에 걸쳐서도 각기 다른 국면이 뚜렷이 나타날 것이다. 또 다수의 사람들이 밖에서 자기를 위협하고 있던 것에 대해 취했던 경계 때문에, 오히려 내부에서 압박을 받는 일을 볼 수 있을 것이다. 압박은 계속 증대해 가는데, 압박받고 있는 사람들은 압박이 어디까지 다다르게 될 것인가, 또 그것을 막기 위해서는 어떤 합법적인 수단이 자기들에게서 있는가를 알 수 없다는 것을 깨닫게 될 것이다. 또 시민의 권리나 국민의 자유가 조금씩 사라져 약한 자들의 요구가 반란의 불평거리로 다루어지는 일을 볼 수 있을 것이다. 그리고 공동의 이해관계를 지킨다는 명분이 정치에 의해 금전으로 고용되고 있는 사람들*[46]에만 한정되었음을 알 수 있을 것이다. 거기서 과세(課稅)의 필요성이 생기고, 실망한 농민들이 평화로운 때도 자기 밭을 떠나 삽을 버리고 칼을 차는 광경을 볼 수 있을 것이다. 또한 명예에 관한 불길하고 기묘한 규칙*[47]들이 생겨나는 것을 볼 수 있을 것이다. 조국을 방위해야 하는 이들이 늦건 빠

*[45] 이것이 그가 계획하고 결국 완성하지 못했던 《정치제도론》을 가리키는 것인지는 확실하지 않다.
*[46] 직업 군인. 이 용병들은 전제자의 친위대가 되므로 루소는 조국의 방위가 시민 군인에 의해 행해지기를 원함.
*[47] 군인이나 귀족의 결투에 관한 법령을 말함. 파스칼이 《프로방시알》 속에서 조소한, 귀족의 결투에 관한 기묘한 종교적 변호 따위를 루소는 생각하고 있는 것 같다.

르건 조국의 적이 되어 동포인 시민들 위에 계속 단검을 휘두르고 있는 모습도 볼 수 있을 것이다. 그리고 마침내 그들이 자기 나라의 압박자에 대해 다음과 같이 말하는 것을 듣는 시대가 찾아올 것이다.

그대가 만일 나를 향해, 우리 형제의 가슴에, 또 우리 아버지의 목에, 또는 임신한 우리 아내의 배에 단검을 꽂으라고 명령한다면, 비록 마음에 없다 하더라도 나는 모든 것을 이행할 것이다.*48

신분과 재산의 극단적인 불평등, 욕망과 재능의 차이, 무익하거나 심지어 해로운 기술, 하찮은 학문으로부터 이성이나 행복이나 덕에 똑같이 반대되는 무수한 편견들이 생겨날 것이다. 즉 결집해 있는 사람들을 분리시켜 약화시키는 모든 것, 외면상으로는 일치해 있는 것 같은 모습을 사회에 부여하지만 현실적으로는 오히려 분리의 씨를 뿌리는 모든 것, 갖가지 계급에 그 권리나 이해관계의 대립에 의해 서로간의 불신과 증오를 불어넣으며, 따라서 그 모든 계급을 억압하는 권력을 강화하는 모든 것이 지도자들에 의해 조장되는 것을 볼 수 있을 것이다.

이 무질서와 변혁 속에서야말로 전제주의가 그 추악한 머리를 점점 쳐들어 국가의 모든 부분에, 선량하고 건전한 것으로 인정되는 모든 것을 탐내고 마침내는 법률과 백성을 짓밟고 국가의 폐허 위에 자기를 확립하게 될 것이다. 이 최후의 변화에 앞서는 시대는 혼란과 재해의 시대일 것이다. 그러나 결국 그 괴물이 모든 것을 잡아먹어, 백성은 이미 통치자와 법률을 가지지 않게 되며 다만 참주(僭主)만을 갖게 될 것이다. 이 순간부터는 관습이나 미덕이 문제시되지 않을 것이다. 왜냐하면 "미덕에 대해 아무런 기대도 가질 수 없는"*49 전제주의가 지배하는 곳에서는 결코 다른 어떤 주인도 허용하지 않기 때문이다. 전제 군주가 입을 열자마자 그곳에는 고려할 덕도 의무도 없어지고, 극도로 맹목적인 복종만이 노예에게 남겨진 유일한 미덕이 된다.

이것이 불평등의 마지막 도달점이며, 순환을 멈추고 우리가 출발한 기점에

---

*48 루카누스 《파르살리아》 제1편 37~68행.
*49 루소 연구가인 본에 의하면, 이 구절의 출전은 타키투스의 《역사》 제1권 21이라고 한다. 반면에 스탈로반스키는 루소가 시드니의 《통치론》에서 이 구절을 인용했다고 추정하고 있다.

다다르는 종극점이다. 여기서 개인은 다시 평등해진다.*50 왜냐하면 이제 그들은 가치를 지닌 그 어떤 존재도 아니며, 부하는 벌써 주인의 의지 외에 아무런 법률도 갖지 않고, 주인은 자기의 욕정 외에 아무런 규칙도 갖지 않으므로, 선의 관념이나 정의의 원리가 다시 소멸해 버리기 때문이다. 여기서는 모든 것이 다만 가장 힘 있는 자의 법에만 따른다. 따라서 하나의 새로운 자연상태에 환원되고 있는 것인데, 이 자연상태가 우리가 출발점으로 한 자연상태와 다른 점은, 출발점의 자연상태는 순수한 자연상태이지만 앞의 새로운 자연상태는 과도한 부패의 결과라는 점이다. 게다가 이 두 가지 상태 사이에는 거의 차이가 없으며, 정부의 계약은 전제주의로 심하게 파기되어 있으므로, 전제군주는 가장 큰 권력을 누리고 있는 동안에만 지배자이며 사람들이 그를 추방할 수 있게 되면 곧 그는 그 폭력에 대해 이의를 내세울 이유가 없어진다. 마침내는 군주를 죽이거나 왕위에서 내쫓거나 하는 폭동도, 그가 그 전날 부하들의 생활과 재산을 마음대로 처리한 행위와 마찬가지로 법률적인 행위가 되어 버리는 것이다. 다만 힘만이 그를 쓰러뜨린다. 모든 일이 이처럼 자연의 질서에 따라 행하여진다. 그리고 이런 짧고 빈번한 혁명의 결과가 어찌되었든, 누구나 타인의 부정을 한탄할 것은 못된다. 다만 자기의 방심이나 불운을 원망해야 할 것이다.

　인간을 자연상태로부터 사회상태로 이끌어왔을 것임에 틀림없는 잊히고 잃어버린 행로를 이렇게 발견하고 추적하면, 또 내가 지금 설명한 모든 중간 과정과 함께 내가 생략했든가 아니면 나의 상상이 시사해 주지 않았던 모든 상태를 회복하면, 주의 깊은 독자라면 누구나 이 자연과 사회의 양쪽 상태를 떼어놓는 광대한 공간에 경탄할 수밖에 없을 것이다. 이 완만한 현상들의 연속 관계 속에서야말로, 독자는 철학자들에게서는 해결할 수 없는 도덕과 무수한 정치적 문제들의 해답을 볼 것이다. 또 어떤 시대의 인류는 다른 시대의 인류가 아니므로, 디오게네스*51가 인간을 한 사람도 발견하지 못한 것은, 이미 존

---

*50 프리드리히 엥겔스가 《반뒤링론》 속에서 이 글을 변증법으로 말하는 부정의 부정, 곧 훌륭한 예증으로 든 다음부터 유명해졌다. 스탈로반스키는 마키아벨리가 《티투스 리비우스론》 속에서 갖가지 정치 체제가 그 퇴폐와 퇴폐로의 반동을 통해 나타나는 과정을 잡아, 극점으로서의 민주주의 같은 과정과 원인에 의해 전체 맥락을 거듭하여 설명하고 있다(플레이아드판 전집 제3권 1358~9페이지 참조).
*51 그리스 견유학파(犬儒學派)의 철학자(기원전 413~323). 세속적 행복, 부, 권력을 경멸하여,

재하지 않게 된 시대의 인간을 디오게네스가 자기와 동시대의 인간 속에서 구했기 때문이라는 것을 독자는 깨닫게 될 것이다. 카토는 자기 시대에 맞지 않았기 때문에 로마와 자유와 함께 멸망했다. 그리고 더없이 위대한 이 인물은 5백 년만 일찍 태어났더라면 자신이 지배했을 세계를, 그저 놀라게 했을 뿐이라고 독자는 말할 것이다. 요컨대 인간의 정신과 정념이 어떻게 모르는 사이에 변질해서 본질을 바꾸는 것인가, 왜 우리의 욕망과 쾌락은 시간이 지나면서 대상을 바꾸는 것인가, 왜 원초적 인간이 점점 소멸하여 사회는 현자의 눈으로 보면 이 모든 새로운 관계의 소산이며, 자연 속에 아무런 참된 기초도 갖지 않은 부자연한 인간과 거짓 정념과의 결집을 나타낸 데 불과한 것이 되어 버렸는가 따위를 독자는 설명할 것이다. 이런 점에 대한 반성이 우리에게 가르치는 것은 관찰을 통해 뚜렷이 확인된다. 즉 미개인과 문명인은 심정과 성향이 근본부터 대단히 달랐으므로, 한편에서는 최고의 행복이 되는 것이 다른 편을 절망으로 빠뜨릴 정도이다. 미개인은 다만 안식과 자유만을 호흡하고 살면서 노동으로부터는 자유로워지기를 바란다. 그리고 스토아파의 평정*52(아타락시아)마저도 미개인의 다른 모든 사물이나 현상에 대한 깊은 무관심에는 미치지 못한다. 이와 반대로 사회인은 언제나 활동적이며 땀을 흘리고 돌아다니고, 더 힘든 일을 찾아 계속 마음을 쓴다. 그는 죽을 때까지 일하고 살 수 있게 하기 위해서 죽음을 서두르는 일도 있으며, 불후의 명성을 얻기 위해선 현세(現世)를 버리기도 한다. 그는 자기가 미워하고 있는 권력자나 경멸하고 있는 부자들에게 아첨하면서 그들에게 봉사하는 영광을 얻기 위해 무슨 일이든 가리지 않는다. 그는 자기의 천함과 그들의 보호를 으스대고 자랑한다. 그리고 자기의 노예상태를 자랑하고, 그와 같은 명예를 갖지 못한 사람들을 멸시하여 말한다. 힘은 들지만 사람들이 부러워하고 있는 유럽의 대신(大臣)의 업무들은 야만적인 카리브인에게는 어떤 모습으로 비칠 것인가. 그 태평한 미개인은 훌륭한 일을 한다는 기쁨에 빠져들 일도 없는 잔혹한 죽음 쪽을 오히려 더 좋아

한낮에 등불을 들고 아테나이 거리를 참된 인간을 찾아 돌아다녔다고 전한다.
*52 여기서도 루소는 자연인의 행복을 강조한다. 본서 제1부 자연상태의 부분에 그려진 자연인을 상기할 필요가 있다. 만년의 작품 《고독한 산책자의 몽상》('제5 산책')에서도 현실적으로 이 자연인의 행복에 가깝고, 아울러 아타락시아를 생각나게 하는 경지를 순간적으로 맛본 때의 행복을 그리고 있다.

할지 모를 일이다! 그러나 그처럼 사람들이 마음을 쓰는 목적이 무엇인지 그들이 이해하기 위해서는 카리브인의 정신 속에서 권력과 명성이라는 말이 하나의 의미를 갖지 않으면 안 될 것이며, 또 세상 사람들이 자기를 어떻게 보고 있는가 하는 문제를 상당히 중히 여기고, 자기에게 만족할 수 있는 종류의 인간이 있다는 것을 카리브인은 배워야 한다. 실제로 이들 차이의 참된 원인은 다음과 같은 것이다. 바로 미개인은 자기 자신 속에서 살고 있다. 사회에서 사는 사람은 언제나 자기 존재 밖에 있으며, 타인의 의견 속에서만 살 수 있다.*53 그리고 타인의 판단에서만 그는 자기 존재의 감정을 끌어내고 있는 것이다. 이런 성향을 포함하는 그토록 훌륭한 도덕론이 있음에도 왜 선악에 대해 이런 무관심이 생겨나는가. 또 모든 것을 겉모습만 추구하게 되었기 때문에 명예나 우정이나 미덕, 그리고 종종 악덕까지도 마침내는 그것을 자랑으로만 여기어 그것 모두가 허위적인 것이 되어 버리지 않았는가. 요컨대 그렇게 많은 철학이나 인간애나 예절이나 숭고한 격언 가운데 있으면서도, 우리는 무엇인가를 타인에게는 곧잘 물어보면서 그 문제를 우리 자신에게는 좀처럼 묻지 않으려고 하여, 우리에겐 기만적이고 경박한 외면, 즉 덕이 없는 명예, 지혜가 없는 이성, 행복하지 않은 쾌락밖에*54 없는 것은 도대체 무슨 까닭인가. 이런 것을 설명하는 것은 내 주제에 속하지 않는다. 나로서는 그런 일이 결코 인간의 근원적인 상태는 아니라는 것, 그리고 이처럼 우리의 자연적 성향을 모두 변화시키고 변질시키는 것이 사회의 정신이며 사회가 만드는 불평등임을 증명하는 것만으로 충분하다.

나는 불평등의 기원과 진보 및 정치적 사회의 성립과 폐해를 증명하려고 했다. 그런 것이 오로지 이성의 빛에 의해, 통치권에 신권(神權)을 부여하는 신성한 교의와는 관계없이 인간이 자연으로부터 연역될 수 있는 한도 안에서 설명하려고 노력해 왔다. 그 설명의 마무리로 불평등은 자연상태에서는 거의 없으므로, 불평등은 우리 능력의 발달과 인간 정신의 진보에 의해 나타나고 증대해 온 것이며, 마지막으로 소유권과 법률의 제정을 통해 안정되고 합법적인 것

---

*53 사회 안에서 인간의 공허함이나 허위를 지적하는 루소의 말로, 자주 그의 저작 속에서 나타난다. 《제2편》 참조.

*54 전제사회에서는 권력의 지배도, 권력에 대한 예속도 똑같은 자기 상실—소외로 빠진다는 뜻이다.

이 된다는 점이다. 또 다만 실정법만으로 용인되고 있는 도덕적 불평등은, 그것이 신체적 불평등과 균형을 이루지 못하고 있을 때는 반드시 자연법에 위반된다는 결론이 나온다. 이 구별은 모든 문명화된 정치 사회에 만연되고 있는 그런 종류의 불평등에 대해 어떻게 생각할 것인가를 결정해 준다. 왜냐하면 자연법을 어떤 식으로 정의한다 해도, 아이들이 노인에게 명령하거나 어리석은 자가 현명한 인간을 이끌어 가는 것, 또 수많은 사람들이 굶주리고 있어 필요한 것도 부족한 상황에서 불과 얼마 되지 않는 사람들에게 여분의 것이 남아돌고 있다는 것은 명백히 자연법에 위배되기 때문이다.

부록

볼테르가 루소에게 보내는 편지*¹

나는 인류에게 이의를 던지는 당신의 새로운 저작을 받았습니다. 정말 감사합니다. 사람들은 자기들의 진실을 말해 주는 당신을 고맙게 생각할 것입니다. 그래도 당신은 그들의 의식을 바꿀 수는 없을 것입니다. 당신은 무지하기 때문에, 또 약하기 때문에 많은 즐거움을 기대하는 인간 사회의 무서운 광경을 너무나 실감나게 묘사하고 있습니다. 이제껏 누구도 인간을 짐승으로 묘사하는 재지(才智)를 보인 적은 없습니다.

당신의 저작을 읽으면 사람은 네 발로 걷고 싶어질 정도입니다.*² 그러나 나는 그 습관을 버린 지 60년 이상이나 되므로 유감이지만 다시 그 습관으로 돌아갈 수 없을 것 같습니다. 그 자연의 걸음걸이는 당신이나 나보다 더 거기에 어울리는 자들에게 맡겨 두는 게 좋겠습니다. 나 역시 캐나다의 미개인을 발견하고자 배로 떠날 수가 없었습니다. 첫째로 나는 병에 걸려 있으므로 유럽의 의사*³가 한 사람 꼭 필요하며, 둘

---

*1 이 편지는 루소의 《인간 불평등 기원론》에 대한 볼테르의 견해를 나타내는 유명한 편지로, 《학문 예술론》을 논하는 부분도 있다. 그러나 정확히 말하면, 볼테르의 당시 사정을 반영하는 기사 중심이 되어 루소의 제1, 제2 논문 중 어느 하나도 제대로 취급하고 있다고는 말할 수 없다(cf., Correspondance Compléte de Jean Jacques Rousseau, éditée et annotée par R. A. Leigh, 1996, tome Ⅲ, p. 160~161). 이 편지는 출판을 목적으로 쓰여진 것으로 보이며, 출판된 것은 루소에게 보낸 편지를 볼테르가 약간 수정한 것이라고 한다(이하 본문의 네 통의 편지는 앞서 말한 R. A. Leigh 편 서간집에서 번역되었다).

*2 이후 유명해진 문구. 디드로 등 백과전서파 사람들을 비유한 파리소의 희극 《철학자들》에 네 발로 등장하는 루소인 척하는 하인 크리스팡의 대사에도 쓰인다(해설 참조).

*3 주네브의 유명한 의사 트롱샹(Théodore Tronchin, 1709~1781)을 가리킴. 그즈음 볼테르는 그의 환자였고, 그는 유럽에서 유명한 종두의(種痘醫)로 건강을 증진시키기 위한 가치로서 신선한 공기, 금주, 절제, 순결 등을 옹호한 최초의 사람들 가운데 하나이다.

째로 그 나라에 전쟁*⁴이 일어났기 때문입니다. 게다가 우리 문명화된 인간들의 선례(先例)가 미개인들을 거의 우리와 마찬가지로 사악하게 만들어 버렸기 때문입니다. 나는 당신이 살고 있을 당신의 조국 바로 옆에 자기가 택한 고독 속에서 평화로운 미개인으로 사는 일을 달갑게 여기고 있습니다.

나도 당신과 함께 문예나 학문이 때로 많은 해악을 만들어 냈음을 인정합니다.

타소의 적들은 그의 일생을 온갖 불행으로 엮었습니다. 갈릴레오의 적들은 지구가 움직인다는 사실을 알아냈다고 해서 70세인 그를 감옥에서 신음케 했습니다. 그리고 가장 수치스러운 일은, 그들이 강제로 갈릴레오에게 그 말을 취소시킨 것입니다.

우리 친구들이 백과사전을 편찬하기 시작하자, 곧 그들의 경쟁자가 된 자들이*⁵ 그들을 이신론자(理神論者)나 무신론자라 부르며, 장세니스트*⁶라 부르기까지 했습니다. 만일 내가 자기 일의 보답으로 박해를 받기만 했던 사람들 무리에 나를 포함시킨다고 한다면, 내가 비극 《오이디푸스》를 세상에 내놓았을 때 나를 함정에 빠뜨리려고 날뛰던 한 무리의 천한 자들이나, 나를 비방하는 서고에 가득 찬 우스꽝스러운 인쇄물이나, 최고형을 받게 된 것을 내 덕에 구제받고는 나에게서 받은 은의(恩誼)에 대해 명예 훼손의 팸플릿*⁷으로 보답한 예수회의 사제(司祭)*⁸나, 《루이 14세의 시대》라는 내 저작*⁹을 터무니없는 무지로 더없이 뻔뻔스러운 망언을 내뱉고 있는 주해와 함께 인쇄한 사나이나, 나

---

*4 1754년 이래 오하이오 강 유역에서 프랑스령 식민지 전쟁이 벌어지고 있었다.

*5 앞서 말한 《백과전서》에 대항하여 두꺼운 백과 전서를 계획한 듯한 예수회(會)를 가리킨다.

*6 은총·자유의지·예정구원설 등에 대한 엄격한 견해와 교회 내의 개혁을 주장. 뒤에 로마교황에 의해 이단 선고를 받고 소멸함.

*7 다음 주해에 나오는 《볼테르 마니아》(1738)를 가리킨다.

*8 사제(司祭) 데스퐁텐(P. F. Guyot Desfontaines. 1685~1745)을 가리킴. 볼테르와 싸운 것으로 유명한 인물. 처음에 예수회의 성직에 있다가 머지않아 성직을 그만두고 번역자, 비평가로서 활약, 〈주르날 데 사방〉의 편집장을 지냈다. 본문에 있는 것처럼 남색(男色)의 혐의로 체포되어 감금되었으나 볼테르의 도움으로 자유로운 몸이 되었다. 그러나 볼테르의 작품에 대한 비평으로 두 사람 사이에 맹렬한 팸플릿 논쟁이 일어났는데(Voltaire, le Préservatif, 1738) (Desfontaines, Voltairomanie, 1738, Médiateur, 1739), 물론 데스퐁텐은 독설에 있어 볼테르의 적수는 아니었다.

*9 라 보멜 Laurent Angliviel de la Beaumelle이라는 남자가 《루이 14세 시대사》의 위작을 1753년에 냈던 것을 가리킨다.

의 이름으로 이른바 세계사(世界史)*10를 출판사에 팔아넘긴 사람, 그리고 이 심한 실책이나 잘못된 날짜나 그릇된 사실이나 잘못 쓴 이름 등으로 가득찬 보기 흉한 물건을 인쇄할 만큼 욕심 많고 어리석은 출판사 따위를 당신에게 보이고 싶습니다. 그리고 마지막으로 그 어리석기 짝이 없는 가짜를 내것으로 여길 정도로 비열하고 뱃속이 검은 자들을 보이고 싶습니다. 또 모든 고대인 들 가운데에서 찾아 볼 수 없는 그 새로운 종류의 인간들의 타락한 사회를 보이고 싶은 것입니다. 그들은 하인이건 노동자이건, 분수에 맞는 직업에 종사할 수도 없는 주제에 읽고 쓰는 방법을 알기 때문에 문학의 중개인이 되어 원고를 훔쳐 내고, 그것을 고쳐서 팔아 넘기는 것입니다. 샤플랭*11이 진지하게 다룬 그 똑같은 주제(主題)에 대해, 30년 이상이나 전에*12 내가 장난삼아 만든 작품이 그 변변치 못한 자들의 부실함과 저열한 탐욕 때문에 오늘날 세상에 유포된 일을 나로서는 탄식해도 좋을 것입니다. 그들은 어리석고 사악한 마음을 품고는 그 내용을 일그러뜨려 30년이나 지난 뒤, 이 작품을 곳곳에서 팔고 있는 것입니다. 물론 그런 작품은 이제 나의 것은 아니고 그들의 것이 된 것입니다. 덧붙여 말하면 마지막으로 어떤 남자가 대단히 귀중한 고문서를 뒤져, 내가 왕실 수사관(修史官, 역사편집가) 시절에 맡겨 두었던 각서의 일부를 훔쳐내는 파렴치한 일을 저질러 파리의 출판사에 내 노작의 성과*13를 팔아넘긴 것입니다. 내가 은혜를 모르는 자에 의해, 사기에 의해, 약탈에 의해 알프스의 산기슭까지, 아니 무덤가까지 쫓겨 다니는 광경을 보여 주고 싶은 것입니다.

그러나 문학이나 명성에 따르게 마련인 이런 형극은 어느 시대에나 지상에 넘쳐 있던 다른 종류의 해악들과 비교하면 그저 풀꽃처럼 사소한 것임을 인정해 주기 바랍니다. 키케로나 루크레티우스나 베르길리우스, 호라티우스나 마

---

*10 1753년 볼테르의 《풍속사론》 Essai sur les Mœurs의 불완전하고 헛점투성이인 축쇄판(縮刷版) 《샤를마뉴 대제로부터 카를로스 5세까지의 세계사 개요》 Abrégé de l'Histoire Universelle depuis Charlemagne, jusqu'á Charles Quint, par Mr. de Voltaire가 출판되었다.

*11 Jean Chapelain(1595~1674). 그의 서사시 《프랑스를 구한 성처녀》(1656, 1882) La pucelle ou la France délivrée는 기대를 걸었던 만큼 성공하지 못했다.

*12 실제로는 약 20년 전, 즉 1734년 가을에 그의 《오를레앙의 소녀》 La Pucelle의 집필이 시작된 것으로 보인다.

*13 《루이 15세 시대 개요》 Précis du siécle de Louis XV를 가리킨다. 단 이 책의 완본은 1768년 출판되었으나, 이 무렵 그 일부가 《1741년의 전사(戰史)》라는 제목으로 비밀출판을 통해 유포되었다.

리우스나 실러, 방탕아인 안토니우스*[14]나 어리석은 레피두스*[15]나 비겁하게도 신성하다는 이름을 얻은 그 얼빠진 참주(僭主) 옥타비우스 케피아스*[16] 등으로부터 추방된 작가는 아니었음을 알아야 할 것입니다.

또 마로*[17]가 비웃고 꾸짖었다고 해서 성 바돌로매 사건이 일어난 것도 아니며, 비극 《시드》*[18]가 프롱드 난(亂)의 원인이 된 것도 아니라는 점을 인정해 주기 바랍니다. 큰 죄악을 범한 것은 이름난 무지몽매한 무리들로 한정되어 있었습니다. 이 세상을 언제나 눈물의 계곡으로 만들고 있는 것, 앞으로도 만들 것은 낫 놓고 기역 자도 몰랐던 타마스쿨리 칸*[19]을 비롯하여 계산도 제대로 못하는 세관의 작은 관리에 이르기까지 싫증을 모르는 인간의 탐욕과 손을 쓸 수 없는 교만입니다. 문예는 인간의 영혼을 살찌게 하고 바로잡고 위로하는 것입니다. 그리고 문예는 당신이 거기에 반대하여 쓰고 있는 현재에도, 당신의 영광을 만들고 있기도 한 것입니다. 당신은 정신없이 영광을 물고 늘어지는 아킬레우스와 같은 자라고 할 수도 있고, 또 빛나는 상상력으로, 상상력에 거역해서 쓴 말브랑시 신부*[20]와 같은 자라고도 말할 수 있을 것입니다.

---

*14 마르쿠스 안토니우스(기원전 83~30). 카이사르 시대의 로마 정치가. 카이사르가 죽은 뒤 삼두정치를 조직하여 사람들을 이끌었으나 클레오파트라, 옥타비아누스의 누이, 클레오파트라 7세 등 복잡한 여자 관계 때문에 자기 편의 신용을 잃고 패배하여 죽었다.

*15 카이사르의 부하. 카이사르가 죽은 뒤 제2차 삼두정치를 조직했으나, 욕심을 내어 옥타비아누스와 대립하다가 결국 물러나게 되었다.

*16 로마 제정 초대의 황제(기원전 63~기원후 14). 안토니우스, 레피두스와 제2차 삼두정치를 조직하고, 뒤에 두 사람을 실각시킨 다음 실권을 잡고 아우구스투스의 존칭을 얻었다. '비겁하게도'와 같은 표현은 독재의 겉모습을 두려워하여 통치자에 선출될 것을 피한 사실을 가리키는 것 같기도 하다.

*17 프랑스의 프로테스탄트 시인(1496~1544). 신앙에 대한 풍자 때문에 이단의 의심을 받아 여러 번 투옥되고, 어쩔 수 없이 국외 망명을 하게 되어 이탈리아에서 죽었다. 다음에 나오는 저 유명한 성 바돌로매 사건은 구교도에 의한 대규모적인 신교도 학살(1572년 8월 24일 밤)을 가리킨다.

*18 라신과 어깨를 나란히 하는 프랑스 고전 비극의 대작가 코르네유(1606~1684)의 비극. 다음의 프롱드의 난은 2회에 걸쳐 행해진 내란(1648~9, 1649~1653).

*19 Tamas Kouli Khan(1688~1747). 페르시아 왕 타흐마스프 2세의 패전의 뒤를 이어 1736년에 왕위를 빼앗았다. 본명 Nadir. 무뢰한으로 전투 기술에 능하여 유능한 장군이 되고, 그 잔혹함 때문에 모두들 무서워했는데, 자기 부하인 병사에게 학살되었다.

*20 Nicolas Malebranche(1638~1715). 데카르트의 영향을 받은 프랑스의 철학자. 기회원인론으로 알려짐. 주저 《진리의 탐구》(제1권 1674). 여기서 상상력 등등의 말은 그 제1권 제2장의 〈상

샤푸이 씨*²¹로부터 당신의 건강이 매우 좋지 않다고 들었는데 고향의 공기 속에서 건강을 회복하고 자유를 누리면서 나와 함께 우리 암소 젖을 마시고 목초(牧草)를 먹어야 할 것 같습니다. 나의 모든 철학을 담아, 또 더없는 존경으로 말하는 바입니다. 이만 줄이겠습니다.

1755년 8월 30, 주네브 근교 델리스에서

볼테르

루소가 볼테르에게 보내는 편지*²²

나야말로 모든 점에서 당신에게 사례를 해야겠습니다. 내 보잘것없는 몽상*²³의 글을 보여 드리면서, 그것이 당신에게 적절한 선물이 되리라고는 생각지도 못했습니다. 우리 모두가 당신에게 표해야 할 경의를 나타냈다고 생각했을 뿐입니다. 게다가 당신이 나의 조국에 표하신 존경을 가슴깊이 느꼈으므로, 나의 동포인 시민들과 함께 감사하다는 마음을 나누고 있으며, 그들이 당신에게서 받는 교시(教示)를 활용할 수 있게 되면 감사의 마음은 늘 것이라고 기대합니다. 당신이 선택한 안주(安住)의 땅을 더없이 아름답게 만들어 당신의 조언을 받아들일 수 있도록 국민을 계몽해 주었으면 합니다. 그리고 미덕과 자유를 그리는 방법을*²⁴ 잘 알고 계신 당신께서 작품 속에서만이 아니라 우리들의 성 안에서도 소중하게 다루는 방법을 가르쳐 주었으면 합니다. 당신에게

상력의 착란과 오류〉와 〈그 오류의 정신적 원인〉과 〈강한 상상력의 전염력 있는 전달〉을 암시하고 있다.

* 21 M. Chappui, 1714~1779(볼테르의 편지에는 Chapui로 되어 있다). 루소의 열렬한 숭배자. 《고백록》에 나온다.
* 22 앞에 실린 1755년 8월 30일 볼테르가 루소에게 보낸 편지에 대한 회답. 루소는 볼테르가 두 사람이 주고받은 편지를 언젠가는 발표하리라는 것을 알고 있었다. 사실 9월이 되자 볼테르는 자기 편지를 공표하는 것을 허락해 달라고 루소에게 청해 왔고, 루소도 그것은 명예롭고 서로에게 유익한 일이라고 대답하고 있다. 그런 것을 미리 계산에 넣고, 루소는 볼테르의 짓궂고 야유적인 투에 애써 냉정을 가장하고, 대선배에 대한 정중한 태도로 대했는데, 그것이 오히려 볼테르를 초조하게 했다.
* 23 루소는 친구 마르크 샤푸이를 통해 볼테르에게 《불평등론》을 보낸 것으로 추측된다.
* 24 특히 볼테르의 비극 작품을 가리키는 듯하다.

가까이 가는 자는 모두 영광으로 가는 길을 당신에게서 다시 배워야 할 것 같습니다.

나로서는 우리 인간이 동물로서의 본성으로부터 잃은 일부를 크게 애석하게 여기고는 있지만, 그 본성을 자기 속에서 회복하려고 열망하고 있지는 않다는 사실을 알려 드립니다. 이러한 회귀(回歸)는 당신에게는 매우 클 뿐만 아니라 해롭기도 한 기적이므로, 그 기적을 행하는 일은 신에게만 적합한 일일 것이며, 그것을 원하는 것은 악마만이 하는 일일 것입니다. 그러므로 네 발로 걸어다니는 생활로 돌아가려고 시도하는 일은 없기를 바랍니다. 아무도 그런 일을 할 수 있는 자는 없을 것입니다. 당신은 우리를 두 발로 서게 해 주었으므로 당신 또한 두 발로 서 있지 않을 수는 없는 것입니다.

나도 문학으로 유명한 사람들에게 따르는 재액(災厄)을 다 인정합니다. 또 인간성이 연결되어 있어, 더구나 우리들의 헛된 지식과는 상관없는 것처럼 보이는 모든 악들도 인정합니다. 사람들은 자기들을 향해 수많은 비극의 샘물을 열었으므로 우연히 그 가운데 어느 하나를 벗어났다 하더라도, 그들 대부분은 여전히 그 비극의 샘물에 깊이 빠져 있는 것입니다. 게다가 사물(현상)의 과정 속에는 속인에게는 인정을 받지 못하더라도 현명한 사람이 잘 관찰할 때 절대로 그 눈을 피할 수 없는 숨은 관계가 드러납니다. 로마의 온갖 불행과 로마인들의 죄악을 만들어 낸 것은, 테렌티우스*25도 아니고, 키케로나 베르길리우스도 아니고, 세네카도 아닙니다. 타키투스도 아니며 학자들도, 시인들도 아닙니다. 그러나 역사에도 기록된 더없이 강력한 그 정부를 조금씩 부패시켜 간 독소가 없었다면, 키케로나 루크레티우스나 살루스투스도 결코 존재하지 않았을 것이며, 또는 절대로 책을 쓰지 않았을 것입니다. 레리우스와 테렌티우스의 아름다운 시대가 일찍부터 아우구스투스와 호라티우스의 빛나는 시대를 가져왔고, 마지막으로 세네카와 네로, 도미티아누스와 마르티알리스의 두려운 시대를 가져온 것입니다. 문학과 학예에 대한 취미는 국민들 사이에서는 그들이 증대시키는 내적인 결함에서 나옵니다. 그리고 인간의 모든 진보가 인류에게 위험하다는 것이 진실이라면, 우리의 교만을 부추기고 더욱 혼미하게 만드는 정신과 지식의 진보는 머지않아 우리의 불행을 촉진할 것입니다. 그런

---

*25 이하 이곳에 나오는 사람은 모두 로마의 고명한 철학자, 시인, 역사가를 가리킨다. 단 레리우스(집정관), 아우구스투스, 네로, 도미티아누스(이상 로마 황제)는 제외한다.

데 악을 낳은 같은 원인에 의해, 더 이상 악이 증가하지 않게 하기 위해 필요로 하는 그런 악이 존재하는 시대가 찾아옵니다. 그것은 상처입은 사람을 찌른 칼과 같은 것, 뽑으면 그 사람은 숨을 거둘지도 모른다는 생각으로 그대로 남겨 두고 있는 것입니다. 개인적으로 만일 내가 타고난 성향을 따르고 있었고 독서나 저술을 하지 않았다면, 나는 그 때문에 지금보다는 더 행복했을 것입니다. 그러나 이제는 문학이 파괴되었다고 한다면, 나는 자기에게 남아 있는 유일한 즐거움을 빼앗긴 것이 될 것입니다. 문학에 안길 때에만 나는 모든 괴로움으로부터 위로를 받을 수 있습니다. 문학을 즐기는 사람들 사이에서야말로 나는 우정의 즐거움을 맛보고, 죽음을 두려워하는 일 없이 삶을 향락하는 일을 배우는 것입니다. 보잘것없는 내가 오늘날 이렇게 살아가는 것은 그들의 덕분이며 당신을 뵙게 되는 것도 그들 덕분입니다. 그러나 우리 일에 대해서는 이해관계를, 우리 저작에 대해서는 진실을 고려하도록 합시다. 그러면 세상을 계몽하고, 그 맹목적인 대중들을 인도하기 위해 철학자나 역사가, 과학자가 필요한 때에도, 현명한 멤논*26이 고한 진실이라며 기존의 생각들에만 집착을 한다면 수많은 현자들의 모임처럼 어리석은 것이 어디 있을까요.

이것을 알아주시기 바랍니다. 위대한 천재들이 사람들에게 교훈을 주는 일이 올바르다고 한다면, 대중은 그 천재들의 교훈을 받아들이지 않으면 안 됩니다. 다시 말해 누구나가 교훈을 주는 일에 손을 내민다면, 누가 그것을 받아들이려고 하겠습니까. 몽테뉴가 말하고*27 있는 것처럼 절름발이는 육체의 훈련에는 적합치 않으며, 영혼의 절름발이는 정신의 훈련에는 어울리지 않습니다.

그러나 호기심이 많은 현대에는 절름발이가 남에게 걷는 법을 가르치려 하는 광경만이 보입니다. 대중은 현자의 책을 받아들여도, 그것을 비판하기 위해서이지 스스로 깨우치기 위해서가 아닙니다. 아직까지 이렇게 많은 (조르주) 단단*28들을 본 일은 없습니다. 무대에 그들이 잔뜩 등장할 뿐만 아니라 커피 전문점에도 그들의 경구가 울려퍼지고 있습니다. 그들은 그것을 신문에 자랑

---

*26 볼테르의 콩트 《멤논 또는 인간의 지혜》(1749)의 첫머리에 있는 "멤논은 어느 날 완전한 현자가 되어야겠다는 원대한 결심을 품게 되었다"고 지적하고 있다.

*27 《에세》 제1권 제25장, 〈철학에 대하여〉 참조.

*28 몰리에르의 희극 《조르주 단단》의 주인공.

하고 (센) 강변의 책방은 그들의 책으로 넘쳐납니다. 게다가 어떤 시시한 문예가가 (중국의)《고아》*29의 평이 좋다고 일부러 헐뜯고 있다는 말을 듣고 있습니다. 그는 결점을 알아볼 능력이 없으므로 아름다움을 느낄 힘도 거의 없는 형편입니다.

사회 혼란의 최초의 원천을 조사해 보면, 인간의 모든 악은 무지보다는 오류에서 비롯되며, 우리가 모르는 편이 알고 있다고 생각하는 것보다 우리에게 훨씬 해가 적다는 것을 알 것입니다. 그런데 온갖 것을 알려고 하는 열망만큼 오류에 오류를 거듭하는 확실한 방법이 또 있겠습니까. 만일 사람들이 지구가 공전하지 않는다는 것을 알고 있다고 주장하지 않았다면, 지구가 공전한다고 말했다고 해서 갈릴레오가 벌을 받는 일은 없었을 것입니다. 철학자들만이 그 권한을 요구했다면 백과전서는 박해를 받지 않았을 것입니다. 수많은 소인배들이 영광을 열망하지 않았다면 당신은 자신의 영광을 평화롭게 향수할 수 있을 것입니다. 또는 적어도 당신은 자신에게 적당한 경쟁자들만을 갖게 되었을 것입니다.

그러므로 위대한 재능을 장식하는 꽃들에 따르게 마련인 몇 개의 가시에 찔렸다고 놀라지 않도록 해 주십시오. 당신의 적이 비웃고 욕하는 일은 승리자들의 행렬에 따르는 익살섞인 갈채입니다. 당신이 불평하고 있는 표절이 생기는 것도 당신의 모든 저작에 대해 대중이 열광하기 때문입니다. 그러나 그 위조는 쉽지 않습니다. 왜냐하면 쇠와 납은 금과 혼합되지 않기 때문입니다. 그 일을 당신의 평안과 우리의 깨달음에 대한 나의 바람에서 당신에게 말하는 것을 용서해 주십시오. 당신에게 해를 가하기보다는 당신에게 선행을 못하게 하도록 사람들이 쓸데없이 소란을 피우는 것을 경멸해 주십시오. 당신이 헐뜯기면 헐뜯길수록 사람들은 점점 당신에게 감탄하게 될 것입니다. 좋은 책은 인쇄된 욕설에 대한 위력 있는 대답입니다. 더구나 당신이 흉내 낼 수 없는 저서만을 쓰는 한, 당신이 쓰지 않았던 글을 누가 감히 당신 것이라고 보겠습니까.

초대해 주신 일을 고맙게 생각하고 있습니다. 그리고 내년 봄에 내가 조국에 와서 살 수 있는 상태가 된다면 당신의 호의를 기꺼이 받아들이겠습니다.

---

*29 정확하게는 《중국의 고아》(1755). 루소의 설명에 의하면 '이 무렵 상연되고 있던 볼테르의 비극'.

특히 나는 당신 암소젖보다 당신의 샘물을 마시고 싶습니다. 그리고 당신네 과수원의 목초에 대해서는 짐승의 사료가 아닌 백련과 짐승이 되는 것을 방지하는 영초(靈草)[*30] 이외의 것은 찾을 수 없는 것이 아닌가 하는 생각이 듭니다.

진심으로 존경을 바치며

1755년 9월 10일 파리에서

루소

필로폴리스의 편지[*31]

—주네브(제네바의 프랑스어 이름)의 J.J. 루소 씨의 〈사람들 사이에 있어서의 불평등의 기원과 기초〉에 관한 논문에 대하여—

나는 주네브의 J.J. 루소 씨의 〈사람들 사이에 있어서의 불평등의 기원과 기

---

*30 둘 다 그리스 신화에 나오는 식물. 백련의 열매를 먹으면 고향을 잊어버린다고 하며, 영초는 마술의 주문을 푸는 영초. 이에 관한 루소의 주로 여겨지는 것이 있다. "로터스와 몰리는 《오디세이아》 속에서 호메로스에 의해 찬양되고 있다. 로터스는 신들에게 알맞은 식품을 제공하고, 그것이 율리스(오디세우스)의 친구에겐 굉장히 감미롭게 여겨졌으므로 그들을 배로 되돌려 보내는 데 폭력을 써야만 할 정도였다. 메르클리우스는 마녀 키르케의 주문에 걸리지 않도록 몰리를 오디세우스에게 주었다"(뒤프르 프랑, 루소 《서한집》).

*31 Philopolis. 필로폴리스는 주네브의 박물학자 Charles Bonnet(1720~1793)의 필명(필로폴리스는 그리스어를 안다, 도시를 사랑하는 자란 뜻. 전원을 찬양하는 루소에 대한 빈정댐인 듯하다). 루소에게 호감을 갖지 않는 생물학자, 심리학자, 각국의 학자들과 편지를 주고받았다. 특히 할러 Albrecht von Haller(1708~1777)와의 편지 왕래로 알려져 있다. 주네브의 상층계급 출신. 정당파의 프로테스탄트로서 계시와 기적을 믿고, 당시의 생물학과 감각론 철학의 신앙에 결부시키려고 노력했다. 《에밀》《사회계약론》 이후로 루소에게 공공연하게 적의를 나타내게 되었다. 주네브 정부의 최고 집행기관에 매달려, 루소를 당시 주네브의 정치적 개혁운동의 한 지도자로 인정하고, 정치와 종교 양면으로부터 그에게 적의를 품고 있었다. 이 편지는 그 적의를 최초로 나타낸 것으로 보인다. 주된 저서 《영혼의 기능 분석 시도》 Essai analytique des facultés de l'âme, 1760)》와 《생물에 관한 고찰(Considérations sur les Contemplation de la nature, 1764)》 등이 있다. 익명으로 한 이유는 루소에게 하고 싶은 말을 자유롭게 하기 위해서였다고 보내는 나중에 말하고 있다. 루소는 필로폴리스를 주네브 사람이라고는 생각하고 있지 않았고, 주네브 사람이 익명으로 자기를 공격하는 것과 같은 비겁한 짓은 하지 않을 것이라고 생각하고 있었다. 더구나 이 편지는 직접 루소 앞으로 되어 있지 않고, 〈메르퀴르 드 프랑스〉 지의 편집자 루이 드 부와시(Louis de Boissy, 1694~1758) 앞으로 되어 있었다.

초에 대하여〉를 지금 막 읽었습니다. 나는 그 기묘한 화면의 채색법에 감탄했습니다. 그러나 데생과 묘사에는 그와 같이 감탄은 하지 않았습니다. 나는 루소 씨의 장점과 재능을 크게 사서, 나의 조국이기도 한 주네브에서 배출된 탁월한 인물들 속에 그를 손꼽는 일을 축복하는 바입니다. 그러나 나는 진실에 반(反)하고, 행복한 인간을 만드는 데 대체적으로 적합해 보이지 않는 사상을 그가 선택한 것에 대해 안타깝게 생각하고 있습니다.

사람들이 디종의 아카데미 현상(懸賞)을 획득한 논문*32에 반대하여 대대적으로 쓴 것처럼, 틀림없이 이번의 새 논문에 대한 반론(反論)이 일어날 것입니다. 현재 루소 씨에 대한 많은 반론이 쓰였고 앞으로도 많이 쓰일 것이므로, 사람들은 그가 애착을 가졌던 역설을 그에게 한층 더 중요한 것으로 만들 것입니다. 루소 씨를 논박하는 책을 쓰고 싶다고는 조금도 생각지 않고, 논쟁은 이 대담하고 독립적인 천재에게 가장 힘을 미치지 못하는 방법이라고 굳게 믿고 있는 나로서는 하나의 극히 단순한 추리, 문제 속에 있는 가장 본질적인 부분을 포함한 것으로 생각되는 추리를 깊이 연구하도록 제의하는 것으로 그칩니다.

그 추리란 바로 다음과 같은 것입니다.

인간의 갖가지 능력에 직접 관계되는 일은 모두 인간의 자연(본성)으로부터 유래한다고 해야 하지 않겠습니까. 그런데 인간의 모든 능력으로부터 직접 유래하는 일은 사회 상태가 충분히 증명할 수 있다고 나는 믿고 있습니다. 나는 우리의 저자에게 사회 확립에 관한 자신의 생각 이외의 증거를 끌어내리려고는 생각지 않습니다. 그것은 탁월한 생각으로, 그가 논문의 제2부에서 매우 훌륭하게 표명한 일입니다. 그러므로 만일 사회 상태가 인간의 여러 능력들로부터 생기는 것이라면, 그 사회 상태는 인간에게 자연인 것입니다. 따라서 그 능력이 발달하면서 이 상태를 생겨나게 한 일을 한탄하는 것은, 신이 인간에게 그 같은 능력을 준 것을 한탄하는 것과 마찬가지로 무분별한 것입니다.

인간은 세계 속에 차지할 지위가 요구하는 그대로입니다. 세계에는 통나무집을 만드는 비버가 필요했던 것처럼, 도시를 건설하는 인간이 분명히 필요했던 것입니다. 루소 씨가 인간을 짐승과 본질적으로 구별하는 특질로 보고 있

---

*32 1751년의 《학문 예술론》을 말함.

는 그 향상 능력은, 저자 자신이 인정하는 바로는 오늘날 우리가 보고 있는 지점에까지 인간을 이끌어갈 예정이었던 것입니다. 절대로 그렇게 되지 않기를 원하는 것은, 인간이 절대로 인간이 되지 않기를 원하는 것과 같습니다. 구름 속으로 모습을 감춰 버리는 독수리가 뱀처럼 먼지 속을 기어갈 수 있겠습니까.

루소 씨의 미개인, 그가 그처럼 기뻐하며 귀여워하는 그 인간은 신이 만들려고 생각한 인간은 아닙니다. 신은 인간이 아닌 오랑우탄이나 원숭이를 만든 것입니다.

그러므로 루소 씨가 사회상태에 대해 그처럼 집요하게 탄핵할 때, 그는 인간을 만들고 이 상태를 정한 '분들의 의지'를 자기는 알아차리지 못하고 항의하고 있는 것입니다. (사회의) 사실(事實)은 '존경할 의지'의 표현과는 다른 것이라고 하는 것입니까. 저자가 르브룅*33과 같은 사람의 화필로, 사회상태가 만들어 낸 소름 끼치는 모든 악한 화면을 우리 눈에 그려 보일 때, 그는 그런 것을 볼 수 있는 이 혹성(惑星)이 우리에겐 알려져 있지 않으나, 어떤 '완전한 영지(英知)'의 소산임은 알려져 있는, 광대 무변한 전체의 한 부분을 이루고 있다는 사실을 잊고 있습니다.

그러므로 인간이 다르게 존재하고 있었다면 좀 더 잘 되었을 것임을 증명하려고 하는 밑도 끝도 없는 계획은 영원히 버리기로 합시다. 그렇게 규칙적인 벌집을 만들어내는 벌은, 루우브 궁의 전면을 평가하고 싶어할까요. 양식과 이성의 이름으로, 인간을 그 모든 부속물과 함께 있는 그대로 파악합시다. 세계를 나아가는 대로 나아가게 내버려 둡시다. 그리고 세계가 과거와 마찬가지로 지금도 잘 진행하고 있다고 확신합시다.

사람들의 눈에 신의 의(義)를 명백히 하는 일이 중요하다면 라이프니츠와 포프가 그것을 행한 것이며, 이 숭고한 천재의 불후의 작품은 이성의 영광을 위해 세워진 기념비입니다.

우리 철학자가 우리를 위해 사물의 기원을 폭로하고 갖가지 선(善)의 미를 빠르기도 하고 늦기도 한 발전을 나타내는 일에, 요컨대 인류가 우여곡절의 길을 따라 인류의 발걸음을 더듬는 일에 그 재능과 지식을 바칠 때, 이 독창적이

---

*33 Le Brun(1619~1690). 프랑스 고전주의 화가 가운데 한 사람. 아카데미의 총재. 베르사유 궁의 장식을 주재했다.

고 풍부한 천재의 여러 가지 시도들은 그런 흥미 있는 대상에 대해 귀중한 지식을 우리에게 가져다주는 일이 되기도 할 것입니다. 그렇게 되면 우리는 열의로써 그 지식을 받아들이고, 거기에 걸맞은 감사와 찬사를 저자에게 바칠 것입니다. 단, 그런 대가는 저자가 탐구한 주요 목적이 아니었다고 확신합니다.

그러나 여기에 놀랄 수밖에 없는 까닭이 있습니다. 만일 내가 사람들의 다양한 의견이 유래되는 근원에 대해 사색하도록 재촉받지 않았다면 나는 한층 더 놀랐을 것입니다. 다시 말하면 좋은 정체(政體)의 아름다움을 그처럼 잘 알고, 그런 아름다움이 모두 묘사되어 있음을 스스로 인정한 우리 공화국에 바친 아름다운 헌사(獻辭) 속에서, 그런 아름다움을 그토록 잘 표현한 작가가 그 논문 속에서 그것을 그처럼 재빠르게, 더구나 그처럼 완전히 놓쳐 버린 것은*34 참으로 놀라운 일입니다. 사람이 자기의 의견을 올바르다고 생각해 주지 않는 일에 틀림없이 화를 낼 작가가, 그로부터 깊이 사랑을 받고 있는, 또 거기에 걸맞은 동포들 가운데서 살기보다는 건강이 허락하면 숲속에 들어가 생애를 마치는 쪽을 진심으로 택하고 있음을 스스로 납득하려고 쓸데없이 노력*35하고 있습니다. 사물의 이치를 생각하는 작가가 헤아릴 수 없을 정도의 부조리를 홀로 품고 있는 다음과 같은 기묘한 역설을 현대와 같은 시대에 드러낼 수 있으리라고 추측한 일이 있었겠습니까. 바로 '만일 자연이 우리를 성자(聖者)*36가 되도록 정했다면 성찰의 모습은 자연에 반하는 모습이고, 사색하는 인간은 타락한 동물이다.'

내가 이 편지를 쓰기 시작했을 때 이미 비친 일이지만, 내가 의도하는 것은 루소 씨에 대해 내가 아니더라도 다른 많은 사람들이 할 것 같은 논의(論議), 또 오히려 무섭게 하지 않는 편이 나은 논의로써 '미개인'의 상태에 대한 '시민' 상태의 우월성을 증명하는 것은 아닙니다. 그런 것이 문제가 될 줄이야 누가 상상했겠습니까. 나의 목적은, 오로지 우리의 저자에게 그의 끊임없는 탄

---

*34 주네브(제네바) 사회에 대한 헌사에서의 이상적인 정치의 묘사와,《인간불평등론》의 본론 제2부에서의 정치적 타락에 대한 묘사 사이의 심한 대조를 가리키고 있다. 이 모순은 보네 뿐만 아니라 많은 독자들의 주의를 끌었으나 오히려 루소가 그 효과를 염두에 두었음은 물론이다.

*35 이에 대한 루소의 반론에 대해서는 주1 참조.

*36 이것은 〈메르퀴르〉 지의 오자로 루소는 필로폴리스에게 보내는 편지 속에서 이것을 이용한다. 〈성자〉 Saints라고 있는 것은 〈건강〉 Sains의 잘못.

식이 얼마나 쓸데없는 일이며 온당치 않은 일인가를, 또 '사회'라는 것이 우리 존재의 목적 속에 포함되어 있음이 얼마나 명백한가를 깨닫게 하려 하는 것입니다.

나는 루소 씨를 향해 동향인으로서 허용되는 솔직함으로 말했습니다. 나는 그의 심성의 장점에 대해서는 매우 높이 평가하고 있으므로, 그가 이런 관찰을 좋은 뜻으로 받아들이지 않으리라고는 생각한 적이 없습니다. 진리에 대한 사랑만이 나에게 그것을 말하게 한 것입니다. 그러나 만일 그것을 말하여 루소 씨의 마음을 상하게 하는 일이 나의 붓에서 새어나갔다면 다만 용서를 빌 뿐이며, 내 의도의 순수함을 믿어 달라고 할 뿐입니다.

이제 꼭 한마디만 하겠습니다. 그것은 '연민의 정'에 관한 일입니다. 우리 저자의 덕분으로 너무나 유명해진 그 미덕, 그에 따르면 세계의 유년기에서 인간의 가장 아름다운 천성이었던 것말입니다.

나는 루소 씨에게 다음 문제에 대해 깊이 생각해 달라고 말하고 싶습니다.

아직도 고통을 맛보지 못한 인간, 또는 모든 '감성(感性)을 가진' 존재가 '연민의 정'을 느끼는 것일까요. 그래서 참살(斬殺)되는 유아를 보고 그 마음이 강하게 흔들릴까요.

루소 씨가 그처럼 많은 분량의 '연민의 정'을 인정하고 있는 하층민들이 왜 그처럼 파고드는 듯한 눈초리로 형차(刑車) 위에서 숨을 거두는 사형수의 광경을 바라볼까요.

동물의 암컷들이 자기 새끼들에 대해 나타내는 애정은 그들이 자기가 낳은 새끼들이기 때문인가요, 아니면 모성 때문인가요. 만일 모성 때문이라면 새끼들의 안전은 오히려 더 확보되는 셈이 될 것입니다.

이것으로 실례하겠습니다.

1775년 8월 25일 주네브에서
주네브의 시민 필로폴리스

루소가 필로폴리스에게 보내는 편지*37

당신은 내가 대답해 주기를 원하고 있습니다. 나에게 질문을 해왔으니까요. 게다가 문제는 나의 동포들에게 바쳐진 글에 관련된 것이며, 나는 그것을 변호함에 있어, 그 동포들이 명예롭게 여기는 것을 정당화할 필요가 있습니다. 당신에게 보내는 편지 속에서 좋든 나쁘든 나에 관한 일은 건드리지 않겠습니다. 왜냐하면 그 두 가지는 거의 상쇄되어 무의미해지고 있으며 나는 그런 일에 그다지 흥미가 없고 대중은 더더구나 흥미를 가지고 있지 않으며, 그런 일은 진실된 탐구에는 아무런 도움이 될 수 없기 때문입니다. 그래서 나는 내가 풀려고 노력한 문제에 대한 본질적인 것으로, 당신이 제시하고 있는 추리로부터 시작하기로 하겠습니다.

당신의 말을 빌리면, 사회상태는 인간의 갖가지 능력, 따라서 인간의 자연(본성)에서 직접 유래되며, 인간이 적어도 사회적이 되지 않기를 원하는 것은 아울러 인간이 인간이 되지 않기를 원하는 일이 되리라는 것이지요. 이에 대해 나는 인간 사회를 향해 합의하는 일은 신이 지은 세계를 공격하는 것과 다름없다는 견해에서 시작하겠습니다. 당신이 내놓은 이의(異議)를 해결하기 전에, 하나의 이의를 당신에게 제시하는 일을 용서해 주십시오. 목적에 이르는 데 가장 정확한 방법을 알고 있으면 당신에게 이렇게 먼 길로 돌아가게 하지 않아도 될 것입니다만.

몇 사람의 학자가 언젠가 노년기를 앞당기는 것에 대한, 이 비할 바 없는 발견을 사용하게끔 결심하게 하는 술책을 발견한다고 가정해 봅시다. 이 설득은 한번 보기만 해도 생각날 정도로 만들어 내기 힘든 것은 아니겠지요. 왜냐하면 우리의 모든 어리석음의 소치인 이성이라는 큰 매개물이 그런 어리석음을 우리를 위해 빼놓지 않도록 주의해 줄 테니까요. 특히 철학자와 사리를 분별할 줄 아는 사람들은 정념의 멍에를 떨쳐 버리고 영혼의 귀중한 평온을 맛

---

*37 루소는 〈메르퀴르〉 지면에 실린 필로폴리스의 편지에 대해 공공연히 대답하기를 거절하는 이유를 편집자 루이 드 부와시 앞으로 보내는 편지에서 말했다(1755년 11월 29일 편지, 1756년 1월호 〈메르퀴르〉 지에 게재). 그러나 필로폴리스의 편지가 발표된 뒤 얼마 있다가 루소가 이 회답의 원고를 쓴 것으로 보이며, 그가 죽은 뒤 발표했다.

보기 위해 급한 걸음으로 네스토르의 나이*38에 이를 것이며, 질식시키지 않으면 안될 욕망으로부터 몸을 지키기 위해 만족시킬 수 있는 욕망을 스스로 단념할 것입니다. 자기들의 약함을 부끄럽게 여기면서도 광적일 정도로 언제까지나 젊고 행복하게 있고 싶어하거나 늙는 것을 원하지 않거나 하는 것은 몇 사람의 경솔한 자에 한한 일일 것입니다.

그와는 색다른 정신, 바로 역설적인 인물이 그때 다른 사람들을 향해 그들의 원칙이 지닌 부조리를 비난하기로 마음먹고, 그들은 평정을 구하여 죽음을 너무 서두르고 있으며 지나치게 사려분별만을 따진 결과 늙었을 뿐으로, 뒷날 나이를 먹고 늙어야 한다 해도 가능한 한 늦출 수 있도록 노력해야 함을 그들에게 증명해 보이려 했다고 가정해 봅시다.

우리 궤변가들이 그들 학문이 가치 하락됨을 두려워해서, 허둥대며 이 귀찮은 논자(論者)의 이야기를 막는지에 대한 여부를 물을 필요는 없습니다. "현명한 노인들이여" 하고 그들은 자기 동료들을 향해 말할 것입니다. "신이 너희에게 베풀고 있는 은혜를 신에게 감사드려라. 그리고 신의 의지에 잘 따른 것을 쉬임없이 스스로 축복하라. 너희는 분명히 늙고 초췌하며 약하다. 그것은 인간이 피할 수 없는 운명이다. 그러나 너희의 지력(知力)은 건전하다. 너희의 손발은 모두 말을 듣지 않게 되었지만, 너희의 두뇌는 그 때문에 한층 더 자유롭게 되었다. 너희는 돌아다닐 수는 없다. 그러나 신탁처럼 말할 수 있다. 그리고 너희의 고통은 날이 갈수록 쌓이지만, 그와 함께 너희의 철학은 늘어간다. 좋지 않은 건강 때문에, 너희의 허약함에 연결되어 있는 갖가지 행복을 빼앗기고 있는 그 혈기로 청년들을 불쌍히 여겨라. 너희가 지니고 있는 병 이상으로 많은 약품을 갖추고 있는 수많은 유능한 약제사나, 너의 맥박을 잘 알고 너희의 모든 관절염 이름을 그리스어로 알고 있는 수많은 박학한 의사들, 너희를 즐겁게 임종까지 이끌고 갈 수많은 위로자와 충실한 후계자들을 주변에 모으는 병약함이란 얼마나 고마운 것인가. 구제하는 손길을 필요로 하는 병이 없다면, 너희는 얼마나 많은 구제의 손길을 잃었는지 모른다."

그리고 그들이 우리의 무분별한 경고자를 거칠게 불러, 아래와 같은 말을 하리라는 것을 상상할 수 없습니까.

---

*38 고령이란 뜻. 네스토르는 호메로스가 묘사한 트로이 전쟁에 종군한 노장들 가운데 한 사람.

"분별 없는 연설가들이여, 그런 무례한 말은 그만둬라. 너는 인류를 창조하신 분의 의지를 감히 비난할 것인가. 노년의 상태는 인간의 구조에서 유래되는 게 아닌가. 인간에게 있어 늙는다는 것은 자연 현상이 아닌가. 너의 선동적인 연설로 너는 자연의 이치, 나아가서는 그 창조자의 의지를 공격하는 일을 하고 있는 것인가. 인간은 마땅히 늙는 존재이고, 신은 인간이 늙기를 원하고 있는 것이다. 우리 삶에서 일어나는 일들은 신의 의지의 표현과는 다르다는 것인가. 젊은 인간은 신이 만들려고 원했던 자는 아니라는 것, 서둘러 신의 명령을 따르기 위해 늙기를 서둘러야 함을 깨달아야 한다."

이상의 것을 가정해 보고, 나는 당신에게 역설적인 인간은 입을 다물고 있을 것인가, 대답을 해야 할 것인가를 묻습니다. 그리고 후자의 경우라면 내가 말해야 할 일을 나에게 지시해 주기 바랍니다. 그러면 당신의 반론을 해결하도록 노력해 보겠습니다.

당신은 나의 이론으로 나를 공격한다고 주장하고 있으므로, 내 생각으로는 인간이라는 종에 있어 자연스러운 것은 노쇠가 개인에게 있어 자연스러운 것과 마찬가지라는 사실, 백성에게 있어 예술이나 법률이나 정부가 필요한 것은 노인에게 지팡이가 필요한 것과 마찬가지라는 사실을 부디 잊지 말아 주기 바랍니다. 노년의 상태가 인간의 자연에서만 유래하는 데 대해 사회상태는 인류의 자연에서 유래하는 일입니다. 단 당신이 말하듯 직접 그렇게 되는 것이 아니라 내가 증명했듯이 단순히 어떤 종의 외적 상황에 도움을 받아 그렇게 되는 것입니다. 더구나 그 상황은 존재하는 일이나 존재치 않은 일도 있을 수 있고, 또는 적어도 좀더 빨리 일어날 수도 있었고 늦게 일어날 수도 있습니다. 따라서 그 걸음걸이를 빨리할 수도 있었고 늦게 할*[39] 수도 있었던 것입니다. 그런 몇 가지 상황마저도 사람들의 의지에 의존하고 있으므로 완전한 동등함을 확증하기 위해, 나는 종에 그 노년기를 늦추는 힘이 있듯이 개인에게 노년기를 앞당기는 힘을 가정할 수밖에 없었습니다. 사회상태는 인간이 도달을 빨리하는 일이나 늦게 하는 일을 자유로이 할 수 있는 극한의 종점을 가지고 있으므로 사람들에게 너무 빨리 전진하는 위험과 그들이 종의 완성으로 잘못 알고 있는 상태의 비참함을 나타내는 일은 무익하지는 않은 것입니다.

---

*39 제1부 368페이지에 루소가 인간의 진보와 발전이 외적 우연에 의존한다고 말한 것과 대응한다.

인간을 억누르고 있는 갖가지 불행, 내가 인간 자신의 소산이라고 주장하고 있는 갖가지 불행을 손꼽아 가면서 당신은 라이프니츠와 함께 모든 것이 선(善)이며 그처럼 섭리의 올바름이 증명되고 있다고 단언하고 있습니다. 나는 섭리가 그 정당화를 위해 라이프니츠 철학*40의 도움을 필요로 한다거나, 또 어떤 다른 철학의 도움을 필요로 한다고는 생각하지 않았습니다. 당신은 철학 체계라는 것이 우주보다도 나무랄 데가 없는 것일 수 있다든가, 섭리를 변호하기 위해서는 철학자의 논거(論據) 쪽이 신이 만든 물건보다 설득력을 가지고 있다고 진지하게 생각합니까. 악의 존재를 부정하는 것은 악의 장본인을 용서하는 극히 편리한 수단입니다. 스토아 철학자들은 옛날에 더 손쉽게 비웃었습니다.

라이프니츠와 포프에 의하면, 존재하는 것은 모두 선(善)하다*41는 것이 됩니다. 사회가 있으면 전체의 선이 그런 사회가 있기를 요구하기 때문입니다. 만일 없으면 전체의 선이 그것이 없기를 요구하기 때문입니다. 그리고 누군가가 숲으로 돌아가 살라고 사람들을 설득했다면, 사람들은 그렇게 하는 것이 좋을 것입니다. 사람은 사물의 자연(본성)에 대해 사물 사이의 관계에서만 끌어 낼 수 있는 선 또는 악의 관념을 적용시켜서는 안 됩니다. 왜냐하면 사물은 그 자체로서는 나쁜 것이라도 전체와의 관련에선 선할 수도 있기 때문입니다. 전체의 선에 협력하는 것은 가능한 경우에는 거기서 벗어나는 일도 허용되는 특수한 악일 수도 있습니다. 왜냐하면 비록 그 악이 사람이 그것을 견디고 있는 한 전체를 위해 유익하다 하더라도, 사람이 악과 대치하려고 노력하는 일은 좋은 일입니다. 그리고 그 사람이 성공하는 것이 좋은 일인가 나쁜 일인가는 그 결말에서 배울 수 있는 일이지, 이성에서 배울 수 있는 일은 아닙니다. 그렇다고 해서 그 점에 있어 특수한 악이, 그것을 받는 자에게 현실적인 악이 되는 것에는 조금도 변함이 없습니다. 우리는 문명화되고 있는 것이므로, 문명화된 것은 어찌되었든 좋은 일이었지만, 문명화되지 않는 편이 우리에게 있어 한층 더 좋았을 수도 있습니다. 라이프니츠는 이 명제를 공격할 수 있는 것을

---

*40 볼테르가 리스본의 지진에 대해 발표한 유명한 장시(長詩) 《리스본의 재액에 관한 시》에 대한 루소의 반론이며, 그 뒤로 두 사람 사이의 사상적 대립이 두드러지게 되었다. 역시 유명한 볼테르에게 보내는 편지(1756년 8월 18일)와 같은 발상이 여기서도 엿보인다.

*41 포프 《인간론》(1733) Pope, Essay on Man의 제1장, 294행 Whatever is, is right.

그의 체계에서 전혀 끌어내지 않았을 것입니다. 올바른 뜻으로의 낙천주의가 나에게 유리하게도 불리하게도 움직이지 않는다는 것은 확실합니다.

따라서 내가 대답하지 않으면 안 될 상대는 라이프니츠도 포프도 아니며 오직 당신뿐입니다. 당신이야말로 그들이 부정하고 있는 보편적인 악과 부정하지 않는 특수한 악을 구별하지 않고, 어떤 것이 존재하는 것만으로도 그것이 다르게 존재하는 것을 허용되지 않게 하기에 충분하다고 주장하고 있습니다. 그러나 만일 모든 것이 있는 그대로도 선하다고 하면, 온갖 정부나 법률이 존재하기 전에는 모든 것이 있는 그대로도 선했던 것입니다. 그러므로 정부나 법률을 설립하는 일은 적어도 필요 없는 일이었던 것입니다. 그리고 그 무렵의 장 자크는 당신의 이론으로 본다면 필로폴리스를 상대로 유리한 위치에 있었을 것입니다. 만일 당신이 이해하고 있는 것처럼 모든 것이 있는 그대로도 선하다면, 우리의 결함을 교정하고, 악을 치료하고, 잘못을 정정하는 것이 무슨 의미가 있겠습니까. 우리의 강단이나 재판소, 아카데미가 무슨 쓸모가 있겠습니까. 당신이 열이 났을 때 왜 의사를 부르러 보냅니까. 당신이 모르는 전체의 선이란 것이 당신에게 섬망(譫妄 : 착각과 망상을 일으키는 의식장애)을 일으켜 어떤 일을 하도록 요구하지 않겠는지, 토성(土星)이나 낭성(狼星 : 큰개자리에서 가장 밝은 청백색 별. 시리우스.) 주민의 건강이 당신 건강이 회복됨으로써 해를 입는 일이 있나 없나를 당신이 알겠습니까. 모든 것이 언제나 잘 되어 가게 하기 위해 되도록 모든 것을 되는 대로 내맡겨 두는 것이 좋습니다. 만일 모든 것이 가능한 한 최선의 것이라면, 당신은 어떤 임의의 행동이라도 비난하지 않으면 안 됩니다. 왜냐하면 어떤 행동이라도 그것이 이루어질 때의 사물의 상태에 필연적으로 뭔가 변화를 일으키는 것이기에, 사람은 무슨 일에 손을 대어도 불편을 일으키지 않고는 안 되며, 가장 완전한 무사안일주의가 인간에게 남겨진 유일한 미덕이기 때문입니다. 결국 모든 것이 있는 그대로가 선이라면 우리의 정치제도 따위가 없이도 되는 라프인, 에스키모(이누이트), 알곤킨*42족, 시카가*43족, 카리브인이나, 또 그들을 우습게 보고 있는 호텐토트인이나 그들을 인정하고 있는 주네브인(루소 자신)이 존재하고 있다는 것은 좋은 일입니다. 라이프니츠 자신도 이 점에서는 의견이 일치할 것입니다.

---

*42 캐나다의 원주민. 오타와 강을 중심으로 온타리오 주와 퀘벡 주에 살고 있다.
*43 북미 루이지애나의 미개민족으로 납작한 얼굴을 미인의 특징으로 여겼다고 한다.

인간은 당신이 말하는 바에 따르면, 우주에서 차지할 지위에 따라 요구되는 것입니다. 그러나 인간은 때와 장소에 따라 매우 다르므로, 이런 논리를 따르면 특수성에서 보편성으로, 모순적이며 몹시 비결정적인 결론을 끌어내지 않을 수 없을 것입니다. 자기가 본 것에서 있어야 할 것을 추론하는 이같은 이론을 완전히 뒤바꾸려면 지리학상의 잘못이 하나만 있으면 충분합니다. 인디언이라면 이렇게 말할 것입니다. 굴 속으로 쑤시고 들어가는 것은 비버가 할 일이고, 인간은 나무에 매단 해먹 속에서, 그러니까 공중에서 자야만 한다고. 타타르인은 이렇게 말할 것입니다. 아니, 인간은 사륜마차 속에서 자게 되어 있다고. 우리 필로폴리스들은 가엾게 여기는 듯한 투로 이렇게 외칠 것입니다. 가엾은 자들이여, 인간은 도시를 건설하기 위해 만들어져 있는 것을 너희들은 모르느냐고. 인간의 본성에 대해 추리해야 할 때, 참된 철학자는 인디언이나 타타르인도 아니고, 주네브인이나 파리인도 아니며, 그것은 인간입니다.

나도 원숭이가 동물이라는 것을 믿으며, 그 까닭을 말했습니다. 오랑우탄도 동물이라는 것, 그것이 당신이 나에게 친절하게 가르쳐 준 것입니다. 그러나 내가 든 사실 뒤에는 이에 관한 증거를 드는 것이 나로서는 어려움이 있음을 털어놓습니다. 당신은 아주 훌륭하게 학문적 추리를 하므로, 때때로 꽤 쉽게 자기 동포를 짐승의 대열에 끼게 할 우려가 있는 우리 여행자들처럼 경솔하게 이 일에 대한 발언을 하는 일은 없습니다. 그러므로 당신이 이 문제를 결정하기 위해 사용한 방법을 우리에게 가르쳐 주면 틀림없이 대중은 감사할 것이며, 박물학자들까지도 깨우치게 하는 셈이 될 것입니다.

편지의 형태를 취한 나의 헌사(獻辭) 속에서, 나는 조국에 대해, 존재할 수 있는 가장 좋은 정치형태의 하나를 갖추고 있는 일을 축복했습니다. 또 나의 논문 속에서 좋은 정치형태는 극소수밖에 없으리라는 것을 시사했습니다. 그 점에 있어서 당신이 느끼게 되는 모순이 어디에 있는지 나는 모릅니다. 그렇다 해도 내가 깊은 애정을 바치고 있는 일을, 당신도 알고 있는 나의 동포들 사이에서보다도, 만일 건강이 허락하면 내가 오히려 숲속으로 가서 살리라는 것을 어떻게 알고 계십니까. 당신은 나의 글에 대해 이와 비슷한 말을 하기는커녕 그같은 종류의 생활을 조금도 선택하지 않는, 너무나 견고한 이유를 내 글 속에서 인정해야 했던 것입니다. 나는 어떻게 내가 자기와 비슷하게 타락한 사람들과 함께 살게 되었는가를 마음속으로 남몰래 통감하고 있습니다. 그리고 실제로 있다고 한다면, 현자도 오늘날에는 사막으로 행복을 찾으러 가지는 않을 것입니다. 그렇게 할 수 있으면 자기의 조국을 사랑하고, 거기에 봉사하기 위해, 조국 안에 자기의 주거를 정하지 않으면 안 됩니다. 그런 이점(利點)을 빼앗겼다 하더라도, 적어도 우정에 둘러싸여서 인류의 공통된 조국,*44 모든 사람들에게 열려 있는 그 넓은 안주의 땅에 살 수 있는 자는 얼마나 행복하겠습니까. 그곳에서는 엄격한 지혜와 들뜬 젊음이 함께 즐기며, 인정의 깊이, 손님을 잘 모시는 솜씨, 감미로움 등 마음 편한 교제의 모든 매력이 지배하고, 가난한 사람들도 친구나 자기를 활기 있게 해 주는 미덕이나 자기를 계몽해 주는 지도자들의 이성을 발견합니다. 이 출세와 악덕과 때로는 미덕의 위대한 무대*45 위에서야말로, 인생의 광경에 대해 결실 있는 관찰을 할 수 있는 것입니다. 그러나 실제로 자기의 고국에서 각자는 평화롭게 자기의 삶을 끝내야 할 것입니다.

나에게는 극히 정당하다고 생각되는 성찰, 더구나 바르냐 그르냐에 관계 없이 단 하나의 문자를 덧붙여 쓰는 것만으로 당신이 마음대로 더한 것 같은 뜻을, 나의 글 속에는 가지고 있지 않은 성찰에 근거하여 당신은 엄중하게 나를 비판하는 것 같습니다. "만일 자연이 우리를 성자*46가 되도록 정했다면, 성찰의 모습은 자연에 반하는 모습이며, 사색하는 인간은 타락한 동물임을 나는 감히 단언합니다"라고, 당신은 나에게 말하도록 요구하고 있습니다. 털어놓고 말하면, 만일 내가 이처럼 건강과 신성을 혼동하고 있다고 가정하고, 더구나 그 명제가 진실이라면 나는 나 자신을 저 세상에서 위대한 성자가 되기에, 또는 적어도 이 세상에서 항상 건강하기에 아주 적합한 인간이라고 생각할 것입니다.

나는 당신의 세 가지 의문에 대답을 하고 붓을 놓겠습니다. 거기에 대한 반성을 하기 위해 나에게 줄 시간을 낭비하지 않아도 될 것입니다. 그것은 내가 미리 마음을 쓴 일입니다.

"고통을 절대로 맛본 일이 없는 인간 또는 다른 모든 감정을 가진 존재가 연민의 정을 느끼겠습니까. 그래서 참살되는 유아를 보고, 그자의 마음이 강하

---

*44 프랑스를 뜻하는 것으로 보인다.
*45 파리를 가리키고 있다.
*46 앞서 말한 '건강'의 오자.

게 흔들리겠습니까." 나는 아니라고 대답합니다.

"루소 씨가 그처럼 큰 연민의 정을 인정하고 있는 하층민들이 왜 그처럼 파고드는 듯한 눈초리로 형차(刑車) 위에서 숨을 거두는 사형수의 광경을 바라보는가." 당신이 극장에 가서 눈물을 흘리고 세이드*[47]가 아버지를 죽이거나, 티에스트*[48]가 아들의 피를 마시거나 하는 것을 보는 것과 마찬가지 이유에서입니다. 연민의 정은 대단히 감미로운 감정이므로 스스로 그것을 시도해 보려는 것은 이상한 일이 아닙니다. 게다가 사람은 누구에게나 피할 수 없는 두려운 순간이 다가왔을 때, 자연의 움직임을 연구하고 싶다는 숨은 호기심을 가지고 있는 법입니다. 더구나 2개월간, 거리의 웅변가가 되어 사람들에게 최근에 차형(車刑) 당한 사람이 천국에 가기를 빌어주는 감동적인 기쁨이 있는 법입니다.

"동물의 암컷들이 자기 새끼들에게 나타내는 애정은, 자기가 낳은 새끼들이기 때문인가, 아니면 모성 때문인가." 첫째로 모성 때문이고, 다음으로 자기 새끼들을 사랑하는 습성 때문입니다. 나는 그 사실을 논문 속에서 말했습니다. "만일 모성 때문이었다면, 새끼들의 안전은 그로 인해 오히려 더 확보될 것입니다." 나도 그렇게 생각하고 싶습니다. 그러나 이 원칙은 넓혀지기보다는 (특정한 대상에) 압축되기를 바랍니다. 왜냐하면 새끼들이 부화되면 곧 암탉은 병아리들을 조금도 필요로 하지 않는 것처럼 행동하는 것으로 보이나, 사실 모성적인 애정은 다른 어떤 애정에도 뒤지지 않기 때문입니다.

이상이 나의 대답입니다. 특히 다음 사실에 유의해 주기 바랍니다. 이번 사건에서도 최초의 논문 때와 다름없이 나는 언제나 인간은 본디 선량했다고 주장하는 괴물이며, 나의 논적들은 언제나 공주를 교화하기 위해, 자연은 악당만 만들었음을 증명하려고 노력하는 신사*[49]들인 것입니다.

나는 사람들이 조금도 알아주지 않는 자의 더없이 좋은 친구입니다. 실례합니다.

---

*47 Seide. 볼테르의 비극 《예언자 마호메트(Le Fanatisme ou Mahomet le Prophète)》(1741)의 등장 인물. 맹목적으로 충실한 하인.

*48 크레비용 P. J. Crébillon, 1674~1762의 극작 《아트레와 티에스트》(1707) Attrée et Thyeste의 등장 인물.

*49 이 유명한 문구는 이미 《보르도에게 보내는 마지막 회답》에 처음 나오는데 《불평등론》의 주 1에도 나온다.

Du Contrat Social ou Principes du droit politique

사회계약론

정치적 권리의 여러 원리

우리는 협약이 공평한 법임을 밝힌다.
베르길리우스 《아이네이스》 제11편

머리말

　이 소논문은 내가 일찍이 내 능력도 제대로 알지 못하고 쓰기 시작했다가 도중에 그만두었던 방대한 글에서 발췌한 것이다. 이미 완성되었던 내용 중에서 몇 부분만을 뽑아 낸다면 이 논문이 가장 중요한 부분이고, 세상 사람들에게도 꽤 가치가 있을 것이라 생각한다. 나머지 부분은 이미 없어져 버렸다.

제1편

나는 사람을 있는 그대로, 법률을 있을 수 있는 형태대로 받아들일 경우, 시민 세계에 정당하고 확실한 정치의 법칙이 있을 수 있는지 살펴보고자 한다. 정의(正義)와 유용성(有用性)이 결코 분리되지 않도록, 나는 권리가 허락하는 것과 득실이 명령하는 것을 이 연구에서 언제나 결합시키려 힘쓸 것이다.

나는 이 주제의 중요성을 증명하지 않고 바로 본론으로 들어가려 한다. 정치에 대해 글을 쓰겠다니, 내가 군주나 입법자가 아닌지 묻는 사람이 있을지도 모른다. 답하겠다. 그렇지 않다. 그리고 그렇지 않기에 나는 이 글을 쓰는 것이다. 만일 내가 군주나 입법자라면, 마땅히 해야 할 일을 떠드느라고 시간을 낭비하지는 않을 것이다. 나는 내 할 일을 하거나 입을 다물 것이다.

자유국가의 시민으로 태어나 주권자(主權者)의 한 사람으로서 내 발언이 공공 정치에 미치는 힘이 아무리 적더라도, 투표권을 갖는 것만으로도 나에게는 정치를 연구할 충분한 의무가 있다.

다행히도 나는 여러 정치에 대해 생각할 때마다 내 나라의 정부를 사랑해야 할 이유를 언제나 새로이 발견한다.

제1장 제1편의 주제*1

사람은 자유롭게 태어났다. 하지만 여기저기 쇠사슬에 묶여 있다. 자기가 남의 주인이라고 생각하는 자도 사실은 그 사람들보다 더한 쇠사슬에 묶인 노예이다.*2 왜 이런 변화가 생긴 것인지 나는 모른다. 무엇이 그것을 정당하게 만

---

*1 《제네바 초고》에서는 이 장 앞에 '인류의 일반 사회에 대하여'라는 긴 고찰이 있다. 그 속에서 루소는 디드로에게 답하면서 자연권의 이론을 공격하고 있다.
*2 이와 같은 일련의 사상은 《에밀》 제2편의 다음 글에 나타나 있다. "통치 자체는 그것이 여론

들 수 있는가? 나는 이 문제를 해결할 수 있다고 믿는다.

만일 내가 권력과 거기서 나오는 결과만 생각한다면, 나는 이렇게 말할 것이다.

"한 사람이 복종을 강요당해 그대로 따르고 있다면 그것은 좋다. 사람이 굴레에서 벗어날 수 있으면, 또 그것이 빠르면 빠를수록 더욱 좋다. 왜냐하면 그때 사람은 (통치자가 아닌 지배자가) 그의 자유를 빼앗은 것과 같은 권리를 통해 자기의 자유를 회복하는 것이며, 그에게는 자유를 되찾을 자격이 있거나 아니면 그로부터 자유를 빼앗을 자격은 처음부터 없었던 것이기 때문이다."

사회 질서는 다른 모든 권리의 기초가 되는 신성한 권리이다.[*3] 그렇다고 이 권리가 자연적으로 생긴 것은 아니다. 그것은 약속에 근거한다. 그 약속의 성질을 아는 것이 문제이다. 그것을 논하기 전에 방금 말한 것을 분명히 해 두어야겠다.

제2장 첫 번째 사회에 대하여

모든 사회 가운데 가장 오래 되었으며, 유일하게 자연적으로 이루어진 사회는 가족이다. 그런데 자식들은 자신들의 생존에 필요한 동안만 아버지와 유대 관계를 맺고, 그 필요가 없어지자마자 이 자연이 맺어 준 연결고리는 끊어진다.

자식들은 아버지에게 복종할 의무에서 벗어나고 아버지는 자식들을 보살필 의무에서 벗어나 양쪽 모두 다시 한 번 독립하게 된다. 그들이 만일 계속 결합되어 있다 하더라도 그것은 이제 자연적인 관계가 아니라 의지에 의한 관

에 복종할 때도 역시 예속적이다. 왜냐하면 당신은 피통치자들의 의견에 따라서 통치하고 있는데, 그것은 그 사람들의 의견에 의존하기 때문이다. 그들을 당신의 마음에 들도록 이끌려면 당신이 그들의 마음에 들도록 행동하지 않으면 안 된다."
[*3] "국가 안에서의 사회 계약은 모든 권리의 기초가 된다"는 제1편 9장 참조.

계이다. 그러므로 가족 자체도 약속에 의해서만 유지된다.

둘 다에게 공통되는 이 자유는 인간 본성(本性)의 결과이다. 인간의 첫 규칙은 자기 보존을 꾀하는 것이며, 그 첫 배려는 자기 자신에 대한 것이다. 사람은 이성(理性)적인 나이에 이르면 자신만이 자기 보존에 알맞은 여러 가지 수단의 판단자가 되고, 그럼으로써 자기 자신의 주인이 된다.

그러므로 가족은 정치 사회(政治社會)의 첫 모델이다. 군주는 아버지와 같고 백성은 아이와 같다. 그리고 모든 사람은 평등하고 자유로운 존재로서 탄생했으므로, 자신의 이익을 위해서만 그 자유를 양도한다. 단 가족과 국가의 차이는 아버지는 아이에 대한 애정을 그에 대한 보살핌의 이유로 갖는 데 비해, 군주는 백성에 대한 애정이 아닌 명령하는 기쁨을 그 다스림의 이유로 갖는다는 데에 있다.

그로티우스는 사람의 모든 권력이 피지배자를 위해서 만들어져 있다는 것을 부정한다.*4 그 예로써 그는 노예제를 들고 있다. 그가 즐겨 쓰는 추리 방법은 사실에 따라 권리를 확립하려는 것이다. 더 이치에 맞는 방법을 쓸 수도 있겠지만*5 그렇게 되면 폭군들에게는 불리해질 것이다.

그러므로 그로티우스에 의하면, 모든 인류가 대략 백 명쯤 되는 사람에게 종속되어 있는 것인지, 아니면 그 백 명이 모든 인류에게 종속되어 있는 것인지 의심스럽다. 그의 저서 전체로 미루어보면, 그는 앞의 의견으로 기우는 듯하다.

홉스의 생각도 그렇다. 그렇다면 인류는 몇 개의 가축군(家畜群)으로 나누어지고 그 무리마다 주인이 있으며, 그 주인은 결국 잡아먹기 위해서 가축을 지키는 셈이 된다.

목자가 자신의 가축보다 뛰어난 본성을 가지듯이 사람의 주인인 목자도 백성보다 뛰어난 본성을 가지고 있다. 이런 이치를 내세워 황제 칼리굴라는 이 유추(類推)로부터 왕이 신이고 백성이 짐승이라는 교묘한 결론을 이끌어 냈다

---

*4 《전쟁과 평화의 법》

*5 "공법에 대한 학자들의 여러 연구는 흔히 예부터의 악습의 역사에 지나지 않는다. 그리고 연구가 지나치면 빗나가서 굳어 버린다"(《이웃 나라와의 관계에서 본 프랑스의 이익》 다르장 송 후작 지음, 암스테르담 라이 서점 간행). 이것이 그로티우스가 한 일이다.(원주)

고 필론*6은 전한다.*7

칼리굴라의 이런 추리는 홉스 및 그로티우스의 추리와 완전히 일치한다. 이들보다 앞서서 아리스토텔레스도, 사람은 결코 평등하게 태어난 것이 아니며, 어떤 자는 노예가 되기 위해 또 어떤 자는 주인이 되기 위해 태어난다고 말했다.*8

아리스토텔레스는 옳았다. 그러나 그는 결과를 원인으로 착각하고 있었다.

노예 상태에서 태어난 사람은 모두 노예가 되기 위해 태어난 것이다. 세상에 이토록 확실한 것은 없다. 노예는 그들의 속박 속에 모든 것을 상실한다. 심지어 거기서 벗어나겠다는 욕망까지도.

그들이 그 굴종을 달게 받아들였던 것은 오디세우스의 동료들이 돼지가 되어 기뻐하던 것과 같다.*9

그러므로 만일 본성에서부터 노예인 사람이 있다면, 그것은 일찍이 자연의 원리를 거스르고 노예가 된 사람들이 존재했기 때문이다. 폭력이 처음으로 노예를 만들고, 그들은 거기에서 벗어나려 노력하지 않았으므로 영원히 노예 상태에 머무르게 된 것이다.

나는 아담 왕에 대해서나 노아 황제에 대해서는 아무 말도 하지 않았다. 노아는, 사투르누스의 자식들이 한 것처럼 세계를 분할한 위대한 세 왕들의 아버지이다. 이 세 사람과 사투르누스의 자식들을 동일인이라고 주장하는 사람도 있다.

나의 겸손함을 누군가 칭찬해 주었으면 좋겠다. 왜냐하면 어쩌면 나도 이 군주 가운데 한 사람, 혹은 그 종가의 직계 자손인지도 모르고, 여러모로 자격을 확인해 보면 내가 인류의 정당한 왕인지도 알 수 없는 일이 아닌가.*10

---

*6 Philon Judaeus(기원전 25년경~기원후 50년경) : '알렉산드리아의 필론'이라고 일컬어졌던 그리스·유대 철학의 대표적 사상가. 39~40년 로마에 가서 로마 황제의 종교로 개종하라는 명령을 받은 유대인들을 위해서 황제 칼리굴라에게 탄원했으나 실패했다.

*7 뇌샤텔 초고 7842에 다음의 단편이 있다. "칼리굴라는 말했다. 짐승 떼를 이끄는 자는 짐승이 아니라 사람이니, 백성을 통치하는 자는 단순한 사람이나 바로 신이어야 한다고. 칼리굴라의 말은 옳다. 자기의 의지를 맹목적으로 어떤 한 사람에게 종속시키는 것은 짐승만이 하는 짓이다"(필론《사절》에서).

*8 아리스토텔레스《정치학》제1권 제5장.

*9 '짐승은 이성을 사용한다는 것'이라는 제목으로 된 플루타르코스의 소론을 보라.〔원주〕

*10 아담은 인류의 시조 아담을 말하며, 노아는 '노아의 홍수'의 주인공이다. 노아의 세 아들

어쨌든 로빈슨 크루소가 그의 섬의 주권자였던 것처럼, 아담이 세계의 유일한 주민이었던 때는 아담이 세계의 주권자였다는 사실에 이의를 제기할 수는 없다. 그리고 이런 제국에서의 군주는 왕좌에 버티고 앉아 반란도 전쟁도 음모자도 두려워할 필요가 없었다.

제3장 가장 강한 자의 권리에 대하여

아무리 강한 자라도 자기의 힘을 권리로, 그리고 타인의 복종을 의무로 바꾸지 않는 한 언제까지나 주인일 수 있을 만큼 강한 것은 아니다. 여기서 가장 강한 자의 권리라는 것이 나온다. 얼핏 얄궂게 들리는 권리이지만, 사실은 원리로서 확립되어 있다.

그러나 이 말을 어떻게 설명할 수 있을까? 폭력은 하나의 물리적인 힘일 뿐이다. 그것이 어떻게 도덕적인 결과를 만들어 낼 수 있는지 나는 모르겠다. 폭력에 굴복하는 것은 어쩔 수 없는 행위이지 자기 의지에 의한 행위가 아니다. 그것은 기껏해야 신중을 기한 행위일 뿐이다. 어떤 뜻에서 복종이 의무일 수 있을까?

잠시 이 권리라고 일컫는 것이 존재한다고 가정해 두자.

나는 거기서 나오는 결과가 그저 뭔지 알 수 없는 잠꼬대에 지나지 않는다고 말하고 싶다. 왜냐하면 권리를 만들어 내는 것이 힘이라면 결과는 곧 원인과 함께 바뀌기 때문이다. 말하자면 처음 힘에 이긴 힘은 모두 그 처음 힘에서 생겨난 권리를 물려받는 것이다.

복종하지 않아도 처벌받지 않는다면 사람들의 불복종 역시 합법적일 수 있다. 그리고 가장 강한 자가 언제나 정당한 자가 되는 이상에는, 자신이 가장 강

셈, 함(가나안), 야벳에서 인류의 3대 인종이 나누어진 것으로 되어 있다. 또 사투르누스는 로마 신화에 나오는 신으로, 그리스 신화의 크로노스에 해당한다. 그의 아들 유피테르는 그를 왕위에서 쫓아내고 자기 스스로 우주를 나누었다고 한다. 루소가 여기서 말하고 있는 것은 필머의 가부장권설—군주는 인류의 시조 아담의 후계자이므로 누구나 다 인정하지 않으면 안 되는 부권에 의해서 국민을 지배한다는 설—을 비꼰 것이다. 인류의 3대 인종이 모두 노아에서 나온 이상 루소 자신도 그 직계 자손인지도 모른다. 그렇다면 자기도 군주로서의 권리를 주장할 수 있지 않겠느냐는 것이다.

한 자가 될 수 있도록 힘쓸 뿐이다.

그런데 힘이 없어지면 사그라져 버리는 권리란 대체 어떤 것일까? 만일 힘 때문에 복종해야 한다면 의무 때문에 복종할 필요는 없다. 또 사람이 복종을 강요당하지 않게 되면, 이제 복종의 의무는 없어진다. 그러므로 여기에서 권리라는 말은 단지 힘을 나타낼 뿐이다. 이 말은 여기서는 아무런 가치도 없다.

권력자에게 복종하라. 만일 이것이 힘에 굴복하라는 뜻이라면 이 교훈은 맞는 말이긴 해도 쓸 데는 없다. 어차피 이 교훈에 어긋나는 일은 결코 일어나지 않을 것을 내가 보장한다.

모든 권력은 신에게서 나온다. 이것은 나도 인정한다. 그러나 모든 병 또한 신에게서 나온다. 그렇다면 의사를 불러서는 안 된다는 말일까?

만일 내가 숲 속에서 강도를 만난다면, 그의 힘 때문에 지갑을 내주어야 할 것이다. 지갑을 감출 수 있어도, 양심적으로 지갑을 내줄 의무가 있는 것일까? 왜냐하면 결국 그가 가진 권총도 하나의 권력이니 말이다.

따라서 힘은 권력을 낳지 않는다는 것, 그리고 사람은 정당한 권력 이외에는 따를 의무가 없다는 것을 인정하자. 그러므로 내가 처음에 제기한 문제*11로 되돌아가게 된다.

제4장 노예 상태에 대하여

어느 누구도 자연적으로 동료를 지배할 힘을 갖는 것은 아니다. 또 힘이 그 어떤 권리도 낳지 않는 이상, 인간 사이에서 성립하는 정당한 권위의 기초는 오직 약속뿐이다.

한 개인이 자기 자유를 양도해서 다른 한 주인의 노예가 될 수 있다면, 왜 국민 전체가 그들의 자유를 양도해서 국왕의 백성이 될 수 없겠는가라고 그로티우스는 말한다.*12

---

*11 이 '첫 문제'란 제1편 서두의 제1절을 가리킨다.
*12 "자기가 예속하고 싶은 사람에게 개인적으로 예속하는 것은 각자의 자유이다. 그렇다고 해서, 한 국민이 임의의 한 인물에게 자기의 지배권(자기를 지배하는 권리)을 아무런 유보도 없이 맡길 권리가 있다고 생각해서는 안 된다"(그로티우스 1·3·8).

여기에는 설명이 필요한 모호한 표현들이 많다. 그러나 양도한다는 말만 우선 다루어 보기로 하자. 양도한다는 것은 '준다' 또는 '판다'는 뜻이다.

그런데 남의 노예가 되는 사람은 자신을 주는 것이 아니라 자신의 몸을 파는 것이다. 적어도 자기의 생계를 꾸려 가기 위해 몸을 파는 것이다.

그러나 국민이 무엇 때문에 자신을 팔겠는가? 국왕은 백성들의 생계에 도움을 주기는커녕 자기 생계를 위해 오로지 백성들을 착취하고 있다.

라블레에 의하면, 국왕은 풍족하게 살고 있다. 그렇다면 백성들은 자기들의 소유물까지 빼앗긴다는 조건으로 몸을 준단 말인가?

그들에게 보존해야 할 만한 것으로 무엇이 남을지 나는 모른다.

전제 군주(專制君主)는 자기 백성들에게 사회 안녕을 확보해 준다고 말하는 사람도 있을 것이다. 옳은 말이다.

그러나 그의 야심이 백성에게 가져다 주는 전쟁과 그의 지칠 줄 모르는 탐욕, 그 신하들의 억지와 무리한 요구가, 백성들 사이의 불화(不和)가 빚어내는 것 이상의 고통을 준다면 백성은 대체 무슨 이익을 본단 말인가?

만일 그 안녕 자체가 백성이 겪는 비참함 가운데 하나라면 그들이 무슨 득을 보겠는가?

사람은 감옥 안에서도 편히 지낼 수 있다. 그렇다고 감옥이 쾌적하다고 말할 수 있겠는가? 키클롭스의 동굴에 갇힌 그리스인*¹³들은 잡아먹힐 차례가 올 때까지는 그곳에서 편안하게 살았다.

사람이 공짜로 자기 몸을 준다는 것은 너무 어처구니없어서 상상도 못할 일이다. 그런 행위는 그 사람이 사리 분별을 잃었을 때 일어날 뿐이고 불법이며 무효 행위이다.

그와 같은 말을 국민 전체를 대상으로 한다는 것은 국민을 미치광이로 보는 짓이나 마찬가지이다. 또한 광기(狂氣)로부터는 아무 권리도 생기지 않는다.

설령 한 사람 한 사람이 자기 자신을 남에게 양도할 수 있다고 하더라도 자기 자식들까지 양도할 수는 없다.

자식들은 인간으로서, 그리고 자유인으로서 태어난다. 그들의 자유는 그들

---

*13 키클롭스의 동굴에 갇힌 그리스인이란, 오디세우스와 그 부하들이 항해 도중 키클롭스족의 거인 폴리페모스에게 잡혀 동굴에 갇혔으나 거인의 눈을 찔러 앞을 못 보게 하고 죽음을 면했을 때를 말한다.

의 것이며 그들 이외의 아무도 그것을 마음대로 처분할 권리가 없다.*[14]

그들이 이성적인 나이가 될 때까지 아버지는 그들 대신 그들의 생존과 행복을 위해서 여러 가지 조건들을 정할 수는 있다. 그러나 돌이킬 수 없는 형태로 무조건 그것들을 남에게 줄 수는 없다.

왜냐하면 그런 증여(贈與)는 자연의 목적에 어긋나며 아버지로서의 권리에서 벗어나는 일이기 때문이다.

따라서 하나의 전제 정부가 정당한 것이기 위해서는 한 세대(世代)마다 국민이 자주적으로 그것을 인정할 수도 있고 거부할 수도 있어야 할 것이다. 그러나 그렇게 되면 그 정부는 이미 전제적이 아닐 것이다.

자기 자유의 포기, 그것은 사람으로서의 자격, 인류의 권리 및 의무까지 포기하는 일이다. 누구든 모든 것을 포기하는 사람에게는 아무런 보상도 주어지지 않는다.

모든 것을 포기하는 것은 사람의 본성에 어긋나는 일이다. 그리고 자유를 빼앗긴 의지란 도덕성을 빼앗긴 행위와 같다.

요컨대 한쪽에 절대적인 권위를 주고, 다른 쪽에는 무제한의 복종을 강요하는 것은 공허하고 모순된 약속이다. 만일 한 사람에게 모든 것을 요구할 수 있다면, 그 사람에게서 구속받을 일은 당연히 없다. 그처럼 대가도 주지 않고 교환도 하지 않는다는 조건만으로도 그 약속 행위는 무효가 되는 것이 아닐까?

나의 노예가 내게 어떤 권리를 갖겠는가? 결국 그의 것은 모두 내 것이고, 그의 권리는 내 권리가 되는 이상, 그것은 아무런 뜻도 없는 것이 될 뿐이다.

그로티우스나 그 밖의 사람들은, 노예권(奴隷權)이라고 부르는 것의 또 하나의 기원을 전쟁에서 찾는다.*[15] 그들에 의하면, 이긴 자는 진 자를 죽일 수 있는 권리를 갖고 있으므로, 진 자는 자유를 대가로 자신의 생명을 다시 살 수 있다. 다시 말해서 그것은 양쪽에 득이 되는 일이므로 정당한 약속이라는 것이다.

그러나 진 자를 죽일 수 있는 권리가 결코 전쟁 상태에서 나오는 것이 아님은 분명하다. 사람들은 그 원시적 독립을 유지하고 사는 동안, 평화 상태나 전

---

*14 실제로 그들 자신만 노예의 신세가 되는 것이 아니라 그 자손들도 영원히 같은 운명을 겪지 않으면 안 되는 것이다(그로티우스 3·7·2).

*15 그로티우스 3·7·5

쟁 상태를 만들 만한 지속적인 관계를 갖지 않았으므로, 이 사실만으로도 그들은 자연 그대로는 결코 적이 아니다.

전쟁은 사물과 사물의 관계에서 일어나는 것이지, 사람과 사람의 관계에서 일어나는 것이 아니다. 전쟁 상태는 단순한 개인과 개인의 관계에서는 일어날 수 없고 사물(또는 현상)들 사이의 관계에서만 일어날 수 있는 것이므로 개인적 전쟁, 즉 사람 대 사람의 전쟁은 고정된 소유권이 없는 자연 상태에서도, 모두가 법의 권위 아래 있는 사회 상태에서도 일어날 수 없다.

개인 사이의 분쟁, 결투, 싸움 따위는 전쟁 상태라고 할 만한 행위가 아니다. 그리고 프랑스 왕 루이 9세*[16]의 '칙령'으로 공인되고 '신의 평화'*[17] 선언으로 만류된 사사로운 전쟁에 대해서 말한다면, 그것은 봉건제도의 악용이다. 봉건제도 그 자체는 가장 터무니없는 것이며, 자연법의 원칙이나 모든 좋은 정치에 어긋나는 것이다.

그러므로 전쟁은 사람과 사람의 관계가 아니라 국가와 국가의 관계이며, 그 속에서 개인은 사람으로서도 아니고 시민으로서도 아닌*[18] 그저 병사로서 우연히도 적이 되는 것이다. 조국을 구성하는 자로서가 아니라 조국을 지키는 자로서 말이다.

요컨대 국가마다 적으로 삼을 수 있는 것은 다른 국가들뿐이며, 사람들을 적으로 삼을 수는 없다. 왜냐하면 서로 성질이 다른 것들 사이에서는 어떤 참된 관계도 성립될 수 없기 때문이다.

세계 어느 국민보다도 전쟁의 법규를 잘 이해하고 존중했던 로마인은 이 점에 대해 매우 세심한 주의를 기울였다. 그들은 적과 싸우는 뚜렷한 의도를 가졌으며, 또 특정한 적을 노리고 입대하지 않는 자에게는 지원병으로서 복무하

---

*16 루이 9세(재위 1226~1270) : 프랑스 왕. 귀족들 사이의 싸움을 종식시키기 위해서, 무력에 호소하기 전에 40일 간의 휴전 기간을 지키도록 명령했다.

*17 신의 평화 선언 : 1035년, 갈리아의 사제들이 귀족들의 싸움을 중지시키기 위해서 발표한 선언.

*18 전제의 법을 세계의 어느 국민보다도 더 잘(이 '더 잘'이라는 말은 1782년 판의 편집자인 페루가 미처 보지 못해 탈락된 뒤 여러 판에서 그대로 답습되어 오던 것을 뇌샤텔 초고 7842에서 보충한 것이다) 이해하고 더 존중한 로마인들은 이 점에 대해서 매우 세심한 주의를 기울여 적과 맞서 싸울 때에 매우 뚜렷한 목적의식을 가졌고, 또 일정한 적을 목표로 입대하지 않는 한, 결코 의용병으로서 복무하지 않았다(원주)(원주의 출처인 뇌샤텔 초고 7842에서 보충한 것이다).

는 것을 허가하지 않았다.

소(小)카토는 포필리우스*¹⁹ 밑에서 처음 싸움터에 나갔다. 그 군단이 개편되었을 때, 대(大)카토는 포필리우스에게 다음과 같이 편지를 보냈다.

'내 아들이 그대 밑에서 계속 복무하기를 바란다면 그에게 새로 입대 선서를 시켜야 하오. 처음에 한 선서가 무효가 되어, 그는 이제 적에게 무기를 들 수 없기 때문이오.'

그리고 아들에게도 새로운 선서를 할 때까지는 전투에 참가하지 말라고 써보냈다.

나는 사람들이 클루지움*²⁰을 공격한 것이나 그 밖의 사실들을 하나하나 들어서 내 주장에 반박할 수 있다는 것을 알고 있다. 그러나 나는 법과 관습을 인용한 것이다. 로마인은 자기들의 법을 가장 잘 지킨 시민들이다. 그리고 그들은 또한 그토록 훌륭한 법을 가졌던 유일한 시민들이다.*²¹

이 원리는 바로 모든 시대에 인정된 여러 규칙 및 모든 문명국가 국민들의 관행과 일치한다.

선전포고란 권력자에 대해서보다 오히려 그 백성에 대한 경고이다. 군주에게 전쟁의 개시를 선언하지 않고 백성들의 물건을 빼앗거나 죽이거나 감금하는 외국인은 국왕이든 개인이든 시민이든 그것은 적이 아니라 강도이다.

한창 전쟁을 치르는 중이라도 올바른 군주는 적국의 공유 재산은 모두 몰수하지만 개인의 생명과 재산은 존중한다. 말하자면 자기 권리의 기초가 되는

---

*19 포필리우스 : 기원전 173~158년까지 로마의 집정관이었던 포필리우스 라에누스를 말한다. 원로원의 명령으로 시리아 왕 안티오코스에게 사절로서 파견되었을 때, 왕이 교섭을 지연시키려고 하자 그는 왕의 주위에 둥근 원을 그리고, 이 원에서 발을 내딛기 전에 대답하라고 말하여 마침내 왕을 굴복시킨 것으로 유명하다.

*20 클루지움 : 에트루리아의 도시. 기원전 391년 갈리아인이 침입했을 때, 클루지움과 갈리아 사이의 관계를 조정하기 위해 파견된 로마의 사절은 목적 달성에 실패하여 전투가 일어나자 이에 참가했다. 이것이 갈리아인의 로마 진격을 결정케 한 원인이라고 한다.

*21 이 원주는 1782년 판에 처음으로 실렸다. 뇌샤텔 초고에 루소 자신이 〈결정판을 위하여〉라고 주를 단 약 2페이지 분량의 내용이 있는데, 1782년 판의 편집자 페루는 여기서 이 원주를 따왔다.

권리는 존중하는 것이다.

전쟁의 목적은 적국을 격파하는 데 있으므로, 그 방위자가 무기를 쥐고 있는 한 그를 죽일 권리가 있다. 그러나 무기를 버리고 항복하면 항복하자마자 적 또는 적의 도구 노릇을 그만두고 다시 단순한 인간으로 돌아간 것이므로, 이제 그 생명을 빼앗을 권리는 없다. 때로는 국가 구성원을 한 사람도 죽이지 않고 그 국가를 멸망시킬 수도 있다.

따라서 전쟁은 그 목적을 달성하는 데 필요치 않은 다른 권리는 어떤 것도 주지 않는다. 이 원리는 그로티우스의 원리가 아니다. 이것은 시인(詩人)의 권위에 기초한 것이 아니라 사물의 본성에서 나와 이성에 기초하는 것이다.

정복의 권리는 가장 강한 자의 법칙 이외에 아무런 근거도 갖고 있지 않다.

만일 전쟁에 이긴 자에게 진 국민을 학살할 권리를 주는 것이 아니라면, 이긴 자가 갖지 아니한 이 권리가 진 국민을 노예로 만드는 권리의 근거가 될 까닭이 없다.

사람이 적을 죽일 권리를 갖는 것은 적이 무기를 버리지 않아서 그를 노예로 삼을 수 없을 때뿐이다. 그러므로 적을 노예로 삼을 권리는 이를 죽일 수 있는 권리에서 나오는 것은 아니다.

말하자면 적의 자유를 대가로, 아무도 그에 대해서 권리를 가지지 못하면서 그의 생명을 사게 한다는 것은 옳지 않은 거래이다. 생살의 권리를 노예로 만드는 권리 위에 세우고 다시 노예로 만드는 권리를 생살의 권리 위에 세운다는 것은 명백하게 순환 논법에 빠져 있는 것이 아닌가?

모든 것을 죽이는 이 무서운 권리를 인정한다 하더라도 역시 나는 이렇게 말하고 싶다. 전쟁에 의한 노예나 정복된 국민은 그 주인에게 복종하도록 강요당하는 것 외에는 어떠한 의무도 없다고. 이긴 자가 생명의 대가로 자유를 빼앗는 것은 은혜를 베푸는 일이 아니다. 진 자를 무익하게 죽이는 대신 자신을 위해 쓸모 있게 죽이는 것이다.

따라서 이긴 자는 진 자에 대해서 힘 외에는 아무런 권위를 얻지 못했으며, 또한 그들 사이에는 전과 마찬가지로 전쟁 상태가 계속되고 있으니 그들의 관계 자체가 그 결과인 것이다.

전쟁이 권리를 행사하고 있는 한 그 어떤 평화 조약도 이루어졌다고 볼 수 없다. 그러나 그들은 하나의 약속을 맺을 수는 있다. 그럴지도 모른다. 그렇지만 그 약속은 전쟁을 끝내기는커녕 전쟁의 지속을 의미하는 것이다.

이와 같이 어느 방향에서 생각해 보더라도 노예로 삼을 권리는 무효이다. 왜냐하면 그것은 불법일 뿐만 아니라 불합리하고 무의미한 일이기 때문이다.

'노예화'와 '권리', 이 두 말은 서로 모순이다. 그것은 양립할 수 없다. 1인 대 1인의 경우이건 1인 대 전체 국민의 경우이건 다음과 같은 말은 터무니없는 것이다.

"나는 너와, 부담은 모두 네가 지고 이익은 모두 내 것이 되는 약속을 맺겠다. 그 약속을 나는 내가 원하는 동안만 지키고, 너는 내가 원하는 동안 이 약속을 지켜야 한다."

제5장 언제나 처음 맺은 약속으로 돌아가야 한다

내가 이제까지 반대해 온 것을 모두 인정한다 해도 전제정치의 편에 선 자의 입장이 그 때문에 유리해지지는 않을 것이다.

다수를 억압하는 것과 한 사회를 다스리는 것 사이에는 언제나 상당한 차이가 있다.

따로따로 흩어진 사람들이 잇따라 한 사람의 노예가 되어 간다면, 그 수가 얼마든 나는 그것을 주인과 노예의 관계로밖에 인정하지 못한다. 그것은 결코 국민과 그 우두머리로는 볼 수 없다. 그것은 집합이라고는 할 수 있으나 결합은 아니다. 거기에는 공공의 재산도 정치체제도 없다.

주인이 되는 사람은 설령 세계의 절반을 노예로 삼았다 하더라도, 역시 한 개인에 지나지 않는다. 그의 이해(利害)는 다른 사람들의 이해와 분리되어 있으므로 역시 사사로운 이해에 지나지 않는다.

만일 그가 죽으면 그 제국은 다 흩어져 서로 아무런 연결도 남지 않을 것이다. 마치 참나무가 불에 타면 한 무더기의 재가 되어 허물어지는 것처럼.

국민은 자신을 통치자에게 줄 수 있다고 그로티우스는 말한다. 그러므로 그로티우스에 의하면 국민은 자신을 통치자에게 주기 전에 먼저 국민의 한 사람인 것이다. 이 증여 행위(贈與行爲) 자체가 국민으로서의 행위이다. 그것은 공공의 의결을 전제로 하고 있다.

그러므로 이 결의에 의해, 국민이 통치자를 선택하는 행위를 살피기 전에 국민이 국민이 되는 행위를 살펴보는 것이 좋다. 이 행위는 필연적으로 통치자를 선택하는 행위보다 선행되는 것이며, 이것이야말로 사회의 참된 기초이기 때문이다.

사실 만일에 선행되어야 할 약속이 되어 있지 않다면, 선거 결과가 만장일치가 아닌 이상 소수자는 다수자를 따라야 한다는 의무는 대체 어디 있을까?

주인을 갖고 싶어하는 백 사람이, 주인을 갖고 싶어하지 않는 열 사람 대신에 표결할 권리는 대체 어디서 나오는 것일까?

다수결의 법칙은 그 자체가 약속으로 확립된 것이며, 또 적어도 한 번은 만장일치가 있었다는 것을 전제로 한다.

제6장 사회 계약에 대하여

나는 사람이 저마다 자연 상태에 머무르기 위해 쓸 수 있는 힘보다, 인간의 생존을 방해하는 모든 장애의 저항력이 더 커진 시점에 이르렀다고 생각한다.

이제 원시 상태로는 더 이상 존속할 수 없으며, 인류는 생존 방법을 바꾸지 않으면 멸망할 것이다.

그런데 사람들은 새로운 힘을 만들어 내지는 못하고 다만 이미 있는 힘들을 결합하여 방향을 정할 수 있을 뿐이기 때문에, 생존하기 위해서는 힘들을 하나로 모아서, 저항에 이겨낼 수 있는 단결된 힘을 자신들이 만들어 내야 한다. 그리고 그것을 단 하나의 원동력에 따라 함께 움직이게 해야 한다.

단결된 힘은 오직 많은 사람들의 협력이 있어야만 만들어진다. 그런데 저마다의 힘과 자유야말로 생존을 위한 가장 중요한 수단이고 보면, 사람들은 어떻게 자신이 손해를 보는 일 없이 또 자신에 대한 배려를 게을리함 없이 그것들을 구속할 수 있겠는가? 내가 처음에 말한 주제로 되돌아가서 생각하면 이 어려움은 다음과 같은 말로 나타낼 수 있다.

"구성원 하나하나의 신체와 재산을, 공동의 힘을 다하여 지킬 수 있는 결합

형식을 발견하는 것, 그리고 그것으로 저마다 모든 사람과 결합을 맺으며 자기 자신 외에는 복종하지 않고 전과 다름없이 자유로울 것."

이것이야말로 사회 계약이 해결해 주는 근본적인 문제이다.

이 계약의 조항들은, 행위의 성질에 따라서 매우 뚜렷이 정해져 있으므로 조금이라도 고치면 허무하고 효력 없는 것이 되어 버린다. 그러므로 아마도 이 조항은 정식으로 공포된 적은 한 번도 없겠지만 어디에서나 똑같이 적용되어, 어디에서나 암묵적으로 받아들여지고 있다. 사회 계약이 깨어짐으로써 저마다 자기의 첫 권리로 되돌아가, 계약에 의거한 자유를 잃고 그 때문에 버린 자연적인 자유를 되찾을 때까지는 말이다.

이 조항을 옳게 이해하면 모두 다음의 한 조항으로 귀결된다. 다시 말해 구성원 하나하나를 그 모든 권리와 더불어 공동체 전체에 대해 전면적으로 양도하는 것이다.

그 까닭은 먼저 사람마다 자신을 완전히 내어 주는 것이므로 모든 사람들에게 조건은 같으며, 또 모든 사람에게 조건이 같은 이상 아무도 남의 조건을 엄격하게 하는 데 관심을 갖지 않기 때문이다.

게다가 이 양도는 유보 없이 실행하는 것이므로 결합은 최대한으로 완전하며 어느 구성원도 이제 요구할 것이 남아 있지 않게 된다. 만일 특정한 사람들 손에 얼마간의 권리가 남는다면, 그들과 대중 사이에 서서 판결을 내릴 수 있는 공통된 상위자(上位者)는 아무도 없으므로, 사람마다 어느 부분에서는 자기 자신의 재판관이 되고, 곧 모든 일에 대해서도 재판하겠다고 주장할 것이다.

그렇게 되면 자연 상태가 존속할 것이고, 또 결합은 필연적으로 압제적이 되거나 허무한 것이 될 것이다.

요컨대 사람마다 자신을 공동체 전체에게 양도하는 것이지, 특정한 개인에게 자신을 양도하는 것은 아니다. 그리고 자기가 양도하는 것과 같은 권리를 다른 사람들로부터도 받으므로, 사람은 자신이 잃는 모든 것과 같은 가치를 손에 넣고, 또 자신이 소유한 것을 보존하기 위해 좀더 많은 힘을 키울 수 있다.

그러므로 만일 사회 계약에서 그 본질에 어긋나는 것을 빼면 다음과 같은 말로 요약할 수 있다.

"우리는 저마다 개인의 인격과 그가 가진 모든 힘을 공동의 것으로 삼아 일반 의지라는 가장 우월한 지배 아래 둔다. 그리고 우리는 구성원 하나하나를 전체와 나누어질 수 없는 일부로서 받아들인다."

이 결합 행위는 곧바로 특정한 계약자 하나하나를 대신하여 하나의 정신적이고 집합적인 단체를 만들어 낸다.

이 단체는 집회에서의 투표자와 같은 수의 구성원으로 이루어진다. 또 이같은 행위를 통해 그 통일된 공동체의 정체성과 생명, 의지를 부여받는다.

이와 같이 모든 사람들의 결합으로 형성되는 이 공적인 인격은, 예전에는 도시국가*22라고 불렸으나 지금은 '공화국' 또는 '정치체'라고 불린다.

즉 수동적으로는 구성원들로부터 '국가'라고 불리고, 능동적으로는 '주권자'라고 불린다. 또한 비슷한 것들끼리 비교할 때는 '권력체'라 불린다. 그 구성원에 대해서는 집합적으로 '국민'이라고 불리며, 그 하나하나에 대해서는 주권에

---

*22 이 말의 참뜻은 근대인들 사이에서는 거의 상실되고 있다. 근대인의 대부분은 도시를 도시국가로, 그리고 도시의 주민을 시민으로 착각하고 있다. 그들은 가옥이 도시를 만들고 시민이 도시국가를 만든다는 것을 모르고 있다. 이와 같은 과오로 카르타고인은 지난날 큰 희생을 치르지 않으면 안 되었다. 나는 시민이라는 칭호가 어떤 군주의 백성에게 주어진 적이 있다는 글을 읽은 일이 없다. 고대에는 마케도니아인이, 우리 시대에서는 영국인이 다른 국민들보다 자유인에 가깝지만 그들에게도 이 칭호는 주어지지 않았던 것이다. 프랑스 사람들은 이 시민이라는 이름을 매우 가벼운 마음으로 쓰고 있다. 왜냐하면 그들은 그들의 사전을 보아도 알 수 있듯이 시민이라는 말의 참뜻을 조금도 알고 있지 않기 때문이다. 하기야 그렇지 않았더라면 이 이름을 마음대로 씀으로써 대역죄를 저지르게 되었을 것이다. 이 명사는 프랑스인들에게는 덕을 나타내는 것이지 권리를 나타내는 말이 아니다. 보댕이 우리(제네바의) 시민과 부르주아에 대해서 말했을 때, 그는 한쪽을 다른 쪽으로 잘못 알고 "제네바에서는 시민은 시 평의원이 될 수 없고 25인 소위원회의 의원도 될 수 없다. 그러나 부르주아는 그렇게 될 수 있다"고 말했다. (보댕 제1편 제6장 53페이지. 시민과 부르주아라는 말은 서로 바뀌어야 했던 것이며, 이 점을 루소는 지적하고 있는 듯하다). 이는 큰 착각을 일으켰다. 달랑베르는 이 점에 대해서 과오를 범하지 않고, 그 항목 〈제네바〉에서 우리 시에 사는 사람들의 네 가지 신분(단순한 외국인도 계산에 넣어서 다섯 가지 신분까지도)—그 가운데 두 가지 신분만이 공화국을 구성하는 것이지만—을 어김없이 구별했다. 내가 아는 한 다른 어느 프랑스 저자도 시민이라는 말의 참뜻을 이해하고 있지 않다.(원주)

참여한다는 의미로 '시민' 그리고 국가의 법률에 복종한다는 의미로 '백성'이라고 불린다.

그러나 이러한 용어들은 종종 혼동되어 서로 잘못 쓰이기도 한다. 그저 이런 용어들이 정확한 뜻으로 쓰일 때, 그것들을 구별할 줄만 알면 되겠다.

제7장 주권자에 대하여

이 공식을 통해 다음을 알 수 있다. 즉 사회적 결합 행위는 공동체와 개개인 사이의 약속을 포함한다는 것. 또 개인마다 이른바 자기 자신과 계약하고 있으므로 이것을 다시 말해 개개인에 대해서는 주권자의 구성원으로서, 주권자에 대해서는 국가의 구성원으로서 약속하고 있다는 것이다.

그러나 그 누구도 자기 자신과 맺은 약속에 대해서는 책임이 없다는 민법의 규정은 여기서는 적용될 수 없다. 왜냐하면 자신에 대해서 의무를 지는 것과 자신이 그 한 부분을 이루고 있는 전체에 대해서 의무를 지는 것 사이에는 커다란 차이가 있기 때문이다.

그런데 여기서 반드시 주의해야 할 일이 있다. 그것은 백성 한 사람 한 사람은 앞에서 말했듯이 두 가지 다른 관계로 고찰되고 있으며 그 관계를 기반으로 공공의 의결 다시 말해 사회 계약은 모든 백성에게 주권자에 대한 의무를 지울 수는 있지만, 거꾸로 주권자에게 그 자신에 대한 의무를 지울 수는 없다는 것이다. 따라서 주권자가 스스로 어길 수 없는 법률을 자기 자신에게 부과하는 것은 정치체의 본성에 어긋난다는 것이다.

주권자는 단 하나의, 동일한 관계 안에서만 자기 자신을 생각할 수 있으므로, 주권자가 자기 자신과 계약하는 경우는 자기 자신과 계약하는 개개인의 경우와 같게 된다. 그러므로 헌법이나 사회 계약이라 하더라도, 전 국민이라는 단체에 의무를 지우는 일은 없으며, 또 지울 수도 없는 것은 분명하다.

그러나 이것은 이 단체가 사회 계약에 어긋나지 않는 경우에도 다른 것과 약속할 수 없다는 뜻은 결코 아니다. 왜냐하면 이 단체도 외부의 것에 대해서는 단지 하나의 존재, 하나의 개인이 되기 때문이다.

그러나 정치체 또는 주권자는 그 존재가 사회 계약의 신성함에 의해서만 성립됨으로, 사회 계약에 어긋나는 일, 예를 들어 자기 자신의 일부를 양도하거나*²³ 다른 주권자에게 복종하는 따위의 의무를 자신에게 지울 수는 없다.

물론 그것을 남에게도 지울 수 없다. 자기 존재의 기반이 되는 계약을 깨는 것은 스스로를 멸망시키는 일이다. 그리고 무(無)에서는 아무것도 생겨나지 않는다.

다수자가 이와 같이 통합하여 한 단체를 만들고 나면, 이제 그 단체를 공격하지 않고는 그 구성원을 한 사람도 해치지 못한다. 그 구성원에게 고통을 주는 일 없이 그 단체를 해칠 수는 더더욱 없다.

이처럼 의무와 이해(利害)가 함께 계약 당사자 양쪽이 서로 돕도록 강요한다. 그리고 이같은 사람들은 앞서의 이중 관계 아래에서, 그것에 기반한 모든 편의를 결집하도록 노력해야 한다.

그런데 주권자는 전적으로 그것을 구성하는 개개인에 의해 성립되므로, 그들의 이익에 반하는 이익을 갖고 있지도 않고 가질 수도 없다. 따라서 주권자의 권력은 백성들에 대해서는 어떠한 보장도 할 필요가 없다. 정치체가 그 모든 구성원에게 해를 끼치는 일을 바라지 않기 때문이다.

그리고 정치체가 개개인으로서의 구성원을 그 누구도 해칠 수 없다는 것은 나중에 밝혀질 것이다. 주권자는 그것이 존재한다는 이유만으로 주권자로서 가져야 할 모든 자격을 늘 갖추고 있기 때문이다.

그러나 주권자에 대한 백성의 경우는 사정이 다르다. 그때는 주권자가 백성의 충실을 확보할 방법을 찾지 않는 한, 설령 약속을 지키는 것이 공공의 이익이 되더라도 그 어느 것도 백성이 반드시 그렇게 하리라고 주권자에게 보장하지는 않는다.

실제로 개인마다는 인간으로서 하나의 특수 의지를 갖는다. 그것은 그가 시민으로서 갖고 있는 일반 의지와 상반되거나 다른 성질의 것이다.

그의 특수한 이익은 공공의 이익과는 전혀 다른 식으로 그에게 말을 건네는 수가 있다. 그 절대적이며 본디 독립된 존재는 자신이 공공에 대해 지고 있는 의무를 갚는 것을 무상으로 기부하는 것처럼 생각할지도 모른다. 그것을 갚지 않음으로써 남이 입는 손실은 그것을 갚기 위한 부담에 비하면 별것 아

---

*23 프랑스 혁명 중 총독 정부는 여기에서 말하는 원칙에 입각하여 네덜란드를 일부 할양하는 것까지 거부했다.

니라는 이야기이다.

그리고 그는 국가를 구성하는 정신적 인격을 그것이 사람이 아니라는 이유로 머릿속에서 생각해 낸 것으로 간주하여, 백성의 의무를 다할 생각은 하지 않은 채 시민의 권리를 누릴 것이다. 이러한 부정이 나아가서 결국 정치체의 멸망을 부를 것이다.

따라서 사회 계약이 허무한 법규가 되지 않게 하기 위해서, 이 계약은 누구든지 일반 의지로의 복종을 거부하는 자는 단체 전체가 그에게 복종을 강요한다는 약속까지 암묵적으로 포함하고 있다. 이 약속만이 다른 약속에 효력을 발휘할 수 있다.

이것은 시민들이 자유롭기를 강요당한다는 것 이외에 아무것도 의미하지 않는다. 왜냐하면 그런 것이야말로 시민 한 사람 한 사람을 조국에 양도함으로써 그를 모든 개인적 종속으로부터 보호하는 조건이 되고, 정치 기구의 장치와 운용을 만들어 내는 조건이 되며, 시민으로서의 갖가지 약속을 합법적인 것으로 만드는 유일한 조건이 되기 때문이다. 이 조건이 없으면, 시민으로서의 여러 가지 약속들은 불합리하고 압제적인 것이 되어, 쉽사리 악용되고 말 것이다.

제8장 사회 상태에 대하여

자연 상태에서 사회 상태로의 이행은 사람에게 매우 주목할 만한 변화를 가져온다. 사람의 행위에서 본능을 정의(正義)로 바꾸어 놓고, 그때까지 빠졌던 도덕성을 그 행동에 부여하는 것이다.

이때에 이르러서야 비로소 의무가 육체의 충동을 대신하고 권리가 욕망을 대신하게 된다. 그때까지 자기만 생각하고 있었던 사람도 과거와는 다른 원칙들에 의해서 움직이며, 자신이 좋을 대로 행동하기 전에 먼저 이성(理性)에 귀를 기울여야 한다는 것을 깨닫는다.

이 상태에서 그는 자연에게서 받았던 많은 이익을 잃지만, 반면에 그것을 대신할 매우 큰 이익을 얻는다. 그의 능력은 단련되어 발달하고, 그의 사상은 넓어지며, 그의 감정은 고상해지고, 그의 영혼 전체가 크게 고양된다.

만일 이 새로운 상태의 악용이 그가 빠져 나온 원래의 상태 이하로 그를 타락시키는 일이 없다면, 원래 상태로부터 그를 영원히 떼어 놓아 어리석은 열등 동물에서 지성 있는 존재, 즉 사람으로 만든 이 행복한 순간을 끊임없이 축복할 것이 틀림없다.

이러한 모든 이익과 손해를 비교하기 쉽게 요약해 보자. 사회 계약으로 사람이 잃는 것은 그의 자연적 자유와 그가 손에 넣을 수 있는 모든 것에 대한 무제한적인 권리이다. 반면에 사람이 얻는 것은 시민으로서의 자유와 그가 가진 모든 것에 대한 소유권이다. 이런 이해득실에 대해서 그릇된 판단을 내리지 않기 위해서 개개인의 힘 이외에 제한이 없는 자연적 자유와 일반 의지에 의해서 제한된 시민으로서의 자유, 즉 사회적 자유를 뚜렷이 구별할 필요가 있다. 더욱이 먼저 차지한 자의 선점권 또는 폭력의 결과로 차지한 것을 법률상의 정당한 근거없이는 성립될 수 없는 소유권으로부터 엄격하게 구별할 필요가 있다.

이외에도 우리는 사람을 스스로의 참된 주인으로 만들어 주는 유일한 것, 다시 말해 도덕적 자유까지도 사람이 사회 상태에서 얻는 것들 속에 포함시킬 수 있다. 왜냐하면 단순한 욕망의 충동에 따르는 것은 노예 상태이며, 스스로 만든 법률에 따름으로써 인간은 자신을 자유로운 존재가 되게 하기 때문이다.

그러나 이에 대해 나는 이미 너무 많은 말을 했고, 또 '자유'라는 말의 철학적 의미는 내 주제와는 그다지 관계도 없다.

제9장 토지 지배권에 대하여

공동체의 각 구성원들은 공동체가 형성되는 순간 자신을 공동체에 양도한다. 다시 말해서 그 자신과 재산을 포함한 자신의 모든 힘을 있는 그대로의 상태로 양도하는 것이다.

이 행위로 말미암아 소유주가 바뀌었다고 해서 점유의 성질이 달라지지도 않고, 주권자의 소유가 되는 것도 아니다.

그러나 도시 국가의 힘은 개인의 힘과는 비교도 안 될 만큼 크므로, 국가의 점유 또한 사실상 훨씬 강하고 굳건한 것이다.

그렇다고 해서 개인적 점유보다 더 정당한 것은 아니다. 적어도 외국인에 대해서는 그렇다. 국가는 그 구성원에 대하여, 국가 안에서는 모든 권리의 기초가 되는 사회 계약에 의해서 그들의 전재산을 지배할 수 있기 때문이다. 그러나 다른 나라에 대해서는 국가가 개인으로부터 넘겨받은 선점권에 의해서만 그것을 지배할 수 있을 뿐이기 때문이다.

선점권은 가장 강한 자의 권리보다 더욱 진실된 것이지만, 참된 권리가 되려면 소유권이 먼저 확립되어야 한다.

사람은 누구나 태어날 때부터 자신에게 필요한 모든 것에 대한 권리를 가지고 있다. 그러나 그를 한 재산의 소유자로 만드는 적극적 행위가 나머지 재산으로부터 그를 막아 버린다. 그의 몫이 정해진 이상, 그는 그것으로 만족해야만 한다. 공동체의 재산에 대해서는 이제 아무런 권리도 없다.

자연 상태에서는 매우 약했던 선점권이 모든 시민이 존중해야 할 만큼 강해지는 것은 이와 같은 이유 때문이다. 이 권리에서 우리가 존중하는 것은 남에게 속하는 것보다 오히려 자기에게 속하지 않는 것들이다.

일반적으로 어떤 토지에 대한 선점권을 정당한 것으로 만들려면 다음과 같은 조건들이 필요하다.

첫째, 그 토지에 먼저 사는 자가 아무도 없어야 한다. 둘째, 생존하는 데 필요한 넓이의 토지만 차지해야 한다. 셋째, 허무한 의식(儀式)이 아니라 노동과 경작을 통해 이것을 점유해야 한다. 왜냐하면 이 셋째 조건이야말로 소유의 유일한 표시이며, 법률상의 정당한 근거가 없는 경우라도 남에게 존중받을 만한 것이기 때문이다.

사실, 필요와 노동으로 선점권을 인정한다는 것은 이 권리를 그것이 미칠 수 있는 한 무한히 확장할 수 있으므로 이 권리에 한계를 정하지 않아도 괜찮을까?

공유지에 발을 들여놓는 것만으로 그곳 주인이라고 바로 주장할 수 있을까? 다른 사람들을 그 땅에서 한순간에 쫓아낼 힘이 있다는 것만으로, 그들에게서 언젠가 그곳에 돌아올 권리를 빼앗을 수 있겠는가?

한 사람의 인간 또는 한 국민이 광대한 영토를 독점하여 온 인류로부터 이것을 빼앗는 일이 어떻게 가능할까? 그것은 용서해서는 안 될 횡령일 뿐이다. 자연이 사람에게 공동의 것으로 준 주거와 식량을 나머지 온 인류로부터 빼앗기 때문이다.

누네스 발보아*24가 해안에 상륙하여 카스티야 왕의 이름으로 남태평양과 남아메리카 전부를 점유했다고 주장한 것이 온 주민들로부터 그 땅을 빼앗고 세계의 모든 군주들을 들어오지 못하게 막는 데 충분했을까?

이런 식으로 같은 일이 연이어 행해졌지만 별 효력은 없었다. 그러나 가톨릭의 왕, 다시 말해 스페인 왕은 방 안에 앉아 온 세계를 일거에 점유했노라고 외쳤다. 다만 나중에, 다른 군주들이 그 이전에 점령한 영토를 자기 제국에서 떼어내기만 하면 됐을 것이다.

개개인의 땅이 어떻게 하나로 합쳐지고 그 땅이 어떻게 공공의 영토가 되는가, 또 주권의 권리가 어떻게 백성으로부터 그들이 차지하는 땅으로 범위를 넓혀, 사람에 대한 권리인 동시에 사물에 대한 권리가 되는가 하는 것을 이로써 이해할 수 있다.

이것이 점유자를 더 강하게 주권에 의존시키고, 또 그들의 힘 자체를 주권에 대한 충성을 보장하는 데 이용했다. 고대의 군주들은 이러한 이점을 충분히 이해하지 못했던 것 같다. 그들은 스스로 페르시아인의 왕, 스키타이인의 왕, 마케도니아인의 왕이라고 칭했을 뿐이다. 자기를 그 국토의 주인이라기보다 사람들의 우두머리라고 생각했던 것 같다.

오늘날의 군주들은 더 현명해서 프랑스·스페인·영국 등의 왕이라고 자칭한다. 그들은 이처럼 땅을 장악하면 얼마든지 확실하게 그 주민을 장악할 수 있음을 깨우친다.

이 양도에서 특이한 것은 개개인으로부터 재산을 건네받을 때, 공동체는 그들로부터 재산을 박탈하는 것이 아니라 오히려 그들에게 그 합법적인 점유를 보증한 뒤에 횡령을 참된 권리로, 향유를 소유권으로 바꿀 뿐이라는 것이다.

이렇게 해서 점유자는 공공 재산의 관리자로 간주되며, 그들의 권리는 국가의 전체 구성원들로부터 존중된다. 외국에 대해서는 국가의 모든 힘을 다해 보호되므로, 공공의 이익도 되고 또 그들 자신에게는 한층 더 이익이 된다. 다시 말해 그들은 자신들이 건네준 것을 다시 고스란히 손에 넣게 되는 것이다.

이 역설은 나중에 말하겠지만 같은 토지에 대한 주권자의 권리와 소유자의

---

*24 발보아(Vasco Núñez de Balboa). 1475~1519년. 스페인의 탐험가. 태평양을 발견했다.

권리를 구별함으로써 쉽게 설명이 된다.

또 사람들이 무언가를 점유하기 전에 먼저 결합하고, 그런 다음 모든 구성원에게 충분한 만큼의 토지를 점령하여 공동으로 향유하거나 또는 서로 평등하게, 아니면 주권자가 정해 주는 비율로 나누어 갖는 경우도 있을 수 있다.

그것이 어떤 방법으로 손에 들어오든 개인마다 자기 토지에 대해서 갖는 권리는 언제나 공동체가 토지 전체에 대해서 갖는 권리에 종속한다. 만일 이것이 없으면 사회의 결합은 안정을 잃고 주권 행사는 참된 힘을 잃을 것이다.

나는 모든 사회 조직의 기초로서 반드시 도움이 될 말을 한 마디 덧붙이고 나서 이 장과 이 편을 끝내려고 한다.

그것은 이 기본 계약은 자연적 평등을 파괴하는 것이 아니라 오히려 자연적으로 사람들 사이에 있을 수 있는 육체적 불평등 같은 것을 도덕적 법률적 평등으로 바꾸어 놓는다는 것, 또 사람은 체력이나 정신에 있어서는 불평등할 수 있지만, 약속이나 권리에 의해서 모두 평등해진다는 것이다.*25

---

*25 나쁜 정부 아래서 이러한 평등은 겉보기만의 환상일 뿐이다. 그것은 가난한 사람을 비참한 상태로 몰아넣고 부자를 부당한 지위에 앉히는 데만 도움이 된다. 실제로 법률은 언제나 가진 자에게 유리하며 갖지 아니한 자에게 해롭다. 이 같은 사실로부터 다음의 결론이 나온다. 사람들에게 이로운 사회란, 모든 사람이 얼마만큼씩 갖고, 아무도 너무 많이 갖지 않는 사회이다.(원주)

제2편

제1장 주권은 양도할 수 없다

앞 편에서 밝힌 여러 원칙들 가운데 맨 먼저 나오는 가장 중요한 결론은 국가를 만든 목적, 다시 말해서 공공의 행복에 따라서 국가의 여러 힘을 지도할 수 있는 것은 오직 일반 의지뿐이라는 것이다. 왜냐하면 개개인의 이해의 대립이 사회의 설립을 필요하게 했다면 그 설립을 가능케 한 것은 이같은 개개인의 이익에 대한 일치이기 때문이다.

이러한 여러 가지 이해 속에 있는 공통적인 것이야말로 사회 기반을 형성하는 것이다. 그리고 모두의 이익이 일치하는 점이 없으면 어떤 사회도 존재할 수 없을 것이다. 사회는 오로지 이 공통의 이해에 입각하여 다스려져야 한다.

주권이란 바로 일반 의지의 행사이므로 이것은 결코 양도할 수 없다. 그리고 주권자란 바로 집합적 존재이므로, 주권자는 이 집합적 존재 자체에 의해서만 대표할 수 있다. 권력은 양도할 수도 있을 것이다. 그러나 의지는 그렇게 할 수 없다.

실제로 어떤 특수 의지가 어느 점에서 일반 의지와 일치하는 것이 가능하다 하더라도, 적어도 이 일치가 언제까지나 변치 않고 계속되는 것은 불가능하다. 왜냐하면 특수 의지는 그 성질상 차별 쪽으로 기울며 일반 의지는 평등 쪽으로 기울기 때문이다.

그러한 일치가 언제나 존재한다 하더라도 그 일치를 보증하는 것은 있을 수 없다. 일치된 존재라는 것은 사람이 궁리한 결과가 아니라 우연한 결과이기 때문이다.

주권자는 이렇게 말할 수는 있다. "나는 이러이러한 사람이 바라는 것, 또는 적어도 바란다고 그 사람이 말하는 것을 나 또한 지금 바란다. 그러나 이 사람이 내일 바라게 될 것을 나도 역시 바랄 것이다"라고는 말하지 못한다. 의지가 미래의 일에 대해 스스로를 쇠사슬에 묶는다는 것은 어리석은 일이며, 의지를 움직이는 본인이 자신의 이익에 어긋나는 일을 승낙한다는 것은 의지가 할 일이 아니기 때문이다.

그러므로 만일 국민이 복종만을 약속한다면 이 행위에 의해 주권자로서의 국민은 사라지고 국민으로서의 자격을 잃는다. 통치자가 지배자로 바뀌는 순간에 이미 주권자는 없다. 그리하여 곧 정치체는 파괴된다.

이것은 결코 통치자의 명령이 일반 의지로서 통용될 수 없다는 의미는 아니다. 그러나 자유로이 그 명령에 반대할 수 있는 주권자 즉 국민이 구태여 반대하지 않는 한에서만 가능하다. 이런 경우에는 전체의 침묵에서 마땅히 국민의 동의를 추측해야 할 것이다. 이것은 더 상세하게 설명하겠다.

제2장 주권은 분할할 수 없다

주권은 양도할 수 없는 것과 같은 이유로 분할할 수도 없다. 왜냐하면 의지는 일반적*¹이든 일반적이 아니든 간에 국민 전체의 의지이거나 아니면 일부분의 의지에 지나지 않기 때문이다. 전자인 경우, 의지의 표명은 주권의 한 행위이자 법률이 된다. 후자인 경우는 특수 의지가 행정 기관의 한 행위에 지나지 않으며 고작해야 하나의 법령에 지나지 않는다.

그런데 우리나라의 정치 이론가들은 주권을 그 원리로는 분할할 수 없다고 여기고 그 대상에 따라서 분할하고 있다. 그들은 주권을 힘과 의지로, 입법권과 집행권으로, 과세권·사법권·교전권으로, 국내 행정권과 외국과의 조약 체결권으로 나누고 있다. 때로는 이 모든 부분을 혼동하거나 또 때로는 이들을 분리하기도 한다.

그들은 주권자를 여러 가지 부분을 모아서 만든 가공의 존재로 보고 있다. 그것은 눈이나 팔 또는 다리처럼, 신체의 몇몇 부분들만을 모아서 인간을 만드는 것과 같다.

일본의 길거리 마술사가 구경꾼들 눈앞에서 아이의 몸을 조각내어 그 팔

---

*1 의지가 일반적이기 위해서는 언제나 반드시 만장일치여야 하는 것은 아니다. 그러나 모든 투표는 계산될 필요가 있다. 형식상의 제외는 모두 일반성을 파괴한다.(원주)

다리를 차례로 공중으로 던져 올리면, 그 조각들은 모두 모여서 다시 살아 있는 한 아이가 되어 떨어진다고 한다.

우리나라 정치이론가들이 부리는 마술도 이와 거의 비슷하다. 그들은 장터에 내놓아도 부끄럽지 않을 신기한 힘으로 사회라는 몸을 조각낸 다음, 어찌된 까닭인지 다시 그 조각들을 주워 모은다.

이와 같은 오류는 주권에 대한 정확한 개념이 만들어지지 않은 데서 오는 것이며, 또 주권에서 나온 데 지나지 않는 것을 주권의 일부라고 착각한 데서 생긴다. 그래서 이를테면 선전포고나 강화 행위가 주권 행위로 간주되기도 했다.

그러나 그것은 옳지 않다. 왜냐하면 그런 행위는 모두 법률이 아니라 법률의 한 적용에 지나지 않으며, 법률을 어떻게 적용해야 할 것인가를 결정하는 특수한 행위이기 때문이다. 이것은 나중에 법률이라는 말에 대한 관념이 결정되면 분명해질 것이다.

마찬가지로 주권이 분할되어 있는 다른 경우를 살펴보면, 주권이 분할되어 있다고 굳게 믿은 경우는 모두 우리가 오류를 범하고 있는 것임을 알게 될 것이다. 우리가 주권의 일부로 착각하고 있는 여러 권리들은 모두 주권에 종속되어 있는 것이며, 언제나 가장 높은 의지를 예상하여 그 의지를 집행하는 데 지나지 않음을 알게 될 것이다.

이 점에 대해 정확성이 결여됨으로 인해, 정치적 권리에 대하여 저술가들이 스스로 세운 원리를 토대로 통치자와 국민의 권리를 판단하려 할 때, 그 판단이 얼마나 모호했는지 짐작도 못할 것이다.

그로티우스의 제1편 제3장 및 제4장을 보면, 이 학자와 그 번역자 바르베라크*²가 자기들의 의견으로서는 지나치거나 모자랄까 봐 또는 자기들이 조정해야 할 이해 관계를 해칠까 두려워한 나머지 얼마나 억지와 혼란에 빠져 있는가를 알 수 있다.

그로티우스는 자기 조국에 대한 불만 때문에 프랑스에 망명했고, 자기 저서

＊2 바르베라크(Barbeyrac, 1674~1744) : 프랑스의 법학자. 낭트 칙령이 나온 뒤 프랑스를 떠나 베를린, 로잔, 그로닝겐 등의 교수를 역임했다. 푸펜도르프의 《자연법과 만민법》 번역과 그에 대한 서문 및 역주로 명성을 얻었다. 또한 그로티우스 저작 번역과 아울러 많은 반론을 제기했다.

를 바친 루이 13세에게 잘 보이려고 국민으로부터 모든 권리를 빼앗아 가능한 모든 방법으로 국왕에게 넘겨 주기 위해 어떠한 수단도 마다하지 않았다.

이것은 바르베라크의 성향에도 맞았던지, 그는 그것을 번역하여 영국 왕 조지 1세에게 바쳤다. 그러나 불행히도 그가 양위라고 부른 제임스 2세의 폐위는 그로 하여금 윌리엄 왕을 찬탈자로 만들지 않기 위해 말을 꺼리거나 얼버무리지 않을 수 없게 했다.

만일 이 두 저술가가 참된 원리를 적용했더라면 모든 어려움을 물리치고 그들은 일관된 주장을 할 수 있었을 것이다.

그러나 그들은 한풀 꺾이어 진리를 말하며 사람들의 눈치만 살폈던 같다. 더욱이 진리는 돈이 되지는 않는다. 또 국민은 그들에게 대사나 교수의 지위나 연금을 주지도 않는다.*3

제3장 일반 의지는 오류를 범할 수 있는가

이제까지 말한 것을 통해 일반 의지는 언제나 올바르며 국가의 이익을 지향한다는 결론이 나온다. 그러나 국민의 생각이 언제나 한결같이 올바를 수는 없다.

사람은 언제나 자신의 행복을 바라지만, 그 행복을 언제나 있는 그대로 가려볼 수는 없다. 국민은 부패하지는 않지만 때로는 속는 수가 있다. 국민이 나쁜 일을 바라는 듯이 보이는 것은 그런 경우뿐이다.

전체 의지와 일반 의지 사이에는 때로 상당한 차이가 있는 법이다.*4 일반 의지는 공통의 이익만을 생각하는 반면, 전체 의지는 사사로운 이익만 생각하는 특수 의지의 총화일 뿐이다. 그러나 이러한 특수 의지에서 서로 상쇄하는

---

*3 그로티우스(Hugo Grotius, 1583~1645)는 네덜란드의 법학자, 정치가. 그는 로테르담 시의 연금 수령자였으며, 정변으로 프랑스에 망명한 뒤에는 루이 13세로부터 연금을 받았다. 또 스웨덴 왕을 섬긴 뒤에는 약 10년 동안 프랑스 주재 스웨덴 공사를 지냈다. 이 장의 마지막에서 루소가 국민은 그들을 대사로도 교수로도 만들어 주지 않고 연금도 주지 않는다고 말한 것은, 대사와 연금은 그로티우스를, 교수는 바르베라크를 비꼰 것이다.

*4 초고에서는 〈일반 의지가 전체 의지인 일은 드물다〉고 되어 있다.

과부족(過不足)을 빼면 차이의 합계로써 일반 의지가 남게 된다.*5

국민이 충분한 정보를 가지고 심의할 때, 만일 시민들이 서로 의사를 전하기 위해 도당을 짓는 따위의 일이 없다면 사소한 차이들이 모여 언제나 일반 의지를 만들어 낼 것이며, 토론의 의결은 언제나 좋은 것이 될 것이다.

그러나 도당이나 부분적인 단체가 큰 단체를 희생시켜 만들어진다면 이 단체마다의 의지는 그 구성원에 대해서는 일반적이 되지만 국가에 대해서는 특수한 것이 된다.

그런 경우에는 사람들과 같은 수의 투표자가 있는 것이 아니라 단체와 같은 수만큼의 투표자가 있을 뿐이라고 할 수 있다. 차이의 수는 더 적어지고, 더 적게 일반적인 결과를 가져온다. 마침내 이러한 단체의 하나가 매우 커져서 다른 모든 단체를 압도하게 되면, 그 결과는 더 이상 여러 가지 사소한 차이들의 총화가 아니라 단 하나의 차이만이 있게 된다. 그렇게 되면 이제 일반 의지는 존재하지 않으며, 또 우세한 의견은 특수한 의견에 지나지 않는다.

그러므로 일반 의지가 충분히 표명되려면 국가 안에 부분적 사회가 존재하지 않고, 시민 한 사람 한 사람이 자기 자신의 의견만을 말하는 것이 중요하다.*6 위대한 리쿠르고스의 독특하고 숭고한 제도는 이것이었다.

만일 부분적 사회가 존재한다면, 솔론이나 누마나 세르비우스*7가 한 것처럼 그 수를 늘려서 그 사이에 생기는 불평등을 방지하지 않으면 안 된다. 이런 조심성만이 일반 의지를 언제나 분명히 하고 국민이 스스로를 속이지 않기 위

---

*5 다르장송 후작은 "개개인의 이해는 저마다 다른 원리를 갖는다. 두 개의 개별적 이해는 제
  삼자의 이해와의 대립을 통해 비로소 합치한다"고 말하고 있다(다르장송 《프랑스의 통치에
  대한 고찰》 제2장). 그는 모든 사람의 이해는 개개인의 이해와 대립함으로써 비로소 합치한
  다고 덧붙일 수도 있었을 것이다. 만일 이해 관계가 다르지 않다면 공통의 이해라는 것은
  거의 느껴지지 않을 것이다. 공통의 이해는 결코 장애에 부딪치지 않고 모든 것을 자발적으
  로 이끌어 가며, 정치적 책략을 그만두게 될 것이다.(원주)
*6 마키아벨리는 말하고 있다. "어떤 종류의 분열은 국가를 해치지만 다른 종류의 분열은 국가
  에 유익하다는 것은 진실이다. 도당, 당파가 아울러 나오는 분열은 국가에 해롭고 도당이나
  당파 없이 유지되는 분열은 국가를 돕는다. 그러므로 그 어떤 국가의 창설자도 국가 안의
  위기에 대비할 수 없다면 적어도 서로 적대감으로 분열과 반목을 일으키지 않도록 대비해
  야 한다"《피렌체 역사》 제7편). (루소는 이탈리아어 원문을 인용했다.)(원주)
*7 리쿠르고스, 솔론, 누마, 세르비우스 모두 로마의 전설적 입법자들이다.

해서 유효한 것이다.

제4장 주권의 한계에 대하여

만일 국가 또는 도시국가가 바로 정신적 인격체로서 구성원의 결합 속에서만 그 생명을 이어갈 수 있다면, 그래서 그 가장 소중한 배려가 자기 보존의 배려라고 한다면, 국가는 각 부분을 전체에 가장 적절하게 움직여 배치하기 위해서 보편적이고 강제적인 힘을 가져야 한다.

마치 자연이 모든 사람들의 손발마다에 절대적인 힘을 주고 있듯이 사회 계약도 정치체(또는 정치체제)에 그 구성원 전체에 대한 절대적인 힘을 주고 있다. 그리고 이 힘이야말로 일반 의지에 의하여 이끌어질 경우, 이미 말했듯이 주권이라고 불릴 수 있는 바로 그것이다.

그러나 우리는 이 국가적인 인격 이외에 이것을 구성하고 있는 개인들을 생각하지 않으면 안 된다.

개인의 생명과 자유란 본디 국가적인 인격과는 독립된 것이다. 그래서 시민들과 주권자, 저마다의 권리를 구별하고*8 또 시민들이 백성으로서 다해야 하는 의무와 사람으로서 받아야 할 자연권(自然權)을 뚜렷이 구별하지 않으면 안 된다.

사회 계약에 의해 개개인이 양도하는 능력·재산·자유는 모두, 공동체 전체에 있어 반드시 필요한 부분에 한정하여 그 쓰임을 인정하고 있다. 그러나 무엇이 반드시 필요하며 그 필요한 부분이 얼마만큼인지를 결정하는 것은 주권자 몫이라는 것도 인정하지 않으면 안 된다.*9

시민은 통치자가 요구하면 그가 국가에 할 수 있는 만큼의 봉사를 곧바로 실행할 의무가 있다. 그러나 통치자 쪽에서도 공동체에 불필요한 부담은 결코 백성들에게 지울 수 없으며, 그것을 바랄 수도 없다. 왜냐하면 이성의 법칙 아

---

*8 주의깊은 독자 여러분, 부디 이건 모순이라고 성급히 나를 비난하지 말아 주기 바란다. 언어란 빈약한 것이어서 나는 용어의 모순을 피할 수가 없었다. 그러나 잠시 기다려 주기 바란다.(원주)
*9 〈그러나〉 이하의 부분은 《초고》에는 없다.

래서도 자연 법칙의 경우와 마찬가지로 원인 없이는 아무것도 일어나지 않기 때문이다.

우리를 사회체(社會體)에 결부시키고 있는 약속은 그 약속이 오직 서로간에 성립된 것이기 때문에 구속력이 있다. 그리고 그 약속은 그것을 이행함으로써, 남을 위해서 일하면 반드시 자기 자신을 위해서도 일한 것이 된다는 성질을 갖고 있다.

왜 일반 의지는 언제나 올바른가? 그리고 왜 모든 사람은 저마다 끊임없이 행복을 바라는가? 이것은 모든 사람들이 '저마다'라는 말을 자기 자신으로 생각하고, 또 모두를 위해 투표하는 경우에도 자기 자신의 이익을 생각하지 않을 수 없기 때문이 아닌가?

이것은 다음을 증명한다. 권리의 평등과 여기서 나오는 정의의 관념은 저마다의 사람이 자기 자신을 먼저 생각하므로 인간의 본성으로부터 나오며, 또 일반 의지는 그것이 정말로 일반적이려면 그 본질에 있어서와 마찬가지로 그 대상(對象)에 있어서도 일반적이어야 한다는 것과 일반 의지는 모든 사람에게서 나와 모든 사람에게 적용되어야 한다는 것이다.

그리고 일반 의지는 개인적인 특정 대상을 향할 때는 그 본래의 올바름을 잃는다. 그런 경우 우리는 자기와 관계 없는 것에 대해 판단하는 것이므로, 우리를 인도하는 평등에 대한 참된 원리를 갖고 있지 않기 때문이라는 것을 증명한다.

사실 미리 정해진 일반적인 약속으로 규정되어 있지 않은 점에 대해서 개별적인 사실 또는 권리가 문제가 되는 순간, 그것은 소송(訴訟)이 되어 버린다. 이것은 이해 관계를 갖는 개개인이 한쪽 당사자가 되고 일반 대중이 다른 쪽 당사자가 되는 소송이다.

그러나 거기에는 따라야 할 법도 없고 판결을 내릴 재판관도 없다. 이런 경우 일반 의지의 명백한 판결에 따르겠다고 바라는 것은 어리석은 일일 것이다. 이 판결이란 당사자의 한쪽이 내리는 결정일 뿐이다. 따라서 그것은 다른 쪽에게는 개별적인 자신 이외의 의지일 뿐이어서, 이 경우 부정에 기울기 쉽고 오류에 빠지기 쉽기 때문이다.

이와 같이 개별 의지가 일반 의지를 대표할 수 없는 것과 마찬가지로 일반 의지도 개별적 대상을 가질 때는 그 성질을 바꾸어 사람이나 사실에 대해서 일반적인 판결을 내릴 수 없는 것이다.

예를 들어 아테네의 국민(또는 시민)이 자신들의 통치자들을 임명하거나 면직시키고, 어떤 사람들에게 명예를 주거나 벌을 내리고, 또한 많은 개별적인 명령들에 의해 정부의 모든 행위를 무차별하게 실행할 경우, 국민은 이미 본래의 뜻으로서의 일반 의지를 갖고 있지 않다. 국민은 더이상 주권자로서가 아니라 행정관으로서 행동한 것이다.*10

이 생각은 일반의 견해와 상반되는 듯이 보일 것이다. 그러나 내 생각을 설명할 시간적 여유를 주기 바란다.

앞에서 설명해 온 것에서 의지를 일반적인 것으로 만드는 것은 투표의 수보다 오히려 투표를 일치시키는 공통의 이해(利害)라는 것을 알아야 한다. 왜냐하면 이 제도에서 개개인은 남에게 부과하는 조건에 필연적으로 자기 자신도 따르기 때문이다. 공공의 의결에 공평성을 부여하는 것은 이익과 정의의 훌륭한 조화이다. 그런데 모든 개별적인 사항을 논의할 때는 재판관의 행동 원리와 당사자의 행동 원리를 일치시켜 같은 것으로 만드는 공통의 이해가 존재하지 않으므로 이 공평성은 사라진다.

어느 쪽에서 원리를 향해 거슬러 올라가도 언제나 같은 결론에 도달한다. 말하자면 사회 계약은 시민들 사이에 평등을 확립하고, 그럼으로써 시민은 모두 같은 조건으로 서로 약속하고 모두 같은 권리를 즐기게 된다.

그래서 계약의 성질상 주권의 모든 행위, 즉 모든 일반 의지의 정당한 행위는 모든 시민에게 평등히 의무를 지우거나 은혜를 베푼다. 따라서 주권자는 국가체만을 인정하고 이것을 구성하는 개인에는 차별을 두지 않는다.

그렇다면 주권 행위란 본래 무엇인가? 그것은 상위자와 하위자 사이에 맺는 약속이 아니다. 정치체와 그 구성원 하나하나와의 약속이다. 그것은 사회계약을 바탕으로 하고 있기 때문에 합법적인 약속이며, 모든 사람에게 공통되므로 공정한 약속이고, (특정인이 아닌) 공공의 이익만을 대상으로 하므로 유용한 약속이다. 또 공공의 힘과 가장 높은 권력을 보증하므로 확고부동한 약속이다.

시민이 이런 약속에만 따르는 한, 그들은 그 누구에게도 복종하지 않고 자

---

*10 《정치경제론》에서 루소는 아테네의 민주 정치에 대한 그의 비판을 다른 이유에 근거하고 있다.

기 자신의 의지에만 복종하게 된다. 통치자와 시민, 저마다의 권리가 어디까지 미치는가를 묻는 것은 시민들이 어느 지점까지 자기 자신, 즉 한 사람이 모두와, 그리고 모든 사람이 한 사람과 약속할 수 있는가를 묻는 일이다.

여기서 알 수 있는 것은 주권이 아무리 절대적이고 신성하며 불가침한 것일지라도 일반적 약속의 한계를 넘지 않으며 또 넘을 수 없다는 것, 그리고 모든 사람은 이런 약속을 통해 그에게 남아 있는 모든 재산과 자유를 충분히 쓸 수 있다는 것이다.

따라서 군주는 백성 중 하나에게 다른 사람 이상의 부담을 지울 권리는 없다. 그런 경우는 개별적인 문제가 되며 통치자의 권한은 거기까지 미치지 않기 때문이다.

이러한 구별이 한 번 인정되면, 사회 계약에서는 개개인 쪽에 있어 권리의 실제적인 포기란 있을 수 없는 완전한 오류들을 발견할 수 있으므로, 실제로 그들의 상태는 이 계약의 결과 이전 상태보다 현실적으로 더 바람직한 것이 되었으며, 또 그들은 권리의 양도는커녕 유리한 교환을 했음에 지나지 않는다는 것을 알 수 있다.

다시 말해서 확실하지 않으며 위태로운 생활을 더 좋고 확실한 다른 생활과, 자연의 독립을 자유와, 남을 해치는 권력을 자기 자신의 안전과, 남에게 타파될 우려가 있는 힘을 사회의 결합에 의해 누구도 꺾을 수 없는 것이 된 권리와 바꾼 데 지나지 않는 것이다.

그들이 국가에 바친 목숨도 국가에 의해 끊임없이 보호받는다. 그리하여 그들이 국가를 지키기 위해 목숨을 걸 경우, 그들은 국가로부터 받은 것을 국가에 돌려주는 데 지나지 않는 것이 아닌가? 그것은 자연 상태에 있어서 피할 수 없는 싸움을 하며, 자기의 생존에 필요한 것을 목숨을 걸고 지켰을 때는 더 자주 더 많은 위험 속에 있게 되는 것과 마찬가지가 아닌가?

물론 모든 사람은 필요하다면 조국을 위해서 싸워야 한다. 그러나 아무도 자기 자신을 위해서 싸울 필요는 결코 없다. 우리의 안전이 위협받고 있을 때 우리 자신을 위해서 무릅쓰지 않으면 안 되는 위험, 그 위험의 일부를 우리에게 안전을 부여하는 국가를 위해서 무릅쓴다는 것은 더 큰 이익이 되지 않겠는가?

제5장 삶과 죽음의 권리에 대하여

개개인이 자기 자신의 목숨을 마음대로 처분할 권리도 없는데, 자기가 갖지도 않은 이 권리를 어떻게 통치자에게 이전할 수 있느냐고 묻는 사람이 있다. 이 문제는 풀기 어려운 듯이 여겨지지만, 그것은 다만 문제를 제기하는 방법이 옳지 않기 때문이다.

누구나 자기 목숨을 지키기 위해서라면 생명의 위험을 무릅쓸 권리가 있다. 화재를 피하려고 창문에서 뛰어내린 사람을 보고 자살죄에 해당한다고 말할 사람이 있을까? 또 배를 탈 때 위험하다는 것을 알고 있었다고 하여 폭풍우 속에서 죽은 사람에게 자살죄를 씌운 사람이 일찍이 있었던가?

사회 계약은 계약 당사자의 자기 보존이 목적이다. 목적을 바라는 자는 수단도 바란다. 그리고 그 수단은 얼마간의 위험, 또 거기에 얼마간의 손해를 생각하지 않을 수 없다.

남의 희생으로 자기 목숨을 보존하려는 사람은 필요할 때는 또 남을 위해서 자기 목숨을 내던져야 한다.

그러므로 시민은 법이 위험에 몸을 내맡기도록 요구할 때에 더 이상 그 위험에 대해 이러쿵저러쿵 말할 수 없다. 그리고 통치자가 시민에게 '그대의 죽음이 국가에 도움이 된다'고 말할 때 시민은 죽지 않으면 안 된다. 왜냐하면 오로지 이 조건에 의해서 그는 오늘날까지 안전하게 살아왔으며, 또 그의 목숨은 단순한 자연의 혜택이 아니라 국가에서 조건부로 준 선물이기 때문이다.

범죄인에게 주어지는 사형도 같은 관점에서 생각해 볼 수 있다. 자객(刺客)에게 목숨을 잃고 싶지 않기에, 우리는 자객이 되었을 경우에는 사형을 당할 것을 승인하는 것이다. 이 계약을 할 때 우리는 자기 자신의 목숨이 좌우된다는 생각은 않고 자기 목숨을 보장하는 것만 생각한다. 그때 계약 당사자 가운데 자신이 교수형을 당하리라고 예상하는 사람은 아무도 없을 것이다.

나아가서 사회적 권리를 침해하는 악인은 모두 그 범죄로 인해 조국에 대한 반역자가 되고 배신자가 된다.

그는 법을 어김으로써 조국의 일원임을 그만두었을 뿐만 아니라 조국에 전쟁을 선포한 셈이 된다. 그러므로 국가의 보존과 그의 보존은 양립할 수 없는 것이 되며, 둘 가운데 하나는 권리를 양보해야 한다. 그리고 죄인을 죽이는 것은 시민으로서가 아니라 적으로서이다.

그를 재판하는 것과 판결을 내리는 것은 그가 사회 계약을 깼으며, 따라서 그는 이제 국가의 일원이 아니라는 것에 대한 증명과 선고이다.

그는 적어도 그곳에 산다는 이유로 자신을 그 국가의 일원으로 인정했으므로, 그는 계약을 깬 자로서 추방에 의해서나 공중의 적으로서 죽음에 의해 국가로부터 분리되어야 한다. 왜냐하면 그러한 적은 도덕적 인격이 아니라 단순한 사람이며, 이런 경우 전쟁의 권리는 진 자를 죽일 수 있기 때문이다.

범죄자의 처형은 개별적인 행위라고 말할지도 모른다. 옳은 말이다. 그래서 이 처형은 결코 통치자에 속하는 것이 아니며, 통치자가 남에게 줄 수는 있지만 자기 스스로는 행사할 수 없는 권리이다. 내 생각은 모두 일관되어 있으나 한꺼번에 모두 설명할 수는 없다.

게다가 형벌을 자주 내린다는 것은 정부가 약하거나 게으르다는 표시이다. 아무 짝에도 쓸모없을 만큼의 악인은 결코 없다. 살려 두기만 해도 위험한 사람을 제외하면 본보기로라도 죽일 권리는 아무도 갖고 있지 않다.

특별 사면을 하는 권리 또는 법으로 정해지고 재판관에 의해서 선고된 형벌에서 죄인을 면제시켜 주는 권리는 재판관이나 법 위에 권력을 행사할 수 있는 자, 즉 통치자(또는 군주)에게만 속한다. 그런데 이에 대한 통치자의 권리는 확실하지 않으며 이것을 행사하는 경우도 매우 드물다.

잘 다스려지고 있는 나라에는 형벌이 적다. 특사를 많이 해 주기 때문이 아니라 범죄자가 적기 때문이다. 국가가 쇠퇴할 때 많은 범죄자가 생기는 것은 범죄자에 대한 처벌이 제대로 이루어지지 않고 있음을 입증한다.

로마 공화국 시대에는 원로원도 집정관도 특별 사면 같은 것은 생각조차 하지 않았다. 국민들까지도 마찬가지였다. 다만 때로 자신이 내린 판결을 취소하는 일은 있었다. 특별 사면이 잦다는 것은 머지않아 범죄를 저질러도 특별 사면을 필요로 하지 않을 것을 나타내며, 그것이 어떻게 되리라는 것은 누구나 아는 일이다.

그러나 나는 이제 펜을 멈춰야 할 것 같다. 이런 문제를 논하는 것은 올바른 사람에게 맡기자. 결코 잘못을 저지른 적이 없고 이제껏 그 자신을 위해서 특사를 필요로 하지 않았을 사람에게.

제6장 법에 대하여*11

사회 계약에 의해 우리는 정치체에 존재와 생명을 부여했다. 이제는 입법에 의해 정치체에 활동과 의지를 부여하는 것이 문제가 된다. 왜냐하면 정치체를 만들고 결합하는 이 첫 행위는, 정치체가 스스로를 보존하기 위해서 무엇을 해야 하는지에 대해서는 규정하지 않기 때문이다.

질서에 맞는 좋은 일이라는 것은 사물의 본성에 의해서 그렇게 되는 것으로서 인간의 약속과는 관계가 없다.

모든 정의는 신에게서 오며 신만이 그 근원이다. 그러나 만일 우리가 신에게서 정의를 받는 방법을 알고 있다면, 우리는 정부도 법도 필요하지 않을 것이다.

물론 이성에서만 나오는 일종의 보편적 정의라는 것은 있다. 그러나 이 정의가 우리들에게 받아들여지려면 반드시 상호적이어야 한다.

인간적으로 고찰해 보면, 자연이 제재(制裁)를 가해 주지는 않으므로 정의의 법은 사람들 사이에서는 효력이 없다. 선한 사람은 모든 사람에 대해 정의의 법을 준수하는 반면, 누구도 그와 함께 정의의 법을 지키지 않는다면, 그 법은 악한 인간에게는 이익을 주고 선한 사람에게는 손해를 입힐 뿐이다. 그래서 권리를 의무와 결부시키고, 정의를 그 본래의 대상에 적용시키기 위해서 약속과 법률이 있어야 한다.

모든 것을 공유하는 자연 상태에서는 내가 아무것도 약속하지 않은 사람에게 나는 아무 신세도 진 것이 없고, 내게 필요 없는 것만 남의 것으로 인정한다. 그러나 사회 상태에서는 모든 권리가 법으로 규정되어 있다.

그렇다면 법이란 대체 무엇인가? 이 말에 형이상학적인 관념만 결부시켜서 만족하는 한, 언제까지 이론을 늘어놔 봐야 아무 소용 없다. 또 자연의 법이란 무엇인가에 답을 했다고 해서, 국가의 법이 무엇인가를 더욱 잘 이해할 수 있는 것은 아니다.*12

나는 이미 개별적인 대상에 대해서는 일반 의지가 있을 수 없다고 말했다. 사실 이 개별적인 대상은 국가 안에 있거나 국가 밖에 있다. 만일 개별적인 대

---

*11 "이 문제는 아주 새로운 것이다. 법의 정의는 여기에서부터 이루어져야 한다"(《에밀》 제5편).
*12 이것은 분명히 몽테스키외를 가리키는 것이다(《법의 정신》 제1편 제1장).

상이 국가 밖에 있다면, 그 대상과 관계 없는 하나의 의지는 그것과의 관계에 있어서 결코 일반적이 아니다.

또 이 대상이 국가 안에 있다면, 그것은 국가의 한 부분을 이루고 있다. 그 때는 전체와 그 부분과의 사이에 하나의 관계가 성립되며, 그 관계는 부분을 하나로 하고 전체에서 이 부분을 제거한 나머지를 또 하나로 하는 두 개의 분리된 것을 만든다.

그러나 전체에서 한 부분을 제거한 것은 결코 전체가 아니다. 그리고 이 관계가 계속되는 한 더 이상 전체는 없고 불평등한 두 부분이 있을 뿐이다. 거기서 한쪽의 의지는 다른 쪽과의 관계에서도 결코 일반적이 아니라는 결론이 나온다.

그러나 온 국민이 자신들에 대한 법을 결정할 때, 국민은 자신밖에 생각지 않는다. 이때 어떤 관계가 이루어지더라도 그것은 한 관점에서 본 대상 전체와 다른 관점에서 본 그 전체와의 관계이며, 전체의 분할이 일어나는 것은 아니다.

그때 결정의 대상이 되는 것은 결정을 하는 의지와 마찬가지로 일반적이다. 나는 이 행위를 법이라고 부른다.

내가 법의 대상은 언제나 일반적이라고 말할 때, 그 뜻은 법은 백성들을 한 덩어리로 묶어 행위를 추상적으로 생각하는 것이며, 결코 어느 한 개인이나 개별적인 행위로 생각하지는 않는다는 의미이다.

그러므로 법은 특권의 존재를 얼마든지 정할 수 있지만 누구 한 사람을 지명하여 특권을 줄 수는 없다. 또 법은 시민 계급을 많이 만들 수도 있으며 계급마다 들어갈 수 있는 자격을 지정할 수도 있지만, 누가 들어갈 수 있다고 지명할 수는 없다. 또 법은 왕정과 세습을 정할 수는 있어도 왕을 고르거나 왕가를 지명할 수는 없다. 한 마디로 말해서 개별적인 대상에 관련된 기능은 모두 입법권에 속하지 않는다.

이 생각을 통해 알 수 있는 것은 법이 일반 의지의 행위에 속한다면 법을 만드는 것은 누구의 본분이냐고 묻거나, 군주도 국가의 일원이라면 군주가 법을 초월한 존재냐 아니냐를 묻거나, 그 누구도 자기 자신에게 공정하지 않다면 법이 공정하다고 말할 수 있느냐고 묻거나, 또 왜 사람은 자유로운 존재이면서도 우리 의지의 기록물일 따름인 법을 따라야 하느냐고 묻는 것은 더 이상 필요

없는 일이라는 것이다.

나아가서 법이 의지의 보편성과 대상의 보편성을 결합하고 있는 이상, 누구든 한 사람이 자기만의 권력으로 명한 것은 법이 아님을 알 수 있다. 국가의 주권을 행사하는 통치자라 할지라도 개별적 대상에 대해서 명한다는 것은 더 이상 법이 아니라 명령이며 주권 행위가 아니라 행정 행위임을 알 수 있다.

그래서 나는 법으로 다스려지는 국가를, 그 행정 형식은 어떻든 간에 모두 공화국이라고 부른다. 왜냐하면 그 경우에만 공적인 이익이 지배하고 공적인 일이 경시되지 않기 때문이다. 모든 합법적인 정부는 곧 공화적(共和的)이다.*¹³ 정부란 무엇인가 하는 것은 나중에 설명하기로 한다.

법은 본디 사회적 결합의 여러 조건들 이외에 아무것도 아니다. 따라서 국민은 법을 따르는 동시에 법의 제정자여야 한다. 사회의 여러 조건들을 규정하는 것은 사회적으로 결합하는 사람들에게만 속하는 일이다.

그런데 그들은 그것을 어떻게 규정할 것인가? 갑작스러운 영감에 의한 만장일치를 통해서인가? 정치체는 그 의지를 표명하기 위한 기관을 가질 것인가? 누가 그런 법령을 작성하고, 미리 공포하는 데 필요한 선견지명을 정치체에 주는 것일까? 또 정치체는 어떻게 필요한 순간에 그 법령을 발표하는 것일까?

눈 먼 대중은 무엇이 자기들에게 득이 되는지를 알기가 쉽지 않으므로 자기가 바라는 것을 모르는 수가 많다. 그런 대중이 어떻게 입법 조직같은 어렵고도 큰 사업을 스스로 해낼 수 있을까?

국민은 자연적으로 언제나 행복을 원하지만, 그 행복이 무엇인지를 늘 안다고는 볼 수 없다.

일반 의지는 언제나 올바르지만 그것을 이끌어 가는 판단은 언제나 현명하다고는 볼 수 없다.*¹⁴ 따라서 일반 의지로 하여금 대상을 있는 그대로의 모습

---

*13 나는 귀족 정치 또는 민주 정치만을 뜻하는 것은 아니다. 일반적으로 일반 의지, 즉 법에 의해서 인도되는 모든 정부를 뜻하는 것이다. 합법적이려면 정부는 주권자와 혼동되어서는 안 되며 주권자의 종이 되지 않으면 안 된다. 그때에는 군주 정치 자체까지도 공화정이 된다. 이것은 다음 편에서 더 분명하게 드러날 것이다.(원주)

*14 《초고》에서는 "그것을 이끌어 가는⋯⋯" 이하의 대목은 다음과 같이 되어 있다. "그것(일반 의지)을 수정하는 것은 전혀 문제가 되지 않지만, 그것을 적절하게 규명할 줄 알아야 한다."

으로, 때로는 그렇게 바람직한 모습으로 보게 하고, 그것이 구하는 올바른 길을 제시하여 개별 의지의 유혹으로부터 지켜 주며, 그 눈에 장소와 시간을 잘 보게 하고, 눈앞의 뚜렷한 이익이 주는 매력과 멀어서 눈에 보이지 않는 재앙의 위험을 비교하도록 해야 한다.

　개인은 어떤 것이 행복인지는 알지만 그것을 멀리한다. 반면 대중은 행복을 바라지만 그것이 무엇인지 알지 못한다. 양쪽 모두 똑같이 길잡이가 필요한 것이다.

　개인에게는 그 의지를 이성과 일치시키도록 요구해야 하며, 대중에게는 그들이 바라는 것을 가르쳐 주어야만 한다. 그러면 대중을 계몽한 결과로 사회 체계 안에 오성(悟性)과 의지의 일치가 이루어지고, 여러 부분의 정확한 협력, 나아가서는 전체의 가장 큰 힘이라는 결과가 나타난다. 바로 이런 이유 때문에 입법자가 필요한 것이다.

제7장 입법자에 대하여*15

　국민에게 가장 알맞은 사회 규칙을 발견하려면 뛰어난 지성이 필요하다.

　그 지성은 인간의 모든 열정을 잘 알면서도 그 어느 것 때문에도 흔들리지 않고, 우리의 본성을 속속들이 알면서도 그것과 아무런 연관도 갖지 않으며, 스스로의 행복이 우리들과 동떨어진 것임에도 불구하고 우리의 행복을 위해서 기꺼이 애쓴다. 마지막으로 진보하는 시대 너머로 영광을 기대하면서도 이 세기(世紀)에서 노력한 결과가 다음 세기에 나타나더라도 그것을 즐길 수 있는 지성이어야 한다. 사람들에게 법을 제정해 주려면 신들과 같은 지성을 지닌 자가 필요할 것이다.*16

　칼리굴라가 사실 문제에 대해서 행한 것과 같은 추리를, 플라톤은 그의 저

---

*15 국민은 그 입법 체계가 쇠퇴하기 시작할 때 비로소 유명해진다. 스파르타인이 그리스의 다른 지방에서 문제가 될 때까지 얼마나 많은 세기 동안 그들의 행복이 리쿠르고스의 제도로 유지되었는지 그 기간의 길이는 알 수가 없다.(원주)

*16 조금 다르지만 1766년 7월 26일자 미라보 앞으로 보낸 편지에 〈나는 전제 군주가 신일 수 있기를 바란다〉고 씌어 있는 것과 비교할 것.

서 《정치가》*17 속에서 그가 구하는 정치가 또는 군주를 정의하기 위한 권리 문제에 대해서 이를 쓰고 있다.

그러나 위대한 군주가 아주 드물다는 것이 사실이라면 위대한 입법자는 어떻겠는가? 후자가 제시하는 모범에 전자는 따르기만 하면 되는 것이다.

입법자는 기계를 발명하는 기사이며, 군주는 이 기계를 조립하여 운전하는 직공에 지나지 않는다.

"사회의 발생에 즈음하여 제도를 만드는 것은 공화국의 지도자이지만, 나중에는 그 제도가 공화국의 지도자를 만든다"*18고 몽테스키외는 말했다.

국민에게 제도를 만들어 주려는 사람이라면 인간성을 바꾸는 힘이 있어야 한다. 또 그 자체가 하나의 완전하고 고립된 전체인 각 개인을, 좀더 큰 전체의 부분으로 바꾸어, 말하자면 그 개인이 그 생명과 존재를 그곳으로부터 받도록 할 수 있고, 인간의 골격을 더 강하게 바꿀 수 있으며, 우리 모두가 자연으로부터 받은 신체적이고 독립적인 존재를 부분적이고 정신적인 존재로 바꾸어 놓을 수 있다는 확신을 가진 사람이어야 할 것이다.

한 마디로 말해서 입법자는 사람에게서 그 자신의 고유한 힘을 빼앗고, 그 자신과는 이제까지 아무 관계도 없던 힘, 다른 사람의 도움 없이는 쓸 수 없는 힘을 주지 않으면 안 되는 것이다. 자연에 의해서 주어진 그러한 힘이 죽어 무(無)가 되는 정도에 따라서 새로 얻은 힘은 더 크고 영속적인 것이 되며, 그 제도도 더한층 확실하고 완전한 것이 된다.

그러므로 시민 저마다가 다른 시민 전체에 의지하지 않으면 아무것도 하지 못하며, 또 전체가 얻은 힘이 모든 개인의 자연적인 힘을 다 합친 것과 같거나 더 클 때, 입법은 도달할 수 있는 한도 내에서 완전함이 최고점에 올라 있다고 할 수 있다.

입법자는 국가에 있어 모든 점에서 비범한 사람이다. 그는 그 천재성 때문에 비범해야 하지만 그 직무로서도 역시 그러하다.

그것은 행정 기관도 아니며 주권도 아니다. 공화국을 만드는 이 직무는 헌

---

*17 플라톤 《정치론》 제10~13 및 제29~32장. 〈법률론〉이라고 되어 있는 것은 〈국가론〉으로 보는 게 자연스럽다. 루소가 한때 이 두 논문을 혼동했으리라고 추측할 수 있다.
*18 몽테스키외 《로마 성쇠론》 제1장. 여기서 루소가 인용한 부분은 몽테스키외의 책 초판 (1734)에는 없고 그 뒤에 첨가된 것이다.

법에는 포함되지 않는다. 그것은 인간들이 만든 나라와는 아무런 공통점도 없는 특별하고 우월한 작업이다.

왜냐하면 만일 사람들을 지배하는 자가 법을 지배해서는 안 된다면 법을 지배하는 자 역시 사람들을 지배해서는 안 되기 때문이다. 만일 그렇지 않다면 그의 법은 그의 욕망의 하인이 되어 많은 경우 그의 부정을 영속시키는 데 지나지 않을 것이다. 그리고 그의 특수한 견해가 그의 작품의 신성함을 손상시키는 것을 결코 그는 피하지 못할 것이다.

리쿠르고스는 조국의 법을 만들었을 때 먼저 왕위에서 물러났다. 그리스 대부분의 도시들에서는 법 제정을 외국인에게 맡기는 것이 관습이었다. 근대 이탈리아의 여러 공화국들은 흔히 이 관습을 흉내냈으며, 제네바 공화국도 그렇게 해서 성공했다.*19

로마는 가장 번창한 시대에 그 전제 정치 아래에서 볼 수 있는 온갖 범죄들이 내부에 부활하여 곧 망할 것만 같았다. 그것은 같은 사람들의 손에 입법권과 주권이 집중되어 있었기 때문이었다.

그러나 로마의 10대 행정관*20들도 그들만의 권위로 법을 제정할 권리를 손에 쥘 만큼 뻔뻔하지는 않았다.

"우리가 그대들에게 제안하는 것은" 하고 그들은 시민들에게 말했다. "그대들의 동의 없이는 무엇 하나 법이 될 수 없다. 로마인이여, 그대들 스스로 그대들의 행복을 만들어 낼 법의 제정자가 되어라."

그러므로 법률을 편찬하는 자는 입법권이 없으며 또 가져서도 안 된다. 그리고 국민 자신도 설령 그것을 바라더라도 이 양도할 수 없는 권리를 버릴 수는 없다.

왜냐하면 기본 계약에 의하면 개개인을 구속하는 것은 일반 의지뿐이며, 개별 의지가 일반 의지와 일치한다는 것은 개별 의지를 국민의 자유로운 투표에 맡긴 뒤에 비로소 확인할 수 있기 때문이다.

─────────

*19 칼뱅을 신학자로만 생각하는 사람들은 그가 타고난 재능의 정도를 잘 모른다. 그가 크게 기여한 우리(제네바)의 현명한 여러 법령들의 편찬은 그의 《강요》 못지않게 그에게 명예를 부여한다. 시간의 경과와 더불어 우리의 신앙에 어떤 혁명이 일어나더라도 조국과 자유에 대한 사랑이 우리에게서 사라지지 않는 한, 이 위인에 대한 기억은 언제까지나 우리의 축복의 대상이 될 것이다.(원주)

*20 십이동판법을 만들기 위해 로마에 설치된 10인 위원회의 행정관.

이에 대한 설명은 앞에서 했지만, 그것을 되풀이해도 의미 없는 일은 아니다.

이리하여 입법이라는 작업 속에는 양립하기 어려울 듯한 두 가지가 동시에 발견된다. 하나는 입법이 인간의 힘으로는 이루기 어렵다는 것이고 또 하나는 어떤 권한도 없는 권위자가 입법을 수행한다는 것이다.

또 하나 주의할 만한 어려움이 있다. 현자들이 보통 사람들을 향해서 보통 사람들의 말이 아닌 그들 자신의 말로 이야기한다면 그들의 뜻을 이해시킬 수 없을 것이다. 그러나 보통 사람들의 말로 표현할 수 없는 관념은 아주 많다. 너무나 일반적인 견해, 너무나 동떨어진 대상은 국민에게는 똑같이 손이 닿지 않는 것이다.

개인마다 자기의 이해와 관계가 없으면 어떤 정책에도 관심이 없기 때문에, 미래의 이익을 위해서는 좋은 법이 부과하는 영속적인 부자유에서 얻어진다고 확신하는 이익을 쉽사리 인정하려 하지 않는다.

갓 태어난 구성원이 정치의 건전한 명제를 이해하고 국가의 근본 규칙을 따르게 하기 위해서는 결과가 원인이 되어야 한다. 다시 말해 제도의 산물이어야 하는 사회적 정신이 그 제도 자체를 담당해야 할 것이다. 또 사람들은 법이 만들어지기 전에 그들이 법에 따라 형성되어야 할 이상적인 인간이 되어야 할 것이다.

이렇게 입법자는 힘도 논리도 쓸 수 없으므로 필연적으로 다른 질서에 속하는 권위에 의지한다. 그 권위는 폭력을 쓰지 않도록 인도하며, 억지 없이도 설득할 수 있는 것이다.

이런 것들을 통해 모든 시대를 통틀어 나라를 세운 자들은 부득이하게도 하늘의 도움에 의지하여 자신의 지혜를 여러 신들의 지혜로 찬양했던 것이다. 그것은 국민이 자연의 법칙을 따르는 것과 마찬가지로 국가의 법률을 따르며, 국민의 형성과 국가의 형성 속에 같은 힘이 작용하는 것을 인정하고 자유로운 마음으로 복종하며, 공공의 행복이라는 멍에를 순순히 받아들이도록 하기 위해서였다.

이 숭고한 이성은 보통 사람들의 손이 미치지 않는 곳에 있다. 그런데 입법자는 그 이성의 결정을 불사(不死)의 신들 입에서 나온 것처럼 꾸몄다. 그리하여 인간의 생각으로는 움직일 수 없는 사람들을 신의 권위를 통해 끌고 갔던 것이다.*²¹ 그러나 신으로 하여금 말하게 하거나 자신은 신의 대변자라고 선언하여 남을 믿게 한다는 것은 아무나 할 수 있는 일은 아니다.

입법자가 가진 위대한 영혼이야말로 그의 사명을 증명할 참된 기적이다. 누구든지 석판에 글자를 새기고, 신탁을 매수하며, 어떤 신적인 것과 비밀을 나누기라도 하는 것처럼 가장하고, 새를 길들여서 자기 귀에 속삭이게 하는 등 국민을 속이는 야비한 수단을 쓸 수 있다.

이와 같은 지혜밖에 없는 사람이라도 어쩌면 한 무리의 어리석은 사람들을 모을 수는 있을지 모른다. 그러나 그는 결코 나라를 건설하지는 못할 것이며, 그의 터무니없는 작업은 머지않아 그와 더불어 멸망해 갈 것이다.

껍데기뿐인 위선은 일시적인 유대밖에 만들지 못한다. 유대를 영속적인 것으로 만드는 것은 뛰어난 지혜뿐이다.

영원히 남을 유대인의 법,*²² 10세기 동안이나 세계의 절반을 지배해 온 이스마일의 아들*²³의 법은 이를 명한 사람들이 위인이었음을 오늘날에도 여실히 전하고 있다.

그리고 오만한 철학이나 맹목적인 당파심은 이 위인들을 운좋은 사기꾼으로밖에 보지 않지만, 참된 정치가는 이런 사람들이 세운 제도 속에서 영속적인 큰 사업을 다스리는 위대하고 강력한 천재를 찬미하는 것이다.

이상 설명한 모든 것에서 워버턴*²⁴처럼 정치와 종교가 우리 사이에서 공통의 목적을 갖는다고 말할 것이 아니라, 오히려 여러 국민들이 탄생할 때는 종교가 정치의 도구로서 유용하다고 결론지어야 한다.

---

*21 마키아벨리는 말하고 있다. "실제로 어떤 국가에서도, 이제까지 신에 의지하지 않고 특별한 법을 공포한 입법자는 없었다. 왜냐하면 그렇게 하지 않으면 그들은 받아들여지지 않았을 것이기 때문이다. 지혜로운 사람의 인정은 받더라도 다른 사람들을 납득시킬 만큼 분명하지는 않은 많은 이점들이 그런 법률에는 존재한다"《티투스 리비우스론》 제1편 제11장). 〔루소는 이탈리아어 원문을 인용한다.〕(원주)

*22 단편 《유대인》을 보라. 〈오만한 철학〉은 볼테르의 《마호메트》를 빈정댄 것이다.

*23 이슬람 교의 시조 마호메트를 가리킨다.

*24 워버턴 《모세의 신의 사절》(1738), 특히 제2편 5, 6 및 그의 소책자 《교회와 국가의 동맹》(1736). 워버턴(1698~1779)은 영국의 신학자로 글로스터의 사제였다. 포프의 친구로서 포프의 《인간론》을 에워싼 논쟁에서는 그를 변호했다. 그는 또 정통파의 신학을 지지하여 흄, 볼테르 등과 심한 논쟁을 벌였다.

제8장 국민에 대하여(I)

건축가가 큰 건축물을 세우기 전에는 땅을 관찰하고 탐색하여 그것이 무게를 견디어 낼 수 있을지 살피듯, 현명한 입법자는 그 자체로서는 모양만 갖춘 법률을 편성하는 일부터 시작하지 않고, 먼저 자기가 법률을 만들어 주려 하는 국민이 그 법률을 지지하는 데 알맞은지를 검토한다.

플라톤이 아르카디아인과 키레네인에게 법률을 제정해 주기를 거부한 것은 이 때문이다. 그는 이 두 시민들이 부유해서 평등성을 받아들이지 않을 것을 알고 있었다. 또 크레타 섬에서 형식뿐인 법률과 성질이 악한 인간들을 볼 수 있었던 것도 이 때문이며, 미노스가 규율을 준 것은 이미 악덕에 물든 인간들이었던 것이다.

이 지상에는 훌륭한 법률을 도저히 감당할 수 없는 국민이 번영을 누린 예가 얼마든지 있다. 훌륭한 법률을 받아들일 수 있었던 국민도 그렇게 할 수 있었던 것은, 그 국민이 유지된 모든 기간 가운데에서 극히 짧은 한동안에 지나지 않았다.

사람은 많은 경우 그 일생 동안 주로 청년기에만 온순하며 나이를 먹으면 점점 완고해진다. 한번 버릇이 들고 편견이 뿌리내리면, 그것을 개혁하려고 하는 것은 위험하고도 쓸데없는 수고가 되기 쉽다. 재앙을 제거해 주려는 것임에도 사람은 남이 건드리는 것을 참지 못한다. 그것은 의사의 모습만 보아도 미리부터 긴장하는 어리석고 겁많은 환자와 비슷하다.

사실 어떤 종류의 병이 사람들의 머리를 혼란시켜 지난날의 기억을 빼앗듯이, 국가가 존속하는 동안에 때로 격동하는 시기가 있으며, 개개인에게 병이 미치는 것과 같은 작용을 혁명은 국민에게 끼치기도 한다. 그러면 국민은 과거에 대한 공포로 과거를 기억할 수 없게 만들어 국가는 내란으로 불타게 된다. 하지만 국가는 내란의 그 잿더미 속에서 되살아나 죽음의 손아귀에서 빠져나와 젊음의 힘을 되찾게 된다.

이것이 바로 리쿠르고스 때의 스파르타이고, 타르키니우스 가문 뒤의 로마이며, 또 우리 근대 국가들 가운데에선 폭군을 추방한 뒤의 네덜란드와 스위스의 모습이었다.

그러나 이것은 드문 일들이다. 그것은 예외였으며 그 이유는 언제나 그 예외적인 국가의 특수한 체제 속에서 발견된다. 이런 예외적인 일은 같은 국민 또는 시민에게 두 번 다시 일어날 수 없을 것이다.

왜냐하면 사람이 스스로 자유로울 수 있는 것은 그들이 미개한 동안뿐이며, 시민의 활력이 소모되었을 때는 더 이상 그렇게 할 수가 없기 때문이다.

그때는 전쟁이 국민을 파괴할 수는 있어도 혁명이 국민을 다시 일으킬 수는 없다. 그리고 그 쇠사슬이 끊어지자마자 국민도 흩어져서 더 이상 존속하지 못하게 된다. 그렇게 된 뒤에 국민에게 필요한 것은 지배자이지 해방자가 아니다.

자유로운 국민 여러분, 이 격언을 기억해 두시라. 자유는 획득할 수는 있으나, 되찾을 수는 없다는 것을.

청년*25은 유년이 아니다. 사람에게 청년기가 있는 것처럼 국민에게도 청년 또는 성숙의 시기가 있으며, 국민을 법에 따르게 하려면 기다려야 한다. 그러나 한 국민이 성숙했는지 어떤지를 분간하기란 쉽지 않다. 그리고 성숙을 앞지르면 일은 실패로 끝난다.

태어날 때부터 규율에 복종시킬 수 있는 국민도 있고, 10세기가 지나도 그렇게 될 수 없는 국민도 있다.

러시아인은 언제까지고 진정한 시민이 되지는 못할 것이다. 그들은 너무 빨리 시민이 되어 버렸기 때문이다.

표트르 대제(大帝)는 모방하는 재주는 있었으나 참된 천재성, 곧 무에서 모든 것을 만들어 내는 창조의 천재성은 갖고 있지 않았다. 그가 한 일 가운데 얼마쯤은 좋았지만 상당 부분은 엉뚱한 것이었다. 그는 그의 국민이 미개하다는 것은 알고 있었으나 그들이 시민이 될 만큼 성숙하지 못했다는 점은 간파하지 못했다. 그는 국민을 전쟁의 고난에 익숙해지도록 길들이는 것으로 필요한 시기에 그들을 개화하려 했던 것이다.

먼저 러시아인을 만드는 일부터 시작해야 했을 때, 표트르 대제는 느닷없이 독일인이나 영국인을 만들려고 했다. 그는 자신의 백성들이 현실적으로 그렇

---

*25 '청년은……' 이하의 대목은 1762년 판에는 '사람과 마찬가지로 국민도 성숙의 시기가 있으며'로 짧게 되어 있다. 1782년 판 이후에 지금처럼 되었다. 편집자 페루는 이 정정을 루소 자신이 주(註)를 단 어느 원고에서 채용한 것 같다. 본문에서는 주해를 추가한 것 말고는 이 부분밖에 손댄 곳이 없다.

게 되어 있지도 않은데 이미 되어 있다고 생각케 함으로써, 국민이 될 수 있었던 시민들을 되지 못하게 영구히 막아 버렸던 것이다.

프랑스 교사들은 이와 똑같은 방법으로 학생들을 교육하므로 학생들은 소년 시절에 한때 두드러지기는 해도 결국은 쓸 만한 인물이 되지 못한다.

러시아 제국은 앞으로 유럽을 정복하고 싶어하겠지만 오히려 자기네가 정복 당할지 모른다. 러시아의 신하 또는 이웃인 타타르인이 러시아의 주인이 되고 또한 우리의 주인도 될 것이다. 이 변혁은 반드시 일어날 것으로 보인다. 유럽의 왕들은 모두 일치하여 이를 촉진시키는 데 힘을 쓰고 있다.

제9장 국민에 대하여(Ⅱ)

자연이 잘 균형잡힌 사람의 키에 한계를 정하여 그것을 넘거나 모자라면 거인이나 소인이 되게 했듯이, 국가의 가장 좋은 체제도 그것이 가질 수 있는 크기에 한계를 정하여, 너무 커서 충분히 통치할 수 없거나 너무 작아서 혼자 힘으로 유지할 수 없거나 하는 일이 없도록 만들어져 있다.

모든 정치체 속에는 넘을 수 없는 힘의 한계점이 있는데, 국가는 너무 확대하여 흔히 그것을 훨씬 넘어 버린다. 사회의 유대는 길어질수록 느슨해진다. 그리고 일반적으로 작은 나라가 큰 나라보다 비례적으로 결속력이 훨씬 강하다.

많은 근거들이 이 명제를 증명한다. 첫째, 더 긴 지렛대 끝에 어떤 무게를 얹으면 더 무거워지듯, 영토가 넓어질수록 통치는 더 어려워진다. 또 행정은 거리가 멀수록 부담이 더욱 커진다.

왜냐하면 먼저 여러 도시마다 국민(또는 시민)이 비용을 모두 부담해야 하는 행정을 갖고 있기 때문이다. 국민이 비용을 모두 부담해야 하는 행정 구역도 있다. 그 다음이 각 주, 태수령, 총독령 따위의 대규모 행정 구역이 있고, 위로 올라갈수록 언제나 한층 비용 부담이 커진다. 불행한 국민은 이 모두를 지불하지 않으면 안 되기 때문이다.

마지막으로 이 모든 행정 조직을 관할하는 최고 행정 조직인 정부가 있다. 많은 무거운 짐이 겹쳐지면서 계속 백성들의 생활을 힘겹게 한다. 그들은 이 갖가지 질서에 의해서 더 잘 통치되기는커녕 위에 단 한 사람밖에 없을 때보다도 오히려 못한 정치 아래 있게 된다.

게다가 비상시에 대응할 자원은 거의 남지 않게 된다. 그리하여 국가는 의지해야 할 때 언제나 파멸 직전에 놓이게 된다.

그뿐만이 아니다. 정부가 법률을 지키게 하고, 직권 남용을 막고, 폐단을 바로잡고, 멀리 떨어진 지방에서 일어나기 쉬운 반란 음모를 막기 위한 강력한 힘과 민첩함을 갖지 못하게 된다. 국민이 결코 볼 수 없는 자신의 지배자에 대해, 그들의 눈에는 세계와도 같은 조국에 대해, 그들에게는 대부분이 외국인인 것처럼 느껴지는 동포들에 대해서도 별로 애정을 갖지 못한다.

오직 하나의 법률을, 너무나 다른 풍토 속에서 다른 풍속을 지니게 된 수많은 지방들에 똑같이 적용할 수는 없으며, 이들이 같은 형태의 정부를 참아내기란 불가능한 일이다.

그렇다고 저마다 다른 법률로는, 같은 지배자 아래에서 끊임없이 소식을 주고 받으며 생활하고 서로 오가며 혼인하여, 더욱이 서로 다른 관습을 따르면서 자기들의 가산이 확실히 자기 것인지조차 알 수 없게 되어 버린 국민들 사이에 알력과 분쟁을 낳을 뿐이다.

최고 행정의 중심이라고 해서 한 장소에 모인 서로 낯선 사람들 속에서는, 재능은 파묻히고 덕행은 알려지지 않으며 악덕은 처벌되지 않는다. 지배자들은 사무에 파묻혀 자기 눈으로는 아무것도 보지 못한다. 국가를 통치하는 것은 아랫관리들뿐이다.

요컨대 멀리 떨어진 지방에 있는 그 많은 관리들은 중앙의 권력에서 벗어나려고 하거나 아니면 중앙의 권력을 속이려고 하므로 권력을 유지하는 데 필요한 조치만으로 모든 공무가 가득 차 버린다. 국민의 행복을 위한 조치 따위는 이제 신경쓸 겨를도 없고, 중앙에 무슨 일이 있을 때 스스로를 지키기 위한 조치도 거의 취할 수 없게 된다.

이와 같이 하여 자기의 체제에 비해서 지나치게 큰 정치체는 자기 자신의 무게에 짓눌려서 망해 버리는 것이다.

한편 국가는 견실성을 갖기 위해서, 또 피할 수 없는 동요와 자기를 지탱하기 위해 하지 않을 수 없는 노력을 견디어 내기 위해서 일정한 기초를 갖고 있어야 한다.

왜냐하면 모든 국민은 데카르트의 와동설(渦動說, Tourbillon)처럼 일종의 원심력을 가지고 있어서 그것으로 서로 부딪치면서 이웃 국민을 희생시켜 커지려는 경향이 있기 때문이다. 그러므로 약한 자는 쉽게 삼켜질 우려가 있다. 그리고 어떤 국민이든 다른 모든 국민과의 균형 상태를 이루어서 압력이 어디서나 대체로 비슷하도록 하지 않으면, 거의 스스로를 유지할 수가 없다.

이상으로 우리는 국가가 규모를 확대할 이유와 축소할 이유가 있음을 알았다. 이 둘 사이에서 국가의 유지에 가장 유리한 비율을 찾아내는 것은 정치가로서의 예사롭지 않은 수완을 필요로 한다.

일반적으로 말할 수 있는 것은 확대의 이유는 외적이며 상대적인 것에 지나지 않으므로, 이것을 내적이며 절대적인 축소의 이유에 따르게 만들어야 한다는 것이다. 건전하고 강한 체제야말로 가장 먼저 구해야 하는 것이다. 그리고 큰 영토가 주는 자원보다는 좋은 정부에서 생기는 활력에 의지해야 한다.

그런데 우리는 정복의 필요성이 바로 그들의 국가 체제 속에 내포되어 있고, 스스로를 유지하기 위해서는 끊임없이 팽창할 수밖에 없도록 만들어진 온갖 국가들을 보아 왔다.

아마도 이들 국가는 그 만족스러운 필요성을 스스로 실컷 축복했을 것이다. 그러나 그것은 번영의 종말과 더불어 피할 수 없는 몰락의 때를 가리키고 있었다.

제10장 국민에 대하여(Ⅲ)

정치체는 두 가지 방법으로 측정할 수 있다. 즉 영토의 넓이에 의한 방법과 국민의 수에 의한 방법이다. 그리고 이 둘에 의해 국가는 참된 의미의 강대함을 얻는다.

국가를 구성하는 것은 사람이고 사람의 생활을 보장하는 것은 땅이다. 그러므로 이 둘의 관계는, 땅이 주민을 먹여 살리는 데 충분할 만큼 넓어야 하고, 주민은 토지가 부양할 수 있을 만큼 충분히 있어야 한다는 뜻이다.

일정한 수의 국민에게서 최대의 힘이 나오는 것은 이 균형이 지켜질 때이다. 왜냐하면 땅이 남을 때는 땅의 보유에 힘이 들어 경작이 두루 이루어지지 못하는데다가 곡식은 남아돌아간다. 이것은 방어 전쟁의 원인이다.

땅이 충분하지 않을 때는 국가는 그 부족한 생산의 보충을 위해 이웃 나라의 도움을 받아야 한다. 이것은 침략 전쟁의 원인이 된다.

이러한 상황 때문에 무역이나 전쟁 가운데 하나를 선택할 수 없는 모든 국민은 본디 힘이 약한 것이다.

그들은 이웃 나라에 의지하게 되며 그들의 생존은 길지 못하고 불안하다. 그들은 정복으로 사정이 달라지거나, 또는 정복되어 이 세상에서 사라질 것이다. 그들은 아주 커지거나 아주 작아지지 않으면 자유를 유지하지 못한다.

땅의 넓이와 사람의 수 사이에 서로를 만족시키는 일정한 관계를 산출할 수는 없다. 그 까닭은 지질과 그 풍요도, 작물의 성질과 풍토의 영향 따위의 차이 때문이며, 동시에 그 땅에 사는 사람들의 기질에서 볼 수 있는 차이 때문이다. 어떤 사람은 기름진 땅에 살면서 조금밖에 소비하지 않고 어떤 사람은 메마른 땅에 살면서 많이 소비한다.

또 고려해야 할 것은 출산률의 높고 낮음, 인구 성장에 따른 토지 조건의 좋고 나쁨, 입법자가 스스로 세우는 제도를 통해 기대할 수 있는 결과 등이다.

그러므로 입법자는 눈앞의 것이 아니라 예견되는 것에 자기 판단의 기반을 두어야 하고, 인구의 현상태보다 인구가 자연히 도달하게 될 상태로 주의를 돌려야 한다.

마지막으로 특수한 지역적 상황이, 필요하다고 생각되는 것 이상으로 많은 땅을 갖기를 요구하거나 허용하는 경우가 매우 많다.

이를테면 산이 많은 나라에서는 사람들이 넓게 퍼져 살아야 할 것이다. 그런 곳에서는 삼림이나 목장에서 자연의 산물을 얻는 데 큰 힘이 들지 않으며, 경험에 의하면 여자들은 평지에서보다 출산율이 높다. 경사진 넓은 땅에는 작물 생산에 알맞은 평평한 땅은 그다지 많지 않다.

이에 반해서 바닷가에서는 불모나 다름없는 바위와 모래 사이에도 사람의 밀집이 가능하다. 왜냐하면 거기서는 적지 않은 어획량이 땅의 산물을 보충할 수 있기 때문이다. 그리고 해적을 격퇴하기 위해서 사람들은 더 모여 있지 않으면 안 된다. 그래야 식민지를 개척해 이 땅에 남아 돌아가는 주민을 다른 곳으로 이주시키기가 쉽다.

국민을 형성하는 데는 이 조건들에 또 하나가 덧붙어야 한다. 이것은 다른 어떤 조직으로도 대신할 수 없으며, 이것이 없으면 다른 모든 조건들이 소용 없게 된다. 그것은 국민이 평화로운 삶과 풍요를 누리는 일이다. 왜냐하면 국가가 질서를 세우는 시기, 즉 사회 계약을 맺는 시기는 군에서 대대가 편성될 때와 마찬가지로 정치체가 가장 저항을 하지 못하고 파괴되기 쉬운 순간이기 때문이다.

사람은 완전히 무질서할 때 오히려, 저마다 자기 지위를 확보하는 일로 머리가 가득 차서 사회 전체의 위험에 대해 전혀 생각지 않을 때보다 훨씬 더 저항할 것이다. 전쟁·기근·반란이 이런 위기에 돌발적으로 발생하면 국가는 무너진다.

이와 같은 폭풍우 속에서 세워진 정부가 많지 않았다는 것은 아니다. 그러나 이 경우 국가를 파괴하는 것은 이들 정부 자체인 것이다. 찬탈자는 늘 이 혼란기를 초래하거나 아니면 이 시기를 골라서 국민이 냉정하게 판단한다면 결코 허용하지 않을 파괴적인 법을 대중의 공포심을 틈타 통과시킨다.

언제를 건국의 시기로 정하느냐는 입법자와 폭군의 작업을 구별해 내기 위한 가장 확실한 특징 가운데 하나이다.

그러면 입법에 적합한 국민은 어떤 국민인가?

그들의 기원 관계, 이해, 또는 관습 따위의 일치로 이미 결합되어 있지만 법의 참된 멍에를 아직 쓰고 있지 않은 국민, 뿌리깊은 관습도 미신도 없는 국민, 갑작스러운 침입으로 짓밟힐 우려가 없고 이웃 나라 사이의 항쟁에 휘말리지 않으며, 혼자 힘으로 이웃 나라들에 저항할 수 있고 한 나라를 물리치기 위해서 다른 나라와 서로 협력할 수 있는 국민, 그 모든 구성원이 구성원 하나하나를 잘 알고, 한 사람이 견딜 수 없을 만큼 큰 부담을 한 사람에게 지워야 하는 일이 없는 국민, 다른 국민 없이도 살아갈 수 있고 다른 모든 국민도 그 없이 살 수 있는 국민,*26 부자도 아니고 가난하지도 않으며 자급자족할 수 있는 국민, 요컨대 고대인의 견실함과 근대인의 유순함을 아울러 가진 국민이 바로 그런 국민이다.

---

*26 멕시코 제국에 둘러싸인 틀락스칼라 공화국은 소금을 멕시코인들에게서 사느니, 아니 그냥 얻으니, 차라리 소금 없이 사는 쪽을 택했다. 현명한 틀락스칼라인은 그 은혜 뒤에 감춰진 함정을 발견했던 것이다. 그들은 그들의 사유를 지켰다. 그리하여 거다란 제국에 포위된 이 조그만 나라는 마침내 커다란 제국이 멸망하는 원인이 되었다.[원주]

입법 작업을 어렵게 만드는 것은, 확립해야 할 부분보다 오히려 파괴해야 할 부분이다. 그리고 그 성공이 매우 드문 것은 사회적 욕구들을 충족시키는 데 있어서 자연에서와 같은 단순함을 발견할 수 없기 때문이다. 사실 이런 조건들이 모두 갖추어진다는 것은 쉬운 일이 아니다. 그렇기에 잘 구성된 국가는 좀처럼 없는 것이다.

유럽에는 입법이 가능한 나라가 아직 하나 있다. 그것은 코르시카 섬이다. 그 국민이 그들의 자유를 되찾아 지킬 수 있게 해준 인내와 용맹은, 지혜로운 누군가가 나타나 그들에게 그 자유를 오래 간직하는 길을 가르쳐 줄 만한 가치가 있을 것이다.

나는 왠지 언젠가 이 조그만 섬이 유럽을 놀라게 할 것 같은 예감이 든다.*27

제11장 입법의 갖가지 체계에 대하여

모든 사람들의 가장 큰 선(善)이 모든 입법 체계의 궁극적인 목적이어야 하겠지만, 그것이 정확히 말해서 무엇으로 성립되어 있느냐고 묻는다면 우리는 두 가지 주요 목적, 즉 자유와 평등에 귀착한다는 것을 발견할 것이다.

자유—왜냐하면 모든 개별적인 종속은 그만큼 국가라는 정체에서 힘이 줄어드는 것을 뜻하기 때문이다. 평등—왜냐하면 자유는 이것이 없으면 지속할 수 없기 때문이다.

시민적 자유가 무엇인가에 대해서는 이미 말했다. 평등을 권력과 재산이 절대적으로 동일함을 뜻하는 것으로 이해해서는 안 된다. 다시 말해 권력은 이것이 폭력으로까지는 치닫지 않고, 또 언제나 지위와 법에 입각해서만 행사되는 것으로 이해되어야 한다.

그리고 재산은 어떤 시민도 재산으로 다른 시민을 살 수 있을 만큼 부유하지 않고, 어느 누구도 자기 몸을 팔아야 할 만큼 가난하지 않다는 뜻으로 이

---

*27 이와 같은 판단은 코르시카인들이 2년 뒤 그들의 개혁을 시도할 때 루소의 도움을 청하게 되는 원인이 되었다. 거기서 루소의 《코르시카 헌법 초안》이 나왔다.

해되어야 한다.*28

이것은 큰 쪽에서는 재산과 세력, 작은 쪽에서는 탐욕과 선망에 대해 저마다 자제해야 한다는 것을 전제로 한다.

이 평등은 실제로는 존재할 수 없는 머릿속 공상일 뿐이라고 사람들은 말한다. 그러나 남용을 피하기 어렵다고 해서 그 규제마저 필요없다고 하겠는가? 사물의 힘은 언제나 평등을 파괴하는 경향이 있다는 바로 그 이유 때문에 입법의 힘은 언제나 평등을 유지하도록 작용해야 한다.

그러나 모든 좋은 제도의 일반적 목적인 이 두 가지는 나라마다 지리석인 상황과 주민들의 기질로 생기는 여러 관계에 따라 수정되어야 한다.

그리고 바로 이러한 관계에 입각하여, 그 자체로서는 아마 가장 좋은 것은 아닐지라도 그것이 쓰이도록 예정되어 있는 국가에는 가장 좋은 제도의 특수한 체계를 국민 한 사람 한 사람에게 마련해 주어야만 한다.

예를 들어 땅이 있으나 수확이 부족하고 불모라든가 주민들에게 너무 좁다면, 그때는 공업과 수공업에 주력하여 그 생산물과 부족한 식료품을 교환해야한다.

반대로 국민이 기름진 평야와 풍요한 언덕을 차지하고 있다면, 또 좋은 땅은 있으나 주민이 부족하다면, 그때는 모든 관심을 인구를 증가시키는 농업에 기울여야 한다.

또 수공업을 내몰아야 한다. 그것은 영토 안의 어느 지점에 그 나라가 가진 적은 주민을 집중시킴으로써, 그 나라의 인구를 더욱 감소시키는 데 도움이 될 뿐이다.*29

---

*28 그러므로 국가에 안정성을 주고 싶으면 양 극단을 될 수 있는 대로 접근시켜야 한다. 백만장자와 거지, 그 어느 쪽도 인정하지 말아야 한다. 이 두 신분은 본디 나눌 수 없는 것이며, 똑같이 공공의 복지에 해롭다. 한쪽에서는 폭정의 선동자가 생기고 한쪽에서는 폭군이 생긴다. 공공의 자유가 거래되는 것은 언제나 그 두 계층 사이에서이다. 한쪽은 그것을 사고, 다른 한쪽은 그것을 팔아 버린다(《산에서 온 편지》 제9).〔원주〕

*29 "해외 무역의 어떤 부분은" 하고 다르장송 후작은 말한다. "왕국 전체로 보아 거짓 이익밖에 가져다 주지 않는다. 그것은 소수의 개인과 몇몇 도시들을 살찌울 수는 있으나, 국민 전체는 그 때문에 얻는 것이 아무것도 없으므로, 국민의 생활은 전혀 나아지지 않는다"(여기에서 루소가 인용하고 있는 다르장송의 후작 《고찰》 한 구절은 정확하게는 다음과 같다. "금은을 희생으로 획득하는 상업의 한 부분은 왕국 전체에는 거짓 이익밖에 주지 않는다. 그것은 이미 풍족하게 살고 있는 몇몇 도시 또는 개인만을 부유하게 만들 뿐이다." 리에쥐 판 17페이

만일 국민이 길고 편리한 해안선을 차지하고 있다면, 배로 바다를 덮어 상업과 항해를 왕성하게 하는 것이 좋다. 그러면 국민은 행복한 삶을 누리게 될 것이다.

배도 접근하지 못하게 바다가 바위만 씻고 있는 해안이라면, 원시 상태대로 물고기를 잡도록 내버려 두는 것이 좋다. 사람들은 아마도 더 조용하고 안락하며 확실히 더 행복한 생활을 할 것이다.

한 마디로 말해서 모든 나라에 공통되는 원칙을 갖는 이외에 각 나라의 국민은 저마다 그 자신 속에 특별한 방법으로 그러한 원칙들에 질서를 주고 그 입법을 그들만의 고유한 것으로 만드는 어떤 동기를 갖고 있다.

그런 까닭으로 일찍이 유대인, 또 최근의 아랍인들은 주요 목적으로서 종교를 가졌고, 아테네인들은 문학을, 카르타고와 티로스는 상업을, 로도스는 항해를, 스파르타는 전쟁을, 그리고 로마는 덕(德)을 그 주요 목적으로 삼았던 것이다.

《법의 정신》의 저자는 많은 실례를 통하여 입법자가 어떤 기술로 이 갖가지 목적에 맞는 제도를 이끌어 가는지 보여 주었다.

국가의 체제를 참으로 견고하고 영속적이게 만드는 것은 자연의 여러 관계와 법 사이에 조화가 유지되는 것, 따라서 언제나 같은 일에 대하여 이 둘이 협력함과 동시에 법이 자연의 여러 관계들을 확실하고 올바르게 만들도록 하는 것이다.

그러나 만일 입법자가 그 목적을 잘못 설정해 사물이 자연에서 생기는 원칙과는 다른 원리를 채용했다면, 다시 말해서 한쪽은 예속 상태를 향하고 다른 쪽은 자유를 향하며, 한쪽은 부유함을 향하고 다른 쪽은 인구 증가를 향하며, 한쪽은 평화를 향하게 하고 다른 쪽은 정복을 향한다면, 법은 어느새 약해지고 국가의 체제는 변하며, 또 국가는 분쟁이 끊이지 않을 것이다. 국가가 파괴되고 변화되어 극복할 수 없는 자연이 다시 그 지배를 회복할 때까지는.

___

지).(원주)

제12장 법의 분류

전체에 질서를 주기 위해서는, 다시 말해서 공동체에 가능한 한 가장 훌륭한 형식을 주기 위해서는 여러 가지 관계들을 고찰해야 한다.

첫째는 자기 자신에게 작용하는 모든 정치체의 행위, 즉 전체에 대한 전체의 관계, 바꾸어 말하면 국가에 대한 주권자의 관계이다. 이 관계는 나중에 설명하듯이 그 중간 항목들 사이의 관계로 이루어져 있다.

이 관계를 규제하는 법은 정치법이라 부르고 또 근본법(根本法)이라고도 부르지만, 이런 법이 현명할 때는 이 호칭도 정당할 것이다. 왜냐하면 여러 국가에서 이에 질서를 주는 좋은 방법이 하나밖에 없다면, 그것을 발견한 국민은 이를 고수해야 한다.

그러나 기존 질서가 나쁜 것일 때는 그것이 좋아지기를 방해하는 법을 왜 근본법이라고 생각해야만 할까? 게다가 언제 어느 때라도 국민은 자신의 법을, 그것이 최선의 것일 때조차 언제나 자유로이 바꿀 수 있다. 국민이 스스로 원한다면 자기 자신에게 해를 입힌다 해도 누구에게 그것을 막을 권리가 있는가?

둘째는 정치체 구성원들 사이의 관계, 또는 구성원과 전체의 관계이다. 이 관계는 첫째 부분에서는 되도록 작게, 둘째 부분에서는 되도록 크게 해야 한다. 그 결과 시민 저마다가 다른 모든 시민들로부터 완전히 독립적인 존재로서, 동시에 도시 국가에 극도로 의존하도록 만들어야 한다.

이것은 언제라도 같은 수단에 의해 달성된다. 왜냐하면 국가의 힘만이 그 구성원의 자유를 확보할 수 있기 때문이다. 이 둘째 관계에서 민법(民法)이 생긴다.

셋째로는 사람과 법 사이의 관계를 생각할 수 있다. 말하자면 위법 행위와 형벌의 관계이다. 이것이 형법 제정을 가져오는데, 형법은 근본적으로 법의 특별한 종류라기보다 다른 모든 법을 보장하기 위한 것이다.

이 세 종류의 법에 넷째 법, 모든 법 가운데에서 가장 중요한 법이 더해진다. 이 법은 대리석이나 동판에 새겨진 것이 아니라, 사람들의 마음에 새겨져 있다.

이것이야말로 국가의 참된 헌법을 이루는 것이며 날마다 새로운 힘을 얻어 다른 법이 쇠하거나 사라져 갈 때 이에 다시 한 번 생명을 불어넣거나 이를 대신하는 것, 국민에게 그 건국 정신을 잃지 않게 하며 모르는 사이에 권위의 힘을 습관의 힘으로 바꾸어 놓는 것이다.

내가 말하고자 하는 것은 풍습이나 관습, 특히 여론이다. 현재의 정치가들에게 알려져 있지 않은 법의 이 부분이야말로 사실은 다른 모든 법의 성공여부를 쥐고 있는 것이다. 위대한 입법자는 개개의 규칙밖에 생각하지 않는 듯이 보여도 은밀히 여기에 마음을 기울인다. 개개의 규칙은 아치의 둥근 지붕에 불과하다. 반면에, 관습은 그 형성이 훨씬 완만하지만, 결국 아치를 지탱하는 군건한 초석 역할을 하기 때문이다.

이 여러 종류의 법들 가운데서 정부의 형태를 제정하는 정치법만이 내 주제와 관계가 있다.

제3편

여러 정부 형태에 대해서 이야기하기 전에 아직 충분히 설명되지 않았던, 정부라는 말의 정확한 뜻을 정의해 보자.

제1장 정부 일반에 대하여

독자들에게 미리 말해 두지만 이 장은 차분한 마음으로 읽어야 한다. 주의를 기울이지 않는 독자를 이해시킬 방법을 나는 알지 못한다.

어떤 자유로운 행위에도 그것을 낳기 위해 협력하는 두 가지 원인이 있다. 하나는 정신적 원인, 즉 행위를 하려는 의지이며, 다른 하나는 물리적 원인, 즉 이 행위를 실행하는 힘이다.

내가 하나의 목적을 향해서 걸어갈 때는 먼저 내가 거기에 가고 싶어해야 하고, 다음으로 내 발이 나를 그리로 데려가야 한다. 중풍 환자가 달리고 싶어해도, 또한 걸음이 빠른 사람이라도 달릴 생각을 안 한다면 두 사람 모두 원래 자리에 그대로 머물러 있을 것이다.

정치체에도 이와 똑같은 원동력이 있다. 거기서도 마찬가지로 힘과 의지가 구별된다. 의지에 해당되는 것은 입법권이라 부르고 힘에 해당되는 것은 집행권이라 부른다. 이 둘의 협력 없이는 아무것도 할 수 없고, 또 아무것도 해서는 안 된다.

이미 말했듯이 입법권은 국민에게 속하며, 국민 이외의 누구에게도 속할 수 없다. 이에 반해서 이미 확정된 원리를 통해 집행권은 입법자 또는 주권자로서의 국민 일반에는 속할 수 없음을 쉽게 알 수 있다.

왜냐하면 이 집행권은 특수한 행위로만 성립되며, 특수한 행위는 법률 그 자체의 영역 밖에 있기 때문이다. 따라서 그 모든 행위가 법률이 될 수밖에 없는 주권자의 영역 밖에 있기 때문이다.

그러므로 공공의 힘에게는, 이 힘을 결집하고 그것을 일반 의지의 지도에 따라 움직여 국가와 주권자의 연락에 힘쓰는 사람에 있어서 영혼과 육체의 결합과 같은 것을 공인이 이루게 돕는 적당한 대리인이 필요하다.

이것이 국가에 정부가 존재하는 이유이며, 이 정부는 부당하게도 주권자와 혼동되지만 사실 정부는 주권자의 공복에 지나지 않는 것이다.

그렇다면 정부란 무엇인가?

그것은 백성과 주권자 사이의 상호 연락을 위해서 설치되어, 법률 집행과 시민의 정치적 자유 행사유지를 임무로 하는 하나의 중개 단체이다.

이 단체의 구성원은 행정관 또는 왕, 다시 말해 통치자라고 불린다. 그리고 이 단체 모두가 통치자라는 이름을 갖는다.[*1]

그러므로 한 국민이 지도자에게 복종하는 행위는 결코 계약이 아니라는 주장은 매우 옳다. 이 행위는 완전히 위임이나 고용에 지나지 않는 것이며, 이 경우 지도자는 주권자의 단순한 관리로서 주권자가 위임한 권력을 주권자의 이름으로 행사하는 것이며, 주권자는 이 권력을 마음대로 제한하거나 변경하고 회수할 수 있다. 왜냐하면 이와 같은 권리를 양도하는 것은 사회체의 본성과 양립하지 않고 결합의 목적에도 어긋나기 때문이다.

그래서 나는 집행관의 합법적 행사를 통치 또는 최고 행정이라고 부르고, 이 행정을 위임받은 사람 또는 단체를 통치자 또는 행정관(行政官)이라고 부른다.

정부에는 중개적인 여러 힘들이 있으며, 그 여러 관계가 전체와 전체의, 또는 주권자와 국가의 관계를 형성한다.

주권자와 국가의 관계는 연비례[*2]의 외항 관계로 나타낼 수 있으며, 그 비례

---

*1 이리하여 베네치아에서는 통령(doge)이 참석하지 않았을 때라도 원로원(collége)은 통치자 전하(sérénissime prince)라고 불렸던 것이다.(원주)

*2 루소는 주권자와 국민과 정부의 관계를 연비례로 나타내려 하고 있는데, 그 타당성 여부는 어쨌든 간에 이 점에 그의 독창성이 있는 것만은 부인할 수 없다. 주권자를 S, 국민을 P, 정부를 G로 하여 공식을 만들면, $S : G = G : P$ 즉 $S \times P = G$이다. 이 식의 가운데 항은 정부이고, 그 제곱이 주권자와 국민의 적과 같으므로 주권자와 국민의 관계가 변하면 정부의 힘도 변하지 않을 수 없다는 것이다. 숫자로 예시하면, 예를 들어 주권자를 1로 하고 국민을 16으로 한다면 정부의 힘은 $\sqrt{16}$, 즉 4이다. 지금 국민의 힘이 늘어서 64가 되었다면 정부

중항(比例中項, a : b=b : c에서 'b'를 뜻함)이 정부이다.

정부는 주권자로부터 명령을 받아 국민에게 전달한다. 그리고 국가가 균형을 잘 유지하려면 모든 것을 조정한 다음, 정부 자체의 제곱과 다른 한 면에서는 주권자이자 다른 면에서는 백성인 시민들의 제곱 사이에 균형을 이루어야 한다.

이 세 항의 어느 하나를 바꾸면 곧바로 비례는 깨질 것이다. 만일 주권자가 통치하려고 하거나 행정관이 법을 제정하려고 하거나 백성이 복종을 거부하거나 하면, 질서 대신 무질서가 들어앉고 힘과 의지가 협력하여 일하지 않게 된다. 그리하여 국가는 허물어지고 전제 정치나 무정부 상태에 빠진다.

요컨대 어느 비례에도 비례 중항은 하나밖에 없으며, 하나의 국가에도 좋은 정부는 하나밖에 있을 수 없다.

그러나 수많은 사건으로 국민의 여러 관계는 바뀔 수도 있으므로, 다양한 정부가 한 국민에게는 적합하지 않다고 하더라도 다른 국민에게는 적합할 수 있으며, 또 같은 국민에게도 시대가 다르면 그에 적합한 여러 정부가 있을 수 있다.

이 두 가지 비례 외항을 지배하는 온갖 관계를 납득시키기 위해서 나는 더 설명하기 쉬운 관계 가운데 하나로써 국민의 수를 예로 들어 본다.

국가가 1만 명의 시민으로 이루어져 있다고 가정하자. 주권자는 집단으로서, 그리고 한덩어리로밖에 생각할 수 없지만, 시민 한 사람 한 사람은 백성의 자격으로서는 한 개인으로 볼 수 있다.

그러므로 주권을 행사하는 자와 백성의 비(比)는 1만 대 1이다. 바꾸어 말하면 국가의 각 구성원은 주권에 완전히 복종하고 있는데도, 주권의 1만분의 1 몫밖에 갖지 않는다.

국민이 10만 명일 때도 백성으로서의 지위에는 변함이 없다. 그리고 한 사람 한 사람은 똑같이 법의 완전한 지배를 받는다. 이에 반해서 그의 투표는 10만분의 1 힘으로 감소되고, 법률의 제정에 미치는 영향은 10분의 1이 된다.

그래서 백성으로서는 언제나 1이지만 주권을 행사하는 자가 백성에 대해서

의 힘은 $\sqrt{64}$, 이와 같이, 즉 8이 되어야 한다. 이와 같이 국민의 힘이 증가함에 따라 정부의 힘도 증가하지 않으면 국가의 안정은 유지되지 않는다는 것이 루소의 주장이다.

갖는 관계는 시민의 수에 대응해 증가한다. 따라서 국가가 점점 커지면 자유는 점점 줄게 된다.

내가 관계가 증가한다고 말한 것은, 이 둘의 관계가 점점 더 불평등해진다는 뜻이다. 그러므로 기하학에서 말하는 뜻으로의 관계(라포르)가 커지면 커질수록, 보통 뜻으로서의 관계(라포르)는 더 작아진다. 전자에서 관계는 양(量)으로 생각되고 지수(指數)에 의해 계산된다. 후자에서 관계는 동일성에 의해서 고려되고 유사성을 통해 계량된다.

그런데 개별 의지가 일반 의지에 대해 갖는 비례, 즉 도덕과 관습의 법률에 대한 비례가 작으면 작을수록 억누르는 힘을 크게 해야 한다.

그러므로 좋은 정부가 되려면 국민의 수가 많아지면 많아질수록 이에 비례하여 정부의 힘을 강하게 하지 않으면 안 된다.

한편 국가가 커지면, 공권력을 맡은 사람들은 권력을 남용하고 싶은 유혹에 사로잡히며, 또 그렇게 할 수단도 더 많이 가지므로 정부는 국민을 억누르는 힘을 더 많이 가져야 한다. 또 주권자는 주권자대로 정부를 누르는 힘을 더 강하게 하지 않으면 안된다. 내가 지금 여기서 말하고 있는 것은 절대적인 힘이 아니라 국가의 여러 부분의 상대적(相對的)인 힘이다.

이 두 가지 관계로 인해 주권자와 통치자와 국민 사이의 연비례는 마음대로 생각해 낸 것이 아니라 정치체의 본질에서 나오는 필연적인 결과가 된다.

또 외항의 하나인 백성으로서의 국민은 변치 않고 하나의 것으로 나타내며, 복비 증감(複比增減)에 따라 단비(單比)도 마찬가지로 증감하고 그 결과 비례 중항이 변화하게 된다. 따라서 정부의 체제는 유일하고 절대적인 것이 아니라 국가의 크기가 다르면 그만큼 성질이 다른 정부가 있을 수 있다는 것이 밝혀진다.

만일 이 주장을 비웃는 누군가가 비례 중항을 발견하여 정부라는 단체를 만들고자 할 때 그 국민 수의 제곱근만 내면 충분하지 않느냐고 묻는다면 나는 이렇게 대답할 것이다.

나는 여기서 국민의 수를 한 가지 예로 들었을 뿐이다. 그러므로 내가 말하는 비례는 사람 수만으로 계산되는 것이 아니며, 일반적으로 무수한 원인에 의해서 짜맞추어진 작용의 분량으로 계산되는 것이다. 그리고 아주 간단히 설명하기 위해서 내가 기하학 용어를 잠시 빌리기는 했지만, 기하학적인 정확성이 도덕적인 양(量)의 경우에는 해당되지 않는다는 것도 안다.

정부는 정부를 포함하는 큰 정체의 축소판(縮小版)이다. 그것은 몇 가지 속성을 갖춘 정신적 인격이고, 주권자처럼 능동적이며 국가처럼 수동적이기도 해서 비슷한 다른 관계로 분해할 수도 있다.

그 결과로 거기서 하나의 새로운 비례가 생긴다. 그리고 관청 순위에 따라 이 속에 또 다른 비례가 생긴다. 이리하여 마침내는 분할할 수 없는 하나의 비례 중항, 즉 단 한 사람의 지도자 또는 최고 관리에 도달한다. 그것은 이 급수의 한가운데에 위치하며 분수 급수와 정수 급수 사이의 한 단위로서 나타낼 수 있다.

우리는 이처럼 무턱대고 항(項)만 늘리지 말고 정부를 국민 및 주권 행사자와는 다른, 이 둘을 매개하는 국가 안의 새로운 단체로 생각하기로 하자.

국가와 정부, 이 두 단체에는 다음과 같은 본질적인 차이가 있다. 말하자면 국가는 혼자서 존재하지만 정부는 주권 행사자가 없으면 존재하지 않는다. 그러므로 반드시 통치자의 지배적인 의지는 곧 일반 의지 또는 법이어야 한다.

통치자의 힘은 통치자에게 집중된 공공의 힘에 지나지 않는다.

정부가 스스로 전제적인 행위를 제멋대로 하려고 들면 곧바로 전체의 결합은 느슨해지기 시작한다. 그리하여 마침내 통치자가 주권자의 의지보다 더 적극적인 개별 의지를 가지며, 이에 복종시키기 위해서 가지고 있는 공공의 힘을 쓴 결과 법률상과 사실상의 두 주권자가 있게 되면 그 즉시 사회 결합은 소멸되고 정치체는 해체될 것이다.

그러나 정부라는 단체가 국가라는 단체와 구별되는 하나의 존재, 다시 말해서 현실의 한 생명을 가지려면, 또 정부의 모든 구성원이 함께 행동하며 그것이 만들어진 목적에 대응할 수 있으려면 특수한 자아, 그 구성원 공통의 감수성, 자기 보존을 지향하려고 하는 힘, 하나의 고유의 의지가 정부에 필요하다.

이 특수한 존재는 다음과 같은 것을 전제로 한다. 즉 회의, 평의회, 토의하여 결정하는 권한, 여러 가지 권리, 권리의 근원, 특권. 이러한 것들은 오로지 통치자에 속하며 행정관의 지위를 힘이 들수록 한층 더 명예로운 것으로 만든다.

국가 안에서 정부에 질서를 세우는 것은 어렵다. 다시 말해서 정부 기구를 강하게 함으로써 전반적인 기구를 손상시키지 않도록 하고, 또 자기 보존을

위한 특수한 힘을 정부는 국가 유지를 위한 공공의 힘과 언제나 구별해야 한
다. 한마디로 말해서 국민을 정부의 희생으로 삼는 것이 아니라, 언제나 정부
를 기꺼이 국민을 위해 희생해야 한다.

또 정부라는 인위적인 단체는 다른 인위적인 단체 즉 국가의 산물이며, 남
에게 빌린 종속적인 생명밖에 갖고 있지 않다. 정도의 차이는 있겠지만 그렇다
고 그것이 힘차고 활발하게 행동하는, 왕성한 건강을 누리지 못하는 것은 아
니다.

마지막으로 정부는 그 설립 목적에서 완전히 벗어날 수는 없다 하더라도 그
것이 어떻게 조직되느냐에 따라서는 그 목적에서 다소 벗어날 수는 있다.

이 모든 차이에서 정부와 국가라는 단체 사이에 있어야 하는 갖가지 관계
가 생긴다. 그것은 국가에 변화를 주는 우연적이며 특수한 관계에 입각하여
정해지지 않으면 안 된다.

왜냐하면 그 자체로서는 가장 좋은 정부도, 자기가 속해 있는 정치체 다시
말해 국가의 결함에 대응해 변하지 않으면 가장 나쁜 정부가 되는 일이 흔하
기 때문이다.

제2장 여러 정부의 형태를 만드는 원리에 대하여

위에서 설명한 이러한 차이의 일반적인 원인을 설명하려면, 앞에서 내가 국
가와 주권 행사자를 구별했듯이 여기서도 통치자와 정부를 구별해야 한다.

행정관의 단체는 구성원 수에 상관없이 만들 수 있다. 이미 말했듯이 백성
에 대한 주권 행사자의 비례는 국민의 수가 많을수록 크다. 그리고 명백한 유
추에 따라 우리는 행정관과 정부의 관계에 대해서도 같은 말을 할 수 있다.

그런데 정부의 총력은 언제나 국가의 힘이므로 결코 변하지 않는다.

따라서 정부가 정부 자체의 구성원에 대하여 이 힘을 쓰는 일이 많으면 많
은 만큼 국민 전체에 작용하기 위한 힘은 조금밖에 남지 않는다.

그러므로 행정관이 많으면 많을수록 그만큼 정부는 약해진다. 이 명제는 기
본적인 것이므로, 더 분명히 설명할 필요가 있다.

우리는 행정관의 인격 속에서 본질적으로 다른 세 가지 의지를 구별해낼

수 있다. 첫째는 개인의 고유 의지이며 이것은 자기의 특수한 이익만을 추구한다.

둘째는 행정관의 공동 의지이며 오로지 통치자의 이익에만 관계한다. 이것은 단체 의지라고도 부를 수 있는 것으로, 정부에 대해서는 일반적이지만 정부를 한 부분으로 하는 국가에 대해서는 특수하다.

셋째는 국민의 의지, 또는 주권자의 의지이며 이것은 전체로서 생각한 국가에 대해서나 전체의 부분으로서 생각한 정부에 대해서나 똑같이 일반적이다.

완전한 입법에 있어서는 개별적 또는 개인적 의지는 전혀 없어야 한다. 그리고 정부 고유의 단체 의지는 종속적이어야 한다. 그 결과 일반 의지 또는 주권자의 의지는 언제나 우월적이고 또 다른 모든 의지의 본보기가 되는 유일한 것이어야 한다.

반대로 자연의 질서에 따르면, 이러한 갖가지 의지는 자기에게 집중할수록 한층 활동적이 된다. 이리하여 일반 의지는 언제나 가장 약하고 단체 의지는 그 다음이 되며, 개인 의지는 그 모든 것 중에서 가장 강하다. 따라서 정부의 각 구성원은 첫째가 자기 자신이고 다음은 행정관이며 그 다음이 시민이 되는 셈이다. 이 순서는 사회 질서가 요구하는 것과는 정반대이다.

정부 전체가 단 한 사람의 손 안에 있다고 가정하자. 그때는 개별 의지와 단체 의지는 완전히 결합되고, 따라서 단체 의지는 가장 강해진다. 그런데 힘의 행사는 의지의 강도에 의존하고, 또 정부 힘의 절대량은 변하지 않으므로, 그 결과 가장 강력한 정부는 단 한 사람의 정부가 된다.

반대로 만일 정부에 입법권을 준다면, 또 통치자를 주권자로 삼거나 시민들을 모두 행정관으로 만든다면, 그때는 단체 의지가 일반 의지와 혼동되므로 일반 의지 이상의 활동을 하지 않게 되고, 개별 의지로 하여금 마음대로 온 힘을 발휘하게 할 것이다.

이와 같이 하여 정부는 언제나 동일한 절대적 힘을 가지면서 그 상대적인 힘 또는 활동력을 최소한도로 줄일 것이다.

이러한 관계들은 의심할 수 없다. 그리고 다른 면에서의 고찰도 이 관계를 확증하는 데 도움이 된다. 예를 들어 각 행정관은 그가 속한 단체, 즉 정부 안에서는 각 시민이 그가 속한 단체, 즉 국가 안에서보다 한층 능동적이라는 것, 따라서 개별 의지는 주권자의 행위보다 정부의 행위에 훨씬 큰 영향을 미치는 것은 분명하다.

왜냐하면 각 행정관은 언제나 정부의 직무를 위탁받고 있지만, 각 시민은 한 사람 한 사람으로서는 아무런 주권의 직무도 갖고 있지 않기 때문이다.

게다가 반드시 영토의 확장에 비례하여 커지지는 않는다 하더라도 국가가 커짐에 따라 국가의 실체적인 힘도 점점 증대한다. 그러나 국가의 크기가 같으면 설령 행정관의 수가 불어나더라도 그것으로 정부가 더 큰 실제적 힘을 갖는 것은 아니다. 정부의 힘은 국가의 힘이며, 국가의 힘 크기는 언제나 일정하고 변하지 않기 때문이다.

그러므로 정부의 상대적인 힘 또는 활동력은 감소할 뿐이고, 그 절대적인 힘 또는 실제적 힘은 조금도 증가할 수 없다.

게다가 정무(政務)를 위탁받는 사람들의 수가 많아지면서 정무의 처리는 점점 더 느슨해지고, 너무 경계가 지나치면 기회를 잡을 수 없으며, 또 너무 생각하면 생각한 결과를 잃는 일이 많은 것도 확실하다.

나는 지금 행정관의 수가 많아지면서 정부의 힘이 줄어드는 것을 증명했다. 또 그에 앞서 국민의 수가 늘어나면 늘어날수록 국민에 대한 영향력도 점점 더 증대시키지 않으면 안 된다는 것을 증명했다.

그래서 행정관 대 정부의 비례는 백성 대 주권 행사자의 비례와 정반대가 되어야 한다. 다시 말해서 국가가 커지면 커질수록 정부는 점점 더 줄어들어야 한다. 그것은 국민의 수 증가함에 따라 통치자들의 수적 비율이 감소하는 것과 같다.

나는 여기서 정부의 상대적인 힘에 대해서 말하는 것이지 그 힘의 옳고 그름에 대해서 말하는 것은 아니다. 반대로 행정관의 수가 늘어나면 늘어날수록 단체 의지는 점점 더 일반 의지에 가까워지지만, 이와 반대로 단 한 사람의 행정관 아래에서 이와 같은 단체 의지는 다름아닌 개별 의지가 되기 때문이다.

이와 같이 어느 쪽으로 기울거나 장단점이 있기 마련이다. 따라서 정부의 힘과 의지는 언제나 반대 관계에 있으므로 양자가 국가에 가장 유리한 비율을 유지할 수 있는 점을 결정하게 하는 것이 입법자의 기량이다.

제3장 정부의 분류

앞 장에서 우리는 왜 정부를 구성하고 있는 사람의 수에 따라서 정부의 여러 종류 또는 형태가 구별되는지를 알아보았다. 이 장에서는 어떻게 이를 분류하는지를 살펴보고자 한다.

우선 첫 번째, 주권자는 정부를 국민 전체 또는 최대 다수의 국민에게 위임함으로써 단순한 개인으로서 시민의 수보다 행정관인 시민의 수가 많아지게 할 수 있다. 이런 정체를 민주 정치라고 부른다.

또는 주권자가 정부를 소수 사람들의 손에 제한함으로써 행정관의 수보다 단순한 시민의 수가 많아지게 할 수도 있다. 이런 정체는 귀족 정치라고 부른다.

마지막으로 주권자는 정부 전체를 단 한 사람의 행정관 손에 집중시키고 다른 모든 행정관들은 그들의 권력을 이 한 사람의 행정관에게서 넘겨받게 할 수 있다. 이 세 번째 정체는 오늘날(루소가 살던 그 무렵) 가장 일반적인 정체로서 군주 정치 또는 왕정이라고 부른다.

이 세 가지 정체는 모두, 아니면 적어도 앞의 두 정체는 갖가지 정도의 차이를 가질 수 있으며, 그 범위도 꽤 넓다는 데에 주의해야 한다.

왜냐하면 민주 정치는 모든 국민을 포함할 수도 있고, 국민의 절반밖에 포함하지 않을 수도 있기 때문이다. 귀족 정치는 마찬가지로 국민의 절반을 포함하는 것에서, 그 수는 정할 수 없으나 매우 소수의 사람밖에 포함하지 않는 것까지 있을 수 있다. 왕정에도 조금은 구분의 여지가 있다.

스파르타에서는 헌법에 따라 늘 두 사람의 왕이 있었다. 로마 제국에는 동시에 여덟 사람이나 황제가 있었지만, 그럼에도 불구하고 그 제국은 분열된 것이 아니었다.

이와 같이 어느 한 점에서 각 정체는 다른 정체와 뒤섞인다. 그리고 명칭은 셋밖에 없지만 사실 정부는 국가가 가진 시민의 수만큼의 온갖 형태를 가질 수 있다.

그뿐이 아니다. 같은 정부라도 어느 점에서는 여러 부분으로 세분되어, 저마다 다른 방법으로 운영될 수 있다. 따라서 그 결과 이 세 정체의 결합에서 많은 혼합 정체가 생기고, 그 하나하나가 거기에 포함되는 모든 단일 정치의 작용에 의해 배로 늘어날 수 있다.

가장 좋은 정체에 대해서는 모든 시대에 걸쳐 수없이 논의되어 왔지만 어느 정체도 경우에 따라 최선도 되고 최악도 된다는 것은 고려되지 않았다.

만일 모든 국가에 있어 최고 행정관의 수가 시민의 수에 반비례해야 한다면, 일반적으로 민주 정치는 작은 나라에 알맞고, 귀족 정치는 중간 크기의 나라에 적합하며, 군주 정치는 큰 나라에 적합한 셈이 된다. 이 규칙은 앞에서 말한 원리에서 바로 끌어낼 수 있다. 그러나 수많은 예외의 경우를 일일이 열거할 수는 없을 것이다.

제4장 민주 정치에 대하여

법률을 제정하는 사람은 그 법률을 어떻게 집행하고 어떻게 해석해야 할지를 누구보다 잘 알고 있다. 그래서 집행권이 입법권과 결합되어 있는 제도보다 좋은 제도는 없는 것처럼 여겨진다. 그러나 바로 그것이 이 경우의 민주 정치를 다소 불충분하게 만드는 것이다.

왜냐하면 구별되어야 할 것이 구별되지 않고, 통치자와 주권자를 완전히 동일 인격으로 보는 까닭에 말하자면 정부 없는 정부를 만들고 있는 것이나 다름없기 때문이다.

법률을 제정하는 사람이 그것을 집행한다든가 국민의 단체가 일반적인 문제를 고려하는 데 게으르며 특수한 문제에만 주의를 돌리는 것은 좋지 않다. 공무에 사적인 이해(利害)가 영향을 미치는 것만큼 위험한 일은 없으며, 입법자가 개인적인 이해 관계에 몰두해 초래하는 부패보다 정부가 법률을 남용하는 편이 그래도 폐해가 적다.

입법자가 부패했을 경우, 국가는 근본적으로 손상을 입었으므로 모든 개혁은 불가능해진다. 결코 정부를 악용하지 않는 국민이라면 독립적 지위도 악용하지 않을 것이다. 언제나 잘 통치하는 국민이라면 통치당할 필요도 없을 것이다.

민주 정치라는 말의 뜻을 엄밀히 해석한다면, 참된 민주 정치는 지금까지도 존재하지 않았고 앞으로도 결코 존재하지 않을 것이다.

다수자가 통치하고 소수자가 통치를 받는다는 것은 자연의 질서에 어긋난다. 국민이 공무를 처리하기 위해 끊임없이 모여 있는 것은 상상도 할 수 없다. 그리고 공무를 처리하기 위해 위원회를 만드는 것은 통치 형태를 바꾸지 않고는 불가능한 일이다.

실제로 정부의 직무가 여러 관청에 분할될 경우, 가장 사람 수가 적은 관청이 머지않아 가장 큰 권위를 갖게 될 것이다. 일 처리가 쉽기 때문에 업무가 그곳에 모인다는 이유만으로도 그런 원칙이 드러나는 것이다.

게다가 이 민주 정치라는 것은 결합시키기 어려운 것들이 너무나도 많이 전제되어 있다.

첫째, 아주 작은 국가로서 국민을 쉽게 모을 수 있으며 시민마다 쉽게 다른 모든 시민을 알 수 있어야 하며, 둘째, 관습이 매우 단순하여 많은 사무나 성가신 논의를 생략할 수 있을 것, 다음으로 국민의 지위와 재산이 대체로 평등해야 한다. 그렇지 않으면 권리와 권위에 있어 평등이 오래 지속될 수 없다. 마지막으로 사치가 극히 적거나 전혀 없을 것. 왜냐하면 사치는 부의 결과인 동시에 부를 필요로 하는 것이기 때문이다. 사치는 부자도 가난한 사람도 한꺼번에, 다시 말해서 부자는 재산으로, 가난한 사람은 물욕으로 부패시킨다. 사치는 조국을 쉽사리 허영심에 팔아넘긴다. 또 사치는 모든 시민을 국가에서 빼앗아 시민간에 노예로 삼게 하거나 모든 시민을 편견(偏見)의 노예로 만든다.

이 때문에 한 유명한 저술가는 덕(德)을 공화국의 기본 원리로 삼았다.*³ 이 모든 조건은 덕 없이는 존속하지 못해서이다. 그러나 그 뛰어난 천재도 필요한 구별을 해 놓지 않았으므로 종종 정확성을 잃었으며, 때로는 명석함마저 보이지 못했다. 그리고 주권은 어느 국가에서나 동일한 것이므로 정체에 따라서 물론 정도의 차이는 있겠지만, 모든 것이 잘 조직된 국가에서는 같은 원리가 존재해야 한다는 것을 깨닫지 못했다.

민주 정치 또는 국민 정치만큼 내란과 내분이 일어나기 쉬운 정치도 없다는 것을 덧붙여 두겠다. 왜냐하면 민주 정치만큼 끊임없이 격렬하게 정체를 변화시키는 것은 없다. 그 존속을 위해서는 끊임없는 경계와 용기를 필요로 하기 때문이다.

특히 이 정체에서 시민은 실력과 인내로 무장하고, 한 덕있는 지사*⁴가 폴

---

*3 몽테스키외 《법의 정신》 제3편 제3장.
*4 포스난(포젠) 주의 지사. 그는 폴란드 왕 겸 로렌 공의 아버지이다.(원주)

란드 국회에서 한 말을 평생토록 날마다 마음 속 깊이 외치지 않으면 안 된다. '나는 노예의 평화보다 위험한 자유를 택한다'고.

만일 국민이 신들로 구성되어 있다면, 그 국민은 민주 정치를 택할 것이다. 그러나 그토록 완전한 정부는 사람에게는 적합하지 않다.

제5장 귀족 정치에 대하여

귀족 정치에는 두 가지 뚜렷이 다른 정신적인 인격, 다시 말해서 정부와 주권자가 있다. 따라서 두 개의 일반 의지가 있는 셈이며, 하나는 모든 시민들의 일반 의지이고, 다른 하나는 행정에 종사하는 자들만의 일반 의지이다.

그러므로 정부는 뜻대로 내부 관리를 할 수는 있지만, 국민에 대해서는 주권자, 즉 국민 그 자체의 이름으로밖에 말할 수 없다. 이것은 결코 잊어서는 안 된다.

맨 처음 사회는 귀족 정치로 통치되었다. 가장(家長)끼리 서로 공적인 일을 의논했고, 젊은이들은 쉽사리 경험의 권위 앞에 복종했다. 사제·장로·원로원·연장자 등의 이름은 여기서 생겨난 것이다. 북아메리카의 미개인들은 지금까지도 이런 정치를 하고 있으며, 또 매우 잘 다스려지고 있다.

그러나 제도의 불평등이 자연의 불평등보다 심화되면서 재물 또는 권력*5

이 말은 폴란드 왕 스타니슬라스 레진스키의 아버지가 아니라 그 조부가 한 말로서, 마블리가 인용하고 있다(《폴란드론》 제1권 제6장. 전집 제8권 52페이지). 루소는 이 말을 스타니슬라스의 《폴란드 통치에 대한 고찰》(1749년 프랑스어 판 출간)에서 인용한 것 같다. 이것은 《친절한 철학자의 전집》(1763년, 4권) 제2권 182페이지에도 보이는데, 여기서는 스타니슬라스의 아버지가 한 말로 되어 있다. 루소의 《산에서 온 편지》 제9에서는 이 전집의 구절들을 인용하고 있다.(본판 제2권 274페이지 참조)

*5 고대인은 optimates라는 말을 '가장 선한 사람'이라는 뜻이 아니라 '가장 권력 있는 사람'이라는 뜻으로 쓴 것이 분명하다.[원주]

* 뇌샤텔 초고 7842에는 이 주에 대한 첨가로서 다음과 같은 글이 있다. "소수의 권력자가 지배권을 쥐고 있으며, 시민들이 국가에 대한 공헌에 따라 좋은 시민이니 나쁜 시민이니 하고 불리는 것이 아니라 나쁜 일에는 남달리 뛰어난 재간을 가진 사람이 그때 그때 속여 넘기기 위해서 선량한 시민으로 통용되고 있던 동안은……"(사르수스 《역사단편》 제1편. 1674년의 데르팡판 159페이지). 이것은 현재 제네바 도서관에 있는 디베르네 본(루소가 그에게 보낸 것)에 첨가된 것이다. 본은 이것이 루소의 필적이라고 추측하나 확신을 가질 수는 없다고 말하고 있

이 나이보다 중시됨에 따라 귀족 정치는 선거제가 되었다. 마침내 권력이 재산과 함께 아버지로부터 아들에게 상속되게 되자, 귀족 가문이 생기고 정부는 세습되었으며, 스무 살짜리 원로원 의원이 나타나게 되었다.

그래서 귀족 정치에는 세 가지 종류가 있다. 바로 자연적인 것과 선거에 의한 것과 세습적인 것이다.

자연적인 귀족 정치는 소박한 국민에게 적합하고, 세습적인 귀족 정치는 모든 정부 가운데 가장 나쁜 것이다. 선거에 의한 귀족 정치가 그 가운데에서 가장 좋다. 이것이야말로 본래 뜻대로의 귀족 정치이다.

귀족 정치에는 두 가지 권력인 주권과 행정권이 뚜렷이 구별되는 장점 이외에 정부의 구성원을 선택할 수 있다는 장점이 있다. 민주 정치에서는 모든 시민이 나면서부터 행정관이지만, 귀족 정치에서는 행정관을 소수 사람에게 한정하는 데다가, 선거에 의하지 않으면 행정관이 될 수 없기 때문이다.[*6]

성실·지식·경험, 또 그 밖에 그 사람을 선택하고 그 사람에게 공적인 존경을 바치는 온갖 이유가 이 선거라는 방법에 의해 장래의 선한 정치를 향한 새로운 보장이 되는 것이다.

게다가 귀족 정치인 나라에서는 집회 소집이 한층 쉽고 의제를 더 원활하게 토의할 수 있으며, 더 질서 있고 신속하게 처리된다. 외국에서의 국가 신용은, 이름이 없거나 멸시당하는 다수자에 의해서보다 존경할 만한 원로원 의원들을 통해 더 잘 유지된다.

한 마디로 말하여 자기들의 이익을 위해서가 아니라 다수자의 이익을 위해 다수자를 지배하는 것이 확실할 경우에는, 가장 현명한 사람들이 다수자를 지배하는 것이 가장 뛰어나고 자연스러운 질서이다.

쓸데없이 정부 기관을 늘릴 필요는 없다. 선택된 백 사람이 훨씬 훌륭하게 할 수 있는 일을 2만 명에게 시킬 필요는 없다. 그러나 귀족 정치에서는 정부

다.

[*6] 행정관의 선거 형식을 법률로 규정하는 것은 매우 중요한 일이다. 왜냐하면 이 선거를 통치자의 의지에 맡길 경우, 베네치아와 베른의 두 공화국에서 그랬듯이 세습적 귀족 정치로 타락하는 것을 피하지 못할 것이다. 이리하여 베네치아는 오래 전에 국가로서 해체되어 버렸다. 그러나 베른은 그 원로원이 매우 슬기로운 덕분에 유지되고 있다. 이것은 아주 명예로운 그리고 아주 위험한 예외이다(루소기 베른에 대해 이처럼 호의적이 아닌 견해에 대해서는 《폴란드론》 제11장 478페이지를 참조할 것).(원주)

단체의 이익을 위해서 공공의 힘을 일반 의지의 규칙에 따라 작용시키는 일이 적어지고, 달리 피할 길 없는 경향에 의해 집행권의 일부가 법률에서 제외된다는 데에 주의하지 않으면 안 된다.

귀족 정치의 독특한 장점이라면 훌륭한 민주 정치에서처럼 법의 집행이 공공의 의지에서 바로 나올 수 있을 만큼 작은 나라나 소박하고 정직한 국민이 필요하지 않다는 것이다.

또 국민을 다스리기 위해서 각지에 분산해 있는 통치자들이 저마다의 임지에서 주권자처럼 행동하고, 우선 독립한 다음 마침내 주인이 될 가능성이 있을 만큼 큰 나라일 필요도 없다.

귀족 정치는 민주 정치보다 적은 덕(德)만 있으면 된다지만, 역시 그것은 부자의 절제나 가난한 사람의 만족 같은 귀족 정치 특유의 다른 덕이 필요하다. 왜냐하면 엄밀한 평등은 거기에는 적합하지 않은 듯이 여겨지기 때문이다. 스파르타에서조차 엄밀한 평등은 지켜지지 않았다.

그리고 이 정체가 어느 정도 재산의 불평등을 허용한다 하더라도 그것은 바로 일반적으로 공공의 일 처리가 자신의 시간 전부를 거기에 다 바칠 수 있는 사람들에게 맡겨지기 때문이며, 아리스토텔레스가 말했듯이 언제나 부자가 선택되기 때문은 아니다.*7

반대로 가난한 사람들을 선택함으로써, 사람의 가치에는 재산보다 더 중요한 것이 있음을 국민에게 가르쳐 주는 것이 중요하다.

제6장 군주 정치에 대하여

이제까지 우리는 통치자를 법의 힘으로 결합되고 국가 안에서 집행권이 위임된 도덕적이며 집합적인 인격으로서 생각해 왔다. 그러나 지금 우리는 이 권력이 법률에 따라서 권력을 행사할 권리를 가진 오직 한 사람의 자연인, 실재(實在)하는 사람의 손에 통합된 경우를 생각해야 한다. 이를 군주 또는 왕이라고 부른다.

---

*7 《정치론》 제3편 제10~13장, 제4편 제9, 11, 12장. 그러나 루소는 아리스토텔레스를 정확히 표현하고 있지 않다.

집합 존재(集合存在)가 한 개인을 대표하는 다른 여러 정체와는 반대로, 군주 정치에서는 한 개인이 한 집합 존재를 대표한다. 그러므로 이 경우 통치자를 구성하는 정신적 통일은 동시에 육체적 통일이기도 하며, 이 통일 속에는 다른 정체라면 법률이 매우 고심하여 결합할 모든 직능(職能)이 자연적으로 결합되어 있다.

그런 까닭으로 국민의 의지와 통치자의 의지, 국가 공공의 힘과 정부의 특수한 힘이 모두 같은 원동력으로 움직이고, 국가 기관의 모든 명령권이 한 사람의 손에 쥐어지며 모든 것이 같은 목적을 향해서 움직여 가는 것이다. 거기에는 서로 갈등을 일으키는 상반된 운동은 없다.

그래서 우리는 군주 정치만큼 적은 노력으로 큰 효과를 거두는 제도를 달리 상상할 수 없다. 바닷가에 가만히 앉아 힘들이지 않고 큰 배를 띄운 아르키메데스*8는 나에게 방 안에 가만히 앉아서 광대한 나라를 통치하며, 얼핏 움직이지 않는 듯이 보이면서도 모든 것을 움직이는 유능한 군주를 떠오르게 한다.

그러나 이보다 강력한 정부는 없다 하더라도 동시에 이토록 개별 의지가 힘을 갖고 쉽게 다른 의지를 지배하는 정부도 없다. 물론 모두가 같은 목적을 향해서 움직여 간다. 그러나 그 목적은 결코 공공의 행복이 아니다. 그리고 통치하는 힘 자체가 오히려 끊임없이 국가를 해치게 된다.

국왕들은 절대적이기를 바란다. 사람들은 국민에게 사랑받는 것이 가장 좋은 방법이라고 멀리서 국왕들에게 외치고 있다. 이 명제는 매우 아름다우며 어느 점에서는 참으로 진실하기까지 하다.

그러나 불행히도 궁정에서 이런 말은 비웃음거리일 뿐이다. 국민의 사랑에서 태어나는 권력은 확실히 가장 큰 권력이다. 그러나 이것은 불확실하며 조건이 따르는 권력이다. 군주들은 결코 그런 권력으로는 만족하지 않을 것이다. 아무리 선한 왕이라도 통치자로서의 지위를 잃지 않은 채 마음이 내키면 악인

---

*8 아르키메데스(기원전 약 287~212년) : 시칠리아 시라쿠사의 과학자. "나에게 발판을 다오. 그러면 지구를 움직이리라"라는 그의 말은 지렛대의 원리를 나타내는 말로서 유명하다. 루소가 여기서 언급하고 있는 것은 이 말을 둘러싼 전승(傳承)에 입각해 있다. 전승에 의하면 시라쿠사 왕 히에론이 그에게 자신이 한 말을 실증해 보이라고 명령했을 때, 아르키메데스는 짐을 가득 실은 큰 배를 바닷가에 놓고 지렛대를 응용한 기계로 이를 진수시켰다고 한다.

이 될 수 있기를 바란다.

정치 설교자들은 국민의 힘이 바로 국왕의 힘이므로 국왕의 가장 큰 이익은 국민이 부유하고 번영을 누리며, 인구가 많고 강력한 것이라고 국왕들에게 말하겠지만 그것은 헛일이다. 국왕들은 그것이 거짓말이라는 것을 잘 알고 있다. 국왕의 개인적 이익이 되는 것은 첫째로 국민이 약하고 가난해서 결코 국왕에게 반항할 수 없는 상태에 있는 것이다.

국민이 언제나 군주에게 완전히 복종하고 있다고 가정한다면, 국민의 힘은 군주의 힘이므로 그가 이웃 나라의 군주들에게 위압적인 존재이고 싶을 때에는 국민의 힘이 강한 것이 군주의 이익이 된다. 그러나 이 이익은 2차적이고 종속적이며, 아울러 이 두 가정(假定)은 양립할 수 없는 것이므로 군주들이 언제나 자기에게 가장 유리한 명제를 택하는 것은 당연하다.

이것은 사무엘*⁹이 헤브라이인에게 강조한 것이며 마키아벨리가 증거를 들어서 밝힌 것이다. 마키아벨리는 국왕들을 가르치는 척하면서 국민에게 중대한 교훈을 주었던 것이다. 마키아벨리의 《군주론(君主論)》은 공화제 지지자들에게 가장 귀중한 책이다.*¹⁰

우리는 이미 일반적인 관계에서 군주 정치는 큰 나라에만 적합하다는 것을 알았다. 이제 다시 군주 정치 그 자체를 더 잘 살펴본다면, 그것이 더욱 뚜렷해질 것이다.

국가 행정을 맡는 사람의 수가 많아질수록 통치자와 백성의 간격은 점점 줄어들어 평등에 가까워지며, 그리하여 민주 정치에 이르면 이 비율은 1, 즉 완전히 같아진다. 이 간격은 정부의 인원 수가 적어질수록 커져서, 정부가 단 한 사람의 손에 쥐어질 때 최대 한도에 달한다. 이때는 통치자와 국민 사이에 매우 큰 거리가 존재하게 되고, 국가에는 결합이 사라진다.

---

*9 사무엘은 헤브라이의 예언자. 《구약성서》 '사무엘상' 제8장 11~18절 참조.
*10 마키아벨리는 성실한 사람이자 좋은 시민이었다. 그러나 메디치 집안과 손을 잡는 바람에 조국의 압제 속에서 자유에 대한 그의 사랑을 감추지 않으면 안 되었다. 그가 저주할 만한 영웅을 선택한 것만 보더라도, 그의 은밀한 의도는 제법 뚜렷하다. 그리고 그의 저서 《군주론》과 그의 《티투스 리비우스론》, 《피렌체 역사》를 대조해 보면, 이 심오한 정치가가 이제까지 피상적이며 부패한 독자밖에 갖고 있지 않았음을 알 수 있다. 로마의 궁정은 그의 저서를 엄금했다. 그도 그럴 것이 그가 가장 세밀하게 묘사한 것은 로마의 궁정이기 때문이다(이 주는 1782년 판에 처음으로 편집자가 단 것이다).(원주)

그러므로 이 결합을 이루기 위해서 중간 계층이 필요하게 되며 이를 채우기 위해 군주, 유력자, 귀족이 필요해진다. 그런데 이런 것은 조그만 나라에는 적합하지 않으며 이런 계층이 나라를 망쳐 버린다.

그러나 큰 나라가 잘 통치되기는 어렵다 하더라도 단 한 사람이 그것을 잘 통치하기는 훨씬 더 어렵다. 더욱이 국왕이 대리인을 둘 때 무슨 일이 일어나는가는 모두 다 아는 바이다.

군주 정치*11를 공화 정치보다 못하게 만드는 피하기 어려운 근본적인 결점은 공화 정치에서 여론은 그 직책을 훌륭하게 완수할 식견과 능력 있는 인물 이외는 좀처럼 높은 자리에 앉히지 않지만, 군주 정치에서 입신 출세하는 자들 가운데 가장 많은 것은 소인배, 협잡꾼, 음모자들뿐이며 그들의 잔재주는 궁정에서 요직을 차지하게 할 수는 있어도 한 번 그 지위를 얻고 나면 그들의 무능을 민중에게 폭로하는 데 도움이 될 뿐이다.

국민은 군주보다 이 선택을 잘못하는 일이 훨씬 적다. 그러므로 군주 정치의 대신직에 참으로 재능 있는 인물이 드문 것은 공화 정부의 수뇌에 어리석은 자가 드문 것과 같다.

어쩌다가 운좋게 천부적으로 통치자의 재능을 지닌 사람이 역대의 간교한 관리자 때문에 거의 다 기울어져 가는 군주 정치에서 정무를 돌보게 될 때, 사람들은 그가 생각해 내는 여러 가지 수단에 매우 놀라며, 그리하여 이것이 한 나라에 한 시기를 새롭게 구분짓는 것이다.

군주국이 잘 통치될 수 있으려면 그 국력이나 크기가 통치하는 자의 능력에 상응할 필요가 있다. 정복하기는 통치하기보다 훨씬 쉽다. 알맞은 지렛대만 있으면 손가락 하나로 세계를 움직일 수도 있지만, 세계를 지탱하려면 헤라클레스의 어깨가 필요하다.

적어도 대국이라 불리는 곳에서는 군주의 힘은 언제나 너무 작다. 반대로 매우 드물지만 국가의 크기가 그 통치자에 비해 너무 작으면, 통치는 더욱더 잘

---

*11 이 문구는 인쇄 도중에 루소가 덧붙인 것이다. 앞 구절의 끝에 있던 2, 3행은 삭제되었다. 이 추가는 분명히 이 구절의 끝에 있는 '천성적으로 재능이 있는 통치자의 한 사람'인 슈와주르에 대한 고려에서 한 것이다. 그렇다면 이것은 안 쓰는 편이 좋았다. 왜냐하면 슈와주르는 저자의 의도를 잘못 알고 자기도 그 앞에 나온 '소인배'의 한 사람으로 알았으니 말이다. 《고백록》 제11편, 전집 제9권 7~8페이지, 24~25페이지. 또 1768년 3월 27일자 슈와주르에게 보낸 편지, 전집 제12권 76~77페이지.

이루어지지 않는다. 왜냐하면 통치자는 언제나 큰 일만 꾀하고 있으므로 국민의 이익을 잊고 또 재능을 남용함으로써 국민을 불행하게 만들기 때문이다.

그것은 통치자가 무능해서 국민을 불행하게 만드는 것보다 나을 게 없다. 말하자면 군주의 능력에 맞추어 통치가 바뀔 때마다 왕국을 확대하거나 축소할 필요가 생긴다는 것이다.

이에 반해서 귀족 정치에서 원로원의 재능은 더 뚜렷한 한계를 갖고 있었으므로, 국가는 일정한 한계를 가질 수 있으며 통치는 잘 이루어진다.

단 한 사람의 정부에서 가장 눈에 띄는 불편은 다른 두 경우에는 중단되지 않고 이어지는 이 통치자의 지속적인 계승이 없다는 것이다. 한 사람의 국왕이 없어지면 다른 국왕이 필요해진다.

국왕을 선출하는 것은 위험한 틈바구니를 남기게 된다. 이 선거는 폭풍우를 부른다. 군주 정치에서는 거의 있을 수 없는 일이지만 시민이 욕심이 없고 불완전한 거기에 술책과 부패가 섞여들어간다.

국가가 몸을 판 상대인 국왕이 이번에는 자기가 국가를 팔지 않을 수 없게 되고, 강자에게 강탈당한 돈을 약자에게 떠넘기지 않을 수 없게 된다. 이런 통치 아래서는 조만간에 모든 것이 돈으로 좌우된다. 그러므로 국왕 아래에서의 평화는 국왕 자리가 비었을 때의 혼란보다 더 나쁘다.

이것을 막기 위해 어떤 조치가 강구되었던가? 세습 왕위가 한 가족에게 주어졌다. 그리고 상속의 순위를 정함으로써 왕이 죽었을 때 일어나는 모든 분쟁을 막았다. 말하자면 선거의 불편을 없애는 대신 섭정(攝政)이라는 불편을 만들고, 현명한 통치 대신 겉만 번드르르한 평정을 택한 것이다. 우수한 왕을 선출하려 다투느니 차라리 어린아이나 불구자나 지능이 낮은 자를 지도자로 섬기기를 원했다.

이리하여 어느 쪽을 택할 것인가 하는 위험에 직면하여 거의 모두 자기가 손해 보는 쪽을 택하고 있는 것을 깨닫지 못했다. 디오니시우스가 자기 아들의 창피한 행위를 꾸짖으며 "내가 그런 짓을 해 보이더냐?" 하고 말했을 때 그의 아들이 "하지만 할아버지는 왕이 아니셨습니다" 이렇게 아버지에게 답한 말*[12]이야말로 참으로 옳은 말이었다.

---

*12 플루타르코스 《왕과 위대한 장군의 어록》 22절.

남에게 명령하도록 양육된 사람에게는 모든 것이 몰려들어 정의와 이성을 빼앗아 버린다. 젊은 왕자에게 통치 기술을 가르치는 것은 매우 힘들다고 한다. 그러나 그 교육이 왕자들에게 도움이 되리라고는 생각지 않는다. 그들에게 복종의 기술을 가르치는 일부터 시작하는 편이 차라리 낫다.

역사에 이름을 남긴 가장 위대한 왕들은 결코 지배하도록 교육받지 않았다. 지배한다는 학문은 아무리 배운다 해도 통달할 수 있는 학문이 아니며, 그것은 명령보다 복종을 통해 훨씬 잘 익힐 수 있다.

"좋은 일과 나쁜 일을 구별하는 가장 편리하고 재빠른 방법은 다른 왕 밑에 섰을 때, 그것을 스스로 기뻐할지 생각해 보는 일이다."[*13]

이 통치자의 계승이 없는 데서 오는 또 하나의 결과는 군주 정치가 일정한 의견을 갖지 못하는 것이다. 군주 정치에서는 통치자인 군주 또는 그 대신 통치하는 사람의 성격에 따라 통치가 어떤 때는 이 계획을 따르고 다른 때는 저 계획을 따라 장기적으로 일정한 목적도 일관된 방침도 가질 수가 없다.

이 변화는 국가를 끊임없이 원칙에서 원칙으로 목적에서 목적으로 옮겨다니게 하는데, 통치자가 늘 같은 다른 귀족 정치나 민주 정치의 정부에서는 이런 변화는 일어나지 않는다.

그러므로 일반적으로는 궁정에 더 많은 책략이 있다면 원로원에는 더 많은 현명함이 있고, 또 공화국이 더 일관성 있고 지속성 있는 견해를 가지고 자기 목적을 향해 나아가는 것은 분명하다.

반대로 군주국에서 모든 각료나 거의 모든 국왕에게 공통되는 원칙은 그들의 선임자와 완전히 반대되는 행동을 하는 것이므로 내각이 뒤바뀔 때마다 국가가 뒤바뀐다.

그리고 이 비연속성 자체에서 군주 정치를 주장하는 정치가들에게서 자주 듣는 궤변에 대한 해답을 꺼낼 수 있다. 그 궤변은 단순히 국정을 집안 살림에 비유한다. 이 오류에 대해서는 이미 반론했다. 또한 행정관인 국왕에게 필요하다고 생각되는 모든 덕을 마음대로 그에게 부여하고, 언제나 국왕은 이미 이상적인 군주라고 가정하는 일이다.

이 가정에 따르면 군주 정치는 분명히 다른 어느 정치보다도 바람직스러운

[*13] 타키투스 《역사》 제1편 제16장. 이 말은 갈바가 피소와 혼인 관계를 맺을 때 한 말이다.

것이 된다. 왜냐하면 군주 정치는 의심할 여지 없이 가장 강력한 것이며, 또 그것이 가장 좋은 정부가 되려면 그저 일반 의지와 더 일치된 단체 의지만 있으면 되기 때문이다.

그러나 플라톤이 말하듯이*14 천성적으로 국왕의 재능을 가진 사람이 매우 드물다면, 자연과 우연이 힘을 합해 이 인물을 왕위에 앉히는 일이 그리 자주 있겠는가? 또 국왕 교육이라는 것이 그 교육을 받는 사람을 반드시 부패시키는 것이라면 지배자가 되도록 교육받은 사람들에게 무엇을 기대해야 할 것인가?

그러므로 군주 정치와 훌륭한 국왕의 정치를 혼동하는 것은 스스로 자기를 속이는 일이다. 군주 정치 자체가 무엇인지 알기 위해서는 그것을 재능이 적거나 성격이 난폭한 국왕 아래에서 생각해 보아야 한다. 왜냐하면 그런 사람들이 왕위에 앉거나 아니면 왕위가 그들을 그렇게 만들 것이기 때문이다.

우리 저술가들이 이런 난점을 놓친 것은 아니지만 그런 것은 조금도 고민하지 않았다. 투덜거리지 말고 복종하는 수밖에 달리 도리가 없었기 때문이다. 신은 기분이 나쁠 때는 나쁜 왕을 준다. 천벌로 알고 따라야 한다고 그들은 말한다.

이 주장은 확실히 훌륭한 것이지만 정치 서적보다는 설교대에서 하는 편이 잘 어울리지 않을까? 기적을 예언하고 치료로써 환자에게 권하는 것이 인내밖에 없는 의사를 뭐라고 비평해야 좋을까? 나쁜 정부 아래에서 참아야 한다는 것은 누구나 알고 있다. 중요한 것은 좋은 정부를 발견하는 일이다.

제7장 혼합 정부에 대하여

정확히 말하면 단일 형태의 정부란 존재하지 않는다. 한 사람의 지도자가 통치한다고 해도 많은 부하 행정관들을 거느리지 않으면 안 되고, 국민의 정부도 한 사람의 지도자를 가져야 한다.

그래서 집행권의 분할에서는 언제나 다수에서 소수로의 단계가 있는데, 거

---

*14 제2편 제7장의 주 17 참조.

기에는 어떤 때는 다수자가 소수자에게 의존하며 또 어떤 때는 소수자가 다수자에게 의존하는 차이가 있다.

때로는 집행권이 똑같이 나누어져 있는 수도 있다. 영국 정부에서처럼 그 구성 부분이 상호 의존의 관계에 있는 경우나 폴란드에서처럼 각 부분의 권위가 독립되어 있지만 불완전한 경우 따위가 그렇다.

폴란드의 정부 형태는 좋지 않다. 왜냐하면 정부에 통일성이 없고 국가 결합력이 약하기 때문이다.

단일 정부와 혼합 정부 가운데 어느 쪽이 더 나을까? 정치가들이 늘 토론하는 문제이지만, 이에 대해서는 내가 앞에서 말한 모든 정체에 관하여 내놓은 것과 같은 대답을 하지 않을 수 없다.

단일 정부는 오로지 그것이 단일이라는 사실만으로도 가장 좋다. 그러나 집행권이 충분히 입법권에 종속되어 있지 않을 경우, 바꾸어 말해서 주권자에 대한 통치자의 관계가 통치자에 대한 국민의 관계보다 강할 때는 정부를 분할하여 이 불균형을 벌충해야 한다.

왜냐하면 그렇게 하면, 백성에 대한 권위가 줄지 않고도 그 분할로써 각 부분은 전체로서 주권자에 대한 압력을 약화하기 때문이다.

이런 좋지 못한 사태는 양자를 중개하는 행정관을 세움으로써 피할 수 있다. 그 행정관은 정부는 전체로서 그대로 놓아 두고, 다만 두 권력의 균형을 잡아 주어 저마다의 권리를 유지하도록 돕는다. 그때 정부는 혼합되어 있는 것이 아니라 조절되어 있는 것이다.

이와 반대일 때도 같은 방법으로 고칠 수 있다. 정부가 너무 제멋대로일 때는 집정관을 두어 그 힘을 집중시킬 수 있다. 이것은 모든 민주 정치에서 실시되고 있다.

앞의 경우에 정부를 분할한 것은 정부의 힘을 약화시키기 위해서이며, 뒤의 경우에는 정부의 힘을 강화하기 위해서이다. 정부의 힘의 강함과 약함 양 극단은 똑같이 단일 정부에서 발견되지만, 혼합 정체에서는 정부의 힘은 중간 정도가 된다.

제8장 모든 통치 형태가 모든 국가에 적합한 것은 아니다

자유는 어떤 풍토에서나 열매를 맺는 것이 아니므로 모든 국민이 자유를 손에 넣을 수는 없다. 몽테스키외가 세운 이 원칙은 생각할수록 더 진실이라는 느낌이 든다. 이에 반대할수록 계속 새로운 증거가 나와서, 이 원칙을 점점 더 확실하게 만드는 결과를 가져온다.

모든 정부에서 공적 인간은 소비할 뿐이지 아무것도 생산하지 않는다. 그렇다면 그 소비되는 물질은 어디서 오는가? 그것은 구성원의 노동에서 온다. 공공이 필요한 것을 만들어내는 것은 개개인의 잉여물이다. 그래서 시민 상태라는 것은 사람들의 노동이 필요 이상의 것을 낳아야 존속할 수 있는 셈이다.

그런데 이 잉여물은 세계 각국 어디서나 똑같지는 않다. 상당한 양을 가진 나라도 많고, 그렇게 많지 않은 나라도 있으며, 전혀 없거나 오히려 모자라는 나라도 있다.

이 관계는 기후와 토양의 풍요함, 땅이 요구하는 노동의 종류, 그 생산물의 성질, 주민의 체력, 주민에게 필요한 소비의 많고 적음, 그리고 이 관계를 구성하는 다른 온갖 조건들로 정해지는 것이다.

한편 모든 정부는 성질이 다르다. 욕심이 아주 많은 정부도 있고 그리 심하지 않은 정부도 있다. 이 차이는 정부가 공공의 세금을 빨아올리는 원천에서 멀어지면 멀어질수록 그만큼 부담이 커진다는 또 다른 원칙에 입각한다.

이 세금 부담의 가볍고 무거움은 과세의 양에 의해서가 아니라, 세금이 그것을 납부한 사람들의 손에 되돌아오기 위해 걸어야 하는 거리의 길고 짧음으로 측정되어야 한다. 이 유통이 신속하게 잘 되면 납세가 많거나 적거나 하는 것은 문제가 안 되며, 국민은 언제나 부유하고 재정은 늘 건전하다.

이에 반해서 국민이 납부하는 세금이 아무리 적은 액수일망정 늘 내기만 하고 그들의 손에 돌아오지 않을 때, 국민은 곧 힘이 다 빠지고 만다. 국가는 결코 부유해지지 않으며, 국민은 늘 가난한 상태이다.

국민과 정부의 거리가 멀어짐에 따라 세금이 무거워지는 사태가 생긴다. 그래서 민주 정치에서는 국민의 부담이 가장 가볍고, 귀족 정치에서는 국민의 부담이 무거워지며, 군주제에서는 가장 무거운 부담을 진다.

군주 정치는 부유하며 번영한 국민에게만 적합하다. 귀족 정치는 규모에 있어서나 부유함에 있어서나 중간 정도의 국가에 알맞고, 민주 정치는 가난하고 조그만 국가에 알맞다.

실제로 이것을 생각하면 생각할수록 자유 국가와 군주 국가의 차이가 여기에 있음을 알게 된다. 자유 국가에서는 모든 것이 공동의 이익을 위해서 사용되고, 군주 국가에서는 공공의 힘과 개개인의 힘이 상관적(相關的)이어서 한쪽이 커지면 다른 쪽은 작아진다.

요컨대 전제 정치는 백성을 행복하게 만들기 위해서 통치하는 것이 아니라 백성을 통치하기 위해서 그들을 비참하게 만들고 있는 것이다.

이상과 같이 각 풍토에는 저마다 자연적인 원인이 있어서 이에 입각하여 풍토의 힘이 이끄는 대로 정부의 형태를 정하고, 어떤 종류의 주민이 그 풍토에 적합한가까지 말할 수 있다.

노동의 대가만큼의 생산물이 없는 불모지는 개간하지 말고 고작해야만 인들이나 살게 내버려 두어야 한다.

사람들의 노동이 꼭 필요한 필수품밖에 생산하지 않는 땅에는 틀림없이 미개인이 살 것이다. 그런 땅에서는 어떠한 정치도 불가능할 것이다.

노동에 비해 생산물이 많기는 하지만 대단치 않은 땅은 자유로운 국민에게 적합하다.

땅이 기름지고 적은 노동으로 많은 생산물을 낳는 곳에서는 군주 정치가 적당하다. 백성의 과잉 생산물은 군주의 사치로 소비된다. 왜냐하면 이 과잉물은 개개인에 의해 소비되는 것보다 정부에 흡수되는 편이 낫기 때문이다.

물론 여러 가지 예외가 있다는 것은 나도 안다. 그러나 예외 그 자체가 이 규칙을 확실한 것으로 만든다. 그러한 예외의 경우에는 머지않아 혁명이 일어나 사물을 자연의 질서로 되돌려 놓기 때문이다.

우리는 일반적인 법칙과 그 법칙의 결과를 변경시킬 수 있는 특수한 원인을 구별하기로 하자. 남반구가 모두 공화국이 되고 북반구는 모두 전제 국가가 된다 하더라도, 역시 기후가 미치는 작용으로 보면 전제 정치는 따뜻한 나라에 적합하고, 미개 상태는 추운 나라에 알맞으며, 그 중간 지대에는 좋은 정치가 적합하다는 것은 진리이다.

그 원칙에는 동의하더라도 적용에는 논란의 여지가 있을 수 있다. 즉 추운 나라 가운데에도 풍족한 결실을 맺는 나라가 있는가 하면 따뜻한 나라 가운데에도 극히 불모의 나라가 있다고 할 수 있다. 그러나 이 난점은 문제를 모든 각도에서 살펴보지 않는 사람에게만 존재한다. 다시 말해서 이미 지적했듯이 노동, 체력, 소비 등등의 여러 관계를 고려하지 않으면 안 된다.

여기에 면적이 똑같은 두 나라가 있는데 하나는 5를, 하나는 10을 생산한다고 가정하자. 만일 5를 생산하는 나라의 주민이 4를 소비하고 10을 생산하는 나라의 주민은 9를 소비한다면, 5를 생산하는 나라의 잉여 생산은 5분의 1이고 10을 생산하는 나라의 잉여 생산은 10분의 1이다. 그러므로 양자의 잉여 생산물 비례는 생산물 비례와 반대가 되어 5밖에 생산하지 않는 지방이 10을 생산하는 지방의 2배의 잉여 생산물을 낳게 된다.

그러나 여기서 문제가 되는 것은 생산이 2배라는 것이 아니다. 일반적으로 추운 나라와 따뜻한 나라의 생산량이 같다고 주장하는 사람은 없을 것이다. 그러나 예를 들어 같다고 하자. 그리고 영국과 시칠리아 섬이 같고, 폴란드와 이집트가 같다고 해 보자. 이집트보다 더 남쪽으로는 아프리카와 인도를 생각할 수 있지만 폴란드보다 북쪽에는 더 이상 아무것도 없다.

그런데 이 동일한 생산량에 대해서도 경작 면에서 그 차이가 얼마나 큰지 모른다. 시칠리아 섬에서는 그저 흙을 뒤집기만 하면 충분한데 영국에서는 땅을 가는 데 여간 수고가 들지 않는다. 같은 생산물을 얻는데 더 많은 손이 드는 곳에서는 필연적으로 그 잉여가 적어질 수밖에 없다.

게다가 또 따뜻한 나라에서는 사람 수가 같더라도 그 소비는 훨씬 적다는 것을 생각해야 한다. 기후 관계상 따뜻한 나라에서 건강을 유지하려면 음식을 절제해야 한다. 열대 지방에서 본국과 똑같이 생활하려고 하는 유럽인은 모두 이질이나 소화 불량으로 숨진다.

샤르댕은 말했다. "우리는 아시아인에 비하면 늑대와 다름없는 육식동물이다. 페르시아인이 적게 먹는 것은 그 나라가 별로 경작이 되어 있지 않은 탓이라고 말하는 사람이 있다. 그러나 나는 그와 반대로 페르시아에 우리나라만큼 식량이 없는 것은 주민에게 우리만큼 식량이 필요 없기 때문이라고 생각한다."

그는 계속해서 말한다. "만일 그들이 적게 먹는 것이 식량이 부족한 결과라고 한다면, 가난한 사람만 적게 먹어야 할 것이다. 그런데 실제로는 모든 사람들이 예외 없이 그렇다. 또 나라 안에서 지방마다 땅이 얼마나 풍요한가에 따라서 많이 먹는 곳이 있고 적게 먹는 곳이 있어야 할 텐데, 실제로는 이 왕국 어디에 가나 똑같이 적게 먹는다. 페르시아인은 자기들의 생활 방식을 자랑으로 삼고 있으며, 그것이 그리스도 교도의 생활 방식보다 얼마나 뛰어난지는 자기들의 혈색을 보면 쉽게 알 수 있을 것이라고 말하고 있다. 확실히 페르시아인의 혈색은 좋고, 그들의 살갗은 아름답고 결이 고우며 윤기가 있다. 이와 반대로 페르시아의 지배 아래 있는 아르메니아인은 유럽풍의 생활을 하고 있는데, 그 혈색은 나쁘고 종기가 나 있다. 또 몸이 뚱뚱하고 둔하다."*15

적도에 가까운 지방 주민일수록 소식을 한다. 그들은 고기를 거의 먹지 않는다. 쌀·옥수수·기장·조 그리고 타피오카가 그들의 주식이다. 인도에는 하루 식비가 1수우도 들지 않는 사람들이 몇 백만이나 살고 있다.

우리는 유럽에서도 식욕 면에서 북쪽 주민과 남쪽 주민 사이에 심한 차이가 나는 것을 본다. 스페인 사람은 독일인이 한 번 먹고 마시는 음식으로 1주일은 살아갈 것이다. 많이 먹는 나라에서는 역시 사치가 먹고 마시는 쪽으로 향한다.

영국에서는 육류를 잔뜩 늘어놓은 식탁에서 사치가 드러난다. 그러나 이탈리아의 진수성찬은 설탕과 꽃이다.

옷의 사치에도 차이가 있다. 계절이 급격히 바뀌는 풍토에서는 주민의 옷은 질이 좋고 간소하다. 오로지 꾸미기 위해서 옷을 입는 지방에서는 실용적인 것보다 화려하고 아름다운 것을 찾는다. 거기서는 옷 자체가 하나의 사치이다. 나폴리에서는 날마다 번쩍거리는 윗옷에 양말도 신지 않은 사람들이 포실리포*16로 산책을 나가는 모습을 볼 수 있다.

이것은 주택에 대해서도 마찬가지이다. 기후의 피해를 조금도 두려워하지 않아도 될 때는, 주택은 그저 호화로운 점에만 중점을 둔다. 파리나 런던에서는 따뜻하고 아늑한 주거를 선호한다. 그러나 마드리드에서는 사치스러운 객실은 있지만 방에는 창문이 없으며, 자는 곳은 헛간이나 다름없다.

따뜻한 나라의 음식물은 추운 곳보다 훨씬 질이 좋고 영양이 풍부하다.

이것이 세 번째 차이인데 이것은 두 번째 차이에 영향을 미치지 않을 수

---

*15 샤르댕 《페르시아 여행기》 제3권 76페이지, 83~84페이지(4절판 4권본, 암스테르담, 1735). 샤르댕은 프랑스의 여행가(1643~1713).

*16 나폴리의 유원지.

없다.

이탈리아에서는 채소를 왜 그렇게 많이 먹을까? 그곳 채소가 질이 좋고 자양분이 풍부해 맛있기 때문이다. 프랑스에서는 채소를 물만으로 재배하기 때문에 전혀 영양분이 되지 않아 식탁에서는 거의 무시당한다. 그렇다고 채소를 재배하는 데 더 적은 땅을 필요로 하는 것도 아니고, 적어도 수고는 똑같이 들어가 있다.

이미 실험해 본 일이지만 북아프리카에 있는 바르바리 지방의 밀은 프랑스의 밀보다 질은 떨어지지만, 프랑스의 밀보다 더 많은 밀가루를 얻을 수 있다. 그런데 그 프랑스의 밀도 북쪽 지역 국가에서 생산되는 밀보다는 많은 밀가루를 얻을 수 있다.

그래서 일반적으로 적도로부터 극지방을 향해서 이와 같은 단계가 나타난다고 추측할 수 있다. 그런데 같은 분량의 생산물에서 좀더 적은 식물밖에 얻을 수 없다는 것은 분명한 손해가 아니겠는가?

이러한 여러 가지 고찰에 또 하나를 덧붙일 수 있다. 그것은 이상의 고찰에서 나오는 것인 동시에 그것을 확인하는 것이기도 하다. 바로 따뜻한 나라는 추운 나라보다 사람이 필요없는 데도 더 많은 사람을 양육할 수 있다는 것이다. 이것이 바로 두 배의 잉여를 낳는 것이며, 전제 정치를 유리하게 만드는 것이다.

일정한 수의 주민이 광대한 땅에 살고 있고, 그 땅이 넓으면 넓을수록 반란은 어렵게 된다. 왜냐하면 신속하고 은밀히 일을 꾸밀 수가 없기 때문이며, 또 정부가 언제나 쉽게 음모를 눈치채고 통신을 끊을 수 있기 때문이다.

그러나 많은 사람이 밀집해 있을수록 정부는 주권자의 권리를 찬탈하기가 어려워진다. 말하자면 반란의 지도자들은 궁정 회의에서의 국왕처럼 안전하게 그들의 방에서 모의할 수 있고, 군중은 군대가 진영에 모일 때만큼 재빨리 광장에 모인다.

그러므로 압제적인 정부에게는 먼 데서 지배하는 편이 편리하다. 말하자면 차지한 근거지의 도움을 얻어 마치 지렛대의 원리처럼 멀어질수록 그 힘이 커지는 것이다.*17

─────────────────

*17 이것은 내가 앞에서(제2편 제9장) 큰 나라의 불편에 대해 설명한 것과 모순되지는 않는다. 왜냐하면 거기서는 그 구성원들에 대한 정부의 권위가 문제였고, 여기서는 백성들에 대한 그 힘이 문제이기 때문이다. 분산된 정부의 구성원은 멀리서 국민에 작용하기 위한 지점으

이에 반해서 국민의 힘은 집중하지 않으면 발휘되지 않는다. 국민의 힘이 멀리 퍼질 때는 땅바닥에 흩뿌려진 화약 가루가 한 알씩밖에 불이 붙지 않듯이 연기가 되어 사라져 버린다. 이와 같이 인구가 가장 적은 나라는 압제 정치에 가장 알맞는 나라이다. 맹수는 황야에서만 지배자일 수 있기 때문이다.[18]

제9장 좋은 정부의 특징에 대하여

어떤 정부가 가장 좋은 정부냐고 묻는 사람이 있다면, 그것은 단정할 수 없는 일이므로 그 사람은 대답할 수 없는 문제를 묻는 셈이 된다.

굳이 바란다면 이 문제는 국민 각자의 절대적 상황과 상대적 상황을 남김없이 끼워 맞춘 수만큼의 정답이 있다고 말할 수 있다.

그러나 한 특정 국민이 잘 다스려지고 있는지 여부를 어떤 특징을 통해 알 수 있느냐고 묻는다면 이야기는 다르다. 이것은 실제 문제로써 해결할 수 있을 것이다. 그런데 저마다 제멋대로의 방법으로 그것을 해결하려고 하기 때문에 이 문제가 해결되지 않는 것이다.

백성은 공공의 평온을, 시민은 개개인의 자유를 자랑한다. 한쪽은 재산의 안전을, 다른 쪽은 신체의 안전을 바란다. 한쪽은 가장 좋은 정부란 가장 엄격한 정부이기를 요구하고, 다른 쪽은 가장 관대한 정부이기를 주장한다.

한쪽은 범죄의 처벌을, 다른 쪽은 그 예방을 요구한다. 한쪽은 이웃 나라가 두려워하기를 바라고, 다른 쪽은 이웃 나라에 무시당하는 것을 오히려 즐긴다. 한쪽은 화폐가 유통되고 있으면 만족하고, 다른 쪽은 국민이 빵을 얻기를 요구한다.

이러한 점들에서 의견이 일치했다 하더라도, 그것으로 문제 해결이 빨라질

로서는 정부에 도움이 된다. 그러나 그 구성원 자신에게 직접 작용하기 위한 지점을 정부는 아무것도 갖고 있지 않다. 그래서 한쪽의 경우에는 지렛대의 길이가 약점이 되고, 다른 경우에는 그 힘이 되는 것이다(이 주는 인쇄 중에 추가되었다).(원주)

[18] 아마 루소는 디오게네스 라에르티우스가 한 다음과 같은 말을 마음속에 간직하고 있었던 것 같다. 그는 이것을 조고 7842 쪽에 적어 넣고 있다. "탈레스는 말했다. '가장 나쁜 가축은 아부꾼이다'라고."

까? 도덕적인 것의 양*[19]을 재는 정확한 척도는 없으므로 특징에 대해서 의견이 일치하더라도 어떻게 평가에 대한 일치를 얻을 수 있겠는가?

나는 이렇게 단순한 특징을 사람들이 무시하거나, 또는 그에 대해서 일부러 인정하지 않으려고 하는 것이 늘 놀랍다.

정치적 결합의 목적은 무엇인가? 그것은 그 구성원의 보호와 번영이다. 그러면 그들이 보호받고 번영하고 있음을 나타내는 가장 확실한 특징은 무엇인가? 그것은 그들의 수, 즉 인구이다.

그러므로 논쟁의 대상이 되어 있는 이 특징을 다른 곳에서 찾을 필요는 없다. 다른 모든 조건이 같다면 외부로부터의 방책(方策)·귀화(歸化)·식민(植民) 등과 상관없이 시민이 증가해 가는 정부야말로 틀림없이 가장 좋은 정부이다. 국민이 감소하고 약해져 가는 정부는 가장 나쁜 정부이다. 앞으로는 계산하고 측정하고 비교하는 일은 통계학자에게 맡겨야 할 것이다.*[20]

---

*19 버크의 《성찰》에 있는 다음 글(이에 대해서는 페인이 졸렬하게도 조롱하고 있지만)과 비교하라. "정치의 논리학 하나는 계산의 원리이다. 즉 그것은 참된 도덕의 단위를 형이상학적 또는 수학적으로가 아니라 도덕적으로 보태고 빼고, 곱하고, 나누고 하는 일이다"(전집 제1권 404페이지).

*20 사람은 인류의 번영으로 보아 상을 내릴 만한 여러 세기(世紀)를 같은 원칙 위에서 판단하지 않으면 안 된다. 사람은 문예가 부흥하는 것을 볼 수 있었던 세기를 그 문화가 가진 비밀스런 목적을 통찰함 없이, 또한 그 불행한 결과를 고찰함 없이 너무 칭찬만 해 왔다. "사실 그것은 그들의 예종의 한 부분이었음에도 불구하고, 무지한 사람들 사이에서는 humantias(인간성, 고전 문학)라고 불렸던 것이다"(타키투스 《아그리콜라》 제21장). 우리는 많은 저작의 여러 원칙 속에 저자들로 하여금 그렇게 말하게 하고 있는 비열한 이해를 생각하지 않는 것일까? 그렇다. 저자들이 뭐라고 하든 한 나라가 그 찬란함에도 불구하고 인구가 감소할 때는 모든 일이 잘 되어 가고 있다고 말할 수는 없다. 그리고 한 시인이 10만 리브르의 연금을 갖고 있다는 것만으로는 그 세기가 모든 세기 중에서 가장 좋다고 말하기에는 부족하다(이것은 볼테르를 조롱한 것이다). 겉보기뿐인 안온함이라든가 통치자들의 평정함 같은 것보다 오히려 온 국민, 특히 가장 다수를 차지하는 신분의 안락에 주목하지 않으면 안 된다. 우박은 몇 개 군을 황폐화시켰지만 기근을 가져오는 일은 드물다. 소동이나 내란은 통치자들에게 큰 위협을 주지만 국민의 참된 불행은 아니다. 국민은 그들에게 압제를 가하는 사람에 대항하여 싸움이 벌어지는 동안 한숨 돌릴 수도 있다. 국민의 항구적인 상태에서만 그들의 참된 번영이나 재앙이 생기는 것이다. 멍에 밑에서 그냥 짓눌려 있을 때, 이때야말로 모든 것은 쇠퇴한다. 이때야말로 통치자들은 제멋대로 그들을 파괴하고 "외톨이가 되어 이것을 평화라고 부른다"(타키투스 《아그리콜라》 제30장). 귀족들의 싸움이 프랑스 왕국을 떠들썩하게 만들고 있을 때, 그리고 파리의 보좌신부(레스를 말함. 레스는 프롱드의 반란 때 파리의 보좌신부로 반란 지도자의 한 사람이었다. 1651년에 추기경, 1654

제10장 정부의 폐단과 타락 경향에 대하여

개별 의지가 줄곧 일반 의지에 대항하여 작용하듯, 정부는 끊임없이 주권에 대항하려고 애쓴다. 이 노력이 증가함에 따라 국가 조직은 점점 악화된다. 그리고 이 경우, 통치자의 의지에 저항하여 그것과 균형을 유지할 만한 단체 의지는 달리 존재하지 않으므로, 조만간 통치자가 주권자를 압박하여 사회 계약을 파기할 때가 올 것이 틀림없다.

이것이야말로 노쇠나 죽음이 기어이 사람의 몸을 파괴하듯이 정체의 출생부터 줄기차게 그 정치체를 파괴하려 하는 피할 수 없는 내재적인 악이다.

정부의 타락에는 일반적으로 두 가지 방법이 있다. 바로 정부가 축소될 때와 국가가 해체될 때이다.

정부가 축소될 때는 그것이 다수자에게서 소수자로 옮겨 갈 때, 즉 민주 정치에서 귀족 정치로, 귀족 정치에서 왕정으로 옮겨갈 때이다. 이것이야말로 정부의 자연적인 경향이다.*21 만일 거꾸로 정부가 소수자에게서 다수자로 옮겨

년에는 파리의 대주교가 되었으나 마자랭에 대한 반대를 계속하여 바스티유 감옥에 투옥되었다가 탈옥, 망명하여 마자랭이 죽은 뒤 루이 14세와 화해했다)가 품에 비수를 감추고 고등법원에 출두했을 때, 이 일은 프랑스 국민이 정직하고 자유로운 안락 속에서 행복하게 살고 그 인구도 늘어나는 것을 방해하지 않았다. 일찍이 그리스는 가장 참혹한 전쟁 속에서 번영을 누렸다. 피는 강을 이루어 흘렀으나 땅은 사람으로 가득 차 있었다. 마키아벨리는 다음과 같이 말했다. "살인, 추방, 내란 등을 겪어 오면서 우리 공화국은 더 강한 나라가 되었고, 시민의 덕·관습·독립은 나라를 강화하는 효과를 가졌던 것으로 생각되며, 모든 언어상의 불협화음이 나라를 약화시키는 효과를 가진 것과 비교도 되지 않는다"(《피렌체 역사》의 한 구절을 마음대로 옮긴 것이다). 약간의 혼란은 영혼에 활동력을 준다. 그리고 참으로 인류를 번영시키는 것은 평화보다 오히려 자유이다(이 주는 인쇄 도중에 첨가되었다).

*21 베네치아 공화국이 후미의 조그만 섬에서 서서히 만들어지고 발전해 간 과정은 이 변천의 두드러진 예 가운데 하나이다. 더욱이 놀라운 일은 베네치아인은 그 뒤 1천2백 년 이상 지났는데도 1198년의 세랄 디 콘시리오 의회의 종결에서 시작된 제2기의 상태에 여전히 머물러 있는 것 같다. 고대의 통령에 대해서 베네치아인은 비난을 듣고 있지만, 그것은 《베네치아 자유사》(이것은 베네치아에 대한 신성 로마 황제의 영유권을 지지하기 위해서 1612년에 쓰여진 익명의 저서이다. 여기서 루소는 '주권자'라는 말을 자기 고유의 엄밀한 뜻으로 쓰고 있다)가 뭐라고 말하고 있든 베네치아의 주권자가 아니었다는 것은 이제 확실해졌다. 사람들은 분명 내 주장에 반대할 것이다. 군주 정치에서 귀족 정치로, 귀족 정치에서 민주 정치로 옮겨 간 로마 공화국은 이와 정반대의 길을 걷지 않았느냐고. 그러나 나의 견해는 다르다. 로물루스가 처음에 세운 제도는 혼합 정부였으나 순식간에 전제 정부로 타락해 버렸다.

갈 때는 정부가 해이해진 것이라고 말할 수 있다. 그러나 이와 같은 역행은 불가능하다.

사실 정부가 형태를 바꾸는 것은 그 힘이 고갈되어 종래의 형태를 유지할 수 없을 만큼 약해졌을 때뿐이다.

그런데 정부가 다시 확대됨에 따라 해이해지면 그 힘은 완전히 제로가 되어버려 정부의 수명은 점점 더 줄어들 것이다. 그래서 태엽이 풀어지면 그때마다 다시 감아 죄어야 한다. 그렇게 하지 않으면, 그것으로 지탱되고 있는 국가는 멸망하고 말 것이다.

국가가 해체되는 경우에는 두 가지 방법이 있다. 첫째는, 통치자가 더 이상 법률에 따라서 국가를 다스리지 않고 주권을 빼앗는 경우이다. 그때는 심한 변화가 일어난다. 왜냐하면 줄어드는 것은 정부가 아니라 국가이기 때문이다.

다시 말해서 큰 나라가 해체되고 그 속에 다른 국가 즉 정부 구성원만으로 구성되고 나머지 국민들에게는 그들의 지배자가 아니면 참주에 지나지 않는

마치 어린아이가 성년의 날을 기다리지 않고 죽듯이, 국가가 특수한 원인으로 요절해 버린 것이다. 타르키니우스의 추방이야말로 공화국 탄생을 알리는 한 시기였다. 그러나 로마는 처음에는 항구적인 정체를 갖지 않았다. 왜냐하면 귀족 계급을 폐지하지 않았으므로 일이 아직 절반밖에 이루어지고 있지 않았던 것이다. 말하자면 이와 같이 합법적 통치 형태 속에서는 최악의 세습 귀족 정치가 민주 정치와 늘 마찰을 일으키고, 따라서 정체는 언제나 불안과 동요가 이어졌으며, 그 정체는 마키아벨리《티투스 리비우스론》제1편 제4장. 루소는 마키아벨리의 말에 좀 억지 이론을 펴고 있다)가 밝혔듯이 호민관 제도가 수립되었을 때 비로소 확정된 것이다. 그때 비로소 참된 정부가 생기고 참된 민주 정치가 이루어졌던 것이다. 그렇게 되니 실제로 국민은 단순히 주권자일 뿐만 아니라 동시에 행정관이자 사법관이기도 했다. 원로원은 정부의 힘을 조절하거나 집중시키기 위한 하부 관청에 지나지 않게 되었다. 그리고 집정관 그 자체마저 귀족이자 최고의 관리로서 전시에는 절대권을 가진 사령관이기는 했지만, 로마에서는 국민의 지도자에 지나지 않았던 것이다. 그런데 그 이후 정부는 자연적인 경과에 따라 귀족 정치로 기울게 되었다. 귀족은 저절로 망하고 귀족 정치는 베네치아나 제노바에서와 같은 귀족의 단체 안에서는 행해지지 않고 귀족과 평민으로 이루어진 원로원이라는 단체 안에서 행해졌다. 뿐만 아니라 호민관이 실권을 찬탈하기 시작하고부터는, 호민관들의 단체 안에서조차 귀족 정치가 이루어졌던 것이다. 다시 말해서 말은 아무리 바뀌어도 실물은 조금도 바뀌지 않으므로, 국민이 자기 대신 통치하는 지도자들을 갖고 있는 이상 그것이 어떤 이름으로 불리든 그것은 역시 귀족 정치이다. 귀족 정치의 폐단에서 내란이 생기고, 삼두정치가 생겼다. 그리하여 술라, 율리우스 카이사르, 아우구스투스가 사실상 군주가 되고, 마침내 티베리우스의 전제 정치 아래에서 국가는 해체되었다. 그러므로 로마의 역사는 결코 나의 원칙을 깨는 것은 아니다. 오히려 이것을 확증하는 것이다.〔원주〕

국가가 형성된다는 뜻이다.

따라서 정부가 주권을 빼앗는 동시에 사회 계약은 깨지고, 일반 시민은 모두 그들의 자연적 자유로 복귀하여 복종을 강요당하기는 해도 의무는 지지 않게 된다.

이와 같은 일은 정부 구성원이 단체로서만 행사해야 하는 권리를 개별적으로 탈취하는 경우에도 일어난다.

이것도 역시 명백한 법률 위반이며 이로 인한 혼란은 훨씬 크다.

이 경우에는 행정관과 같은 수의 국왕이 생기고, 국가는 정부와 마찬가지로 분할되어 멸망하거나 형태를 바꾼다.

국가가 해체될 때 정부의 폐단은 그것이 어떤 것이든 무정부 상태라는 이름으로 불린다. 그것을 구분하면, 민주 정치는 중우 정치로, 귀족 정치는 과두 정치로 타락한다. 덧붙인다면 왕정은 참주 정치로 타락한다고 할 수 있는데, 이 마지막 말은 뜻이 모호하므로 설명이 필요하다.

통속적인 뜻으로 참주(tyran)란 정의나 법률을 무시하고 폭력으로 지배하는 왕이다. 정확한 의미로는, 참주란 권리 없이 왕권을 가로채는 개인을 말한다.

그리스인들은 좋은 군주, 나쁜 군주 할 것 없이 그 권위가 합법적이지 않은 자를 참주라고 불렀다.*22 이와 같이 참주와 찬탈자는 완전히 뜻이 같은 동의어이다.

둘을 구분하기 위해서 나는 왕권 찬탈자를 참주, 주권의 찬탈자를 전제 군주라고 부른다.

참주는 법을 침해하여 왕권을 빼앗는 자이지만 통치할 때는 법에 따른다. 전제 군주는 법 자체를 초월한 자이다. 그래서 참주는 전제 군주가 아닐 수도 있지만, 전제 군주는 늘 참주이다.

---

*22 "왜냐하면 일찍이 자유를 누리고 있던 국가에서 영속적인 권력을 행사하는 사람은 모두 참주로 간주되고, 또 이렇게 불렸기 때문이다"(코르넬리우스 네포스 《밀티아데스 전》 제8장). 물론 아리스토텔레스는 참주와 국왕을 구별하고, 참주는 자기 이익을 위해서만 통치하는 자, 국왕은 백성의 이익을 위해서만 통치하는 자라고 했다(《니코마코스 윤리학》 제8권 제10장). 그러나 일반적으로 그리스 문필가들이 참주라는 말을 다른 말로 풀이한 것은 특히 크세노폰의 《히에론》에서 볼 수 있다. 그것은 제쳐놓고라도 아리스토텔레스의 구별에 따르면, 세계가 시작된 이래 아직 한 사람의 왕도 없었다는 말이 될 것이다.(원주)

제11장 정치체의 멸망에 대하여

앞 장에서 말한 것은, 가장 잘 조직된 정부도 붕괴되는 것은 피할 수 없으며 이는 자연스러운 경향이라는 것이다. 스파르타나 로마마저도 망했는데, 어떤 국가가 영구히 존속하기를 바랄 수 있겠는가?

그러므로 오랫동안 존속할 수 있는 정부 형태를 만들려고 한다면, 그것을 영원한 것으로 만들려고 생각해서는 안 된다. 성공하려면 불가능한 것을 시도해서는 안 되고, 사람이 하는 일에 스스로의 능력으로 미칠 수 없는 견실성을 부여하려는 오만한 생각을 품어서도 안 된다.

정치체는 사람의 몸과 마찬가지로 태어난 순간부터 죽기 시작하며, 그 자체 안에 파괴의 원인을 간직하고 있다. 그러나 양쪽 모두에게 체제의 강약이 있고 그에 따라서 그 존속 기간에 장단이 있을 수 있다.

인간의 체제는 자연이 만든 것이며 국가와 조직은 인간이 만든 것이다. 인간의 생명을 늘리는 것은 인간의 힘으로는 안 되는 것이다. 그러나 되도록 좋은 체제를 국가에 부여해 국가의 생명을 연장하는 것은 사람의 힘에 달려 있다.

가장 잘 조직된 국가에도 끝은 있다. 그러나 그런 국가는 뜻하지 않은 사건으로 제 명을 다할 때까지, 그 멸망이 찾아오지 않는 한, 다른 국가보다 오래 살 것이다.

정치체로서의 생명의 근원은 주권에 있다. 입법권은 국가의 심장이며 집행권은 모든 부분으로 하여금 운동을 하게 만드는 국가의 뇌이다. 뇌가 마비되어도 개인은 더 살 수 있다. 바보가 되더라도 목숨은 지속된다. 그러나 심장이 기능을 정지하는 순간 동물은 죽어 버린다.

국가는 법률에 의해서 유지되는 것이 아니라 입법권에 의해서 유지된다. 어제의 법률이 오늘은 강제력을 잃는다.

그러나 침묵은 암묵의 승인을 뜻한다. 주권자가 법률을 폐지할 수 있는데도 폐지하지 않을 때, 그는 계속 그 법률을 승인하고 있는 것으로 간주된다. 주권자가 한번 이렇게 바란다고 선언한 것은 모두 취소하지 않는 한 늘 그것을 바라고 있는 것이 된다.

그렇다면 오래된 법률을 그렇게 존중하는 까닭은 무엇인가? 그것은 오래되었다는 사실 자체 때문이다. 옛 사람들의 의지가 훌륭하지 않았다면 오래된 법률이 그토록 오래 보존될 수는 없다고 생각해야 한다. 만일 주권자가 그것을 계속 유익한 것으로 인정하지 않았다면, 그는 그것을 천 번이라도 취소했을 것이다.

잘 조직된 모든 국가에서 법률이 약화되기는커녕 끊임없이 새로운 힘을 얻어 가고 있는 것은 이 때문이다. 오래된 것을 좋게 생각하고 싶은 마음이 그것을 한층 더 존중할 만한 것으로 만든다.

이에 반해서 법률이 오래되면서 힘을 잃는 곳에서는 어디든지 그 자체에는 더 이상 입법권이 없으며 국가가 생명력을 잃고 있음을 증명한다.

제12장 주권은 어떻게 유지되는가

주권자는 입법권 이외의 아무런 힘도 없으므로 법에 의해서만 행동할 수 있다. 더욱이 법은 바로 일반 의지의 정당한 작용이므로 국민은 집회했을 때만 주권자로서 행동할 수 있다.

국민의 집회라니, 터무니없는 공상이라고 말할는지 모른다. 물론 오늘날에는 그러하다. 그러나 2천 년 전에는 그렇지 않았다. 인간의 성질이 변한 것일까?

정신적인 일에 있어서 가능성의 한계는 우리 생각만큼 좁지 않다. 한계를 좁게 만드는 것은 우리의 나약함과 악덕, 그리고 편견이다. 비열한 사람은 위대한 인물이 있음을 결코 믿지 않는다. 비천한 노예는 자유라는 말을 들어도 코웃음친다.

이제까지 이루어진 것을 바탕으로 앞으로 할 수 있는 일을 잘 생각해 보자. 그리스 옛 나라들에 관해서는 말하지 않겠다. 그러나 로마 공화국은 위대한 국가였으며 로마 시는 위대한 도시였다고 생각한다. 마지막 인구 조사에 의하면 로마에는 무기를 가진 시민이 40만 명이나 있었다. 제국의 마지막 인구 조사에서도 속주민·외국인·여자·어린아이·노예를 빼놓고도 4백만 이상의 시민이 있었다.

수도 로마와 그 주변의 무수한 국민이 자주 집회를 여는 것이 얼마나 힘들었을지 상상이 될 것이다. 그런데 로마 국민이 집회를 하지 않은 주는 거의 없었을 뿐만 아니라 한 주에 몇 번씩 집회를 가졌다.

로마 국민은 주권자로서의 권리뿐만 아니라 정부가 지닌 권리의 일부까지도 행사했다. 그들은 문제를 처리하고 사건을 다스렸다. 그리고 국민 전체가 공공의 광장에서는 거의 똑같이 시민인 동시에 행정관이었다.

여러 국민의 맨 처음 시대로 거슬러 올라가면, 마케도니아나 프랑크 같은 군주 정부까지를 포함한 옛 정부들은 대부분 로마와 같은 회의를 갖고 있었음을 알 수 있다. 어쨌든 이 로마의 의심할 수 없는 사실 하나만으로도 모든 어려운 문제에 대한 해답이 될 수 있을 것이다.

실제로 있었던 사실을 통해 앞으로 발생할 일들을 이야기하는 것은 매우 건전한 방법이라고 생각한다.

제13장 주권은 어떻게 유지되는가*23(이어서)

국민의 집회에서 일련의 법률을 승인함으로써 한 번 국가의 헌법을 정해 놓는 것으로는 충분하다고 할 수 없다. 영속적인 정부를 수립하거나 또는 단 한 번으로 최종적인 행정관의 선거 방법을 마련한다고 그것으로 충분하다고는 할 수 없다.

뜻밖의 사태가 반드시 필요로 하는 특별 집회 이외에는 아무것도 폐지 또는 연기하지 못하는 정기 집회가 필요하다. 다시 말해서 국민이 일정한 날에 법에 따라 합법적으로 소집되고, 그러기 위해서 다른 어떤 소집 절차도 필요 없는 집회가 있어야 한다.

그러나 법률에 따라 기일이 정해진 합법적 집회를 제외한 국민의 모든 집회는 비합법적인 것으로 생각해야 한다. 소집을 담당하는 행정관에 의해서, 게다가 미리 정해진 형식에 따라 소집된 것은 별도이다. 또 비합법적인 집회에서 결정된 것은 법에 따른 것이 아니기에 모두 무효이다.

합법적인 집회가 얼마나 자주 열려야 하는지에 대해서는 많은 것을 고려해야 하므로 정확한 원칙을 제시할 수는 없다. 다만 일반적으로 말할 수 있는 것

---

*23 이 장과 제3편 이하의 장에서 루소는 제네바 사건에 큰 관심을 기울이며 쓰고 있다.

은 정부의 힘이 크면 클수록 주권자도 자주 자기의 의사표시를 해야 한다는 것이다.

단 하나의 도시에서라면 그래도 좋을지 모르지만 국가가 많은 도시를 포함하고 있을 때는 어떻게 해야 할까? '그때는 주권을 분할해야 할까, 아니면 주권을 한 도시에 집중시키고 다른 것은 모두 그에 종속시켜야 할까'라고 물을지 모른다.

그 어느 것도 안 된다고 대답하겠다. 첫째, 주권은 하나이며 그것을 분할하면 파괴되지 않을 수 없다. 둘째, 하나의 도시는 한 국민과 마찬가지로 다른 도시에 합법적으로 종속시킬 수가 없다. 왜냐하면 정체의 본질은 복종과 자유의 일치에 있고, 백성과 주권자라는 말은 방패의 양면과 같아서 이 말의 뜻은 시민 또는 국민이라는 말 한 마디 아래 결합되어 있기 때문이다.

나는 이렇게 대답하겠다. 많은 도시를 하나의 도시 국가로 결합하는 것은 올바르지 않다. 또 그와 같은 결합을 바라면서 거기서 자연히 생기는 불편을 면할 수 있다고 자만해서는 안 된다.

조그만 국가밖에 바라지 않는 자에게 반대하기 위해 큰 국가의 폐해를 끄집어 내봐야 아마 소용없다. 그러나 큰 국가에 저항하는 데 충분한 힘을 어떻게 조그만 국가에 줄 수 있는가? 그것은 일찍이 그리스의 여러 도시가 페르시아 대왕에 대항했듯이, 또 최근에 네덜란드나 스위스가 오스트리아 왕가에 저항했듯이[24] 하면 된다.

그러나 국가를 적당한 한계까지 축소할 수는 없다고 해도 아직 방법 하나가 더 남아 있다. 그것은 수도를 인정하지 않는 것이다. 다시 말해서 정부를 도시마다에 번갈아 두고 거기서 차례로 국가 회의를 여는 것이다.

국토 인구를 평준화하고 나라 방방곡곡에 같은 권리를 보장해 줌으로써 그곳에 부와 생명을 가져다 주어라. 그러면 국가는 가능한 한 가장 강해지는 동시에 가장 잘 통치될 것이다.

도시의 성벽은 오직 농가를 부순 석재로만 만들어진다는 것을 기억하라. 수도에 치솟은 궁전을 볼 때마다 나는 한 고장의 집이 모조리 부서지는 것을 보는 듯하다.

---

*24 즉 '연합'에 의해서 하는 것이다. 제15장을 보라.

제14장 주권은 어떻게 유지되는가(이어서)

국민이 주권을 가진 단체로서 합법적으로 집회를 여는 순간 정부의 재판권은 정지된다. 집행권도 중지되며 최하층 시민의 인격도 최상급 행정관의 인격과 마찬가지로 신성불가침한 것이 된다.

왜냐하면 본인이 스스로 나와 있는 곳에서는 더 이상 대표자가 존재하지 않기 때문이다. 로마 민회에서 일어난 소동의 대부분은 이 규칙을 모르거나 무시했기 때문에 생긴 것이다. 이 국민의 집회의 경우, 집정관은 국민의 의장에 지나지 않고, 호민관은 단순한 대변자였으며[*25] 원로원도 없는 것이나 다름없었다.

통치자가 실재적인 상위자를 인정하거나 또는 인정하지 않으면 안 되는 이 정지 기간은 언제나 통치자에게 두려운 것이었다. 또 정치체의 방패이자 정부의 재갈인 이 국민 집회는, 어느 시대에나 지도자들이 두려워하는 것이었다. 그러므로 그들은 모여 있는 시민에게 심술을 부리기 위해서 늘 온갖 술책과 반대, 감언을 아끼지 않았다.

시민이 탐욕·나태·소심해서 자유보다는 평온함을 선호할 때는 점점 커지는 정부의 힘에 오래 버티지 못한다. 그리하여 정부측 저항력이 끊임없이 강해짐에 따라 주권은 마침내 소멸한다. 그리고 도시 국가의 대부분이 때가 되기 전에 몰락하여 사라진다.

그러나 주권과 전제 정부 사이에 때로는 중간 힘이 끼어드는 수가 있으므로, 이 점에 대해서 살펴보자.

제15장 대의원 또는 대표자

공공 직무가 더 이상 시민들의 주요 업무가 아니게 되면, 또 시민들이 자기 몸보다 자기 지갑으로 봉사하는 쪽을 좋아하게 되면, 국가는 이미 멸망의 길

---

*25 오늘날 영국의 의회에서 이 명칭이 뜻하는 것과 거의 같은 뜻으로 나는 쓰고 있다. 이 두 직무는 아주 비슷하므로, 모든 권한이 정지되었을 때도 집정관과 호민관은 마찰을 되풀이했을 것이다.(원주)

로 접어든 것이다.

전쟁하러 나가야 한다고? 그들은 군대에 돈을 주고 자신은 집에 남는다. 회의에 참석해야 한다고? 그들은 대리인을 지명하고 자신은 집에 남는다. 나태와 돈 때문에 그들은 병사를 고용해 조국을 노예 상태에 빠뜨리고, 대리인을 지명함으로써 조국을 팔아 넘기게 된다.

상업이나 공업에 요란스레 열을 올리고 쓸데없이 이익을 탐하거나, 안락한 생활에 빠져 있기 때문에, 그들은 몸을 움직여서 완수해야 할 직무를 돈으로 처리한다.

그들이 이익의 일부를 바치는 이유는 더 큰 이익을 마음껏 누리기 위해서이다. 직무 대신 돈을 내는 사람들은 머지않아 사슬에 묶이게 될 것이다. 재정(財政)이라는 말은 노예의 말이며 도시 국가에서는 쓰지 않는 말이다. 참으로 자유로운 나라에서 시민은 자기 손으로 모든 일을 다하지, 돈으로 대신하지 않는다. 자기 의무를 면하기 위해 돈을 내놓기는커녕 돈을 내고라도 자기 의무를 스스로 완수하려 할 것이다. 나는 일반적인 의견과는 크게 다르지만 부역(賦役)이 조세보다 자유에 어긋나는 일이 적다고 믿고 있다.

국가가 잘 조직될수록 시민의 마음속에서 공공의 일이 사적인 일보다 중시된다.

사적인 일은 훨씬 적어진다고까지 말할 수 있다. 왜냐하면 공공의 행복의 합이 각 개인의 행복의 합보다 더 큰 부분을 제공하게 되므로 개인이 개별적인 행복을 위해 구해야 하는 것은 더 적어지기 때문이다.

잘 운영되고 있는 도시 국가에서는 누구나 집회에 참가하지만, 나쁜 정부 아래에서는 아무도 집회에 나가기 위해 한 걸음도 움직이기를 싫어한다. 거기서 행해지는 일에 아무도 관심이 없고, 거기서는 일반 의지가 지배하지 않는다는 것을 알고 있으며, 또 집의 일이 너무 바쁘기 때문이다.

좋은 법률은 더욱더 좋은 법률을 만들지만 나쁜 법률은 한층 더 나쁜 법률을 가져온다. 국가 일에 대해서 누가 "나하고 무슨 관계가 있어?" 하고 말한다면, 그 국가는 이미 망했다고 생각해야 한다.

조국애의 감퇴, 사적인 이익 활동, 국가의 광대함, 정복, 그리고 정부의 폐단 등이 국민의 집회에서 국민의 대의원 또는 대표자라는 방법을 착안케 했다.

이런 것들은 어떤 나라*26에서는 제3신분이라고 부르고 있다. 그렇게 되면 두 신분의 특수 이익이 제1과 제2의 지위에 놓이고, 공공의 이익은 제3위밖에 차지하지 못한다.

주권은 양도될 수 없다. 마찬가지 이유로 주권은 대표될 수 없다. 주권은 본질상 일반 의지 속에 존재한다. 게다가 일반 의지는 결코 대표될 수 없는 것이다. 일반 의지는 그 자체이거나 다른 것이므로 거기에 결코 중간은 없다. 그러기에 국민의 대의원은 일반 의지의 대표자가 아니며 그렇게 될 수도 없다. 그들은 국민의 심부름꾼에 지나지 않는다. 그들은 무엇 하나 확실하게 결정 내리지 못한다.

국민 스스로 승인하지 않은 법률은 모두 무효이며 결코 법률이 아니다.

영국 국민들은 스스로 자유로운 존재고 생각하지만 그것은 큰 잘못이다. 그들이 자유로운 존재인 것은 의원을 선출할 때뿐이며, 의원이 선출되면 영국 국민은 노예가 되고 아무것도 아닌 존재가 되어 버린다. 그 짧은 자유로운 기간에 그들이 자유를 어떻게 쓰는지 보면 자유를 잃는 것도 당연하다.

대표자라는 생각은 근세의 것이다. 그것은 봉건 정치, 다시 말해서 사람이 타락하여 사람이라는 이름이 치욕스러웠던 부정하고 어리석은 정치에서 유래한다. 고대의 공화국에서는, 아니 군주국에서조차 국민은 대표자를 갖고 있지 않았다. 사람들은 이런 말을 알지도 못했다.

매우 기묘하게도 로마에서는 호민관이 극히 신성시되고 있었는데도 그것이 국민의 역할을 가로챌 수 있으리라고는 상상도 하지 못했다.

또 호민관은 그토록 많은 국민 집회 속에 있으면서도 단 한 건의 결의도 직권으로 통과시킨 자는 없었다. 물론 때로는 국민이 많기 때문에 혼란이 일어날 수 있다는 것도 생각해 두어야 한다. 그것은 그라쿠스 형제*27 시대에 일어난 일로도 알 수 있는데, 그때는 시민의 일부가 지붕 위에서 투표했다.

권리와 자유가 전부인 곳에서 불편은 큰 문제가 아니다. 이 현명한 국민 아

---

*26 프랑스를 말한다.

*27 그라쿠스 형제(형 티베리우스는 기원전 160~133년, 아우 가이우스는 기원전 152~121년)는 두 사람 다 로마의 호민관으로서, 토지균분법과 그 밖의 민주적 개혁을 실시하려고 했으나 원로원을 중심으로 하는 상층 계급의 반대에 부딪혀 모두 실패했다. 여기서 루소가 언급하는 것은 그라쿠스 형제의 개혁이 국민의 소요를 불러 일으키고 혼란된 국민 집회를 낳게 했다는 것인 듯하다.

래에서는 모든 일에 정당한 조처가 취해졌다. 국민은 호민관조차 감히 하지 않은 일을 그들의 호위관에게 시켰다.*28 그 호위관들이 국민을 대표하고 싶어 하지 않을까 하는 우려는 전혀 갖지 않았다.

그러나 왜 호민관이 때로 국민을 대표했는가를 설명하려면 정부가 현재 왜 주권자를 대표하는지를 생각하면 충분하다. 법률은 일반 의지의 선언에 지나지 않으므로 입법권에 있어서 국민이 대표될 수 없는 것은 분명하다.

그러나 집행권에서는 대표될 수 있고 또 그렇게 되어야 한다. 집행권은 법률에 적용된 힘에 지나지 않기 때문이다. 여기서 분명한 것은 일을 면밀히 검토해 보면, 법률을 가진 국민이 매우 적다는 사실을 알 수 있다는 것이다.

아무튼 호민관은 집행권의 어느 부분도 갖고 있지 않았으므로 그들이 직책상의 권리로 로마인을 대표할 수는 없었으며, 다만 원로원의 권한을 빼앗음으로써만 그것이 가능했다.

그리스 국민들은 자신들이 해야 할 모든 일을 스스로 이루었다. 그들은 끊임없이 광장에 집합했다. 그리스인은 온화한 풍토에 살았으며 탐욕스럽지 않았다. 노동은 노예가 하는 것이었고 국민의 커다란 관심사는 자신들의 자유였다.

그런데 그리스인처럼 온갖 이점을 가지지 못한 나라에서는 어떻게 같은 권리를 보존할 수 있을까? 여러분 나라의 풍토는 그리스보다 혹독한 풍토였으므로 그만큼 불편한 점이 많다.*29 1년 중 6개월은 공공 광장을 쓰지 못하고, 여러분의 답답한 국어는 야외에서는 잘 들리지 않는다. 여러분은 자유보다 이익 추구를 중시한다. 그리고 여러분은 노예가 되는 것보다 가난을 더 두려워한다.

자유는 노예의 도움이 없이는 유지되지 않는다고? 아마 그럴 것이다. 양 극단은 서로 통하니까 말이다. 자연 속에 존재하는 것에는 모두 불편이 따르며 시민 사회는 특히 그렇다.

남의 자유를 희생해야만 자신의 자유를 지킬 수 있고, 시민이 완전히 자유

---

*28 릭토르(lictor)는 일종의 호위관으로, 고대 로마에서 독재관과 집정관 등을 위해 도끼와 회초리를 다발로 묶은 속간(束桿, fasces)을 최고 주권의 상징으로서 들고 다니며 죄인을 잡던 자를 말한다.

*29 추운 나라에서 동양 여러 나라의 사치와 옛 풍습을 받아들이려고 하는 것은 자진해서 그들과 같은 사슬을 채우겠다는 것이다. 더욱이 추운 나라에서 사슬에 매이게 되는 것은 동양 나라들보다 더 필연적이다.(원주)

로우려면 노예는 철저하게 노예 상태여야 한다는 불행한 상황이 있다. 그것이 스파르타의 상황이었다.

여러분 같은 근대인은 아무도 노예를 갖고 있지 않지만, 여러분 자신이 노예이다. 여러분은 자기 자유를 팔아 노예의 자유를 사고 있다. 그 편이 좋다고 자만해선 안된다. 나는 이러한 선택에서 인간성보다는 비굴함을 발견한다.[*30]

그렇다고 내가 노예가 필요하며 노예권이 합법적이라고 말하는 것은 아니다. 나는 노예소유권이 정당하지 못하다는 점을 이미 증명했다. 다만 나는 스스로 자유로운 존재라고 믿는 근대인이 왜 대표자를 갖게 되었는가, 또 고대인이 왜 대표자를 가지고 있지 않았는가 하는 이유를 설명한 데 지나지 않는다. 아무튼 국민은 이 대표자를 갖는 순간부터 이미 자유롭지 못하다. 더 이상 국민은 존재하지 않게 된다. 모든 것을 잘 검토해 보면 도시 국가가 아주 작지 않은 한, 주권자가 그 권리 행사를 보존하는 것은 우리나라에서는 앞으로 불가능하다[*31]고 생각한다.

그러나 만일 국가가 너무 작으면 정복당하지는 않을까? 그렇지 않다. 나는 나중에[*32] 어떻게 하면 큰 국가의 대외적인 힘과 작은 국가의 편한 통치 및 좋은 질서를 결부시킬 수 있는지 보여 줄 것이다.

제16장 정부의 설립은 계약이 아니다

입법권이 한번 확립되면 그 다음에 문제가 되는 것은 집행권을 확립하는 일

[*30] 웨즐레 후작(당시의 모닝턴 경)은 '의회 개혁' 문제를 타파하기 위해 루소의 이론을 교묘하게 이용했다. "이제 진정한 다비 사람들은 사람의 권리가 가장 왕성한 정점에까지 도달했음을 알게 될 것이다. 그리고 자신의 원칙에 따라서 그것을 엄밀하고 완전히 추진해 나아간다면, 국가적인 노예 제도만이 참된 정치적 자유의 확고한 기초라는 것을 알게 될 것이다."

[*31] 첫 초고(제2편 제3장)에서 루소는 단정적으로 강하게 말하고 있다. "그 결과 국가는 기껏해야 단 하나의 도시에만 한정되어야 한다는 말이 된다."

[*32] 이것은 내가 이 책의 속편에서 대외 관계를 논하여 연방제도(연방제에 대한 루소의 견해를 더 뚜렷이 한 것으로서는《영구평화론 비판》,《에밀》(제5편) 및《폴란드론》이 있다)에 이를 때 다루려고 했던 일이다. 이것은 전혀 새로운 문제이며 그 여러 원칙들은 지금부터 확립해 나가야 한다.(원주)

이다. 왜냐하면 집행권은 개별적인 행위로만 작용하는 것이고 입법권의 본질을 이루는 것은 아니며 본디 그와는 별개의 것이기 때문이다.

만일 참된 주권자로 여겨진 주권자가 집행권을 갖는 일이 가능하다면 권리와 사실이 혼동되어, 법과 그렇지 않은 것을 구별할 수 없게 될 것이다. 그리고 원래 폭력을 막기 위해 세워졌음에도 불구하고 이와 같이 변질된 정치체는 금새 폭력의 먹잇감이 되고 말 것이다.

시민은 사회 계약을 통해 모두 평등하므로 누구나 모든 사람이 해야 할 일을 명령할 수 있다. 그러나 그 누구도 자기가 하지 않는 일을 남에게 하라고 요구할 권리는 없다.

그런데 주권자가 정부를 세워 통치자에게 주는 것은 바로 자기가 하지 않는 일을 남에게 하라고 요구하는 권리이며, 그것은 정치체에 생명과 활동력을 부여하는 데 없어서는 안 되는 것이다.

많은 사람들은 이 설립 행위는 국민과 국민이 스스로에게 준 지도자들 사이의 계약이라고 주장했다. 다시 말해서 한쪽은 지배할 의무를 갖고 한쪽은 복종할 의무를 갖는다는 조건을 두 당사자 사이에 정하는 계약이라는 것이다. 기묘한 계약 방법이라고 여러분은 생각할 것이 틀림없다. 그러면 이러한 의견이 과연 지지할 수 있는 것인지 살펴보기로 하자.

첫째, 가장 높은 권리인 주권은 양도할 수 없으며 변경할 수도 없다. 그것을 제한하는 것은 곧 그것을 파괴하는 일이다. 주권자가 자기보다 상위자를 갖는다는 것은 어처구니없는 일이고 모순된 행위이다. 지배자에 대한 복종을 강요당한다는 것은 바로 완전한 자유였던 자연 상태로 복귀하는 일이다.

그리고 국민과 특정한 개인 사이의 이 계약이 개별적인 행위임은 분명하다. 따라서 이 계약은 법도 아니고 주권의 행위일 수도 없으며, 그 결과 비합법적인 것이 된다.

또 계약 당사자 사이에는 자연 법칙밖에 없고 그들의 상호 약속을 보증하는 것은 아무것도 없다. 이것은 사회 상태와는 매우 다르다.

힘을 가진 사람은 언제든 그 힘을 마음대로 행사할 수 있으므로 남에게 "당신에게 내 재산을 몽땅 드리겠습니다. 당신이 마음내키는 만큼 내게 돌려 주신다면."이라고 말하는 사람의 행위에도 계약이라는 이름을 붙일 수 있는 셈이다.

국가에는 단 하나의 계약밖에 없다. 그것은 홀로 다른 모든 계약을 배제하는 결합의 계약이다. 그러므로 이 사회 계약에 위배되지 않는 공적인 계약은 생각할 수 없다.

제17장 정부의 설립에 대하여

그러면 정부를 설립하는 행위를 어떤 개념으로 생각해야 할 것인가? 나는 먼저 이 행위는 복합적인 것이며 다른 두 가지 행위로 이루어지는 점을 지적하고 싶다. 말하자면 법의 제정과 법의 집행이 그것이다.

우선 법을 제정하면서 주권자는 이러이러한 형태 아래 정부라는 단체가 설립되어야 한다는 것을 정한다. 이 행위가 법률임은 분명하다.

또한 법을 집행하면서 국민은 설립된 정부를 맡길 지도자를 임명한다. 그런데 이 임명은 개별적인 행위이므로 제2의 법률이 아니라 단지 제1의 법률의 계속이며 정부의 한 기능일 뿐이다.

이해하기 어려운 것은 정부가 존재하기 전에 어떻게 정부의 행위가 있을 수 있으며, 또 주권자나 백성에 지나지 않는 국민이 어떻게 어느 상황 아래서는 통치자 또는 행정관이 될 수 있냐는 것이다.

여기서 얼핏 보기에 모순된 작용을 조화롭게 만드는 정치체의 놀라운 성질 하나가 밝혀진다. 이 성질은 민주 정치를 향한 주권의 신속한 전환에서 생긴다. 따라서 두드러진 변화도 전혀 없이 그저 만인에 대한 하나의 새로운 관계만으로 시민은 행정관이 되고 일반적 행위에서 개별적 행위로, 법에서 그 집행으로 옮겨가는 것이다.

이 관계의 변화는 실제로 없는 관념의 산물은 아니다. 영국 의회에서는 이런 일이 날마다 일어나고 있다. 예를 들면 영국 의회에서는 하원이 어떤 경우에는 여러 가지 문제를 충분히 토의하기 위해 전원 위원회(全院委員會)로 변하기도 한다. 바로 조금 전까지 주권자의 회의였던 것이 단순한 위원회가 되는 것이다.

하원은 그 다음에 전원 위원회에서 막 결정한 것을 하원으로서의 자기 자신에게 보고하며, 전원 위원회 자격으로 이미 결정한 것을 하원이라는 자격으

로 다시 토의하게 되는 것이다

일반 의지의 단일한 행위를 통해 현실적으로 정부가 설립될 수 있다는 것, 이것이 민주 정치 정부의 특유한 장점이다. 그래서 일단 수립된 임시 정부의 형태가 민주 정치이면 그대로 채택하여, 그 정부가 권력을 장악하고, 그렇지 않을 경우, 주권자의 이름으로 법률에 따라 정부를 수립하면 된다.

이리하여 모든 것이 합법적으로 진행된다. 이외에는 어떤 합법적인 방법으로도, 그리고 앞서 말한 여러 원칙을 깨지 않고는 정부를 만들 수 없다.

제18장 정부의 월권을 막는 방법

지금까지의 설명한 결과로써 다음을 알 수 있다.

그것은 제16장의 내용을 확인시켜 주기도 한다. 정부를 만드는 행위는 결코 계약이 아니라 하나의 법이라는 것, 집행권을 맡은 사람들은 국민의 주인이 아니라 심부름꾼이라는 것, 국민은 언제든 내킬 때 그들을 임명하고 또 해임할 수 있다는 것, 그들 집행권이 맡겨진 사람들의 문제는 계약하는 것이 아니라 복종하는 것이라는 것, 그리고 그들이 국가가 부과한 직무를 맡고 있는 것은 시민으로서의 의무를 다하고 있을 뿐이며 그 조건을 왈가왈부할 권리는 없다는 것 등이다.

그러므로 국민이 세습 정부를 만들었을 때, 그것이 한 왕가의 군주 정치이든 한 시민 계급의 귀족 정치이든 국민은 그 경우 계약을 한 것이 아니다. 다른 것을 명하는 것이 더 낫다고 생각할 때까지 국민이 행정을 위해서 설립한 임시 정부의 형태인 것이다.

이와 같은 정체의 변경은 언제나 위험하다. 공공의 이익과 도저히 양립할 수 없게 되었을 때가 아니면 이미 있는 정부에 손을 대서는 안 된다.

그러나 이 충고는 정책상의 규칙이지 법률상의 원칙은 아니다. 국가는 군사상의 권력을 장군들에게 맡겨 둘 의무가 없듯이 정치상의 권력을 지도자들에게 맡겨 두어야 할 의무도 없다.

또 이런 경우 정당하고 합법적인 행위와 폭동을 구별하고 국민 전체의 의지와 도당이 외치는 불평을 구별하기 위해서 필요한 모든 절차를 아무리 신중하게 지켜도 모자란다는 것도 진실이다. 좋지 않은 사태에 즈음해서는 법률을 되도록 엄중히 적용하고, 거부할 수 없는 것만 인정해야 하는 것은 특히 이런 경우에 할 일이다.

그런데 또 정체의 변경에 신중해야 한다는 이 의무를 통해 통치자는 커다란 이익을 얻는다. 다시 말해서 국민의 의지에 어긋나는 권력을 유지하면서 국민의 권리를 가로챘다는 말을 할 수 없게 만드는 것이다. 주어진 권리밖에 쓰고 있지 않은 듯이 보이면서 사실은 권리를 확장하고, 공공의 질서를 핑계로 안전을 회복하기 위한 국민의 집회를 방해하는 것은 통치자에게는 참으로 쉬운 일이다.

이리하여 정부는 국민에게 침묵을 강요하면서 동시에 이를 이용할 수도 있다. 또 일부러 불법 행위를 저지르도록 해놓고는 이것을 이용할 수도 있다. 그 결과 통치자는 공포 때문에 입을 다물고 있는 사람을 정부를 지지하는 사람이라고 제멋대로 단정하고, 진실을 말하려는 사람들을 처벌할 수도 있다.

로마의 10인 위원회도 처음에는 1년 임기로 선출되었으나 이듬해까지 권력을 장악했다. 그리고 나아가서는 민회의 소집을 금지시키고 영구히 권력을 쥐려고 시도했다. 세계의 모든 정부는 공적인 권력을 한번 손에 쥐기만 하면 이처럼 손쉬운 방법으로 조만간에 주권을 차지하고 마는 것이다.*33

내가 앞에서 말한 정기적인 집회는 이 불행을 막거나 연기시키는 데 알맞은 방법이다. 그 집회의 소집 수속이 필요없을 때는 특히 그렇다. 왜냐하면 그때 통치자는 이 집회를 방해하면 법률의 침해자이자 국가의 적임을 스스로 공공연히 선언하는 것이 되기 때문이다.

사회 계약의 유지 이외에 아무런 목적도 없는 이 집회는, 개회할 때 언제나 다음 두 가지 의안을 내놓아야 한다. 이것은 결코 생략할 수 없는 것이며, 이 둘은 따로따로 표결해야 한다.

제1 안—'주권자는 정부의 현 형태를 유지하고 싶은가?'

제2 안—'국민은 현재 행정을 맡고 있는 사람들에게 앞으로도 계속 맡기고 싶은가?'

나는 여기서 이미 증명한 일, 다시 말해서 국가에는 폐지할 수 없는 기본법

---

*33 트롱상은 그의 보고에서 1762년 6월 17일의 '소 평의회'에 반대하기 위해서 이 문구와 이하 여섯 문구를 발췌하고 있다.

이란 없고, 사회 계약도 마찬가지임을 가정하고 있다. 왜냐하면 온 시민이 모여서 만장일치로 이 계약을 파기한다면, 이 파기가 합법적이라는 것은 의심할 여지가 없기 때문이다.

그로티우스는 개인이 자신이 속해 있는 국가를 포기할 수도 있고, 국외로 나감으로써 자연스럽게 자유와 재산을 회복할 수 있다고까지 생각하고 있다.*34 그런데 각 개인이 따로따로 할 수 있는 일을 모든 시민이 모인 회합에서 할 수 없다면 그것은 터무니없는 일이다.

---

*34 물론 의무를 피하기 위해서나 조국이 우리를 필요로 하는 전쟁 같은 때에 조국에 봉사하는 의무를 벗어나기 위해서 나라를 떠날 수는 없다. 이 경우의 도피는 범죄이며 처벌되어야 한다. 그것은 더 이상 탈출이 아니라 도망이다.(이것은 그로티우스에 언급하고 있는 것이다)(원주)

제4편

제1장 일반 의지는 파괴될 수 없다

많은 사람들이 결합하여 하나의 단체를 이루고 있다고 스스로 생각하는 한, 그들은 공동의 보존과 전체의 행복에 관계되는 단 하나의 의지밖에 갖고 있지 않다.

이때는 국가의 모든 원동력이 강력하고 단순하며, 국가의 통치 원리가 뚜렷하게 나타나 이해(利害)의 혼란이나 모순은 없다. 공동의 행복은 곳곳에 뚜렷이 나타나 있으며, 상식만 있으면 누구나 그것을 분간할 수 있다.

평화·단결·평등은 정치적 교섭과는 대립된다. 정직하고 단순한 사람은 그 단순함 때문에 속이기 어렵다. 술책이나 교묘한 구실로 그들을 속일 수는 없다. 그들은 속을 만큼의 교활함마저도 없는 것이다.

이 세상에서 가장 행복한 국가의 농민들이 참나무 아래에서 국가의 여러 문제들을 결정하고 언제나 현명하게 행동하고 있는 것을 보고,*1 다른 국민들의 세련된 방법을 경멸하지 않을 수 있을까? 그런 국민들은 수많은 기교와 신비로 유명해졌지만 결국 불행해지기도 했다.

소박하게 다스려지는 국가는 아주 약간의 법률만 있으면 된다. 그리고 새 법률을 발표할 필요가 생기면, 그 필요는 누가 보아도 분명해진다. 새로운 법률을 가장 먼저 제안하는 사람은 모든 사람이 이미 느끼고 있던 것을 입 밖에 낼 뿐이다. 남도 자기처럼 하리라는 것이 확실해지기만 하면, 저마다 실행하려고 이미 마음먹은 것을 법률로 만드는 데는 술책도 웅변도 필요없다.

이론가들이 잘못을 저지르는 것은, 그들은 처음부터 나쁘게 구성되어 있는 국가밖에 보지 않았으므로 그런 곳에서 지금 설명한 정치를 유지하기는 불가

---

*1 이것은 아펜젤 같은 스위스의 여러 목야(牧野)를 암시하고 있다.

능하다고 생각하기 때문이다.

그들은 약삭빠른 사람이나 말 잘하는 사람이 터무니없는 소리를 하면서 파리나 런던의 국민들을 농락하는 광경을 상상하며 웃는다. 그들은 베른의 국민이 크롬웰을 사정없이 부리고 제네바인이 보포르*2 공을 단련시켰다는 사실을 모르는 것이다.

그러나 사회의 매듭이 느슨해지고 국가가 약해지기 시작하면, 또 특정한 이해들이 고개를 들고 규모가 작은 집단이 사회에 영향을 미치기 시작하면, 공동의 이익은 손상되고 그 반대자들이 나타나기 시작한다. 의견에서는 더 이상 만장일치를 볼 수 없다. 일반 의지는 더 이상 전체 의지가 아니다. 대립과 논쟁이 일어난다. 그리고 아무리 훌륭한 의견이라도 논쟁을 거치지 않고는 통과하지 못한다.

마지막으로, 국가가 멸망 직전에 처하여 공허한 형식적 존재로밖에 남아 있지 않으며, 사회적 관계가 모든 사람들 마음속에서 깨지고, 가장 비열한 이해까지도 뻔뻔스럽게 공공의 선(善)이라는 신성한 이름을 지니게 되면, 일반 의지는 입을 다물고 만다.

사람들은 모두 남에게 말할 수 없는 비밀스런 동기에 이끌리어, 이제 시민으로서 의견을 말하지 않게 되며, 국가는 마치 존재하지 않았던 것처럼 된다. 그리고 개인적인 이해만 목적으로 하는 부정한 포고가 법률이라는 이름 아래 잘못 가결된다.

그렇다고 일반 의지가 파괴되거나 부패했다고 할 수 있을까? 아니다. 일반 의지는 언제나 존재하고 변하지 않으며 순수하다.

그러나 일반 의지는 자신보다 강한 다른 의지에 종속되어 있다.

개개인은 자기의 이해를 공동의 이해로부터 떼어 놓으면서도 그것을 완전히 분리하는 것은 불가능함을 알고 있다. 그러나 그로써는 공공의 불행에서 자기가 받는 불행의 몫은 자기 혼자 차지하려는 선(행복)에 비하면 아무것도 아닌

---

*2 프롱드의 반란 지도자 가운데 한 사람(1616~1669). 드 레스《각서》참조. 앙리 4세의 서손으로 처음에는 리셜리외에 대한 음모 때문에 영국에 망명했으나 루이 14세 즉위 직후 마자랭과 대립, 1643년 방센에 투옥되었다. 그러나 1648년에 탈옥하여 프롱드 반란 주모자의 한 사람이 되었다. 그는 특히 파리 시민들에게 인기가 있었으며, '시장의 왕'이라 일컬어졌다. 반란 뒤에는 마자랭에 의해 다시 추방되었으나, 1654년 귀국이 허가되었으며, 그 뒤는 음모를 단념하고 해군장관으로서 충실히 루이 14세를 섬겼다. 1669년 터키와의 싸움에서 전사했다.

듯이 보인다.

특정한 선을 제외하면 그도 자기 자신의 이익을 위해서 전체의 선(행복)을 다른 누구 못지않게 강력히 바라고 있다.

투표권을 돈 받고 팔 때조차도 그는 그것으로 자기 마음속에서 일반 의지를 소멸시킨 것이 아니라 피한 것이다. 그가 저지른 오류는 질문의 뜻을 바꿈으로써 자기가 받은 질문과 다른 것에 대답했다는 점이다.

이를테면 투표에 즈음하여 '이것이 국가에 유리하다'고 말하는 대신 '이러이러한 의견이 통과되면 이러이러한 사람 또는 당파에 유리하다'고 말하는 식이다.

그래서 공공의 질서를 지키기 위한 법은 그 공공의 질서 안에서 일반 의지를 유지하기 위한 것이라기보다는 일반 의지가 언제나 의견을 요구하고 대답하도록 보증하기 위한 것이 된다.

나는 여기서 모든 주권적 행위에 대하여 투표하는 단 하나의 권리, 즉 그 누구도 시민에게서 빼앗을 수 없는 권리와 또 정부가 언제나 비상한 주의를 기울여서 정부의 구성원에게만 인정하려는, 발언하고 제안하고 표결하고 토의하는 권리에 대해서 여러 가지로 고찰해야 한다. 그러나 이런 중요 문제는 별도의 논문이 필요하다. 여기서 다 논할 수는 없다.

제2장 투표에 대하여

앞 장에서 설명한 것으로, 공적인 일을 다루는 방법이 그 나라 정치체의 품성과 건강 상태를 측정하는 확실한 지표가 될 수 있다는 것을 알았다.

회의에서 협조가 잘 이루어질수록, 다시 말해서 의견이 만장일치에 더 가까워질수록 일반 의지도 더 우세하다. 반대로 긴 토론이나 분쟁이나 소란스러움은 개인적 이해가 우세해지고 있고 국가가 쇠퇴하고 있음을 알리는 것이다.

이것은 두 가지 또는 그 이상의 신분이 국가 체제 속에 들어올 경우에는 그리 뚜렷하지 않아 보인다. 예를 들면 로마에는 귀족과 평민 두 가지 신분이 있으며, 그들의 분쟁은 공화국 전성기에도 흔히 민회를 혼란시켰다.

그러나 이 예외는 겉보기만 그렇지 실제적인 예외는 아니다. 왜냐하면 그 무렵은 정치체에 내재하는 결함 때문에, 이를테면 하나의 국가 안에 두 개의 국가가 있었던 것이다.

둘을 하나로 취급했을 때는 해당되지 않는 것도 저마다에 대해서는 해당된다. 사실 가장 혼란스러웠던 시대에서도 원로원이 참견하지 않았을 때는 민회에서의 평민 의결은 언제나 평온한 가운데 절대 다수로 통과되었다. 개개의 시민은 하나의 이해밖에 안 가졌으므로 국민 전체는 하나의 의지밖에 갖고 있지 않았던 셈이다.

이와 정반대의 경우에도 만장일치를 볼 수 있다. 시민이 노예 상태에 빠져서 더 이상 자유도 의지도 갖지 않게 되었을 경우이다. 그때는 공포와 아첨이 투표를 갈채로 바꾼다. 이미 논의는 없고 숭배하거나 저주할 뿐이다.

제정 시대 원로원에서는 이처럼 경멸스러운 방법으로 의견을 말했다. 때로는 그것이 어처구니 없을 만큼 신중하게 실행되었다.

타키투스에 의하면,[3] 오토 시대에 원로원 의원들은 비텔리우스에게 증오를 퍼부으면서 회의장을 일부러 몹시 소란스럽게 해서 혹시 그가 지배자가 되더라도 누가 무슨 말을 했는지 알 수 없게 했다고 한다.

이와 같은 고찰에서 여러 원칙들이 생기는데, 그것으로 일반 의지를 분간하는 것의 쉽고 어려움, 국가의 쇠퇴 정도에 따라서 투표를 계산하고 의견을 비교하는 방법이 정해져야 한다.

그 성질상 만장일치의 동의가 필요한 법은 단 하나밖에 없다. 바로 사회 계약이다. 왜냐하면 시민적 결합은 모든 행위들 가운데 가장 자발적인 행위이기 때문이다.

누구든 태어날 때는 자유로운 존재이며 자기 자신의 주인이므로, 아무도 자신의 동의 없이는 어떤 구실로도 그를 복종시킬 수 없다. 노예의 자식은 노예로 태어났다고 정해 버리는 것은, 그가 사람으로 태어나지 않았다고 정해 버리는 것이 된다.

그러므로 사회 계약 때 반대자가 있더라도 그들의 반대는 계약을 무효로 만드는 것이 아니다. 그것은 다만 그들이 그 계약에 포함되는 것을 막을 뿐이다. 그들은 시민들 속의 이방인이 되는 것이다.[4] 국가가 만들어질 때는 그 나

---

*3 타키투스 《역사》 제1편 85장.
*4 "형성된 제1의 사회에서, 필연적으로 다른 모든 사회가 나온다. 그것은 제1의 사회의 일부를

라에 살고 있다는 자체가 그 국가를 인정하는 것이다. 국토에 사는 것, 그것은 주권에 복종한다는 것이다.[*5]

이 원시 계약의 경우를 제외하면 대다수 사람들의 의견은 언제나 다른 모든 사람들을 구속한다. 이것은 원시 계약 그 자체의 귀결이다.

그러나 사람이 자유로우면서도 자기 이외의 의지에 따라야만 하는 일이 어떻게 가능한지 묻는 사람도 있다. 반대자들이 자유로운 인간이면서 자기들이 동의하지 않는 법률에 복종하는 것은 왜일까?

나는 여기에 대해 질문이 잘못되었다고 대답하겠다. 시민은 모든 법률, 그가 반대했음에도 통과된 법률까지, 또 그 가운데 하나를 위반해도 처벌을 받는 법률에까지 동의하고 있는 것이다.

국가 모든 구성원들의 변치 않는 의지가 일반 의지이며, 이 일반 의지를 통해 비로소 그들은 시민이 되고 자유로운 사람이 되는 것이다.[*6]

어떤 법이 국민의 집회에 제출될 때 국민에게 묻는 것은, 정확히 말하면 그들이 제안을 가결하겠는가 부결하겠는가 하는 것이 아니라 그것이 국민의 의지, 즉 일반 의지와 일치하느냐 않느냐 하는 것이다. 개개인은 투표로 그에 대한 자기 의견을 표시한다. 그러므로 투표 수를 계산하면 일반 의지가 표명되는 셈이다.

따라서 내 의견에 반대하는 의견이 이길 때는 내가 옳지 않았다는 것, 내가 일반 의지라고 생각한 것이 사실은 그렇지 않았다는 것을 증명하는 것이다. 만일 나의 개인적 의견이 일반 의지에 이겼다면, 내가 바라던 것과는 다른 것을 한 셈이 될 것이다. 그 경우 나는 자유로운 사람이 아니었던 것이다.

물론 이것은 일반 의지의 모든 특징이 여전히 과반수 속에 있다는 것을 전

이루거나 그것에 포함되지 않으면 안 된다."

[*5] 이것은 언제나 자유 국가에 해당하는 것으로 이해해야 한다. 왜냐하면 그렇지 않은 곳에서는 가족이나 재산이나 피난처가 없거나, 필요나 폭력 때문에 주민이 자기 의지와 어긋나게 국내에 억류되어 있는 수가 있기 때문이다. 그런 경우에는 그 나라 안에 머물러 있다는 것만으로는 계약 또는 계약의 파기에 동의했다고는 할 수 없다.(원주)

[*6] 제노바에서는 감옥 앞과 갤리선 죄수의 쇠사슬에 '자유'라는 말이 새겨져 있다. 이 표어는 아주 적절하다. 실제로 시민의 자유를 방해하는 것은 모든 종류의 악인들뿐이다. 이 악인들이 모두 갤리선의 중노동에 처해지는 나라에서는 가장 완전한 자유를 얻을 수가 있을 것이다.(원주)

제로 한다. 일반 의지가 과반수 속에 있지 않게 되면 어느 쪽에 붙더라도 이제 자유는 없는 것이다.

앞에서 나는 공공의 토의 때 왜 개별 의지가 일반 의지를 대신하는지 설명하고 그 폐해를 막는 실행 가능한 방법을 충분히 지적해 두었다. 그것에 대해서는 나중에 다시 설명하겠다.

또 일반 의지를 나타내기 위해서는 어느 정도 비율의 투표수가 필요한가에 대해서도 결정할 수 있는 원칙을 제시해 놓았다.

단 한 표의 차라도 동수는 아니며, 한 표의 반대가 있어도 만장일치는 깨진다. 만장일치와 찬반 동수(同數) 사이에는 찬반의 비율에 차이가 있으며, 정치체의 상태와 필요에 따라 어떤 비율을 기준으로 일반의지를 나타내는 수를 결정할 수 있다.

두 가지 일반적인 원칙이 이 비례를 정하는 데 도움이 될 수 있다. 하나는 토의가 중대하면 할수록 승리를 차지하는 의견은 만장일치에 접근해야 한다는 것이다.

나머지 하나는 논쟁되는 일이 급하면 급할수록 의견을 구별하는 데 필요한 표차를 좁혀야 한다. 다시 말해서 즉결이 필요한 토의에서는 단 한 표라도 차이가 있으면 충분하다고 보아야 한다.

이 원칙들 가운데에서 첫째 것은 법을 정할 때 적합하고, 둘째 것은 사무를 처리하는 데 더 적합한 것 같다. 아무튼 이 두 원칙을 어떻게 조합하느냐에 따라서 의결에 필요한 다수를 정하는 가장 좋은 비례가 결정된다.

제3장 선거에 대하여

통치자 및 행정 관리의 선출은 이미 말했듯이 복합적 행위이며 이것을 실시하는 데는 두 가지 방법이 있다.

바로 선거와 추첨이다. 이 두 가지 방법은 둘 다 이제까지 여러 공화국에서 사용되어 왔다. 베네치아의 총독을 선출하는 데는 지금도 이 두 가지 방법이 매우 복잡하게 뒤섞여 있다.

"추첨에 의한 선거는 민주 정치의 본질에 맞는 것이다"*7라고 몽테스키외는 말했다. 나도 찬성이다.

그러나 왜 그렇게 되는가? 그는 계속해서 이렇게 말한다. "추첨은 누구에게 도 상처를 입히지 않는 선출 방법이며, 시민들에게 자신들도 언젠가는 조국에 도움이 될 수 있다는 그럴듯한 희망을 준다." 그러나 이것은 이유가 되지 않 는다.

지도자의 선출은 정부의 기능이지 주권의 기능이 아니라는 데에 주의한다 면, 왜 추첨 방법이 민주 정치의 성질에 더 적합한가를 알 수 있다.

왜냐하면 민주 정치에서는 행정 행위가 간단하면 간단할수록 행정이 잘 이 루어지기 때문이다.

모든 참된 민주 정치에서는 행정 관직은 이익이 아니라 무거운 부담이며, 이 것을 한 개인이 아니라 다른 특정 개인에게 부과하는 것은 정당한 일일 수 없 다. 오직 법에 따라 추첨된 자에게 이 부담을 줄 수 있다.

왜냐하면 이 경우 모든 사람에게 조건이 평등하며 누가 선출되느냐 하는 것 은 개인의 의지와는 관계가 없으므로, 법을 특정인에게 적용하여 법의 보편성 을 손상하는 것이 결코 아니기 때문이다.

귀족 정치에 있어서는 통치자가 통치자를 고르고, 정부는 정부 자신에 의해 서 유지된다. 그러므로 귀족 정치에서야말로 투표가 가장 적합하다.

베네치아 총독 선출의 예는 투표와 추첨 사이에 존재하는 차이를 부정하기 는커녕 확인하고 있다. 다시 말해서 이 혼합된 형태는 혼합 정부에 적합하다. 왜냐하면 베네치아 정부를 참된 귀족 정치로 보는 것은 잘못이기 때문이다.

베네치아에서는 국민은 정치에 전혀 참여하지 않는다 하더라도 귀족 그 자 체가 국민이다. 바르나보트*8의 대다수 가난한 사람들은 어떤 행정 관직에서 도 활동한 적이 없었고, 바르나보트의 귀족들도 각하라는 공허한 칭호와 대평 의회(大評議會)에 출석하는 권리밖에 갖고 있지 않았다.

이 대평의회에는 제네바의 총평의회*9와 맞먹을 만큼 많은 의원들이 있으

---

*7 몽테스키외 《법의 정신》 제2편 제2장.

*8 베네치아의 귀족 중에서 비교적 가난한 사람을 말한다. 베네치아의 성 바르나바스 구에 살 고 있었던 데서 이런 이름이 생겼다고 한다.

*9 제네바의 시민과 부르주아 전체 회의를 말한다. 이 회의가 제네바의 주권자이며, 여기서 선

므로, 이름있는 의원들도 평범한 시민 이상의 특권을 갖고 있지 않다. 확실히 이 두 공화국 사이의 극단적인 차이를 제외하면, 제네바의 부르주아 계급은 베네치아의 귀족에 해당하고, 제네바의 토착민과 거주민[10]은 베네치아의 도시민과 국민에 해당하며, 제네바의 농민은 베네치아의 육지에 사는 백성에 해당한다.

요컨대 이 두 공화국을 어떻게 생각하든지 간에 그 크기를 제외하고는 베네치아 정부는 제네바 정부보다 귀족적이 아니다. 다른 점이 있다면 제네바에는 종신 지도자가 한 사람도 없으므로, 베네치아처럼 추첨할 필요가 없다는 것뿐이다.

추첨에 의한 선거는 참된 민주 정치 아래서는 거의 아무런 불편도 없을 것이다. 거기서는 관습이나 재능에 있어서, 또 원칙이나 재산에 있어 모두 평등하므로 선거라는 것은 거의 관심을 끌지 않는다. 그러나 이미 말했듯이 참된 민주 정치란 오직 하나의 이상일 따름이다.

선거와 추첨이 섞여 쓰일 때는 군무(軍務)같은 특유한 재능이 필요한 지위는 선거에 따라 결정하는 것이 좋다. 재판관 같은 상식, 정의, 결백만으로 족한 지위에는 추첨이 적당하다. 왜냐하면 잘 조직된 국가에서는 이런 자질은 시민 모두가 갖추고 있기 때문이다.

군주 정치에서는 추첨도 투표도 시행될 여지가 없다. 군주만이 유일한 통치자이자 행정관이므로, 그 보좌관의 선임은 오로지 군주에게만 속한다. 아베

출되는 소위원회(25인 위원회라고도 한다)는 총회로부터 법의 집행을 위임받은, 루소의 이른바 정부일 뿐이다. 나중에 루소에 대한 탄압에 대하여 이 소위원회가 월권한 것을 루소는 《산에서 온 편지》에서 다루고 있다.

[10] 제네바 인은 다섯 가지 계층으로 나누어져 있었다. 이 중에서 첫 번째 두 가지, 시민과 부르주아만이 행정 및 입법에 참여할 수 있었다. 시민은 시민 또는 부르주아의 자식으로 시에서 태어난 자를 말하며, 부르주아는 부르주아 증서(lettre de bourgeoisie)를 발급받고, 모든 종류의 상업에 종사할 권리를 얻은 자를 말한다. 부르주아의 자식이라도 시 밖에서 태어난 자는 아버지와 마찬가지로 부르주아일 뿐이다. 시민과 부르주아의 수는 1천6백 명을 넘은 적이 없었다. 다음으로 아비탄이라는 계층은 시에 거주할 수 있는 권리를 산 외국인이며, 나티프는 아비탄의 자식으로 시 안에서 태어난 자를 말했다. 이 두 계층은 어떤 상업에도 종사할 권리가 없었으며 그 밖의 직업 중에도 금지된 것이 많았다. 그런데도 무거운 세금의 짐은 주로 그들이 졌다고 한다. 마지막으로 쉬제(백성)는 시의 영토에 거주하고 있는 자(그 영토에서 태어나고 안 나고에 관계 없이)를 말하며, 그들이 아무 가치도 없는 존재라는 것은 그 명칭 자체가 보여 주고 있다.

드 생 피에르가 프랑스 왕실고문회의의 회원 수를 늘리고, 그 구성원을 투표로 선출할 것을 제의했을 때, 그는 자기가 정체의 변경을 제안하고 있음을 깨닫지 못했다.*11

이제 국민 회의에서 투표를 하고 표를 계산하는 방법에 대해 이야기해야 할 것 같다. 그러나 이 점에 대해서는 아마 로마의 정치사(政治史)가 내가 증명하려고 하는 모든 원칙을 더 확실하게 설명해 줄 것이다. 20만 명으로 이루어진 회의에서 공적인 사무와 사적인 사무가 어떻게 처리되었는가를 좀더 상세히 살펴본다는 것은 식견을 갖춘 독자에게는 가치 있는 일일 것이다.

제4장 로마 민회에 대하여*12

우리는 로마 초기의 역사에 대하여 확실한 자료는 아무것도 갖고 있지 않다. 하지만 로마 초기에 대하여 널리 퍼져 있는 이야기들이 대부분 꾸며낸 이야기임을 짐작케 하는 점은 많다.*13

일반적으로 민족의 연대기 중에서 가장 교훈적인 부분은 그 민족의 건국 역사인데, 이 부분에 관한 자료가 가장 부족하다.

우리는 날마다 어떤 원인으로 국가의 혁명이 일어나는지 경험을 통해 알게 된다. 그러나 형성기에 있는 민족은 이제 없으므로, 어떻게 민족이 형성되었는가를 밝히려면 거의 추측하는 수밖에 없다.

기존 관습이 있다는 것은 적어도 그 관습에 기원이 있었음을 증명한다. 그

---

*11 다르장송이 프랑스의 '지방삼부회'를 전반적으로 도입하는 것을 옹호하면서 '3부회'를 다시 도입하는 데 반대한 것은 이 때문이었다.

*12 드레이프스 블리작의 설명에 의하면, 루소는 이 장 및 다음 세 장에서 시고니우스《고대로마 민법》와 마키아벨리《티투스 리비우스론》에게서 얻은 바가 가장 많다. 이런 책들은 루소가 영국에 있을 때 뒤탕에게 판 책 속에 들어 있다. 하기야 이 네 장은 이 책의 주제와는 거의 관계가 없으며, 그것이 놓여 있는 배경에도 적합하지 않다는 것을 인정해야 한다. 세르비우스 헌법의 하잖은 여러 요소들은 루소보다 시고니우스에게 더 적합한 주제이다.

*13 《로물루스(Romulus)》에서 유래하는 것으로 알려진 '로마'라는 이름은 그리스 어로 '힘'을 뜻한다. '누마(Numa)'라는 이름도 그리스 어로 '법'을 뜻한다. 이 도시의 첫 왕 두 사람이 그들이 이룩한 것과 이토록 깊은 관계를 가진 이름을 미리부터 갖고 있었다는 것은 너무나도 뻔한 수작이 아닌가?(원주)

러한 관습의 기원에까지 거슬러 올라가 가장 큰 권위로 뒷받침되고 가장 유력한 입증을 통해 확인되는 전설을 가장 확실한 것으로 간주해야 한다.

이 원칙이야말로 지상의 가장 자유롭고 가장 강력한 민족이 자신들의 최고 권력을 어떻게 사용했는가를 탐구하려고 할 때 내가 따르려고 생각하는 것이다.

로마가 새롭게 거듭났을 때 군대는 알바인, 사비나인 및 외국인으로 구성되어 있었기 때문에 세 구분으로 나누어졌으며, 그와 같이 나누어졌다 해서*14 그들은 부족(部族)이라고 불렸다.

이 부족들은 저마다 10개의 쿠리아로 나누어지고, 각 쿠리아는 데쿠리아로 세분되었으며, 저마다 우두머리에는 쿠리온, 데쿠리온이라고 불린 통치자가 있었다.

이 밖에 각 부족에서 100명의 기병 또는 기사 무리가 선발되어 백인조(百人組)라고 불렸다. 로마 시내에서는 그다지 필요하지 않은 이들 구분은 처음에는 바로 군사적인 구분이었음을 알 수 있다. 그러나 위대한 도시를 건설하고 싶어하는 열망이 세계의 수도다운 정치 조직을 소도시 로마로 하여금 미리 갖게 했던 것 같다.

이 군사적 구분에는 곧 불편이 생겼다. 알바인과 사비나인 부족은 같은 상태에 머물러 있었던데 비해 외국인 부족*15은 외국인이 끊임없이 흘러들어온 탓에 계속 증대하여, 곧 다른 두 부족을 능가하게 되었기 때문이다.

이 위험한 폐해를 막기 위해 세르비우스가 생각해 낸 구제책은 이제까지의 구분을 바꾸는 일이었다. 즉 종족에 의한 구분을 폐지하고 그 대신 각 부족이 살고 있는 도시 지역의 구분으로 바꾼 것이다. 그리하여 그는 3부족 대신 4부족을 만들었으며, 그 부족마다가 로마의 언덕을 하나씩 차지하여 그 언덕 이름을 부족 이름으로 했다.

이렇게 하여 그는 현존하는 불평등을 없애는 한편 미래의 불평등도 막았던

---

*14 루소는 라틴어 3(tres)의 여격(tribus)에서 부족(tribus)이라는 말이 나왔다고 하는 설에 근거하고 있는데, 이것은 확실하지 않다.

*15 Ramnenses(람넨세스), Tatienses(타티엔세스), Luceres(루케레스).(원주)
이 부족을 루소는 알바인, 사비나인, 외국인으로 보았는데, 오늘날 라틴인, 사비나인, 에트루리아인(또는 라틴인의 한파)으로 생각된다.

것이다. 그리고 단지 지역뿐만 아니라 인간을 구분하기 위해서 그는 한 지구의 주민이 다른 지구로 옮기는 일을 금했다. 그것으로 종족의 혼동을 막을 수 있었다.

그는 또 본래부터 있던 3개의 기병 백인조를 배로 늘리고 그 밖에 12개의 백인조를 추가했는데, 이것은 그냥 기존 이름으로 불렸다. 이 간단하고 현명한 방법으로 그는 국민의 불평도 사지 않고 기사 단체와 국민 단체를 구별하는 데 성공했다.

세르비우스는 또 이 4개의 도시 지구에 따로 15개 지구를 추가했다. 그것을 전원 지구라고 불렀는데, 그것은 15개 구(區)로 구분된 농촌 주민들로 이루어져 있었기 때문이다.

그 뒤 다시 같은 수의 새 지구가 만들어졌다. 그래서 로마인은 마지막에는 35개 지구로 나뉘어졌고 이것은 공화 정치가 끝날 때까지 변하지 않았다.

도시 지구와 촌락 지구의 이 구별에서 주목할 만한 결과가 생겼다. 왜냐하면 달리 이와 같은 예가 없기 때문이며, 또 로마는 이 때문에 관습 유지와 국력 강화를 동시에 이룩할 수 있었기 때문이다.

사람들은 도시 지구가 곧 권력과 명예를 독차지하여 오래지 않아 전원 지구를 함락시켰다고 생각할지 모른다. 그러나 사실은 완전히 반대였다.

초기 로마인들이 전원 생활에 취미를 갖고 있었다는 것은 잘 알려진 사실이다. 이 취미는 현명한 건국자로부터 초기 로마인들에게 전해진 것이었다. 그것은 자유와 경작과 군역을 결부시켜서 기술·수공업·음모·재산·노예 제도를 도시로 추방했던 것이다.

이와 같이 로마의 유명한 인물들은 모두 전원에 살며 땅을 경작했으므로 공화국을 지탱할 사람을 구할 곳은 그곳뿐이라고 여겨졌다.

이러한 생활 방식은 가장 훌륭하고 권위있는 귀족의 방식이었으므로 모든 사람들이 우러러보았다. 시골 사람들의 검소하고 근면한 생활이 로마 부르주아의 게으르고 난잡한 생활보다 낫다고 보았다. 농촌으로서는 존경할 만한 시민도 도시에서는 보잘것없는 하층민에 지나지 않았을 것이다.

바로*[16]는 이렇게 말하고 있다. "우리의 위대한 조상들이 전시에는 자기들을

---

*16 기원전 116~27. 로마의 문인. 정치적으로는 처음 폼페이우스의 편을 들었으나, 나중에는 카이사르의 보호를 받아 공업 도서관의 기획을 도왔으며, 카이사르가 죽은 뒤에는 주로

지켜 주고 평시에는 자기들을 길러 주는 튼튼하고 용감한 사람들의 양성소를 농촌에 만든 것은 아무 이유 없이 한 일이 아니다."

플리니우스는 "전원 지구는 구성하고 있는 사람의 자질이 뛰어나 존경받고, 이에 반해서 비열한 게으름뱅이는 치욕의 표지로서 도시 지구로 옮겨졌다"고 분명하게 말하고 있다.*17

사비나인 아피우스 클라우디우스*18는 로마에 살려고 찾아왔으나 그곳에서 많은 명예를 얻고 전원 지구로 편입되었으며, 그 뒤 이 지구는 클라우디우스 집안의 이름을 땄다.

마지막으로 노예에서 해방된 자유민들은 모두 도시 지구 안으로 들어갔으며 전원 지구에는 결코 들어가지 못했다. 또 공화 정치의 모든 기간을 통틀어 이들 해방 노예 가운데 시민이 된 사람은 있어도 정무(政務)를 맡은 사람은 한 사람도 없었다.*19

이것은 훌륭한 정책이었다. 그러나 너무 지나친 결과 마침내 정치 조직에 변화가, 아니 폐단이 생겼다.

첫째 호구 감찰관은 시민을 한 지구에서 다른 지구로 자기 마음대로 옮기는 권리를 오랫동안 독점하고 있었다. 그러다가 나중에는 시민이 자기가 좋아하는 지구로 들어가는 것을 대부분 허락해 주었다. 이 허가는 아무런 이익도 되지 않았으며 호구 감찰관의 가장 중요한 직권 한 가지를 잃어버리게 했다.

게다가 고관이나 유력자들은 모두 자발적으로 전원 지구로 들어가고, 도시 지구에는 시민이 된 해방 노예들이 평민과 함께 머물러 있었으므로, 이 두 지구는 더 이상 어떠한 지역적 의미도 갖지 못했다.

더욱이 모든 지구가 완전히 뒤섞여서 등록에 의하지 않고는 각 지구의 구성

저작에 생애를 바쳤다. 로마인 중에서 가장 유식하고 가장 두꺼운 저작을 남겼다고 한다. 이 대목의 인용은 그의 《농업론》에서 한 것이다.

* 17 "전원에 사는 사람 중에서 전원 지구가 가장 평이 좋았으며, 반대로 도시 지구는 나태하다는 악평이 있어서, 그리로 옮겨지는 것을 수치로 여겼다"(플리니우스 《박물지》 제18편 제3장). 루소는 바로 《농업론》 제3편 제1장) 및 플리니우스에 대한 인용을 모두 시고니우스(《고대로마 민법》 제1편 제3장)에서 얻고 있다.

* 18 출생과 사망일 불명. 로마의 클라우디우스 집안의 시조. 사비나 출신으로, 로마에 대항하는 전쟁에 찬성하지 않고 기원전 504년경 일족 5천 명을 거느리고 로마로 옮겼다. 나중에 집정관이 되었다.

* 19 시고니우스.

원을 분간할 수 없게 되었다. 그래서 지구라는 말은 땅에 관한 뜻에서 사람에 관한 뜻으로 변했고, 거의 의미가 없는 말이 되어 버렸다.

또 도시 지구는 민회의 개최 장소와 가까웠으므로 민회에서 가장 유력한 위치를 차지하고 있어서 도시 지구를 구성하고 있는 천민들의 투표를 매수하는 사람들에게 국가를 팔기에 이르렀다.

쿠리아에 대해서 말하면, 로마의 건국자는 각 부족마다 10개 쿠리아를 만들었으므로, 그 무렵 도시 성벽 안에 갇혀 있던 전체 로마인은 30개 쿠리아로 이루어져 있던 셈이다. 쿠리아는 저마다 신전, 여러 신들, 관리, 사제, 제전을 가지며, 제전은 콤피탈리아라고 불렸다. 이것은 나중에 전원 지구가 가졌던 파가날리아와 비슷하다.

세르비우스가 이를 새로 구분할 때, 이 30이라는 수는 그가 만든 4개 부족으로 고루 나눌 수가 없었으므로 여기에는 손을 대지 않았다. 그래서 쿠리아는 부족과는 별도로 로마의 주민을 나누는 구분이 되었다.

그러나 전원 지구와 그 구성원들에게는 쿠리아는 중요하지 않았다. 왜냐하면 지구 제도는 순수한 정치상의 제도가 되고 또 군대를 징집하기 위해서는 별도의 방식이 도입되어 있었으므로, 로물루스가 시행한 군사상의 구분은 소용없는 것이 되었기 때문이다. 이리하여 모든 시민은 어느 한 지구에 등록되기는 했지만 저마다가 쿠리아에 등록되는 일은 거의 없었다.

세르비우스는 다시 세 번째 구분을 했다. 이것은 앞의 두 구분과는 아무런 관계도 없지만, 그 결과로 보았을 때 가장 중요한 구분이 되었다.

그는 모든 로마인을 장소나 사람에 의해서가 아니라 재산에 의해서 6개 등급으로 나누었다. 제1등급은 부자를 포함하고, 마지막 등급에는 가난한 사람이 들어갔으며, 중간의 네 계급은 중간 정도의 재산을 가진 사람들을 포함하고 있었다.

이 6개 등급은 백인조라고 불리는 1백 93개 다른 단체로 세분되었다. 그리고 이들 단체는 제1등급만으로 백인조의 절반 이상을 차지하고, 마지막 등급은 전체가 단 하나의 백인조밖에 만들지 못하는 식으로 분배되었다. 그래서 사람 수가 가장 적은 등급이 백인조 수는 가장 많고, 마지막 등급은 자기 혼자 로마 주민의 절반 이상을 차지하는데도 등급 전체가 단 하나의 백인조로밖에 인정되지 않았다.

세르비우스는 이 세 번째 구분이 가져오는 결과를 국민이 제대로 눈치채지 못하게 하기 위해서 거기에 군사적 색채를 부여하려고 애썼다. 그는 제2등급에 무기 상인의 백인조 둘을 넣고, 제4등급에는 무기 제조인의 백인조 둘을 넣었다.

마지막 등급은 빼놓고 그는 각 계급에서 청년과 노인, 즉 무기를 들 의무가 있는 사람들과 노령으로 법률상 면제된 사람들을 구별했다. 이 구별은 재산상의 구별 이상으로 호구 감찰 또는 인구 조사를 자주 되풀이할 필요를 만들었다. 그래서 마침내 그는 마르스 들판에서 집회를 열고, 병역 연령에 포함되는 자는 모두 무기를 갖고 모이라고 명령했던 것이다.

그가 마지막 계급에서는 청년과 노인의 구별을 하지 않은 까닭은 이 등급을 구성하는 천민에게는 조국을 위해서 무기를 드는 명예가 주어지지 않았기 때문이다.

집을 지키는 권리를 얻으려면 집을 가져야 했다. 오늘날 국왕들의 군대에 영광을 더하는 부랑자로 이루어진 무수한 부대들 가운데, 아마도 로마 보병대로부터 경멸과 함께 쫓겨나지 않을 사람은 하나도 없을 것이다. 로마에서는 병사들은 자유의 수호자였다.

그렇기는 하나 마지막 등급에서는 다시 무산자와 이른바 천민을 구별했다. 무산자는 완전히 무일푼이었던 것은 아니며, 적어도 국가에 시민을 공급하고, 또 긴급히 필요할 때는 병사까지도 공급했다.

그러나 전혀 아무것도 안 가진 사람들, 즉 머리 수로만 계산되는 천민들은 완전히 무시되었다. 그들을 병사로 뽑은 첫 번째 사람은 마리우스였다.

이 세 번째의 분류가 그 자체로서 좋았느냐 나빴느냐 하는 것을 여기서 결정하는 일은 제쳐놓더라도 다음과 같은 것은 단언할 수 있다. 즉 초기 로마인의 검소한 관습, 그들의 공평무사한 태도, 농업에 대한 애착, 상업이나 이익 획득의 열의에 대한 경멸, 이것이 이 분류를 실행할 수 있게 만들었다는 것이다.

근대의 국민들 가운데 지칠 줄 모르는 탐욕이나 불안한 정신, 음모, 끊임없는 주거 이동이나 재산의 쉴 새 없는 변화를 겪으면서 국가 전체를 뒤엎는 일 없이 그런 제도를 20년이나 지속시켜 둘 만한 이들이 어디 있겠는가? 더욱 주의하지 않으면 안될 것은 로마에서는 이 제도보다 한층 강력한 관습과 호구 감찰이 있어 악덕을 고쳤다는 것, 또 재산을 너무 과시했다는 이유로 가난뱅

이 등급으로 떨어진 부자가 있었다는 것이다.

이상의 모든 것에서 실제로는 6개 등급이 있었는데, 왜 거의 언제나 5개 등급밖에 문제가 되지 않았는지 쉽게 이해할 수 있다. 제6등급은 군대에 병사를 보내는 일도 없고, 마르스 들판[20]에 투표자를 내보내는 일도 없으며, 공화국 안에서는 거의 쓸모도 없었으므로 문제가 되지 않았던 것이다.

로마인에 대한 갖가지 구별은 이와 같았다. 다음에는 그것이 갖가지 집회에서 어떤 결과를 낳았는지 살펴보기로 하자.

합법적으로 소집된 이런 집회를 민회라고 불렀다. 그것은 보통 로마 광장이나 마르스 들판에서 열렸으며, 집회가 소집되는 세 가지 형태에 따라서 쿠리아 민회, 백인조 민회, 지구 민회로 구별되었다.

쿠리아 민회는 로물루스가, 백인조 민회는 세르비우스가, 그리고 지구 민회는 호민관이 만든 것이다.

법률의 승인이나 행정관의 선출은 오직 민회에서만 했다. 또 어떤 시민이고 쿠리아나 백인조나 어느 지구에 편입되어 있지 않은 사람이 없었으므로, 그 결과 모든 시민에게는 투표권이 있었으며 로마 국민은 명실공히 참된 주권자였다.[21]

민회가 합법적으로 소집되고 거기서 정해진 것이 법률로서의 힘을 갖기 위해서는 세 가지 조건이 필요했다. 첫째는 민회를 소집하는 단체 또는 행정관에게 그 일에 필요한 권한이 주어져 있어야 하고, 둘째는 법률로 허가된 날에 집회가 열려야 하며, 셋째는 점괘가 잘 나와야 하는 것이었다.

첫째 조건의 이유에 대해서는 설명할 필요가 없다. 둘째는 행정상의 조치이다. 말하자면 제삿날이나 장날에는 민회를 열지 못하게 했다. 그런 날 농촌 사람들은 개인적으로 볼일이 있어서 로마에 왔으므로 공공 광장에서 하루를 보낼 겨를이 없었다.

셋째 조건으로 원로원은 자신에 차서 활동적인 국민을 억제하고 또 반항적인 호민관의 열정을 완화시켰다. 그러나 호민관들은 이 구속에서 벗어나는 방

---

*20 '마르스의 들판(연병장)'이라고 내가 말한 것은 거기서 백인조에 의한 민회가 소집되었기 때문이다. 다른 두 민회 때, 국민은 '광장(포럼)' 또는 그 밖의 장소에 모였다. 그리고 그 경우 '천민'은 제1계급의 시민들과 같은 세력 및 권위를 가지고 있었다.[원주]

*21 시고니우스 제1편 제17장에서.

법을 잘 알고 있었다.

민회의 판단에 맡겨진 사항은 단지 법률이나 통치자에 대한 선거뿐이 아니었다. 로마 국민은 정부의 가장 중요한 권능을 빼앗아 자기 것으로 만들고 있었으니, 유럽의 운명은 그들의 민회에서 결정되었다고도 할 수 있다. 이와 같이 민회의 결의 사항은 여러 가지가 있었으므로, 결정할 일의 성질에 따라 그 집회도 여러 가지 형태를 갖게 되었다.

그 여러 가지 형태를 구분하려면 그것들을 비교해 보면 된다. 로물루스가 쿠리아를 제정했을 때, 그는 국민이 원로원을 억제할 수 있게 하는 한편 원로원이 국민을 억제할 수 있게 함으로써 결국 자신은 양쪽을 똑같이 지배하려고 했다.

그래서 그는 이 형태를 통해 국민에게 완전한 만큼의 권위를 주어 귀족에게 인정하고 있던 힘과 재산의 권위와 균형이 잡히게 했다. 그러면서도 그는 군주 정치의 정신에 따라 귀족에게 좀더 많은 이익을 차지하게 했다. 그것은 귀족이 피보호자의 표를 이용해 투표 전체의 대세를 좌우할 수 있었기 때문이다.

이 보호자와 피보호자의 뛰어난 제도는 정책과 인간성이 만들어 낸 걸작이며, 이것이 없었더라면 그와 같이 공화 정치의 정신과 양립되지 않는 귀족 정치가 존속할 수는 없었을 것이다.

로마만이 이 훌륭한 모범을 세계에 보여 줄 명예를 가졌다. 로마에서는 이 제도에 결코 폐해가 생기지는 않았으나 이를 계승한 국가는 전혀 없었다.

쿠리아 집회는 세르비우스에 이르기까지 역대의 왕 아래에서 존속했다. 마지막 왕 타르퀴니우스의 치세는 합법적으로 인정되지 않았기 때문에 일반적으로 세르비우스 시대까지의 왕의 법률은 쿠리아 법이라는 이름으로 다른 것과 구별되었다.

공화 정치가 된 뒤에도 쿠리아는 역시 4개 도시 지구에 한정되어, 이제 로마의 평민밖에 포함하지 않았으므로 귀족의 선두에 서는 원로원과도 화합이 되지 않았고, 평민이라고는 하지만 유복한 시민의 선두에 서는 호민관과도 화합이 잘 되지 않았다.

그리하여 쿠리아의 신용은 땅에 떨어지고 끝내는 쿠리아 민회가 할 일을 30인의 호위관이 모여 처리하는 형편이었다.

백인조에 의한 구분은 귀족 정치에 매우 편리하므로 왜 원로원이 이 백인조의 이름을 가진 민회, 집정관과 호구 감찰관과 그 밖의 고관을 선출한 이 민회에서 우세를 차지하지 않았는지 이해하기 어렵다.

실제로 로마인의 6개 등급을 이루고 있던 1백 93개의 백인조 가운데서 제1등급은 98개의 백인조를 갖고 있었다.

그리고 투표는 오로지 백인조 단위로 계산되었으므로, 제1등급만으로도 나머지 등급을 다 합친 것보다 투표 수에서 우세했다. 이 제1등급의 백인조가 모두 일치된 의견을 내놓으면 나머지 표는 계산도 하지 않았다.

결국 가장 소수의 사람들이 정한 것이 대다수의 결정으로서 통했던 것이다. 그래서 백인조에 의한 민회에서는 투표가 아니라 돈의 많고 적음으로 일이 진행되고 있었다고 할 수 있다.

그러나 이 지나친 권위는 두 가지 방법으로 완화되고 있었다. 첫째, 호민관은 보통 부자 계급에 속하고, 또 많은 평민들도 언제나 그 계급에 있어서 그들은 제1등급 안에서 귀족 세력과 대항하고 있었다.

둘째 방법은 백인조의 순서에 따라서 투표하면 언제나 제1등급 백인조가 먼저 투표했는데, 그렇게 하지 않고 먼저 제비뽑기로 백인조 하나를 골라 이들만 투표시켰다.*22 그 뒤 다른 날에 나머지 백인조를 등급순으로 모두 불러 모아 같은 선거를 되풀이시켰다. 두 번째 투표는 보통 첫 번째 한 백인조의 투표결과를 확인하는 것이었다.

이와 같이 먼저 모범을 보이는 권위를 등급순이 아니라 민주 정치의 원칙에 따라 추첨에 맡겼던 것이다.

이 관습의 결과로 또 다른 장점이 생겼다. 말하자면 전원에 사는 시민은 두 차례의 선거 동안 임시로 지명된 후보자의 재능을 알아보는 시간 여유를 얻어, 주의 주장을 납득한 다음에 투표할 수 있었던 것이다. 그러나 빠른 편이 좋다는 구실로 마침내 이 관습은 깨지고, 두 차례 선거를 같은 날에 하게 되었다.

지구 민회는 본디 로마 시민 평의회였다. 이것은 호민관만이 소집할 수 있었다. 호민관은 여기서 선출되고, 그 표결은 여기서 통과되었다.

원로원은 이 민회에 의석을 갖고 있지 않았을 뿐만 아니라 이에 참석할 권

---

*22 이와 같이 추첨으로 선출된 백인조는 가장 먼저 투표를 할 수 있었기 때문에 '프라에로가티바(Prærogativa)'라고 불리었다. '특권(Prérogative)'이라는 말은 여기서 유래한다.[원주]

리도 없었다. 그리고 원로원 의원은 그들이 투표할 수 없었던 법에 복종하도록 강요당했으므로, 이 점에서는 최하급 시민보다도 자유롭지 못했다.

이러한 불공정은 매우 부당했으며 이것만으로도 전원 참가가 허가되지 않은 단체의 명령을 무효로 만드는 데 충분했다.

모든 귀족이 시민으로서 가진 권리에 의해 이런 민회에 참석했다 하더라도, 그때는 그들도 평범한 한 개인이 되는 것이므로 머리 수로 세어지고, 보잘것없는 무산자도 원로원의 통치자와 같은 자격을 가졌던 이런 투표 형식에는 거의 영향을 주지 못했을 것이다.

이상에서 다음과 같은 사실을 알 수 있다. 많은 국민의 투표 수를 모으기 위한 이 온갖 구분을 통해 계급 질서가 생겼는데, 이 구분은 그 자체가 아무래도 상관없는 형식이 아니라 각 형식이 선택된 목적에 따른 효과를 갖고 있었던 것이다.

이것에 대해 더 이상 설명하지 않더라도 이제까지 밝힌 것에서 지구 민회는 국민 정치에 가장 편리했고, 백인조 민회는 귀족 정치에 가장 편리했음을 알 수 있다.

로마의 평민이 대부분이었던 쿠리아 민회에 대해서 말한다면, 선동가들까지도 자기들의 계획을 너무 노골적으로 보여주는 수단은 꺼렸는데, 쿠리아 민회는 압정과 간계를 조장하는 구실밖에 하지 않았으므로 평이 나쁠 수밖에 없었다.

확실한 것은 로마 국민의 존엄은 백인조 민회에서만 볼 수 있고 이것만이 완전했다는 것이다. 왜냐하면 쿠리아 민회에는 전원 지구가 없었고, 지구 민회에는 원로원과 귀족이 없었기 때문이다.

투표 방법은 스파르타에서만큼 단순하지는 않았지만 초기 로마인의 투표 제도는 그 풍습과 마찬가지로 단순했다. 투표자가 저마다 큰 소리로 찬반을 외치면 서기가 그것을 차례로 기록해 나갔다. 그리고 각 지구 안의 표 수에 따라서 그 지구의 표결이 정해지고, 지구 사이의 표 수에 따라 온 국민의 표결이 정해졌다. 쿠리아 선거 때나 백인조 선거 때나 마찬가지였다.

이 관습은 시민마다 정직하고, 자기 표를 공공연히 부정한 의견이나 가치 없는 인물에게 주는 것을 수치로 여겼던 동안은 좋았다. 그러나 국민이 부패하고 투표가 매매되기 시작하자, 비밀 투표가 더욱 알맞아졌다. 그러면 표를 사는 사람은 불신감 때문에 표를 사들이지 않고, 표를 파는 약삭 빠른 사람은 배신자가 되지 않아도 되기 때문이다.

나는 키케로가 이 변화를 비난하면서 공화국 멸망의 원인 일부를 여기서 찾는 것을 알고 있다. 이런 문제에 대해서 키케로의 권위가 가져야 할 무게를 느끼는 바이지만, 나는 그의 의견에 동의할 수는 없다.

나는 오히려 이런 변화가 충분하지 않았으므로 국가의 멸망이 빨라졌다고 생각한다. 건강한 사람의 식생활이 환자에게는 맞지 않듯이 건전한 국민에게 적합한 방법으로 부패한 국민을 다스리려 해서는 안 된다.

베네치아 공화국의 존속만큼 이 원칙을 잘 증명하는 것도 없다. 이 나라가 지금도 여전히 외형을 간직하고 있는 것은 오로지 이 나라의 법이 악인에게만 적합했던 데에 있다.

이리하여 시민에게 종이 쪽지가 나누어지고, 저마다 다른 사람에게 자기 의견을 밝히는 일 없이 투표할 수 있게 되었다. 또 이 표들을 모아서 수를 계산하고 비교하는 따위의 일을 하기 위해서 새로운 규정이 만들어졌다.

그래도 이 일을 맡은 행정관*²³의 진실성은 의심받는 경우가 많았다. 그래서 결국은 음모나 표의 매매를 막기 위해 많은 법령들이 나왔다. 법령의 수가 많았다는 것은 그것이 제구실을 하지 못했음을 보여 준다.

공화국 말기가 되자, 법률을 보완하기 위해서 할 수 없이 비상 수단을 써야 하는 일이 잦아졌다. 어떤 때는 이상한 일이 일어났다고 거짓말을 했다. 그러나 이 방법은 국민을 속일 수는 있어도 국민을 지배하는 사람들을 속이지는 못했다.

또 어떤 때는 후보자가 음모를 꾸밀 겨를도 없을 만큼 느닷없이 회의가 소집되었다. 매수된 국민이 나쁜 결의를 하려 한다는 것을 알았을 때는 회기의 모든 기간을 잡담으로 보내 버리는 일도 있었다.

그러나 결국 야심이 모든 것을 쫓아 버렸다. 게다가 믿어지지 않는 일이지만, 다수의 국민이 이렇게 많은 폐단 속에서도 여전히 옛 제도 덕분에 행정관선거, 법률 제정, 재판, 공사(公私) 사무 처리를 거의 원로원이 해냈던 것만큼 쉽게 해 나갔던 것이다.

---

*23 custodes, diribitores, rogatores suffragiorum(선거 감시인, 투표 집계인, 선거 요청자).〔원주〕

제5장 호민관에 대하여

국가를 구성하는 여러 부분들 사이에 정확한 균형*²⁴을 이룰 수 없을 경우, 또는 파괴할 수 없는 여러 원인들이 그들 사이의 관계를 끊임없이 바꿀 경우에는 특별한 관직이 설치된다. 그것은 부분마다 관계를 올바르게 되돌려, 통치자와 국민 사이, 또는 통치자와 주권자 사이, 필요할 때는 한꺼번에 이 두 경우 모두를 동시에 연결시켜 주거나 중개 역할을 하게 된다.

내가 호민관이라고 부르려는 이 단체는 법과 입법권의 유지자이다. 그것은 때로는 로마에서 호민관이 한 것처럼 정부로부터 주권자를 보호한다.*²⁵ 때로는 현재 베네치아의 10인 평의회처럼 국민에 대항해서 정부를 지지한다. 그리고 때로는 스파르타의 감찰관들이 했듯이 정부와 국민 사이의 균형을 유지한다.

호민관은 도시 국가의 구성 부분은 아니다. 그것은 입법권, 집행권의 어느 부분도 나누어 갖고 있지 않다. 그러나 그렇기에 이 권한은 더 큰 것이다. 왜냐하면 아무것도 할 수 없으면서 모든 것을 거부할 수 있기 때문이다.

그것은 법을 시행하는 통치자나 법의 제정자인 주권자보다 법의 수호자로서 더 신성하고 존중받는다. 이것은 로마에서 매우 뚜렷이 나타났다. 로마에서 언제나 국민을 경멸하고 있던 오만한 귀족들까지도 아무런 보호의 힘도 권한도 없는 단순한 국민 행정관 앞에서는 굴복하지 않을 수 없었다.

중용을 지켰던 호민관은 좋은 국가 체제의 가장 튼튼한 받침대이다. 그러나 아주 조금이라도 힘이 커지면 그것은 모든 것을 뒤엎는다. 호민관은 본래 힘이 약하지 않았다. 호민관은 어떤 형태로든 존재하기만 하면 제 역할을 다하지 못하는 일은 없었다.

호민관은 집행권의 조정자에 지나지 않건만 집행권을 차지할 경우, 또 법을 보호하기만 해야 하건만 법을 제정하고 싶어할 때는 압제에 빠진다.

감찰관들의 절대적인 권력은 스파르타가 그 도덕성을 간직하고 있는 동안에

---

*24 제3편 제1장을 보라.
*25 마키아벨리 《티투스 리비우스론》 제1편 제4장. "나는 선언한다. 귀족과 평민 사이의 소요를 비난하는 사람은 자유 로마를 유지하기 위한 제1의 원인인 그 무엇을 비난하는 것이라고." 프랑스 혁명 뒤의 제1차 통령 정치 아래의 호민관은 루소의 생각을 나타내주는 것이다.

는 아무런 위험도 없었으나, 한번 부패가 시작되자 이를 더욱 촉진시켰다. 폭군에게 학살된 아기스는 그의 후계자를 통해 복수를 했다. 이리하여 감찰관들의 죄와 벌은 똑같이 공화국의 몰락을 앞당겼다. 그리고 클레오메네스*26 이후 스파르타는 이제 없는 것이나 다름없었다. 공화국 로마도 역시 같은 길을 걸어서 멸망했다.

그리고 호민관이 점차 차지한 과도한 권력은 본디 자유를 얻기 위해서 만들어진 법을 악용함으로써 자유를 파괴하는 황제들을 보호하는 결과를 초래했다.

베네치아의 10인 평의회는 귀족에게나 국민에게나 똑같이 무서운 피의 법정이었다. 그들은 당당하게 법을 옹호하기는커녕, 법의 권위가 추락한 뒤 음모를 계획했으나 실효를 거두지는 못했다.

호민관은 정부와 마찬가지로 그 구성원 수가 증가할수록 약화된다. 처음에는 두 사람, 이어 다섯 사람이었던 로마의 호민관이 그 수를 두 배로 늘리려고 했을 때, 원로원은 가만히 내버려 두었다. 그것은 호민관의 일부가 다른 자들을 억제시킬 거라는 확신이 있었기 때문인데, 그것은 들어맞았다.

이다지도 두려운 단체가 권력을 차지하지 못하게 하는 가장 좋은 방법, 이제까지 어떤 정부도 생각하지 못했던 방법은 이 단체를 상설 기관으로 만들지 말고 일정한 기간을 정하여 그 동안은 기능을 정지시키는 것이다. 그 기간은 폐단이 뿌리를 내릴 시간을 줄 만큼 길어서는 안 되므로 법으로 일정하게 만들고, 필요에 따라 특별 위원회가 쉽게 단축할 수 있도록 하면 된다.

이 방법은 불편한 점이 없다고 생각한다. 왜냐하면 이미 말했듯이 호민관은 국가 체제의 일부를 이루지 않으므로 이것을 제거해도 체제는 손상되지 않기 때문이다.

이 방법은 또한 효과적이라고 생각한다. 왜냐하면 새로 임명되는 행정관은 그 전임자가 갖고 있던 권력에서 출발하는 것이 아니라 법이 그에게 주는 권

---

*26 스파르타 왕 아기스 4세(치세 기원전 245~241)는 리쿠르고스 헌법을 부활시키고, 부채의 폐기와 토지의 재분배를 하려고 했으나, 감찰관을 중심으로 하는 귀족들의 미움을 사서 살해되었다. 그 미망인과 결혼한 클레오메네스 3세(치세 기원전 236~222)는 아기스 4세의 뜻을 실현하기 위해서 감찰관을 살해하는 등 귀족을 탄압하고 왕권을 강화했다. 그러나 결국 외국과의 전쟁에 실패하여 이집트로 달아났다가 기원전 219년에 죽었다.

력에서 출발하기 때문이다.

제6장 독재에 대하여

법이 융통성이 없으면 상황의 변화에 적응을 못하고, 경우에 따라서는 법률을 해로운 것으로 만들며, 위기에 처한 국가를 파멸시킬 수도 있다.

법의 절차가 요구하는 질서와 번거로움은 일정한 시간적 여유가 필요한데, 상황은 때로 이를 허용하지 않는다. 입법자가 미리 생각해 두지 않은 경우가 무수히 일어날 수 있다. 또 입법자는 모든 것을 미리 내다볼 수도 없다.

그러므로 정치 제도를 강력하게 만들고 싶어한 나머지, 그 작용을 정지시키는 힘까지 잃어서는 안 된다. 스파르타도 법률을 정지시킨 일이 있다.

그러나 공공의 질서를 바꾸는 것은 최악의 위험에 빠졌을 경우에만 허락된다. 그러므로 국가의 존망이 걸려 있을 때 이외는 결코 법률의 신성한 힘을 정지시켜서는 안 된다.

드물지만 확실히 위험한 상황인 경우, 특별 행위에 따라 가장 적합한 사람에게 국가의 공공 안전을 도모하는 임무를 맡겨야 한다. 이처럼 권한을 위임하는 것은 위험의 종류에 따라 두 가지 방법으로 할 수 있다.

위험에 대처하기 위해서 정부의 활동력을 늘리기만 하면 될 때는 그 구성원의 한 사람 또는 두 사람에게 정부의 권력을 집중한다. 그러면 바뀌는 것은 법의 권위가 아니라 그 집행 형식뿐이다.

마련해 둔 법이 위험을 막는 데 장애가 될 때는 모든 법률을 침묵시키고 주권을 일시 정지시키는 지도자를 한 사람 임명한다. 이런 경우에도 일반 의지는 분명히 존재하며, 국민의 가장 큰 관심은 확실히 국가가 멸망하지 않게 하는 일이다.

이와 같이 입법권의 정지는 결코 입법권의 폐지가 아니다. 이 행정관은 입법권을 정지시킬 수는 있지만 행사할 수는 없다. 그는 그것을 지배만 할 뿐 대표하지는 않는 것이다. 그는 무엇이든 할 수 있지만 법을 만들 수는 없다.

첫 번째 방법은 로마의 원로원이 신성한 예식에 따라 집정관들에게 공화국의 안전을 도모하라고 명령했을 때 쓰였다. 두 번째 방법이 쓰인 것은 두 집정관 가운데 한 사람이 독재관을 임명했을 때이다.*27 이 관습은 알바*28가 로마에서 그 선례를 보였다.

공화국 초기에는 매우 자주 독재 정치가 실시되었다. 왜냐하면 국가가 아직 헌법의 힘만으로 자립할 수 있을 만큼 튼튼한 기초를 갖고 있지 않았기 때문이다.

그 무렵은 관습의 훌륭함이 다른 시대였다면 필요했을 많은 조치들을 쓸모없게 만들었으므로, 독재관이 자기 권위를 남용한다든가 기한 이상으로 권위를 유지할 우려가 없었기 때문이다.

오히려 그렇게 큰 권력은 그것을 얻은 사람에게는 무거운 짐이 되었던 것으로 보이는데, 그 짐에서 빨리 벗어나고 싶어했을 정도이다. 마치 법을 대신하는 것이 너무 고통스럽고 위험한 책무였다는 듯이 말이다.

그러므로 내가 공화국 초기에 최고 관직의 분별없는 쓰임을 나무라는 것은 남용의 위험 때문이 아니라 권위를 실추시킬 위험 때문이다.

왜냐하면 선거라든가 헌납식*29 같은 완전히 형식적인 일에 대해서 독재관을 마구 임명하는 바람에, 막상 필요할 때 권위가 실추되어 허울뿐인 의식에만 쓰이는 공허한 관직으로 간주될 우려가 있기 때문이다.

공화국이 끝나갈 무렵 로마인들은 전보다 신중해져서 독재를 삼가고 있었다. 이것도 그 전의 남용과 마찬가지로 특별한 이유가 없었다.

그들의 걱정이 근거가 없다는 것, 수도의 허약함이 그즈음 수도 안에 있던 행정관들의 압제로부터 수도가 위험에 빠지지 않도록 막아 주었다는 것, 독재관은 어떤 때는 공공의 자유를 지킬 수 있었으나 결코 그것을 해치는 일은 없었다는 것, 또 로마를 묶는 쇠사슬은 로마인 자신이 아니라 군대에서 만들어졌다는 것 등이 알기 쉬운 사실이었다.

마리우스가 술라에게, 폼페이우스가 카이사르에게 거의 저항하지 못한 것을 보더라도 밖으로부터의 힘에 저항하는 안의 권위에 얼마만큼 기대할 수 있

---

*27 이 임명은 마치 한 사람의 인간을 법 위에 올려놓는 것을 부끄러워하듯이 밤중에 몰래 실행되었다.〔원주〕

*28 라티움의 도시. 주변 30개 도시의 연합에서 패권을 잡았으며, 로마 전성기에 이와 싸웠으나 패배하여 로마에 흡수되었다.

*29 새로 건조된 전당을 신에게 헌납하는 의식.

었는지는 분명했다.

이 오류로 로마인들은 몇 가지 큰 실책을 저지르게 되었다. 이를테면, 그 하나는 카틸리나 사건*30에서 독재관을 임명하지 않았다는 것이다. 왜냐하면 이 일은 로마 시 안의 문제, 기껏해야 이탈리아의 한 지방의 문제일 뿐이었다. 법이 독재관에게 주고 있던 한 없는 권위를 가지고 처리했다면, 그는 쉽게 그 음모를 쓸어 버릴 수 있었을 것이다. 사실 그 음모는 사람이 예측할 수 없는 우연한 행운의 힘을 빌려서만 진압될 수 있었다.

그 대신 원로원은 그 권한을 모두 집정관에게 맡기는 데 만족했다. 그 결과 키케로는 효과적인 행동을 하기 위해 가장 중요한 부분*31에서 월권을 행사해야 했다.

사람들은 처음에는 기쁨에 넋을 잃고 키케로의 행위를 인정했지만, 나중에는 법률을 어기고 시민의 피를 흘린 데 대한 해명을 그에게 요구했다.

정당한 것이기는 했으나 그런 비난은 독재관에게는 할 수 없는 것이다. 그러나 이 집정관 키케로의 웅변은 성공했다. 키케로는 로마인이면서도 자기 조국보다 명성을 사랑했으므로 국가를 구하기 위한 가장 합법적이고 확실한 방법을 찾느니 이 사건에 대한 모든 명예를 자기가 쥐는 방법을 찾았다.*32

그러므로 그가 로마의 해방자로서 존경받는 것도 정당하고, 법을 어긴 자로서 처벌받은 것도 정당하다. 그의 로마 귀환이 아무리 눈부셨더라도 그것이 특사였음은 확실하다.

또한 이 중요한 임무가 어떤 방법으로 주어지든 임기를 아주 짧은 기간으로 한정하고, 결코 그 기간을 연장할 수 없도록 하는 것이 중요하다. 독재관을 임명할 정도로 위기에 처해 있는 국가는 곧 망하거나 아니면 곧 위기를 극복한다. 그리고 눈앞에 닥친 필요가 지나가고 나면 독재관은 전제자가 되거나 의미 없는 존재가 된다.

---

*30 기원전 109~62. 로마의 음모기. 로마의 많은 고관들을 죽이기 위해 쿠데타를 기도했으나 집정관 키케로 등의 노력으로 실패로 돌아갔다.

*31 여기서 루소가 언급하고 있는 것은 키케로가 카틸리나의 공범자들에 대한 처형 문제를 원로원에 상의했으나, 그들이 국민에게 호소하는 것을 허가하지 않았다. 키케로는 나중에 이 때문에 정적들의 공격을 받고 망명하지 않을 수 없게 되었다.

*32 키케로는 독재관을 지명하는 제안 결과에 자신이 없었다. 왜냐하면 그는 감히 자기를 임명할 수도 없었고, 또 동료가 자기를 임명해 주리라는 확신도 없었기 때문이다.(원주)

로마에서는 독재관들의 임기가 6개월에 지나지 않았으며, 대부분 그 만기 전에 물러났다. 기한이 더 길었더라면 더 연장시키고 싶은 생각이 들었을 것이다. 10인 위원회 관리들도 1년 임기를 더 연장하려고 했다.

독재관에게는 그를 임명하게 된 위급 사태에 대처할 시간밖에 주어지지 않았다. 그는 달리 무슨 계획을 세울 여유가 없었다.

제7장 감찰관에 대하여

일반 의지가 법을 통해 표명되는 것과 마찬가지로 공중의 판결은 감찰관에 의해 표명된다. 여론은 법의 일종이며 이것을 담당하는 관리가 감찰관이다. 그는 이 법을 통치자와 마찬가지로 개별적인 경우에만 적용한다.

그래서 감찰관의 법정은 국민의 여론을 판정하는 곳이 아니라 그 표명 기관일 뿐이다. 그리고 법정이 국민의 여론에서 빗나가면 그 결정은 바로 의미없고 효력 없는 것이 되어 버린다.

한 국민의 도덕과 그들이 존중하는 대상을 구별하는 것은 소용없는 일이다. 왜냐하면 그 둘은 다 같은 원리에서 나와 필연적으로 서로 섞여 있기 때문이다.

지상의 모든 국민은 자신의 쾌락을 자연이 아니라 여론에 따라 결정한다. 사람들의 여론을 올바르게 하면 도덕은 저절로 순수해질 것이다.

사람은 언제나 아름다운 것 또는 아름답다고 생각되는 것을 사랑한다. 그러나 사람이 잘못을 저지르는 것은 바로 이 판단에서이다. 그러므로 바로 이 판단을 규제해야 한다. 도덕을 판정하는 자는 명예를 판정하는 것이고, 명예를 판정하는 자는 여론을 그 규칙으로 삼는다.

인민의 여론은 그 국민의 법적 체제에서 생긴다. 법은 도덕을 규제하지는 않지만 도덕을 만들어 내는 것은 입법이다. 입법이 약해지면 도덕은 타락한다. 그러나 이 경우 법의 힘이 이루지 못한 것을 감찰관의 판결이 이룰 수는 없다.

여기서 나오는 것은 감찰은 도덕을 유지하는 데는 도움이 될 수 있지만 도덕을 다시 세우는 데는 소용이 없다는 것이다. 법이 강한 힘을 갖는 동안에 감찰관 제도를 세워야 한다. 법이 힘을 잃게 되자마자 모든 것이 절망에 빠진다.

법이 힘을 갖지 않게 되면 정당한 것도 더 이상 힘을 가지지 못한다.

감찰은 여론이 부패하는 것을 막고 현명한 방책으로 여론의 올바름을 유지하며, 때로는 여론이 아직 정해지지 않았을 때 이를 안정시키기까지 하여 도덕을 유지한다.

결투 때 입회인을 부르는 관습은 프랑스 왕국에서는 미친 듯이 성행했으나, 프랑스 왕의 칙령에 나온 '입회인을 부를 만한 비겁한 자에 대해서는'이라는 말 한 마디로 폐지되었다. 이 판결은 여론의 판결을 앞지름으로써 단숨에 여론의 판결을 결정했다.

그러나 같은 법령이 결투하는 것 또한 비겁한 일이라고 선언하려고 했을 때, 이것은 매우 올바른 생각이었지만 일반 여론에 어긋났으므로 공중은 이 결정에 코웃음쳤다. 이 점에 대해서 공중의 판결은 이미 내려져 있었던 것이다.

나는 이미 다른 데서,*33 여론은 전혀 속박 받지 않으므로 여론을 나타내기 위해서 설치된 감찰관의 법정에는 속박의 흔적이 조금이라도 보여서는 안 된다고 말했다.

근대인들에게서는 완전히 사라진 이 수단을 로마인들이, 또한 라케다이몬인들이 얼마나 더 교묘하게 썼던지 아무리 칭찬해도 모자랄 것이다.

스파르타의 회의에서 품행이 좋지 않은 사람이 좋은 의견을 발표했을 때, 감찰관들은 이것을 무시하고 같은 의견을 덕있는 시민에게 제안하도록 했다.*34 한쪽에게는 더할 수 없는 명예이고 다른 쪽에게는 더할 수 없는 오명이었다. 게다가 양자 어느 쪽에도 대놓고 칭찬도 비난도 하지 않으면서 말이다!

사모스*35의 주정뱅이들이 감찰관의 법정을 더럽힌 일이 있었다. 그 다음 날

---

*33 나는 《달랑베르에게 보내는 편지》에서 더 상세히 논한 것을, 이 장에서는 다만 지적하는 데 그친다.(원주)

*34 플루타르코스 《스파르타인의 격언》 제69장.

*35 그들은 사실 다른 섬의 사람들인데, 그 섬에 대한 표현이 미묘하여 이 자리에서는 그 섬의 이름을 밝히지 않겠다.(원주)

　　루소가 디베르네에게 보낸 《사회계약론》(제네바 도서관에 현존)에는 루소 자신의 필적으로 된 더 뚜렷한 주가 달려 있다. "'키오스'인이지 '사모스'인은 아니다. 그러나 여기서 문제가 되어 있는 것으로 미루어, 나는 본문에서 이 말을 쓸 용기가 없었다. 하지만 나는 다른 사람만큼은 대담하다고 생각한다. 어떤 경우에나 음란하고 상스러운 것은 누구에게도 허용될 일이 아니다. 프랑스인은 그 말을 너무 고상하게 만들어, 사람들은 이제 프랑스어로는 진실을 말할 수 없을 정도이다."

공식 명령으로 사모스인은 야비한 행위를 해도 좋다는 허가가 내렸다. 이런 형태로 처벌을 받지 않는 편이 정말로 처벌을 받는 것보다 훨씬 괴로웠을 것이다.

스파르타가 이것이 올바른 일이라거나 아니라고 선언했을 때, 그리스는 이 판결에 항의하지 않았다.

제8장 시민의 종교에 대하여*36

인간은 처음에 신 이외의 국왕을 갖지 않았으며 신정(神政) 이외의 정치를 갖지 않았다. 그들은 칼리굴라와 같은 추리를 했다. 그때는 그들의 추리가 옳았다. 자기와 같은 부류인 인간을 주인으로 모실 결심을 하고, 더욱이 그렇게 하는 것이 이롭다고 생각할 수 있기까지는 긴 세월에 걸쳐 감정과 사상의 변화가 필요했다.

신이 낱낱의 정치 사회의 통솔자가 되었다는 사실은 민족의 수만큼 신이 있다는 것을 의미한다. 서로 관계가 없고 거의 언제나 적대하고 있는 두 국민은 오랫동안 한 지배자를 인정할 수 없었을 것이다. 한창 싸우고 있는 두 군대가 한 사령관을 모실 수 없듯이 말이다.

이와 같이 여러 국민으로 나누어짐에 따라 다신교*37가 생기고, 또 다신교에서 종교적 사회적 불관용(不寬容)이 생겼다. 이 불관용은 다음에 설명하듯이 본디 같은 것이었다.

---

*36 이 장은 마지막 시기에, 아마도 1761년 여름이나 가을에 추가된 것 같다. 그러나 이 장은 1756년 볼테르에게 보낸 편지로도 알 수 있듯이 루소의 뚜렷한 의견을 표명하고 있다. 루소에게 가장 큰 영향을 준 것으로 짐작되는 저작가는 부정적인 면에서는 벨《잡고》제1편 102~202장, 제2편 108~116장, 〈예수 그리스도의 말에 대한 철학적 주석〉, 〈그들을 강제로 들어가게 하라〉, 〈루이 대왕 치하의 그리스도교적인 프랑스란 무엇인가?〉, 또 긍정적인 면에서는 마키아벨리(《티투스 리비우스 론》제1편 제16장) 및 몽테스키외(《법의 정신》제14편 제2장)이다. 그러나 이 장들 가운데에서 더 위험하고 또한 얻을 만한 부분은 모두 루소 자신이 쓴 것이다.

*37 여기서 루소는 많은 국민들이 저마다 고유의 신을 가진 것을 '다신교(Polythèisme)'라고 말하고 있지만, 보통 다신교는 한 종교 체계 안에 많은 신이 있는 것을 말하며, 여기서는 루소가 용어 규정을 잘못하고 있는 것 같다.

그리스인은 그들 주위의 미개한 민족들도 자기들과 같은 신들을 믿고 있는 줄 알았다. 이 공상은 스스로를 그 민족들의 자연스러운 주권자로 간주한다는 또 다른 공상에서 나왔다.

그러나 서로 다른 국민이 갖고 있는 신들의 동일성에 대해 박학다식한 설명을 늘어놓는 것은 오늘날에는 어리석은 짓일 뿐이다. 예를 들어 물로크와 사투르누스와 크로노스*38가 동일한 신일 수 있고, 또 페니키아인의 바알과 그리스인의 제우스와 라틴인의 주피터가 동일한 신일 수 있는 것처럼, 또 다른 이름을 가진 많은 공상적인 존재에 무언가 공통적인 것이 있을 수 있다고 말하는 것처럼 말이다!

만일 누군가 어느 국가에나 저마다 예배와 신들이 있었던 이교 시대에 왜 종교 전쟁이 없었느냐고 묻는다면, 그것은 국가마다 따로 정부를 갖는 것과 마찬가지로 고유한 예배를 갖고 여러 신들과 법을 구별하지 않았기 때문이라고 말하겠다.

정치상의 전쟁은 동시에 종교 전쟁이었다. 신들마다의 영역이 국경으로 정해져 있는 것과 같았다. 어떤 민족의 신은 다른 민족에 대해서 아무런 권리도 갖고 있지 않았다. 이교도의 신들은 시샘 많은 신들이 아니었다. 신들은 자기들끼리 세계 국가를 나누어 갖고 있었던 것이다.

모세도, 헤브라이 민족도 이스라엘의 신에 대해서 이야기할 때 종종 이 생각에 따랐다. 그들이 가나안인의 신들을 무시한 것은 사실이다. 가나안인은 버림받은 민족으로서 파멸의 저주를 받고 그 땅은 헤브라이 민족이 차지하게 되어 있었기 때문이다. 그렇지만 그들이 공격하지 못하도록 금지되어 있던 이웃 민족들의 신들에 대해서 어떻게 이야기했는가를 보라.

입다는 암몬인에게 다음과 같이 말했다.

"그대들의 신 카모스에 속한 것들의 소유는 그대들의 정당한 권리가 아닌가? 마찬가지 권리 원칙으로 우리는 우리 승리의 신이 쟁취한 땅을 소유한다."*39

---

*38 암몬인의 신. 어린아이의 희생을 받았다고 한다. 사투르누스, 크로노스에 관해서는 제1편의 주10 참조.

*39 Nonne ea quæ possidet Chamos deus tuus Vribi jure debentur? (Jug. XI. 24) 라틴어 역 성서에는 이렇게 되어 있다. 신부 드 카리에르는 이것을 다음과 같이 옮겼다. "그대들은 그대들의 신

여기서는 카모스의 권리와 이스라엘 신의 권리를 동격으로 인정한 것 같다.

그러나 유대인이 바빌론의 왕들 그리고 시리아 왕들의 지배 아래에서 자기들의 신 이외에 어떤 신도 인정하지 않으려 했을 때, 이 거절은 승리자에 대한 반항으로 간주되어 그들의 역사에서 보여지는, 그리고 그리스도교 이전에는 그 예를 찾아볼 수 없는 박해를 하게 했다.[40]

그러므로 어떤 종교든지 오로지 그것을 믿으라고 명령하는 국가의 법에 결부되어 있었으므로, 한 국민을 예속시키지 않고는 그들을 개종(改宗)시킬 방법이 없었으며, 정복자 이외는 전도자가 없었다. 또 개종의 의무는 정복당한 자에게 과해진 법이었으므로, 개종에 대해서 이야기하기 전에 먼저 정복을 해야 했다.

인간이 신들을 위해서 싸우는 것이 아니라 호메로스의 시에서처럼 인간을 위해서 싸운 것은 신들이었다. 어느 민족이나 자기 신에게 승리를 요구하고 새로운 제단으로 그 승리에 보답했다.

로마인들은 땅을 차지하기 전에 그 땅의 신들에게 물러날 것을 요구했다. 그래서 그들이 타렌툼[41] 사람들에게 그 분노한 신들을 남겨준 것은 그들이 이 신들을 로마인의 신들에게 복종한 자, 좋든 싫든 로마인의 신들에게 신하의 예를 바치지 않으면 안 되는 자로 생각했기 때문이다. 로마인들은 피정복자들에게 그들이 준수했던 옛 법을 허용해 주었고 그들이 섬겼던 신을 계속 섬길 수 있도록 했다.

카피톨의 주피터 신전에 바치는 관(冠) 하나가 대체로 그들이 부과하는 유일한 공물이었다.

마지막으로 로마인들은 그 제국과 더불어 자기들의 예배의식과 신들을 전

카모스에게 속하는 것을 소유할 권리가 있다고 믿지 않는가?" 나는 헤브라이어의 원문 어조에 대해서는 알지 못했다. 그러나 라틴어 역 성서에서는 입다가 카모스 신의 권리를 적극적으로 인정하고 있다는 것, 그리고 프랑스어 역자가 라틴어에는 없는 '그대들에 의하면'이라는 표현으로 이 인식을 약하게 만들고 있다는 것을 알 수 있다.(원주)

[40] '성전'이라고 불리는 포세아인의 전쟁이 종교 전쟁이 아니었던 것은 분명하다. 그것은 신성 모독 행위를 한 이들의 처벌이 목적이었지, 이교도들을 굴복시키는 것이 목적이 아니었다.(원주)

[41] 이탈리아의 도시로서 상업과 수공업으로 번창했다. 스파르타인이 이곳을 식민지로 삼은 뒤로는 그리스적인 폴리스로서 발전했으나 로마와 싸워서 지고는 그 동맹시가 되었다.

파했다. 또 그들 자신도 흔히 피정복 국민들의 신들을 받아들이고, 그것이 고유의 것이든 받아들인 것이든 양쪽 신들에게 시민권을 주었으므로 이 광대한 제국 안의 여러 국민들은 가지각색의, 그리고 이곳저곳에서 거의 동일한 여러 신들과 예배를 자신들도 모르게 갖게 되었다. 따라서 그 무렵 모든 세계에 존재하고 있던 여러 종교들이 유일하고 동일해진 것이다.

예수가 이 땅 위에 영혼의 나라를 세우러 온 것은 이런 상황에서였다. 이것이 종교 질서를 정치 질서에서 분리하여, 국가가 통일된 상태에 머물러 있지 못하게 하고, 그리스도교의 여러 국민을 끊임없이 괴롭혀 온 국내 분열을 일으키게 되었던 것이다.

그런데 이 영혼의 왕국이라는 새로운 관념은 이교도의 머릿속에는 자리잡기 힘든 것이었다. 그들은 그리스도 교도를 언제나 반역자로 보았다. 다시 말해서 위선적으로 복종을 가장하면서도 독립하여 자기가 주인이 될 기회만을, 그리고 약할 때는 권위를 존경하는 체하면서 교묘히 권위를 탈취할 기회를 노리고 있는 반역자로 보았다. 이것이 바로 정확하게 그리스도 교도 박해의 원인이었다.*42

이교도들이 두려워하던 일이 일어났다. 그래서 모든 것이 급격하게 변화했다. 굽실거리던 그리스도 교도들이 말투를 바꾸었다. 그리고 사람들은 순식간에 이 영혼의 왕국이라고 일컫는 것이, 현세의 통치자 아래에서 가장 사나운 전제 정치로 바뀌는 것을 보았다.

그러나 여전히 통치자도 있었고 세속의 법도 존재했으므로 이런 이중 권력에서 끝없는 관할 다툼이 일어났으며, 이것이 그리스도교 국가에서는 도무지 좋은 정치라는 것을 불가능하게 만들어 버렸다. 그리하여 군주와 사제 어느 쪽을 따라야 할지 최종적으로 아는 것은 불가능했다.

그 동안 많은 국민들이 유럽과 그 주변에서까지 고대의 제도를 유지하거나 재건하려고 했으나 성공하지 못했다.

그리스도교 정신은 모든 것을 차지했다. 거룩한 예배는 여전히 주권과 독립된 채 있거나 주권에 의존하더라도 다시 독립하여, 그리스도교와 국가 사이에

---

*42 뇌샤텔 초고 7842 (본판 52페이지)에는 다음과 같은 주가 있다. '《사회계약론》의 마지막 장을 위해서. 그래서 그들은 자기들이 예수라고 부르는 또 한 사람의 왕이 있다면서 카이사르의 명령을 듣지 않는다.'(《사도행전》 제17장 제7절)

는 필연적인 연결이 없었다.

마호메트는 아주 건전한 생각을 갖고 있었다. 그는 정치 조직을 잘 통합했다. 그의 통치 형태가 후계자인 칼리프 아래에서 존속하는 동안, 통치는 글자 그대로 통일적이며, 훌륭한 것이었다.

그러나 아랍인도 번영하여 문화를 갖고 우아해지며 유약해지고 허약해지자, 야만인들에게 정복당하고 말았다. 그래서 두 권력 사이에 다시 분열이 시작되었다.

이 분열은 그리스도 교도의 경우만큼 두드러지지는 않지만 분열은 특히 알리 파에서 확실했다. 페르시아처럼 지금도 여전히 이 분열이 끊임없이 나타나는 나라들도 있다.

우리 유럽에서는 영국의 왕들이 스스로를 교회 지도자로 정하였고, 러시아황제들도 같은 행동을 했다. 그러나 그 칭호에 따라 그들은 교회의 주인이라기보다 하인이 된 것이며, 교회를 개혁하는 권리보다 교회를 유지하는 권한을 얻었다.

그들은 교회에서는 입법자가 아니라 통치자일 뿐이다. 성직자가 단체를 만드는 곳에서는 어디서든*43 성직자가 그들 조국 즉 그 단체의 주인이자 입법자이다. 그래서 영국이나 러시아에는 다른 곳에서와 똑같이 두 권력, 두 주권자가 있었던 것이다.

모든 그리스도 교도 저자 가운데서 철학자 홉스만이 이 폐단과 그 해결책을 충분히 인식한 사람이었다. 그는 독수리의 두 머리를 다시 하나로 만들고모든 것을 정치적 통일로 되돌릴 것을 주창했다. 이런 통일이 없는 한 국가도정부도 결코 올바르게 조직될 수 없을 것이다.

그러나 그리스도교의 지배적인 정신은 자신의 체계와 양립될 수 없다는 것, 또 성직자의 이익은 언제나 국가의 이익보다 강하다는 것을 홉스는 깨달아야했다. 그의 정치론이 사람들에게 증오를 불러일으킨 것은 거기에 포함되어 있

---

*43 성직자를 하나로 결합시키는 것은 프랑스의 종교회의 같은 형식적인 회의가 아니라 교회로 결합시키는 동맹이라는 데에 주의해야 한다. 동맹과 파문은 성직자의 사회 계약이며, 이 계약으로 성직자는 언제나 여러 민족과 여러 왕의 주인이 된다. 서로 동맹을 맺고 있는 모든 사제들은 그들이 세계의 양쪽 끝에 있더라도 같은 시민이다. 이 동맹은 정치가 만들어낸 걸작이다. 이교의 사제들 간에는 이런 것이 없었다. 따라서 그들은 이제까지 성직자단체를 만든 적이 없다.(원주)

는 무서운 점과 그릇된 점 때문이라기보다 오히려 거기에 포함되어 있는 올바른 점과 참된 점 때문이다.*44

이런 관점 아래에서 역사적 사실을 늘어놓아 보면, 벨과 워버턴*45의 대립된 의견을 함께 처리하기는 쉽다고 생각한다. 벨은 모든 종교는 정치체에 도움이 되지 않는다고 주장하고, 워버튼은 반대로 그리스도교야말로 정치체의 가장 견고한 받침대라고 주장한다.

나는 벨에 대해서는 종교가 바탕이 되지 않고는 결코 국가가 건설된 적이 없다는 것을, 그리고 워버튼에 대해서는 그리스도의 법도가 강력한 국가 조직에 유익하다기보다 오히려 유해하다는 것을 입증할 수 있다.

내 생각을 완전히 이해시키려면 나의 주제와 관련된 종교에 대한 관념이 너무 흐릿하므로 좀더 정밀하게 규정해야 한다.

종교는 사회와의 관계에 있어서—사회는 일반적 사회와 특수적 사회로 구별되는데—역시 두 종류로 구별될 수 있다. 바로 인간의 종교와 시민의 종교이다.

인간의 종교에는 신전도 없고 제단도 없고 의식도 없으며, 지극히 높은 신에 대한 순수히 내적인 예배와 도덕의 영원한 의무에 한정되어 있다. 이것은 순수

---

*44 그 중에서도 1643년 4월 11일자로 그로티우스가 자기 형에게 보낸 편지에서 홉스의 《시민에 대하여》라는 책 가운데 어느 것을 칭찬하고 어느 것을 비난하고 있는가 보라. 그로티우스는 관대한 기분으로 이 저자에 대하여 (루소가 보기에) 나쁜 점(절대주의)을 인정하기 위해서 좋은 점(국가 종교)을 허용해 주고 있는 듯이 보이는 것이 확실하다. 그러나 세상 사람들이 모두 그와 같이 관대한 것은 아니다.[원주]
여기서 루소가 언급하고 있는 그로티우스의 편지는 다음과 같다. '〈시민론〉을 읽었다. 왕들을 변호하는 대목은 재미있다. 그러나 그의 이론 근거에는 찬성할 수 없다. 인류에 전쟁이 존재하는 것은 인류의 본성에 기인한다는 말 같은 것이 그것인데, 그 밖에도 우리의 의견과 일치하기 어려운 점이 여럿 있다. 이를테면 각 개인은 그가 속하는 국가가 인정한 종교를 동의할 수 없더라도 역시 신봉할 의무가 있다고 생각하는 점이 그렇다. 그 밖에도 동의하기 어려운 점이 약간 있다'(《후고르티우스 서한집》 암스테르담 1687, 952페이지). 그로티우스는 홉스의 절대주의에는 찬성하면서도 교회와 국가의 관계에 대한 그의 이론에 반대하는 점에서 루소와 다르다. 그러나 자연 상태를 '만인의 만인에 대한 투쟁'이라고 보는 홉스의 정의에 반대하는 점에서는 두 사람이 의견 통일을 보고 있다. 그러므로 루소가 그로티우스를 비웃고 있는 것은 반드시 공평한 태도라고는 할 수 없다.
*45 벨에 대해서는 위의 주 및 다음의 주를 보라. 워버턴 《교회와 국가의 동맹》 173페이지 이하. 《신의 사절》 제2편 제5, 6장.

하고 단순한 복음의 종교이며, 참된 유신론, 사람들이 자연적인 신의 법도라고 부를 수 있는 것이다.

시민의 종교는 특정한 나라에 국한되는 것으로 그 나라의 신들, 즉 저마다 고유한 수호신을 부여한다. 이 종교는 그 교의·의식·법으로 규정된 외적인 예배를 갖고 있다. 이것을 신봉하는 유일한 국민을 제외하면 모든 사람이 이 종교에 있어서는 믿음이 없는 자이자 이방인이며 야만인이다.

이 종교는 인간의 의무와 권리를 그 제단의 지배 범위 안에서만 허용한다. 원시 민족들의 종교는 모두 이런 것이었다. 이러한 종교들은 시민법 혹은 실정법이라고 부를 수 있다.

더 기묘한 제3의 종교가 있다. 그것은 사람에게 두 가지 입법, 두 사람의 우두머리, 두 개의 조국을 주고, 모순된 의무에 복종시키며, 그들이 신앙인이면서 동시에 시민일 수는 없게 만드는 종교이다.

라마교가 그렇고 일본의 종교도 마찬가지이며, 로마의 그리스도교 역시 그러했다. 이 로마의 종교는 성직자의 종교라고 부를 수 있다. 이런 종교들에서는 무어라 이름지을 수 없는 혼합된 비사회적인 교리가 나온다.

이 세 가지 종교를 정치적으로 고찰해 보면 저마다 결점을 갖고 있다. 제3의 종교는 너무나도 뚜렷하게 잘못된 것이므로, 그것을 논증하고 기뻐하는 것은 시간 낭비이다. 사회적 통일을 깨는 것은 모두 아무런 가치도 없다. 사람을 사람 자신과 모순시키는 제도는 모두 무가치하다.

제2의 종교는 신의 예배와 법에 대한 사랑을 결부시키고, 조국을 시민들이 뜨겁게 사랑해야 할 대상으로 삼고 국가에 봉사하는 것이 바로 수호신에게 봉사하는 일이라고 가르치는 점에서 좋은 종교이다.

그것은 일종의 신정(神政)이며 거기서는 통치자 이외에 따로 교주가 없고 행정관이 곧 성직자이다. 그렇게 되면 조국을 위해서 죽는 것은 순교로 나아가는 일이고, 법을 어기는 것은 신성 모독이다. 또 죄인을 공공의 비난 대상으로 삼는 것은 그 사람을 신의 노여움에 바치는 일 즉, sacer esto(신의 저주를 받으라)이다.

그러나 이 제2의 종교는 오류와 허위의 기초 위에 서 있으므로 사람들을 속이고 미신에 빠지게 만든다. 신의 참된 예배를 헛된 의식 속에 빠뜨리는 점에서 나쁜 종교이다.

그것은 배타적이고 압제적이 되어 국민을 잔인하고 관대하지 않게 만든다. 그렇게 되면 사람들은 살인과 학살만을 열망하고, 그들의 신들을 인정하지 않는 사람들은 누구든 사정없이 죽이면서 그것을 신성한 행동으로 착각한다. 그 때문에 이와 같은 국민은 다른 국민과 전쟁하는 상태에 놓이게 된다. 물론 그 상태는 자신의 안전에도 몹시 해로운 것이다.

따라서 인간의 종교, 즉 그리스도교가 남는다. 그러나 그것은 오늘날의 그리스도교가 아니라 복음서의 그리스도교이며, 오늘날의 그것과는 아주 다른 것이다. 이 신성하고 숭고하며 참된 종교를 통해, 같은 신의 자식인 사람들은 모두 서로 형제라는 것을 인정하며, 인간끼리 결합하는 사회는 죽음에 이르러도 결코 해체되지 않는다.

그러나 이 종교는 정치체와 아무런 관계도 갖고 있지 않다. 법에 대해서는 법 그 자체에서 나오는 힘만을 인정해 주고, 법에 다른 힘을 실어주지는 않는다. 그런 사정으로 특수 사회의 위대한 기반 가운데 하나가 효과도 보이지 못한 채 방치된다.

그뿐이 아니다. 이 종교는 시민들의 마음을 국가에 결부시키기는커녕 그들의 마음을 이 지상의 모든 일에서처럼 국가로부터도 떼어 놓는다. 나는 이보다 더 사회적 정신에 어긋나는 것을 모른다.

참된 그리스도 교도로 이루어진 국민은 상상할 수 있는 한 가장 완전한 사회를 형성할 것이라고 말하는 사람이 있다. 나는 이 가정에 대해서 한 가지 큰 어려움을 지적하고 싶다. 그것은 참된 그리스도 교도의 사회란 더 이상 인간의 사회는 아닐 것이라는 점이다.

이 가정된 사회는 어디까지나 완전한 것이면서 가장 강한 사회도 아니고, 또 가장 영속적인 사회도 아닐 것이라고까지 나는 말하고 싶다. 너무 완전한 나머지 그런 사회는 결합의 유대까지 빼앗기 때문이다. 그 절대적인 결점은 완전하다는 자체 속에 있는 것이다.

저마다는 그 의무를 다하고 국민은 법에 복종할 것이다. 지도자들은 공정하고 중용을 지키며, 관리들은 청렴결백하고 부패되지 않으며, 병사들은 죽음을 가볍게 여길 것이다. 또한 허영도 없고 사치도 없을 것이다. 이 모든 것은 참으로 훌륭한 일이다. 그러나 더 깊이 생각해 보자.

그리스도교는 완전히 정신적인, 오로지 천국에 대해서만 마음을 쏟는 종교이다. 그리스도 교도의 조국은 이 세상에 존재하는 나라가 아니다. 물론 그리스도 교도는 자신의 의무를 다한다. 그것은 틀림없다. 그러나 그 자신이 의무를 다할 때 자신의 성공 여부에 대해서는 전혀 관심이 없다. 스스로 양심에 거리낌이 없는 한, 어떤 일이 이 지상에서 잘 되고 안 되고는 그에게는 상관없는 일이다.

국가가 번영하고 있더라도 그는 공공의 행복을 굳이 즐기려고는 하지 않을 것이다. 자기 나라의 영광 때문에 마음이 교만해지는 것을 두려워하기 때문이다. 만일 국가가 쇠퇴해지면, 그는 동포 위에 내려덮이는 신의 손을 축복한다.

사회가 평화롭고 조화가 유지되려면 모든 시민이 하나같이 훌륭한 그리스도 교도여야 할 것이다. 그러나 불행하게도 사회에 한 사람이라도 야심가나 위선자가 있다면, 예를 들어 한 사람의 카틸리나나 한 사람의 크롬웰이 있다면, 이런 인물이 신앙심 깊은 동포들을 이용할 것은 확실하다.

그리스도 교도의 사랑은 이웃을 나쁘게 생각하는 것을 좀처럼 허용하지 않는다. 이와 같은 야심가가 술책으로 동포들을 속이고 공공의 권위 일부를 탈취하는 방법을 발견하면, 그가 바로 권위의 자리에 앉혀질 사람이다.

신은 사람들이 그 인물을 존경할 것을 바란다. 거기서 곧바로 권력이 생긴다. 신은 사람들이 그에게 복종할 것을 바란다. 이 권력을 가진 자가 그 권력을 남용한다면? 그것은 신이 자기 자식들을 처벌하는 회초리인 셈이다.

찬탈자를 쫓아내는 것은 양심에 가책을 받을 것이다. 공공의 평온을 어지럽히고 폭력을 휘두르며 피를 흘려야 하기 때문이다. 이 모든 일은 그리스도 교도의 온화한 마음과 맞지 않는다.

게다가 따져 보면 이 슬픔의 골짜기에서 자유면 어떻고 노예면 또한 어떠한가! 중요한 것은 천국에 가는 것이다. 체념은 바로 천국으로 가기 위한 또 하나의 수단인 것이다.

만일 외국과 전쟁이 일어난다면? 시민들은 두말없이 싸우러 나갈 것이다. 그들 가운데 누구 하나 달아날 생각을 하지 않는다. 그들은 의무를 다할 것이다. 다만 승리에 대한 아무 열정도 없이 말이다.

그들은 정복하는 것보다 죽는 것을 더 잘 알고 있다. 이기고 지는 데에 무슨 의의가 있겠는가? 그들에게 필요한 것을 신은 그들 자신보다 더 잘 알고 있지 않은가?

상상해 보라. 거만하고 사납게 날뛰는 적이 그들 그리스도 교도에 비해 얼마나 유리한가! 그들 앞에 저 영광과 열렬한 조국애가 마음 깊이 자리잡은 씩씩한 국민들을 세워 보라. 그리스도교 공화국이 스파르타나 로마와 대립했을 경우를 가정해 보라.

신앙심이 두터운 그리스도 교도들은 정신도 차리기 전에 벌써 얻어맞고 짓눌리어 멸망할 것이다. 또는 살아남는다고 하더라도 그것은 적이 그들을 깔보았을 때뿐일 것이다.

파비우스의 병사들이 한 맹세는 내 생각에 매우 훌륭한 것이다. 그들은 '승리가 아니면 죽음을'이라고 맹세하지 않았다. 그들은 이기고 돌아온다고 맹세하고, 그 맹세를 훌륭하게 지켰다.

그리스도 교도라면 결코 그런 맹세는 하지 않았을 것이다. 그렇게 하는 것은 신을 시험하는 일이라고 생각했기 때문이다.*46

그러나 내가 그리스도교 공화국이라고 말한 것은 실수이다. 이 두 말은 서로 양립할 수 없다. 그리스도교는 복종과 의존만을 설교한다. 그리스도교의 정신은 압제에 매우 편리하므로 군주는 언제나 이것을 이용한다.

참된 그리스도 교도는 노예가 되도록 만들어져 있다. 그들은 그것을 알고 있지만 무관심하다. 그들의 눈에는 이 짧은 인생이 너무나도 값어치 없는 것으로 비치는 것이다.

우리는 그리스도 교도의 군대가 훌륭하다고 들었다. 그러나 나는 그 말을 인정할 수 없다. 그런 것이 있으면 구경하고 싶다. 나는 그리스도 교도의 군대라는 것을 모른다. 십자군(十字軍)을 그 반증으로 들 수 있다.

십자군 병사들의 용기에 대해서는 논하지 않기로 한다. 그것은 그리스도 교도라는 것과는 거리가 멀어서, 그들은 성직자 군대이자 교회 시민이었다는 것을 지적하고 싶다. 그들은 어떻게 해서인지는 모르지만, 이미 현세적인 것으로 삼고 있는 교회라는 영혼의 나라를 위해서 싸웠던 것이다.

바르게 이해한다면 이것은 이교(異敎)에 속한다. 복음서가 국가적인 종교를 설정하지 않는 이상, 그리스도 교도들에게 성전(聖戰)은 있을 수 없다.

이교도 황제 밑에서 그리스도 교도 병사들은 용감했다. 그리스도교 신학자

---

*46 벨《잡고》제1편 제141장. 〈몇몇 이교도들이 그리스도교도에 대해서, 그리스도교는 겁쟁이를 만드는 데만 적합하다고 반론한 데 대한 고찰〉

들은 모두 이것을 보증하고 있고 나도 그것을 믿는다. 그것은 이교도의 병사들과 명예를 다툰 것이다. 황제가 그리스도 교도가 되자 이 경쟁은 계속되지 않았다. 십자가가 독수리를 쫓아 버리자마자 로마인의 용기는 사라졌다.

그러나 모든 정치적 고려는 접어두고 권리의 문제로 돌아가서 이 중대한 점에 대한 원칙들을 세워보자. 사회 계약이 부여하는 백성에 대한 통치자의 권리는 이미 말했듯이 공공의 유용성이라는 한계를 넘지 못한다.*47 그러므로 백성이 통치자에게 자기들의 의견을 알려야 하는 것은 그 의견이 공동체와 관계 있을 때뿐이다.

그런데 시민마다 자기 의무를 사랑하게 하는 종교를 갖는다는 것은 국가로 봐서는 참으로 중대한 일이다. 그러나 이 종교, 다시 말해 그리스도 교의 교리는 이 종교를 믿는 시민이 다른 사람에 대해서 지켜야 하는 도덕과 의무에 관한 경우에 한에서만 국가와 그 구성원의 관심을 끈다. 게다가 저마다는 자기가 좋아하는 의견을 가질 수 있으며 그것은 통치자가 알아야 할 것은 아니다.

왜냐하면 통치자는 영적 세계에 대해서 아무런 권한도 갖고 있지 않기 때문에, 백성이 이 세상에서 좋은 시민이라면 내세에서야 어떤 운명을 타고 나든 통치자가 관여할 일이 아니기 때문이다.

따라서 주권자가 그 항목을 정해야 하는 순수히 시민적인 신앙고백이 있다. 그것은 엄밀하게 종교의 교리로서가 아니라 그것 없이는 좋은 시민, 충실한 백성일 수 없는 사회적 감정으로서이다.*48

---

*47 다르장송 후작은 "공화국에서는 저마다 다른 사람에게 해를 끼치지 않는 한, 완전히 자유롭다"라고 말하고 있다. 여기에 변함없는 한계가 있다. 사람은 이 한계를 더 이상 정확히 정할 수는 없다. 나는 대신의 자리에 있으면서 참된 시민의 마음과 국정에 대한 올바르고 건전한 견해를 아울러 잊지 않았던 존경할 만한 사람의 추억에 경의를 표하기 위해서, 사람들에게는 알려져 있지 않지만 이 원고를 이따금 인용하는 것이 참으로 기쁘다.(원주)
다르장송의 《고찰》에는 여기서 루소가 인용한 문장은 발견되지 않는다. 아마 루소는 다음 문장을 요약한 것 같다. '사람이 시민에게 허용해 둘 자유의 정도는 법을 따르고 있는 사람들이 위대한 것을 가져다 주는 자연의 비약력을 모두 보존할 수 있도록 법이 허용해야 하는 것이지만, 또 필요할 때는 일반의 질서를 혼란시키는 방종을 막는 것이다. 모든 일이 부자유스러워지거나 모든 일이 무질서해지는 일이 흔하다. 신의 힘은 사람이 상상할 수 있는 가장 지고한 것이며 무한하다. 신은 우리들에 관한 일에서 우리에게 완전한 자유를 허용하고 있다. 신은 우리가 자유를 악용(특히 남에 관해서)할 때 자유의 사용을 금지한다'(리에지 판 18~20페이지).
*48 카이사르는 카틸리나를 변호하여, 영혼은 멸망한다는 교의를 세우려고 애를 썼다. 카토와

그것을 믿으라고 아무에게도 강제할 수 없지만, 주권자는 누구든 그것을 믿지 않는 자를 국가에서 추방할 수는 있다. 주권자는 그들을 신앙심이 없는 사람으로서가 아니라 사회성이 없는 사람으로서, 법과 정의를 성실히 사랑할 수 없는 사람으로서, 그리고 필요할 때 자기 의무에 목숨을 바칠 수 없는 사람으로서 추방할 수 있다.

만일 이 교리를 공적으로 받아들인 뒤에 이것을 믿지 않는 행동을 하는 자는 죽음으로 벌을 받아야 한다.*49 그는 가장 큰 죄를 지은 것이다. 법 앞에서 거짓말을 한 것이다.

시민적 종교의 교리는 단순하고 항목 수가 적으며 설명이나 주석 없이 정확히 표현할 수 있는 것이어야 한다.

강하고 슬기롭고 친절하고 앞을 내다보는 눈이 있으며, 은혜로운 신의 존재, 사후의 삶, 올바른 자에게 주어지는 행복, 악인에게 가해지는 형벌, 사회 계약 및 법의 신성함, 이런 것들이 이 종교의 긍정적 교리이다. 부정적 교리에 대해서는 하나만 들겠다. 그것은 불관용이다. 불관용은 우리가 부정한 여러 종파에 속하는 것이다.

시민적 불관용과 신학적 불관용을 구별하는 사람들은 내가 보기에는 틀렸다. 이 두 가지 불관용은 나눌 수가 없다. 우리는 저주받았다고 믿는 사람들과 평화롭게 함께 살 수는 없다. 그들을 사랑하는 것은 그들에게 벌을 내린 신을 미워하는 것이다. 반드시 필요한 것은 그들을 올바른 종교로 다시 끌어오거나 박해하는 일이다.

종교적 불관용이 인정되고 있는 곳에서는 어디서든 시민 생활에 정치적인

키케로는 이 교의를 반박하기 위해 다른 논리를 제시하기를 좋아하지 않았다. 그들은 카이사르의 말이 나쁜 시민들이 하는 말이며 국가에 해로운 주장을 했다는 것을 나타내는 것만으로 만족했다. 실제로 로마의 원로원이 판단해야 했던 것은 이 점이지 신학의 문제가 아니었다.(원주)

*49 이 잔인한 이론에 대해서 루소가 비난받는 것은 마땅하다. 그러나 그의 참뜻은 아마 《신엘로이즈》의 다음 주(註)에 더 잘 표현되어 있을 것이다(제5부 제5의 편지). "이 점에 대한 나의 참된 생각을 확실히 밝혀 두겠다. 그것은 참된 신앙자로서 불관용이나 박해자일 수도 있는 사람은 하나도 없다는 것이다. 만일 내가 관리이고 또 무신론자를 사형에 처하는 법이 있다면, 나는 먼저 남을 무신론자라고 일러오는 자를 누구든지 무신론자로서 형벌에 처하는 일부터 시작할 것이다." 《신엘로이즈》는 이 장이 쓰인 해(1761) 조에 출판되었다.

영향이 있다.*⁵⁰ 그런 영향이 생기고 나면 행사자인 통치자는 더 이상 세속적인 일에 있어서조차 권리를 행사할 수 없게 된다. 그렇게 되면 성직자가 참된 주인이다. 국왕은 성직자의 하급 관리에 지나지 않는다.

배타적인 민족 종교가 존재하지 않고 또 존재할 수도 없는 지금에 와서는, 그 교리가 시민의 의무와 반대되는 것을 포함하지 않는 한 다른 종교에 관용적인 모든 종교를 허용해야 한다.*51 그러나 '교회 바깥에는 구제가 없다'고 말하는 사람이 있다면, 국가가 교회이고 통치자가 교황인 경우를 제외하고는 모두 국외로 추방해야 할 것이다.

그런 교리는 신정 정치 아래서만 통용될 수 있다. 그 밖의 곳에서는 해를 끼친다. 앙리 4세가 로마교를 받아들인 이유라면서 말했던 것은 모든 정직한 사람들이 이 종교에서 떠나야 하고, 이성적으로 생각할 수 있는 모든 통치자도 그러해야 한다고 한 이유와 같은 것이었다.*52

제9장 결론

이제까지 나는 정치적 권리로써 참된 여러 원리를 세우고, 이 원리를 기초로 삼아 국가를 구축하는 방법을 생각해 보았다. 이제 남은 문제는 국가를 그 외적인 여러 관계를 통해 지탱하는 일이다.

이 문제는 국제법, 통상, 전쟁과 정복에 관한 법, 공권력, 동맹, 협상, 조약 따위들을 포함한다.

그러나 이런 것은 모두 짧은 지식을 가진 나에게는 너무나 방대한 새로운 주제들이다. 그래서 나는 내 주변의 일들에 언제나 주의를 기울였어야 했다.

술에 그치지는 않을 것입니다."

*51 벨은 말했다. "로마의 교회에 반대하거나 그 불관용을 찬양하는 법률을 만드는 것은 허용된다." 《철학적 주석》 전집 2,410~414페이지)

*52 잘 알려져 있는 다음과 같은 이야기에 대한 암시이다. 위그노의 독자가 앙리 4세에게, 어느 종교에 의해서나 구원될 수 있다고 단언했을 때, 가톨릭 성직자가 그에게 구원은 로마 교회에서만 가능하다고 경고한 일. 알드왕 드쾰레픽스 《앙리 대왕사》(암스테르담 1664) 217~218페이지.

Les Rêveries du Promeneur solitaire
고독한 산책자의 몽상

첫 번째 산책

드디어 나는 이 세상에 홀로 남고 말았다. 이제 형제도 이웃도 친구도 사회도 없고, 있는 것은 오직 나 자신뿐이다. 누구보다도 사람을 좋아하고 붙임성 좋은 한 인간이, 모든 사람들의 의견 일치로 동료들로부터 추방된 것이다. 그들은 한없는 미움의 날을 갈면서, 예민한 나의 영혼에 가장 잔혹(殘酷)한 고통을 주는 방법을 여러 모로 생각한 끝에 나와 그들이 맺고 있는 인연이라는 인연을 모조리 난폭하게 잘라 버린 것이다. 그들의 태도가 어떻든지 나는 그들을 사랑하고 있었다. 인간인 이상, 그들은 나의 애정으로부터 벗어날 수는 없다. 그러나 이제 그들은 나에게 있어서 완전한 남이자 낯선 사람이다. 즉 나에게는 아무런 실재성(實在性)도 없는 사람이 되어 버렸다. 그들이 그렇게 되기를 바랐기 때문이다. 그렇지만 그들로부터 떨어져 나오고, 모든 것으로부터 유리된 나란 도대체 무엇이란 말인가? 이것만이 나에게 남겨진 유일한 탐구거리이다. 이 탐구를 하려면 불행히도 먼저 내 처지를 한번 훑어볼 필요가 있다. 그것은 그들로부터 나에게 도달하기 위해서 꼭 통과해야만 하는 사고(思考)의 길이기 때문이다.

15년 이상이나 전부터 이 같은 이상한 처지에 놓여 있는데, 나는 내 처지가 지금도 꿈같이 여겨져서 견딜 수가 없다. 나는 늘 이런 식으로 생각한다. 나는 소화를 못 시켜서 고생하고 있으며 악몽을 꾸면서 잠을 자고 있는 것일 뿐, 잠에서 깨어나면 고뇌도 깨끗이 사라지고 친구들도 다시 내 주위에 돌아와 있을 것이라고. 그렇다. 나는 나도 모르는 사이에 생시에서 잠으로, 아니 그보다도 삶에서 죽음으로 냅다 줄달음질쳐 버린 것이 틀림없다. 어째서인지는 모르나 나는 사물의 질서로부터 끌려 나와 이해하기 어려운 혼돈(渾沌) 속에 빠져 버린 자신의 모습을 발견한 것이다. 거기에서 나는 아무것도 확인할 수가 없다. 그리고 현재 내 처지를 생각하면 할수록 내가 어디에 있는지 더욱 모르게 되는 것이다.

아아! 내 앞에 기다리고 있던 운명을 내 어찌 예견할 수가 있었겠는가? 그 운명에 몸을 맡기고 있는 지금 역시 어떻게 이를 받아들일 수가 있겠는가? 지난날과 똑같은 내가, 지금도 변함 없는 이 내가 언젠가는 괴물, 독살자(毒殺者), 암살자로 간주되고 공포의 대상이 되어서 무지한 인간들의 희롱거리가 되리라고. 행인(行人)들이 나에게 인사 대신 침을 뱉고, 한 시대 사람들이 일치단결해서 나를 매장해 버리며 즐거워하게 될 것이라고. 느닷없이 이런 괴상한 운명에 처한 나는 처음에는 어쩔 줄을 몰랐다. 마음의 동요와 분노가 심해서 착란 상태에 빠진 나는, 마음의 평정을 되찾는 데 10년 이상의 세월이 걸렸다. 그동안 갈피를 잡지 못해 실수를 거듭하며 어리석은 짓을 수없이 저지른 나는, 경솔하게도 나의 운명을 관장(管掌)하는 자들에게 숱한 도구를 제공해 버렸다. 그러자 그들은 얼씨구나 하고 그 도구를 교묘하게 써서 내 운명을 다시는 본디 상태로 돌아오지 못하도록 만들어 버렸다.

오랫동안 나는 심하게 발버둥쳐 보았지만 결국은 허사였다. 매사 서투르고 기교도 부족하며, 남의 눈을 속일 줄도 모르고 사려(思慮)도 없는 나는 고지식한 데다가 지나치게 솔직하고 인내심도 없어서 무턱대고 화만 낼 뿐이었다.

그러나 발버둥치면 칠수록 나를 짓누르는 압박은 더 심해졌고, 나는 줄곧 어떤 새로운 꼬투리만 그들에게 주게 되었다. 그들은 그러한 꼬투리를 절대로 소홀하게 내버려두지 않았다. 마침내 어떠한 노력을 기울여도 소용이 없으며 그 노력이 오히려 쓸데없이 내 몸만 괴롭히고 있다는 것을 알게 된 나는, 나에게 남겨진 유일한 길을 선택했다. 즉 운명에 순종하고 필연적인 것에는 두 번 다시 거스르지 않으리라고 결심을 한 것이다. 나는 이 체념에서 모든 불행의 보상을 찾아냈다. 고통뿐이고 아무런 결실(結實)도 없는 마음의 저항을 조금도 불러일으키지 않는 마음의 평온을, 이 체념 덕분에 손에 넣을 수 있었던 것이다.

그리고 그 밖에 다른 요소도 내 마음을 가라앉혀 주었다. 수없는 방법으로 증오심을 불태우던 나의 박해자(迫害者)들은 그 심한 흥분 때문에 한 가지 방법을 잊고 있었다. 그 방법은 점차 강도를 높이면서 줄곧 새로운 공격을 가하여 언제나 나에게 고통을 줌으로써, 내가 끊임없이 고통에 시달리도록 하는 것이다.

만일 그들이 교묘하게 조금이라도 희망의 빛을 남겨 두었던들, 나는 지금도 희망에 매달린 채 운명에 붙잡혀 있었을 것이다. 그들은 요령 있게 나를 희롱한 뒤, 바로 나의 기대를 뒤집고는 또 새로운 고통을 가하면서 나를 학대할 수도 있었을 것이다. 그렇건만 그들은 처음부터 모든 수단을 깡그리 써 버리고 말았다. 나에게 아무것도 남겨 주지 않으려고 애쓴 결과, 자기네들이 쓸 수 있는 수단을 모조리 써 버린 것이다. 그들이 나에게 가한 중상, 경멸, 조소, 치욕은 약해질 줄 몰랐으나 그 이상 심해질 수도 없는 것이었다. 그들은 그것을 더 심하게 할 수도 없고, 나도 그것으로부터 벗어날 수 없다. 우리는 이제 다같이 어쩔 수가 없다. 그들은 너무 성급하게 나를 불행의 밑바닥에 떨어뜨리려고 했기 때문에 이제 있는 힘을 다해도, 지옥의 모든 책략의 도움을 받는다 하더라도 더 이상 할 것이 없다. 육체적인 고통도 나의 고뇌를 더하기는커녕 차라리 고뇌를 덜어 줄 것이다. 육체적 고통은 나를 아프게 만들진 몰라도 비탄하게 만들지는 못할 것이며, 그것은 마음의 고통을 중단시켜 줄 것이다.

　모든 것이 행해진 이상, 이제 무엇 때문에 두려워할 필요가 있겠는가? 내 처지를 이보다 더 심한 것으로 만들 수는 없을 터이니, 그들은 이제 나를 전보다 더 두렵게 만들지는 못할 것이다. 그들은 나를 불안과 공포로부터 영원히 해방시켜 주었다. 정말 고마운 일이다. 현실의 재난은 내게 큰 영향을 주지 못한다. 그런데 현재 내가 겪고 있는 재난이라면 나도 쉽사리 감수할 수 있지만, 마음을 불안하게 만드는 재난에 대해서는 그렇지가 않다. 겁먹은 나의 상상력은 그러한 재난을 짜 맞추고 파헤치고 넓히고 크게 만든다. 그런 재난을 기다린다는 것은 실제로 그것들에 부딪쳤을 때보다 백 배나 더 나를 괴롭히는 것이다. 나에게 위협은 타격보다 무섭다. 하지만 막상 그런 재해(災害)가 일어나고 보면 사실은 그때까지의 환상을 깨 버리고, 재해의 실제 모습을 드러내 준다. 그러면 그때에야 비로소 그 재해가 생각했던 것보다 훨씬 작은 것임을 알게 된다. 그것은 괴로운 일임에는 틀림없지만 그래도 나는 위안을 받는다.

　새로운 걱정은 완전히 사라지고 희망에서 생기는 불안으로부터도 해방된 이 상태에서는, 오직 익숙해지기만 하면 충분할 것이다. 그러면 이제 더 이상 나빠질 수도 없는 지금의 처지도, 시간이 지날수록 견디기 쉬워질 게 틀림없기 때문이다. 그리고 시간과 더불어 감정이 둔해지면서 그들은 이제 내 감정을 북돋우지도 못하게 되는 법이다. 이것이야말로 증오의 화살을 절도(節度) 없이 써 버린 박해자들이 도리어 나에게 베풀어 준 은혜이다. 그들은 나에게 쓸 수 있는 힘을 모두 써 버렸기 때문에 앞으로는 내 쪽에서 그들을 조소할 수가 있는 것이다.

완전한 평온이 내 마음에 다시 돌아온 지 아직 두 달도 채 되지 않는다. 오래전부터 나는 더 이상 아무것도 두려워하지 않았다. 그러나 나는 여전히 희망을 품고 있었다. 그 희망은 때로는 부드럽게 흔들리었고, 또 때로는 짓밟히기도 했지만, 그런 가느다란 희망의 빛이 있으므로 온갖 정념이 내 마음을 끝없이 흔들었던 것이다. 그러나 슬프게도 난데없는 사건이 생겼다. 그 사건은 마침내 내 마음에서 이 희망의 덧없는 빛마저 지워 버려, 이 세상에서 내 운명은 두 번 다시 돌이킬 수 없는 것이 되었다는 사실을 분명히 해 주었다. 그때 이후 나는 마음에 미련을 남기지 않고 모든 것을 체념하였고, 체념함으로써 또 다시 평화를 찾아낸 것이다.

이 음모의 전체 내용을 파악한 나는, 내가 살아 있는 동안에 나에 대한 것을 사람들에게 이해시키겠다는 생각을 영영 버리고 말았다. 그리고 이렇게 고쳐 생각한 것 자체는 세상으로부터 떨어져 나와 개인으로 돌아온 나에겐 참으로 소용없는 것임이 틀림없다. 나는 그들 곁으로 돌아갈 수 없으니까. 사람들이 내게로 돌아와 준대도 헛일일 것이다. 그들은 두 번 다시 지난날 나의 모습은 찾아 보지 못할 것이다. 그들이 나에게 불어넣은 경멸심은 그들과의 교제를 재미없는 것으로 만들고, 차라리 무거운 짐으로 느끼게 할 것이다. 그들과 지낸다면 얼마나 행복해질지 모른다 하더라도 나는 고독하게 지내는 편이 백배 더 행복한 것이다. 그들은 나의 마음에서 만남의 기쁨을 모두 뺏어 버렸다. 이제 내 나이로는 그런 기쁨은 다시는 싹트지도 않을 것이다. 이제는 너무 늦어 버렸다. 그러니 앞으로 그들이 나에게 선을 베풀든 악을 가하든, 모두 나에겐 아무 상관도 없는 일이다. 무슨 짓을 하든 그들은 나에겐 없는 거나 다름 없는 존재일 게다.

말은 이렇게 하면서도 나는 여전히 미래에 기대를 걸고 있었다. 좀 더 좋은 시대가 오면, 현대가 나에게 내리고 있는 판단이라든가 나에 대한 행동 같은 것을 좀 더 잘 검토하고, 현대를 조종하고 있는 자들의 계략을 간파해서 마침내 나의 참모습을 보아 줄 것이라고 희망을 걸고 있었다. 그래서 나는 《대화(對話)》를 써서 그것을 후세에 전하려고 온갖 턱없는 시도들을 해 보기로 한 것이다. 이 희망은 아득히 먼 것인데도, 내가 이 시대 사람들에게 아직 올바른 마음을 기대하던 때와 똑같은 흥분으로 나의 영혼을 사로잡았다.

그러나 내가 먼 곳으로 던진 희망은 여전히 나를 이 시대 사람들의 노리개로 만들었다. 나는 《대화》에서, 나의 기대가 무엇을 근거로 하고 있는가를 말했다. 나는 착각을 하고 있었던 것이다. 다행히도 일찌감치 그것을 깨달았기 때문에, 아직 죽을 때가 오기 전에 나는 완전한 평화와 절대적인 휴식의 기간을 충분히 얻을 수 있었다. 이 기간은 지금 내가 말하고 있는 기간에 시작된 것이다. 그리고 그것은 이제 중단되지 않으리라 믿는다.

이 무렵이 되어서야 비로소 나는 새로운 반성 덕분에, 예를 들어 시대가 변한다 하더라도 일반 대중의 마음이 나에게로 되돌아오기를 기대한다는 것이 얼마나 어리석은지 확신했다. 왜냐하면 일반 대중은 나에게 증오를 품은 집단에서 태어나는 지도자에게 나에 관해 끊임없이 지도를 받는 법이기 때문이다. 개인은 죽었다 할지라도 집단은 결코 죽는 일이 없다. 거기에는 똑같은 감정이 영원히 존재하며, 그들의 심한 증오심은 그것을 불어넣는 악마처럼 불멸하여 언제까지고 사그라지지 않는다. 나의 개인적인 적(敵) 모두가 죽어 버리더라도 의사라든가 오라토리오 회원은 여전히 존재할 것이다. 그리고 비록 나의 박해자가 이 두 집단밖에 남지 않게 되더라도, 그들은 생전의 나에게 무엇 하나 평화를 주지 않았던 것과 마찬가지로 사후(死後)의 내 추억에도 평화를 주지는 않을 것이다. 나는 그 점을 각오할 수밖에 없다.

혹시 세월이 지나면 내가 실제로 모욕한 의사들의 마음은 누그러질지도 모른다. 그러나 내가 사랑하고 신뢰하여 단 한 번도 모욕한 일이 없는 교회 사람이자 세속적 성직자라 해도 좋을 오라토리오 회원은, 영원히 나를 불구대천의 원수로 삼을 것이다. 그들 자신의 그릇된 가치가 내 죄를 만들어 내었지만, 그들의 자존심은 절대로 나를 용납하지 않을 것이다. 또 그들의 부추김 때문에 나를 증오하고 있는 일반 대중들도 그들과 마찬가지로 마음을 누그러뜨리지는 않을 것이다.

이 땅의 모든 것이 나에게 종말을 고했다. 이제 사람들은 나에 대해 좋은 일도 나쁜 일도 할 수가 없다. 이제 나에게는 이 세상에서 희망을 갖거나 두려워해야 할 것은 아무것도 남지 않았다. 나는 심연(深淵)의 밑바닥에서 웅크리고 있는 불쌍하고 가련한 사람이지만, 마치 신(神)처럼 감정을 느끼지 않고 흔들리지도 않을 것이다.

내 바깥에 있는 모든 것은 이제 나와는 관계가 없다. 나에게는 이 세상에 이웃도 동포도 형제도 없다. 나는 이 지구에 있다고는 하지만 전에 살던 행성(行星)에서 전혀 낯선 행성에 뚝 떨어진 처지나 다름이 없다. 내 주위에서 무엇인가를 인식해 봤자 그것은 내 마음을 슬프고 아프게 할 뿐이다. 내 몸에 닿는 것, 주위에 있는 것에 눈을 돌리면, 틀림없이 나는 거기서 부아가 치미는 경멸, 마음을 아프게 하는 고통을 발견하고 말 것이다. 그러니 생각만 해도 헛되고 고통스러운 그런 괴로운 일은 모두 내 정신으로부터 몰아내 버리자. 위안도 희망도 평화도 자신의 내부에서밖에 발견할 수 없다. 그러니 나는 남은 여생을 혼자서 보내며 나 자신에게만 몰두해야 할 것이고, 또 그렇게 해야겠다고 생각하고 있다.

내가 일찍이 나의 《고백록》이라 부른 그 엄격하고 진지한 검토를 계속하기로 맘먹은 것은 바로 이런 상태에 있기 때문이다. 나는 나 자신을 연구하는 일에, 가까운 장래에 자신에 관하여 할 것이 틀림없는 보고(報告)를 준비하는 일에 나의 노년을 바치리라. 나의 영혼과 말을 나누는 즐거움에 몰두하리라. 이 즐거움만은 사람들이 나로부터 빼앗을 수 없을 테니까. 나의 내면 세계를 쉬임없이 돌아봄으로써 그것을 좀더 나은 단계로 이끌고, 또 거기에 남아 있을지도 모를 악을 바로잡을 수 있다면, 나의 명상도 헛된 일은 아닐 것이다. 이는 내가 이 세상에서는 이제 아무 쓸모없는 사람이라 할지라도, 나는 내 노년을 전혀 무익하게만 보내지는 않았다는 뜻이 되리라.

지금까지 나는 산책 때마다 평온한 마음으로 종종 황홀한 생각에 잠겼었는데, 그 내용을 잊어버린 것이 유감스럽다. 앞으로도 마음에 떠오르는 생각은 꼭 적어 두리라. 그것을 읽을 때마다 생각에 잠기는 즐거움이 되살아 날 것이다. 나는 내 마음에 어울리는 평가를 생각함으로써 나의 불행을, 적들을, 치욕을 잊기로 했다.

이 원고는 정확하게 말하자면 내 몽상(夢想)의 단편적인 일기에 지나지 않을 것이다. 여기서는 내 자신에 관한 문제가 많이 이야기될 것이다. 명상에 잠기는 고독한 사람은 어쩔 수 없이 제 자신의 일에 몰두하는 수가 많은 법이다. 그리고 산책 때마다 내 머릿속을 스치고 지나간 온갖 외부적 관념도 마찬가지로 여기에 적어 두리라. 나는 내가 생각한 것을 떠오르는 대로 말할 것이다. 그리고 전날의 생각과 다음날의 생각이 별 상관없는 것과 마찬가지로 두서없이 이야기할 것이다. 하지만 그 결과 나의 천성과 기질에 관한 새로운 인식이, 내가 지금 놓여 있는 기묘한 상태에서 정신적으로 나날의 양식이 되고 있는 감정과 사상을 인식함으로써 생기게 될 것이다. 따라서 이 원고는 나의 《고백록》의 부록이라고도 간주할 수 있다. 그러나 이제 그런 표제는 달지 않겠다. 그런 표제에 해당할 만한 말은 더 이상 하지 않을 테니까.

나의 마음은 고난의 도가니에서 정화되었다. 내 마음을 아무리 뒤져 봐도 책망받을 만한 요소라고는 사소한 잔재(殘滓)마저도 거의 발견되지 않을 것이다.

이 세상으로부터 모든 애정을 박탈당한 이 마당에, 도대체 내가 무엇을 참회해야 한단 말인가? 나는 자신을 찬양하려고도 생각지 않지만, 또 스스로를 책망할 마음도 없다. 앞으로의 나는 사람들 속에서 무(無)의 존재일 뿐이다. 나와 그들 사이에 현실 관계도 참다운 교제도 없는 것이니까. 나는 그렇게 되는 수밖에 없다. 지금의 나로서는 어떠한 선행(善行)을 베푼다고 해도 그것은 악이 돼 버릴 것이다. 어떠한 행동도 타인이나 자신을 해치는 것이 되어 버리므로 그저 다소곳이 있는 것이 나의 유일한 의무이다. 그러므로 나는 그 의무를 충실히 수행하고 있다. 그러나 육체는 이처럼 가만히 있는데, 영혼은 아직도 활동을 계속하고 있어 감정이나 사상을 만들어 내고 있다. 또한 도덕적인 내부 생활은 지상의 일시적인 모든 이해관계에서 벗어남으로써 오히려 확대된 성싶다. 육체는 이제 나에게는 방해되는 것, 장애물에 지나지 않는다. 그러므로 나는 지금부터 될 수 있는 대로 육체로부터 떠나 있을까 한다.

이와 같은 괴상한 처지는 확실히 검토하여 적어 둘 가치가 있다. 이 검토를 위해서 내 노년의 여가를 바치고 싶다. 이 일에 성공을 거두려면 순서와 방법부터 정해야 할 것이다. 그러나 그것은 나에게 불가능한 일일 뿐만 아니라 내 영혼의 변천과 그 시시각각의 걸음걸이를 알고자 하는 목적에 반(反)하는 일이 될 것이다. 물리학자(物理學者)가 나날의 기상(氣象) 상황을 알기 위해 대기(大氣)에 대해 하는 실험을, 어떤 의미에서 나는 나 자신에게 하는 것이다. 나는 내 영혼에 청우계(晴雨計, 기상 관측을 위해 쓰이는 기압계)를 적용해 볼 것이다. 이 실험이 잘 되어서 장기간에 걸쳐 되풀이된다면, 나는 물리학자들이 이루어 낸 성과에 필적할 만한 확실한 결과를 얻을 것이 틀림없다. 그러나 나는 자신의 계획을 그렇게까지 확대하지는 않겠다. 실험의 기록을 남기는 것만으로 만족하고, 그것을 체계화하려고는 생각하지 않는다. 나는 몽테뉴와 같은 계획을 생각하고 있지만 목적은 그와는 정반대이다. 왜냐하면 그는 《수상록》을 타인을 위해 썼지만, 나는 내 몽상을 그저 나 자신을 위해 쓰고 있기 때문이다.

내가 더 나이를 먹어서 죽을 때가 다가와도, 내 바람대로 여전히 지금과 똑같은 심경이라면, 그때가 되어 이 몽상을 읽게 되면 이것을 쓸 적에 맛보았던 즐거움을 다시금 느낄 수 있을 것이다. 그리고 나의 지나간 세월이 되살아남으로써 나의 존재는 이중적(二重的)이 될 것이다. 그렇게 되면 세상 사람들과는 관계없이 나는 또다시 교제의 매력을 맛보게 되리라. 늙어 빠진 나는 마치 나만큼 늙지 않은 친구와 생활하고 있는 것처럼 과거의 나와 함께 지내게 될 것이다.

나는 최초의 《고백록》과 《대화》를 어떻게 후세에 남길 수 있을까 하고, 이것들을 박해자들의 탐욕스러운 손으로부터 지켜 낼 방법을 줄곧 생각하면서 글을 썼다. 그러나 이 책을 쓰는 지금은 더 이상 그런 불안에 시달리지 않는다. 그런 걱정이 쓸데없음을 알고 있기 때문이다. 그리고 사람들에게 더 잘 이해되고자 하는 욕망도 내 마음에서 사라졌다. 나의 참다운 저작(著作)이나 나의 결백성을 기념하는 것은 아마도 모두 영원히 말살되어 버리겠지만, 그런 것의 운명에는 전혀 관심이 없다. 설령 사람들이 내가 하고 있는 일을 훔쳐보건, 이 원고를 보고 불안을 느끼건, 빼앗아 가건, 금지를 하건, 혹은 위작(僞作)을 하건, 그런 것은 나에게는 아무래도 좋은 일이다. 나는 숨기지도 않거니와 보여 주지도 않을 것이다.

내가 살아 있는 동안에 사람들이 이것을 빼앗는다 할지라도 그들은 이것을 쓴 나의 기쁨, 그 내용의 추억, 고독한 사람의 명상을 빼앗지는 못할 것이다. 이 책은 그 명상의 열매이며, 그 샘은 나의 영혼이 살아 있는 한 결코 마르는 일이 없을 것이다. 만일 최초의 재난을 당했을 때부터 내가 운명에 대항하지 않았다면, 그리고 지금 같은 태도를 취할 수 있었더라면, 모든 인간들의 노력과 그 끔찍한 모략도 나에겐 아무 효과가 없었을 게 틀림없다. 그랬다면 그들은 아무리 모략을 꾸며 봐도 내 마음의 평화를 어지럽히지는 못했을 것이다. 마치 지금의 내 마음을 그들이 뒤흔들 수 없는 것처럼 그들이 나의 치욕을 보고 마음껏 즐거워해도 좋다. 그러나 그들은 내가 나의 무심한 생활을 즐기며 편안하게 삶을 마치는 것을 방해하지는 못할 것이다.

두 번째 산책

　사람이 이 세상에서 경험할 수 있는 가장 기묘한 처지에 놓인 내 영혼의 평소 모습을 그리고자 계획한 나는, 이 계획을 완수하는 가장 간편하고 확실한 방법이란 나의 고독한 산책이나 그때그때의 몽상을 충실하게 기록해 두는 길밖에 없음을 깨달았다. 그 까닭은, 그럴 때 내 머리는 완전히 자유로우며 또 여러 가지 생각들이 아무런 저항도 구속도 없이 머릿속에서 뛰놀기 때문이다. 이 고독과 명상의 시간이야말로 하루 가운데에서 내가 온전히 나 자신일 수 있는 유일한 때이다. 마음을 뒤흔드는 요소도 없고 방해하는 것도 없어서, 지금의 내가 자연이 바라는 대로의 나라고 진정하게 단언할 수 있는 유일한 시간인 것이다.

　곧 나는 이 계획을 너무 늦게 실행하기 시작했다는 것을 깨달았다. 이미 빛을 잃어버린 나의 상상력은, 그것을 솟아나게 만드는 사물을 물끄러미 바라보아도 옛날처럼 활활 타오르지도 않거니와 몽상에 취하지도 못한다. 몽상의 산물에서는 창조라기보다는 오히려 추억이 훨씬 더 많은 자리를 차지하고 있다. 미지근한 무기력이 모든 기능을 마비시켜 간다. 생명력도 나의 내부에서 점차 쇠잔해져 간다. 나의 영혼은 늙어 버린 껍질 밖으로 이제 가까스로 빠져나올 수 있을 뿐이다. 나에게 그 권리가 있다고 믿으면서 갈망하는 어떤 상태에 대한 희망이 없다면, 나는 벌써 추억만으로 살고 있는 것에 지나지 않을 것이다. 그런 까닭에 늙어 버리기 전의 나 자신을 조용히 생각해 보기 위해서는 적어도 몇 년 전으로 돌아가야 한다. 다시 말해 내가 이 세상에서 모든 희망을 잃고 지상에서는 내 마음의 양식을 찾지 못하게 되어, 하는 수 없이 점차 마음 그 자체에 있는 것을 가지고 그것을 기르면서 자신의 내부에서 모든 자양을 구하는 데 익숙해져 갔던 그때로 되돌아갈 필요가 있을 것이다.

　이런 지혜로운 방법을 너무 늦게 깨달은 감이 없지 않지만, 이윽고 그것은 나의 모든 것을 충분히 보상해 주었다. 제 자신 속에 틀어박혀 버리는 습관은,

마침내 나에게 불행하다고 생각되는 감정이나 기억마저도 잊게 해 주었다. 이렇게 해서 나는 자신의 경험을 근거로 진정한 행복의 근원은 자기 자신 속에 있으며, 행복하고자 바랄 수 있는 사람을 진정한 불행에 빠뜨리는 것은 다른 사람들의 힘으로는 불가능하다는 것을 깨달았다. 4, 5년 전부터 나는 언제나 상냥하고 부드러운 영혼을 명상에서 발견하는 내적 환희를 맛보아 왔다. 이런 식으로 혼자 산책하면서 나는 그 황홀과 도취를 경험했던 것인데, 그러한 기쁨을 즐길 수 있었던 것은 바로 나를 박해했던 사람들 덕분이다. 그들이 없었다면 나는 내 안에 숨겨져 있던 보물을 발견할 수도 없었을 것이다.

이처럼 풍성한 부(富)에 둘러싸인 채 어떻게 하면 그것을 충실하게 기록할 수 있을 것인가? 나는 수많은 달콤한 몽상들을 회상하려 하다가 그것을 표현하기는커녕 그 속에 빠져 버리고 만다. 이것이 바로 추억의 경지인데, 그것도 얼마 안 가 전혀 느끼지 않게 됨으로써 알지도 못하게 되어 버릴 것이다.

이와 같은 작용을 내가 똑똑히 경험한 것은 《고백록》을 계속해서 쓸 계획을 세우고 나서 산책할 때였다. 산책을 하는 도중에 갑자기 어떤 사건이 일어나서 내 생각의 실이 끊기는 바람에, 얼마 동안 다른 흐름을 따라 생각하게 되었다.

1776년 10월 24일 목요일, 점심을 먹고 난 나는 한길을 거쳐 슈맹 베르 거리를 따라 메닐몽탕의 둔덕으로 올라갔다. 이어서 포도밭과 초원 사이로 난 오솔길을 지나 그 두 개의 마을에 걸쳐서 펼쳐져 있는 아름다운 경치를 가로질러 샤론으로 나갔다. 거기서 길을 돌아 아까 그 초원을 지나 돌아오려고 마음먹었다. 나는 기분 좋은 경치가 주는 기쁨과 즐거움을 맛보면서 즐겁게 돌아다녔는데, 이따금 걸음을 멈추고 녹음 사이사이로 얼굴을 내밀고 있는 식물들을 관찰했다. 파리 주변에서는 보기 드물지만 이 근처에서는 흔히 있는 두 종류의 식물을 나는 발견했다. 하나는 국화과에 속하는 쇠서나물이고, 또 하나는 미나리과의 시호(柴胡)였다. 이 발견이 어찌나 기뻤던지 나는 두고두고 이 사실을 떠올리며 즐거워했다. 그러나 곧 더 진귀한, 특히 높은 고장에서는 좀처럼 볼 수 없는 식물이 눈에 들어왔다. 그것은 점나도나물이었는데, 나는 그날 어떤 사건에 부딪쳤음에도, 나중에 이날 가지고 갔던 책갈피에서 이 풀을 다시 발견하고 그것을 표본첩에 간직했다.

나는 그 밖에도 아직 꽃이 피어 있는 많은 식물을 관찰하며 다녔다. 식물 모양이나 세부적인 것에 대해서는 이미 잘 알고 있었지만, 그래도 언제나 변함

없이 즐거운 일이었다. 나는 그런 세세한 관찰은 그만두고, 그것들 전체가 주는 기분 좋고 더욱 감동적인 인상에 몸을 맡겼다. 며칠 전에 포도 수확은 이미 끝나 있었다. 산책을 하는 도시 사람들의 모습도 볼 수 없었다. 농부들도 겨울이 시작되기 전이라 밭에는 나오지 않았다. 전원은 아직도 푸르기는 했으나 여기저기에 낙엽도 눈에 띄고, 다니는 사람이 없어서 곳곳에 고독의 그림자가 떠돌고 있어 겨울이 가까워졌음을 알려 주고 있었다. 이러한 풍경을 바라보고 있는 동안 그리움과 슬픔이 뒤섞인 감정이 치밀어 올랐는데, 그 인상이 나 자신의 나이와 운명을 너무나 닮아서 그것을 내 신세에 비추어 보지 않을 수가 없었다.

나는 무심해질 수 없었던 일생의 끝무렵에 있으면서 아직도 영혼에는 싱싱한 감정이 넘치고 정신은 몇 송이의 꽃들로 장식되어 있지만, 이미 그 꽃이 슬픔으로 시들고 우수(憂愁) 때문에 메말라 버린 스스로의 모습을 마음속에 떠올려 보았다. 혼자 버려진 나는 차갑게 내린 첫서리를 느끼고 있었다. 내 마음에 아름다운 환상을 보여 주어 나의 고독을 메워 주던 상상력은 이제 말라 버렸다.

나는 탄식을 하면서 이렇게 혼잣말을 한다. 도대체 이 세상에서 나는 무엇을 했을까? 나는 살기 위해서 만들어졌다는데 살아 보지도 않고 죽어 간다. 하지만 적어도 그것이 내 잘못은 아니었다. 나는 나를 만들어 준 창조자에게 선행이란 공물(貢物)을 바치지는 못할 것이다. 내가 선행을 베풀도록 해 주지 않았으니까. 그러나 결실은 못 맺었다 할지라도 선을 베풀려는 의도란 공물, 그리고 아무 효과도 없었지만 건전한 감정이라는 공물, 나아가서는 인간들의 모욕을 견디어 낸 인내심이란 공물을 가지고 갈 것이다. 나는 스스로의 이러한 생각에 감동받아 내 젊은시절부터 한창 나이 때, 또 인간 사회로부터 쫓겨났을 무렵, 그리고 언젠가 내 생애의 끝을 맞이할 노년의 긴 은둔 생활, 그러한 각 시절의 영혼의 움직임을 되풀이해서 회고해 보았다. 그리고 나는 내 마음의 애정을 기울인 모든 것들을, 그렇게도 상냥하였지만 맹목이었던 마음의 애착을, 그리고 최근 몇 년 동안 정신의 양식이 되어 온 슬프다기보다는 부드러웠던 관념을 회고하고 되살리면서, 지난날 그것들에 열중했던 때와 똑같은 즐거움을 느끼며 그것들을 기록하려고 마음먹었다. 그날 오후 나는 이 같은 조용한 명상에 잠겨 지내며, 그 하루에 매우 만족하면서 돌아오려고 했다. 그러나 그때 나는 뜻하지 않은 사건에 부딪쳐서, 몽상에 잠겨 있던 상태에서 끌려 나와야 했다.

6시쯤이었을까. 나는 맞은편의 갈랑 자르디니를 보면서 메닐몽탕 언덕을 내려오고 있었는데, 갑자기 내 앞을 지나가는 사람들이 후다닥 물러서나 싶자 한 마리의 덴마크 개가 나에게 덤벼들었다. 그 개는 사륜마차 앞을 마구 돌진해 왔기 때문에 나를 보았을 때는 갑자기 멈추어 설 수도, 옆으로 피할 수도 없었다. 그때 순간적으로 머리에 떠오른 것은, 부딪히지 않는 유일한 방법은 풀쩍 뛰어올라서 그 사이로 개가 지나가게 하는 것이라는 생각이었다. 번개보다도 빨리 한순간에 떠오른 이 생각은 그 이상 잘 생각해 볼 겨를도, 또 실행에 옮길 여유도 없었는데, 요컨대 이것이 참사(慘事)가 빚어지기 전의 마지막 의식이었다. 나는 부딪힌 일이나 넘어진 일, 그에 이어 일어난 일들을 정신이 들 때까지는 전혀 알지 못했다.

의식이 회복되었을 때는 이미 밤이 되어 있었는데, 나를 간호해 주던 젊은이 서너 명이 나에게 사건의 진상을 말해 주었다. 질주해 온 덴마크 개는 멈추지도 못하고 내 발 밑에 부딪쳐 왔다. 그 큰 덩치와 속력으로 내게 부딪치는 바람에 나는 고꾸라지다시피 쓰러졌던 것이었다. 내 전신의 무게가 몰린 위턱은 울퉁불퉁한 포장도로에 심하게 부딪쳤다. 내리받이라서 머리가 발보다 낮은 쪽을 향해 쓰러졌기 때문에 타격은 한층 더 심했다.

개를 동반한 사륜마차가 바로 그 뒤를 쫓아왔으니, 만일 마부가 순간적으로 말을 멈추지 않았더라면 나는 치이고 말았을 것이다. 이상이 나를 부축해 일으켜서 정신이 돌아올 때까지 옆에 있어 준 사람들의 이야기로 알게 된 일이었다. 그런데 내가 의식을 회복한 순간의 상태가 너무나 기묘하게 여겨지므로 여기에 적는다.

깊은 밤이었다. 나는 하늘과 몇 개의 별들과 약간의 풀을 인식했다. 이 최초의 감각은 기분 좋은 한순간이었다. 나는 고작 그런 것들로 내가 나라는 것을 느끼고 있었다. 이 순간 나는 삶으로 태어나려고 하고 있었다. 나의 가벼운 존재로 거기서 느껴지는 모든 것을 메우고 있는 것 같았다. 모두가 현재에 놓여 있어서 아무것도 생각해 낼 수가 없었다. 나라는 존재에 대한 분명한 관념도 없고, 조금 전에 내 몸에 일어난 사건에 관한 의식도 전혀 없었다. 내가 누군지 느껴지지도 않는다. 아픔도, 두려움도, 불안도 없었다. 나는 시냇물의 흐름이라도 보고 있는 것처럼 내 피의 흐름을 보며, 그 피가 내 것이라고는 조금도 생각하지 않았다. 나는 나의 전 존재 속에서 황홀한 평온함을 느꼈다. 뒷날 이 일을 회고해 볼 때마다 생각하는 것인데, 아무리 강렬한 쾌락의 경험이라 할지라도 이와 비교될 만한 것은 아무것도 없다.

주위 사람들에게서 집이 어디냐는 질문을 받았다. 나는 대답을 할 수가 없었다. 나는 지금 내가 어디에 있느냐고 물었다. 사람들은 오트 보른에 있다고 대답해 주었다. 그러나 내 귀에는 아틀라스 산에 있다고 하는 것처럼 들렸다. 이어서 나는 내가 지금 있는 나라와 도시, 지구(地區)의 이름을 연거푸 물어 보아야만 했다. 그래도 나 자신을 충분히 인식할 수 없었다. 그곳에서 한길까지 걸어 보았지만 역시 나의 주소나 이름을 생각해 낼 수가 없었다. 얼마 동안 친절하게 나와 동반해 준 낯선 신사가, 내 집이 매우 멀다는 것을 알고 르탕플에서 마차를 한 대 불러서 집까지 타고 가는 것이 좋겠다고 권해 주었다. 나는 대단히 침착하게 발걸음도 가벼이 걷고 있었다. 줄곧 많은 피를 흘리기는 했지만 아픔은 전혀 느껴지지 않았다. 하지만 오한(惡寒) 때문에 이가 딱딱 부딪쳐서 기분이 나빴다. 르탕플에 도착한 나는 걷는 것은 괴롭지 않으니, 마차를 타고 추위에 떠느니 이대로 걷는 편이 차라리 낫겠다고 생각했다. 그래서 르탕플에서 플라트리에르 거리에 이르는 길을 건강한 때와 똑같이 아무런 괴로움도 느끼지 않고 마차를 피해 가면서 정확하게 걸어갔다. 집에 도착하여 한길에 면한 입구의 자물쇠를 열고 어두운 계단을 올라가서 겨우 내 집에 들어갔다. 그러니까 나는 개한테 부딪혀서 넘어진 것과 그 뒤에 일어난 일밖에는 아무런 이상도 없었던 것이다. 물론 이때는 내가 개에 부딪혔단 사실도 몰랐지만.

내 꼴을 보고 아내가 지른 외침 소리에 나는 내가 생각하고 있는 이상으로 심한 변을 당했다는 것을 알았다. 그러나 그날 밤은 아무것도 모른 채 상처의 아픔도 느끼지 않고 무사히 보냈다. 이튿날이 되어서야 나는 겨우 내 몸 상태를 알게 되었다. 윗입술 안쪽은 코 있는 데까지 온통 터져 있었다. 겉은 피부 덕분에 그럭저럭 무사해서 입술이 아주 찢어지지는 않았다. 네 개의 이빨이 위턱을 찢어서 위턱을 감싼 얼굴 부분은 퉁퉁 부었고 상처가 나 있었다. 오른쪽 엄지손가락은 찌그러져 퉁퉁 부어 올랐고 왼쪽 엄지손가락도 심하게 다쳤으며, 왼팔은 부러졌고 왼쪽 무릎도 퉁퉁 부어 올라 심한 타박상 때문에 너무 아파서 조금도 구부릴 수가 없었다. 이렇게나 다쳤는데도 이빨은 하나도 부러

지지 않았다. 그처럼 심하게 나둥그러졌는데 참으로 기적적인 행운이었다.

이것이 내 재난의 진상이다. 며칠 되기도 전에 이 일이 순식간에 온 파리에 퍼졌는데, 이야기가 완전히 왜곡돼서 전해졌다. 그래서 어디까지가 사실인지 도무지 모르게 되어 버렸다. 나는 이런 일을 처음부터 예상하고 있어야만 했다. 거기에는 이것저것 괴상한 일들이 덧붙여지고 모호한 표현이나 침묵이 수반되어서, 사람들은 참으로 우스울 만큼 조심스러운 태도로 나에게 말을 걸었다. 그런데 그 시원치 못한 태도가 내 마음을 불안하게 했다. 나는 언제나 어둠을 싫어했고, 또 태어났을 때부터 어둠은 나에게 공포감을 주었다. 나는 긴 세월에 걸쳐서 어둠에 둘러싸여 있었지만, 그렇다고 공포심이 줄어드는 것은 아니다. 그 무렵에 일어난 수많은 이상한 일들 가운데에서 꼭 한 가지만 기록해 두겠다. 다른 일은 이 한 가지로써 충분히 추측할 수 있을 것이다.

나와는 아무런 관계도 없었던 경찰청장 르느와르 씨는 내 상태를 알아보기 위해 비서를 보내 왔다. 그리고 그때로서는 별로 내게 위안이 안 되는, 친절하기 짝이 없는 제안을 해 주었다. 비서는 계속 그 제안을 받아들이라고 하면서, 만일 자기를 못 믿겠다면 르느와르 씨에게 직접 편지를 보내도 좋다고까지 말했다. 이 온정에 넘치는 말과 어쩐지 비밀스러운 일인 것 같은 동태를 보고, 나는 이 일에 무엇인가가 숨겨져 있으리라는 것을 직감했다. 그러나 그것이 무엇인지는 간파할 수 없었다. 나의 공포심을 불러일으키는 것이 목적이라면 그렇게까지 하지 않아도 되었던 것이다. 나는 그 재난을 당한 이후 열이 있어서 머리가 온통 혼란해져 있었으니까. 나는 이것저것 불안한, 마음에 걸리는 추측을 하기도 하고 주위에 일어나는 모든 일들을 여러 모로 해석해 보기도 했다. 그러나 그것은 무심한 사람이 냉정하게 한 해석이 아니라 열에 들뜬 헛소리일 뿐이었다.

그럭저럭하는 동안에 또 하나의 사건이 생겨서 내 마음의 평온함을 완전히 어지럽히고 말았다. 오르모아 부인은 최근 몇 년 동안 나에게 호의를 보여 주고 있었는데, 왜 그렇게 해 주는지는 알 수 없었다. 조용히 보내 주는 대단치 않은 선물이나, 용건도 없고 즐겁지도 않은 때때로의 방문 등에는 모두 숨은 목적이 있다는 것만은 분명한 일이었지만, 그것이 무엇인지는 간파할 수 없었다. 그녀는 왕비에게 바치기 위해 쓸 계획인 소설에 대한 이야기를 해 준 적도 있었다. 나는 여류작가에 대한 나의 의견을 말했다. 그녀는 이 계획은 재산을 다시 모으는 것이 목적이므로 그러기 위한 후원자가 필요하다고 말했다. 나로서는 아무런 대답도 할 수 없었다. 뒤에 그녀는 왕비를 만나 뵐 수 없어서, 소설을 일반에 발표하기로 했다고 말했다. 이때도 그녀에게 충고할 형편이 못되었다. 그녀는 그런 조언을 원하지 않았을 것이고, 충고 같은 것에 따르지도 않았을 것이다. 그러나 그녀는 미리 원고를 나에게 보이고 싶다고 말했다. 내가 그것만은 제발 용서해 달라고 대답했으므로 그녀는 원고를 가지고 오지는 않았다.

그러나 어느 날, 내가 회복기에 접어들었을 무렵 그녀는 그 책을 보내왔다. 깨끗이 인쇄되고 장정도 되어 있었으나, 서문에 나에 대한 조잡한 찬사가 불쾌한 듯이 겉치레로 쓰여 있어서, 나는 아주 기분이 상하고 말았다. 그 글에서 볼 수 있는 노골적인 아첨은 결코 호의라고 볼 수 없었고, 내 마음이 그런 것에 속아 넘어가지도 않았다.

며칠 뒤 오르모아 부인은 딸을 데리고 찾아왔다. 그녀는 그 책이, 거기에 단 주석 때문에 사람들의 마음을 끌어 크게 평판을 얻고 있다는 것을 가르쳐 주었다. 나는 그 소설을 대충 훑어보았을 뿐이어서 그런 주석이 있는 줄도 몰랐다. 오르모아 부인이 돌아가고 나서 나는 그 주석을 다시 읽어 보았다. 그 표현을 자세히 살펴보니 그제야 그녀의 방문이나 아첨, 서문의 불쾌한 찬사(讚辭)의 이유를 알 것 같았다. 그녀의 목적은 모두 그 주석을 내가 쓴 것처럼 일반 독자에게 인식시키기 위한 것이었다. 요컨대 그 주가 발표되었을 때에 저자가 받게 될지도 모르는 비난을 내가 뒤집어쓰도록 하기 위한 것이었다고 나는 판단했다.

나에게는 그런 소문이나 거기에서 생겨나는 잘못된 인상을 지울 방법이 없었다. 내가 할 수 있었던 것이라고는, 그 뒤 계속되는 오르모아 부인과 그 딸의 무익하고도 공공연한 방문을 거절하여 그런 소문을 막아 보려 노력하는 일밖에 없었다. 그래서 나는 그녀에게 편지를 썼다.

'루소는 어떠한 저작가와도 만나지 않기로 하고 있으므로, 오르모아 부인의 후의에는 감사드리는 바이오나 앞으로는 아무쪼록 방문하지 마시기를 감히 부탁드립니다.'

그녀는 답장을 보내왔다. 표면상으로는 아주 정중했지만, 그 표현은 이런 때에 내가 받은 다른 편지와 똑같은 것이었다. 그녀의 편지에 의하면 나는 그녀의 다감한 마음에 무참하게도 비수를 꽂은 모양이었다. 그리고 편지만 보면, 나에게 강렬하고 진지한 감정을 가졌던 그녀에겐 이 절교가 죽음만큼 괴로운 일로 다가왔다고 믿어 버릴 정도였다. 이와 같이 언제나 공정하고 솔직한 태도를 보이는 것은, 세상에서는 끔찍한 죄악으로 간주되어 버린다. 그러니 나 같은 사람은 나와 한 시대에 살아가는 사람들에겐 심술궂고 잔혹한 사람으로 비치는 것이겠지만, 실제로 내가 그들에게 지은 죄라곤 내가 그들과는 달리, 거짓말쟁이가 아니고 비겁한 사람도 아니라는 것뿐이다.

나는 벌써 여러 차례 밖을 나다니고 있었다. 가끔 튈르리를 산책하기도 했는데 거기서 만난 몇몇 사람들의 놀란 것 같은 눈빛에서 내가 알지 못하는 다른 소문이 나돌고 있다는 것을 알았다. 알고 보니 떠도는 말들로는 내가 그 개한테 떠받혔을 때 죽은 걸로 되어 있었다. 그리고 그 소문은 급속도로, 더구나 집요하게 퍼져 나갔다. 그래서 내가 이 사실을 알게 된 지 두 주일 뒤에는 궁정 내에서도 내 죽음이 확실한 사실로서 화제에 오를 정도였다. 친절하게도 어떤 사람이 보내 준 편지에 의하면 〈아비뇽 통신〉은 이 기뻐할 뉴스를 전하면서, 내가 죽고 나면 나를 추억할 조사(弔辭)로 쓰려고 준비해 둔 오욕과 비방의 공물(貢物)을 게재하기를 잊지 않았다는 것이었다.

이 뉴스에는 더욱더 기괴한 사실이 덧붙여져 있었는데, 내가 그것을 알게 된 것은 아주 우연한 일에서였다. 그러나 상세한 내용은 알 수가 없었다. 그 뉴스는 내 집에서 발견될 원고의 인쇄에 대한 예약 접수를 출판사들이 받기 시작했다는 사실이었다. 나는 이 일로 내가 죽으면 곧 내가 쓴 것으로 전해질 거짓 원고 뭉치가 준비되어 있음을 알게 되었다. 사실 발견되는 원고를 그대로 인쇄할 리 없다는 것쯤은 상식 있는 사람이라면 누구나 알 것이다. 나는 이 점을 15년 동안의 경험을 통해 뼈에 사무치도록 배웠다.

차례차례 깨닫게 된 이러한 사실들과 그 밖에도 놀라운 일들이 끊이지 않았기 때문에, 잠잠하던 상상력이 또다시 고개를 들기 시작했다. 나를 둘러싼 채 점점 짙어지는 컴컴한 어둠은, 어둠에 대한 타고난 나의 공포심을 되살아나게 했다. 나는 모든 것을 이리저리 탐색하고 도무지 이해할 수 없는 비밀들을 해명하려고 애를 쓰다가 녹초가 되어 버렸다. 많은 수수께끼에 도전해 봤자 결과는 늘 같아서, 이전의 모든 결론을 확증하는 것밖에 되지 않았다. 즉 나 자신의 운명도, 나에 대한 미래의 평판도 모두 현대 사람의 의견에 따라 정해지는 것이기 때문에 내가 아무리 발버둥을 쳐 봤자 거기서 벗어날 수는 없었다. 그것은 어떠한 위탁물도 그것을 다음의 시대로 넘기려면, 아무래도 먼저 이 시대에 있으면서 그 물건을 없애 버리려는 자들의 손을 통하지 않을 수 없기 때문이다.

그러나 이번에는 그 이상의 것이었다. 그렇게도 많은 우발적인 사건이 터지고 나에 대한 가장 지독한 적들 모두가 행운의 여신의 가호를 받고 있다는 것, 또한 국가를 통치하고 있는 모든 사람들, 여론을 이끄는 사람들, 지위 있는 사람들, 세상의 신용 있는 사람들, 이러한 모든 사람들이 마치 나에게 무슨 비밀스런 증오를 품고 있는 사람들 가운데서 뽑혀 오기라도 한 것처럼 공동의 음모에 협력하고 있다는 것, 이와 같은 전면적인 일치는 순수한 우연으로 생각하기에는 너무나도 비정상적인 일이다. 한 사람이라도 이 음모에 가담하기를 거부하고, 하나라도 이 음모에 반하는 사건이 일어나고, 또 장애가 될 단 한 가지 돌발 상황만 있었어도 이 음모는 실패했을 것이다.

모든 의지와 숙명과 우연과 사건이 이토록 맞아떨어지다니. 그것은 이미 인간의 영역이 아니었다. 기적이라고도 생각할 만한 놀라운 협력을 볼 때, 나는 그 성공이 영원한 신(神)의 법령에 기록되어 있었던 것은 아니었는가 의심하지 않을 수 없다. 과거의 일이건 현재의 일이건, 수많은 여러 가지 관찰을 함으로써 나는 이 생각에 확증을 얻었다. 그 결과 지금까지 인간의 사악함의 산물로밖에 생각해 보지 않았던 그 소행을, 앞으로는 인간의 이성(理性)이 헤아릴 수 없는 하늘의 이치로 생각하지 않을 수 없게 되었다.

이 생각은 나에게 잔혹한 것도 고통스러운 것도 아니며, 오히려 나를 위로해 주고 마음을 가라앉혀 주며, 또 쉽사리 체념의 경지로 이끌어 준다. 그러나 나는, 신의 뜻에 따른 것이라면 비록 지옥에 떨어져도 위안을 받았을지 모르는 성 아우구스티누스와는 다르다. 나의 체념은 솔직하게 말해서 좀더 이기적인 근원에서 솟아난 것이다. 그러나 그 근원은 마찬가지로 깨끗하며 내게는 내가 숭배하는 '완전한 존재'에 훨씬 잘 어울린다고 생각되는 근원에서 솟아난 것이다.

신은 정당하다. 그분은 내가 괴로워하기를 바라고 있다. 그러나 내가 결백하다는 것을 알고 있다. 바로 이것이 내가 그분을 신뢰하는 이유이다.

나의 마음과 이성은 이 신뢰가 나를 속이는 일은 없을 것이라고 외치고 있다.

그러니 인간들이나 운명이 하는 대로 몸을 맡기고 있자. 불평을 하지 않고 견디는 것을 배우자. 모든 일은 결국 질서를 찾을 것이니, 언젠가 내 차례도 올 것이다.

세 번째 산책

"나는 하루하루 배우면서 늙어 간다."

솔론은 나이 들어 곧잘 이 시구를 되풀이하곤 했다. 이 시구는 노년의 나에게도 역시 의미를 가지고 있다. 그러나 내가 이 20년 동안의 경험에서 얻은 지식이란 참으로 슬픈 것이다. 모르는 것이 차라리 좋을 정도이다. 불운(不運)은 확실히 위대한 교사이나 그 수업료가 너무 비싸다. 그래서 때때로 거기서 얻은 이익은 투자한 비용에 미치지 못한다. 거기다가 이런 만학의 경우, 지식을 손에 넣기 전에 벌써 그 지식을 사용하는 데 적절한 시기는 지나가 버린다. 젊은시절은 지혜를 배우는 시기이고, 노년은 그것을 실천에 옮기는 시기이다. 경험이 언제나 무엇인가를 가르쳐 준다는 말은 나도 인정한다. 그러나 경험은 내 앞에 펼쳐진 남아 있는 삶에만 적용될 뿐이다.

막상 죽어야만 할 때에 그제야 어떻게 살아야 했던가를 배운다면, 과연 그것이 시기에 적합한 지식일까?

나의 운명과 그것을 쥐락펴락하는 타인의 정념에 관하여, 이렇게도 늙어서, 더구나 이렇게도 고생하면서 얻은 지식이 도대체 무슨 소용이 있다는 말인가? 사람들은 나를 비참한 구렁텅이로 밀어 넣었고, 나는 그 고통을 제대로 간파하기 위해 인간이라는 것을 더 잘 알게끔 배웠을 뿐이다. 그 지식은 그들의 모든 함정을 발견하게 해 주었지만 어느 것 하나도 피할 수 있게 해 주지는 못했다. 그 얼빠진, 그러나 기분 좋은 신뢰라는 것 속에 어째서 나는 계속 남아 있지 않았던가. 신뢰 때문에 나는 몇 년이나 걸쳐서 야단스러운 친구들의 미끼가 되고 노리개가 되어 왔는데, 나는 그들의 모든 음모에 휩싸이면서도 한 가지 의혹도 품지 않고 지내 왔던 것이다. 내가 그들에게 배반당하고 그들의 희생이 되어 온 것은 사실이다. 그런데도 나는 그들로부터 사랑받고 있다고 믿고, 내 마음은 그들이 준 우정을 즐기며, 또 그들도 나와 같은 우정을 가지고 있다고 믿었던 것이다. 그러나 이러한 달콤한 환상은 깨졌다. 시간과 이성(理

性)이 분명하게 해준 슬픈 진실 덕분에 나는 자신의 불행을 느끼고, 그 불행에서 벗어날 수 없다는 사실과 체념 이외의 길은 남겨져 있지 않다는 것을 깨달았다. 따라서 내가 이 나이가 되어 얻은 모든 경험은, 지금의 나에게는 아무런 소용도 없고 또 미래에도 이로울 것이 없는 셈이다.

우리는 태어나자마자 경기장으로 들어가서 죽을 때에나 거기에서 나온다. 경기가 다 끝나가는 판에 전차를 더 잘 조종하는 방법을 배워 본들 무슨 소용이 있단 말인가? 이제는 어떻게 그 경기장을 잘 빠져나갈 것인가를 생각하는 일밖에 남아 있지 않다. 만일 노인에게 아직도 배울 것이 남아 있다면 단 한 가지, 죽는 것을 배우는 일이다. 그렇지만 나 정도의 나이가 된 사람들이 무엇보다도 게으름을 부리는 것이 바로 이 일이다. 사람들은 온갖 것을 다 생각하면서도 이 일만은 제외한다. 노인은 아이들 이상으로 삶에 집착하고, 청년들보다 훨씬 더 못마땅한 얼굴로 마지못해 삶을 마감한다. 왜냐하면 그들의 모든 일이 그 삶을 위한 것이었는데, 마지막에 이르러서야 비로소 자기네의 노력이 허무하다는 것을 알았기 때문이다. 그들의 모든 노고, 재산, 부지런히 일한 작업의 성과, 이런 것들도 그들이 죽을 때는 모두 버리고 가야만 한다. 그들은 살아 있는 동안 죽을 때에 가지고 갈 수 있는 것을 손에 넣을 생각은 조금도 하지 않았던 것이다.

이러한 모든 것을 내가 자신에게 말하고 있는 것은 벌써 그것을 말할 때가 왔기 때문일 뿐이다. 그리고 이와 같은 반성으로 내가 좀더 많은 이익을 얻지 못했다 하더라도, 그것은 내가 제때 반성을 하지 않았기 때문이라든가 충분하게 그것들을 소화하지 못했기 때문은 아니다. 어려서부터 세상의 소용돌이 속에 던져진 나는 경험을 통해 일찍부터 내가 그런 곳에서 살기에는 적당치 않다는 것, 그리고 거기서는 내 마음이 추구하고 있는 상태에는 결코 도달할 수 없다는 것을 알았다. 그래서 인간들 사이에서 행복을 구할 수 없음을 깨달은 내가 그런 행복을 찾아내는 일을 단념하자, 강렬하게 타오르는 나의 상상력은 갓 시작된 내 삶의 공간을 마치 아무런 상관도 없다는 듯 뛰어넘어, 내가 살 수 있는 평온한 곳에서 휴식하려고 마음먹은 것이었다.

이 감정은 어려서부터 교육으로 길러지고, 내 삶에 걸쳐서 오래오래 아로새겨진 고난과 역경으로 강화되었다. 이 감정이 언제나 나로 하여금 내 존재의 본질과 그 운명을 남다른 흥미와 주의를 기울여 탐구하게 한 것이었다. 나는 나보다 훨씬 더 학자답게 철학을 하는 사람들을 많이 만났지만, 그들의 철학이란 그들에겐 아무 상관도 없는 것이었다. 남보다 박식하기를 바라는 그들은, 단순한 호기심으로 우주를 연구하고 그 구조를 밝히려 한다. 마치 어떤 기계가 눈에 띄면 호기심에 사로잡혀 그것을 살펴보듯이. 그들은 인간성을 연구하긴 하지만, 그것은 학자답게 말하고 싶어서 그러는 것이지 자기 인식을 위해서는 아니다. 그들은 남을 가르치기 위해서 공부를 할 뿐 자기의 내면을 밝히려고 하지는 않는다. 그들 가운데 대부분은 책을 내는 일밖에 생각지 않으므로 세상에 평판만 나게 되면 어떤 책이라도 상관이 없는 것이다. 책이 만들어져서 출판만 되면 그만이지 내용 따윈 아무래도 좋은 것이다. 그저 남에게 그 책을 받아들이게 하고, 또 공격을 받는다면 변호를 하는 일만이 중요한 것이다. 그뿐만 아니라 거기서 무엇이고 자기 자신에게 도움되는 것을 끄집어낼 필요도 없고, 반박만 당하지 않는다면 내용의 진위(眞僞) 때문에 골머리를 앓을 것도 없다고 생각한다.

그러나 나의 경우, 내가 배우고자 마음먹은 것은 나 자신을 알기 위해서이지 남에게 가르치기 위해서는 아니었다. 나는 전부터 늘 이렇게 생각하고 있었다. 남을 가르치려면 먼저 자기가 충분히 알아야만 한다고. 그리고 내가 인간들 속에 살면서 행하고자 한 연구는, 내가 인적이 없는 섬에 갇히었다 하더라도 여전히 그곳에서 혼자 연구를 계속하였을 게 틀림없는 것들이 대부분이었다. 사람이 해야 할 일은 사람이 믿어야만 하는 것에 주로 좌우된다. 자연의 일차적인 요구와 상관이 없는 모든 것에 있어서는 우리들의 의견이 바로 행동의 기준이 된다. 이것이 변함없는 나의 원칙이었기 때문에 이것에 의거하여 나는 자주, 그리고 오랫동안 내 일생을 어떻게 보내야 할지 알기 위해 삶의 참된 목적을 이해하고자 노력했다. 그러나 이 목적을 이 세상에서 구해선 안 된다고 깨달은 나는, 곧 내가 이 세상을 잘 처세해 나갈 능력을 갖지 못하였다 하더라도 그다지 슬퍼할 것이 못 된다고 생각하게 되었다.

바르고 경건한 가정에 태어나 나중에 슬기롭고 신앙심이 돈독한 선교사 집에서 평화롭게 자라난 나는, 어려서부터 수많은 교훈과 격언을 배웠다. 어떤 사람들은 그것을 편견이라 부를지 몰라도 그것은 평생을 통해서 내 곁에 머물렀다. 아직 어렸을 때 나는 나 자신에 열중하고 애정에 끌리고 허영에 빠지고 간절한 소망을 품고서, 또는 필요에 사로잡히어 가톨릭 신자가 되었지만, 나는 언제나 그리스도 교인이었다. 얼마 안 가 관습에 져 버린 내 마음은 성의를 가지고 새로운 종교에 애착을 느꼈다. 바랑 부인의 가르침과 본보기가 이 애착을 한층 더 공고히 했다. 젊은시절의 전성기를 보낸 전원(田園)의 고독, 깊이 열중했던 훌륭한 서적은 그녀 곁에 있으면서 사랑의 감정을 구하는 나의 타고난 경향을 높여 주어 나를 페늘롱(사상가, 1651~1715)에 걸맞는 신앙가로 만든 것이었다. 은신처에서의 명상, 자연 연구, 우주 관찰은 고독한 자의 마음을 끊임없이 조물주에게로 향하게 하여, 그의 눈에 비치는 모든 것의 마지막과 그 몸으로 느끼는 모든 것의 원인을 탐구케 했다.

운명이 또다시 나를 세상의 격류(激流)에 내던졌을 때, 나는 이제 거기서는 한순간도 내 마음을 위로해 줄 것을 찾지 못했다. 그 기분 좋은 한가한 시절을 애석해하는 마음은 어딜 가나 따라다녀서, 나는 손 닿는 곳에 놓여진 행운과 명예를 붙잡는 수단에 무관심과 혐오를 던지게 되었다. 불안정한 희망을 지닌 채 진정을 못했던 나는 거의 아무것도 희망하지 않고, 아주 하찮은 것밖에 손에 넣지 않았다. 그리고 영달(榮達)의 각광을 가까스로 받기 시작했을 때마저도, 비록 내가 구하고자 바라던 모든 것이 손에 들어온다 할지라도 내 마음이 갈망하고 있는 행복—그 정체는 확실치 않지만—은 거기서 찾아내지 못할 것이라고 느끼고 있었다.

이처럼 모든 것이 나의 애정을 이 세상에서 떼어 놓으려 했다. 나와 이 세상의 인연을 완전히 끊어 버린 불행이 오기 전에도 그랬다. 나는 이렇게 해서 마흔 살이 되었는데, 그때까지 곤궁과 행운의 사이, 지혜와 미망(迷妄)의 사이를 이리저리 헤맸다. 나는 마음에 아무런 나쁜 버릇도 없는데 습관에서 오는 악습에 싸여서 자신의 이성으로 정한 원칙도 없이 되는 대로 살며, 의무를 경멸하는 것은 아니지만 그것을 소홀히 하기도 하고 충분히 인식하지 않기도 했다.

젊은시절부터 나는 이 마흔 살이라는 시기를 성공을 위한 노력의 마지막 지점으로 정하고, 그때가 내 모든 포부의 한계라고 생각하고 있었다. 이 나이에 이르면 그때 어떤 처지에 놓여 있더라도 거기서 벗어나려고 버둥대지는 않으리라. 그 뒤는 장래 따위는 신경 쓰지 않고, 남은 나날을 그날그날 즐겁게 지내리라고 단단히 작정하고 있었다.

마침내 그때가 왔을 때, 나는 쉽사리 이 계획을 실행했다. 그 무렵 나의 행운은 더욱 강해지고 있는 것 같았는데, 나는 아까워하지도 않고 오히려 기쁨까지 느끼면서 그것을 내버렸던 것이다. 이러한 모든 유혹, 모든 허무한 희망에서 해방된 나는 가장 좋아하고 예전부터 변함 없이 추구했던 평온한 생활과 정신적 휴식에 몸을 맡긴 것이었다.

나는 사교계와 그 화려한 생활을 떠나면서 모든 장신구를 버렸다. 검(劍)도, 시계도, 흰 양말도, 금으로 번쩍거리는 물건도, 머리 장식도 버리고, 다만 간단한 가발과 모직물로 된 두툼한 옷만 남겼다. 그리고 그뿐만 아니라 내가 버린 모든 것을 무슨 가치 있는 것으로 보이려는 탐욕이라든가 갈망을 마음으로부터 뿌리뽑아 버렸다. 나는 그즈음 내가 차지하고 있던 지위도 버렸다. 그것은 나에겐 전혀 어울리지 않는 것이었다. 그리고 나는 한 페이지에 얼마씩 받으며 악보를 베끼기 시작했는데, 그것은 내가 전부터 취미로 삼고 있던 일이었다.

이 개혁은 외적인 것에만 머무르지 않았다. 힘들었던 외적 개혁보다 더 힘이 드는, 그러나 더욱더 중요한 사상 개혁이 필요하다고 느끼고 있었다. 그래서 두 번 고생은 하지 않으리라고 결심한 나는, 나의 내면을 엄격히 검토하여 앞으로의 내적 생활을 통제하고, 감추고, 그렇게 함으로써 죽음이 임박했을 때는 내가 원하는 경지에 이르고 싶다고 생각했던 것이다.

나의 내부에 일어난 대혁명, 나의 눈앞에 펼쳐진 새로운 도덕의 세계. 이런 것들 때문에 얼마나 괴로워하게 될지는 예측하지 못했지만, 내가 이미 그 부조리를 느끼기 시작하고 있던 사람들의 몰상식한 비판, 그 공기를 쐬기만 해도 불쾌감을 느꼈던 문학적 명성과는 다른 행복감으로 커져 가는 욕구, 그리고 앞으로의 여생을 위해서 내가 지금까지 지내온 화려한 반생(半生)의 길과는 다른 더 확고한 길을 구하고자 하는 소망, 이러한 모든 것이 오래전부터 내가 필요하다고 느끼고 있었던 검토를 하도록 나를 몰아갔다. 그래서 나는 그 계획을 수행하기 위하여 내 힘으로 할 수 있는 것은 하나도 소홀히 하지 않았다.

내가 완전히 세상을 포기하고 고독을 향한 갈망을 품기 시작한 것은 바로 이 무렵이다. 내가 계획한 일은 절대적으로 은둔 생활에서밖에 이룰 수 없는 것이었다. 그것을 이루려면 깊고 조용한 명상이 필요한데, 소란스런 인간 사회는 그 일을 허락하지 않았다. 그래서 나는 당분간 지금까지와는 다른 생활 방식을 택하지 않으면 안 되었다. 그러나 곧 그 생활은 내 마음에 들었다. 그 뒤

극히 짧은 동안 부득이한 사정으로 중단되긴 했지만, 나는 또다시 기꺼이 그 생활로 되돌아갔다. 나는 아무 고통없이 거기에 틀어박혀 지냈다. 그래서 사람들이 나를 혼자서 지내게 만들었을 때도, 나는 그들이 나를 비참하게 만들려고 격리한 것은 실은 나 혼자의 힘으로는 도저히 만들어 내지 못했던 행복을 만들어 준 것이라고 생각한 것이었다.

나는 그 사항의 중요성이나 뼈저리게 느껴지는 요구에 걸맞는 열정을 불태우며 내가 계획한 일에 몰두했다. 그 무렵 나는 고대의 철학자와는 동떨어진 현대의 철학자들과 함께 지내고 있었다. 그들은 나의 의문을 풀어 주고 결단을 내려 주기는커녕, 내가 가장 알고자 하고 또 믿고 있었던 모든 확신까지 흔들어 놓고 말았다. 왜냐하면 무신론의 열성적인 포교자이고 독선적인 독단가이기도 했던 그들은, 어떤 일이든지 남이 자기네와 다르게 사물을 생각하는 것에 화를 냈기 때문이다.

논쟁하기를 싫어했고 또 논쟁을 벌일 재능도 없었던 나는 대개 수동적 태도를 취했다. 그러나 나는 그들의 한심스러운 교리는 결코 받아들이지 않았다. 그래서 그들같이 도량이 좁은, 게다가 나와 다른 견해를 가지고 있던 사람들에 대한 나의 저항은 그들의 증오를 돋우는 데 적지 않은 원인이 되었다.

그들은 나를 설복하지는 못했지만 나를 불안하게 했다. 그들의 논지는 나를 납득시키지는 못했지만 나를 흔들어 놓고 있었다. 나는 그에 대하여 훌륭한 대답을 찾진 못했으나 틀림없이 찾아낼 수 있을 것 같은 생각이 들었다. 나는 내가 틀렸다고는 생각하지 않았다. 다만 자신의 무능을 탓했다. 그리고 내 마음은 이성보다 잘 그들에게 대답하고 있었다.

마침내 나는 스스로에게 이렇게 말했다. 나는 말솜씨 좋은 그들의 궤변에 영원히 희롱당해야만 하는 것일까? 그들이 설명하는 의견, 그렇게도 열심히 남에게 강요하는 의견이 정말로 그들 자신의 의견인지 나는 아무래도 확신을 가질 수가 없다. 그들의 교의(教義)를 지배하고 있는 열정이나 이것저것을 믿게 하려는 그 이해타산 때문에, 그들이 도대체 무엇을 믿고 있는지 추측할 수도 없을 지경이다. 당파의 우두머리들에게 성의를 바라는 것은 가능한 일일까? 그들의 철학은 나와는 다른 자들을 위한 것이다. 나에게는 나의 철학이 필요하다. 여생에서 쓸 확고한 행동 기준을 가지기 위하여 아직 시간이 있는 동안에 온 힘을 다해서 그것을 탐구하자.

이제 나도 성숙하고 사리 판단을 잘할 수 있는 나이이다. 그렇지만 인생의 내리막길에 이르고도 있다. 이 이상 기다리며 여러 가지 궁리을 하다가는 나의 모든 능력도 못쓰게 되고 말 것이다. 나의 지식도 활동력을 잃어버려서, 지금 같으면 최선의 노력을 기울여서 할 수 있는 일도 하지 못하게 될 때가 올 것이다. 이 기회를 붙잡자. 지금이야말로 나의 외적인, 물질적인 생활을 개혁할 때이다. 아무쪼록 이것이 동시에 나의 지적이고 도덕적인 개혁의 시기가 되어주기를 바란다. 신념을 가지고 자신의 사상과 원칙을 확립하자. 그리고 잘 생각한 뒤에 얻은 결론대로 나의 여생을 보내자.

나는 이 계획을 천천히 여러 번 되풀이하면서, 나로서 할 수 있는 모든 노력과 주의를 기울여서 실행했다. 내 여생의 평온도, 내 모든 운명도 모두 이 계획에 달려 있다고 나는 절실히 느끼고 있었다. 처음에는 많은 장애와 곤란, 방해, 곡절, 암흑 같은 미궁에 빠져들어 몇 번이나 모든 것을 포기해 버리려고 했다. 그렇게 허무한 탐구는 단념하고, 세상의 일반적 분별에 맞춰 내 고찰 대상을 한정하여, 어떻게 해명하려 해도 밝힐 수 없는 원칙 같은 것에서는 기준을 추구하지 않겠다고 마음먹었던 것이다. 그러나 그 분별이라는 것이 이미 나에게는 상관이 없고, 그것을 손에 넣을 재간도 없었다. 따라서 그런 것을 길잡이로 삼는다는 것은 폭풍우 치는 바다에서 키도 나침반도 없이 도저히 다가갈 수 없는 등대를, 그것도 아무 항구도 가리켜 주지 않는 등대를 찾는 것과 다름없는 일이었다.

나는 버티었다. 난생 처음 용기를 냈다. 그리고 그 성공 덕분으로 나는 그 무렵부터 앞날을 모르는 채로, 나에게 덮쳐 올 끔찍한 운명을 견뎌 낼 준비를 할 수 있었다. 아마도 지금까지 누구도 수행하지 않았을 열렬하고도 가장 진지한 탐구를 한 끝에, 나는 내가 가져야만 할 모든 사상을 확고하게 결정한 것이다. 그래서 나는 그 결과에 잘못이 있었다 할지라도 적어도 그 오류가 나의 잘못은 아니라고 확신하고 있다. 그 까닭은 오류를 피하려고 나는 모든 노력을 기울였기 때문이다. 어쩌면 유년 시절의 편견과 내 마음의 은밀한 소원이 나에게 가장 위안이 되는 방향으로 저울의 접시를 기울게 했을지도 모른다. 아니, 실제로 그럴 것이다. 사람은 열렬히 원하는 것을 믿지 않을 수 없는 법이다. 그리고 저세상에서의 심판을 인정하느냐 하지 않느냐에 따라, 대부분의 사람들이 희망이라든가 두려움에 대한 신념을 결정한다는 것을 누가 의심할 수 있겠는가. 그러한 모든 것들이 나의 판단을 혼동스럽게 했다는 점은 인정하나, 그렇다고 해서 나의 성실성이 변하지는 않는다. 왜냐하면 나는 무엇보다도 속는 것을 두려워하고 있었기 때문이다. 만약 모든 것이 이 세상에 한정된다면, 나에게 중요한 것은 그것을 아는 일이고, 또 시간이 있을 동안 최상의 이익을 끄집어내서 완전하게 속지 않도록 해야 했을 것이다. 그러나 그 무렵 내 마음의 움직임으로 봐서 이 세상에서 가장 두려워해야 했던 것은, 나로서는 결코 큰 가치 있는 것이라고는 여겨지지 않았던 이 세상의 행복을 누리려고 영혼의 영원한 운명을 위태로운 것으로 만들어 버리는 일이었다.

좀 더 고백을 하자면 나도 애를 먹고 있던 어려운 문제, 우리 철학자들이 귀에 못이 박히도록 자주 말하던 어려운 문제들을 언제나 만족할 만큼 해결하지는 못했다. 그러나 사람의 지혜로 거의 손댈 수 없는 문제에 관해서 최종적으로 자신의 생각을 분명히 하려고 결심을 하면서도, 나는 한편으로는 여러 곳에서 알 수 없는 신비와 풀 수 없는 이론(異論)에 부딪칠 때면 각 문제마다 직접적으로 가장 분명하다고 생각되는 의견, 즉 그대로 가장 믿을 만한 의견을 채택한 것이다. 그리고 나로서는 풀 수 없으며, 나와 반대되는 체계를 통해 형성된 강력한 다른 이론에 반격을 받을 만한 이론과는 관계를 갖지 않도록 했다. 이와 같은 문제에 대한 독단적인 태도는 거리의 약장수에게나 어울릴 것이다. 하지만 나는 어떻게든 자기 의견을 가져야 했다. 이 경우 될 수 있는 한 성숙한 판단을 가지고 선택하는 것이 중요하다. 그렇게까지 하고도 오류에 빠진다면, 정당한 의미에서 우리는 벌을 받을 이유가 없을 것이다. 우리에겐 죄가 조금도 없는 것이니까. 이것이 나를 안심시키는 기초가 되는 움직일 수 없는 원칙이다.

괴로운 나의 탐구 결과는 그 뒤 '사보아 신부의 신앙 고백'에 쓴 대로이다. 이 작품은 그즈음 사람들로부터 부당하게 비방당하고 매도되었지만, 어느 날엔가 사람들의 마음에 양식(良識)과 건전한 신앙이 되살아 난다면, 사람들 사이에 혁명을 일으킬 수도 있을 것이다.

이후 그토록 오랜 명상 뒤에 채택한 원칙에 조용히 몸을 기댄 나는, 그것을 행동과 신념의 움직일 수 없는 기준으로 삼았다. 그리고 지금까지 해결하지 못하고 있던 이론에도, 또 이따금 고개를 드는 예상하지 못했던 이론에도 이제는 불안을 느끼지 않았다. 그것들이 이따금 나를 불안하게 하는 일도 있긴 있었지만, 나의 확신을 흔들어 놓지는 않았다. 나는 늘 이렇게 다짐하곤 했다. 그러한 것은 모두 쓸데없는 변명이고 형이상학적인 잔재주 같은 이론(理論)이며, 내 이성이 채택하고 마음이 확인하고 모든 것이 침묵 속에서 찬성의 각인을 찍은 근본 원칙에 비한다면 아무런 중요성도 없다. 인간의 오성(悟性)을 훨씬 웃도는 문제에 있어서 내가 해명할 수 없는 단 하나의 이론이, 이렇게도 단단히 결합된 교의(敎義)의 실체를 완전히 뒤집어 버리는 것일까? 그 교의는 그와 같은 명상과 배려로 형성되고, 나의 이성과 마음과 전 존재에 그렇게도 꼭 맞으며 다른 모든 교의에는 없다고 생각되는 내면의 일치를 통해 공고한 것으로 되어 있지 않은가.

그와 같은 공론(空論)은 내 불멸의 본성과 이 세상의 구조와 그것을 지배하고 있는 자연의 질서 사이에서 존재하는 일치를 파괴하지는 못한다. 그것에 대응하는 도덕적 질서 속에서—그 체제는 내 탐구의 성과이지만—나는 자신의 비참한 생활을 지탱하기에 필요한 버팀대를 발견했다. 다른 어떠한 체계에 따라 생각해도 나는 구원받지 못할 것이고, 희망도 없이 죽어갈 것이다. 피조물 중에서도 가장 불행한 것이 되리라. 그러니 운명이나 인간들에겐 아랑곳하지 말고 나를 행복하게 해 주는 단 하나의 체계를 유지해 나가자.

이러한 숙고와 여기에서 *끄*집어낸 결론은 그 뒤에 나를 기다리고 있던 운명을 담담한 마음으로 받아들이고, 그것을 견뎌 낼 수 있도록 하늘이 내려 주신 것처럼 보이지 않는가? 나를 기다리고 있던 무서운 고통 속에서, 또 늘그막에 빠지게 된 믿을 수 없는 상황 속에서 나는 대체 어떻게 되었을까? 만일 집요한 박해자들로부터 벗어날 은신처도 없고, 이 세상에서 그들이 퍼붓는 치욕을 씻을 수도 없고, 또 받아 마땅할 정당한 심판을 받을 수 있다는 희망도 없이, 지상에서 어떠한 사람도 경험한 적이 없는 그런 끔찍한 상황에 완전히 몸을 맡겨야만 한다면 어떻게 되었을까? 내가 무심한 생활을 평화롭게 보내며 사람들이 나에게 존경과 호의를 보여 준다고 믿고 있을 때, 그리고 개방적이고 남을 잘 믿는 내 마음이 친구나 동포들에게 속내를 보여 주고 있을 때에, 배반자들은 지옥의 밑바닥에서 달군 쇠올가미를 가지고 몰래 나를 얽어매 버리려 한 것이다. 나는 모든 불행 가운데에서 가장 뜻하지 않는 불행, 자존심 강한 이에게는 특히 무서운 불행을 만났다. 누구에 의해서인지도, 또 무엇 때문인지도 모르는 채 진흙 구덩이에 끌려 들어가 굴욕의 밑바닥에 빠지고 두려운 어둠에 휩싸인 나는, 첫 습격을 받고 완전히 쓰러지고 말았다. 만일 내가 이 구덩이에서 일어설 힘을 미리부터 비축해 두지 않았던들, 나는 이런 갑작스런 불행이 준 타격을 극복하지 못했을 것이다.

몇 년 간의 동요 끝에 가까스로 정신을 가다듬고 자기 반성을 시작하였을 때, 나는 역경을 위해 준비해 두었던 구원의 가치를 비로소 알았다. 판단을 내릴 필요가 있는 모든 것에 대해 결단을 내린 나는 내가 세운 규칙과 나 자신의 처지를 비교해 보고, 내가 사람들의 어리석은 판단이나 짧은 이 세상살이의 작은 사건들에 대해 그것들이 가지고 있는 의미 이상의 큰 뜻을 부여하고 있었음을 알았다. 이 인생이 시련에 불과하다면, 그 시련이 어떤 것이냐는 것은 문제가 아니다. 다만 거기서 그 시련이 목표하고 있었던 결과가 생기기만 하면 충분한 것이다. 따라서 그 시련이 크고 강렬하고, 더해지면 더해질수록 그것을 견뎌낼 수 있다는 것은 그만큼 나 자신에게 덕이 된다는 사실을 깨달았다. 아무리 큰 고통도, 거기에 크고 확실한 보상이 있다는 것을 알아차린 자 앞에서는 그 힘을 잃고 만다. 그리고 이 보상에 대한 확신이야말로 앞서 말한 명상에서 내가 얻어 낸 중요한 성과였다.

수많은 비열한 행동과 끝없는 모욕의 공격을 사방으로부터 받을 때, 이따금 불안과 의혹이 치밀어 올라와서 희망을 흔들어 놓고 내 마음의 평온을 어지럽힌 것은 사실이다. 내가 해결하지 못했던 유력한 이론들이 한층 더 근거 있는 것처럼 내 정신에 떠올라서, 운명의 무거운 짐을 견뎌 내지 못해 그야말로 절망에 빠져 버릴 것 같은 바로 그때 나를 완전히 쓰러뜨려 버리는 것이었다. 가끔 세상에서 두루 쓰이는 새로운 논증이 떠올라, 전부터 나를 괴롭히고 있던 논증을 돕기도 했다. 그럴 때 나는 질식할 듯 가슴이 답답해서 이렇게 혼잣말을 했다.

아아! 누가 나를 절망으로부터 구해 줄 것인가? 무서운 운명에 사로잡혀, 만일 내가 이성(理性)이 제공해 준 위안 속에서 이제는 환상밖에 보지 못한다고 한다면. 이처럼 이성이 나의 일을 엉망으로 만들고, 역경에 처한 나를 위해 준비해 둔 희망과 확신의 토대를 뒤엎어 버린다면. 이 세상에서 나에게만 위안이 되는 환상 같은 것이 무슨 도움이 될 수 있을까! 지금 세상 사람들은 내가 마음의 양식으로 삼고 있는 사상 속에서 오류와 편견밖에 보지 않는다. 그들은 나의 생각과는 반대되는 체계를 통해 진리와 분명한 증거를 발견하는 것이다. 그들은 내가 진지하게 자신의 체계를 채택했다는 것을 믿을 수조차 없는 것 같다. 실은 나 역시 모든 의지를 불어넣어 그 체계에 몰두하고 있는데도 거기서 해결 불가능하고 극복하기 어려운 문제를 발견한다. 그리고 그 어려운 문제들에 집착한다. 나는 사람들 가운데 단 한 명의 현자인 것일까? 단 한 명의 학식이 풍부한 사람인 것일까? 그것이 사실이라고 믿으려면, 그 해석이 내게 유리하다는 것만으로 충분할까? 다른 사람들의 눈엔 전혀 확고한 것으로 여겨지지 않는, 나 자신으로서도 내 마음이 이성을 지지해 주지 않는다면 허황된 망상으로밖에 비치지 않을지도 모를 표면적 사실을 아무런 의심 없이 신뢰해도 좋은 것일까? 내 허술한 규칙의 환영에 사로잡혀 박해자들의 공격에 시달리는 것보다는, 그들의 주장을 채택하여 같은 무기를 가지고 싸우는 편이 훨씬 더 낫지 않았을까? 나는 자신이 현명한 줄 알고 있지만 사실은 허무한 망상에 사로잡힌 어수룩한 자, 희생자, 순교자에 지나지 않는 것이다.

이런 의혹과 불신 때문에 나는 몇 번이나 절망에 빠질 뻔했는지 모른다. 만일 그런 상태에서 꼬박 한 달만 보냈어도 내 생활도, 나 자신도 끝장이 났을 것이다. 그러나 그런 위기가 전에는 꽤 자주 있었지만 언제나 짧게 끝났다. 지금도 나는 아직 그 위기에서 완전히 해방되어 있지는 않다. 그러나 그런 일은 아주 드물어졌고, 위기가 와도 곧 지나가 버리기 때문에 나의 안정을 어지럽히지 못한다. 그것은 아주 가벼운 불안이어서, 강물에 떨어진 깃털이 물의 흐름에 영향을 미치는 것만큼도 내 영혼에 영향을 주지 않는다. 이미 결정된 문제를 다시 검토하려면, 전에 탐색 중이었던 무렵보다 더 새로운 지식이나 더 확고한 판단력이나 진리에 대한 좀더 큰 열의가 이제는 필요하다. 그렇지만 지금의 나는 그 어느 것도 갖지 못했고 가질 수도 없으므로, 내가 혈기왕성하고 정신이 완전히 성숙했을 무렵, 평온한 생활을 누리며 진리만을 추구하던 그 시절에 철저히 검토를 해서 채택한 감정을 버릴 이유가 없다. 하물며 내가 절망으로 고통을 당하고 있을 때에 내 마음을 뒤흔들어 나의 비참함을 늘려 주었을 뿐인 의견을 왜 선택하겠는가.

마음은 고통으로 죄이고 영혼은 근심에 잠겨서 상상력은 말라 버리고 내 몸을 둘러싸는 수많은 무서운 비밀 때문에 머리가 어지러워진 오늘날, 노령과 고뇌 때문에 모든 기능이 쇠퇴하여 그 탄력을 잃어버린 오늘날, 나는 전에 준비해 두었던 모든 구원을 스스로 버리려는 것일까? 또한 스스로 견디고 있는 부당한 불행을 보상해 주는 젊은 날의 왕성하던 나의 이성을 믿지 않고, 까닭없이 내 몸을 불행하게 만들기 위해 쇠퇴하기 시작한 지금의 이성을 더 믿으려는 것일까? 아니, 그렇지는 않다. 나는 그런 중대한 문제에 대처할 태도를 정했을 때보다도 더 현명해지지도, 더 교양이 높아지지도, 또 더 성실해지지도 않았다. 오늘날 내가 고민하고 있는 문제를 그때 내가 몰랐던 것은 아니었다. 그 문제들은 나를 방해하지 못했다. 그리고 지금, 예전에는 생각해보지 않았던 문제가 나타나더라도 그것은 교묘한 형이상학의 억지에 지나지 않는다. 모든 시대에 모든 현자들에게 인정되고, 모든 국민에게 인정되고, 불멸의 글로 인간의 마음에 새겨진 영원한 진리를 흔들 수 없는 형이상학의 억지일 뿐이다.

나는 이런 문제들을 곰곰 생각하는 동안, 인간의 오성은 감각에 제한되어 있으므로 그 문제들을 전면적으로 이해한다는 것은 불가능함을 알았다. 그래서 나는 내 힘이 미치는 범위 안에 머물러서, 내 능력을 초월하는 곳에는 들어가지 않기로 했다. 이 결심은 합리적인 것이었다. 나는 이 입장을 전에 채택했는데, 이때 마음과 이성의 동의를 얻어서 자신을 거기에 머무르게 한 것이다. 오늘날 수많은 강력한 이유 때문이라도 나는 그 위치를 고수하고 있어야 하는데, 무슨 근거가 있어서 그것을 내버리려는 것인가? 이러한 태도를 계속 유지하는 데에 어떤 위험이 있다는 것인가? 그것을 버리는 데에 어떤 이익이 있는 것일까? 박해자들의 교의를 채택하고 그들의 도덕에 따르려는 것인가? 책이나 무대 위의 화려한 동작으로 그럴듯하게 표현은 하지만, 마음이나 이성에는 조금도 호소하지 못하는 그 근거도 없는 도덕에? 또는 그들 동료간의 비밀스런 교의가 존재하여 다른 교의는 가면으로서밖에 소용이 없으며, 그들의 행동지침이자 나에 대해 그토록 교묘하게 적용한 그 숨은 잔인한 도덕에? 이 도덕은 공격만 하는 것이어서 방어에는 아무짝에도 소용이 없고, 남을 공격하는 데에만 도움이 된다. 그들로 인해 궁지에 빠진 나에게, 어떻게 그런 도덕이 쓸모가 있겠는가? 내 마음이 결백하다는 것만이 불행 속에 있는 나를 떠받치고 있다. 만일 이 유일하지만 강력한 해결 수단을 버리고 대신 사악한 마음을 선택했다면, 나는 이보다 더 큰 불행을 겪어야 했을지 모른다. 남을 해치는 기술에 있어 내가 그들의 수준에까지 이를 수 있을까? 그것에 성공을 거두었다 하더라도, 내가 그들에게 가할 수 있는 고통이 나의 어떠한 고통을 덜어 준단 말인가? 나는 자존심을 잃을 뿐, 얻을 것은 하나도 없는 것이다.

이렇게 나 자신과 말대답을 한 결과 골치 아픈 논의에도, 해명을 할 수 없는 이론에도, 또 나의 능력을 웃돌고 십중팔구는 인간 정신의 능력을 웃돈다고 여겨지는 어려운 문제에도 이젠 나의 원칙이 흔들리지 않게 되었다. 내 정신은 내가 부여할 수 있었던 최대의 공고한 지반에 머무르면서 양심의 보호 아래 안주하는 데에 익숙해져서, 새것이나 옛것, 어느 것을 막론하고 아무리 낯선 이론도 이제 나의 안정을 단 한순간이라도 어지럽히지 못하게 되었다. 몸이 늙고 정신도 둔해져 버린 나는, 어떠한 추론을 통해 과거에 자신의 신념이라든 가 규칙을 세워왔는지조차 잊어버렸다.

그러나 나는 양심과 이성의 승인을 얻어 거기서 끄집어낸 결론은 결코 잊어 버리지 않을 것이고 앞으로도 그것에 따를 것이다. 철학자들은 모두 욕을 퍼 부으러 올 게 틀림없다. 하지만 그들은 시간과 노력을 헛되이 사용할 따름이 다. 나는 앞으로는 살아 있는 한 무슨 일이든지, 지금보다 현명한 선택을 할 수 있었던 시절에 선택한 결심을 유지해 나갈 작정이다.

이러한 태도에 안주하게 된 나는 스스로에 만족을 하고, 나 같은 처지의 사 람에게 필요한 희망과 위안을 거기서 발견한 것이다. 이처럼 완전하고 변하지 않으며 그것 자체로도 슬픈 고독, 세상 모든 사람들의 끝없는 격렬한 증오, 그 들이 끊임없이 퍼부어 오는 모욕, 이러한 것들이 때때로 나를 실의와 낙담에 빠지게 한다. 흔들리는 희망이나 용기를 잃은 의혹이 지금도 이따금 되돌아와 서는 나의 영혼을 어지럽히고 마음을 슬픔으로 가득 채우곤 한다. 그런 때에 자신을 안심시키기에 필요한 정신력이 부족한 나는, 아무래도 예전의 결심을 생각해 내지 않으면 안 되는 것이다. 그 결심을 했을 때의 깊은 생각이나 세밀 한 주의, 진솔한 마음이 그럴 때마다 추억이 되어 되살아나서 나에게 확신을 되찾게 해 준다. 이렇게 해서 나는 새로운 사상을 겉만 그럴싸하고 실은 내 평 안을 어지럽히는 데 불과한 불쾌한 잘못이라 믿으며 거부한 것이다.

이런 식으로 오래된 옛 지식의 좁은 범위에 발이 묶인 나는, 늙어가면서 나 날이 새로운 지식을 얻어간다는 솔론과 같은 행복을 가지지는 못했다. 오히려 나는, 앞으로 나로서는 충분히 알 수도 없는 점을 배워야겠다는 그런 위험한 궁리에 사로잡히지 않도록 하여야 한다. 그렇지만 내게 필요한 지식면에서는 손에 넣고자 할 만한 것이 거의 남아 있지 않다 하더라도, 내 처지에 필요한 도의 면에서는 매우 중요한 것이 남겨져 있다. 그런 면에 있어 나는 아직도, 앞으로도 영혼이 가지고 갈 수 있는 것을 가지고—육체에 의하여 눈이 가려져 장님이 된 영혼이 육체에서 해방되어 한 점 흐림도 없는 진리를 지켜보며, 우리들의 사이비 학자들이 그렇게도 허무하게 자랑하는 모든 지식의 비참함을 똑똑히 보았을 때에—영혼을 살찌우고 꾸며 나가야 할 것이다. 그때에 영혼은 헛된 지식을 얻으려다 이 세상에서 잃어버린 수많은 시간들을 생각하고 신음할 것이다. 그러나 인내, 온화한 마음, 체념, 청렴, 공평무사한 정의(正義) 같은 것은 모두 사람들이 자기와 더불어 가지고 갈 수 있으며 끊임없이 살찌울 수 있는 재산이므로, 죽음도 그 가치를 없애지는 못한다. 나는 이 단 하나의 유익한 연구에 나의 노후를 바칠까 한다. 만일 내가 나날이 진보에 진보를 거듭하여 이 세상에 들어왔을 때보다 덕이 훨씬 깊어져서 이 세상을 떠나는 방법을 배울 수가 있다면 얼마나 행복한 일일까. 좀더 선량한 사람이 되기까지는 바라지 않는다. 왜냐하면 그것은 있을 수 없는 일이니까.

네 번째 산책

지금도 이따금 읽고 있는 몇몇 책들 가운데 가장 흥미롭고 나에게 도움이 되는 책을 쓴 사람은 플루타르코스이다. 그의 책은 유년 시절에 처음 읽은 책이지만 또한 노년의 마지막 독서가 될 것이다. 플루타르코스는 나에게 읽을 때마다 무엇인가를 얻을 수 있게 한 오직 한 사람의 저자이다. 그저께 나는 그의 《윤리론》에 있는 '어떻게 하면 적으로부터 유익한 것을 끄집어 낼 수 있는가' 하는 논문을 읽었다. 바로 그날 많은 저자들이 보내온 몇 권의 책을 정리하는데, 로지에 신부의 잡지 한 권이 눈에 띄었다. 신부는 그 표제에 다음과 같은 말을 덧붙이고 있었다. '진실에 생명을 바치는 사람에게, 로지에'

이런 사람들의 표현에 너무나 익숙해져 있는 나는 이 말에 속아 넘어가진 않았지만, 그가 이런 정중한 투로 거짓말을 하면서 무언가 잔인한 반어를 나에게 퍼부으려고 하는 것을 은연중에 알 수 있다. 그러나 도대체 무슨 근거가 있어서 그런단 말인가? 어째서 이런 야유를 했을까? 그럴 만한 어떤 행동을 내가 했다는 걸까? 나는 그 훌륭한 플루타르코스의 교훈을 이용하여, 이튿날의 산책은 거짓말에 관해 스스로를 반성하는 데에 사용하려고 마음먹었다. 그리고 실제로 반성을 하면서 나는 델포이 신전의 '너 자신을 알라'라는 말을 《고백록》을 썼을 때에 믿었던 것처럼, 그것이 그리 쉽사리 실행될 수 있는 격언이 아니라는 확신을 더욱 견고하게 다졌다.

이튿날 그 결심을 실행하려고 거닐기 시작했다. 명상에 잠겼을 때 가슴에 떠오른 최초의 생각은 소년 시절에 했던 지독한 거짓말에 대한 것이었다. 이 추억은 평생토록 나를 괴롭혔다. 이미 다른 많은 일 때문에 여러 가지로 비탄에 잠겨 있는 내 마음을 더욱 슬프게 만들며 노년기인 지금까지도 끈질기게 되살아나고 있다. 이 거짓말은 그것 자체가 큰 죄악이었다. 그 결과 때문에 더욱더 큰 죄악이 된 게 틀림없다. 나는 그 결과를 결국 알 수 없었다. 다만 뉘우치는 마음으로 가득하다. 후회 때문에 나는 온갖 잔혹한 결과를 떠올려야 했다. 그러나 그 거짓말을 했을 때의 내 마음만 헤아려 본다면, 그 거짓말은 수줍음의 결과에 지나지 않으며 희생이 된 이에게 해를 끼치려는 의도를 가졌던 것은 절대로 아니었다. 그렇기는커녕 나는 하늘에 맹세코 잘라 말할 수 있다. 어쩔 수 없었던 수치심에 거짓말을 한 순간에도, 그 결과를 나 혼자에게 돌릴 수만 있었더라면 나는 기꺼이 내 모든 피를 흘리기를 마다하지 않았을 것이라고. 나는 설명할 수 없는 착란상태에 있었기 때문에, 그 순간 나의 내성적인 성질이 마음 깊은 곳의 모든 소원을 눌러 버린 것 같다고 말할 수밖에 없다.

이 불행한 행위에 대한 추억과 그것이 마음에 남기고 간 지울 수 없는 후회는 나에게 거짓에 대한 공포를 안겨 주었고, 그 뒤의 생애를 통해서 쭉 그 악덕으로부터 내 마음을 지켜 주었다. 내가 그 격언을 들었을 때, 나는 내가 격언에 어울리는 사람이라고 생각하고 있었다. 그리고 로지에 신부의 말에 따라 좀더 더 진지하게 나 자신을 돌이켜보았을 때에도 나는 역시 그에 어울리는 인간이라는 것을 의심치 않았다.

그래서 나라는 사람을 더 자세하게 살펴본 결과, 나는 내가 진실에 대한 사랑을 자랑스럽게 여기고, 사람들 가운데 오로지 공평한 태도를 유지하며 진실을 위해서는 몸의 안전도, 이해관계도, 내 생명까지도 희생으로 삼고 있었을 때, 한편에서는 같은 무렵에 수많은 조작된 말을 남에게 하고 있었던 것을 떠올리고 깜짝 놀랐다.

가장 나를 놀라게 한 것은, 그런 날조된 사실들을 떠올려도 내가 아무런 후회를 느끼지 않았다는 점이다. 허위에 대한 공포를 조금도 떨치지 못하는 나, 하나의 거짓말을 피하기 위해 필요하다면 형벌도 받아들이는 내가, 아무런 필요도 없고 이익도 없는데 그렇게 아무렇지 않은 듯이 거짓말을 하고 있었다는 것은 정말 불합리한 일이 아닐 수 없다. 또 조금의 후회스런 감정도 느끼지 않는다는 것은, 한 가지 거짓말 때문에 50년 동안이나 괴로워해 온 나로서는 정말 이해할 수 없는 모순이 아닐 수 없다. 나는 자신의 과오를 모른 척하는 철면피는 아니었다. 도덕 본능은 언제든지 나를 선한 길로 인도해 주었고, 나의 양심은 타고난 티 없는 모습을 유지하고 있었다. 이기심 때문에 변질되었다 하더라도, 정욕의 힘에 어쩔 수 없이 굴복한 사람이 적어도 인간의 약함이라고 변명할 수 있는 경우에도 그 공정함을 유지하고 있었던 양심이, 덕없음이 어떤 변명도 할 수 없는 이해관계에서 벗어났을 경우에만 어떻게 그 공정성을 잃어

버릴 수 있단 말인가? 나는 이 문제의 해답은 이 점에 관해 내가 자신에게 내려야 할 판단의 정당성에 달려 있음을 알았다. 그리고 충분히 검토한 결과, 나는 그것을 다음과 같이 설명할 수 있게 되었다.

어떤 철학 서적에서 거짓말을 하는 것은 드러내야 할 진실을 감추는 일이라고 씌어 있는 것을 읽었던 생각이 난다. 이 정의(定義)에 따르면, 말할 필요가 없는 진실에 대해 잠자코 있는 것은 거짓말을 하는 것이 되지 않는다. 그러나 이 경우 진실을 말하지 않고 그 반대를 말한다면 그 사람은 거짓말을 한 것이 될까, 아니면 거짓말을 안한 것이 될까? 정의에 따른다면 그 사람이 거짓말을 했다고는 말할 수 없을 것이다. 왜냐하면 어떤 사람이 자기가 빚을 지고 있지 않은 사람에게 가짜 돈을 주었다면, 어쩌면 그 상대를 속인 것이 될지는 몰라도 그에게서 돈을 훔친 것은 아니기 때문이다.

여기서 검토해야 할 두 가지 문제가 생긴다. 그것은 둘 다 매우 중요한 문제이다. 첫째는, 사람은 언제나 진실을 말할 필요는 없으므로, 만일 진실을 말한다면 언제 어떻게 해야 하는가이다. 둘째는 남을 속이는 일이 죄가 되지 않는 경우가 있는가이다. 이 두 번째 물음의 답은 분명하다. 나도 그것을 잘 알고 있다. 가장 엄격한 도덕이라도 아무런 고통 없이 실천할 수 있는 저자의 책에서는 부정적이지만, 책 속의 도덕 같은 것은 실천할 수 없는 잔소리로 통하는 사회에서는 긍정되고 있다. 따라서 이렇게 서로 모순된 권위자들은 내버려 두기로 하고, 자신을 위하여 나의 원칙을 바탕으로 이런 문제를 해결하도록 노력해 보겠다.

일반적이고 추상적인 진리는 모든 선 가운데서도 가장 귀중한 것이다. 진리 없이는 인간은 장님이라 해도 좋다. 그것은 이성의 눈인 것이다. 진리에 의해서야말로 사람은 자신의 행동 원칙을 배우고, 자신의 태도를 배우고, 해야 할 일을 배우고, 진리에 도달하는 방법을 배우는 것이다. 한편 저마다의 특수한 진리는 선이 아닐 수도 있다. 그것은 때로는 악이고, 대개는 아무래도 상관없는 것이다. 한 인간이 꼭 알아야 하고 그것을 아는 것이 그 사람의 행복에 직결되는 경우는 아마 그리 많지는 않을 것이다. 그러나 그 수가 어떻든지 간에 그것들은 그 사람의 소유물이기 때문에, 그것을 어디서 발견하든 그들에게는 요구할 권리가 있으며, 그들에게 그것을 주지 않는 행위는 도둑질 가운데에서도 가장 부정한 도둑질이다. 그 이유인즉 진실은 모든 사람의 공유재산이기 때문에, 타인에게 주었다고 해서 자기가 잃는 것은 아니기 때문이다.

지식면에서나 실천면에서나 쓸모가 없는 진실이 있다면, 어떻게 그것이 인간에게 귀중하다고 할 수 있겠는가. 그것은 재산이 아니므로 남에게 줄 이유도 없다. 그리고 소유란 유용성의 토대 위에서밖에 성립될 수 없는 것이므로, 어떠한 쓸모도 없는 곳에는 소유라는 것도 있을 수 없는 것이다. 땅이 불모지일 때는 그래도 그것을 요구할 수 있다. 적어도 그 땅 위에서 살 수 있기 때문이다. 그러나 모든 점에서 아무래도 좋은, 아무에게도 그 어떤 영향도 없는 하찮은 사실은 진실이든 거짓이든 그 누구의 흥미도 끌지 않는다. 도덕 영역에 속하는 것은 무엇이든지 자연 영역에 있는 것과 마찬가지로 쓸모없는 것이 없다. 아무짝에도 쓸모없는 것에는 아무것도 치르지 않아도 좋듯이, 무언가 대가를 받으려면 그것이 이로운 것이든가 아니면 이로운 것이 될 수 있어야 한다. 따라서 남에게 전해야 할 진실이란 정의(正義)에 관련되는 진실을 말하며, 그 존재가 이 사람들에게 아무래도 좋거나 그것을 알아 봤자 아무 소용도 없는 그런 허무한 일에 진실이라는 이름을 붙이는 것은, 이 신성한 이름을 더럽히는 일이다. 그러니 어떤 쓸모도 없고 쓸모 있을 가능성조차 없는 진실은 남에게 꼭 알릴 필요는 없다. 그런 까닭에 잠자코 있거나 그것을 숨기고 있는 사람도 결코 거짓말을 한 것이 되지 않는다.

그러나 모든 점에 있어 전혀 쓸모없는, 완전한 불모의 진실이 과연 있을까! 이것은 또 다른 문제이다. 조만간 이 문제를 다시 언급하겠다. 지금은 두 번째 문제로 넘어가기로 한다.

진실인 것을 말하지 않는 것과 그릇된 것을 말하는 것은 매우 다른 행위이다. 그러나 거기서 같은 효과가 생겨나는 수가 있다. 그 이유는 아무것도 효과가 없을 경우, 그 효과는 언제나 같기 때문이다. 진실이 아무래도 상관없는 경우에는 언제나 그 반대인 잘못 또한 아무래도 상관없는 것이다. 따라서 그런 경우, 진실과 반대되는 말을 해서 남을 속이는 사람이 진실을 말하지 않음으로써 남을 속이는 사람보다 옳지 못한 것은 아니다. 왜냐하면 이롭지 못한 진실에 있어서는 오류가 무지 이상으로 나쁠 것은 없기 때문이다. 바다 속의 모래를 내가 희다고 생각하건 붉다고 생각하건, 그것은 모래색이 어떻게 되어 있는지를 모르는 것과 마찬가지로 나에겐 아무래도 상관없는 일이다. 그 누구에게도 해를 입히지 않는 사람에게 어떻게 부정(不正)한 사람이라는 낱을 할 수 있겠는가? 부정이란 남에게 해를 입히는 일로 인해서 성립되는 것이 아닌가.

하지만 이러한 문제는 이렇게 간단하게 해결은 할 수 있어도 나는 아직 그것을 실천하기 위한 확실한 적용 방법을 찾지 못했다. 따라서 그 방법에는 마땅히 일어날 수 있으리라 여겨지는 모든 경우에 제대로 적용하기 위해 필요한 예비적인 많은 해명을 요구한다. 즉 진실을 말할 의무가 진실의 유용성에 전적으로 달려 있다 할지라도, 어떻게 하면 이 유용성을 심판할 수 있을까? 어떤 것의 이익이 다른 것의 손해가 되는 수도 있으며, 개인의 이해관계는 거의 언제나 공공의 이해와 상반된다. 그런 경우에는 어떻게 처신을 하면 좋은가? 말하는 상대의 이익을 위해 그곳에 없는 사람의 이익을 희생시켜야 하는 것인가? 어떤 사람은 덕을 보고 다른 사람에겐 해가 되는 진실에 대해서는 잠자코 있어야 하는가, 아니면 말을 해야 하는 것인가? 말해야 할 모든 진실은 모두 공공의 행복이라는 단 하나의 저울, 또는 배분적 정의의 저울에 걸어야만 하는가? 또 내가 지닌 지식이 공정함이라는 기준에 의해서만 사용할 수 있을 만큼, 나는 사물의 모든 관계를 충분히 알고 있다는 확신을 가지고 있는 것일까? 또 남에 대한 의무를 검토하면서 자신에 대한 의무나 진실에 대한 의무를 충분히 검토하였던가? 만일 남을 속이면서 그 사람에게는 아무런 손해를 주지 않았다 하더라도 그것이 자신에게도 아무런 해를 주지 않을까? 그리고 언제나 결백하게 살아가기 위해서는 결코 부정을 저지르지 않는다는 것만으로 충분한 것일까?

이처럼 귀찮은 문제가 수없이 많다. 따라서 다음과 같이 말해 버리면 차라리 나을 것이다. 즉, 그 때문에 일어날 수 있는 어떠한 위험을 무릅쓰고라도 언제나 진실하자 라고. 정의 자체가 진실 속에 있다. 사람이 해야 하거나 믿어야 하는 기준에 맞지 않는 것을 가르쳤을 때, 거짓은 언제나 부정이 되고 잘못은 언제나 기만이 된다. 한편 진실에서 생기는 결과가 어떻든 진실을 말한 경우에는 결코 죄가 되지 않는다. 왜냐하면 말하는 이는 거기에 자신의 생각을 조금도 섞지 않았기 때문이다.

하지만 이래서는 문제를 해결하지 않고 끝내 버리는 것이 된다. 언제나 진실을 말하는 쪽이 좋으냐 어떠냐가 문제가 아니라, 언제나 그렇게 해야만 하느냐 어떠냐를 정하는 것, 그리고 검토 중인 정의(定義)에 따라 이를 부정이라 가정하고, 진실에 대해 의무를 다해야 하는 경우와 진실을 말하지 않아도 부정(不正)이 되지 않고 진실을 숨겨도 거짓이 되지 않는 경우를 구별하는 것이 문제이다. 왜냐하면 후자의 경우가 현실에 나타나기 때문이다. 그러므로 문제는, 이런 경우를 인식하고 그것을 결정하기 위한 확실한 기준을 탐구하는 일이다.

그러나 이 기준과 그것이 옳다는 증명을 어디서 얻을 수 있는 것일까?…… 이런 곤란한 도덕상의 문제에 있어서는, 나는 이성의 빛에 따르기보다는 오히려 양심의 계시에 따르는 편이 훨씬 더 좋은 해결 방법임을 알고 있다. 도덕 본능은 이제까지 한 번도 나를 속인 일이 없다. 도덕 본능은 지금까지도 내 마음속에서 그 순수성을 유지해 왔기 때문에 나는 안심하고 그것을 신뢰할 수 있다. 그리고 나를 사로잡는 열정 앞에서는 때로는 그것이 침묵할 때가 있어도, 나의 추억에는 도덕 본능은 언제나 열정을 억제할 힘을 되찾았다. 이 추억 속에 있을 때 나는, 현세를 떠난 뒤 지극히 높으신 심판자에게 심판받을 때와 같은 엄격함을 가지고 자신을 심판하는 것이다.

사람들의 말을 그것이 낳는 결과에 따라 판단하면 때때로 그 말의 가치를 잘못 보게 된다. 그 결과는 반드시 눈에 보이는 것도 아니고 쉽게 알 수 있는 것도 아니다. 게다가 그 말은 그 상황에 따라 천차만별하게 변하는 것이다. 사람의 말을 평가하고 그 말의 악의나 선의의 정도를 결정하는 것은 그 결과가 아닌 의도이다. 거짓을 말하는 것은 속일 의도가 있을 때에만 거짓말을 하는 것이 된다. 그리고 사람을 속이려는 의도라 할지라도, 남에게 해를 입히려는 의도와 언제나 결부되는 것은 아니다. 오히려 때로는 전혀 반대의 목적을 가지기도 한다. 그러나 그것을 죄가 없는 거짓말이라고 말하려면, 해를 입히려는 의도가 표면화되어 있지 않다는 것만으로는 불충분하다. 거기에는 또 말하는 상대에게 미치는 잘못이, 어떠한 의미에서든 그 상대는 물론 누구에게도 해를 끼치는 일이 없다는 확실성이 있어야 한다. 이 확실성을 가질 수 있는 것은 드물고 어려운 일이다. 따라서 거짓말이 완전히 죄 없는 거짓말이 되는 것도 드물고 어려운 일이다. 자기 자신의 이익을 위해서 거짓말을 하는 것은 사기이며, 남의 이익을 위해 거짓말을 하는 것은 기만이며, 남을 해치기 위해서 거짓말을 하는 것은 중상이다. 이것이야말로 거짓말 중에서 가장 악질이다. 거짓말을 해도 그것이 자신에게도 남에게도 한 푼 이득도 되지 않고 손해도 되지 않을 경우에는 거짓말을 한 것이 아니다. 그것은 허구라는 것이다.

도덕적인 목적을 가진 허구는 우화(寓話)라 불린다. 그 목적은 전적으로 이로운 진리를 알기 쉽고 재미있는 형식 속에 담는 데에 있으며, 또 그래야 한다. 그러므로 이런 경우에는 진리의 옷에 지나지 않는 사실상의 거짓을 특별히 숨기려고 하지 않는다. 그리고 우화를 우화로서만 말하는 것은 결코 거짓말하는 것은 아니다.

그 밖에도 단순한 허구의 이야기, 이를테면 콩트나 소설이 있다. 이것들은 참다운 교훈을 담고 있는 것은 아니고 다만 즐거움을 목적으로 삼고 있다. 그것들에는 도덕적 유용성이 없으므로 그것을 창작하는 사람의 의도에 따라 평가되는 수밖에 없다. 그래서 작가가 실제의 진리라고 잘라 말할 때, 사람들은 그것을 새빨간 거짓말이라고 부정하지 못한다. 이런 거짓말 때문에 크게 후회한 사람이 일찍이 있었을까? 또 그런 거짓말을 한 사람에게 심한 비난을 퍼부은 사람이 있었을까?

예를 들면 《크니도스의 신전》(몽테스키외의 작품, 크니도스는 비너스를 모셔 놓은 신전)에 무슨 도덕적인 목적이 있다고 할지라도, 그 목적은 육욕적인 세부 묘사나 음란한 이미지 때문에 완전히 가려지고 묻혀 버렸다. 작자는 이것을 정숙한 것으로 보이게 하기 위해 무엇을 했을까? 그는 그 작품을 그리스어로 된 고본(稿本)을 번역한 것이라고 속였고, 또 그 이야기의 진실성을 독자가 믿게끔 그 고본을 발견한 과정을 말하고 있다. 만일 이것이 명확한 거짓말이 아니라면 대체 무엇이 거짓말이겠는가? 그러나 이 거짓말의 죄를 작자에게 묻고, 그 때문에 작자를 사기꾼으로 취급하려는 사람이 정말 있을까?

'그것은 단순한 농담이다. 작가가 주장은 했어도 아무도 설득하려고 하지는 않았다. 그는 사실 아무도 설득을 하지 못했고, 작자가 번역자임을 자처하는 그리스어 작품의 작자가 사실은 그 자신이라는 것을 대중은 한순간도 의심치 않았다.' 등등은 말해 보았자 소용없다. 나는 그에 대해 이렇게 대답하겠다. 아무 목적도 없는 이러한 농담은 참으로 유치한 어린아이 장난에 지나지 않는다. 설령 그가 사람들을 설득하지 못했다 하더라도 거짓을 주장하는 이상 역시 거짓말을 하고 있는 것이다. 교양 있는 사람들과 단순해서 뭐든 잘 믿는 대다수의 독자들을 분별해서 생각할 필요가 있다. 근엄한 작자가 자못 진실인 것처럼 쓴 그리스어 고본의 유래는 실제로 독자들을 속였다. 독자들은 현대식 컵에 담겼더라면 한 번쯤 의심해 봤을 독주(毒酒)를, 고풍스러운 술잔에 담겼기 때문에 아무 불안도 없이 마셔 버린 것이다.

이러한 분별은 책에 씌어 있든 씌어 있지 않든, 자기에게 성실한 모든 인간, 양심에 거리낄 만한 일은 한 가지라도 하지 않는 인간의 마음속에는 저절로 생겨나는 것이다. 왜냐하면 자신의 이익을 위해서 거짓말하는 것은 남의 손해를 위해서 거짓말하는 것과 마찬가지로 부당하기 때문이다. 이익을 가져서는 안 될 사람에게 이익을 주는 것은 정의(正義)의 질서를 어지럽히는 일이다. 칭찬이나 비난, 혐의나 변호로 무언가를 속여서 자기 것으로 만들거나 남에게 떠넘겨 버리는 것은 부정한 일이다. 그런데 진실에 반하며 어떤 방법으로든 정의를 해치는 일은 모두 거짓말인 것이다. 이것이 정확한 한계이다. 그러나 진실에 반하더라도 정의와 전혀 무관한 모든 것은 허구에 불과하다. 순수한 허구를 거짓말로 받아들여 자책하는 사람이 있다면, 나는 그 사람을 나 이상으로 섬세하고 예민한 양심의 소유자라고 말하고 싶다.

선의의 거짓말이라는 것은 분명한 거짓말이다. 왜냐하면 남이나 자기 이익을 위해서 사람을 속이는 것은, 자기 이익을 희생시켜서까지 속이는 것과 마찬가지로 부정하기 때문이다. 진실에 반해서 사람을 칭찬하거나 비방하는 사람은, 상대가 실존 인물이라면 거짓말을 하고 있는 것이 된다. 또 상대가 꾸며 낸 존재라면 무슨 말을 해도 거짓말을 하는 것은 아니지만, 작자가 그것을 만들어 낸 행위의 도덕성을 잘못 판단하는 경우는 다르다. 이런 경우 그 사람은 사실에 관해서는 거짓말을 하고 있지 않지만, 사실의 진리보다 백 배나 중요한 도덕적 진리에 반하는 거짓말을 하고 있기 때문이다.

나는 진실을 말하는 사람이라고 널리 일컬어지는 사람들을 만난 적이 있다. 그런 사람들의 진실이란 장소나 때나 인물을 정확히 인용한다는 것, 꾸며 낸 이야기를 하지 않는다는 것, 말을 꾸미지 않는다는 것, 아무것도 과장하지 않는다는 것에 그치고 있다. 그들은 자기들 이익에 저촉되지 않는 모든 일에 있어서는 있는 그대로 정직하게 말한다. 그러나 자기들에게 관계되는 어떤 사건을 취급하거나 이야기할 때가 되면, 자기들에게 가장 유리한 빛깔로 사실을 도배한다. 그리고 거짓말하는 것을 삼간다고는 하나 그 거짓말을 교묘하게 이용해서, 거짓말을 했다고 비난을 받지 않도록 주의하면서 다른 사람이 그것을 잘 받아들이게 만드는 것이다. 세상에서 말하는 분별이라는 것이 이러하다. 진실아, 잘 있거라.

내가 '참다운' 사람이라 부르는 이들은 이와는 정반대이다. 아무래도 좋은 일에 있어서는, 다른 사람들이 그런 경우 매우 존중하고 있는 진실성에 그들은 거의 흥미를 느끼지 않는다. 그들은 살아 있는 사람이든 죽은 사람이든 어떤 사람에게도 영향을 끼치지 않는 꾸며 낸 이야기로 사람들을 즐겁게 만드는 일은 예사로 해낼 것이다. 그러나 정의와 진실에 반해서 누군가에게 이익이나 손해, 경의나 경멸, 칭찬이나 비난을 주게 되는 모든 화제는 거짓말이므로, 그들의 마음이나 입이나 붓은 그런 화제를 철저히 멀리한다.

그들은 '참다운' 사람이므로 자신의 이익에 반해서까지 그런 일을 한다. 그렇지만 그는 일상생활의 그저 그런 대화에서 자기가 그런 사람임을 조금이라도 자랑하지는 않는다. 그는 그 누구도 속이려 하지 않는다. 자신을 비난하는 진실에도, 자신에게 명예를 주는 진실에도 충실하다는 점에서 '참다운' 사람이다. 자신의 이익을 위해서도, 남을 해치기 위해서도 결코 속이지 않는다는 점에서 '참다운' 사람이다. 내가 말하는 '참다운' 사람과 세상에서 그렇게 일컬어지고 있는 사람과의 차이는, 세상에서 진실된 사람이라고 일컬어지는 사람은 자기에게 전혀 손해가 되지 않는 진실에는 매우 엄격하게 충실하지만, 그 밖의 진실에 대해서는 태도가 달라진다. 그에 반하여 내가 말하는 참다운 사람은 진실을 위해서 자신을 희생해야 할 때에도 그 진실에 충실하게 따르는 사람이다.

그러나 사람들은 말할 것이다. 내가 찬양하는 그런 진실에 대한 열렬한 사랑과, 그러한 방만함이 어떻게 조화를 이룰 수 있는가? 그런 혼합물이 섞여 있는 사람은 가짜가 아닐까?' 하고. 아니다. 그렇지 않다. 그것은 순수하고 참다운 사랑이다. 단지 그것은 정의에 대한 사랑의 발로에 지나지 않는 것이다. 그는 가끔 우화적 이야기는 해도 결코 거짓은 말하지 않는다. 정의와 진실은 그 사람의 정신 속에서는 동의어이므로, 그는 아무 생각 없이 그 두 가지를 혼용하고 있을 따름이다. 그의 마음이 존중하는 신성한 진실이란 아무래도 좋은 사실이나 쓸데없는 이름으로 이루어진 것이 아니다. 그 진실은 일을 좋게 말하거나 나쁘게 말할 경우, 명예나 불명예를 사람에게 주거나 또는 칭찬이나 비난을 할 경우에 할 말을 충실하게 하는 데에 있다. 그는 거짓으로 남을 해치는 짓은 하지 않는다. 왜냐하면 그의 공평한 마음이 그런 일을 허용하지 않을뿐더러 그는 그 누구도 부정하게 해치려고 생각하지 않기 때문이다. 그는 또 자기 이익을 위해서도 거짓말을 하지 않는다. 왜냐하면 그의 양심이 그것을 허용치 않으며 자기 것도 아닌 것을 차지할 수는 없기 때문이다. 특히 그가 바라고 있는 것은 자존(自尊)이다. 그것이 그에게는 가장 소중한 재산이므로, 그것을 잃음으로써 타인의 존경을 얻었다 할지라도 그는 손해를 봤다고 느낄 것이다.

그러므로 그는 때때로 아무래도 좋은 일에 대해서는 거짓말을 한다는 자각 없이 거짓말을 하는 수가 있다. 그러나 타인이나 자기 자신의 이해를 위해서는 결코 거짓말을 하지 않을 것이다. 역사적 사실에 관한 모든 것, 인간의 행위나 정의나 사회성이나 유익한 지식에 관계되는 모든 일에 있어서, 그는 자기 자신과 타인을 될 수 있는 대로 오류로부터 지켜 낼 것이다. 이 범위에서 벗어나는 모든 거짓말은 그에 따르면 거짓말이 아니다. 만일 《크니도스의 신전》이 유익한 작품이라면, 그리스어 고본(稿本) 이야기는 아무래도 좋은—죄가 없는—허구에 불과하다. 그러나 그 작품이 위험한 것이라면 고본 이야기는 엄격히 처벌되어 마땅한 거짓말이다.

이상이 거짓말과 진실에 관한 내 양심의 기준이다. 내 마음은 이성이 이 기준을 채택하기 전부터 저절로 그것에 따르고 있었다. 도덕적 본능이 이 기준을 만들었던 것이다. 불쌍한 마리옹을 희생시킨 죄많은 거짓말은 내 마음에 지울 수 없는 회한을 남겼는데, 그 회한은 이후 그런 종류의 거짓말뿐만 아니라 타인의 이해나 평판에 관계될지도 모르는 모든 거짓말로부터 나의 온 생애에 걸쳐 나를 지켜주었다. 이렇게 거짓말에 대한 거부를 보편적으로 만듦으로써, 나는 이익과 손해를 정확하게 재거나 해로운 거짓말과 선의의 거짓말을 엄격히 구별할 필요가 없어졌다. 어느 쪽 거짓말도 다 죄가 있는 것으로 간주한 나는 두 가지 다 스스로에게 금지해 버렸다.

이때도 여느 때와 마찬가지로 나의 기질은 자신의 준칙, 아니 준칙이라기보다 나의 관습에 크게 영향을 미쳤다. 나는 규칙에 따라 행동한 일이 드물었고, 또 무슨 일에 있어서나 나는 내 천성이 요구하는 충동 이외의 규칙에는 거의 따른 일이 없었기 때문이다. 나는 처음부터 작정하고 거짓말을 한 적은 한 번도 없었고, 자신의 이해관계를 위해서 거짓말을 한 일도 없었다. 다만 나는 때때로 수치심 때문에, 또는 아무래도 좋은 그런 일이나 고작해야 나 한 사람에게밖에 관계없는 일에서 당혹감으로부터 벗어나기 위해 거짓말을 한 것이다.

그런 때는 말을 계속해야만 되는데, 나는 머리 회전이 둔하고 화제가 부족했기 때문에 하는 수 없이 허구의 이야기에 의지를 했던 것이다. 싫어도 말을 해야만 할 때, 그리고 뭔가 아주 재미있는 말이 떠오르지 않을 때, 나는 침묵에서 벗어나려고 이야기를 지어낸다. 그러나 이럴 때도 그것이 거짓말이 되지 않도록, 즉 내가 꾸며 낸 이야기가 정의라든가 마땅히 지켜야 할 진실을 손상시키지 않도록, 또 모든 사람들에게도 자신에게도 아무 영향을 끼치지 않도록 될 수 있는 대로 주의를 기울인다. 이런 때 나는 적어도 사실상의 진실 대신에 도덕적인 진실을 가지고 말하고자 한다. 즉 그 이야기를 통해 인간의 마음에 깃들어 있는 천성적인 애정을 충분히 표현하고, 언제나 무언가 도움이 되는 교훈을 주고 싶다. 한마디로 말하자면 도덕적인 이야기나 우화 같은 것을 만들어 내고 싶다는 것이다.

그렇지만 수다스러운 대화를 교훈으로 이용할 수 있기 위해서는, 나 같은 사람보다 훨씬 더 재치가 있고 말을 마음대로 구사할 수 있는 사람이라야 한다. 대화의 진행은 내 사고의 진행보다 훨씬 더 신속해서 거의 언제나 생각하는 것보다 먼저 말을 해야 하기 때문에, 나는 그만 어리석은 말이나 얼빠진 말을 해 버리고 만다. 물론 그런 말이 입 밖에 나온 순간에 이성은 곧 그것을 책망하고 마음도 그것을 부정하지만, 나 자신의 판단보다 먼저 이루어지는 그것을, 새삼스레 후회한들 고쳐 말할 수도 없다.

수줍음과 소심함 때문에 내 의지를 앞지르는 거짓말을 내가 얼떨결에 내뱉는 것은, 언제나 성격상의 저항하기 어려운 본능적 충동 때문이었다. 그러나 그것은 나의 의지와는 관계 없는 일이며, 즉답(即答)을 강요당하고 있기 때문에 단지 거짓말이 앞섰던 것에 지나지 않는 것이다. 그 가엾은 마리옹에 대한 기억이 내게 남긴 깊은 인상은, 타인을 해치는 거짓말을 늘 막아 주기는 한다. 그러나 나 하나와 관련된 일일 경우, 당혹감에서 나를 끄집어내 주는 데 그런 거짓말마저 막아주지는 못한다. 그것은 타인의 운명에 영향을 끼칠 수 있는 거짓말에 비해 내 양심이나 원칙에 위배되지는 않기 때문이다.

나는 하늘에 맹세하고 싶다. 만일 자기를 변호하는 그런 거짓말을 한 바로 뒤에 그 말을 취소할 수가 있다면, 그리고 그럼으로써 새로운 수치를 당하는 일도 없이 자기에게 과해진 진실을 말할 수 있다면, 나는 진심으로 그렇게 할 것이 틀림없다고. 그러나 이렇게 스스로 그 잘못을 인정하는 부끄러움이 두려운 나머지, 나는 마음속으로 그것을 뉘우치면서도 감히 그 보상을 하지 못하고 있다. 내가 여기서 무슨 말을 하고 싶어하는지는 한 가지 예가 잘 설명해 줄 것이다. 그리고 그 예는 내가 이해나 자존심에서 거짓말을 하는 것이 아니라는 것, 더군다나 시기심이나 악의 때문도 아니라는 것, 단지 당혹감과 부끄러움에서 거짓말을 했다는 것, 그리고 때로는 그 거짓말을 상대가 다 알고 있어서 그런 말을 해 봤자 아무 소용없음을 알면서도 거짓말한다는 것을 증명해 주리라.

얼마 전의 일이다. 평소에 없는 일인데, 나는 풀키에 씨의 초대로 아내를 동반하여 풀키에 씨와 브노와 씨와 함께 피크닉이라도 가는 것처럼 바카생이라는 여자가 경영하는 음식점에 식사를 하러 갔다. 그때 여주인과 두 딸도 우리와 함께 식사를 했다. 식사 도중에 최근에 결혼하여 임신을 하고 있던 큰딸이 갑자기 나를 보고 어린아이를 가져 본 적이 있느냐고 물었다. 나는 귀까지 새빨개져서 그런 행복은 가져 본 적이 없다고 대답했다. 그녀는 그 자리에 있던 모두를 돌아보며 짓궂게 웃었다. 그 의미는 나도 충분히 알고 있었다.

만약 거짓말로 얼렁뚱땅 넘어갈 생각이 들었다 해도, 난 그렇게 대답하진 않았을 것이다. 그 까닭은 나에게 그런 질문을 한 큰딸의 태도로 볼 때, 내가 부정해 봤자 그녀의 생각은 결코 변치 않으리라는 것을 똑똑히 알고 있었기 때문이다. 사람들은 나의 부정적인 대답을 기다리고 있었다. 그들은 나에게 거짓말을 시켜서 그 모습을 보고 즐기기 위하여 그런 대답을 유도했던 것이다. 나는 그것을 눈치채지 못할 만큼 미련하지는 않았다.

2분쯤 지났을까. 그제야 내가 했어야 했던 대답이 저절로 떠올랐다.

"이 나이까지 독신인, 버린 남자에게 젊은 여자분이 하는 질문 치고는 좀 점잖지 못한데요."

이런 식으로 말했더라면 거짓말도 안 하고, 쓸데없는 고백을 해서 얼굴 붉힐 일도 없이 많은 동의자를 얻었을 것이다. 그리고 그녀에게 어느 정도 훈계할 수 있었을 것이기 때문에, 자연히 나에게 이런 질문을 하는 버릇없는 행동을 삼가게 만드는 일도 되었을 것이다. 그렇건만 나는 그런 말은 하지 않았고, 해야 할 말도 못하고 도리어 하지 말아야 할 말을 입에 담아 나에겐 아무 소용도 없는 말을 해 버렸던 것이다.

그러므로 그 대답은 내 판단이나 의지가 명한 것이 아니라 당황해서 기계적으로 나온 말에 불과하다. 이전의 나는 이러한 당혹감을 느낀 적은 없었다. 자기 잘못을 부끄러워한다기보다는 오히려 솔직하게 인정하고 고백했었다. 그것은 그 잘못을 반성하는 것, 내가 진심으로 느끼고 있는 것을 반드시 사람들이 보아 주리라 의심치 않았기 때문이었다. 그러나 악의에 찬 시선은 내 마음을 아프게 하고 나를 몹시 당황하게 만들었다. 예전보다 불행해진 나는 또한 예전보다 소심해지기도 했다. 지금까지 내가 했던 거짓말은 오직 이 소심함에서 비롯된 것이다.

나는 《고백록》을 썼을 때만큼 내가 거짓말을 천성적으로 얼마나 혐오하는지 느낀 적은 없었다. 그때 나의 성향이 조금이라도 거짓말을 허락해 주었다면, 그 유혹은 빈번했을 것이고 또 강렬했을 것이다. 그러나 나는 설명하기는 어렵지만 십중팔구 모든 모방에 사로잡히지 않으려는 의도에서, 내 마음의 무거운 짐이 되는 것을 모른 척하거나 감추기는커녕, 너무 관대하게 자신을 용서하기보다는 스스로를 지나치게 책망하려 했다. 즉 반대 의미에서 거짓말을 하는 것 같은 기분이 들었다. 그러니까 내 양심은, 내가 나 자신을 스스로 심판한 것보다 더 엄격하게 심판되는 일은 앞으로도 없을 것이라고 확신하고 있다. 그렇다. 나는 스스로의 영혼을 자랑스럽게 높이 끌어올리면서 이처럼 말을 하고 느끼고 있는 것이다. 나는 그 책을 지금까지 어떤 사람도 할 수 없었으며 어쩌면 그들을 초월했는지도 모를 수준으로 성실함, 진실성, 솔직함을 발휘하며 썼다. 악을 능가하는 선이 있다는 것을 느끼고 있던 내 마음은 모든 것을 털어놓고 싶어했다. 그래서 나는 모든 것을 말했다.

나는 아무것도 남기지 않았다. 때로는 사실에 관해서가 아니라 그 정황에 관해서 지나친 말을 한 적도 있었다. 그러나 그러한 거짓말은 의지의 작용이라기보다는 착란된 상상력의 결과라고 할 만한 것이었다. 그것을 거짓말이라고 부르는 것은 잘못이다. 왜냐하면 그러한 부언(附言)은 거짓말이 아니었기 때문이다. 《고백록》을 쓴 것은 내가 이미 나이를 먹고, 그때까지 맛보아 온 인생의 허무한 쾌락이 싫증이 나서 그 공허를 뼈저리게 느끼고 있었을 때의 일이다. 나는 기억에 의지해 그것을 썼다. 그 기억은 때때로 추억을 아예 빠뜨리거나 불완전한 추억만 주었기 때문에, 나는 그것을 보충하려고 기억에 반하는 일이 없는 세밀한 상상력을 발휘해 간격을 메웠던 것이다.

나는 행복했던 때의 일들을 즐겨 썼는데, 때로는 정답고 그리운 느낌이 제공해 주는 수많은 수식으로 그것을 아름답게 꾸몄다. 이미 잊어버리고 있던 것을 틀림없이 그랬을 것이라고 여겨지도록 그럴듯하게 말을 하기도 했지만, 그랬을 거라고 생각나는 일에 반하는 이야기는 절대로 하지 않았다. 또 때로는 진실에 그것과 관계없는 매력을 덧붙인 적도 있었지만, 진실 대신에 거짓말을 놓고 그것으로 자신의 부덕(不德)을 적당하게 꾸미거나 없는 미덕(美德)을 가로채서 내 것으로 만든 일은 단 한 번도 없었다.

또 때로는 무의식적으로 자신의 옆 모습을 그리면서 추한 측면을 숨긴 적도 있었지만, 그것은 때때로 악보다도 선을 일부러 숨기는 기묘한 행위를 통해 충분히 상쇄되고 있다. 그것은 내 성격의 특이성 때문인데, 사람들이 믿지 않는다 하더라도 어쩔 수 없는 일이지만, 아무리 믿기 힘들어도 그건 역시 사실이다. 나는 때때로 나의 악에 관해서는 숨김없이 말을 했지만, 나의 선에 관해서는 그 바람직한 점을 그대로 말한 일은 거의 없었다. 그렇기는커녕 선의 바람직한 점을 전혀 언급하지 않았던 일도 많다. 그 까닭은 그것은 나의 명예가 되므로, 《고백록》을 쓰고 있는 내가 자화자찬의 글을 쓰고 있는 것이 되지나 않을까 하는 생각이 들었기 때문이다. 나는 젊은시절의 일을 쓸 때에도 내 마음에 부여된 아름다운 성질을 자랑하지 않았고, 또 그것을 너무 두드러지게 만드는 사실을 생략했다. 문득 아주 어렸을 때의 두 가지 추억이 생각난다. 두 가지 다 《고백록》을 쓰고 있을 때에 생각났던 일이지만, 지금 말한 것 같은 이유로 둘 다 버렸던 것이다.

그 무렵 나는 거의 매주 일요일마다 파키에 있는 파지 씨 댁에서 하루를 보내고 있었다. 그는 나의 숙모와 결혼을 해 파키에서 인도 사라사 공장을 경영하고 있었다. 어느 날 나는 날염 공장의 천 너는 곳에서 주철 롤러를 바라보고 있었다. 그 반짝거리는 빛이 내 눈을 즐겁게 만들어 주었다. 나는 그걸 손으로 만져 보고 싶어져서 매끄러운 실린더를 어루만지면서 기뻐하고 있었다. 바로 그때 운전대를 잡고 있었던 파지 씨의 아들인 파지가 그 바퀴를 8분의 1 회전을 시켰다. 그러나 운 좋게도 나는 긴 손가락 두 개의 끝을 물리는 데에 그쳤다. 하지만 손가락 끝은 완전히 찌그러져서 손톱이 떨어지고 말았다. 나는 날카로운 비명을 질렀다. 파지는 바퀴를 곧 반대로 돌렸지만 손톱은 이미 실린더에 달라붙은 채였고, 손가락에서 피가 샘솟고 있었다. 파지는 기겁을 하고 달려와 나를 안았다. 그리고 이 일이 알려지면 자기는 크게 혼이 날 테니 제발 울지 말고 조용히 해 달라고 애원을 하는 것이었다. 나는 푹푹 쑤시는 아픔을 느끼면서도 그의 고뇌에 마음이 흔들려 울음을 그쳤다. 우리는 잉어를 기르는 연못으로 갔다. 그는 나를 도와 내 손가락을 씻어 주기도 하고 이끼로 지혈을 해 주기도 했다. 그는 나에게 제발 아무에게도 말하지 말아 달라고 눈물을 흘리며 부탁했다. 나는 그렇게 하기로 그에게 약속했다. 그리고 굳게 약속을 지켜 주었다. 그래서 그 뒤 20년 이상이나 지났는데도, 어떻게 해서 내가 손가락 두 개를 다쳤는지는 아무도 모른다. 지금도 그 손가락에는 상처가 남아 있다. 나는 3주일 이상이나 자리에 드러누웠으며 두 달 이상이나 손을 쓸 수 없었지만, 누가 물어 봐도 큰 돌멩이가 떨어져서 손가락을 다친 것이라고 대답했다.

훌륭한 거짓이여! 어떤 진실이
너보다 아름답고 또 상냥할 것인가?

그러나 그 사건은 당시의 나에게는 매우 고통스런 일이었다. 그 무렵 일반 시민의 군사훈련이 이루어지고 있었기 때문이다. 나는 같은 또래의 세 소년과 열을 짜고, 제복을 입고 우리 구역의 중대에 참가하여 연습하기로 되어 있었다. 내가 침대에 누워 있을 때 중대가 창 밑을 북소리도 우렁차게 지나갔다. 그 가운데 친구 세 명도 있을 것이라고 생각하니 어쩐지 서글펐다.

또 하나의 이야기도 이와 비슷하다. 좀 더 나이를 먹은 뒤의 일이다.

내가 플랭팔레에서 플랑스라는 친구와 놀던 때의 일이다. 우리는 놀다가 싸움이 벌어져서 치고받게 되었다. 한참 싸우다가 플랑스가 내 머리를 나무망치로 한 대 갈겼다. 그것이 정수리에 딱 맞는 바람에 조금만 더 세게 맞았더라면 아마 골이 튀어나와 버렸을 것이다. 나는 그 자리에 쓰러졌다. 머리털 사이로 쏟아져 나오는 피를 본 그 소년은 굉장히 당황했다. 나는 사람이 그렇게 당황하는 모습을 평생토록 다시 본 일이 없다. 그는 내가 죽은 줄로 알았던 것이다. 내 곁에 뛰어와 나를 얼싸안더니 눈물을 흘리며 목이 터질 것 같은 소리로 울었다. 나도 힘껏 그를 껴안고 똑같이 울었다. 그때의 형언할 수 없는 흥분에는 묘한 감미로움이 있었다.

잠시 후 정신을 차린 그는 아직도 흐르고 있는 피를 멈추려 했다. 그러나 우리가 가진 두 장의 손수건으로는 도저히 안 된다는 것을 알았다. 그는 근처에 조그만 정원을 가지고 있던 그의 어머니에게로 나를 데리고 갔다. 이 착한 부인은 내 상처를 보고 하마터면 기절을 할 뻔했다. 그러나 겨우 정신을 차리고 나를 돌봐 주었다. 그녀는 상처를 잘 씻은 다음 브랜디에 담근 백합꽃을 상처에 붙여 주었다. 그것은 상처에 굉장히 잘 듣는 약이었다. 우리 고장에서는 곧잘 사용되는 것이었다.

어머니의 눈물과 아들의 눈물은 내 마음에 깊숙이 스며들었다. 그래서 오랫동안 나는 그 부인을 내 어머니처럼, 그 아들을 내 형제처럼 생각하게 되었다. 그리고 그 마음은 두 사람이 만나는 일이 뜸해져서 조금씩 잊혀지게 될 때까지 지속되었다.

나는 이 사건에 관해서도 이전과 마찬가지로 비밀을 지켰다. 이런 사건은 이밖에도 평생에 걸쳐 많이 있지만, 나는 그것들을 《고백록》에서 말하려고는 생각지 않았다. 나는 내 성격상의 장점을 자랑할 마음은 조금도 갖지 않았다. 그렇다. 가령 내가 진실이라고 인정하고 있는 것에 반하는 말을 했다고 하더라도 그것은 아무래도 좋은 일에 한해서만 그랬다. 그것은 자신의 이해관계나 타인의 손해를 생각해서 한 일이 아니었다. 그저 할 말이 궁할 때나 꾸며 낸 이야기를 쓰는 일이 즐거울 때에만 그랬을 따름이다.

그러므로 나의 《고백록》을 공평하게 읽어 주는 사람이라면 누구나, 내가 이 책에서 하고 있는 고백은 부끄럽고 말하기 괴로운 것임을 알아줄 것이다. 이런 종류의 고백은 더 중대하긴 하지만 더 부끄럽지 않은 나쁜 일—물론 나는 그런 나쁜 일을 한 일이 없었기 때문에 쓸 필요도 없지만—이상으로 고백하기 어려운 것이다.

이런 식으로 생각해 나가면 내가 평소에 마음에 품고 있는 신조, 즉 언제나 진실하자는 신조가 사실의 현실성보다도 정의와 공정이라는 감정에 근거해 있음을 알 수 있다. 또 내가 실천에 있어서는 진위(眞僞)라는 추상적 지시보다 내 양심의 도덕적인 지시에 따라 왔다는 것을 알 수 있을 것이다.

나는 때때로 많은 이야기를 꾸며냈지만 아주 드물게밖에 거짓말을 하지 않았다. 이러한 원칙 때문에 나는 다른 사람들에게 수많은 공격 자료를 주고 말았지만, 나는 누구에게나 그릇된 짓은 하지 않았고, 나 자신에 대해서도 당연히 받아야 할 명예 이상의 것을 주려고도 하지 않았다. 이런 점에서 나는 진실이야말로 미덕이라는 확신을 가질 수 있다. 여기서 벗어난 진실이란 선도 악도 낳지 못하는 형이상학적인 존재에 지나지 않는다.

하지만 나는 내 마음이 위와 같은 논증에 충분히 만족하진 못했다. 다시 말해 내가 전적으로 옳다고 믿고 있다고는 생각지 않는다. 타인에 대한 의무라는 것을 그토록 세심하게 헤아리고 있는 나는, 과연 나 자신에 대한 의무를 충분히 검토한 것일까? 만일 타인에 대하여 올발라야 한다면, 당연히 자신에 대해서도 진실해야 한다. 그것은 정직한 사람이 자기 자신의 존엄성을 위하여 바쳐야 할 경의이다. 빈곤한 화제를 어쩔 수 없이 죄 없는 창작으로 보충하였을 때 나는 잘못을 저지른 것이다. 왜냐하면 남을 즐겁게 해 주기 위해서 나 자신을 천하게 만들어서는 안 되기 때문이다. 그리고 쓰는 즐거움에 끌려들어서 실제의 일에 내가 생각해 낸 장식을 덧붙였다면, 나는 더더욱 잘못했다고 해도 좋다. 그 이유는 진실을 허구로 꾸미는 것은 실제로 진실을 왜곡하는 일이 되기 때문이다.

그러나 나를 그 이상으로 용서하지 못할 사람으로 만드는 것은 내가 선택한 금언(金言)이다. 그 금언은 나에게 진실에 대해 유달리 엄격한 신념을 부과했다. 그래서 나는 어디서나 진실을 위하여 자신의 이익이나 기호를 희생하는 것만으로는 불충분해서, 자신의 약점과 소심한 성격까지도 희생하지 않으면 안 되었다. 그리고 온갖 상황에서 언제나 참될 수 있기 위한 용기와 힘이 필요했다. 특히 진실에 몸을 바친 사람의 입이나 펜으로부터는 결코 허구나 우화가 나와서는 안 되었던 것이다. 그 자랑스러운 금언을 신조로 삼는다면 이런 점을 스스로에게 일러 두어야 하였고, 또 감히 그 금언을 내걸고 있는 한은 그것을 줄곧 자신에게 되풀이해서 말해야 했던 것이다. 허위가 나에게 거짓말을 하게 한 일은 없었다. 나의 거짓말은 모두 나의 약함에서 생긴 것이다. 하지만 이런 것은 조금도 변명이 되지 않는다. 약한 마음을 가진 사람은 부덕(不德)을 겨우 막아 내는 것이 고작이므로, 위대한 덕을 신념으로 공언하는 그런 일은 참으로 거만하고 대담한 짓이라 하지 않을 수 없다.

이와 같은 반성은, 만일 로지에 신부로부터 암시를 받지 않았더라면 아마 나의 정신에는 결코 깃들지 않았을 것이다. 확실히 이 반성을 활용하기에는 이미 늦었을 것이다. 그러나 적어도 내 잘못을 바로잡고 내 의지를 옳은 방향으로 되돌리는 데는 아직 너무 늦지는 않았다. 왜냐하면 앞으로의 일은 모두 내게 달려 있으니까. 그러므로 이 경우, 그리고 이와 비슷한 모든 경우에 있어 솔론의 격언은 모든 나이를 통틀어 누구에게나 적용할 수 있는 것이다. 그러므로 현명하고 진실하고 겸손해서 자신을 과대평가하지 않는 태도를 적으로부터 배우는 것은 그게 언제든지 결코 늦지는 않는 것이다.

다섯 번째 산책

　지금까지 내가 살았던 모든 곳(그 가운데는 멋진 곳도 있었지만) 가운데 비엔 호수에 있는 생피에르 섬보다 나를 행복하게 해 주고, 또 그리운 마음을 불러일으키는 곳은 없다. 뇌샤텔에서는 라 모트 섬이라 불리는 이 작은 섬은, 스위스 사람들에게조차 거의 알려져 있지 않았다. 적어도 내가 알고 있는 여행자는 아무도 이 섬에 대해 말하지 않았다.

　어쨌든 그 섬은 매우 기분 좋은 곳으로, 칩거 생활을 좋아하는 사람에게는 안성맞춤이다. 이렇게 말하는 것은, 아마 운명적으로 어쩔 수 없이 고독하게 살게 된 사람은 이 세상에 나밖에 없겠지만, 극히 자연적인 취미를 가진 사람이 꼭 나 혼자라고는 생각되지 않기 때문이다. 지금까지 그런 취미를 가진 사람을 만난 적은 한 번도 없지만.

　비엔 호수는 제네바 호수보다 훨씬 더 야생적이고 낭만적이다. 바위나 숲이 물가를 둘러싸고 있기 때문이다. 하지만 호수의 경치는 밝고 아름답다. 경작지나 포도밭은 적고 마을이나 집도 드물지만, 자연의 초원이나 목장, 나무 그늘 등 쉼터가 많으며 오밀조밀한 구릉이 이어져 있다. 호반에는 다행히 마차가 다닐 수 있는 편리한 큰길도 없어서, 이 지방을 찾아오는 여행자는 거의 없다고 해도 과언이 아니다. 그런 만큼 자연의 매력에 흠뻑 취할 수 있으며 침묵을 깨는 것은 독수리의 외침, 띄엄띄엄 들려오는 이름 모를 새의 지저귐, 높은 곳에서 떨어지는 급류의 울림 소리뿐이다. 그런 정적 속에서 생각에 잠기고자 하는 고독한 명상자에게는 참으로 흥미로운 곳이다.

　둥근 꼴에 가까운 이 아름다운 호수에는 두 개의 작은 섬이 떠 있다. 그 하나에는 사람이 살고 있어서 땅도 일구어져 있다. 둘레는 약 5리 정도이다. 또 하나의 더 작은 섬은 사람이 살지 않으며 황폐할 대로 황폐해져 있다. 파도나 폭풍우가 할퀴고 큰 섬의 피해 지역을 보수하기 위해 사람들이 계속 작은 섬의 흙을 파간다. 그러니 이 섬은 나중에는 없어지고 말 것이다. 이와 같이 약자의 모든 것은 강자의 이익을 위해 이용되게 마련이다.

섬에는 단지 한 채의 집이 있을 뿐이다. 큼직하고 살기 좋은 편리한 집으로, 섬과 마찬가지로 베른 병원의 소유이다. 그 집에는 관리인의 가족과 하인들이 함께 살고 있다. 그는 그곳에 수많은 축사와 닭장, 양어장 연못도 가지고 있다. 섬은 작지만 그 땅이나 전망은 변화가 풍부해서 온갖 종류의 풍경이 펼쳐져 있으며, 어떤 경작도 가능하다. 섬에는 밭, 포도밭, 숲, 과수원, 비옥한 목장이 있다. 이 목장은 물가에 상쾌한 그늘을 드리우는 나무들로 뒤덮여 있고, 여러 가지 관목으로 된 울타리에 둘러싸여 있다. 양쪽에 나무가 심어진 둔덕이 길게 섬을 따라 이어지고, 이 둔덕 복판에는 아름다운 휴게실이 지어져 있어서 포도 수확철의 일요일이면 호수 가까이에 사는 사람들이 거기 모여서 춤을 추곤 한다.

모티에에서 돌팔매를 피해 내가 도망쳐 온 곳이 이 섬이다. 나는 이 지역이 마음에 들었다. 나는 이곳에서 내 성향에 아주 꼭 맞는 생활을 보냈기 때문에 여기서 평생을 마치리라 결심을 했다. 그러나 나에게는 꼭 한 가지 걱정이 있었다. 나를 영국에 억지로 데려가려는 계획에 정면으로 맞서는 이 계획을, 과연 내가 실행하도록 사람들이 내버려 둘지 불안한 예감이 들었다. 나는 사람들이 이 은신처를 영원한 감옥 삼아 평생토록 나를 이곳에 가두어 놓아 주기를, 그리고 거기를 빠져나갈 힘도 희망도 빼앗고 온갖 종류의 교통도 막아서, 내가 세상에서 일어나는 일은 아무것도 알지 못하며 세상의 존재를 잊어버리고, 또 나의 존재에 대해서도 세상 사람들이 잊어주기를 얼마나 바랐는지 모른다.

그러나 사람들은 나를 이 섬에서 두 달밖에 살게 해 주지 않았다. 나는 한순간도 싫증 내지 않고 2년이라도, 2세기라도, 아니 영원히라도 그곳에서 살수 있었을 것이다. 우리 부부의 친구라고는 관리인과 그의 아내, 그 하인밖에 없었지만 말이다. 그들은 그저 참으로 선량한 사람들이었다. 실은 그들이야말로 바로 나에게 필요한 사람들이었다. 나는 이 두 달을 내 평생에서 가장 행복한 때였다고 생각한다. 또 단 한순간도 다른 환경으로 바뀌었으면 하는 마음 없이 만족한 기분으로 지냈다고 여길 만큼 행복한 때였다.

그 행복이란 어떤 것이었던가? 나는 그 행복을 어떻게 즐겼는가? 지금부터 거기서 지낸 생활을 묘사할 터이니 현대 사람들이 그 해답을 추측해 주기 바란다. 이 귀중한 유유자적함은 내가 그 속에서 맛보고자 바랐던 즐거움 가운데 가장가는 것이고 또한 아주 주요한 것이었다. 그리고 실제로 내가 거기 머무는 동안 한 일이란, 한가로움에 몸을 맡긴 한 남자에게 필요한 감미로운 일뿐이었다.

이 외딴섬에서 탈출하려면 남의 손을 빌려야 했기 때문에 금방 남에게 알려져 버리고, 주위 사람들의 협력 없이는 이동은 물론 편지 왕래도 할 수 없는 그런 생활. 사람들은 이런 생활로 나를 밀어 넣고 만족해지도 모른다. 그래, 그것이 내 바람이었다. 그들이 그렇게 생각하길 바랐다. 이 희망은 내가 지금까지 지내 온 나날보다 더 편안하게 나의 일생을 보낼 수 있을 것이라는 희망을 안겨 주었다.

그리고 여기 있으면 틈나는 대로 신변을 정리할 시간도 갖게 될 것이라고 생각한 나는, 처음에는 아무것도 정리하지 않았다. 갑자기 혼자서 맨손으로 온 나는 나중에 가정부도 불러들이고, 책과 약간의 짐도 보내 달라고 했다. 하지만 그 짐들을 풀지 않는 것이 즐거워 상자도 궤짝도 도착한 그대로 놔두고, 내 일생을 누릴 작정인 그 집에서 내일이면 떠날 하숙집에라도 있는 것 같은 생활을 하고 있었다. 모든 것이 있는 그대로 있어서 아주 편리했으므로, 그것들을 괜히 더 잘 고쳐 놓으려고 하다가는 그 무엇인가가 손상될 것 같이 여겨질 정도였다. 나의 가장 큰 즐거움 가운데 하나는 특히 책을 인제까지나 상자에 넣은 채로 내버려 두는 일과, 글 쓰는 도구를 가까이 두지 않는 일이었다. 쓸데없는 편지가 와서 아무래도 답장을 쓰지 않을 수 없어 펜을 들어야만 할 때는 불평하면서 관리인에게 글 쓸 도구를 빌렸다. 그리고 얼른 그것을 돌려주고 다시는 이걸 빌릴 일이 없었으면 좋겠다고 허무한 소망을 가지곤 했다. 쓰다가 버린 우중충한 종이와 곰팡내 나는 책 대신에 나는 꽃이나 마른풀로 방을 가득 채웠다. 그 당시는 내가 처음으로 식물학에 열중했던 시기였기 때문이다.

내가 식물학에 취미를 가지게 된 것은 이베르누아 선생님 덕분인데, 곧 나는 그 취미에 열중하게 되었다. 힘든 일을 하고 싶은 생각이 더 이상 없었던 나는 내 마음에 들고, 게으름뱅이에게 어울릴 정도의 힘으로도 충분히 즐길 수 있는 일을 구한 것이었다. 나는 《피에르 섬 식물도감》를 만들기로 작정했다. 이 섬의 모든 식물을 한 포기도 남기지 않고, 나의 여생을 다 바쳐도 후회하지 않을 만큼 상세하게 쓰려고 마음먹었다. 어떤 독일인은 레몬 껍질에 관한 내용만으로 한 권의 책을 만들었다고 하는데, 나는 목장의 잡초 하나하나에 관해, 숲의 이끼 하나하나에 관해, 바위를 덮은 지의(地衣) 하나하나에 관해 한 권의 책을 만들 수 있었을 것이다. 요컨대 한 포기의 풀의 솜털도, 아무리 작은 식물이라도 상세히 기록하려고 마음먹은 것이다.

이 멋진 계획을 수행하기 위해서 나는 아침마다 밥을 먹고 나면 손에 확대경을 들고, 《자연의 체계》를 옆구리에 끼고 섬을 조사하려 나섰다. 나는 미리 섬을 몇 개의 지구로 나누어서 그 하나하나를 계절마다 돌아다니기로 계획했다. 식물의 구조나 조직을 조사하거나, 나로서는 참으로 신기했던 식물의 번식 기관의 작용을 관찰할 때마다 나는 이상할 정도의 황홀감을 느끼며 도취되곤 했다. 지금까지는 조금도 생각해 보지 않았던 식물의 공통 성질을 발견해 그것을 온갖 식물로 검증하는 것은 나를 즐겁게 했고, 또 신기한 것을 만나지 않을까 하는 기대에 가슴 뛰는 느낌을 맛보게 해 주었다. 둘로 갈라진 꿀풀의 기다란 수술, 쐐기풀이나 비슷한 종류의 잡초에서 볼 수 있는 수술의 구조, 봉선화나 회양목 씨껍질의 파열 등 나는 처음으로 갖가지 미세한 번식 작용을 관찰했다. 그것들은 나를 환희에 잠기게 하여 마치 라 퐁텐이 《하박국서》(기독교의 소예언서. 오직 신앙에 의지하여 하느님의 구원을 기다려야 한다는 내용)를 읽었느냐고 물었듯이, 나는 꿀풀의 뿔을 본 적이 있느냐고 돌아다니며 물었었다. 두세 시간 뒤에 나는 많은 수확을 얻어 가지고 돌아왔다. 그것은 집 안에 들어앉은 비오는 날 같은 때에, 점심 식사 뒤의 즐거운 이야깃거리가 되었다.

오전 중의 다른 시간은 관리인과 그의 아내, 그리고 테레즈와 함께 하인들이 일하는 모습이나 추수하는 광경을 돌아보기도 했다. 그들의 일을 거들어 주는 때도 종종 있었다. 높은 나무 꼭대기에 올라간 내가 허리에 찬 자루에 과일을 담아서 밧줄에 매어 땅에 내리는 광경을, 나를 만나러 온 베른 사람들에게 보인 적도 가끔 있었다. 이렇게 오전 중에 하는 운동과 그에 따른 상쾌한 기분은 점심 식사 후의 휴식을 참으로 즐겁게 만들어 주었다. 그러나 이런 일도 너무 오래 끌거나, 날씨가 너무 좋거나 하면 나는 가만히 있을 수가 없었다. 다른 사람들이 아직 식탁 앞에 있을 때 거기를 빠져나온 나는 혼자 배를 타고, 수면이 잔잔한 호수를 멀리까지 노를 저어 나갔다. 그리고 호수 한가운데에 도착하면 배 안에 누워서 하늘을 바라보며, 배를 흐름에 맡겨 천천히 떠내려가는 대로 내버려 두고 때로는 몇 시간씩이나 온갖 몽상에 잠기곤 했다. 그 몽상은 참으로 밑도 끝도 없는 것이긴 하지만, 나로서는 소위 인생의 낙이라는 것 중에서 가장 기분 좋은 그 무엇보다도 몽상이 백 배나 더 좋았다. 가끔 저무는 태양을 바라보며 돌아가야겠다고 생각했다. 그러나 섬에서 너무 멀리 떨어져 있었기 때문에 밤이 되기 전에 돌아가려면 전력을 다해서 노를 젓지 않으면 안 되는 때도 있었다.

또 어떤 때는 호수 한가운데까지 나가지 않고 녹음이 우거진 섬 기슭을 따라가며 즐겼다. 맑은 물과 상쾌한 나무 그늘에 매혹되어 수영을 한 적도 종종 있었다. 그러나 내가 가장 좋아했던 것은 배를 타고 큰 섬에서 작은 섬으로 가는 일이었다. 나는 그곳에서 점심 식사 뒤 한때를 보내거나, 냇버들과 그 밖의 여러 가지 떨기나무들 사이를 헤치며 좁은 땅을 돌아다니거나, 또 때로는 모래 언덕 위에 올라가거나 했다. 그 위에는 잔디와 백리향, 꽃들과 누에콩까지, 그리고 누군가가 이전에 심어놓은 듯한 토끼풀 등이 흐드러져 있어서, 토끼가 살기에 아주 알맞은 장소 같기도 했다. 여기서는 토끼가 아무것도 무서워하지 않고 아무것에도 해를 끼치는 일 없이 마음 놓고 번식할 수가 있었을 것이다. 내가 이 생각을 관리인에게 말했더니 그는 곧바로 뇌샤텔에서 암수 토끼들을 사들였다. 우리는—그의 아내와 누이 한 사람과 테레즈와 나—모두 이 작은 섬으로 요란하게 몰려가서 그곳에 토끼를 풀어 주었다. 내가 섬을 떠나기 전에 토끼가 번식하기 시작했으니, 겨울 추위만 이겨낼 수 있었다면 아마 지금쯤은 수가 많이 늘어났을 것이다. 이 조그만 식민지 건설은 마치 축제와 같았다. 의기양양하게 친구들과 토끼를 데리고 큰 섬에서 작은 섬으로 건너가는 나는 아르고스 원정대(황금 양털을 찾으러 나간 영웅들)의 안내자 이상으로 우쭐했다. 그리고 더욱 내가 자랑스럽게 여긴 일이 있다. 관리인의 부인은 물을 두려워했는데 그녀는 배만 타면 줄곧 뱃멀미를 했다. 그러나 내가 안내했을 때는 아주 편안한 마음으로 배를 탔으며, 배를 타고 가는 동안 조금도 두려워하지 않았다는 점이다.

호수에 파도가 일어 배를 못 타게 될 때면, 오후엔 섬을 돌아다니며 여기저기서 식물을 채집했다. 어떤 때는 가장 경치 좋은 조용하고 구석진 곳에 앉아서 한껏 몽상에 잠기고, 또 어떤 때는 둔덕이나 언덕 위에 올라 호수의 그림같은 황홀한 경치에 눈길을 보냈다. 호숫가 한편에는 산들이 솟아 있고, 다른 한편에는 온통 풍요로운 들판이, 멀리 들판이 끝나는 곳의 푸르스름한 산들이 있는 데까지 펼쳐져 있다.

저녁나절이 다가오면 나는 섬 꼭대기에서 내려와 주로 호반에 펼쳐진 모래 사장의 어느 구석진 곳에 가 앉는다. 거기서는 물결 소리와 흔들리는 수면이 내 마음을 사로잡고, 영혼으로부터 다른 모든 동요를 내몰아서 내 영혼이 감미로운 몽상에 잠기게 한다. 그대로 밤이 온 줄도 모르고 몽상에 잠겨 있던 적도 종종 있었다. 철썩이는 파도의 단조로운, 그러나 이따금 커지는 소리가 쉬임없이 내 귀와 눈을 때려, 몽상에 푹 빠진 나의 내적 활동을 대신해 애써 생각하려 하지 않아도 충분히 나의 존재를 기분 좋게 느끼게 해 준다. 이따금 이 세상의 덧없음에 관한 어렴풋하고도 짧은 생각이 떠오를 때면 수면에 비친 이 세상의 모습을 바라본다. 그러나 곧 그 어렴풋한 인상들은 나를 흔들고 있는 끊임없는 물결의 균일한 운동 속으로 사라져 간다. 이 운동은 영혼의 적극적인 노력 없이도 나를 사로잡아서, 시간이나 신호에 쫓길 때조차 비상한 노력 없이는 그곳에서 일어설 수가 없을 정도이다.

저녁 식사 뒤, 날씨 좋은 밤 같은 때면 나는 모두와 함께 언덕을 거닐면서, 호수의 대기와 신선한 공기를 한껏 마시곤 했다. 휴게실에서 쉬며 웃기도 하고 이야기를 주고받기도 하고, 또 최근의 비틀린 노래보다 훨씬 나은 옛 노래를 몇 가락 부른다. 그 뒤 우리는 다음날에도 그러한 즐거움이 찾아오기를 바라며 만족스러운 마음으로 돌아와 잠들었다.

난데없이 찾아오는 번거로운 손님이 있을 때만 제외하고, 이 섬에 머무르는 동안 나는 이렇게 시간을 보냈다. 자, 그럼 여기서 질문을 던지겠다. 내 마음에 지극히 세차고도 부드러운, 언제까지나 지속되고 있는 그리움을 불러일으켜, 15년이나 지난 지금도 매번 그 그리운 곳을 생각할 때마다 그곳에 가고픈 소망에 사로잡히게 만드는 섬의 매력은 대체 무엇인가?

나는 긴 생애의 변천을 겪는 동안, 가장 감미로운 향락과 강렬한 환희의 시절이 언제나 가장 나를 끌어당기고 감동시키는 시절과는 일치하지 않음을 알았다. 그 격한 정열에 휩싸였던 그 짧은 시기는 아무리 활기에 넘친 것이더라도, 오히려 그 격렬함 자체 때문에 인생이라는 직선 위에 드문드문 흩어져 있는 점밖에 되지 않는다. 그 시기들은 하나의 상태를 구성하기에는 너무나 수가 적고 빨리 지나갔다. 내 마음이 아쉬워하는 행복은 덧없는 순간들로 되어 있는 것이 아니라 하나로 통일된 영속적인 상태이다. 그것 자체에는 격렬한 요소가 없지만, 그 상태가 지속되면 매력이 증가하여 마침내 거기서 지극히 고결한 행복이 탄생하는 것이다.

이 세상 모든 것은 끊임없는 흐름 속에 있다. 거기서는 변함없이 일정한 모양을 보존하는 존재는 하나도 없으며, 또 외부 세계의 사물에 결부되는 우리의 감정도 필연적으로 이 사물들과 마찬가지로 변한다. 우리의 감정은 언제나 우리 앞에 있거나 뒤에 있어 이미 지나간 과거의 일을 회상하고, 십중팔구 있을 수 없는 미래를 예측하는 것이다. 거기에는 확실한 것은 아무것도 없다. 따라서 이 세상 사람들은 일시적인 쾌락을 맛볼 수 있을 따름이다. 영속되는 행복이 있으리라고는 도저히 믿을 수 없다. 우리가 가장 강렬한 향락을 누리고 있을 때마저도, "이 순간이 언제까지나 계속되었으면 좋겠다"라고 마음이 진심으로 말할 수 있는 순간은 거의 없다고 해도 좋다. 사정이 이런데 우리의 마음을 여전히 불안하고 불만스럽게 만드는 상태, 지나간 옛날의 그 무엇인가에 집착하도록 만들거나 미래의 그 무엇인가를 바라게 만들거나 하는 덧없는 상태, 그런 순간적인 상태를 어떻게 행복이라고 부를 수 있을 것인가?

그러나 영혼이 튼튼한 자리를 발견하고 거기서 완전히 휴식하며 스스로의 모든 존재를 집중할 수 있어서 과거를 회상할 필요도, 또 미래에 대해 염려할 필요도 없는 상태, 영혼에게 시간이 아무 의미도 갖지 않는 상태, 현재가 영원히 계속되고 또 그 지속성을 느낄 일도, 그 지속이 흔적을 남길 일도 없고, 결핍이나 향유, 쾌락이나 고통의 감각, 소망이나 공포의 감각도 없고, 오직 있는 것은 우리가 존재하고 있다는 감각뿐이며 이 감각만으로 모든 존재를 만족시킬 수 있는 상태가 계속된다면, 그 사람이야말로 행복한 사람이라 부를 수 있을 것이다. 그것은 삶의 쾌락 속에서 찾아볼 수 있는 불완전하고 빈곤하고 상대적인 행복과는 다르다. 그것은 영혼이 채워야 할 필요를 느끼는 공허를 모조리 채워서, 그런 공허를 영혼 속에 하나도 남기지 않는 행복인 것이다. 내가 생 피에르 섬에서 고독한 몽상에 잠기면서, 또는 물결 따라 흘러가는 배 안에 누워서, 또는 물결이 철썩이는 호숫가에 앉아서, 또는 아름다운 냇물 곁이나 모래 위를 속삭이며 흐르는 시냇가에 앉아서 때때로 맛본 상태야말로 바로 이런 것이었다.

이와 같은 상황에 놓인 사람은 대체 무엇을 즐기는가? 그것은 자기 밖의 무언가가 아니다. 자기 자신과 자기의 존재뿐이다. 이 상태가 계속되는 한, 사람은 신(神)처럼 스스로에게 만족한 상태에 머무른다. 어떤 정념도 없는 그러한 존재의 감정은, 이 세상에서 끊임없이 우리의 평온함을 방해하러 오는 온갖 관능적이며 세속적인 인상을 떨쳐 낼 줄 아는 사람만이 얻을 수 있는 평안하고 만족스러우며 고귀한 감정일 것이다. 그러나 멈출 줄 모르는 정념에 시달리는 대다수의 사람들은 이런 상태를 거의 알지 못하며, 알고 있다 하더라도 아주 짧은 동안 불완전하게밖에 맛보지 않았기 때문에 그것에 관해 어렴풋한 관념만을 가질 뿐 매력을 느끼지 못한다. 물론 요즘 같은 세상에 그들이 그 감미로운 황홀감을 동경한 나머지, 줄곧 그들의 마음에 솟아나는 욕구가 의무로서 명하고 있는 활동적인 생활을 싫어하게 된다는 것은 좋은 일이라고는 할 수 없을 것이다. 그러나 인간 사회에서 쫓겨나 이 세상에서는 이제 남을 위해서나 자신을 위해서나 좋은 일을 아무것도 할 수 없는 불행한 사람은, 이러한 상태에서 모든 인간적인 행복의 보상, 운명이나 인간들이 그에게서 결코 빼앗을 수 없는 것을 찾아낼 수 있다.

　이러한 보상은 모든 사람들이, 또 어떤 처지에서나 느낄 수 있는 게 아닌 것은 확실하다. 마음의 평화를 유지하고 마음을 어지럽히는 어떠한 정념도 가져서는 안 된다. 그 보상을 느끼는 자의 마음가짐이 중요하고 주위를 둘러싸는 사물의 협력이 필요하다. 그것을 위해서는 절대적인 휴식도, 지나치게 심한 활동도 필요치 않다. 다만 동요나 중단이 없는 적당하고 한결같은 활동이 필요하다. 활동이 없는 삶은 혼수 상태에 빠지는 것과 같다. 활동이 불균형하거나 너무 심하거나 하면 마음이 깨어져 버린다. 눈을 뜬 마음은 우리에게 주위 사물에 대한 것을 생각케 하고, 몽상의 매력을 깨뜨려서 우리를 내부에서 끌어내 순식간에 운명과 인간의 질곡에 비끄러매어 또다시 이전의 불행을 느끼게 만든다. 또 절대적인 침묵은 슬픔을 불러일으키며 죽음의 모습을 보여 준다. 여기서 즐거운 상상력을 통한 구원이 필요해지는데, 하늘로부터 그런 상상력을 부여받은 사람들에게는 이 구원이 아주 자연스럽게 찾아온다. 그때 외부로부터는 일어날 수 없는 운동이 우리 내부에서 시작된다. 그에 비해 휴식이란 확실히 보잘것없는 것이다. 그러나 가볍고 부드러운 사념(思念)이 영혼의 밑바닥을 어지럽히는 일이 없이, 말하자면 그 표면만 스쳐 지나길 때 휴식은 한층 더 기분 좋게 느껴지게 된다.

자신의 모든 불행을 잊어버리고 스스로의 일을 생각해 볼 수 있는 휴식이 있으면, 그것만으로 충분한 것이다.

그런 종류의 몽상은 조용히 있을 수 있는 곳이라면 어디서든지 맛볼 수 있는 것이므로, 바스티유 감옥에서나 눈에 보이는 것이라곤 하나도 없는 감옥에서라도 나는 기분 좋게 몽상에 잠길 수 있으리라고 종종 생각하곤 하였다.

그러나 자연에 둘러싸여 세계의 다른 부분에서 격리되고 분리된, 비옥하고 적막한 섬에서 그것을 더욱더 기분 좋게 맛볼 수 있었다는 것을 인정하지 않으면 안 될 것이다. 그곳에서는 모든 사물이 내게 즐거운 영상(映像)을 주었고, 슬픈 추억을 일깨우는 것은 아무것도 없었으며, 거기 사는 몇몇 사람들과의 교제도 다정하고 기분 좋은 것이었다. 그러나 그들과의 교제가 줄곧 마음에 남아 있을 만큼 흥미로운 것은 아니어서 나는 하루 종일 아무런 방해도 받지 않았고, 또 스스럼없이 내가 좋아하는 일이나 한가로운 시간에 몸을 맡길 수 있었던 것이다. 불쾌한 일에 에워싸여 있을 때라도 즐거운 공상을 통해 자신의 양식을 삼을 수가 있고, 또 현실적으로 관능을 자극하는 모든 것을 재료로 공상을 즐길 줄 아는 몽상가에게는 그야말로 최고의 환경이었다.

기분 좋고 긴 몽상에서 깨어나 파릇한 풀과 꽃, 새들에 둘러싸인 자신을 발견하고, 멀리 맑고 투명한 수면을 둘러싸고 있는 그림 같은 기슭으로 눈길을 보내는 나는, 이런 사랑할 만한 모든 것들을 자신의 꿈과 동화시켜 나갔다. 그러다가 차차 나 자신과 나를 둘러싸고 있는 것을 따로 인식하게 되었지만, 나는 현실과 꿈의 경계를 분간할 수가 없었다. 모든 것은 내가 그 아름다운 고장에서 보낸 명상에 잠긴 고독한 생활을 그리워하게 만들어 주었다. 그런 생활을 다시 한 번 돌이킬 수는 없는 것일까!

그 그리운 섬으로 가서 다시는 거기를 떠나는 일 없이, 섬 밖의 인간들은 어느 누구도 만나는 일 없이 나의 여생을 마칠 수는 없는 것일까? 그들은 그토록이나 오랜 세월에 걸쳐서 나에게 쏟아지던 그 모든 종류의 불행한 기억을 떠오르게 한다. 그 섬에 있으면 그들의 일 따위는 언젠가 영원히 잊을 수 있으리라. 아마도 그들은 그리 간단하게 나를 잊어버리지는 않을 것이다. 그러나 그 섬에까지 나의 휴식을 어지럽히러 오지만 않는다면, 그것으로도 충분하지 않은가?

시끄러운 사회생활에서 생겨나는 모든 세속의 정념에서 완전히 해방된 나의 영혼은 때때로 이 세상의 대기 위로 멀리 날아올라 천상의 영(靈)들과 사귀기 시작할 것이다. 왜냐하면 나의 영혼은 머지않아 그곳으로 가고자 원하고 있기 때문이다.

물론 사람들이 그렇게 아늑한 섬을 나에게 돌려주지 않으리라는 것은 알고 있다. 나를 그곳에 내버려 두려고도 하지 않았던 것이다.

그렇지만 내가 날마다 상상의 날개를 달고 그곳에 날아가서 전에 거기서 살던 때와 똑같은 기쁨을 몇 시간이고 맛보는 것을 그들은 방해하지 못할 것이다. 내가 거기 있으면서 가장 즐겁게 생각한 것은 마음껏 몽상에 잠길 수 있다는 점이었다. 내가 그곳에 있다고 몽상을 하면, 그곳에 간 것이나 다름없지 않을까. 나는 추상적이고 단조로운 몽상의 매력에 더욱더 활기를 주는 수많은 아름다운 영상을 떠올린다. 그 대상물들은 황홀해하고 있는 나의 감각으로부터 벗어나는 일이 많았는데, 지금은 나의 몽상이 깊어지면 깊어질수록 더욱더 그 대상물은 또렷하게 그려진다. 나는 종종 실제로 그 섬에 있었던 때 이상으로 그것들을 가까이 느끼고 기분 좋게 음미하고 있다.

그러나 불행하게도 상상력이 약해지면서 그런 것을 머리에 떠올리기가 힘들어지고 있다. 게다가 그나마도 그다지 오래 지속되지 않는다. 아아! 사람은 껍데기를 벗어 버리려 하면 도리어 그 껍데기에 휩싸이고 마는 것이다.

여섯 번째 산책

우리가 하는 기계적인 행동도, 만일 그 행동의 원인을 충분히 탐구할 수만 있다면 우리 마음속에서 확실히 찾아낼 수 있다.

어제 나는 비에브르 강을 따라 장티 방면으로 식물 채집을 가려고 마음먹었다. 그래서 새로 난 큰길을 지나 앙페르의 울타리 가까이에서 오른쪽으로 꺾어 교외로 나갔다. 그리고 퐁텐블로의 큰길을 지나 작은 시냇가에 있는 언덕에 올라갔다. 이 순서에는 사실 아무 의미가 없다. 그런데 그때까지 여러 차례 습관적으로 똑같은 길을 돌아갔다는 생각이 문득 떠올라, 나는 마음속으로 그 원인을 찾아 보았다. 그리고 그 원인을 알게 되었을 때 나는 웃지 않을 수 없었다.

앙페르의 울타리를 지나가는 큰길 한 모퉁이에, 여름이면 날마다 한 여자가 과일과 보리차, 빵과자 등을 파는 가게를 벌이고 있었다. 그 여자는 아주 순한 절름발이 사내아이를 데리고 있었다. 그는 목발을 짚고 절름거리면서 애교스럽게 통행인들에게 구걸을 하고 다녔다. 나는 이 순한 소년과 어쩌다가 얼굴을 아는 사이가 되었다. 내가 지나갈 때마다 그는 꼭 다가와서 인사를 했다. 그 바람에 나도 늘 조금씩 동냥을 주고 있었다. 처음 얼마 동안은 소년을 만나는 것이 즐거워서 기꺼이 동냥을 주곤 하였다. 그 뒤로도 한참 동안 여전히 즐거움을 맛보았다. 그런데 이 즐거움은 차차 습관이 되어서 어째서인지 일종의 의무로 변했고, 얼마 가지 않아 그것은 거북한 일이 되었다. 특히 그의 말투가 듣기 괴로웠다. 그는 반드시 나를 루소 씨라고 연거푸 불렀다. 그것은 그가 나와 친한 사이라는 것을 사람들에게 알리려는 행동이었다. 그러나 나는 그 소년이 그에게 내 이름을 가르쳐 준 사람들 수준으로밖에 나를 알지 못한다는 점을 충분히 깨닫고 있었다.

그 뒤부터 나는 거기를 지나가면 어쩐지 발이 무거워서 그곳을 피했다. 그리고 그 지름길이 다가오면 반드시 길을 돌아서 가는 습관이 붙어 버렸다.

나는 이 사실을 이번 고찰을 통해 처음 깨달았다. 그때까진 그런 일이 뚜렷하게 떠오른 적이 없었다. 이러한 고찰에 이어서 나는 다른 많은 것을 속속 기억했다. 그렇게 하면서 나는 내 행동을 일으킨 최초의 참다운 동기는, 대부분 내가 오랫동안 상상하고 있었던 만큼 명확히 알고 있는 것이 아니라는 사실을 똑똑히 알게 되었다.

　선(善)을 행하는 일이야말로 사람의 마음을 맛볼 수 있는 가장 좋고 참된 행복임을 나도 잘 알고 있었다. 그러나 그 행복은 벌써 오래전에 내 손이 미치지 않는 곳에 놓여 버렸고, 또 나같이 비참한 처지에 있어서는 정말로 선한 행동을 선택하고 효과적으로 행한다는 것은 도저히 바랄 수 없는 일이었다. 나의 운명을 조종하는 사람들이 무엇보다도 신경을 쓰고 있는 일은, 내게는 모두 거짓인 표면상의 속임수에 불과했다. 그러므로 미덕의 동기도 나를 덫으로 유인하기 위한 미끼에 지나지 않았던 것이다. 나는 그 점을 잘 알고 있다. 앞으로 내 힘으로 할 수 있는 오직 한 가지 선행은 행동을 삼가고, 모르는 사이 원치 않는 악을 범하지 않도록 하는 일이다.

　그러나 과거에는 내 마음의 움직임에 따라서 때로는 다른 사람의 마음을 만족시킬 수 있었던 행복한 시절도 있었다. 내가 그런 즐거움을 맛볼 수 있을 때마다 다른 어떤 즐거움보다 그것을 더 기분 좋게 생각했다는 명예로운 증거도 있다. 이는 내 천성 덕분이었다. 나의 이 성향은 강하고 진실하고 순수했다. 그리고 내 마음의 가장 깊은 곳에도 결코 이 성향에 반하는 요소는 없었다. 그럼에도 나는 자신의 선행이 가져오는 무거운 짐을 때때로 느꼈다. 선행 뒤에 끌려오는 의무의 사슬 때문이었다. 그렇게 되면 즐거움은 사라져 버린다. 그리고 처음 얼마 동안 나를 즐겁게 해 준 그 일을 계속한다는 것이, 벌써 견딜 수 없는 거북함으로밖에 여겨지지 않게 된다. 나의 짧은 행복한 시절에 많은 사람들이 나에게 도움을 얻기 위해 왔는데, 내가 할 수 있는 일이라면 그들 중 누구의 부탁도 거절한 일은 없다. 그렇지만 처음 얼마 동안은 마음 밑바닥으로부터 넘쳐 나는 진심을 기울여서 했던 이 선행들로부터 이윽고 예기치 않았던 계약의 사슬이 계속 생겨나는 결과가 되었다. 그리고 어떻게도 그 속박을 벗어날 수 없게 된 것이었다.

　내가 맨 처음에 한 봉사는 그것을 받은 사람들의 눈으로 본다면 그 뒤에 이어질 봉사의 시작일 뿐이었다. 그러므로 누군가 불행한 사람에게 한 번이라도 은혜를 베풀어서 관계가 시작되면, 그 뒤는 이미 결정된 거나 다름없었다. 자유롭고 자발적이었던 최초의 은혜는, 다음부터는 그것을 요구할 수 있는 모든 사람들에게 제한 없는 권리가 되었고, 나는 그것을 피할 수 없었던 것이다. 이렇게 해서 더없이 기분 좋은 즐거움도 이윽고 나에게는 짐스러운 속박이 되어 버리는 것이었다.

그렇지만 이런 사슬도 내가 무명 생활을 하고 있는 동안에는 그토록 짐스럽게 생각되지 않았다. 그런데 한번 내 저서를 통해 내 이름이 세상에 알려지자—그것은 물론 중대한 실수였는데, 나는 이 죗값을 치르고도 남을 만큼의 불행을 겪었다—그때부터 나는 일반 상담소 직원같이 되어 버려서, 고민하는 자, 또는 그렇다고 주장하는 자, 호인을 찾아다니는 협잡꾼, 나를 절대적으로 믿고 있는 것처럼 가장하고 갖은 수단을 다 써서 나를 붙잡으려는 사람들의 상대를 다 하게 되었다.

그때가 되어서야 나는 모든 자연의 성향과 마찬가지로 친절이라는 것도 예외는 아니어서, 사회에서 아무 생각 없이 무차별적으로 남용되면 어느새 그 본래의 모습을 바꾸게 되고, 최초에는 이로웠던 것일지라도 그만큼이나 해로운 것이 된다는 사실을 깨닫게 되었다. 그렇게도 많은 잔혹한 경험은 조금씩 나의 마음을 바꾸어 나갔다. 바꾸어 나갔다기보다도 그 경험들이 마침내 내 마음을 본래의 한계에 가둠으로써, 남의 악의를 부추기는 데밖에 도움이 되지 않을 경우에는 선을 행하려는 성향에 맹목적으로 따르지 않는 편이 좋다는 사실을 가르쳐 주었던 것이다.

하지만 나는 그런 경험을 후회하지는 않는다. 그 경험들은 반성을 통해 나 자신을 인식하는데 있어, 그리고 내가 자주 환상을 품었던 수많은 상황에서 내가 취한 행동의 참다운 동기에 대하여 새로운 빛을 던져 주었기 때문이다. 선을 즐겁게 행하려면 속박을 받지 않고 자유로이 행동할 필요가 있다는 것, 그리고 선행에 따르는 쾌감을 없애려면 그 일에 의무감을 느끼는 일로 충분하다는 것을 알았다. 의무의 중압은 가장 기분 좋은 즐거움마저도 나에게 짐이 되게 하였다. 《에밀》에서 말했던 바처럼 만일 내가 터키 사람이었다면, 남편의 의무를 완수하라는 요구를 받았을 때 나는 나쁜 남편이었을 게 틀림없다.

이것이 내가 나 자신의 덕(德)에 관해 오랫동안 품고 있던 생각을 크게 바꿔 놓은 원인이다. 자신의 성향에 따른다든가 그것이 이끄는 대로 선을 행하는 기쁨을 맛본다는가 하는 것은 덕이 아니다. 덕이라는 것은 의무의 명령을 받았을 때 스스로의 성향을 극복하고 그 의무를 행하는 데에 있는데, 이것이야말로 내가 세상의 누구보다도 할 수 없었던 일이다.

나는 다감하고 선량한 인간으로 태어났고 동정심은 결점이 될 정도로 넘쳤다. 나는 고귀한 행위라면 무슨 일에든 영혼의 흥분을 느끼지 않고는 참을 수가 없었으므로, 내 마음을 움직이는 일에 관한 한 열정까지 불태우며 인정에 끌리어 자비롭게 돌봐 주게 되는 것이었다. 만일 내가 인간의 최고 권력자였더라면 나는 더 선량하고 너그러웠을 것이며, 내 마음에서 복수심을 없애려면 단지 복수할 수 있다는 사실을 아는 것만으로 충분했을 게 틀림없다.

나의 이해관계에 어긋나는 한이 있더라도 정당하게 행동하는 것은 나에게는 어렵지 않았다. 그러나 나와 가까운 사람의 이해관계에 어긋날 때는 그리 쉽사리 행동할 수 없었다. 나의 의무와 감정이 부딪칠 때에 의무가 승리하는 경우는 드물고, 아무것도 하지 않는 것이 고작이었다. 그러므로 나는 대개의 경우 강했다. 그렇지만 나의 성향에 반하여 행동한다는 것은 불가능했다. 명령을 내리는 것이 인간이든 의무이든 필연이든, 내 마음이 잠자코 있는 한 내 의지는 귀머거리가 되므로 나는 따를 수가 없었다. 나를 위협하는 재난을 알면서도 그걸 막으려고 버둥거리지 않고, 오히려 일이 벌어지는 대로 내버려 둔다. 때로는 어떻게 해보려고 애를 쓰는 수도 있지만, 그 노력은 곧 나를 피곤하게 만들어서 끈기를 없애 버린다. 이렇게 되면 나는 계속할 수가 없다. 어떤 것을 머리에 떠올려 봐도 그것이 즐겁게 할 수 없는 일이라면 곧 할 수 없게 된다.

그뿐만이 아니다. 내 욕구가 설령 구속과 일치하더라도, 구속은 그 존재만으로 욕구를 사라지게 했다. 또한 조금이라도 거북한 구속이 작용하면 욕구는 혐오로, 이어 반감으로까지 변해 버린다. 이런 나이기 때문에 스스로 하던 선행도 타인이 요구를 하면 싫증이 나고 만다. 순수하게 보상 없이 베푸는 자선이 내가 즐겨하는 일이다. 그러나 그걸 받은 사람이 마땅한 권리처럼 그것을 계속 요구하며, 영구히 그렇게 은혜를 베풀라는 규칙을 만들거나 하면, 그때부터 거북함을 느끼기 시작하여 즐거움도 사라져 버린다. 그때 만일 내가 양보한다면 그것은 나의 약함 때문이고 부끄러움 때문이므로, 거기엔 벌써 선의 따위는 없다. 그리고 나는 마음으로 기뻐하기는커녕 마지못해 한 선행 때문에 양심의 가책을 받는 것이다.

나는 은인과 은혜를 입은 사람 사이에는 일종의 계약이 성립된다는 사실을 알고 있다. 그것도 모든 계약 중에서도 가장 신성한 계약이 된다. 이 둘의 관계는 일반적 사회관계 이상으로 긴밀한 것이다. 만일 은혜를 입은 사람이 은연중에 감사를 약속한다면, 은인 또한 마찬가지로 상대가 은혜를 받기에 어울리는 사람인 한 그에게 보였던 호의를 지속하며, 자기가 그것을 할 수 있을 때나 부탁받았을 때는 언제든지 그 행위를 다시 해 줄 것을 약속해야 한다.

이런 일은 명시된 조건은 아니지만, 그들 간에 세워진 관계의 자연스러운 결과라 할 것이다. 남에게 요구받은 보상 없는 봉사를 처음부터 거부하는 사람은, 거부당한 상대에게 애초부터 불평할 권리를 주지 않는다. 그러나 똑같은 경우, 전에 베푼 은혜를 같은 상대에게 베풀기를 거부하는 사람은 자신이 상대에게 가져도 좋다고 허락한 희망을 배반하는 셈이 된다. 그는 자기가 만들어 준 상대의 기대를 속인 것이다. 이 거절에는 무언지 부당한, 처음부터 거부한 경우보다 무자비한 무언가가 있는 것같이 여겨진다. 하지만 이것은 마음이 좋아해서 쉽게 버릴 수 없는 자립성의 결과이다. 내가 빚을 갚을 때, 나는 내 의무를 수행하고 있는 것이다. 내가 선물을 할 때, 그것은 나 자신에게 즐거움을 맛보게 해 주고 있는 것이다. 그런데 의무를 수행하는 즐거움은 덕(德)의 습관에서만 생겨나는 즐거움이다. 우리가 자연스럽게 직접 느끼는 즐거움은, 이 의무를 수행하는 즐거움만큼 수준이 높지는 않다.

그토록 많은 슬픈 경험을 한 뒤, 나는 마음의 첫 움직임을 쫓아가면 어떤 결과가 나오는가를 미리부터 예견할 수 있게 되었다. 그래서 그 뒤부터는 내가 하고자 하거나 내가 할 수 있는 선행도, 앞일을 잘 생각하지 않고 하다가는 나중에 견디지 않으면 안 될 구속이 찾아올 것을 두려워하여 삼가게 되었다. 내가 이 같은 걱정을 늘 하고 있었던 것은 아니다. 오히려 젊었을 때는 은혜를 베풂으로써 남에게 애착을 가졌다. 그리고 내가 은혜를 베푼 사람들도 마찬가지로 이해관계에 매달리기보다는 감사하는 마음에서 나에게 호의를 베풀어 주고 있음을 느낀 적도 종종 있었다.

그러나 불행이 시작되자 다른 모든 것과 마찬가지로 이 점에서도 사정은 완전히 바뀌고 말았다. 그때부터 나는 전과는 전혀 다른 새로운 세대 속에 살게 되었다. 그리고 타인에 대한 나의 감정은, 그들의 감정에서 발견된 변화 때문에 고민했다. 그러한 전혀 다른 두 세대에서 내가 계속해서 만난 똑같은 사람도, 연이은 두 세대에 차례로 동화하였다. 그들은 처음 얼마 동안은 진실하고 솔직했지만, 이윽고 지금 볼 수 있는 그런 사람이 되어서 다른 모든 사람과 똑같은 짓을 한 것이다. 시대가 변했다는 이유만으로 사람들도 시대와 마찬가지로 변해 버린 것이다. 아아! 어떻게 그런 사람들에 대해 전과 같은 감정을 느낄 수 있으랴. 그 사람들이 전에 내 감정을 길러 주었던 감정과는 정반대의 감정을 내게 쏟아 붓고 있는 것을! 그렇지만 나는 그들을 미워하지는 않는다. 미워할 수는 없기 때문이다. 그러나 그들에게 알맞은 경멸감을 품지 않을 수가 없고, 그 감정을 그들에게 보이는 일을 삼갈 수도 없다.

아마 나도 모르는 사이 나 자신도 필요 이상으로 변했을 것이다. 나 같은 처지에 몰려서도 천성을 유지할 수 있는 사람이 있을까? 20년 전부터의 경험을 통해, 자연이 내 마음에 부여해 준 모든 바람직한 성향도 나의 운명 때문에, 또 그것을 조종하는 사람들 때문에 나 자신에게나 남에게 폐를 끼치는 것에 불과하게 되어 버렸다. 그 사실을 알게 된 나는, 이제 해야 할 선행이 눈앞에 있어도 그것을 나에게 친 덫이라든가 그 밑에 뭔가 나쁜 것을 숨기고 있는 것으로밖에 생각지 않게 되었다. 선행의 결과가 어떻든, 좋은 의도의 가치는 변치 않는다는 것은 알고 있다. 그렇다. 그 일에는 가치가 있다. 그러나 거기엔 이미 마음으로 느끼는 기쁨은 없다. 그런 자극이 없어지면, 곧 나는 무관심과 냉담함밖에 느끼지 못하게 된다. 이렇게 되면 선행을 해도 진심으로 유익한 행동을 하기는커녕 그것을 일시적인 위안거리로 삼을 뿐이리라. 그리고 본래 같으면 감격과 열의로 충만되었을 게 틀림없을 경우에도 분노한 자존심과 이성의 반항 때문에, 그 행위에 혐오와 저항밖에 느끼지 못할 것이다.

역경 중에는 영혼을 북돋고 견고하게 만드는 것도 있으나, 또 영혼에 타격을 주어 죽여 버리는 것도 있다. 나를 괴롭힌 역경은 후자이다. 나의 영혼 속에 뭔가 악질적인 효모가 조금이라도 있었다면, 역경은 그것을 맹렬히 발효시켜서 나를 광란에 빠지게 만들었을 게 틀림없다. 그러나 역경은 나를 없는 거나 다름없는 사람으로 만들었을 뿐이다. 나 자신을 위해서도 남을 위해서도 선을 행하지 못하게 된 나는 행동을 삼가는 수밖에 없었다. 그리고 나의 이런 상태는 외부에서 강제되고 있기 때문에 내 죄라고도 할 수 없다. 이처럼 아무 비난도 받지 않고 내 본래의 성향대로 지내는 상태는 일종의 쾌감마저 느끼게 해 주었다. 확실히 나는 지나쳤다. 왜냐하면 선을 그냥 베풀어도 되는 경우에조차 행동을 삼갔으니까. 그러나 사람들이 나에게 사물을 있는 그대로 보게 해 줄 리 없으므로, 나는 주어진 겉모습으로 사물을 판단하기를 삼가고 있었다. 그리고 아무리 그들이 행동의 동기를 숨기더라도 그 동기가 내 손 닿는 곳에 있는 한, 나는 그것이 허위임을 확신할 수 있었다.

나의 운명은 이미 내가 어렸을 적부터 함정을 파 놓았던 것 같다. 그리고 나를 아무 함정에나 쉽게 걸리는 사람으로 키워 냈다. 나는 특히 다른 사람을 쉽게 믿는 부류였다. 그래도 40년 동안 단 한 번도 신뢰를 배반당한 적은 없었다. 그리고 갑자기 지금까지와는 다른 인간과 사물 속에 던져진 나는 수많은 함정에 빠지면서도 전혀 그걸 깨닫지 못하다가, 20년의 경험을 거쳐서 겨우 나의 운명을 분명히 알 수 있게 되었다.

사람들이 나에게 아낌없이 보여 주는 우호적인 태도가 실은 거짓과 속임수에 지나지 않는다는 것을 확신하게 되자, 나는 곧 반대의 극단으로 치닫고 말았다. 우리가 한번 천성에서 떠나 버리면 우리를 붙들어 맬 한계가 없어져 버리기 때문이다. 그때부터 나는 인간에 싫증을 느끼고, 나의 의지는 이 점에서 그들의 의지와 일치했다. 즉 나는 그들이 일을 꾸민 것 이상으로 스스로를 그들로부터 멀리 떨어뜨려 놓았다.

그들은 이제 무슨 짓을 해도 헛일이다. 나의 이 혐오가 원한 따위로 변하는 것은 결코 아니다. 그들은 나를 굴종시키려 했는데, 도리어 그들이 나에게 속박되어 있는 것을 생각하니 정말 안된 생각이 든다. 내가 불행하지 않으면 그들이 불행한 것이다. 나는 자신을 돌아볼 때마다 언제나 그들을 불쌍하다고 생각한다. 이러한 생각에는 틀림없이 오만이 섞여 있을 것이다. 그러나 나는 내가 그들보다 너무나 높은 곳에 있는 것 같아서 그들을 미워할 마음도 들지 않는다. 그들은 나에게 고작해야 경멸심을 일으킬 정도이지, 결코 증오감을 품게 만들지는 못한다. 요컨대 나는 너무나 나 자신을 소중히 하고 있기 때문에 남을 미워할 마음은 나지 않는다. 그런 짓은 내 존재를 제한하고 억압하는 행위이다. 나는 오히려 내 존재를 전 우주를 향해 확대하고 싶다.

나는 그들을 미워하기보다 그들로부터 벗어나기를 원한다. 그들의 모습을 보면 내 감각은 손상되며, 내 마음은 그들의 수많은 잔혹한 눈초리로부터 견딜 수 없는 인상을 받고 손상된다. 그러나 불쾌함을 일으키는 대상물이 시야에서 사라지면 그런 마음도 곧 가라앉는다. 그들이 눈앞에 있으면 싫어도 그

들의 일이 신경 쓰이지만, 일부러 생각을 해내서까지 신경을 쓴 일은 없다. 그
들의 모습이 안 보이면, 나에게 그들은 존재하지 않는 것과 마찬가지이다.

그들은 또 나와 관계된 일에 있어서만 나에게 무관심한 존재이다. 왜냐하면
그들 서로의 관계에서는 그들은 지금도 나의 흥미를 끌고 내 마음을 움직이기
때문이다. 나는 마치 극중인물의 행동을 보듯이 그들을 관찰한다. 내가 정의
(正義)에 대한 관심을 잃으려면 나의 도덕적 존재가 없어져야 할 것이다. 부정
과 사악은 지금도 내 분노의 피를 끓게 한다. 허풍이나 뽐냄이 없는 덕행에는
언제나 기쁨에 가슴을 두근거리며 여전히 기분좋은 눈물을 흘린다. 그러나 어
떤 경우에든 내가 직접 그것을 확인하고 평가하는 일이 필요하다. 나 자신을
돌이켜보건대 무슨 일이든지 사람들의 판단을 그대로 따르고, 남이 믿고 있는
것을 그대로 믿는다는 것은 어지간히 무분별하지 않고서는 못할 일이기 때문
이다.

만일 내 용모나 특징이 내 성격이나 천성과 마찬가지로 사람들에게 전혀 알
려져 있지 않다면, 나는 지금도 사람들과 함께 태평스레 살고 있을 것이다. 내
가 그들에게 완전히 낯선 인간인 만큼 그들과의 사귐이 즐겁게 느껴졌을지도
모른다. 그들이 나에게 상관을 하지 않으면, 나는 마음껏 타고난 성향에 몸을
맡기고 지금껏 계속해서 그들을 사랑했을 것이다. 보편적이고 이해관계를 완
전히 초월한 호의를 그들에게 기울였을 것이다. 그렇지만 결코 개인적인 애정
을 기울이는 일 없이, 또 어떠한 의무의 속박도 받는 일 없이, 나는 그들에게
그들이 모든 법칙을 통해 의무화하고서도 쉽사리 실행하지 못하고 있는 일을
자유로이 자진해서 했을 것이다.

만일 내가 천성적으로 그런 것처럼 언제까지나 자유를 누리며 남에게 알려
지지도 않고 고독했더라면, 나는 좋은 일만 했을 것이다. 나의 마음속에는 어
떠한 해로운 악의 씨도 없었기 때문이다. 또 신처럼 남의 눈에도 안 보이는 채
전능했더라면, 나는 신과 마찬가지로 자비롭고 선량했을 것이다. 훌륭한 인간
을 만드는 것은 힘과 자유이다. 그와 반대로 약함과 예속은 지금까지 사악한
인간밖에 만들지 못했다. 만일 내가 기게스의 반지(손에 끼면 모습이 보이지 않
게 되는 마법의 반지)의 소유자였다면, 나는 인간들의 예속에서 벗어나고 그들
을 나에게 예속시켰을 것이다. 나는 가끔 공상에 잠겨, 나 같으면 이 반지를 어
떻게 사용할까 생각해 보기도 했다. 그 까닭은 그런 경우 힘을 남용하고 싶은

유혹이 마땅히 생겨나기 때문이다. 욕망을 마음대로 충족시킬 수 있고 모든 일이 가능하며, 그 누구에게도 속을 염려가 없다면 나는 무엇을 바랐을까? 내 소망은 단 한 가지밖에 없다. 그것은 모든 사람의 마음이 만족하는 모습을 보는 일일 것이다. 일반 대중의 행복한 모습을 보는 일만이 내 마음을 변함없는 감정으로 감동시킬 수 있었을 것이고, 그 일에 협력하려는 힘찬 소원이 나의 열정을 끊임없이 불러일으켰을 것이다. 언제나 바르고 공평무사(公平無私)하고 선량하며, 마음에 약함이 없는 나는 맹목적인 시기심이나 끈질긴 증오는 품지 않았을 것이다. 인간을 있는 그대로의 모습으로 보고 그들의 속내를 쉽사리 읽어 버리는 나에게는, 나의 모든 애정을 받을 가치가 있을 만큼 훌륭한 사람도, 모든 미움을 받아 마땅한 사람도 눈에 띄지 않을 테니까. 또 그들은 남에게 해를 입히려다가 도리어 자신에게 해를 입힐 것이다. 그러므로 나는 그들의 사악함조차 불쌍히 여길 것이다.

한편 나는 기분이 좋을 때는 가끔 기적을 행하는 것 같은 유치한 짓도 즐길 것이다. 그러나 자신의 이해타산은 완전히 버리고 자신의 타고난 성향만을 법칙으로 삼고 있기 때문에, 엄격한 정의(正義)에 따른 행위는 두세 가지로 그치고 너그러움과 공정함에 바탕을 둔 수많은 일을 했을 것이다. 신의 대행자로서, 신의 뜻에 따라 힘을 행사하는 자로서 나는 《황금전설》(중세 성인들의 전기를 모은 것)이나, 생 메다르 묘지의 기적보다 더 현명하고 이로운 기적을 행했을 것이다.

어디든지 모습을 보이지 않고 들어갈 수 있는 이 능력은 단 한 가지 점에 있어 나를 저항하기 어려운 유혹으로 이끌었을지도 모른다. 그리고 한번 그릇된 길에 빠져들어가기라도 하면 어디로 끌려가게 될지 모르는 노릇이다. 자기는 그런 힘에는 절대로 유혹되지 않았을 거라느니 이성이 그런 치명적인 실수를 막아 주었을 거라느니 말하며 우쭐대는 사람은 자연과 자기 자신을 도무지 모른다고밖에는 할 수 없다. 나는 다른 어떤 일에도 자신이 있었지만, 이 점에 관해서는 그렇지가 못했다. 그 힘으로 인간을 초월할 사람은 먼저 인간으로서의 약한 부분을 극복해야 한다. 그러지 않으면 그 넘쳐나는 힘이 실제로 그를 다른 사람보다 못한 사람으로 만드는 데밖에 쓸모가 없을 것이다. 그것도 다른 인간들과 비슷한 수준에 머물러 있던 시절의 그보다도 못한 존재가 될 것이다.

하지만 잘 생각해 보면 마법의 반지 따위로 덧없는 짓을 하기 전에 그런 것은 내버리는 게 나을 듯하다. 만일 사람들이 끝까지 참된 나와 전혀 다른 나를 보려고 한다면, 또 나를 보는 것이 그들의 부정한 마음을 들끓게 만든다면, 나는 그들의 눈에 띄지 않도록 달아나야 할 것이다. 그들 속에 섞여 들어 모습만 감추고 있어서는 안 된다. 그들이야말로 내 앞에서 종적을 감추거나, 그 술책을 내 앞에서 숨기거나, 햇빛을 피해 두더지처럼 땅속으로 파고 들어가야 할 것이다. 나로서는 할 수만 있다면 그들에게 나를 보여 주고 싶다. 얼마든지 봐도 좋다. 그러나 그런 일은 그들에겐 불가능한 일일 것이다. 그들은 언제든지 자기들이 조작한 장 자크를, 마음껏 미워할 수 있도록 조작한 장 자크를 진정한 나 대신 볼 뿐이다. 그러므로 그들이 나에 대해 갖고 있는 견해 따위로 내가 속상해한다는 것은 잘못된 일이다. 나는 그런 일에 곧이곧대로 신경을 써서는 안 될 것이다. 왜냐하면 그들이 보고 있는 것은 진정한 내가 아니기 때문이다.

이러한 모든 고찰에서 끌어낼 수 있는 결론은, 나는 결코 시민사회에 적합한 사람이 아니라는 점이다. 시민사회에서는 모든 것이 속박과 의리와 의무가 되어 버린다. 그런데 타고난 나의 자립심 때문에, 나는 인간들과 함께 지내기 위해 필요한 인내와 복종을 견딜 수 없었다. 자유로이 행동하는 한 나는 선량하고, 내가 하는 모든 일은 선(善)이다. 그러나 일단 속박을 느끼면, 그것이 필연적 속박이든 인간에 의한 속박이든 나는 곧 반항적이 된다. 아니, 오히려 비뚤어져 버린다. 그러면 나는 무(無)와 다름없이 되어 버린다. 나의 의지에 반하는 일을 해야만 할 때는, 어떤 일이 벌어지든 나는 그것을 하지 않는다. 그렇지만 나는 또 자기 의지대로의 일도 하지 않는다. 나는 약한 인간이기 때문이다. 나는 행동을 삼간다. 그 까닭은 나는 모든 행동에 대해 약하고 나의 모든 힘은 소극적이기 때문이다. 내 죄는 모두 하지 않는다는 점에서 비롯되는 것이지 실제로 악행을 저질러서 죄를 짓는 일은 거의 없다. 나는 인간의 자유란 그 바라는 바를 실행하는 데에 있다고 생각해 본 적이 한 번도 없다. 오히려 자기가 바라지 않는 일은 절대로 하지 않는 데에 있다고 믿고 있다. 그것이야말로 내가 언제나 구하던 자유이고, 때때로 지켜 낸 자유이다. 그리고 그 때문에 나는 같은 시대 사람들로부터 혹독하게 비방받았다. 그 이유는 내 자유가 그들의 마음에 안 들었기 때문이다. 그들은 활동적이고 침착성 없는 야심가라서 타인의 자유를 미워하고, 자기 자유는 구하지 않으면서 그저 이따금 자기들의 의지를 실행에 옮기기만 하면 된다, 아니 오히려 타인의 의지를 지배할 수 있으면 된다고 생각하고 있다. 요컨대 그들은 평생 동안 자기들이 좋아하지 않는 일을 해서 스스로를 괴롭히고, 남에게 명령을 하기 위해서는 그 어떤 비열한 짓도 사양하지 않을 인간들이다.

그러므로 그들의 잘못은 나를 쓸모없는 사람으로 간주해 사회에서 멀리하려고 한 것이 아니라, 해로운 사람으로서 사회에서 추방하려 한 것이라고 해도 좋다. 고백하건대 나는 좋은 일은 아주 조금밖에 하지 못했으나 의도적인 나쁜 일이라고는 평생토록 해 본 적이 없었기 때문이다. 그리고 실제로 나보다 나쁜 일을 덜한 사람이 세상에 한 사람이라도 있는지 의문이다.

일곱 번째 산책

내 긴 몽상을 모아 기록하는 일이 이제 겨우 시작되었을 뿐인데 벌써 끝에 다다르고 있는 것 같은 기분이 든다. 다른 즐거움이 몽상 대신 찾아와서 내 마음을 뺏고 꿈꿀 시간을 앗아가기 때문이다. 내가 그것에 열중해 있는 모습은 좀 비정상이라 해도 좋을 정도여서, 생각해 보면 나도 웃음을 터뜨리고 싶을 지경이다. 그러나 역시 열중하지 않을 수는 없다. 나 같은 처지에 몰린 사람에게는 어떤 일에도 구애되지 않고 자기가 좋아하는 일을 하는 수밖에 다른 행동 기준이 없기 때문이다. 나는 내 운명을 어쩔 수가 없다. 나는 죄 없는 성향밖에 갖고 있지 않다. 그리고 인간들이 하는 비판 따위는 벌써 내게는 아무 의미가 없으므로, 사회에 있을 때나 나 혼자 있을 때나 나는 내가 할 수 있는 범위에서 좋을 대로 하고, 내 멋대로 기준을 정하고 나에게 남겨진 힘만을 척도로 삼아야 한다. 심지어 내 지혜조차도 그렇게 하라고 속삭인다.

그래서 나는 식물만을 먹을 것으로 삼고 식물학만을 소일거리로 삼게 되었던 것이다. 나이를 먹고 나서 나는 스위스에서 이베르누아 선생에게 첫 지도를 받았다. 그 뒤 여행하면서 식물채집을 열심히 한 덕분에 식물계에 관한 지식을 꽤 넓힐 수가 있었다. 그러나 예순 살이 넘어서 파리에 은거하고부터는 대대적인 식물채집을 할 기운도 없어졌고, 또 악보 베끼는 일에 열중해서 다른 일을 돌아볼 겨를도 없었다. 그 때문에 나는 이미 필요치 않게 된 이 즐거움을 내버렸던 것이다. 나는 표본도 팔고 책도 팔아 버렸다. 그러고는 가끔 산책하다가 파리 근교에서 극히 흔한 식물을 보는 것으로 만족하고 있었다. 내가 갖고 있던 약간의 지식은 이 기간 동안 완전히 사라져 버렸다. 사라지는 그 속도는 머릿속에 새겨 넣을 때의 속도와 비교도 안 될 만큼 빨랐다.

그런데 예순다섯 살이 지나고 나자 갑자기 조금 남아 있던 기억력도 없어지고, 그나마 들을 돌아다닐 만큼 체력도 쇠약해졌다. 안내자는 물론 책도 정원도 표본도 없는 처지에, 나는 처음보다 더한 열정을 가지고 또다시 이 일에 사로잡힌 것이다. 나는 머리(스웨덴의 식물학자, 1740~1791)의 《식물계(植物界)》를 완전히 암기하고, 지구상에 알려져 있는 모든 식물을 깡그리 알고자 하는 계획을 진지하게 생각하고 있었다. 식물학 책을 다시 사들일 수도 없었으므로 나는 남이 빌려 준 책을 베끼기 시작했다. 그리고 전보다 더 풍부한 표본을 만들어야겠다고 결심하고는 바다 식물이나 알프스의 식물, 그리고 인도의 식물 모두를 수집하려고 마음먹고 있었다. 그러나 우선은 채집하기 쉬운 것부터 해야 했기에 별꽃, 사양채, 보리지, 개쑥갓 등을 모았다. 새장 위에 있는 풀도 나는 소중하게 채집한다. 그리고 새로 보는 풀을 만날 때마다 너무나 기뻐서 이렇게 중얼거린다.

"와, 또 하나 발견했다!"

나는 이런 변덕을 밀고 나가려고 결심한 데 대해 변명할 생각은 추호도 없다. 나는 이 변덕을 아주 이치에 합당한 것이라 생각하고 있다. 나같은 처지에서는 자기가 좋아하는 일에 몰두하는 것이 현명한 행동이고 또 훌륭한 덕이기도 하다고 확신하기 때문이다. 그것은 내 마음에 어떠한 복수나 증오심도 싹트게 하지 않는 방법이다. 취미를 발견할 수 있다는 것은, 모든 분노의 감정에서 완전히 벗어난 깨끗한 천성을 가지고 있는 증거라 해야겠다. 그것은 또 내식으로 박해자들에게 복수를 가하는 일도 된다. 내가 그들의 뜻에 반하여 행복해지는 것이, 그들에게 줄 수 있는 가장 잔혹한 벌일 테니까.

그렇다. 그 무엇에도 방해되지 않는 취미에 몸을 맡기는 일은 아마 이성도 허용해 줄 것이다. 아니, 그러라고 명령조차 하고 있다. 그러나 이성은 왜 그 취미가 나를 이토록 끌어당기는지는 가르쳐 주지 않는다. 이익도 진보도 없는 이런 쓸모없는 연구에서 내가 어떤 매력을 발견했는지, 이미 늙어서 몸도 말을 듣지 않아 움직임도 둔하고 활기나 기억력도 잃어버린 이 나를 도대체 무엇이 젊은시절의 훈련과 학생의 공부로 도로 데려왔는지, 이성은 이 일에 관해서는 가르쳐 주지 않는다. 참으로 기묘한 일이라서 그 이유를 알고 싶을 정도이다. 그것이 분명해진다면 나의 자기 인식에도 뭔가 새로운 빛이 비칠 것이 틀림없다. 그리고 나는 이 자기 인식을 얻기 위해 늘그막의 여가를 바치고 있는 것이다.

가끔 나는 깊은 생각에 잠기곤 했다. 그러나 즐거운 생각으로 사색하는 일은 극히 드물고, 언제나 거의 마지못해서 억지로 생각하는 수가 많았다. 몽상은 나의 피로를 치유하고 나를 즐겁게 만들지만, 반성은 나를 피곤하고 슬프게 한다. 생각하는 일은 나에게 언제나 괴롭고 매력 없는 일이었다. 가끔은 나의 몽상이 성찰로 끝나는 수도 있었지만, 대부분의 경우 성찰이 몽상이 되어서 끝났다. 그리고 이와 같은 방심 상태에서 나의 영혼은 상상의 날개를 타고 우주를 훨훨 날아다니면서 다른 모든 향락을 훨씬 뛰어넘는 황홀감을 맛보고 있었다.

그러한 몽상을 참으로 순수하게 맛보던 시절에는 다른 것은 그 무엇이든 흥미가 없었다. 그러나 일단 외부로부터의 충동에 사로잡혀 문학의 일에 투신하는 바람에 정신노동에 피로를 느끼고, 언짢은 명성의 번거로움을 느끼게 되었을 때, 나는 자신의 감미로운 몽상이 쇠퇴하는 느낌을 받았다. 곧 본의 아니게 슬픈 처지에 빠진 자기 일을 생각해야만 하게 되자, 나는 벌써 드물게밖에 찾아볼 수 없는 그리운 도취, 50년 동안 재산이나 영광을 대신해 주며, 시간 이외에 어떠한 것도 필요로 하지 않고 오직 유유자적함을 즐겨 온 나를 인간들 가운데 가장 행복한 사람으로 만들어 준 그 도취를 두 번 다시 찾아볼 수 없게 돼 버렸다.

나는 몽상에 잠기면서 불안에 사로잡히게 되었다. 불행에 겁먹은 상상력이 마침내는 불행한 쪽으로 자신을 몰고 가지나 않을까, 나의 끝없는 고뇌의 감정이 점차 내 마음을 죄어서 마지막에는 고뇌의 무게로 나를 짓누르지나 않을까 하고 걱정을 하게 된 것이다. 이러한 상태에서 타고난 본능은 나에게서 모든 비참한 관념을 내몰고 상상력에게 침묵을 명하여, 나의 관심을 신변의 일로 돌리게 했다. 그래서 그때까지는 하나의 덩어리로서 전체로만 보았던 광경을 나는 처음으로 자세하게 관찰할 수 있었다.

수목, 떨기나무, 식물은 대지를 장식하는 옷이다. 눈에 띄는 것이라곤 오직 돌과 진흙과 모래뿐인 황량하고 초목이 나지 않은 들판의 경치만큼 슬픈 것은 없다. 그러나 자연에 의하여 생명을 부여받고 흐르는 물과 지저귀는 새소리에 둘러싸여 혼례 의상을 차려입은 대지는 동물과 식물, 광물이라는 자연의 세 영역의 조화를 통해 생명과 흥미와 매력에 넘친 광경을 우리 눈앞에 펼쳐 보인다. 이 세상에서 인간의 눈과 마음이 결코 싫증 내지 않는 오직 하나의 광경이다.

이를 조용히 관조하는 사람은, 그가 다감한 영혼을 가졌으면 그만큼 이 조화가 그의 내부에 일으켜 주는 도취에 완전히 잠기는 감동을 얻는다. 그때 감미롭고 그윽한 몽상이 그의 감각을 사로잡아 그는 이루 표현할 수 없는 도취를 느끼고, 그 끝없이 넓고 아름다운 체계 속에 무르녹아서 그것과 동화한 자신을 느낄 수 있다. 그러면 모든 개개의 사물은 그로부터 멀어져, 이제 그는 모든 것을 전체로 파악하고 느끼게 된다. 자기가 포함하려고 하던 이 우주를 부분적으로 관찰할 수 있기 위해서는, 어떤 특수한 상황이 그 사람의 관념을 가두어서 상상력을 제한하지 않으면 안 되는 것이다.

고뇌로 억눌린 내 마음이 그 모든 운명을 내 주위에 끌어들이고 집중시켜서, 낙담에 빠져 들고 훨훨 타다가 다 타 버려 그 남은 불을 일구려 하고 있던 바로 그때에 위와 같은 일이 자연스럽게 일어났다. 나는 숲속이나 산을 닥치는 대로 헤매고 다녔다. 그때 나는 내 고뇌를 더욱 심하게 만들까 두려워서 감히 뭔가를 생각할 수가 없었다. 괴로움의 대상이 될 만한 것을 피하는 나의 상상력은, 주위 사물의 담담하고 기분 좋은 인상에 감각을 완전히 맡기고 있었다. 나의 눈은 끊임없이 이것에서 저것으로 옮겨갔다. 그렇게도 무한한 다채로움 가운데 더욱더 눈을 끌고 한층 오래 붙잡아 두는 사물이 발견되지 않을 리 없었다.

나는 불행한 상황에서도 정신을 쉬게 하고 즐겁게 하며, 마음을 위로하고 괴로운 마음을 없애주는 시각적 오락을 즐겼던 것이다. 사물이 가지고 있는 본디 모습이 그런 즐거움을 도와서 그것을 한층 더 매력적으로 만들었다. 달콤한 향기, 선명한 빛깔, 더없이 우아한 자태들은 앞을 다투어 우리의 주의를 끌려고 하는 것처럼 보인다. 쾌락을 사랑하는 사람이라면 누구나 그런 감미로운 감각에 잠길 수 있다. 만일 그러한 감각을 느낀 사람들에게 이러한 일들이 일어나지 않는다면, 그것은 천성적인 감수성이 부족하거나 그들의 정신이 지나치게 다른 관념에 사로잡혀 있어서 자기들의 감각을 끌어당기는 사물에 관심을 두지 않기 때문이다. 실제로는 후자의 경우가 대부분이리라.

그리고 또 다른 것이 사람들의 관심을 식물계에서 멀어지게 하고 있다. 바로 식물을 약제나 약품으로만 취급하는 습관이다. 테오프라스토스는 식물을 이 같이 다루지 않았으므로, 이 철학자야말로 고대의 유일한 식물학자로 간주할 수 있을 것이다. 그래서 오히려 그는 우리에게 거의 알려져 있지 않다. 그렇건만 저 디오스코리데스 같은 처방의 대편찬자나 그 주석자들 때문에 의학은 약탈하다시피 식물이라는 식물을 모두 약초로 만들어 버렸다. 그래서 사람들은 식물 속을 볼 때 식물이 주는 효과밖에 보지 않게 된 것이다. 사람들은 식물의 구조 자체가 주목의 대상이 될 수 있다는 사실은 생각도 해 보지 않는 것이다. 박식한 척 조가비를 늘어놓고 일생을 보내는 사람들까지도 식물학을 오해한다. 즉 식물학은 식물이 지닌 고유한 효과의 연구를 하지 않는 한 쓸모없는 연구에 지나지 않는다고 경멸하는 것이다. 말하자면 그런 지식은 전혀 얻을 수 없는 순수한 자연 관찰 따위는 그만두고, 거짓투성이라는둥 여러 가지를 주장하며 우리에게 그냥 믿으라고 잘라 말하는 인간들의 권위에(그러나 이 권위는 대개 타인의 권위에 의거해 있다) 몸을 맡겨야 한다는 이야기이다. 꽃이 만발한 들판에 발걸음을 멈추고 그곳에 빛나는 꽃들 하나하나를 조사해 보라. 사람들은 당신을 외과의사의 조수인 줄 알고, 어린아이의 습진이나 어른의 옴, 또는 말의 콧병을 고치는데 좋은 풀은 무엇이냐고 물어 올 것이다.

이런 고약한 편견도 다른 나라들, 특히 영국에서는 부분적으로나마 타파되고 있다. 그것은 전적으로 린네 덕분이다. 그는 식물학을 약학에서 다소나마 벗어나게 해서 박물학(博物學)과 경제적 응용 분야에 돌리었던 것이다. 그러나 프랑스에서는 이 연구가 대중에 그다지 침투되어 있지 않아서 이 점에 관해서는 아직도 미개한 상태이다. 파리의 어떤 학자는 런던에서 진기한 수목이나 식물이 무성해 있는 식물 수집가의 정원을 보고 감탄하여 "이것 참 훌륭한 약초밭입니다!" 하고 외쳤다고 한다. 이런 논법으로 나가면 약장수의 원조는 아담이 되어 버릴 것이다. 에덴동산보다 식물이 잘 갖추어진 정원은 쉽사리 상상할 수 없기 때문이다.

이러한 의학적 관념은 분명히 식물학 연구를 즐겁지 못한 일로 만들어 버린다. 그것은 빛깔이 선명한 목초지나 꽃들의 반짝임을 퇴색케 하고, 나무들의 싱싱함을 메마르게 하며, 푸른 초원과 나무 그늘을 멋없고 불쾌한 존재로 바꿔 버린다. 식물이라면 뭐든지 막자사발에 넣어서 가는 일밖에 생각지 않는 사람에겐, 그 매력 있고 우아한 모든 구조들도 아무 의미가 없을 것이다. 그리고 아무도 쾌변을 도와주는 풀로 사랑하는 처녀에게 선물할 꽃장식을 만들지는 않을 것이다.

하지만 이런 약학은 내가 지니고 있는 전원 이미지를 더럽히지 못한다. 탕약이나 고약보다 더 나의 이미지와 동떨어진 것은 없었다. 밭이나 과수원, 숲,

또 그곳에 살아 숨 쉬는 수많은 존재를 가까이 바라보면서, 나는 때때로 식물계란 자연이 인간과 동물에게 부여한 식료품 창고라고 생각했다. 그러나 나는 거기에서 약품이나 약제 같은 것은 한번도 구하지 않았다. 온갖 자연의 산물 속에서 그와 같은 용도를 보여 주고 있는 식물을 본 적이 없다. 만일 자연이 식물에게 그런 용도를 부여했다면, 자연은 그 선택 방법도 가르쳐 주었을 것이다.

내가 나무들 사이를 즐겁게 돌아다니더라도 그때 열병이나 담결석이나 신경통, 노환에 대한 것을 생각한다면, 모처럼의 즐거움도 이러한 인간의 약함을 생각하는 마음 때문에 망쳐져 버릴 것 같은 기분이 든다. 물론 나는 식물에 부여된 수많은 위대한 효능을 이러쿵저러쿵 부정할 생각은 없다. 다만 내가 하고 싶은 말은 실제로 그러한 효능이 있다고 가정하더라도, 병자가 언제까지나 병자인 것은 병자의 잘못이라는 것이다. 왜냐하면 인간이 걸리는 병은 수없이 많겠지만, 스무 종류나 되는 약초로 낫지 않는 병은 하나도 없기 때문이다.

언제나 모든 것을 우리의 물질적 이해관계에 결부시키고 어디를 가나 자신에게 이익을 주고 약이 되는 것만 찾으며, 자신이 늘 건강할 수만 있다면 자연을 무관심하게 바라보려는 그런 마음 자세를 나는 결코 취한 적이 없다. 그런데 내 생각은 사람들과 반대인 것 같은 기분이 든다. 다시 말해 나의 필요와 결부되어 있는 모든 일이 내 생각을 슬프게 하고 상처를 준다. 나는 육체의 이익을 잊어버리지 않고서는 정신적 기쁨에서도 참다운 매력을 결코 찾지 못한다. 그러므로 비록 내가 의학을 믿고 약을 달갑게 생각하더라도, 그것에 마음을 빼앗기고 있었다면 나는 그 순수하고 이해를 초월한 관조(觀照)가 가져다 주는 기쁨과 환희를 발견할 수 없었을 것이다. 그리고 내 영혼이 육체에 속박되어 있다고 내가 생각하고 있는 한, 자연에 황홀해져서 그곳을 배회하는 일도 없었을 것이다.

하기야 나는 본디 의학에 큰 신뢰를 기울인 적이 없었다. 그래도 내가 존경하고 경애한 의사들을 매우 신뢰하고, 그들에게 내 몸을 완전히 맡긴 일도 있다. 그러나 15년의 경험은 나에게 많은 희생을 치르게 하면서 가르쳐 주었다. 그리하여 나는 자연의 법칙만을 따름으로써 예전의 건강을 되찾은 것이다. 나는 의사들에게 불만을 살 만한 일은 하지 않았지만, 그들이 나를 원망스럽게 여기는 것은 극히 마땅한 일이다. 나는 그들의 기술이 헛되다는 것과 그 치료가 소용없다는 사실의 산 증거이니까.

그렇다. 개인적인 것, 육체적 이해에 관계되는 것은 그 무엇도 나의 영혼을 진정으로 채워주지는 못한다. 나는 나를 잊어버릴 때에만 기분 좋게 생각에 잠기거나 꿈을 꾼다. 말하자면 만물의 체계 속에 녹아들어 자연과 일체가 될 때, 나는 이루 말할 수 없는 도취를 맛보고 황홀감을 느끼는 것이다. 인간들이 나의 형제였던 동안은 나도 지상의 행복을 꿈꾸었다. 그 계획은 언제나 전체와 관계되어 있었기 때문에, 대중이 행복하지 않으면 나도 행복해질 수 없었다.

그러나 동포들이 내 불행에서만 그들의 행복을 찾고 있다는 것을 알았을 때, 개인의 행복에 대한 생각이 비로소 내 마음에 떠올랐다. 싫어도 그들로부터 벗어나지 않으면 안 되었다. 그래서 나는 만물의 어머니 곁으로 도망가 그 팔에 안겨, 그의 자식들의 공격을 피하려고 마음먹었다. 나는 외톨이가 되었다. 아니, 그들의 말에 따르면 비사회적이고 사람을 싫어하는 사람이 되었다. 배반과 증오만을 양식으로 살고 있는 사악한 인간사회보다, 아무리 쓸쓸해도 고독한 편이 바람직하게 여겨졌다.

본의 아니게 자신의 불행에 관해 생각하는 것이 두려워서, 나는 생각하는 일을 그만둘 수밖에 없었다. 마침내는 쌓이는 고통에 위협을 당하게 될지도 모른다는 두려움 때문에, 즐겁지만 쇠약해져 가는 상상력의 찌꺼기마저 억제하지 않을 수 없었다. 경멸과 모욕으로 나를 괴롭히는 인간에 대해 원한을 품게 되지 않도록 그들을 잊어버리지 않으면 안 되었다. 그렇지만 나는 완전히 자기 자신 속에 틀어박힐 수는 없었다. 그 까닭은, 넘쳐 나오는 나의 영혼이 그 감정과 존재를 다른 존재 위에 펼치려 하기 때문이었다.

그러나 나는 이제 자연의 큰바다에 무턱대고 뛰어들 수는 없다. 나의 쇠약하고 느슨해진 기능은 이제는 나의 손이 닿는 곳에 있는, 뚜렷하고 흔들림없는 대상을 발견해도 그것을 제대로 붙잡을 수도 없고, 또 예전처럼 황홀경에 빠져 혼돈의 바다를 헤엄치기에 충분한 기력도 없기 때문이다. 나의 관념은 이제 거의 감각에 지나지 않는다. 그리고 나의 오성이, 직접적으로 나를 둘러싸고 있는 사물을 초월하는 일도 없어졌다.

현재 나는 사람을 피하고 고독을 찾으며, 이젠 상상력을 발휘하지도 않고 생각하는 일은 더욱 없다. 하지만 그러면서도 우울하고 침울한 무기력과는 거의 동떨어진 활동적인 기질을 타고난 나는, 내 주위의 모든 것에 마음을 빼앗기기 시작했다. 그리하여 자연스러운 본능으로 가장 즐거운 것을 선택한 것이다. 광물계는 그 자체에서는 아무것도 바람직하고 매력적인 것이 없다. 땅속 깊숙이 매장되어 있는 광물은, 자신을 소유한 인간들에게 탐욕스런 마음을 일으키지 않기 위하여 그들의 눈에서 벗어나 있는 성싶다. 그 부유함은 훨씬 참된 부의 보충으로써 뒷날 사용되기 위해 예비로써 남겨져 있는 것이다. 인간이란 타락해 가는 동안, 좀더 가까이에 있는 참된 부에 대해서는 점차 흥미를 잃어 가는 법이다. 그래서 인간은 가난에서 벗어나기 위하여 산업을 일으켜 죽도록 일하는 것이다. 인간은 대지의 내부를 파헤치고, 자기 생명에 대한 위협을 무릅쓰고 건강을 해쳐 가면서까지 땅속에 상상의 재산을 찾으러 간다. 전에는 인간이 그것을 즐길 줄만 알면 잠자코 있어도 땅이 저절로 제공해 주던 참된 부 대신, 가공의 부를 구하려고 말이다.

인간은 태양도 빛도 피한다. 그들은 이미 태양이나 빛을 볼 자격이 없다. 땅속에 생매장되어 재산을 모으니 더 이상 햇빛을 받으며 살 자격이 없다. 거기서는 채석장, 갱도, 제철소, 용광로, 그리고 모루나 쇠망치와 연기, 공장 등이 시골의 기분 좋은 이미지들을 대신한다. 광산의 독한 공기를 마시며 헐떡이는 불행한 인간들의 해쓱한 얼굴, 시커먼 대장간, 보기에도 기분 나쁜 외눈박이 거인, 이것이 광산 경영이 땅속에 만들어 낸 광경이다. 이런 광경이 지상에서의 초록빛 들판이나 꽃, 푸른 하늘이나 양을 치는 연인들, 건강한 농부들의 모습을 대신하게 되었다.

솔직히 말하자면, 모래나 돌을 수집해서 호주머니나 진열실을 채워 놓고, 그걸 가지고 자연과학자인 척하는 것은 쉬운 일이다. 이런 종류의 수집버릇에 빠져 있는 사람들은 일반적으로 남에게 자랑하며 우쭐거리는 돈 많은 깡통에 불과하다. 광물 연구에서 이익을 얻으려면 화학자나 물리학자여야 한다. 힘들고 돈이 드는 실험을 해야 하므로, 실험실에서 일하기 위한 많은 돈과 시간을 준비하여야 한다. 숯이나 도가니, 용광로나 증류기의 숨 막히는 연기와 증기에 휩싸이고, 줄곧 생명의 위험을 느끼며 때로는 건강을 희생시켜야 한다. 일반적으로 이러한 슬프고도 피곤한 모든 일을 통해 얻는 것은, 교만한 마음에 비하여 너무나 적은 지식이다. 그리고 평범한 화학자가 우연히 무슨 하찮은 화합이라도 발견하는 날에는, 그는 자연의 위대한 신비를 완전히 파헤쳤다고 믿을 것이다.

동물의 세계는 이보다도 더 우리 가까이에 있어서 훨씬 더 연구 가치를 가지고 있다. 그러나 결국은 그 연구에도 어려움이나 장애나 불쾌함이나 고생이 수반되는 것이 아닐까? 특히 노는 데도 일을 하는 데도 누구 한 사람 도움을 기대할 수 없는 고독한 사람에게는? 하늘을 나는 새, 물속을 헤엄치는 물고기, 바람보다 가볍고 사람보다 센 네발짐승을 어떻게 관찰하고 해부하고 연구해 알 수가 있을까? 그런 것들이 나의 연구에 응하여 제 발로 찾아와 주는 일은 없을 테니, 내가 직접 그들 뒤를 쫓아가 힘으로 복종시키지 않으면 안 된다. 따라서 나는 달팽이나 작은 벌레나 파리를 재료로 삼아야 할 것이다. 그리고 숨이 차도록 나비를 쫓고, 불쌍한 곤충을 꼬챙이에 꿰고, 어쩌다가 잡은 생쥐를 해부하고, 또 시체가 되어 있는 짐승을 우연히 발견해 썩은 살을 해부하거나 하며 하루를 보낼 것이다.

동물 연구는 해부를 하지 않으면 아무런 의미도 없다. 해부를 해야만 사람들은 그것을 분류하고 무리나 종류를 구별할 수 있다. 그들의 습성이나 성질을 연구하려면, 닭장이나 양어장이나 사육장을 가지고 있어야 한다. 어떤 방법을 써야 좋을지는 모르나, 그들을 내 주위에 억지로라도 붙잡아 두어야 한다. 그런데 나는 동물들을 붙잡아 두는 취미도 없고 그 방법도 모른다. 또 그들이 자유로이 있을 때 그 뒤를 따라갈 만한 민첩함도 없다. 그러므로 아무래도 죽은 동물을 연구하지 않으면 안 될 것이다. 그것들을 찢고 뼈를 발라내고, 뭉클거리는 내장을 예사로 살펴봐야 할 것이다! 해부실이란 얼마나 끔찍한 장소인가! 악취를 풍기는 시체, 축축한 납빛 살코기, 흐르는 피, 속이 뒤집히는 내장, 무서운 해골, 페스트에라도 걸릴 것 같은 냄새! 맹세하건대 장 자크는 이같은 장소에 결코 즐거움을 구하러 가지 않을 것이다.

빛나는 꽃이여, 꽃이 만발한 초원이여, 상쾌한 나무 그늘이여, 냇물이여, 나무여, 푸른 들이여, 제발 여기 와서 그 흉한 것들로 더럽혀진 나의 상상력을 밝혀 다오. 아무리 큰 감동에도 반응을 보이지 않게 된 나의 영혼은 이제 감각적인 것에밖에 움직이지 않게 되었다. 내게 있는 것은 이제 감각뿐이다. 이제 이 세상에서 나는 이 감각에 의해서밖에는 고통도 즐거움도 느낄 수가 없다. 내 주위의 기분 좋은 대상물에 마음이 끌려 나는 그것들을 고찰하고 관찰하며 비교하다가 이윽고 그것들을 분류하는 것을 배우면서 갑자기 식물학자가 된 것이다. 자연을 사랑할 새로운 이유를 끊임없이 찾아내기 위해서 자연을 연구하려는 사람이라면, 누구나가 될 수 있는 그런 수준의 식물학자가 될 수 있다.

나는 뭘 배우려고 마음먹고 있는 것은 아니다. 배우기에는 너무 늦었다. 그리고 나는 학문이라는 것이 인생의 행복에 공헌하는 예를 본 적이 한 번도 없다. 나는 고생하지도 않고 맛볼 수 있는, 내 불행을 덜어 주는 기분 좋고 단순한 즐거움을 얻고자 할 뿐이다. 나는 비용도 들이지 않고 마음 편히 풀에서 풀로, 식물에서 식물로 옮겨다니면서 그것을 살핀다. 그러면서 그 특징을 비교하고 그것들의 관계나 차이점을 기억한다. 나는 이렇게 식물 조직을 관찰하고 그 살아 있는 기계들의 움직임과 돌아가는 상황, 혹은 그들의 일반 법칙이나 여러 가지 구조의 생김새와 이유, 목적을 탐구해 낼 예정이다. 그래서 그 즐거움에 대한 감사와 경탄이 가져다주는 매혹에 잠기고자 마음먹고 있는 것이다.

식물은 하늘의 별처럼, 즐거움과 호기심이란 매력을 통해 사람을 자연 연구로 유인하기 위하여 지상의 곳곳에 뿌려져 있는 것이 아닐까? 그러나 별은 우리로부터 너무나 먼 곳에 있다. 그것을 우리의 연구 범위 내로 가지고 오려면 예비 지식이나 관측기구, 기계나 굉장히 긴 사다리가 필요하다. 그와 반대로 식물은 가까운 곳에 있다. 그것은 우리의 손 안에 무성하게 있다. 그리고 그 본질적이고 미세한 부분은 때로 맨눈으로는 보이지 않는 수도 있으나, 그걸 보기 위한 도구는 천체 도구에 비해 훨씬 쉽게 사용할 수 있다.

식물학은 한가하고 게으르고 고독한 사람의 학문인 것이다. 바늘 한 개와 확대경, 이것이 식물을 관찰하는 데에 필요한 도구의 전부이다. 그는 산책을 하며 마음대로 돌아다니면서, 흥미와 호기심을 가지고 꽃 하나하나를 살펴본다. 그리고 조금이라도 구조의 법칙을 포착하기 시작하면, 매우 힘들여 얻은 앎의 기쁨과 똑같은 쾌감을 아무런 수고도 기울이지 않고 맛볼 수 있다. 이 한가한 일에는 생각이 완전히 잠잠해졌을 때밖에 느껴지지 않는 매력, 더구나 그것만으로 삶을 행복하고 기분 좋은 것으로 느끼게 하는 매력이 있다. 그렇지만 이 일에 직무를 수행하기 위해서라든가, 책을 쓰기 위해서라는 이해관계나 허영심이 끼어들면, 또 단순히 가르치기 위해서 배우려 한다든가, 저자나 교수가 되기 위해서 식물채집을 하려고 마음먹으면, 곧 그러한 기분 좋은 매력은 사라지고 식물은 욕망의 도구로밖에 보이지 않게 되며, 연구자는 그 연구에서 어떠한 참다운 기쁨도 느끼지 못하게 된다. 그리고 대상을 더 깊이 규명하려는 마음이 없어지고, 알고 있는 것을 자랑할 생각만 하게 되는 것이다. 그렇게 되면 숲속에 있어도 세속의 무대에 서 있는 것과 다름이 없어 박수갈채를 받는 데에만 신경을 쓴다. 또는 기껏해야 표본실이나 정원 수준의 식물학에 머물러서, 자연계의 식물 같은 것은 도무지 관찰하려 하지 않고 체계라든가 방법에만 정신이 팔린다.

그러한 것은 끝없는 논쟁의 주가장 뿐이다. 그런 것은 한 포기의 새로운 식물을 세상에 전하는 것도 아니고, 또 식물학이나 식물계에 참다운 빛을 던지는 것도 아니다. 거기에서 미움이라든가 질투심이 생긴다. 이는 명성을 얻고자 하는 경쟁심 때문이기에 다른 분야의 학자와 마찬가지 또는 그 이상으로, 글을 쓰는 식물학자들 사이에는 심한 것이다. 그들은 이 사랑할 만한 학문을 왜곡해 도시나 아카데미의 한복판에 옮겨 심는데, 거기서는 이 학문도 수집가의 정원에 있는 외국 식물과 다를 바 없다. 즉 변질되지 않을 수 없다.

이와는 전혀 다른 마음가짐을 지닌 나에게는 이 학문이 일종의 열정이 되어서, 내가 잃어버린 다른 모든 열정의 빈 자리를 메워 주었다. 나는 바위나 산으로 올라가고, 골짜기나 숲 속 깊숙이 들어가서 될 수 있는 한 인간들의 추억이나 악인들의 공격을 벗어나고자 마음먹었다. 숲 속의 나무 그늘에 있기만 하면, 나는 적이 없어지고 사람들이 나를 잊어서, 내 존재가 자유롭고 평화로워진 것 같은 기분을 느낀다. 혹은 우거진 숲이 적을 나의 기억에서 내몰아 버리는 것처럼, 그들의 공격으로부터 나를 지켜 주고 있는 듯이 여겨지기도 한다.

어리석은 일이지만, 내가 그들에 대한 생각만 하지 않으면 그들도 나에 대한 것은 생각지 않을 것이라고 공상해 보기도 한다. 그런 착각은 나에게 매우 큰 위안이 되었으므로, 만일 내 처지나 약함이나 욕구가 허락해 주었다면 나는 이 착각에 완전히 빠져 버렸을 것이다. 그 경우 나를 둘러싼 고독이 깊으면 깊을수록 무엇인가가 그 공허를 채워 주지 않으면 안될 것이다. 그리고 내 상상력이 나에게 주지 않는 것, 또는 내 기억이 내몰아 버리는 것을 대신하는 존재는, 인간에게 강제되지 않은 대지가 도처에서 나의 눈앞에 펼쳐 주는 자연의 산물이다. 인적이 없는 곳에 식물을 찾으러 가는 기쁨에는 박해자들로부터 벗어나는 기쁨이 숨겨져 있다. 나는 사람의 발자취를 전혀 볼 수 없는 곳에 이르면, 그들의 증오가 쫓아오지 않는 은신처에라도 도착하는 것처럼 마음껏 숨을 쉬는 것이다.

나는 일찍이 판사 클레르 씨의 산인 로벨라 부근에서 한 식물 채집에 대해 평생토록 잊지 못할 것이다. 그때 나는 혼자였다. 나는 깊은 산으로 들어가 숲을 지나고 바위를 넘었다. 그러다가 태어나서 한 번도 본 적이 없을 만큼 야생적인 깊숙한 곳으로 들어갔다. 검은 전나무 사이에는 거대한 너도밤나무가 섞여 있고, 그 가운데 몇 그루는 말라 죽어 쓰러져 있었다. 그리고 그것들이 포개어져서 넘기 어려운 울타리를 만들어 안쪽으로 가는 길을 막고 있었다. 이 어두운 울타리 틈 사이의 저편에는 깎아지른 바위와 무서운 벼랑이 있을 뿐이었다. 나는 그 풍경을 배를 깔고 엎드려서 겨우 내다볼 수 있었다. 얼룩 올빼미, 부엉이, 흰꼬리수리 등의 울음소리가 산간에 울려 퍼졌다. 진귀하지만 어쩐지 낯익은 작은 새들이 이 고독의 공포를 덮어 주고 있었다. 그곳에서 나는 미나리냉이, 시클라멘, 난초, 용담 그 밖의 여러 가지 식물을 발견했다. 그것들은 나를 오랫동안 기쁘고 즐겁게 해 주었다. 그러나 어느새 사물의 강렬한 인상에 지배된 나는 식물학과 식물을 잊고 석송을 베개 삼아 누워서 한층 마음껏 몽상에 잠기기 시작했다. 이처럼 누구에게도 알려져 있지 않은 은신처에 있는 나를, 박해자들은 절대 찾아낼 수 없을 거라고 생각했다. 이렇게 몽상을 하고 있는 동안 왠지 자랑스러운 기분이 솟구쳐 왔다. 나는 무인도를 발견한 위대한 여행가에 자신을 비교해 보기도 했다.

그리고 여기까지 들어온 건 아마 내가 처음일 거라고 중얼거리며 즐거움을 만끽했다. 심지어 스스로를 제2의 콜럼버스라고 생각했을 정도였다. 이런 내 멋대로의 생각에 잠겨 있노라니, 과히 멀지 않은 곳에서 어쩐지 귀에 익은 딸깍딸깍 소리가 들려왔다. 그 소리는 되풀이되면서 점점 더 강해졌다. 나는 이상한 생각이 들어서 소리 나는 쪽으로 무성한 나무들을 헤치고 갔다. 그러자 내가 처음 발견했다고 생각한 그곳에서 20걸음 남짓 떨어진 골짜기 밑에 양말 공장이 보였다.

이 공장을 발견을 했을 때에 느낀 혼란되고 모순된 기분은 어떻게 설명할 수 없을 정도이다. 처음 떠오른 것은 나는 스스로 완전히 외톨이라고 여겼으나 역시 나는 인간 속에 있었구나 하는 기쁨의 감정이었다. 그러나 이 생각은 번개처럼 지나가 버리고, 알프스의 동굴 속에 들어가 있더라도 나를 괴롭히려고 기를 쓰는 인간들의 잔혹한 손에서 벗어나지 못할 것이라는 비통한 감정이 뒤를 이었다. 이 감정은 오랫동안 사라지지 않았다. 선교사 몽몰랭(루소를 박해한 주모자)이 주도한, 하지만 원동력은 더 먼 곳에 있었던 그 음모에 가담하지 않은 자는 아마 이 공장에 하나도 없을 것이라고 확신하고 있었기 때문이다. 나는 얼른 이런 슬픈 생각을 떨어 버렸다. 그리고는 나의 유치한 허영심이 우스운 방법으로 벌을 받았다는 생각에 나도 모르게 웃고 말았다.

그러나 이런 벼랑에서 공장을 발견할 줄 누가 예측하였겠는가. 야생의 자연과 인간의 기술이 뒤섞여 있는 곳은 세계에서 오직 스위스뿐이다. 왜냐하면 스위스 전체가 큰 도시나 다름이 없어서, 생탕투안 거리(파리의 거리이름)보다도 넓고 긴 도로들이 산과 숲으로 군데군데 막혀 있고, 여기 저기에 흩어져 있는 외딴 집들은 영국식 정원으로 연결되어 있기 때문이다.

이번 일로 나는 다른 식물채집 때의 일을 떠올렸다. 그것은 꽤 오래전의 일로서 뒤 페루, 데셰르니, 퓌리 대령, 판사 클레르, 나 이렇게 여럿이, 산꼭대기에서 일곱 개의 호수를 내려다볼 수 있다는 샤스롱 산에 올랐을 때의 일이다. 우리는 그 산에 집이 한 채밖에 없다는 말을 들었다. 그러나 그 집주인이 책방을 한다는 말을 듣지 않았더라면, 집주인의 직업을 우리는 짐작조차 못했을 것이다. 그 사람의 가게는 그 고장에서 꽤 번창하고 있었다. 이런 사실 하나가 여행자의 기행문보다 스위스라는 나라를 아는 데 더 도움이 된다.

이와 거의 같다고 해도 좋은 다른 이야기도 있다. 이 이야기도 전혀 다른 지방의 사람에 관해 가르쳐 준다. 그르노블에 머물 때, 나는 그 지방 변호사인 보비에 씨와 함께 자주 교외로 나가 조금씩 식물채집을 했다. 그가 식물학을 좋아했다든가 정통했던 것은 아니다. 다만 그는 나를 돌봐 주기 위해 가능한 한 나로부터 한 발짝도 떨어지지 않으려 했을 뿐이다.

어느 날 우리는 이제르 강을 따라 러시아 올리브나무가 무성한 강변을 산책하고 있었다. 나는 그 작은 나무에 열매가 열려 있는 것을 보고, 문득 그걸 먹어 보고 싶은 호기심에 살짝 맛을 보았다. 조금 새큼한 것이 어찌나 맛있던지 나는 기운을 보충하겠답시고 그 열매를 먹기 시작했다. 보비에 씨는 내 곁에 있으면서도 그걸 먹지도 않고 또 아무 말도 하지 않았다. 그런데 우연히도 그의 친구 하나가 거기를 지나가다가 열매를 따 먹고 있는 나를 보더니 이렇게 말하는 것이었다. "아니, 뭘 하고 계시는 겁니까? 이 열매에 독이 있다는 걸 모르십니까?"

"이 열매에 독이 있다고요!" 나는 깜짝 놀라 외쳤다. "그렇습니다" 하고 그 친구는 대답했다. "그런 건 누구나 다 알고 있기 때문에 이 지방에서는 아무도 먹지 않는답니다." 나는 보비에 씨를 보고 말했다. "왜 그런 걸 일러 주지 않았습니까?" "아, 그렇군요. 하지만 나로서는 그런 무례한 말을 도저히 할 수가 없었습니다" 하고 그는 대답했다. 나는 이 도피네 사람의 겸손한 태도에 그만 코웃음을 치고 말았다. 어쨌든 이 간식은 그만 먹기로 했다. 사실 나는 예나 지금이나 맛이 좋은 자연의 산물은 어떤 것이든지 몸에 해롭지 않으며, 적어도 너무 많이 먹지만 않으면 괜찮다고 믿고 있었다. 그렇지만 솔직히 말해서 그날은 하루 종일 내 몸에 대해 좀 걱정이 되었다. 그래도 조금 불안해하다가 말았을 뿐이지만 나는 저녁도 많이 먹었고 잘 잤으며, 아침에는 아주 기분 좋게 눈을 떴다. 그런데 이튿날 그르노블에서 사람들이 가르쳐 준 바에 따르면, 이 무서운 열매는 조금만 먹어도 중독을 일으킨다고 했다. 그것을 나는 전날 열다섯 내지 스무 알 가까이나 먹었던 것이다. 이 사건은 매우 유쾌한 추억이 되었다. 나는 지금도 그 일을 떠올릴 때마다 변호사 보비에 씨의 괴상한 겸손이 우스워서 견딜 수가 없다.

내 식물채집 여행과, 내 마음을 감동시킨 대상과 만난 장소의 여러 가지 인상, 그 장소가 나에게 안겨 준 여러 가지 생각, 그것에 뒤섞여 있는 하찮은 사건, 그러한 모든 것이 그곳에서 채집한 식물을 볼 때마다 내 안에 새로이 되살아나곤 했다. 그 아름다운 경치, 숲, 호수, 나무들, 바위, 산, 그러한 것들의 모습에 나는 언제나 감동을 받았는데, 이젠 그것들을 두 번 다시 볼 수 없을 것이다. 그러나 그 아름다운 지방들을 돌아다닐 수 없는 오늘이라도, 나는 표본첩을 펼쳐 보기만 하면 된다. 그러면 그것이 곧 나를 그 고장으로 실어다 주는 것이다. 그 고장에서 내가 꺾은 식물에 대한 짧은 글들은 충분히 그 멋진 풍경을 떠올리게 해준다. 이 표본첩은 나에게 있어 식물채집 일지이다. 이것은 늘 새로운 매력으로 내게 식물채집을 하러 가는 것 같은 기분을 나게 해주고, 또 광학적인 효과로 그때의 광경을 내 눈앞에 뚜렷하게 그려준다.

내가 식물학에 끌리는 것은 이런 부수적인 관념 때문이다. 식물학은 나의 상상을 가장 즐겁게 자극하는 모든 관념을 끌어 모아 주고 떠올려 준다. 목장, 냇물, 숲, 고독, 그리고 무엇보다도 고즈넉한 평화와 그것들 속에 존재하는 휴식, 이러한 모든 것이 식물학을 통해 줄곧 내 기억에 되살아오는 것이다.

그것들은 사람들의 박해와, 증오, 경멸, 모욕, 그리고 내가 그들에게 보여 준 상냥하고 성실한 사랑의 대가인 그 모든 괴로움을 잊게 해 준다. 그리고 그 옛날 내가 함께 지내던 사람들과 같은 소박하고 선량한 사람들이 있는 조용한 보금자리로 나를 데려다 준다. 나의 젊은 날을, 나의 죄 없는 기쁨을 떠오르게 하고, 뿐만 아니라 그것을 지금 다시 한번 즐기게 해 준다. 그리고 전례가 없을 것 같은 가장 비참한 운명에 놓여 있는 나를 때로 참으로 행복하게 해 준다.

여덟 번째 산책

　인생의 갖가지 상황을 경험했던 내 영혼의 상태를 돌이켜보면서 나는 새삼 놀랐다. 운명의 여러 가지 배합이 나에게 느끼게 한 아주 평범한 행복과 불행의 감정 사이에는 거의 아무런 균형도 없다는 사실을 깨달은 것이다. 나의 짧고 화려한 시절의 온갖 시기도, 친밀하고 영속적인 즐거운 추억은 아무것도 남겨 주지 않았다. 그러나 반대로 비참한 생활을 했던 무렵에는, 언제나 나는 끊임없이 부드럽게 마음에 와 닿는 기분좋은 감정으로 가득 차 있는 자신을 느낄 수 있었다. 그리고 이 감정은 아픈 마음의 상처에 잘 듣는 진정제와도 같아서, 아픔을 큰 기쁨으로 바꾸어 주는 것처럼 여겨졌다. 또 그 사랑할 만한 추억은 내가 그 무렵에 맛본 불행한 추억으로부터 벗어나 오직 혼자서 내가 있는 곳으로 되돌아오는 것이었다. 말하자면 운명 때문에 마음의 주위에 묶여 있던 감정이 이제 밖을 향하여 발산되지도 않고, 인간들이 존중하는 것—즉 그것 자체로는 거의 가치 없는 것이지만 행복한 사람으로 알려져 있는 사람들이 한결같이 열중해 있는 것—위에 맴돌지 않게 되었을 때, 나는 한층 감미로운 삶을 맛보고 있는 것 같은 기분을 느꼈다.

　아직도 내 주위에 모든 것이 질서와 조화를 이루고 있을 무렵, 그리고 내 주위의 모든 것에 만족을 하고 살아가야 하는 세계에 스스로 만족하고 있을 때, 나는 그 세계를 애정으로 채웠다. 밖으로 넘쳐 나오려는 나의 영혼은 다른 것 위에까지 퍼져갔다. 그리고 온갖 끝없는 성향과 내 마음을 사로잡는 집착이 나를 자신으로부터 멀리 떨어진 곳으로 유혹했다. 그래서 나는 얼마간 나 자신을 잊고 나와 무관한 것에 탐닉하는 동안 쉬임없이 마음의 동요를 느끼며 변화가 심한 인간 세상의 덧없음을 맛보았다. 그러한 폭풍우 같은 생활은 마음의 평화도, 육체의 휴식도 나에게 주지 않았다. 겉으로는 행복해 보여도, 나에게는 반성의 시련을 견딜 수 있는 감정, 즉 진정으로 만족을 느낄만한 감정은 하나도 없었다.

나는 남에게나 자신에게나 완전한 만족을 느끼는 일이 없었다. 세상의 시끄러움은 나를 망연하게 만들고, 고독은 나를 우울하게 만들었다. 나는 줄곧 장소를 바꿀 필요를 느꼈지만 어디를 가나 신통치 않았다. 그러나 나는 어디를 가나 환대와 환영을 받아 기꺼이 받아들여졌으며 늘 떠받들어졌다. 나에게는 한 사람의 적도 없었거니와 악의를 품은 자, 질투하는 자도 없었다. 사람들은 나에게 오직 친절히 대해 줄 뿐이어서 나도 때때로 많은 사람들에게 기꺼이 친절을 베풀었다. 나에겐 재산도 지위도 후원자도, 충분히 발휘할 수 있는 재능도 없고 또 명성도 없었지만, 그러한 모든 것에 뒤따르는 혜택을 받고 있었다. 그런데도 나는 내 운명보다 더한 운명에 놓인 사람은 없는 것처럼 느꼈다. 대체 행복하기 위하여 무엇이 나에게 부족했던 것일까? 나는 모른다. 알고 있는 것은 다만 내가 행복하지 않았다는 사실뿐이다.

그러면 오늘날 사람들 가운데에서 가장 불행한 자가 되기 위해 나에게 부족한 것은 무얼까. 나를 그렇게 만들기 위하여 남이 할 수 있는 일은 더 이상 없다. 그들은 모든 힘을 다 써 버렸으니까. 그런데 이런 불쌍한 상태에 몰린 나지만, 그들 가운데 가장 행복한 사람과 내 존재나 운명을 바꿀 생각은 없다. 그리고 행복의 절정에 있는 그들 가운데 한 사람이 되기보다는 아무리 비참해도 나 자신인 쪽이 훨씬 더 좋다고 생각하고 있다. 외톨이가 된 나는 확실히 나 자신의 본질만을 양식으로 삼아 살아가고 있지만, 그 양식은 마르는 법이 없다.

어쩌면 나는 비어 있는 위주머니로 되새김을 하고 있는 셈이어서, 상상력은 메마르고 관념은 사라져 내 마음에 이젠 아무런 양식도 주지 못할지도 모른다. 하지만 그래도 나는 나 자신에 만족하고 있다. 내 영혼은 육체 기관에 가로막히고 방해를 받아 날로 쇠약해져 간다. 그리고 그 무거운 덩어리의 무게에 짓눌려서, 옛날처럼 그 낡은 껍질을 깨고 밖으로 튀어 나갈 힘도 없다.

역경은 우리에게 이처럼 자기를 향한 회귀를 강요한다. 아마도 그 때문에 역경은 대부분의 사람들에게 있어 가장 견디기 어려운 형벌이 된다. 그러나 실수 이외에는 전혀 자신을 탓할 것이 없는 나는, 종종 실수를 저지르는 자신의 약함을 책망하면서 스스로를 위로하고 있다. 그것은 계획적인 악행 따위는 한 번도 내 마음에 자리잡은 적이 없었기 때문이다.

그런데 우둔한 사람이 아닌 한 그들이 내 주위에 만들어 놓은 그 무시무시한 운명을 보지 않을 수 있겠는가? 누군가 한순간이라도 내 상황을 응시한다면, 비통과 절망으로 죽을 지경이 될 것이다. 그러나 나에게 그것은 아무것도 아니다. 나는 가장 민감한 존재이면서도, 그런 처지를 응시하면서 아무런 감정도 느끼지 않는다. 그리고 싸우려고도 않거니와 또 그것을 감수하려고도 하지 않고, 아마 다른 사람 같으면 공포를 느낄 만한 상태에 몰린 자신을 거의 무관심하게 내려다보고 있다.

어떻게 나는 이러한 경지에까지 이르렀는가? 그것은 내가 아무것도 모르던 오래전부터 나를 둘러싸고 있던 음모에, 내가 처음으로 의심을 갖기 시작했을 무렵에는 도저히 이런 마음으로 있지 못했기 때문이다. 이 새로운 발견은 내 마음을 심하게 뒤흔들었다. 치욕과 배반이 느닷없이 습격해 온 것이다. 정직한 영혼이 어떻게 이와 같은 형벌에 당황하지 않겠는가?

이러한 형벌은 그것을 받을 만한 사람밖에 예측하지 못하는 것이 아닌가. 나는 발 밑에 팬 모든 함정에 빠졌다. 나는 격분과 분노와 착란에 사로잡혀 어쩔 줄을 몰랐다. 그리고 사람들이 나를 언제까지나 가두어 두려고 하는 무서운 어둠 속에서 나는 이제 앞길을 이끌어 줄 빛도, 나를 움켜잡고 끌고 가는 절망에 저항할 수 있는 버팀대도 발견할 수 없었다.

이 같은 끔찍한 상태에 놓여서 어떻게 행복하고 조용히 지낼 수 있겠는가. 그러나 나는 지금도 그런 상태에 있지만, 아니 전보다 더 나쁜 상황에 놓여 있지만, 거기서 안정과 평화를 찾아내 행복하게 조용히 살고 있다. 그리고 내 박해자들이 스스로 불러들인 믿을 수 없을 만큼의 고통을 당하고 있는 것을 보고 가끔 웃기도 한다. 나는 꽃과 수술, 아이들 장난 같은 일에 몰두하여 평화로운 나날을 보내면서 그들의 일은 생각도 해 보지 않는데 말이다.

이러한 변화는 어떻게 이루어졌는가? 자연히, 알지 못하는 사이에 내가 애쓰지도 않았는데 이루어진 것이다. 최초의 급습을 받았을 땐 가슴이 철렁했다. 남의 사랑과 존경을 받아 마땅하다고 스스로를 믿고 있던 나, 세상 사람들로부터 인정을 받고 애정으로 받아들여지는 것이 마땅하다고 생각하던 나는 일찍이 이 세상에 존재한 적도 없는 무서운 괴물로 순식간에 변하고 만 것이다. 나는 한 시대 사람들 전체가 설명도 필요 없이 의문도 품지 않고 부끄러움도 없이, 이 기괴한 여론에 휩쓸리는 것을 보았다. 나로서는 이 기묘한 변화의 원인을 알 수가 없었다. 나는 깊은 고뇌에 빠졌지만 그것은 오직 내 몸을 한층 더 죄는 일밖에 되지 않았다. 나는 박해자들에게 정면 대결를 요구하려고도 마음먹었다. 하지만 그들은 거절했다. 오랫동안 쓸데없이 고민했지만 결국 포기하고 어쨌든 한숨을 돌리지 않으면 안 되었다. 그러나 나는 언제나 희망만은 버리지 않았다.

나는 속으로 중얼거렸다.

'이렇게도 터무니없는 맹목성이, 이렇게도 이치에 맞지 않는 편견이 모든 인류에 미칠 까닭은 없다. 그런 헛소리에 사로잡히지 않는 양식 있는 사람들도 있을 것이다. 기만이나 배반자를 싫어하는, 마음이 바른 사람들도 틀림없이 있을 것이다. 그런 사람을 찾아보기로 하자. 아마 한 사람쯤은 찾아낼 수 있을 것이다. 그런 사람을 찾아내기만 하면 그들은 당황할 것이 틀림없다.'

그래서 찾아보았지만 헛일이었다. 나는 그런 사람을 찾아내지 못했다. 동맹은 이미 범세계적으로 맺어져 있어서 한 사람의 예외도 찾을 수 없었다. 그래서 나는 그 비밀을 밝혀내지 못하고 추방당한 상태에서 일생을 마칠 것이 틀림없다고 확신하게 되었다.

이런 가엾은 상태에서는, 틀림없이 오랜 고민 끝에 결국은 나의 숙명이라고나 해야 할 절망에 빠질 게 분명했다. 그런데 나는 거기서 고요와 평화, 그리고 행복마저도 발견한 것이었다. 그것은 내 삶의 나날이 전날을 즐겁게 떠올려 주고, 내일이 오늘과 다르기를 원하지 않았기 때문이다.

이 차이는 어디에서 오는 것인가. 단 한 가지에서 오는 것이다. 그것은 내가 아무 불평도 하지 않고 필연적 구속을 견디는 태도를 배웠기 때문이다. 나는 많은 것에 매달리려고 노력했지만 그 모든 기회들은 차례차례 사라져 갔다. 외톨이가 된 나는 결국 내가 있어야 할 장소로 돌아오지 않을 수 없었다. 나는 사방팔방에서 떼밀리면서도 평형을 유지하고 있는데, 그것은 내가 아무것에도 매달리지 않고 나 자신에게만 기대고 있기 때문이다.

세상의 거짓말에 그토록 흥분해서 펄펄 뛰고 있을 때, 나는 자기도 모르는 새 세상의 소문에 구속받고 있었던 것이다. 사람이란 자기가 존경하는 사람들로부터 인정을 받고 싶어하는 법이다. 그러므로 내가 사람들에게, 적어도 몇몇 사람들에게 호감을 품고 있었던 동안은 그 사람들이 나에게 하는 비판에 무관심할 수 없었다. 나는 세상 일반의 비판은 꽤나 공정한 것인 줄로 알고 있었다. 그러나 그때 나는 그 공정함도 우연의 결과라는 것, 사람들이 그 의견을 말하는 기준도 결국은 그들의 욕망 또는 그 소산인 편견으로부터 나온 기준에 지나지 않는다는 것, 그리고 그들이 올바르게 판단할 때라 할지라도 그 올바른 판단조차 때때로 나쁜 원칙으로부터 생겨난다는 것 등을 알지 못했다. 그러므로 그들이 어떤 사람의 공적을 아무리 교묘하게 찬양하는 척해도, 그것은 정의로운 정신에서가 아니라 공평한 척하면서 다른 각도로 한껏 그 사람을 비방하기 위해서인 것이다.

그러나 길고 허무한 탐색 끝에 그들이 지옥의 악귀가 아니고서는 생각할 수 없는 가장 부정하고 부조리한 사고방식에 예외없이 사로잡혀 있는 것을 보았을 때, 이 일에 관한 한 이성은 모든 사람들의 머리로부터 추방되어 있음을 알았을 때, 광기 어린 세대가 그 지도자의 맹목적인 격정의 완전한 포로가 되어서 일찍이 그 누구에게도 악을 가하지 않고 그럴 생각조차 하지 않고, 악을 보복도 하지 않았던 한 불행한 인간에게 적의를 품고 있음을 알았을 때, 이런 상황에서 쓸데없이 단 한 사람의 인간을 찾아다닌 끝에 마침내 등불을 끄고 "이제 인간은 없다"고 외치지 않을 수 없게 되었을 때, 그때에야 비로소 나는 내가 이 지상에서 완전한 외톨이임을 알았다. 그리고 같은 시대 사람들이란 나에겐 기계적인 존재에 지나지 않으며, 그들은 오직 충동만으로 행동하고, 그 행동은 운동의 법칙으로밖에 측정할 수 없다는 사실을 알았다.

그들의 영혼에 어떤 의도, 어떤 욕망이 존재한다 가정하더라도, 자신들이 나에게 취한 태도를 그들은 제대로 설명할 수 없을 것이다. 따라서 그들의 의향 같은 것은 나에겐 더 이상 아무런 의미도 없다. 나는 이제 그들을, 나에 대해 모든 도덕성을 잃고 이것저것 시도하는 덩어리로밖에 보지 못한다.

닥쳐오는 모든 재해에 대하여 우리는 언제나 그 결과보다 의도 쪽을 중시한다. 지붕에서 떨어지는 기왓장은 우리에게 큰 상처를 주겠지만, 악의 있는 사람이 고의로 던진 돌만큼 우리 마음을 아프게 하지는 않는다. 그 돌멩이가 때로 빗나가는 수도 있겠지만 그 의도는 결코 빗나가는 일 없이 우리에게 상처를 준다. 운명이 주는 타격 가운데에서 사람이 가장 가볍게 느끼는 것은 물질적인 고통이다. 그리고 불운한 사람은 자기 불행의 책임을 누구에게 떠넘기면 좋을지 모를 때, 그것을 운명의 탓으로 삼는다. 그리고 운명에 눈이나 지능을 빌려 주어서 인격화한 다음, 그 운명이 고의로 자기들을 괴롭히고 있다고 생각한다. 그것은 마치 돈을 다 잃고 열 받은 도박자가 아무에게나 화풀이하는 것과 같다. 그는 운명이 고의로 자기에게 덤벼들어 괴롭히고 있다고 상상한다.

그리고 분노할 대상을 발견하고는 자기가 만들어 낸 적에게 흥분하고 격분한다. 똑똑한 사람들은 자신에게 어떤 불행이 닥쳐도 그것들을 모두 맹목적인 필연성 탓으로 돌리고 무의미한 소동은 벌이지 않는다. 그는 고통 때문에 비명은 지를지언정 흥분도 하지 않고 노하지도 않는다. 해를 입어도 육체적인 아픔밖에 느끼지 않는다. 그러므로 그에게 가해지는 타격은 그의 몸을 아프게 할 뿐이지 마음에까지 미치지는 않는다.

이런 수준까지 도달하는 것만도 굉장한 일이다. 그러나 거기서 멈춰서는 안 된다. 재해는 잘랐어도 불행의 뿌리는 못 잘랐기 때문이다. 이 뿌리는 우리와 관계없는 존재 속에 있는 것이 아니라 우리 자신 속에 있는 것이기 때문이다. 그러므로 거기서 화근을 완전히 없애야 한다. 내가 이성을 되찾은 뒤 확실하게 느낀 점은 이러한 것이었다. 내 몸에 덮친 사건에 대해 나는 모든 해석을 해 보려고 시도는 했지만, 그때마다 이성은 그 해석의 불합리성밖에 보여 주지 않았다. 그렇다면 그 모든 원인, 수단, 방법은 나에겐 미지의 일이고 이해할 수 없는 일이므로, 그것들은 당연히 나에게 아무 의미도 없는 셈이다. 거기에는 아무런 목적도 의도도 도덕적 원인도 가정해서는 안 된다. 내 운명과 관련된 모든 일은 그저 숙명이라고 봐야 한다. 그리고 무슨 짓을 해도 헛일이니, 변명을 하거나 반항을 하거나 하지 말고 운명에 따라야 한다. 내가 이 지상에서 해야 할 일은 오로지 수동적인 존재로서 자신을 바라보는 일이므로, 운명을 견디기 위하여 남겨진 힘을 운명에 거스르기 위하여 쓸데없이 사용해서는 안 된다. 나는 스스로에게 일러 주었다. 나의 이성과 마음은 그 말에 일단 동의해 주었으나 나는 마음이 여전히 불평을 하고 있는 것을 느꼈다. 이 불평은 어디로부터 나오는 것인가. 나는 그것을 탐구했다. 그리고 찾아냈다. 그것은 사람들에게 분개한 뒤 이번에는 이성에 반항하고 있는, 나의 자존심으로부터 나온 것이었다.

이 발견은 다른 사람이 생각하는 것만큼 쉬운 것은 아니었다. 죄도 없이 박해를 받은 사람은 자신의 하찮은 개성에 대한 긍지를, 정의에 대한 순수한 사랑이라고 오랫동안 착각하며 살아가기 때문이다. 그러나 일단 참된 물줄기를 분명히 알고 나면 그 흐름을 막는 일, 적어도 그 방향을 바꾸는 일은 어렵지 않다. 자기 존중은 자랑스러운 영혼의 가장 큰 원동력이다. 자존심은 우리에게 온갖 환상을 보여 주며 모습을 바꾸므로, 우리는 이를 자기 존중이라 착각하기도 한다. 그러나 결국 이 속임수가 탄로 나 자존심이 숨을 곳이 사라지면 그때는 겁낼 것 없다. 그것을 아주 없애버리는 것은 힘들지만 적어도 억누르는 것쯤은 쉽다.

나는 결코 자존심이 강한 편은 아니었다. 그러나 이 후천적인 욕망은 사교계에 드나들면서부터, 특히 작가가 되고 나서부터 점차 강해졌다. 아마 남에 비하면 나의 자존심은 약한 수준이었다고 생각하지만, 그래도 상당한 것이었다. 하지만 굉장한 교훈을 얻은 나는, 이윽고 그것을 최초의 한계 안으로 가두었다. 처음에 자존심은 부정에 대해 반항하였지만 결국 저항을 포기했다. 나의 자존심은 내 영혼 속에 들어앉아서 흥분을 불러일으키는 외부와의 관계를 끊고, 비교나 취미를 내버리고, 내가 선(善)하다는 것만으로 만족하게 되었다. 그래서 자존심은 다시 자기애가 되어서 자연의 질에 되돌아가 세상의 평가라는 속박에서 나를 해방시켜 준 것이었다.

그때부터 나는 또다시 영혼의 평화, 아니 더없는 행복에 가까운 것을 발견했다. 어떤 처지에 놓여 있건 사람이 불행한 것은 오로지 자존심 때문이다. 자존심이 침묵을 하고 이성이 입을 열 때, 이성은 우리 힘으로는 어떻게도 피할 수 없는 불행을 달래 준다. 이성은 또 불행이 직접 우리를 덮치지 않는 한 그것도 없애 준다. 왜냐하면 그럴 경우 그 불행에 신경 쓰는 일을 그만두기만 하면 틀림없이 가장 무서운 공격을 피할 수 있기 때문이다. 공격을 생각하지도 느끼지도 않는 사람에겐 그 공격은 없는 것이나 다름없다.

무례·복수·불공평·모욕·부정과 같은 것들도 마찬가지이다. 그런 것들은 그가 견디고 있는 불행 속에서 그 고통만을 보고 의도는 보지 않는 자에게는, 즉 남의 말에 좌우되지 않고 자신의 가치 및 지위를 스스로 결정하는 사람에게는 아무런 의미도 없다. 사람들이 나를 어떻게 바꾸려 해도, 그들이 무슨 짓을 하든 나는 아랑곳없이 이대로 있을 것이다. 나에 대한 그들의 소행이 현실에 영향을 주는 것만은 사실이다. 그들이 나와 그들 사이에 놓은 울타리는, 늙고 가난한 나에게서 모든 생활수단과 도움을 빼앗아 버렸다. 이런 상황에선 돈도 소용없었다. 현재 그들과 나 사이엔 아무런 거래도, 서로 도움이나 편지 왕래도 없다. 그들 속에서 혼자가 된 내가 기댈 곳은 나 자신뿐이다. 그러나 나 자신은 나이가 들고 지금과 같은 상태에 빠져 있으니, 참으로 막막할 노롯이다. 그래도 나의 불행은 컸지만 화내는 일 없이 그것을 견딜 수 있게 되고 부터는 그 불행도 날 괴롭힐 모든 힘을 잃어버렸다. 진정한 궁핍을 느끼게 되는 일은 지극히 드물다. 예측이라든가 상상 같은 것이 궁핍함을 낳는데, 그러한 감정이 계속되기 때문에 사람들은 불행해지거나 하는 것이다. 나로서는 내 일에 대한 괴로움 같은 것은 생각해 봤자 소용없는 일이다. 다만 오늘을 괴로워하지 않고 조용히 보낼 수 있으면 그것만으로 충분하다. 나는 예측되는 고통 같은 것에는 신경 쓰지 않고, 다만 현재 느끼고 있는 고통 때문에 고민한다. 따라서 그 고통도 지극히 하찮은 것이 되어 버린다.

어쩌면 나는 혼자 병상에 버려져서 빈곤과 추위와 굶주림으로 죽어 갈지도 모른다. 그러나 자신이 괴로워하지 않는다면, 또한 내 운명이 어떻든 남의 일처럼 자기 일에 신경을 쓰지 않는다면, 그것도 괜찮지 않은가. 특히 내 나이쯤 되면 삶과 죽음, 병과 건강, 재산과 가난, 광명과 치욕을 모두 무관심하게 바라보는 방법을 배웠다는 것은 헛된 일이 아니다. 다른 노인들은 모든 일에 신경을 쓰지만 나는 아무것에도 신경을 쓰지 않는다. 어떤 일이 일어나건 나는 모든 일에 무관심하다. 그러나 이 무관심은 내 지혜의 소산이 아니라 적으로부터의 선물이다. 말하자면 그들이 나에게 가한 나쁜 짓이 가져다준 뜻밖의 보상인 셈이다. 역경에 대하여 나를 무감각하게 만듦으로써, 그들은 공격을 자제했을 경우보다 훨씬 더 좋은 일을 나에게 해 주었던 것이다. 그런 역경을 만나지 않았더라면 나는 언제나 역경을 두려워하고 있었을 텐데, 이제는 그것을 극복했기 때문에 조금도 겁낼 것이 없다.

이러한 마음 자세는 장애투성이 생활 속에서도 나를 타고난 게으름으로, 마치 가장 완전한 번영 속에서 살고 있기라도 하는 것처럼 인도한다. 눈앞의 현실 때문에 비통하기 짝이 없는 불안에 사로잡히는 극히 짧은 시간을 빼고, 나머지 시간은 모두 나를 끌어당기는 애정과 내 마음에 따라 보내고 있다. 그리고 그에 어울리는 감정을, 그것을 낳고 나누어 가지는 가공의 존재와 함께(이 존재들은 마치 현존하는 것 같다) 즐기고 있다. 그 존재들은 그것들을 만들어 낸 나를 위해 존재하는 것이므로 나를 배반하거나 버릴 염려는 조금도 없다. 그것들은 나의 불행과 마찬가지로 언제까지나 존속할 것이고 충분히 나의 불행을 잊게 만들어 줄 것이다.

모든 것이 마치 그러기 위해 태어난 듯, 행복하고 감미로운 생활로 나를 데리고 간다. 나는 정신과 감각을 즐겁게 맡길 수 있는 유익하고도 기분 좋은 대상물에 몰두하고, 또는 내 마음을 위해 만들어 낸 공상 속 어린이들과 장난치며 그들과의 사귐을 감정의 양식으로 삼고, 때로는 오직 혼자 나 자신에게 만족하고, 지금부터 나에게 주어질 것이 틀림없다고 느껴지는 행복으로 충만해서 하루의 4분의 3을 보내고 있다. 이런 모든 일에는 나 자신에 대한 애정만 존재할 뿐 자존심 같은 것은 전혀 섞여 있지 않다. 그렇지만 지금도 여전히 내가 사람들 속에 들어가 그들의 거짓 애정이나 사람을 바보 취급하는 호들갑스러운 겉치레 인사, 사악한 꾐말의 우롱물이 되어 버리는 슬픈 때에는 사정이 다르다. 그런 때에는 어떻게 행동을 해도 자존심이 얼굴을 내민다. 어설프게 포장된 그들의 마음속에서 미움과 원한을 보았을 때, 내 마음은 고통으로 미어진다. 그리고 자신이 이처럼 속고 바보 취급을 당했다는 것을 생각하면 그러한 고뇌에 더할 수 없이 유치한 분노가 더해지는데, 그것도 어리석은 자존심의 소행으로 나는 그 사실을 백번 알고 있으면서도 억누르지를 못한다. 그러한 모욕적이고 조소 어린 눈길을 참아 내려는 나의 노력은 눈물겨울 정도이다. 그런 잔혹한 투쟁의 시련에 견디려는 마음에, 나는 북적이는 산책길과 시끌벅적한 큰길을 백번이나 거닐었다. 그러나 나는 그 일에 성공하지 못했을 뿐만 아니라 조금의 진전조차도 하지 못했다. 이 괴롭고 허무한 노력에도 불구하고 나는 전과 마찬가지로 바로 흥분하고, 상심하고, 분노하는 것이었다.

감각에 사로잡힌 나는 어떤 짓을 해도 그 영향을 거스를 수는 없고, 대상물이 내 감각을 자극하는 한 내 마음은 그것에 휘둘리지 않을 수 없다. 그러나 이 일시적인 감정은 그것을 일으키는 감각이 활동할 동안에만 계속된다. 싫은 사람이 눈앞에 있으면 내 마음은 심하게 동요된다. 그러나 그들이 사라지면 곧 그 감정도 없어진다. 그 사람의 모습을 보지 않게 되는 순간부터 나는 벌써 그에 대한 것은 생각지 않는다. 그가 나에게 달라붙으려는 것을 알아도, 그런 것은 아무래도 좋으므로 나는 그에 대한 생각 따위는 하지 않는다. 나는 지금 느끼고 있지 않는 괴로움에는 전혀 영향받지 않는다. 보이지 않는 박해자는 나에겐 없는 것과 마찬가지이다. 이러한 태도가 내 운명을 조종하는 사람들에게 이롭다는 것도 알고 있다. 하지만 그들은 자기네 좋을 대로 처리하면 되는 것이다. 그들의 공격을 막으려고 그들에 대한 것을 억지로 생각하기보다는, 거스르지 않고 고통을 당하는 편이 훨씬 낫다.

다만 마음에 미치는 이 감각 작용이 현재 내 생활의 유일한 괴로움이다. 아무와도 만나지 않는 날이면 나는 내 운명에 대한 것 따위는 생각지 않는다. 나는 이미 그것을 느끼지 않을뿐더러 괴로워하지도 않는다. 마음을 어지럽히는 것도 방해하는 것도 없어서 나는 행복하고 만족스럽다. 그러나 마음을 상하게 하는 모든 공격에서 벗어난다는 것은 어려운 일이라, 생각도 하지 않은 때에 기분 나쁜 태도나 눈초리를 깨달을 때나, 독을 품은 말을 듣거나 악의 있는 사람을 만나거나 하면 그것만으로도 나는 어쩔 줄을 모른다. 그런 경우 나로서 할 수 있는 일은 즉시 잊어버리거나 달아나는 일이다. 마음의 동요는 그 원인이 없어지면 함께 사라지므로 혼자가 되기만 하면 곧 나는 평정을 찾는다. 그래도 여전히 나를 불안하게 하는 것이 있다면, 그것은 길을 가다가 무언가 새로운 고민의 씨앗을 만나지 않을까 하는 두려움이다. 그것만이 단 한 가지의 고민이다. 그것만으로도 충분히 내 행복이 깨질 수 있으니까.

나는 파리 한복판에서 살고 있다. 집을 나설 때마다 생각은 전원과 고독으로 달린다. 그러나 그것을 만끽하기 위해서는 멀리까지 가야 하므로 마음놓고 내 쉼터로 가는 도중에 내 마음을 괴롭히는 여러 가지 일에 부닥뜨리고 만다. 그리고 내가 찾는 은신처에 도착하기까지 하루의 반을 고민에 사로잡혀 보낸다. 그래도 무사히 목적지까지 도착만 할 수 있다면 다행이다. 심술궂은 살인마들의 행렬에서 벗어난 순간의 기분은 이루 말할 수 없다. 그리고 나무 밑이나 푸른 벌판에 있는 자신을 발견하면, 지상의 낙원에 있는 것만 같아 세상에서 가장 행복한 사람처럼 마음의 기쁨을 맛보는 것이다.

그 짧았던 화려한 시절에는, 지금 이렇게도 기분 좋은 이 고독한 산책을 어쩐지 멋없고 귀찮은 것으로 여겼던 일을 나는 또렷이 기억한다. 어떤 시골 사람의 집에 있을 무렵, 나는 운동을 하고 싶다거나 대기를 호흡하고 싶다는 욕구에 사로잡혀 때때로 혼자서 밖으로 나갔다. 그리고 도둑놈처럼 집을 빠져나가 공원이나 들판을 산책했다. 그러나 그곳에서 오늘날 맛보고 있는 것 같은 행복한 고요함을 찾기는커녕, 나는 그런 곳에까지 살롱에서 열중했던 허무한 관념의 동요를 옮겨 간 것이었다. 살롱에 남겨 두고 온 사람들의 추억은 내 머리에 달라붙어 고독한 장소에까지 따라오는 것이었다. 자존심의 열기와 인간 세계의 떠들썩함이 나무들의 상쾌함을 퇴색해 보이게 하고 그윽한 평화를 어지럽혔다. 숲 속으로 달아나 보았지만 헛일이어서 귀찮은 사람들의 무리는 어디서나 내 뒤를 쫓았고, 내 눈앞에 있는 모든 자연을 감추어 버렸다. 사회의 욕구과 그에 따르는 하찮은 것에서 벗어난 뒤, 겨우 나는 자연과 그 온갖 매력을 함께 발견한 것이다.

결국 나는 이러한 무의식적인 최초의 충동이 억누르기 어려운 것임을 깨달았다. 그래서 그에 대한 모든 노력을 그만두기로 했다. 공격을 받을 때마다 나는 피가 끓는 대로, 노여움과 격분이 감각을 지배하는 대로 행동했다. 이렇게 멈출 수도 저지할 수도 없는 첫 폭발을 내 본성에 맡겼던 것이다. 나는 다만 그것이 어떤 결과를 가져오기 전에, 그에 이어지는 폭발을 저지하도록 노력할 뿐이다. 번쩍이는 눈, 달아오르는 얼굴, 떨리는 손발, 터질 것 같은 심장, 이러한 모든 것은 육체에만 관계되는 일이므로 머릿속으로 아무리 궁리해 봤자 별수 없다. 그러나 최초의 폭발을 본성에 맡겨두면 사람들은 조금씩 자기의 양식(良識)을 되찾고, 이윽고는 다시 지배자가 될 수 있다. 나는 그 일을 오랫동안 해 보려고 노력하면서도 결국은 성공하지 못했지만, 그래도 지금은 그럭저럭 전보다는 잘하게 되었다. 나는 쓸데없는 저항에 힘을 기울이는 일을 그만두고, 이성을 사용해서 승리할 기회를 기다리고 있는 것이다. 이성은 그것에 귀기울일 수 있을 때에만 나에게 말을 걸어 오기 때문이다. 아니, 내가 대체 무슨 말을 하고 있는 것일까. 아아! 나의 이성? 이성에 이 승리의 명예를 주는 것은 틀림없이 중대한 잘못일 것이다. 이성은 이 승리에 기의 관여하고 있지 않으니까. 모든 것은 마찬가지로 심한 바람에 흔들리고, 바람이 멎으면 곧 고요해지는 그 변덕스러운 기질에서 오는 것이다. 나를 흔드는 것은 나의 격한 천성, 나를 가라앉히는 것은 나의 태평스러운 천성이다. 나는 현재 느끼는 모든 충동에 휩싸인다. 어떠한 충격도 나에겐 강렬해서 짧게나마 흔들리게 된다. 충격이 없어지면 곧 동요도 가라앉으며, 나의 내부에 오래 남는 것은 아무것도 없다. 이와 같이 만들어져 있는 인간에 대해서는 어떠한 운명적인 사건도, 인간의 어떠한 음모도 거의 영향력을 갖지 못한다.

나에게 영속적인 고통을 주려면 그 인상이 순간순간 새로워져야 한다. 그일이 멈추면 그것이 아무리 짧은 순간이라 할지라도 나는 충분히 내 자신으로 되돌아갈 수 있기 때문이다. 인간들이 나의 감각을 자극하는 동안은 나는 그들의 뜻대로 된다. 그러나 그것이 잠시라도 중단되면 그 순간 나는 자연이 바라는 상태로 돌아가 버린다. 그야말로 남이 어떤 짓을 하든 나의 한결같은 상태로 돌아간다. 그렇기 때문에 운명이 어떻게 행동하건 나는 천성적으로 지니고 있다고 믿는 그 행복감을 맛보는 것이다. 나는 이 상태를 이미 〈몽상〉의 한 구절에서 표현했다. 그것은 참으로 나에게 적합한 상태라서 나에게는 그 상태의 지속을 바라는 것 외에는 아무런 소망도 없다. 그리고 그것이 어지럽혀지지나 않을까 하는 것만이 마음에 걸린다. 사람들이 나에게 가한 고통은 결코 나를 흔들어 놓지 못했다. 앞으로 그들이 가해 올지 모르는 고통만이 나를 흔들 수 있다. 그러나 그들이 영구적인 감정으로 내 마음을 아프게 할 재주는 가질 수 없을 게 뻔하므로, 나는 그들의 모든 계획을 비웃어 주면서 그들에겐 아랑곳없이 계속 나 자신을 즐긴다.

아홉 번째 산책

　행복이란 불변하는 상태이므로 이 세상 사람을 위해서 만들어진 것이 아닌 듯하다. 지상에 있는 모든 것은 끊임없는 흐름 속에 있으므로 그 무엇도 불변의 형태를 취할 수는 없다. 우리 주위의 모든 것은 변화한다. 우리 자신도 변한다. 그리고 그 누구도 오늘 사랑하고 있는 것을 내일도 사랑할 수 있으리라는 확신을 갖지 못한다. 그러므로 이 세상에서 행복을 구하려는 우리의 계획은 모두 덧없는 환상에 지나지 않는다. 정신적 만족을 얻을 수 있다면 그것을 마음껏 누리자. 우리의 잘못으로 놓쳐 버리지 않도록 주의하자. 그렇지만 그것을 사슬로 묶어 버리는 그런 계획은 세우지 말도록 하자. 계획은 참으로 미친 짓이니까.

　나는 행복한 사람은 거의 만나 본 적이 없다. 아니, 어쩌면 한 사람도 없었는지 모른다. 그러나 만족스런 마음을 가진 사람은 종종 만났다. 그러한 사람의 마음이야말로 나를 감동시킨 것들 가운데 가장 나를 만족시켜 준 것이다. 나에게는 그것이 내면적 감정에 작용하는 감각적 힘의 자연스러운 결과인 것처럼 여겨진다. 행복을 겉만 보고 알아볼 방법은 없다. 행복을 알기 위해서는 행복한 사람의 마음을 읽을 필요가 있다. 그렇지만 만족감은 눈이나 겉모습이나 말투, 발걸음으로 나타나며, 그 만족감은 보는 사람마저 만족스럽게 만든다. 축가장 같은 때 사람들 전체가 기쁨에 잠겨 있는 모습을 보고, 모든 사람의 마음이 인생의 구름 사이를 재빨리, 그러나 싱싱하게 지나가는 그 기쁨 때문에 부풀어오른 빛으로 채워지는 현상을 목격하는 것보다 더 기분 좋은 즐거움이 어디 있겠는가.

　사흘 전 일인데, P씨가 유난히 부산스러운 태도로 찾아와서 달랑베르 씨가 쓴 조프랭 부인에게 보내는 찬사를 보여 주었다. 그는 그것을 읽어 주기 전에 그 책에는 우스꽝스러운 신조어와 익살스러운 재담이 가득하다며 한참 동안 웃었다. 그는 여전히 웃으면서 읽기 시작했다. 그러나 내가 진지한 얼굴을 하고 들자 그도 잠잠해졌고, 내가 조금도 그를 따라 웃지 않았으므로 마침내 그도 웃음을 거두었다.

이 작품에서 가장 길고도 정성이 들어간 장(章)은 조프랭 부인이 아이들의 모습을 바라보며 아이들에게 말을 시키는 일에 기쁨을 느끼고 있었다는 대목이었다. 저자는 이런 성향이 선량한 천성의 증거라고 말하고 있다. 그런데 그는 거기서 그치지 않고, 부인과 같은 기분을 갖지 않는 자는 모두 천성이 천하고 사악한 인간이라고 단호하게 비난하고 있다. 또 교수형이나 극형에 처해지는 인간에게 물어본다면, 그들은 자식들을 사랑하지 않았다는 사실을 인정할 것이라고까지 잘라 말하고 있다. 이러한 주장은 그것이 서술되어 있는 대목이 대목인만큼 기묘했다. 그 모든 것이 진실이라 하더라도 그런 대목에서 꼭 말해야 했을까. 존경하는 부인에 대한 찬사를, 형벌이라든가 악인 이미지로 더럽힐 필요가 어디에 있었던 것일까. 나는 이 겉보기만 미끈한 글의 동기를 바로 알 수 있었다. 그래서 P씨가 다 읽고 나자, 나는 그 찬사에서 좋다고 생각된 점을 지적한 다음, 그 찬사를 쓰고 있을 때 저자는 우정보다도 미움을 더 많이 품고 있었던 게 틀림없다고 덧붙였다.

이튿날은 추웠지만 날씨가 꽤 좋았기에 나는 사관학교까지 걸어서 갔다. 거기서 꽃을 피우고 있는 이끼를 찾아보려고 마음먹었던 것이다. 걸으면서 나는 전날의 방문에 대한 일이며 달랑베르 씨의 책에 대한 것 등을 생각하고 있었다. 그런데 그 부자연스러운 일화는 아무리 생각해도 어떤 의도 때문에 쓰여진 것만 같았다. 사람들은 나에게 모든 것을 숨기고 있지만, 그 책을 일부러 나에게 보내준 목적이 무엇인가 정도는 짐작이 간다. 나는 내 자식들을 고아원에 집어넣었다. 그것만으로도 나는 충분히 자연에 거역한 아버지로 간주되었는데, 사람들은 이 생각을 발전시켜 내가 자식을 싫어한다는 결론을 끄집어낸 것이다. 이러한 일련의 단계적 추론을 떠올리며, 나는 인간의 지혜가 얼마나 교묘하게 사물의 백(白)을 흑(黑)으로 만들 수 있는가에 대해 놀랐다.

왜냐하면 어린아이들이 모여서 노는 모습을 보고 나보다 더 좋아하는 사람은 없을 것이라고 내 딴에는 생각하고 있었기 때문이다. 나는 흔히 한길이나 산책길에서 발을 멈추고 아이들의 장난이나 순진한 놀이에 넋을 잃곤 했다. 그런데 그러한 흥미를 함께 나누려는 사람을 한 번도 만난 적이 없다. P씨가 왔던 바로 그날, 그가 찾아오기 한 시간 전에 내 방에는 집주인 수소아 씨의 두 아이가 와 있었다. 그들은 수소아 씨의 어린아이들로 형은 일곱 살 남짓하다. 그들은 진심으로 나를 안아 주러 온 것이다. 나도 다정하게 그들의 호의에 보답해 주었다. 나이 차이가 많은데도 그들은 나와 함께 있는 것이 정말로 기쁜 것 같았다. 한편 나도 그들이 늙은 나의 모습을 싫어하지 않는다는 것을 알았을 때 더없이 즐거운 기분이 되었다. 작은 아이도 정말로 나한테 오고 싶어서 온 것 같았다. 그들보다도 더 어린아이 같은 나는 그것만으로도 그 아이에게 특별한 애정을 가졌다. 그러므로 그들이 돌아가고 나자 마치 내 자식이 가 버린 것처럼 섭섭함을 느꼈다.

아이들을 고아원에 보냈다는 비난이 하찮은 말투로 쉽게 변질하여 곧 자연을 어긴 아버지라느니 자식을 싫어하는 아버지라느니 하는 비난으로 나쁘게 바뀌어져 간 것은 나도 잘 알고 있다. 그러나 내가 그들을 고아원에 보낸 것은, 아이들에게 있어 천 배나 더 나쁜 운명, 설령 다른 길을 취했더라도 피할 수 없었을 운명을 두려워했기 때문에 그렇게 한 것이지 다른 이유가 있었던 것은 아니다. 내가 자식들의 미래에 대해 좀 더 무관심했다면 어떻게 되었을까. 아마 내 힘으로는 키울 수 없었을 테니 결국 아이들의 응석을 받아 버릇없이 키우고 말 어머니의 손이나, 괴물로 만들어 버릴 가족들의 손에 아이들을 맡기지 않으면 안 되었을 것이다. 그런 일은 지금 생각해도 소름이 끼친다. 마호메트가 세이드(마호메트의 제자)를 광신도로 키운 일 따위는, 그들이 내 아이들을 어떤 상태로 길러 내었을 것인가에 비한다면 아마도 아주 하찮은 일이었을 게 틀림없다.

그 뒤에도 사람들이 아이들 일을 도구 삼아 내 앞에 함정을 팠다. 이는 전부터 그런 계획이 꾸며져 있었다는 것을 충분히 확증한다. 사실 그 무렵의 나로서는 그런 잔혹한 음모를 간파할 수가 없었다. 그러나 나는 아이들에게 가장 위험이 적은 교육은 고아원의 교육이라는 사실을 알았기에 그곳으로 그들을 보냈던 것이다. 지금도 그런 일을 해야 한다면 나는 그때보다 더 주저 없이 할 것이다. 그리고 내 습관이 정말 조금이라도 천성을 도와주었더라면, 나는 세상에서 가장 다정한 아버지가 되었을 것이라고 생각한다.

내가 사람의 마음을 아는 데에 있어서 약간이라도 진보했다고 한다면, 그 지식은 아이들을 만나거나 관찰하거나 하는 기쁨에서 얻은 것이리라. 그렇지만 바로 그 기쁨이 젊은시절에는 나의 인식을 방해했다. 왜냐하면 나는 아이들과 너무나 즐겁게 노느라 바빠서, 그들을 연구하려고는 거의 생각도 해보지 않았기 때문이다. 그러나 나이를 먹으면서 나의 늙은 모습이 아이들을 무섭게 만든다는 것을 알았을 때, 나는 어떻게 해서든 그들에게 방해가 되지 않도록 조심했다. 그들의 기쁨을 어지럽히기보다는 나의 즐거움을 빼앗기는 편이 낫다고 생각하고 있었으니까. 그래서 나는 그들의 놀이나 장난을 바라보는 것만으로 만족하게 되었다. 그러다가 나는 나의 이 희생을 보상해 줄 수 있는 것을 지금까지 우리 학자 선생들이 아무것도 알지 못했던, 이러한 관찰을 통하여 내가 획득하게 된 인간 본성의 원초적이고 참다운 충동에 관한 지식들 속에서 발견한 것이다. 그러한 탐구를 내가 얼마나 즐거움으로 삼았던가. 그래서 얼마나 성실히 그 일에 마음을 기울였던가. 이러한 사실의 증거를 나는 내 저서에 써 두었다. 그러므로 《엘로이즈》나 《에밀》이 아이들을 좋아하지 않는 사람의 작품이라고는 아무도 믿지 못할 것이다.

나는 본디 재치가 없으며 무언가를 즉석에서 말할 수 있는 성격도 아니다. 게다가 불행을 만나고부터 나의 머리와 혀는 한층 더 말을 듣지 않게 되었다. 적절한 말이나 올바른 표현도 잘 떠오르지 않았다. 나의 그러한 곤혹감을 더욱 크게 만드는 것은 듣는 사람이 곁에서 귀를 기울이고 있는 일이다. 그들은 내가 아이들을 위한 글을 썼기 때문에 내가 아이들에게 하는 말은 신탁과도 같다고 믿고, 내 입에서 나오는 모든 말을 여러 가지로 해석하며 의미를 둔다. 이런 상황에서의 심한 거북함과 스스로 느끼고 있는 서투름이 나를 혼란시키고 우물쭈물하게 만든다. 그러므로 나는 아이들의 말 상대를 하기보다는 아시아의 군주를 찾아 뵙는 게 훨씬 더 마음이 편할 것 같은 생각이 든다.

그리고 지금은 또 한 가지 나쁜 사정이 그들로부터 나를 더욱 멀어지게 만든다. 불행이 찾아온 뒤에도 나는 여전히 그 같은 기쁨으로 아이들을 보고 있지만, 전과 같은 친밀감은 갖지 못하게 되어 버렸다. 아이들은 노인을 좋아하지 않는다. 늙어 빠진 자연의 모습은 아이들의 눈에는 추하게 비치는 것이다. 그들의 혐오를 느끼면 나는 슬퍼진다. 그리고 그들을 곤란하게 만들거나 그들에게 불쾌감을 줄 바에야 그들에게 다가가지 않는 편이 낫겠다 싶다. 진정으로 사람을 사랑하는 영혼만이 가질 수 있는 이러한 동기는 우리의 학자 선생들이나 부인들에게는 결코 생기지 않는 것이다.

조프랭 부인은 자기가 아이들과 있으면서 즐겁기만 하면 함께 있는 아이들이야 즐겁든 말든 상관하지 않는다. 그런데 내가 볼 때 그러한 즐거움은 의미가 없다. 아니, 딱 잘라 말해 악이다. 함께 즐길 수 없는 즐거움 따위는 즐거움이라 할 수 없다. 그런데 나는 이제 아이들의 작은 마음이 내 마음과 융합해서 꽃피는 것을 볼 수 있는 그런 처지도 나이도 아니다. 만일 그런 일이 나에게 아직도 가능하다면, 그 즐거움은 나에겐 한층 더 큰 기쁨이 될 것이다. 내가 그날 아침에 수소아 씨네 아이들을 귀여워했을 적에 맛본 기쁨으로 나는 그것을 충분히 경험하였던 것이다. 그것은 아이들을 데리고 온 하녀에게는 조금도 신경 쓸 필요가 없었을 뿐만 아니라 나에게 다가올 때 아이들의 기쁜 모습이 언제까지나 사라지지 않았고, 그들이 나와 함께 있는 걸 싫어하거나 지루해하는 것처럼 보이지 않았기 때문이다.

오오! 비록 상대가 어린아이라 할지라도 짧은 동안이나마 마음속으로부터 솟아나는 순수한 접촉의 순간들을 가질 수 있다면, 나와 함께 있는 기쁨과 만족을 누군가의 눈에서 느낄 수 있다면, 짧지만 기분 좋은 이 마음의 소통이 얼마나 많은 불행과 괴로움을 보상해 줄 것인가! 아아! 그러면 더 이상 사람들 사이에서 찾아볼 수 없었던 호의의 눈길을 동물들 사이에서 찾지 않아도 될 텐데. 그런 예는 얼마 안 되지만 지금도 그리운 추억으로 남아 있다. 다음에 말하는 한 예도, 만일 내가 다른 처지에 놓여 있었더라면 십중팔구 잊어버렸을 일이겠지만, 그것이 나에게 준 감동은 나의 비참함을 완전히 그려 내고 있다 해도 과언이 아니다.

2년 전 누벨 프랑스 쪽으로 산책을 나갔을 때, 나는 상당히 멀리까지 걸어갔다. 그리고 방향을 왼쪽으로 바꾸어서 몽마르트르 언덕 주변을 걸으려고 클리냥쿠르 마을을 가로질렀다. 나는 멍하니 몽상을 하면서 주위에는 눈도 주지 않고 거닐고 있었다. 그런데 갑자기 뭔가가 내 무릎을 붙잡는 느낌이 들었다. 보니 대여섯 살 된 조그만 아이가 힘껏 내 무릎을 껴안고 아주 다정스럽게 나를 바라보고 있었다. 그 모습에 나는 정말로 감동을 받았다. 내 자식도 곁에 있었더라면 이렇게 했을 텐데 하는 생각이 문득 들었다. 나는 아이를 안아 올려 정신없이 여러 번 입을 맞추어 주었다. 그러고는 또 걷기 시작했다. 그러나 걸으면서도 뭔가 허전한 생각이 들어서 견딜 수 없었다. 마음속에 솟아오른 욕구가 나에게 되돌아가라고 속삭였다. 그 아이와 그렇게 빨리 헤어진 것이 어쩐지 마음에 걸렸다. 나는 그 아이의 동작에서 어째서인지는 모르지만 영감 비슷한 것을 느끼고, 그것을 가벼이 넘겨서는 안 된다는 생각이 들었다. 마침내 내 유혹에 진 나는 서둘러 되돌아갔다. 아이에게 다가가서 다시 한 번 안아 주고, 마침 지나가던 낭테르 빵을 사서 아이에게 주고, 아이에게 무슨 말을 시키려고 하였다. 나는 아이에게 아버지는 무얼 하느냐고 물었다. 아이는 통에 테를 메우고 있는 자기 아버지를 가리켰다. 나는 그 사람과 말을 하려고 아이로부터 떠나려 했다. 바로 그때 한 인상 나쁜 사람이 나를 앞질러 그에게 다가갔다. 그자는 늘 내 뒤를 미행하도록 누군가의 지시를 받아 스파이 노릇을 하는 사람이었던 듯, 그가 아이의 아버지에게 무언가 귀띔을 하고 있는 동안 통 장수의 눈은 주의 깊게 나를 보고 있었다. 거기에는 친밀감 같은 것은 찾아볼 수 없었다. 그 바람에 나는 곧 가슴이 아파져서 아까 되돌아왔을 때보다 더 빠른 걸음으로 이 부자의 곁을 떠났다. 그때까지의 기분은 완전히 산산조각났고 불쾌한 혼란만이 남고 말았다.

그렇지만 나는 그 뒤로 이따금 그때의 기분이 되살아나는 것을 느꼈다. 그리고 여러 차례 클리냥쿠르를 지날 때마다 다시 그 아이를 만날 수 있지 않을까 하는 기대로 가슴이 부풀었지만, 두 번 다시 그 아이도 아버지도 만나지 못했다. 그때 그 아이와의 만남은, 지금도 이따금 마음 밑바닥에까지 스며드는 감동과 마찬가지로 언제나 기쁨과 슬픔이 뒤섞인 추억으로 뚜렷이 남아 있다.

무슨 일에나 보상이 있는 법이다. 나의 즐거움은 드물어지고 짧아졌지만, 가끔 그 즐거움을 느낄 때는 전에 맛볼 수 있었을 때보다 더 크게 맛볼 수 있다. 그 즐거움을 생각하면 설령 즐거움이 드물다 할지라도 그것이 순수하고 참된 것일 경우, 나는 내 화려한 시절보다도 한층 더 행복해질 수 있는 것이 아닐까. 굉장한 비참함에 놓여 있을 때는 사람은 지극히 하찮은 것으로도 충만해질 수 있다. 1에퀴를 얻은 거지의 기쁨은 황금 지갑을 손에 든 부자의 기쁨보다 크다. 내가 박해자들의 감시를 뚫고 몰래 훔쳐 낼 수 있는 이런 하찮은 즐거움이 내 영혼에 얼마나 강한 감동을 주는지 안다면, 아마 사람들은 쓴웃음을 지을 것이 틀림없다. 마지막으로 맛본 가장 기분 좋은 즐거움 가운데 하나는 사오 년 전의 것이다. 그 추억을 떠올릴 때마다 나는 즐거움을 그토록 한껏 맛볼 수 있었던 때를 회상하고 기쁨으로 나도 모르게 넋을 잃는다.

어느 일요일 날, 아내와 내가 마이요 문(門)에 점심을 먹으러 갔을 때 일이다. 점심을 먹고 나서 우리는 불로뉴 숲을 가로질러 뮈에트까지 갔다. 거기서 나무 그늘 아래 풀밭에 앉아 해가 지기를 기다렸다가 파시를 지나 집으로 돌아갈 예정이었다. 그때 스무 명 남짓한 소녀들이 수녀처럼 보이는 선생에게 인솔되어 내 바로 옆에 와서 풀밭 위에 앉기도 하고 장난을 치기도 했다. 소녀들이 놀고 있을 때, 한 과자 장수가 북과 뽑기를 들고 손님을 찾아 지나갔다. 소녀들은 몹시 과자를 먹고 싶어했다. 그녀들 가운데 두세 명은 약간의 용돈을 가지고 있었던 모양이다. 그녀들은 뽑기를 하는 것을 허락해 달라고 인솔자에게 청했다. 인솔자가 어떻게 할까 망설이면서 무언가 말을 하고 있는 동안, 나는 과자 장수를 불러서 다음과 같이 말했다. "저 아가씨들에게 한 사람씩 순번대로 뽑기를 하게 해 줘요. 대금은 모두 내가 치를 테니까." 이 말을 들은 소녀들은 환성을 올렸다. 그것만으로도 나는 호주머니가 비게 되는 한이 있더라도 상관없다고 생각했다.

소녀들이 우르르 몰려와서 약간 소동이 생겼다. 나는 인솔자의 허락을 얻어 소녀들을 한쪽으로 정렬시키고 뽑은 사람부터 저쪽으로 보내기로 했다. 하나도 빈 제비는 없고 꽝을 뽑은 사람에게도 적어도 과자 한 개씩은 돌아갔으므로 누구도 불만을 가질 리는 없었다. 소녀들의 기쁨을 한층 크게 해 주려고 나는 과자 장수에게 몰래 가서 평소와는 반대로 가능한 한 당첨이 많도록 해 달라고 하여 그 몫의 계산도 내가 치르기로 했다.

이런 수단을 쓴 덕분에 소녀들은 거의 백 개 가까운 과자를 얻을 수 있었다. 대신 한 사람당 기회는 딱 한 번이었다. 나는 이런 점에 관해서는 매우 엄격해서 교활한 짓을 조장하거나 불만이 생기기 쉬운 편애를 하는 일이 없었기 때문이다. 내 아내가 과자를 많이 얻은 소녀들에게 친구들과 함께 나누어 먹도록 권했기 때문에 몫이 거의 같아져서 누구나 똑같이 기뻐했다.

나는 수녀에게도 한 번 뽑아 보라고 말했다. 그런데 수녀가 내 청을 쌀쌀하게 거절하면 어쩌나 싶어 걱정스러웠다. 그러나 수녀는 기꺼이 승낙을 하고 학생들과 마찬가지로 뽑아서, 뽑은 과자를 사양 않고 받아들었다. 나는 이것이 더없이 기뻤다. 그것은 일종의 예의였다. 그래서 나는 마음으로부터 아주 기분 좋게 생각했다. 그것은 틀에 박힌 겉치레식 예의보다 훨씬 더 가치 있는 것이라고 나는 생각했다. 그러고 있는 동안 말다툼이 벌어져서 나에게 그 심판을 부탁하러 온 소녀들이 차례차례 자기들의 주장을 말했는데, 그때 나는 얼굴이 예쁜 소녀는 하나도 없었지만 그 가운데 몇몇 소녀들은 착함이 그 못생긴 얼굴을 가려주고 있음을 깨달았다.

이윽고 우리는 서로 만족한 상태에서 헤어졌다. 이날 오후는 내가 최고의 만족을 느끼며 추억할 수 있는 평생의 기분 좋은 오후들 가운데 하나가 되었다. 게다가 그 즐거움에는 돈이 거의 들지 않았다. 기껏해야 30수를 치름으로써 1백 에퀴 이상의 만족을 얻은 것이다. 그러므로 진정한 즐거움은 비용에 따라 얻어지는 것이 아니며, 기쁨은 금화보다 은화를 더 애호하는 것이 틀림없다. 나는 그 후에도 또 한 번 그 귀여운 소녀들을 만날 수 있지 않을까 하고, 같은 장소에 같은 시간에 여러 차례 가 보았으나 두 번 다시 그런 일은 일어나지 않았다.

또 한 가지 이것과 거의 같은 즐거움이 있었다. 그러나 그 추억은 훨씬 더 예전의 일이다. 그것은 내가 부자나 문학자들 사이에 섞여서 때로 그들의 천박한 쾌락을 함께하지 않으면 안 되었던 불행한 시절의 일이었다. 나는 집주인의 생일날 슈브레트에 갔다. 가족이 모두 모여서 그날을 축하하기로 되어 있었다. 떠들썩한 환락에 도박, 연극, 연회, 불꽃놀이 등 모든 것이 총동원되었다. 사람들은 숨 쉴 겨를도 없을 만큼 놀고 즐겼다기보다는 어리벙벙해지고 말았다. 점심식사 후 사람들은 한숨 돌리기 위해 가로수 길로 나갔다. 거기에 시장 비슷한 것이 열렸기에 모두들 거기서 춤을 추었다. 신사들은 스스럼없이 농가 처녀들과 춤을 추었지만 귀부인들은 체면을 차리고 있었다. 마침 그곳에는 빵 장수가 와 있었다. 파티 손님 가운데 한 청년이 그것을 사서 군중 속에 빵을 계속 던졌다. 그러자 시골 사람들이 빵을 주우려고 몰려드는 바람에, 그것을 본 사람들은 기뻐 날뛰며 모두가 청년을 따라 같은 즐거움을 맛보려고 했다. 빵이 여기저기서 날고, 처녀나 젊은이들은 이리 뛰고 저리 뛰고 엎어지면서 다치기까지 하는 형편이었다. 신사 숙녀 여러분에게는 그 소동이 몹시 즐거웠던 모양이다. 나는 그들처럼 즐겁게는 생각하지 않았지만, 같은 짓을 하지 않는 것도 무언가 어색하다 싶어서 다른 사람들에게 보조를 맞추었다. 그러나 곧 사람들을 쓰러뜨리기 위해 주머니를 턴다는 것이 싱거운 일 같아서 혼자서 시장을 정처 없이 구경하고 다녔다. 여러 가지 물건이 나를 한참 동안 즐겁게 해주었다. 그러다가 나는 대여섯 명의 사보아 소년들에게 둘러싸여 있는 한 소녀를 보았다. 소녀의 광주리에는 열두 개 남짓한 작은 사과가 들어 있었는데, 그녀는 어떻게 해서든지 빨리 그것을 팔고 싶어하는 것이었다. 사보아 소년들도 그것을 사 주고 싶었던 모양이지만, 그들이 가진 돈을 전부 합쳐도 동전 두세 닢 정도밖에 되지 않아서 그걸 가지고는 도저히 사과를 사 먹을 수가 없었다. 이 광주리가 소년들에게는 헤스페리데스 동산(그리스 신화에 나오는 황금 사과가 열리는 정원. 한 마리 용이 경계하여 지키고 있었다고 한다)이고 소녀는 파수꾼 용인 셈이었다. 이 희극은 한참 동안 나를 즐겁게 해 주었다. 이윽고 나는 소녀에게 사과를 사서 소년들에게 나누어 주어 이 희극의 막을 닫게 했다. 그때 나는 사람의 마음을 기쁘게 하는 여러 광경 중에서 가장 유쾌한 광경을 보았다. 그것은 아이들의 순진함과 하나가 된 기쁨이 내 주위에 충만되는 광경이었다. 그 자리의 관객들도 그것을 보고 함께 기뻐해 주고 있었다. 나는 지극히 값싸게 기쁨을 함께 나누었던 셈이다. 그 기쁨을 내가 만들어 낸 것이라고 생각하니 한층 더 기쁜 생각이 들었다.

이 기쁨과 방금 버리고 온 즐거움을 비교해 본 나는 건강한 취미나 자연히 솟아나는 기쁨, 부유함이 만들어 내는 조소의 기쁨이나 경멸에서 생기는 배타적인 취미에 지나지 않는 것 사이의 차이를 느끼고 만족했다. 궁핍 때문에 천해진 사람들의 무리가 엎어지고 자빠지고 숨을 헐떡이며 난폭하게 서로를 상처 입히며, 발에 밟히고 흙투성이가 된 몇 조각의 빵에 정신없이 달려드는 광경을 보고 대체 어떠한 기쁨을 느낄 수 있단 말인가?

이때에 내가 맛본 쾌락을 잘 생각해 본 나는, 그것이 신행에서 비롯된 즐거움이라기보다는 사람들의 만족한 얼굴을 보는 기쁨임을 발견했다. 그러한 얼굴은 나에게 마음 밑바닥에 스며드는 것이기는 하나, 한결같이 감각에 호소하는 매력을 지니고 있다. 만일 내가 만들어 내는 만족을 내 눈으로 보지 않는다면 설령 만족을 준 일이 확실하더라도 나는 반밖에 즐길 수 없다. 그것은 또 나의 득실과는 상관없는 즐거움이므로, 거기서 내 몫을 얻을 수 있느냐 없느냐는 것은 아무래도 좋은 일이다. 예를 들어 축가장 같은 때 사람들의 명랑한 얼굴을 보는 기쁨은 언제든지 내 마음을 강하게 끌어당긴다.

그러나 이러한 기대는 프랑스에서는 종종 어그러졌다. 그렇게도 쾌활하다고 자처하고 있는 프랑스 국민이 놀이에서는 거의 그 쾌활함을 보여 주지 않기 때문이었다. 예전에는 나도 곧잘 변두리 술집 같은 데 가서 가난한 사람들의 춤을 구경했다. 그 춤은 지극히 음울했고 그 몸짓도 어딘지 슬프고 어색했다. 결국 나는 즐거워지기는커녕 슬퍼져서 그곳을 나왔다. 반면 제네바나 스위스 사람들은 언제나 익살스런 나쁜 장난으로 웃음을 뿌리고 있는 건 아니지만, 축가장이면 사람들 가슴에 만족감과 쾌활함이 충만해서 가난한 사람들도 초라한 모습을 보여 주지 않고 부자도 거만한 태도를 보이지 않는다. 안락, 우애, 화합이 사람들의 마음을 활짝 피게 만든다. 그리고 순진한 기쁨에 기분 좋게 취하여, 서로 알지 못하는 사람끼리 인사를 나누고 얼싸안고 그날의 기쁨을 한껏 즐기려 하는 것이다. 나는 이런 호감 가는 축제를 즐기기 위해 그 속으로 들어갈 필요가 없다. 그저 보고 있는 것만으로 충분하니까. 그 광경을 보면서 나 또한 그 기쁨을 함께 나누는 것이었다. 그럴 때면 나는 그 명랑한 사람들 가운데에서 나보다 더 즐거운 사람은 하나도 없을 것이라고 확신하는 것이었다.

그것은 감각적인 기쁨임에 분명하다. 하지만 그 기쁨에는 분명히 도덕적인 원인이 있다. 그 증거로 사악한 사람들의 얼굴에서 엿볼 수 있는 쾌락과 기쁨의 표정이 그들의 악의에서 비롯되었음을 알았을 때는, 같은 광경이라도 나를 기쁘고 즐겁게 해 주기는커녕 비통과 분노로 가슴이 미어지는 느낌을 맛보게 하기 때문이다. 순진한 기쁨에 넘친 표정만이 내 마음을 기쁘게 해 주는 유일한 것이다. 잔혹하고 비웃는 듯한 기쁨의 표정은 나와 상관없는 것이더라도 내 마음을 아프고 슬프게 한다. 그런 기쁨의 표정은 매우 여러 가지 원천에서 생겨나는 것이므로, 둘이 정확하게 같다고는 말할 수 없을 것이다. 그러나 결국 그것들은 다같이 기쁨의 표정이 되므로, 그 사이의 감각적인 차이는 그것들이 내 내부에 일깨우는 충동의 차이와 완전히 정비례하는 것은 아니다.

고통이나 괴로움의 표정을 나는 유난히 쉽게 느낀다. 표정이 보여 주는 감동보다도 더 심한 감동에 나 자신이 흔들리는 것을 억누를 수 없을 만큼이나 그러하다. 때로는 상상이 감각을 강하게 자극하여 괴로워하고 있는 사람에게 동화해서, 괴로워하는 본인이 느끼고 있는 이상의 괴로움을 맛보는 수도 종종 있다. 불만스런 표정의 얼굴도 나는 견뎌낼 수가 없다. 특히 그 불만이 나 때문이라고 생각할 때는 더욱 참을 수가 없다.

그 옛날 나는 어리석게도 화려한 저택 같은 곳을 방문하기도 했는데, 이때 주인들의 후한 대접의 대가를 하인들이 무척 비싸게 치르게 했다. 그때 못마땅한 얼굴로 시중 들고 있는 하인들의 투덜거리는 퉁명스런 태도가 나에게서 얼마나 많은 돈을 빼앗아 갔는지는 일일이 말을 못할 정도이다. 늘 감각에 의지하고, 특히 기쁨이라든가 괴로움이라든가 또는 호의나 악의와 관련된 일에 유독 영향받기 쉬운 나는, 그 외면적인 인상들에 끌려 다니기 때문에 그것을 벗어나려면 도망가는 것밖에 달리 방법이 없었다. 하찮은 표정이나 몸짓, 전혀 모르는 사람의 흘낏 봄, 그런 하찮은 것들조차 나의 기쁨을 어지럽힐 수도 또 괴로움을 가라앉힐 수도 있었다. 나는 혼자 있을 때에야 자연스러운 나로 있을 수 있다. 혼자 있지 않을 때의 나는 주위를 둘러싼 사람들의 노리개에 지나지 않는다.

예전에는 나도 사회에서 즐겁게 지내고 있었다. 그 무렵 내가 모든 사람들의 눈에서 본 것은 호의뿐이었다. 또는 아무리 나빠도 나를 모르는 사람들의 눈에서 내가 본 것은 무관심 외에는 아무것도 없었다. 그러나 사람들이 대중들을 향하여 나의 천성을 숨김과 동시에 내 얼굴을 널리 알리려 하고 있는 오늘날은, 가슴 찢어지는 악담을 하는 사람들의 눈에 띄지 않고는 길을 나설 수가 없다. 그러므로 나는 걸음을 성큼성큼 떼어 급히 교외로 나가려 한다. 푸른 들판이 눈에 보이면 비로소 나는 크게 숨을 쉰다. 이러니 내가 고독을 사랑할 수밖에 없잖은가. 사람들의 얼굴에서는 적대감밖에 볼 수 없는데, 자연은 언제든지 나에게 미소를 던져 준다.

그러나 이 점은 분명히 말해 두고 싶다. 나는 지금도 내 얼굴을 알지 못하는 사람들에 한해서는 인간들 속에서 지내는 기쁨을 느끼고 있다. 그러나 그 기쁨은 나에겐 거의 남아 있지 않다. 2, 3년 전만 해도 이 마을 저 마을 지나다니며 아침에 농부들이 도리깨 손질을 하는 장면이나 여자들이 아이를 데리고 문 앞에 나와 있는 모습을 즐겨 보고 다녔었다. 그런 광경은 왠지는 모르지만 내 마음을 감동시켰다. 때로는 무의식중에 걸음을 멈추고 그런 선량한 사람들의 검소한 생활을 넋을 잃고 보는 수도 있었다. 그러면 나는 까닭도 없이 한숨이 나오는 것을 느꼈다. 그런 자질구레한 기쁨에 감동하고 있는 나를 사람들이 보았기 때문인지, 또는 나에게서 그런 기쁨까지도 사람들이 빼앗아 버리려 했기 때문인지는 모른다. 하지만 지금은 사정이 달라졌다. 내가 지나갈 때마다 보는 주위 사람들의 표정 변화나, 나를 찬찬히 보고 있는 그 모습에서 나는 분명히 어느 극성스러운 작자가 나에 대해 떠벌리며 다니고 있음을 알고 싶지 않아도 알 수밖에 없었다. 이와 같은 일은 재활군인의 집에서 더 노골적으로 나에게 닥쳐왔다. 그 훌륭한 건물은 언제나 나의 흥미를 끌었다. 나는 저

스파르타의 노인들처럼 노래하는 그 선량한 사람들을, 감정과 존경의 마음 없이는 결코 바라볼 수 없었다.

예전에는 우리도
용감하고 대담한 젊은이

내 마음에 드는 산책길 가운데 하나가 사관학교 주변에 있었다. 나는 이 산책길 여기저기서 상이군인들과 만나는 것이 즐거웠다. 그들은 예전의 예절 바른 군인정신을 가지고 있어서 엇갈릴 때는 반드시 경례를 해 주었다. 그때마다 나는 마음속으로 백배나 더한 답례를 했다. 나는 그들의 경례를 받는 것이 아주 즐거워서 그들을 만나는 일이 정말로 기뻤다. 나는 마음의 감동을 하나도 숨기지 못하는 성격이어서, 때때로 상이군인에 대한 일이나 그들의 모습이 얼마나 내 마음을 움직였는가에 대한 것을 이야기하곤 했었다. 그러나 얼마 뒤, 나는 내가 그들에게 더 이상 잘 모르는 사람이 아니게 된 것을 깨달았다. 아니, 정확히 말하자면 친근한 사람이었던 전과는 달리 낯선 사람이 된 셈이다. 왜냐하면 그들이 나를 보는 눈초리가 대중의 눈과 같아졌기 때문이다. 그들의 태도는 더 이상 공손하지 않았으며 그들은 경례도 하지 않게 되었다. 처음의 다정함 대신 무뚝뚝한 표정, 험상궂은 눈초리가 자리를 메웠다. 그들의 직업에서 비롯된 솔직한 태도 때문에 다른 사람들처럼 적대감을 냉담하고 음흉한 가면 밑에 숨기려 하지 않았다. 그들은 아주 노골적으로 심한 증오의 마음을 나에게 보여 주었다. 그러므로 나에 대한 분노를 조금도 숨기지 않는 사람들을, 싫어도 존경하지 않을 수 없는 상황에 몰린 나는 그만큼 비참하기 짝이 없는 느낌을 맛보았다.

그 뒤로는 폐병원(廢兵院) 부근을 산책해도 전처럼 즐겁지가 않았다. 그러나 그 사람들에 대한 나의 감정은 그들의 나에 대한 감정에 의해 어떻게 되는 건 아니므로, 지난날 조국을 지킨 전사(戰士)들을 만나면 나는 여전히 경의를 표하고 관심을 기울여 주었다. 그렇지만 내가 그들을 정당하게 대하는데도 불구하고 그들로부터 심한 취급을 당한다는 것은 지극히 괴로운 일이었다. 가끔 세상의 평판을 아직 전해 듣지 못한 사람을 만났을 때, 그 한 사람으로부터 받는 공손한 경례만이 나에게는 다른 사람들의 거친 태도에 대한 보상이 되었다. 나는 다른 사람들에 대한 것은 잊어버리고 그 사람에 대한 생각만 한다. 그 사람은 나와 같은 영혼을, 미움이 파고들 수 없는 영혼을 가진 사람일 것이다.

나는 작년에도 이러한 기쁨을 맛보았다. 백조섬에 가려고 센강을 건너갔을 때의 일이다. 한 늙은 상이군인이 나룻배 앞에서 동료를 기다리고 있었다. 나는 그 배에 타고 사공에게 배를 저어 달라고 했다. 물살이 세어 건너는 데 시간이 걸렸다. 나는 언제나처럼 냉담하게 거절을 당할까 두려워 그 상이군인에게 말을 붙일 생각도 하지 않았다. 그러나 그의 정직해 보이는 인상이 나를 안심시켰다. 우리는 이야기를 시작했다. 그는 허심탄회하고 예의도 바른 사람인 것 같았다. 그의 솔직하고 인정스러운 말투는 나를 놀라게 해 주었고 또 기쁘게 했다. 나는 오랫동안 이런 호의를 받아보지 못했던 것이다. 그러나 그가 바로 최근에 시골에서 올라왔다는 것을 알았을 때, 나의 놀라움은 멎었다. 그는 아직 내 얼굴을 몰랐고, 나에 대한 아무런 지시도 받고 있지 않았던 것이다.

나는 그가 나를 모른다는 점을 이용해서 잠시 그 사람과 이야기를 나누었다. 그리고 거기서 발견한 유쾌함에서, 아주 흔한 즐거움도 그것이 드물 때는 얼마나 가치를 더하는지 느꼈다. 배에서 내릴 때 그는 가난한 주머니에서 동전 두 닢을 꺼냈다. 나는 뱃삯을 치르고서 그 돈은 넣어 두도록 청했는데, 그가 기분 나빠 하지나 않을까 싶어 마음이 조마조마했다. 그러나 그는 반대로 나의 배려에 감동한 것 같았다. 그리고 그가 나보다 더 나이가 많았기에 배에서 내릴 때 손을 잡아 주었는데, 그는 그 일이 썩 기뻤던 것 같았다. 나도 그런 것이 기뻐서 어린아이처럼 눈물을 흘렸지만, 이를 누가 대체 믿어줄 것인가. 나는 그의 손에 담배라도 사 피우라고 24수의 돈을 어떻게 해서든지 쥐어 주고 싶었다. 그러나 그것은 아무래도 할 수 없었다. 때때로 내 손을 누르는 부끄러움이 선행을 베푸는 일을 방해했던 것이다. 그 선행은 내 마음을 기쁨으로 넘치게 만들어 주었을 텐데도 나는 약한 마음 때문에 그것을 못했던 것이다. 결국 나는 그런 호의가 늙은 상이군인과 그 일의 고귀함을 타락시키고 그 깨끗함을 더럽히는 것이니, 말하자면 나 자신의 주의(主義)에 반하는 행위일 것이라고 생각하고 스스로를 위로했다. 금전을 필요로 하는 사람들은 열심히 도와줘야 한다. 하지만 일상의 사귐에 있어서는 자연스러운 호의와 정다움에 모든 것을 맡기자. 그리고 금전적이고 상업적인 것은 그와 같은 깨끗한 샘에는 접근시키지 말자. 그 물이 부패하거나 변질되어선 안 되니까. 네덜란드에서는 사람들이 시간을 알려 주어도, 길을 가르쳐 주어도 돈을 받는다고 한다. 이와 같이 인류의 가장 단순한 의무까지도 거래를 하는 국민이란 참으로 경멸받아 마땅하다.

내가 알기로는 손님을 재워 주고 돈을 받는 것은 유럽뿐이다. 아시아에서는 어디를 가나 나그네들은 무료로 묵을 수 있다. 물론 그런 숙소는 쾌적하진 않을 것이다. 그러나 이런 말을 스스로에게 들려 줄 수 있는 것이 과연 하찮은 일일까. "나는 인간이다. 그리고 인간들이 있는 곳에서 대접을 받고 있다. 이들이 나에게 식사를 제공해 주는 것은 순수한 인류애이다"라고. 마음이 육체 이상으로 좋은 대접을 받고 있을 때엔 사소한 불편 같은 것은 거뜬히 참을 수 있는 법이다.

열 번째 산책

오늘은 부활절이다. 처음으로 바랑 부인을 만난 지 꼭 50년째 된다. 이 세기와 더불어 태어난 부인은 그때 스물여덟 살이었다. 나는 아직 열일곱 살도 채되지 않았다. 그리고 이때 나는 아직 깨닫지 못하고 있었지만, 형성되고 있던 나의 기질이 본디 생명으로 충만했던 마음에 한창 새로운 열정을 불어넣고 있었다. 이런 쾌활하고 온화하고 조심스럽고 꽤 상냥한 청년에게 부인이 호의를 가졌다 해서 놀랄 일은 아니다. 또 재치와 우아함이 넘치는 아름다운 부인이, 내가 분별할 수 없었지만 나에게 감사 이상으로 정다운 감정을 불러일으켰다는 것도 그리 놀랄 일은 못된다. 그런데 이 일은 다른 평범한 경우와 좀 달랐다. 이 첫 순간이 나의 일생을 결정하고, 불가피한 사슬로 그 뒤 내 생애의 운명을 만들어 냈기 때문이다. 나의 영혼은 그때까지 가장 귀중한 능력을 발달시키지 못했기 때문에 아직 확정된 형태를 취하고 있지 않았다. 내 영혼은 자신에게 그 형태를 부여해 줄 순간을 초조한 기분으로 기다리고 있었던 것이다.

그녀와의 만남은 분명 그 시기를 앞당겨 주었다. 그러나 그 순간이 바로 찾아온 것은 아니었다. 또한 나는 교육 덕분에 소박한 품성을 지니고 있었기 때문에, 나에게는 사랑과 순진함이 한 마음에 깃드는 그 즐거운, 그러나 순식간에 지나가 버리는 상태가 언제까지나 지속된 것이었다. 그녀는 나를 물리쳤다. 그러나 모든 것이 나를 그녀 곁으로 불러들였다. 아무래도 되돌아가지 않으면 안 되었다. 이 사실이 나의 운명을 결정했다. 그리고 그녀를 손에 넣기 훨씬 전부터 나는 오직 그녀 안에서, 그녀를 위해서밖에 살고 있지 않았다. 아아! 그녀가 내 마음을 만족시켜 주었듯이 나도 그녀의 마음을 만족시킬 수 있다면, 우리 두 사람은 얼마나 조용하고 즐거운 나날을 보낼 수 있었을 것인가! 우리는 그런 나날을 보내기는 했다. 그러나 그것은 얼마나 짧게 지나갔던가. 그리고 그 뒤에 온 것은 어떤 운명이었던가! 아무런 방해도 없이 내가 온전히 나 자신으로서 참되게 살았다고 할 수 있는, 짧고도 다시 없는 생애의 한 시기를 나는 늘 기쁨으로 회상한다. 나는 베스파시아누스 황제의 노여움을 사서 한가로이 전원에서 생애를 마치게 된 근위대장처럼 이렇게 말할 수 있다. "나는 이 세상에서 70년을 보냈지만 참으로 산 것은 7년뿐이다." 이 짧지만 귀중한 시기가 없었더라면 아마도 나는 언제까지나 나라는 것을 모르고 살았을 것이다. 왜냐하면 그 뒤로 나는 나약하고 저항할 힘도 없어 타인의 욕망에 흔들려 우롱받고 끌려다니는 바람에, 그런 폭풍우 같은 생활 속에서 거의 수동적이 되어 나 자신의 행동조차 어디까지가 진정 나의 행동인지 분간을 못할 만큼, 그토록 혹독한 필연성에 줄곧 짓눌려 왔기 때문이다.

그러나 그 짧은 동안 자애와 정에 넘치는 한 여성에게 사랑을 받으며, 나는 하고자 하는 일을 해내고 되고자 하는 사람이 될 수 있었다. 그리고 여가를 이용해서 그녀가 전해 주는 교훈과 본보기를 연장 삼아, 아직 소박하고 티 없는 내 영혼에 한층 더 알맞은 모습을 부여할 수 있었다. 이후로도 내 영혼은 그 모습을 언제나 유지했다. 고독과 명상을 구하는 심정이 마음에 싹트고, 밖으로 넘쳐나는 상냥한 감정이 내 영혼의 양식이 되었다. 떠들썩함과 잡음은 그러한 감정을 질식시킨다. 고요와 평화는 그 감정을 북돋워서 높인다. 나는 사랑하기 위해선 조용히 생각할 필요가 있다.

나는 바랑 부인에게 시골에서 살자고 권했다. 조그만 골짜기의 비탈에 있던 외딴집은 우리의 은신처였다. 내가 그곳에서 보낸 시간은 불과 4, 5년 정도였지만, 그동안 나는 100년을 산 것같은 충족된 순수한 행복을 맛보고 즐겼다. 이 행복은 현재 내 운명이 보여 주는 모든 두려운 일을 매력으로 감싸 준다. 나는 내 마음에 어울리는 한 여성을 필요로 하고 있었는데, 그러한 여성을 실제로 손에 넣을 수 있었던 것이다. 나는 시골에서 살고 싶다는 소망을 이룰 수 있었다. 나는 속박을 참을 수 없었다. 완전히 자유를 얻은 것이다. 아니, 자유로운 정도 이상이었다. 왜냐하면 나의 애착에만 묶여 있던 나는 오직 내가 하고 싶은 일밖에 하지 않았기 때문이다. 내 모든 시간은 사랑을 위해서든가 전원과 관련된 일을 위해서밖에 사용되지 않았다. 그러한 더없이 유쾌한 상태가 지속되는 것만이 내 소망이었다. 단 한 가지 근심은 이런 상태가 오래 가지 못하는 것이 아닐까 하는 염려였다. 그리고 이 염려는 우리의 괴로운 처지로 볼 때 근거 없는 것은 아니었다.

그 뒤로 나는 이 불안을 달래는 동시에 그것이 현실로 되는 날에 대비해서 여러 가지 대책을 세우려고 마음먹었다. 나는 재능을 기르는 일이 불행을 미리 막기 위한 가장 확실한 방법이라고 생각했다. 그리고 여성들 가운데에서도 가장 훌륭한 여성이 내게 베풀어 주었던 은혜를 언젠가 갚을 수 있도록 나의 여가를 사용하려고 결심했다.

루소의 생애와 사상

루소의 생애

방랑시대

루소의 가계

장 자크 루소는 1712년 6월 28일, 스위스 제네바(주네브)에서 태어났다. 아버지는 이작 루소, 어머니는 수잔 베르나르이다. 루소의 집안은 본디 프랑스 출신이지만 루소는 자신의 조상에 대해 전혀 언급한 적이 없다. 그러나 디디에 루소라고 불리는 조상 중 한 사람이 제네바로 이사간 것이 1529년의 일이며, 그 뒤 루소 집안은 그곳에 자리를 잡았다고 한다. 디디에는 파리와 가까운 몬테소에서 태어났으며, 나중에 파리로 나가 아버지 앙 투앙과 마찬가지로 서점일을 직업으로 삼은 것 같다. 그즈음 프랑스에서는 종교 싸움이 여기저기에서 일어나고 있었다. 프로테스탄트였던 디디에는 신앙의 자유를 얻기 위해 제네바로 이주한 것이다. 그는 1555년 무렵에는 상당한 재산을 모았던 것으로 보인다.

장 자크 루소의 아버지 이작 루소(1680~1745)는 솜씨 좋은 시계 장인이었다. 그는 바이올린도 켜고 한때 댄스 교사를 지낸 적도 있으며 명랑하고 자유분방하며 고집 센 성격이었다. 장 자크에게 정다운 아버지였다고 한다.

수잔 베르나르(1673~1712)는 39세에 장 자크를 낳은 뒤 9일째 되는 날, 세상을 떠났다. 어머니에 대한 이야기는 거의 알려진 것이 없다. 그녀는 아버지보다 비교적 유복한 집안 출신이었으며 가계에는 실업가나 교수 등이 많았다고 한다. 어머니 쪽 조상은 제네바와 가까운 사부아 출신이라고 한다. 장 자크는 어머니에 대하여 '현명함과 미모를 겸비하고 있었다'고 했는데, 그것이 그가 어머니에 대해 듣고 아는 전부였다.

루소는 태어났을 때부터 병약하였고 예민했다.

루소의 가정교육

태어났을 때부터 병약해서 잘 자랄 수 없을 것 같았던 장 자크 루소를 친절하게 돌봐주고 튼튼하게 키워 준 사람은 아버지의 여동생인 고모 수잔 루소(1682~1775)였다. 장 자크가 어머니 손에서 자랐다면, 아마도 전혀 다른 길을 걸었을지도 모른다. 수잔 고모는 장 자크를 곧게 가르치는 일에는 전혀 적합하지 않았다. 장 자크는 이 고모에게서는 특히 '음악 취미'라기보다는 '음악에 대한 열정'을 배웠다. 그 이외에는 제멋대로인 이 소년에게 고모가 준 영향은 아무것도 없었다.

아버지는 장 자크가 10세 때까지 그의 유일한 선생님이었다. 죽은 아내의 추억에 언제나 매달리고 있었던 아버지는 정이 넘치는 사람이었다. 그는 장 자크에게 때때로 "네 어머니 이야기를 해 주마" 정겹게 말했다. 그러면 장 자크는 "네, 좋아요. 하지만 우린 또 울 거예요." 이렇게 대답했다. 그러면 곧 아버지 눈에는 눈물이 흘렀다고 한다. 이런 환경에서 자란 장 자크는 "나는 생각하기 전에 먼저 느꼈다"고 말한다.

아버지는 장 자크가 어렸을 때 아들의 교육에 특별한 관심이 있었다고 한다. 장 자크는 6세가 되자 읽기를 배웠다. 그가 읽은 책은 돌아가신 어머니가 남긴 것으로, 대부분이 소설이었다. 처음에 그의 독서는 다만 독해력을 높이는 것이 목적이었다. 그러나 흥미가 점점 커지자, 밤에 아버지와 둘이서 교대로 책 한 권을 끝까지 읽기 시작했다. 그런 일은 이따금 새벽까지 계속되었다. 그러나 이런 독서 방법을 익힌 것이 그에게는 도리어 불행이었다. 루소는 이 일에 관해서 다음과 같이 고백했다.

"나는 사물에 대하여 어떤 관념도 갖고 있지 않았다. 그러나 벌써 모든 감정을 알고 있었다. 즉 나는 아무것도 몰랐지만 모든 것을 느끼고 있었다. 내가 계속해서 경험한 이런 모호한 정서는 아직 나에게 없었던 이성을 나쁘게 하진 않았지만, 다른 종류의 이성을 만들어 내고, 내 인생에 대하여 기묘하게 감성적인 관념을 갖도록 했다. 그리하여 인생의 경험과 반성도 그런 생각을 가진 나를 고칠 수 없었다."

그의 독서는 8세가 되자 더욱 까다로워졌다. 예를 들면 그는 보쉬에, 르 시위르, 오비디우스, 몰리에르 등을 읽기 시작했고, 특히 플루타르코스의 저서를 탐독했다. 1720년의 겨울은 이런 독서로 지냈다. 그는 아게실라스, 브루투스, 아리스티테스 등의 인물을 좋아했고, 특히 자신을 소설의 주인공과 동일시하길 즐겼다. 그가 자유를 사랑하게 된 것은 이런 독서의 영향이 크리라. 그의 공화주의적 정신과 구속이나 예속을 참지 못하는 강경한 성격도 마찬가지이다. 그는 일생 동안 이런 정신이나 성격을 지니고 살았으며, 그것 때문에 괴로움을 당하기도 했다. 또 루소는 나중에 아버지로부터 자신도 모르는 사이에 하나의 도덕적 격언을 배우게 된다. 그것은 '의

루소(1712~1778)

무와 이해가 충돌하는 경우, 타인의 불행 속에서 자기 이익을 찾는 일은 피해야 한다'였다.

보세에서의 생활

아버지로부터의 교육은 그가 10세 무렵 끝난다. 1722년 10월 무렵, 이작 루소는 조그마한 실수로 고티에라는 프랑스의 퇴역 대위와 말다툼을 하다가 칼을 뽑은 일로 고발되었다. 그 결과 벌금과 3개월 수감이라는 선고를 받았다. 그는 명예와 자유를 지키기 위해 니옹으로 몸을 피했다. 루소의 집안은 이 사건으로 몰락하고 말았다. 장 자크보다 일곱 살 많은 형 프랑수아는 고용살이로 나가게 되었고, 장 자크는 외삼촌인 베르나르의 집으로 가게 되었다. 외삼촌에게는 아브람이라는 아들이 있었는데, 루소는 그와 함께 보세에 있는 랑베르세라는 목사에게 맡겨져 그 마을에서 2년 동안 지내게 된다.

이곳에서 기숙생활을 하면서 루소는 자주 처벌을 받았다. 이것은 그의 성

격 형성에 매우 중요한 영향을 끼치게 된다. 그 처벌은 목사의 누이동생 랑베르세(1683~1753)가 가했는데, 그녀는 그 무렵 40세 정도의 독신자였다. 그녀는 루소에게 마치 어머니와 같은 위엄과 애정을 지니고 있었다. 그런데 그가 뭔가 나쁜 일을 했을 때는 손바닥으로 뺨을 때렸다. 루소는 랑베르세에게서 뺨을 맞을 때, 자신이 고통과 부끄러움 속에서도 그 벌을 한 번 더 받고 싶은 육감적인 감정을 느낀다는 것을 깨달았다. 랑베르세의 이 같은 체벌은 루소가 다른 형태로 사랑의 감정을 충족시키는 것을 불가능하게 했으며, 또한 이것이 그 뒤 그의 취미나 열정을 형성하게 만들었다고 한다. 이리하여 그는 사랑을 예속 감정이라고 생각하게 되었고, 여성을 유혹하거나 정복하는 데 필요한 기술을 경멸하게 되었다.

그런데 루소는 아주 결백했음에도 불구하고 엄하게 체벌을 받은 적이 있었다. 그것은 랑베르세의 머리빗 빗살이 빠진 일에 그가 범인으로 지목되었기 때문이다. 이 사건은 50년이 지난 뒤에도 여전히 자기는 무관한 일이라고 말했을 정도로, 그로서는 전혀 알지 못하는 일이었다. 그러나 체벌은 몹시 심했다. 이에 대하여 그는 다음과 같이 쓰고 있다.

"그때의 상황이 얼마만큼 최악이었는지 느끼기 위한 이성도, 그리고 나를 타인의 입장에서 보기 위한 충분한 이성도 나에게는 없었다. 나는 자신의 입장에만 몰입해 있었다. 그러니까 내가 인식하는 모든 것은, 내가 저지르지도 않은 죄로 엄한 징벌을 받는 소름끼치는 두려움이었다. 심한 육체의 고통도 느끼지 못할 정도였다."

이와 같이 무고한 죄에 대한 체벌로 그는 처음으로 정의롭지 못한 법에 분노를 느꼈다. 이에 대해 그는 다음과 같이 쓰고 있다.

"이 폭력과 불법에 대한 최초의 감정은 나의 영혼에 아주 깊이 새겨졌기 때문에 그것과 관계가 있는 모든 관념은 곧 이 감정을 가지게 한다. 그리고 근원을 따지면 이 감정은 나에 관한 것으로, 그 자체로 굳어져서 아주 개인적인 이해를 떠났기 때문에, 내 마음은 그런 것을 보거나 들으면 그것이 행해진 대상이나 장소에 관계없이 마치 그 결과가 나에게 쏟아진 것처럼 불타오른다."

불법에 대한 분노는 대단히 격렬했는데, 그런만큼 그것은 그를 자포자기하게 만들었다.

루소에게는 이 사건이 그의 평온했던 어린 시절의 끝이었다. 그 뒤로 그는 나쁜 짓을 하는 것을 점점 수치스러운 일로 생각하지 않게 되었다. 그 반면 꾸중듣는 일에 대해서는 더욱 큰 두려움을 느꼈다. 이리하여 루소는 점차 자신이 한 나쁜 일들을 숨기거나 고집을 부리거나 거짓말을 하기 시작했다. 이 사건 뒤에 루소는 사촌형과 함께 보세를 떠나 제네바로 돌아갔다.

루소 생가(제네바)

견습공

1725년 4월 26일, 루소는 조각가 아벨 뒤코망에게 견습공으로 보내졌다. 그전에 그는 시(市)의 법원 서기인 마스롱의 필사 견습생으로 생활했는데 그것은 루소에게는 전혀 어울리지 않는 일이었다. 마스롱의 다른 견습생은, 루소에게 어울리는 일은 줄을 가는 것밖에 없다고 말할 정도였는데, 그는 이러한 이유로 뒤코망에게 가게 된 것이다.

뒤코망은 당시 20세로 결혼한 지 얼마되지 않은 조각가였다. 그는 아직 제자 교육에 전념할 여유도 없었을 뿐더러 위엄을 지키며 제자를 훈련할 수도 없었다. 견습공 생활은 모든 면에서 매우 어려운 것이었다. 그는 제자들에게 매우 포악하게 대했는데, 이런 것들은 루소의 유년 시절을 어둡게 만들었고, 또 그의 다정하고 쾌활한 성격을 빼앗아 무기력한 사람으로 만들었다. 특히 주인의 포악함으로 루소는 거짓말에 게으름피우기와 도둑질까지 하게 됐고,

그 뒤로 그런 행동들은 좀처럼 고쳐지지 않았다. 이 일에 대해서 그는 다음과 같이 말했다.

"갈망과 무기력은 반드시 사람을 이렇게 만든다. 모든 일꾼과 견습공이 그렇게 될 수밖에 없는 것은 바로 이런 이유 때문이다. 그러나 눈에 보이는 것, 손에 넣을 수 있는 평등하고 안정적인 신분으로 점차 자리잡아가면서 그들은 부끄러워해야 할 일을 하지 않게 된다."

그러나 루소에게는 그런 상태가 찾아오지 않았기 때문에 나쁜 버릇은 좀처럼 고쳐지지 않았다. 루소가 처음 도둑질한 것은 다른 사람의 마음에 들기 위해서였다. 그것이 계기가 되어 주인집에서 여러 가지 물건을 훔치게 되었다. 루소는 훔치는 것을 주인의 포악함에 대한 마땅한 보복으로 생각했다.

그런데 루소는 이 견습공 시절에 다시 독서를 시작하게 되었다. 견습공이라는 신분에 어울리는 악덕을 익혔지만 아무래도 그것을 취미로 삼을 수는 없었고, 또 너무나 갑갑하여 일할 마음이 없어지고 모든 것이 싫어졌기 때문이었다. 그는 라트리뷰라는 늙은 여자의 책 대여점에서 다양한 책을 빌려다가 탐독했다. 작업대에서, 심부름 가는 길에서, 화장실 안에서 읽으며 시간을 잊었다. 책 읽는 것을 들켜서 주인에게 책을 빼앗기는 일도 있었다. 빌려온 책이 찢기거나 불에 태워지거나 창문 밖으로 내던져지기도 했다. 그래도 루소는 책을 읽었다. 일요일마다 받는 축의(祝儀) 수당은 책을 빌려오는 데 썼다.

그는 1년도 채 되기 전에 그 대여점에 있는 책을 모조리 읽어 버렸다. 루소의 이런 독서는 그를 다시 고상한 감정으로 되돌아가게 했고, 그것이 그의 악동적인 취미를 고쳐 주었다.

또한 이 독서는 루소의 육욕을 가라앉히는 데 도움이 되었다. 루소는 독서를 통해 흥미를 갖게 된 여러 가지 상황을 기억해 두고, 그것을 생각해 내어 여러 가지 사항을 변경하고 결부시킨 뒤 자신을 상상 속 인물들 가운데 한 사람이 되도록 맞추었다. 이러한 소설적인 상상은 그의 현실적인 불만을 잊게 해 주었으나, 그를 고독한 성격으로 만들었다.

자유를 향한 출발

1728년 3월 14일 일요일, 루소는 두 친구와 함께 마을 밖으로 산책을 떠났다. 저녁 때 돌아오는 길에 그들은 마을까지 2*km* 남은 곳에서 폐문을 알리는

루소의 가정생활
루소가 태어나자 마자 어머니는 죽고, 그는 고모 손에 자라는 등 초기 가정생활은 불행의 연속이었다.

나팔 소리를 들었다. 그들은 달렸지만 시간에 닿지 못했고, 문은 닫혀 마을 밖에 남겨졌다. 이런 일은 전에도 두 번이나 있었다. 그때마다 다음 날 주인에게 심한 벌을 받았기 때문에, 루소는 또다시 그런 굴욕을 되풀이하지 않으리라고 생각하고 있었다. 그러나 그 벌을 받을 일이 다시 일어났고, 그래서 그는 주인에게 다시는 돌아가지 않기로 결심했다.

이튿날 아침 친구들은 주인에게 돌아갔지만, 루소는 그들에게 사촌형 베르나르에게 자신의 결심을 전하고 만날 장소를 알려 주라고 부탁했다. 베르나르는 사촌 동생과 이별하며 그에게 얼마간의 돈과 검 한 자루를 주었다. 그것이 그가 방랑길에 나설 때 갖고 있었던 재산의 전부였다. 그는 토리노까지 갔으나, 거기서 지니고 있던 검을 팔 수밖에 없었다. 루소는 그때의 심정을 다음과 같이 말했다.

"공포 때문에 도망가려고 했던 순간에 슬펐던 만큼, 실행한 순간 도주는 매력적이었다. ……나는 자유 그 자체로서 나 자신의 주인이었다. 따라서 나는 무엇이든 할 수 있다고 믿었다. 또한 무엇이든지 이룰 수 있다고 믿었다. …… 나는 세계의 넓은 공간 속에 안심하고 들어갔다. ……한 걸음마다 향연과 보물과 모험이 있고, 또한 언제든지 나를 도와주는 애인이 있는 것 같았다……."

이리하여 루소는 방랑길을 떠나 자유를 향해 발을 들여놓았다. 그는 며칠 동안 마을 주위를 방황한 뒤에 사부아 영토의 콩피니옹에 도착했다. 여기서 그는 퐁베르 신부를 만나 식사를 얻어먹었다. 신부는 대단히 친절한 분으로 루소에 대해서 여러모로 걱정을 해주었다. 그는 안시라는 곳에 자비심이 깊은 친절한 부인이 있는데 그 부인은 다른 사람의 영혼을 구하려고 한다며, 그곳으로 가라고 권했다.

그러면서 신부는 바랑 부인 앞으로 편지를 써 주었다. 루소는 처음에는 마음이 내키지 않았다. 왜냐하면 그런 부인의 도움을 받는다는 것이 부끄러웠고, 남의 동정을 받는 것을 좋아하지 않았기 때문이다. 게다가 신앙인인 체하는 여자는 질색이었다. 그래서 루소는 하루면 갈 길을 여기저기 딴전을 피우다가 사흘이나 걸려서야 겨우 부인을 방문했다. 루소는 그 부인과의 첫 만남을 다음과 같이 쓰고 있다.

"드디어 도착했다. 나는 바랑 부인을 만났다. …… 그곳은 바랑 부인의 집 뒤에 있는 프랑시스코파 교회의 뒷문으로 통하는 골목이었다. 그 문으로 들어가려던 부인은 내가 부르는 소리에 뒤돌아보았다. 그녀가 흘깃 보는 순간 나의 놀라움은 얼마나 컸던가. 나는 심각한 얼굴의 늙은 신도를 마음에 그리고 있었다. 퐁베르 신부가 말한 친절한 부인이란 내 상상으로는 그 이상일 수 없었다. 그러나 나는 우아함이 넘치는 얼굴, 상냥하고 푸른 아름다운 눈, 눈부실 정도로 밝은 얼굴빛, 또 황홀한 가슴 윤곽을 보았다. 이 젊은 개종자는 재빠른 눈빛으로 모든 것을 놓치지 않았다. 스스로 젊은 개종자라고 말한 그 순간 나는 그녀의 것이 되어 버렸고, 이런 전도사가 전하는 종교는 틀림없이 천국으로 인도해 줄 것이라고 확신했다.

떨리는 손으로 내가 건네준 퐁베르 신부의 편지를 흘끔 본 다음, 그녀는 편지를 꺼내 들고 읽었다. 하인이 '들어갈 시간'이라고 주의를 주지 않았더라면 다시 한 번 읽었을 것이다. 나를 두근거리게 하는 그녀는 '애야, 이렇게 어린데 방랑을 하다니, 정말 가엾구나'라고 말한 다음 '우리 집에 들어가 나를 기다려요. 그리고 식사를 부탁하도록 해요. 미사가 끝나면 이야기를 들어볼 테니까'라고 말했다."

이것은 1728년 3월 21일의 일이었다.

바랑 부인

바랑 부인(Mme de

후원자 바랑 부인을 만나다
'……이 첫 순간이 나의 일생을 결정하고 불가피한 사슬로 그 뒤 내 생애의 운명을 만들어냈다.'

Warens, 1699~1762)은 1713년 15세의 나이로 귀족이었던 세바스티앙 이자크 드 루알리리드 바랑과 1713년에 결혼했다. 그러나 결혼 생활이 불행했기 때문에 그를 떠나 에비앙으로 갔다. 그녀는 마침 그곳에 와 있던 사르데냐의 왕 빅토르 아메데에게 보호해 줄 것을 부탁했고, 왕은 그녀에게 1500루블이라는 연금을 주기로 했다. 절약가였던 왕에게 그 금액은 많은 액수여서, 그가 부인을 사랑한다는 소문이 퍼졌다. 왕은 부인을 안시에 보냈다. 그곳에서 그녀는 제네바의 명예신부였던 미셸 가브리엘 베스넥스의 지도를 받아 개종 선서를 했다.

루소가 이 부인을 찾아왔을 때 그녀는 29세였다. 루소에 의하면 그 이상의 아름다운 얼굴, 아름다운 가슴, 아름다운 팔, 아름다운 손을 볼 수 없을 만큼 부인은 아름다웠다. 적어도 16세였던 루소에게는 그렇게 보였던 것 같다. 부인은 그 모습도 눈짓도 상냥했으며, 천사 같은 미소를 짓는 입은 작고 아담했다. 보기 드문 아름다운 짙은 금발 머리는 다발로 아무렇게나 묶은 모습이었다.

부인과의 첫 만남에서 루소가 느낀 감정은 사랑이었다. 이것은 그의 일생에 결정적인 영향을 주었다. 50년 뒤 이 일에 대해 《고독한 산책자의 몽상》서 다음과 같이 말했다.

"이런 쾌활하고 온화하고 조심스럽고 꽤 상냥한 청년에게 부인이 호의를 가졌다 해서 놀랄 일은 아니다. 또 재치와 우아함이 넘치는 아름다운 부인이, 내가 분별할 수 없었지만 나에게 감사 이상으로 정다운 감정을 불러일으켰다는 것도 그리 놀랄 일은 못 된다. 그런데 이 일은 다른 평범한 경우와 좀 달랐다. 이 첫 순간이 나의 일생을 결정하고, 불가피한 사슬로 그 뒤 내 생애의 운명을 만들어 냈기 때문이다."

그녀는 루소가 처한 상황에 대해 여러 가지를 물으면서 그의 앞날을 함께 염려해 주었다. 그러나 바랑 부인은 구태여 루소를 자기 옆에 머물게 하지는 않았다. 루소는 바랑 부인 같은 여성이 개의치 않고 곁에 두기에는 적당하지 않은 나이에 가까워지고 있었다. 그리하여 그는 가톨릭으로 개종하는 사람을 교육하기 위해 세워진 구호소가 있는 토리노로 보내졌다.

토리노에서

방랑자인 루소에게 토리노로 가는 여행은 생각보다 즐거웠다. 그는 한 부부와 함께 긴 산책과 같은 20일 간의 여행을 했다. 그러나 토리노에 도착했을 때 그는 무일푼이 되어 있었다.

1728년 4월 12일 그는 지참한 편지를 제출하고 구호소에 들어갔다.

"들어가면서 나는 쇠격자가 있는 커다란 문을 보았다. 내가 들어가자 그 문은 곧 엄중하게 닫혔다. 이런 일의 시작은 나에게는 즐겁기보다는 위압적이었다."

이리하여 그는 십자가가 있는 나무 제단과 나무로 만든 4, 5개의 의자가 있는 넓은 방으로 인도되었다. 거기서 그는 네댓 명의 극악무도란 무례한과 함께 교육을 받게 되었다. 그는 처음에는 가톨릭으로 개종할 열의가 없었다. 그 무렵 미래의 먼 일을 생각하던 터라 되도록 저항하며 시간을 벌려고 했다. 그러나 8월 21일에 그는 프로테스탄트를 버렸고, 23일에는 세례를 받았다. 이렇게

루소는 가톨릭으로 개종
했는데,《고독한 산책자의
몽상》에서 다음과 같이 말
했다.

"아직 어렸을 때 나는
나 자신에 열중하면서 애
정에 끌리고 허영에 빠
지며 간절한 소망을 품고
서, 또는 필요에 사로잡히
어 가톨릭 신자가 되었지
만……"

이리하여 개종 선서를
마친 뒤 루소에게 주어진
것은 그가 기대하던 지위
가 아닌 20프랑 가량의 돈
뿐이었다. 루소의 희망은
한꺼번에 사라졌지만 그는

바랑 부인

결코 절망하지 않았다. 왜냐하면 구호소에서 지낸 2개월이 넘는 감금생활에서
해방되는 것이 큰 기쁨이었기 때문이다. 도리어 그는 자유를 느끼고 행복했다.
그는 이때의 기분을 다음과 같이 말했다.

"오랜 노예와 같은 상태 뒤에 다시 나 자신과 내 행동의 주인이 되어서, 나
는 여러 가지 물건이 풍부한 도시의 한복판에 있게 되었다. 그곳에는 신분이
높은 사람들이 많다. 그리고 내 재능이나 값어치가 그들에게 알려진다면 곧
나를 환영해 줄 것이 틀림없다. 그것을 기다릴 시간이 있고, 또 다 쓸 수 없는
보물인 20프랑이 내 호주머니에 있다. 나는 누구에게 보고할 것도 없이 그 돈
을 내 생각에 따라 자유롭게 쓸 수 있다. 내가 이렇게 부자가 된 것은 처음 있
는 일이다. 나는 실망이나 눈물에 몸을 맡기지 않고, 그저 생각을 희망으로 바
꾸었을 따름이다."

무서운 거짓말

이렇게 자유의 몸이 된 루소는 한 싸구려 여인숙을 본거지로 삼아 얼마간 식기류에 이름을 짜맞추어 글을 새기는 일을 하고 다녔다. 그러던 중 베르셀리스 백작부인의 하인이 되었다. 그녀는 자식이 없는 미망인으로, 뛰어난 재치가 있는 프랑스 문학 애호가였다. 백작부인은 편지를 많이 쓰곤 했는데 앓고 있던 유방암 때문에 고통스러워, 자기 손으로 편지를 쓸 수조차 없었다. 루소의 역할은 부인이 부르는 말을 받아 쓰는 것이었다.

그러나 3개월 뒤에 부인은 세상을 떠났다. 불행의 북새통에 루소는 큰 죄를 저지르게 되는데, 그것은 바로 도둑질과 거짓말이었다. 그중 거짓말 쪽이 훨씬 큰 죄였다. 이때의 잘못은 그 뒤로 일생 동안 루소에게 마음의 짐이 되어, 시간이 지난 뒤에도 언제까지나 찾아오는 괴로운 후회로 남게 된다. 그것은 다음과 같은 사건이었다.

베르셀리스 부인이 사망한 뒤 유산 정리를 할 때였다. 여러 해 부인에게 봉사한 로렌치니 부부가 잘 감시하고 있었기 때문에, 유산은 재산 목록과 대조해 보아도 무엇 하나 잘못된 것이 없었다. 다만 로렌치니 씨의 질녀인 혼타르 양이 낡은 장미와 은빛 리본을 잃어버리는 일이 생겼다. 루소가 탐이 나서 그것들을 훔친 것이다. 그러나 곧 그 일은 발각이 되어서 심문을 받았다. 그때 루소는 "그것들을 마리온에게서 받았다"고 거짓말을 했다. 마리온은 그 집 요리사로, 젊고 아름다웠을 뿐만 아니라 얼굴에 생기가 도는 여성이었다. 그녀는 정직하고 조심스럽고 충직한 사람으로, 특히 그녀의 정숙하고 상냥한 태도는 누구나 좋아했다. 사실 루소도 그녀를 좋아했기 때문에 리본을 그녀에게 주려고 한 것이었다. 그러나 그 일이 발각되었을 때 그는 이처럼 전혀 무고한 아가씨에게 죄를 덮어씌우려 했던 것이다. 그것은 수치를 두려워했던 이기적인 생각 때문이었다. 그는 죽음보다도, 징벌보다도 수치를 더 두려워했다. 그녀는 루소가 거짓말을 했을 때 무서운 눈빛으로 루소를 노려보았다. 그리고 확신 있게 게다가 조금도 화를 내지 않은 채 그 일을 부정하며 루소에게 반성을 하라고 말했고, 또한 나쁜 짓을 한 일이 없는 무고한 자신의 명예에 상처를 내지 말라고 충고했다. 그러나 루소는 자기 주장을 고집했다. 마리온은 결국 울음을 터뜨렸고 겨우 이 말만 했다.

"아아, 루소 씨. 전 당신을 좋은 분으로 믿고 있었어요. 그런데 당신은 저를 불행에 빠뜨렸어요. 하지만 전 당신처럼 되고 싶지 않아요."

두 사람은 상속인 라로크 백작에게 해고되었다. 루소는 이 사건에 대해 다음과 같이 말했다.

"나는 내 거짓말로 인해 희생된 사람이 어떻게 되었는지 모른다. 그러나 그녀가 그 뒤에 쉽게 일자리를 구했을 것 같지는 않다. 그녀의 명예는 여러 가지 방법으로 참혹한 공격을 받았을 것이다. …… 그 나이에 무고하게 인격적 모욕을 당하며 상처받은 일이 그녀를 어디로 이끌었는지 누가 알겠는가. …… 이 괴로운 추억이 때때로 나를 고통스럽게 괴롭힌다. 그리고 잠이 오지 않을 때에는 마치 어제 있었던 일처럼 그 가엾은 아가씨가 내 죄를 공격하러 와서 내 마음을 혼란스럽게 한다."

그 뒤부터 이 기억은 루소가 죄를 범할 것 같은 상황에서 언제나 그를 지켜 주었다.

사부아의 보좌신부

루소는 다시 실업자의 몸이 되어 여인숙으로 돌아갔다. 그때가 17세였다. 살아가기 위해서는 직업을 찾아야 했다. 루소는 그때 무언가 도움이 될 것으로 생각하고 베르셀리스 부인의 하인 생활 때 알게 된 몇몇 사람을 찾아다녔다. 그중에는 사부아의 신부였던 겜이 있었다. 겜은 아직 젊고 무명이었으며, 루소에게 직업을 찾아 줄 만큼 사회적으로 힘이 있는 사람은 아니었다. 그러나 루소는 건전한 도덕의 교훈, 올바른 이성의 준칙들을 이 겜에게서 발견했고, 그것은 그에게 평생의 혜택이 되었다. 루소는 《에밀》 제4부에서 사부아의 보좌신부 입을 빌려 철학과 종교 이야기를 했는데, 그 모델의 한 사람이 겜이다. 루소는 겜에 대해 다음과 같이 말했다.

"겜은 내가 나 자신으로 돌아와 반성하도록 도와 주었다. 그것을 위한 용서도 없었지만, 또 낙담도 없었다. 그는 그저 그릇된 관념밖에 갖고 있지 않은 나에게 참된 삶의 모습을 보여 주었다. 또 어려움 속에서도 생각이 있는 사람은 어떻게 언제나 행복을 향해 나아갈 수 있는지, 행복에 이르기 위해서는 어떻게 순풍을 타고 나아갈 수 있는지 가르쳐 주었다. 즉 그는 나에게 깊은 지성 없이는 참된 행복이 없으며, 이 지성이라는 것은 모든 신분에 골고루 있다는 사실을 가르쳐 주었던 것이다. 그가 한 말 중에서 때때로 떠오르는 것은, 만일 각자가 다른 모든 사람의 마음을 읽을 수 있다면 위로 올라가려고 바라는 사람보다 아래로 내려가기를 바라는 사람 쪽이 더 많으리란 것이다. 이 반성은 나의 인생 행로에서, 내가 나의 지위에 평온하게 머무르는 데 많은 도움을 주었다. 그는 나에게 정직함이라는 올바른 관념을 처음으로 가르쳐 주었다. 또한 숭고한 덕성에 그저 감격하는 것만으로는 사회에 도움이 되지 않는다는 사실을 깨닫게 해 주었다. 즉 너무 높이 뛰어오르면 떨어지기 쉽다는 것을, 작은 의무의 수행을 계속하는 데에도 영웅적인 행위와 마찬가지로 힘이 필요하다는 것을 일깨워 주었다. …… 그리고 때때로 사람들로부터 칭찬받기보다는, 언제나 사람들로부터 존경받는 편이 더 좋다는 것도 알게 해 주었다."

이 사려 깊은 훈계는 루소의 마음속에서 덕과 신앙의 싹이 되었던 것이다.

탈출

루소는 라로크 백작의 도움으로 그 뒤 얼마 동안 그의 일생 가운데 어떤 때보다도 미래에 대한 기대를 품을 수 있는 시절을 보낸다. 그는 유명한 솔라르 가문의 본가인 구봉 백작의 시종 지위를 얻은 것이다. 구봉 백작은 사람 좋아 보이는 노인으로 아들 구봉 신부와 함께 살고 있었다. 구봉 신부는 루소에게 호의를 가지고 있어서 라틴어를 가르쳐 주기도 했다. 루소는 시종 신분이면서도 귀족 자제의 개인 사무만 맡아보는, 출세길이 열려 있는 비서직을 얻은 셈이었다. 왜냐하면 솔라르 가문의 사람들은 대사(大使) 직책을 맡아 보고 대신 자리로 길을 트려고 애쓰던 때라서, 그 일을 도울 수 있는 재능 있는 인물을 키우려 했기 때문이다. 마침 루소가 그 일에 적합한 인물로 기대를 얻고 있었다. 그리하여 언젠가는 그것에 적합한 지위가 주어질 것이었다. 그러나 루소는 스스로 그와는 다른 길을 걷게 되었다. 그것은 루소의 몸 속에 선천적으로 흐르는 방랑벽 때문이었다.

그 무렵 루소의 친척이며 미니어처 화가인 뮈사르가 견습공 시절의 친구였던 바클을 데리고 구봉 댁을 찾아왔다. 바클은 제네바로 돌아가려고 했는데, 루소는 그 재미있고 쾌활한 소년에게 완전히 빠져들어 그와 함께 여행을 떠나고 싶어 견딜 수 없게 되었다. 그래서 그는 일부러 해고당할 일을 하고 구봉 신부에게 인사도 하지 않은 채 바클과 함께 여행을 떠나 버렸다.

그러나 루소가 여행을 떠난 진짜 이유는 바랑 부인에 대한 추억 때문이었다. 둘의 여행은 즐거웠지만 안시에 도착하자 바클은 작별 인사를 하고는 사라져 버렸다.

재회

루소가 바랑 부인 곁으로 돌아간 것은 1728년 봄 무렵이었다. 루소는 부인과의 재회를 다음과 같이 회상했다.

"바랑 부인의 집 근처까지 갔을 때, 내 심장이 얼마나 뛰었던가. 내 다리는 후들거렸으며, 내 눈은 베일로 뒤덮인 듯 아무것도 볼 수 없었다. 그리고 아무것도 들리지 않았다. 나는 몇 번이고 숨을 내쉬면서, 의식을 되찾기 위해 그 자리에 서 있을 수밖에 없었다. 이렇게까지 심장이 뛰는 까닭은, 그녀가 나를 도와 주지 않을지도 모른다는 불안 때문이었을까. ……그러나 바랑 부인을 본 순간, 나는 안심했다. 나는 그녀의 목소리를 듣고 몸을 떨었다. 그리고 그녀의 발 밑에 몸을 던져, 너무나 기쁜 나머지 그녀의 손에 입을 맞추었다. 그녀가 내 사정을 알고 있었는지는 모르겠지만, 어쨌든 그녀의 얼굴에 놀라는 기색은 없었다. 그리고 걱정하는 기색도 없었다. 그녀는 상냥하게 '가엾게도, 돌아왔군요. 당신은 그런 여행을 하기에는 너무 젊었어요. 그 사실은 처음부터 알고 있었죠. 내가 걱정했던 나쁜 결과가 일어나지 않은 것만으로도 다행이에요' 라고 말했다."

부인은 루소를 그녀의 집에 두기로 결심했다. 그에 대해 부인은 이렇게 이야기했다.

"남들은 이 일로 수군거리겠지요. 하지만 그가 돌아온 것은 신의 섭리입니다. 그래서 그를 거두게 되었습니다."

이때 루소는 17세였고, 바랑 부인은 30세였다. 부인은 루소를 '프티(아가)'라고 불렀으며, 루소는 그녀를 '마망(엄마)'이라고 불렀다. 이는 두 사람의 정신적 관계를 여실히 나타낸다. 두 사람이 처음 만났을 때부터 그들 사이에는 친밀함이 싹터 있었다. 루소는 어머니의 사랑을 몰랐고, 부인에게는 자식이 없었다. 그러므로 두 사람이 서로를 그렇게 부르는 것은 자연스러운 일이었다. 부인은 루소에게 상냥한 어머니였다. 어머니처럼 키스하고 애무했다. 그 사랑에 대해 루소는 이렇게 말했다.

"어째서인지는 모르겠지만, 그것은 내가 기꺼이 몸을 맡길 정도로 고요한 사랑이었다. 그 사랑 속에서라면 평생, 아니 영원토록 행복하게 지낼 수 있었을 것이다."

그것은 강렬한 감정이었다. 루소는 부인과 떨어져 있을 때 애정의 갈망을 느꼈고, 부인과 함께 있을 때에는 만족감을 느꼈다. 그러나 그녀가 집을 비울 때마다 그는 불안에 시달렸다. 그가 느낀 불안은 거의 고통에 가까웠다.

루소는 부인에게 성적 욕망을 느끼지 않았다. 아니, 적어도 그 욕망을 겉으로 드러내지는 않았다. 그러나 그의 내부에 어떤 일렁임이 있었던 것은 사실이었다. 하지만 루소는 부인을 상냥하고 귀여운 누이, 재미있는 여자 친구라고도 생각하고 있었다. 그가 보기에 부인은 너무나도 아름답고 상냥한 여성이었지만 그는 부끄럼을 많이 타는 순진한 사람이었다. 그래서 그는 자신의 욕망을 표현하지는 않았다.

바랑 부인은 돌아온 루소를 신학교에 보내 사제로 만들려고 했다. 그래서 그는 라자리스트 신학교에 입학했지만, 몇 개월 만에 그곳을 나오게 되었다. 성직이 적성에 안 맞았기 때문이다. 그즈음 루소는 음악에 푹 빠져 있었다. 그래서 부인은 그를 음악가로 키워 보려 했다. 그해 9월, 그는 성가대 양성소 기숙사에 들어갔다. 그 무렵 부인과 교류하던, 대성당의 성가대장이자 작곡가인 메트르가 힘써 준 덕분이었다. 그로부터 6개월 동안, 루소는 음악대의 합창단원들과 날마다 노래를 불렀다. 그것은 매우 즐거운 생활이었다. 게다가 그 기숙사는 부인의 집에서 20걸음 거리밖에 안 될 정도로 가까웠다. 그래서 부인과 함께 저녁식사를 할 수도 있었다. 이 6개월의 시간은 루소의 생애에서 가장 평온한 시기 중 하나였다.

그러나 이듬해 4월 초순, 메트르는 교회의 명령에 불복하면서 그곳을 떠나게 되었다. 부인은 루소에게 메트르를 리옹까지 데려다 주라고 부탁했다. 그즈음 루소가 음악가 방튀르에게 푹 빠져 있자, 부인은 그 둘을 떼어 놓으려 한 것이다. 그때 루소의 열정은 바클에게 푹 빠졌을 때보다 더 심했다.

메트르는 간질을 앓고 있어서 발작을 자주 일으켰다. 리옹에 도착했을 때에도 그는 발작을 일으켰는데, 그것을 보고 깜짝 놀란 루소는 그를 도와주기는커녕 서둘러 안시로 돌아와 버렸다. 그에게는 마망(엄마)과 만나고 싶다는 마음뿐이었다. 루소는 이렇게 떠올렸다.

"나는 그녀에게 애착을 가지고 있었다. 그 상냥하고 진실한 애착이 내 마음속의 공상적 계획이나 어리석은 야심을 뿌리뽑았다. 나는 그녀 곁에서 생활하는 것 말고는 무엇에도 행복을 느끼지 못했다."

그러나 그가 안시에 돌아왔을 때, 바랑 부인은 이미 파리를 향해 떠난 뒤였다.

프리부르

바랑 부인의 파리행에 대한 이유는 알 수 없었지만, 어쨌든 루소는 크게 낙담했다. 집에는 부인의 하녀인 메르세레만이 남아 있었다. 부인에게서 소식은 오지 않았다. 그러던 중 메르세레는 고향인 프리부르(스위스)로 돌아가게 되었고 루소가 그녀를 부모 곁으로 데려다 주는 역할을 맡았다. 그녀는 루소보다 다섯 살 연상이었는데 미인은 아니었지만 상당히 호감 가는 아가씨였다. 여행 비용은 메르세레가 갖고 가기로 했고, 둘은 걸어서 프리부르로 향했다. 도중에 두 사람은 제네바에 들렀다. 예전에 그가 제네바를 떠난 뒤로 처음 들르는 것이었다.

그러나 그는 누구와도 만나지 않고 그냥 지나쳐 버렸다. 프리부르에 가려면 니옹도 지나가야 했는데, 그곳은 루소의 아버지가 사는 고장이었다. 그는 조금 두려웠지만, 아버지만큼은 꼭 만나고 싶었다. 만일 만나지 않고 그냥 지나치면 평생 후회할 것 같았다. 그래서 모든 위험을 무릅쓰고 아버지를 만나러 갔다. 두 사람은 눈물을 흘리며 얼싸안고 기뻐했다. 그는 아버지에게 이제까지 있었던 일을 이야기하고 아버지 곁에 머무를 생각은 없다는 것도 알려 주었다. 그런데 아버지는 아들에게 이렇게 말했다.

"바보 같은 짓은 빨리 그만두어라."

그런 말을 한 까닭은, 아마 젊은 여성과 단둘이서 여행하고 있는 루소를 보고 오해했기 때문일 것이다. 그러나 두 사람 사이에는 아무 일도 없었다. 둘은 무사히 프리부르에 도착했다. 여행 도중에 루소를 친절히 돌봐 주던 메르세레는 집에 도착하자마자 차가운 태도를 취했다. 그녀는 그를 좋아했고 루소도 그녀를 싫어하지는 않았지만 두 사람은 담담하게 헤어졌다. 루소는 이제 어디로 가야 할지 고민했다. 다음 날, 그는 로잔을 향해 떠났다. 그때의 심정을 그는 이렇게 떠올렸다.

"나는 그저 끝없이 펼쳐진 아름다운 호수를 감상하고 싶었다. 그것이 내가 로잔으로 간 가장 큰 이유였다. 먼 미래의 꿈은 나에게 거의 영향을 주지 못했다. 미래가 얼마나 불확실한지를 생각해 보면, 오랫동안 노력해야만 결과를 얻을 수 있는 계획이란, 순진한 인간을 속이는 덫에 불과하다. ……내 손이 닿는 곳에 있는 자그마한 쾌락이 천국의 기쁨보다 더 달갑게 느껴진다."

가짜 음악교사

다음 날 루소는 로잔 근처의 어느 마을에 도착했다. 주머니에는 한 푼도 남아 있지 않은 상태였다. 그래서 그는 모험을 하기로 했다. 한 번도 파리에 가본 적이 없었지만 파리에서 온 음악가 행세를 하며, 그 지역에서 음악을 가르치기로 한 것이다. 루소는 페테로라는 사람의 집에 머물렀다. 페테로는 무척 좋은 사람이었다. 그는 일부러 루소를 위해 제자들을 불러 모아 주었을 뿐만 아니라 돈을 벌 때까지는 하숙비를 내지 않아도 된다고 했다. 루소는 나중에 불친절한 사람들과 만나게 되는데, 그때 그는 현실을 한탄하며 이렇게 말했다.

"청년 시절에는 친절한 사람들을 많이 만났다. 그런데 나이든 뒤에는 그렇지 못했다. 대체 어째서일까. 그런 사람들이 모두 사라져버린 것일까. 아니, 이것은 내가 친절한 사람을 찾고자 하는 대상의 계급이 그 시절 친절한 사람들이 속해 있던 계급과는 다르기 때문일 것이다. 일반 민중은 위대한 감정에 대해서는 거의 말하지 않지만, 자연의 감정에 대해서는 자주 이야기한다. 하지만 높은 계급의 사람들은 그 자연의 감정을 억누르고 있다. 그들은 감정의 가면을 쓰고 있다. 그들이 말하는 것은 이해득실이나 허영뿐이다. 그밖에는 아무것도 말하지 않는다."

그 무렵 루소에게는 악보를 보고 즉석에서 노래를 할 만한 능력이 없었다. 그런데도 그는 음악교사 일을 시작했다. 과거에 메트르에게 6개월 동안 배웠던 내용이 그가 아는 음악 지식의 전부였다. 그런데도 작곡도 할 줄 안다고 광고를 내 버렸다. 그는 트레트랑이라는 법학 교수를 만나게 되었는데, 교수는 음악을 사랑하는 사람이었다. 그는 루소에게 자신의 자택에서 열리는 연주회를 위해 곡을 하나 써 달라고 부탁했다. 루소는 곡을 하나 쓰긴 했지만, 그것은 못 들어줄 정도로 엉망진창이었다. 다음 날, 그는 자신을 찾아온 한 오케스트라 단원을 붙잡고 사실을 털어놓으며 눈물을 흘렸다.

그런데도 루소에게는 2, 3명의 제자가 생겼다. 그래서 몇 주 동안 생활비를 벌 수 있었다. 하지만 곧 한계에 부딪혔고, 루소는 뇌샤텔로 가 거기에서 겨울을 보냈다. 그곳에서는 로잔에서보다 더 많은 제자를 얻은 덕분에, 페테로에게 진 빚도 갚았다. 루소는 제자들을 가르치면서 자연스럽게 음악 공부를 할 수 있었다.

방랑의 여행

1731년 4월 초순, 그는 부도리로 갔다. 그곳에서 루소는 그리스인 주교를 만난다. 그 주교는 자신이 예루살렘의 수도원장이며, 성묘지(聖墓地)의 재건을 위해 돈을 모금하려고 유럽에 왔다고 말했다. 그는 루소에게 비서 겸 통역을 해 달라고 부탁했고, 루소는 그와 동행했다. 그들은 프리부르와 베른을 지나 4월 27일, 졸로투른(솔뢰르)에 도착하여 프랑스 대사인 보낙에게 인사를 하러 갔다. 그런데 보낙은 과거에 터키 대사로 활동한 적이 있었으므로, 성묘지에 대해 잘 알고 있었다. 그런 그는 이 주교에 대해 의심을 품었고, 결국 그 그리스인은 사기꾼으로 밝혀졌다. 루소는 그 사건으로 대사관 서기관의 보호를 받게 되었다. 그리고 이 일을 계기로 예전부터 파리에 가고 싶어했던 그의 소망이 마침내 이루어졌다.

루소는 파리에 가서, 고다르라는 스위스 대사의 조카 밑에서 일할 예정이었다. 루소는 여비 100프랑과 몇 통의 소개장을 가지고 출발했다. 이 여행은 15일간 계속되었다. 그는 이 여행을 생애에서 가장 행복했던 순간 중 하나라고 말했다. 그러나 파리에 도착한 뒤, 루소는 크게 실망하고 말았다. 생 마르소(오를레앙)에서 파리 시내로 들어갔을 때 그의 눈에 들어 온 것은 지저분하고 냄새나는 거리였던 것이다. 거기에는 시꺼멓고 더러운 집들이 즐비했고, 구걸하는 사람들과 약초와 헌 모자를 파는 여성들의 외침 소리만 들려왔다.

파리는 루소의 기대와 전혀 달랐다. 게다가 고다르는 루소를 공짜로 부려먹으려 했다. 루소는 이를 거부했지만 이윽고 돈이 떨어지는 매우 위급한 상황에 처했다. 그때 그의 뇌리에 떠오른 영상은 바로 그리운 바랑 부인의 모습이었다. 하지만 소문에 의하면, 바랑 부인은 2개월도 더 전에 파리를 떠났다고 했다. 그래도 루소는 마망을 만나고 싶었다. 그는 그리움 때문에 안절부절못했지만 부인이 어디로 갔는지는 알 수가 없었다. 루소는 파리를 떠나 리옹을 향해 걷기 시작했다.

고통받는 민중

여행하는 도중 루소는 많은 것들을 보았다. 그중에서도 가장 인상적이었던 것은, 풍경이 아름다운 마을에서 폭정으로 고통받는 사람들의 모습이었다.

어느 날 루소는 배고픔과 목마름으로 기진맥진하여 한 농가의 문을 두드렸다. 그리고 집주인에게 돈을 드릴 테니 밥을 달라고 부탁했다. 농부는 루소에게 크림을 떠내고 남은 우유와 보리빵을 주었다. 루소는 그것을 바로 먹어치웠다. 허겁지겁 음식을 먹는 그의 모습을 보고 농부는 말했다.

"자넨 정직해 보이는 젊은이로군. 나를 등쳐 먹으려고 찾아온 사람은 아닌가 보구먼."

그러더니 숨겨 놓았던 검은 빵과 햄, 포도주 한 병을 가지고 왔다. 게다가 두툼하게 만든 오믈렛까지 주었다.

농부는 처음에 루소를 의심하여, 루소가 세금을 독촉하거나 저장고의 술을 갈취하러 온 자라고 생각했던 것이다. 하지만 그게 아니라는 사실을 깨닫자, 안심하고 음식을 내놓았다. 그 정도로 백성들은 세금을 무서워했다. 그들은 왕이 부과하는 보조세(補助稅)나 인두세(人頭稅)를 두려워한 나머지 궁핍한 척했다. 만일 생활이 넉넉하다는 사실을 왕이 알면, 가차 없이 세금을 올릴 것이 뻔했기 때문이다. 왕은 백성들을 철저히 착취했다. 착취당하는 백성들의 모습은 루소에게 깊은 인상을 남겼다. 루소는 나중에 이렇게 말했다.

"나는 불행한 사람들을 괴롭히는 압제자들을 미워한다. 이 감정은 그 지방을 여행하는 도중에 싹트게 되었다."

자연은 사람들에게 아름답고 풍요로운 은혜를 베푼다. 그런데 압제자들은 그 은혜를 무거운 세금으로 파괴한다. 루소는 이러한 현실에 강한 분노를 느꼈다.

마망에게로

루소는 리옹에서 4주간 머물렀다. 그곳에는 바랑 부인의 여자 친구인 샤틀레가 살고 있었는데, 그녀는 루소와도 만난 적이 있었다. 그녀는 친절하게도 바랑 부인의 소식을 알려 주었다. 리옹에 머무르는 동안 루소는 동성애 등의 부도덕한 행위들과 맞닥뜨렸고, 그런 위험으로부터 간신히 빠져 나왔다. 그는 리옹이 유럽에서 가장 무섭고 퇴폐적인 도시라고 생각했다. 하지만 그가 나쁜 사람들만 만난 것은 아니었다. 그는 돈이 없어도 빚을 지지는 않았는데, 돈을 빌리느니 굶주림을 참는 게 낫겠다고 생각했기 때문이다. 배가 너무나 고팠던 루소는 길거리에서 억지로 잠을 청했다. 굶주림보다는 불편한 잠자리가 차라리 나았다.

어느 날 아침 눈을 뜨자 아름다운 풍경이 시야에 들어왔고, 루소는 이에 기분이 좋아져서 노래를 부르며 어슬렁어슬렁 걸었다. 그러자 한 수사(修士)가 그의 노래를 듣고 뒤따라왔다.

"당신, 음악에 조예가 깊소?"

루소가 음악을 조금 배웠다고 말하자, 수사는 그에게 악보를 베껴 달라고 부탁했다. 루소는 자신이 그런 일을 가끔씩 했었다고 말했다. 그러자 수사는 이렇게 말했다.

"그럼 나를 따라오시오. 며칠 동안 악보 베끼는 일을 드리겠소. 단, 그동안 방 밖으로 나와서는 안 되오. 그 외에 모든 편의는 봐 드리겠소."

루소는 그동안 일거리가 별로 없었지만 이 일을 통해서는 많은 돈을 벌게 되었다. 덕분에 그는 굶어 죽을 위기를 넘겼다. 게다가 연락이 닿은 바랑 부인이 편지와 여비까지 보내 주었다. 부인은 샹베리에 있었다. 루소는 부인을 만나려고 서둘러 출발했다. 그가 샹베리에 도착한 것은 1731년 9월 무렵이었다. 바랑 부인은 루소에게 직업을 마련해 주었다. 토지 측량을 돕는 서기(書記) 일이었다. 이리하여 루소는 제네바를 떠난 이래 처음으로 혼자 힘으로 먹고 살수 있게 되었다.

자아형성기

음악 공부

루소가 샹베리에 도착한 뒤, 다시 파리를 향해 출발한 것은 9~10년이 지난 뒤였다. 이 10여 년 동안에는 어떤 특별한 일도 일어나지 않았지만, 그에게는 매우 중요한 시기였다. 단조롭고 평화로운 날들의 연속이었으나, 사실 루소에게는 이런 생활이 필요했다. 그동안 정처 없이 방랑하는 바람에 인격이 제대로 형성되지 못했기 때문이다. 그는 이 시기에 인격을 갈고닦을 수 있었다.

측량기사는 지도를 그려야 하는데, 그 일을 통해 루소는 그림 그리는 데 취미를 붙이게 되었다. 그는 그림 도구를 사서 꽃이나 과일 등 여러 가지를 그렸다. 그러나 아쉽게도 그에게는 재능이 없었다. 그런데 이때 음악에 대한 열정이 다시 고개를 들었다. 루소는 음악 공부를 매우 좋아했다. 그것은 바랑 부인도 마찬가지였다. 그래서 두 사람은 함께 음악에 열중할 수 있었다. 그러다가 부인이 냄비를 태워 버린 적도 몇 번이나 있었다. 그러나 루소의 진보는 더뎠다. 그는 어린 시절부터 음악을 매우 사랑해서 음악을 위해 태어났다고 해도 과언이 아닐 정도였는데, 어째서인지 악보를 보고 바로 노래하는 것만은 아무리 노력해도 해낼 수 없었다.

루소는 음악 공부를 더 열심히 했다. 그는 병에 걸려 누워 있던 한 달 동안 라모의 《화성론》을 몇 번이고 읽었다. 또 베르니에의 칸타타 중 몇 곡의 악보를 통째로 외웠다. 이처럼 루소의 음악에 대한 열정은 점점 커져만 갔다. 마침내 그는 바랑 부인의 집에서 한 달에 한 번씩 작은 콘서트를 열게 되었다. 루소는 밤낮으로 콘서트만 생각했다. 콘서트가 그의 전부가 되어 버려 그는 모처럼 배운 서기 일도 그만두었다. 루소는 8개월의 서기 경력을 뒤로 하고 음악 교사가 되었다. 그리고 젊음과 깔끔한 외모를 무기로 귀여운 아가씨들에게 음악을 가르치게 되었다. 이 시기를 루소는 이렇게 떠올렸다.

"원하는 것만 했는데도, 모든 것이 내 기대대로 이루어졌던 유일한 때였다."

유혹

젊은 아가씨들은 루소를 떠받들어 주었다. 그것은 보통 수준이 아니었다. 라르 부인의 예를 들어 보자. 그녀에게는 그리스 조각만큼이나 아름다운 딸이 있었는데, 그녀에게서는 생명력이나 영혼이 느껴지지 않았다. 딸 라르 양은 대단히 무감각하고 냉정하며 매사에 무관심한 여성이었던 것이다. 라르 부인은 딸에게 젊은 남자 선생님을 소개하여, 그녀의 감정을 일깨워 보려고 했다. 그러나 그것은 실패로 끝나고, 엉뚱하게도 라르 부인이 그 젊은 선생에게 추파를 던지기 시작했다. 부인은 루소를 맞이할 때마다 그의 입술에 키스를 하고, 그를 위한 배려를 아끼지 않았다. 라르 부인의 행동은 루소의 마음을 움직였다. 그래서 그는 바랑 부인에게 솔직히 그 사실을 알렸다.

바랑 부인은 라르 부인의 태도가 단순한 장난이 아니란 것을 깨달았다. 그래서 루소에게 여자에 대해 가르쳐 주기로 결심했다. 여자의 유혹으로부터 자신을 지킬 수 있도록 루소를 교육해야겠다고 생각한 것이다. 부인은 루소를 남자로 만들기로 마음먹고, 자신의 뜻을 루소에게 밝혔다. 그녀는 루소에게 8일 간의 유예를 주었다. 그는 혐오감과 공포를 느꼈다. 바랑 부인은 그에게 친누나나 어머니 이상의 존재였고, 친구 이상이며, 애인 이상이기도 했다. 루소는 바랑 부인이 곁에 없으면 자신은 결코 행복해질 수 없다고 믿을 정도였다. 그런데 그 훌륭한 여성이, 다른 여성을 소유하고 싶어하는 자신의 욕망을 제거해 주겠다고 나선 것이다. 그래서 루소는 8일 동안 매우 괴로워했다. 그러나 두려워하던 날이 기어이 와 버렸다. 그날 일에 대해서 루소는 다음과 같이 떠올렸다.

"나는 처음으로 여성의 품에 안겼다. 정말로 사랑하는 여성의 품 안에 안긴 것이다. 나는 행복했을까. 아니, 그렇지 않았다. ……어쩐지 근친상간을 하는 것 같은 기분이 들었다."

샤르메트에서의 생활

그 무렵 바랑 부인의 가세는 기울고 있었다. 그녀의 연금은 그다지 많지 않았다. 그런데 친지들은 착한 부인을 이용하여 돈을 물 쓰듯 썼다. 루소는 그것을 어떻게든 막으려 했지만, 그의 노력은 결실을 맺지 못했다. 그 무렵 루소의 뇌리에 어떤 생각이 떠올랐다. 자신이 사랑하는 음악으로 살아가야겠다는 생각이었다. 그러기 위해서는 훌륭한 선생님에게서 작곡법을 배워야만 했다.

1734년 6월, 루소는 브장송으로 갔다. 블랑샤르에게 작곡을 배우기 위해서였다. 그런데 이때 문제가 생겨 버렸다. 루소가 세관에서 어떤 사건에 휘말려 모든 짐을 압수당했던 것이다. 결국 그는 브장송에 머무르지 못하고 다시 부인의 집으로 돌아왔다. 부인은 소중한 보물이라도 되는 듯, 루소를 따뜻하게 맞아 주었다. 루소는 부인에게 애정을 쏟았다. 그는 부인과 운명을 함께하면 아무 걱정이 없을 거라고 생각했다. 그러나 부인의 경제 사정은 점점 악화될 뿐이었다. 루소는 부인에게 낭비하지 말라고 몇 번이나 조언했지만 아무 소용이 없었고, 상황은 나빠지기만 했다. 루소는 괴로운 마음을 달래려고 자주 여행을 떠났다. 그는 여행길에 훌륭한 지인을 만나기도 했다. 그리고 여행을 하지 않을 때에는 부인의 주선으로, 약학 실험과 그 외 여러 가지 일의 조수 노릇을 했다. 이러한 생활이 2, 3년간 계속되었다.

1737년 6월, 루소는 샹베리에서 화학 실험을 하다가 사고를 당한다. 하마터면 목숨을 잃을 뻔한 그 일로 실명했고, 6주가 지나도록 아무것도 볼 수 없었다. 이 무렵 그의 건강은 상당히 좋지 않았다. 그는 가슴이 울렁거린다고 호소했고, 계속 열이 오르고 피를 토하기까지 했다. 루소는 건강을 되찾기 위해 시골에서 요양을 할 수밖에 없었다. 그래서 루소와 바랑 부인 두 사람은 샤르메트에 집을 한 채 구했다. 그 집은 마을에서 몇십 킬로미터나 떨어진 듯 보였다. 그 정도로 고요하고 인적이 드문 곳이었다. 집 앞에는 인공 산이 세워진 정원이 펼쳐져 있었다. 집 위쪽에는 포도밭, 아래쪽에는 과수원, 건너편에는 밤나무 숲이 있었다. 가까이에는 샘이 있었고, 산에는 조그만 목장이 있었다. 이곳에서 두 사람은 짧지만 행복한 나날을 보냈다.

그러나 시골에서 요양해도 루소의 건강은 좋아지지 않았다. 어느 날 아침, 그의 온몸이 갑자기 변화를 일으켰다. 가슴이 심하게 뛰고 귓속이 쿵쿵 울렸다. 그 뒤로 루소는 가는귀를 먹게 되었다. 그리고 잠 못 이루는 밤이 계속되었다. 루소는 자신이 살 날이 얼마 안 남았다고 생각하고 남아 있는 생명을 활용하여 뭐라도 해야겠다고 결심했다. 이 체험을 계기로 루소의 인생은 새로운 날들을 맞게 되었다. 그는 다음과 같이 이야기했다.

"이 우연한 사건 때문에 내 육체는 거의 죽을 뻔했다. 하지만 이 사건은 결국 내 정념밖에 죽이지 못했다. 나는 그 사실을 날마다 감사하고 있다. 하늘은 내 영혼에게 좋은 교훈을 주었다. 내가 나를 죽은 사람이라고 생각했을 때, 비로소 내 삶이 시작되었다고 볼 수 있다. 그리고 내가 버리려 하는 시시한 것들이 얼마나 시시한지를 참되게 깨달음으로써, 나는 더 고상한 일에 전념하고자 마음먹었다."

더 고상한 일이란 종교이기도 했고, 과학과 신앙심이 더해진 책에 몰두하는 행위이기도 했다. 루소는 죽음 및 사후 세계로부터 영혼을 지키기 위해 필요한 사고방식을 바랑 부인에게서 발견했다. 루소의 마음은 차분하고 평온했다. 그는 라미 신부의 《과학 담화》라는 책도 읽었다. 루소는 과거를 떠올리며 이렇게 말했다.

"내 생명이 다하는 순간까지 공부하는 것이 내 꿈이었는지도 모른다. 또는 삶에 대한 희망이 가슴속 깊은 곳에 남아 있어서 그랬는지도 모른다. 어쨌든 나는 죽을 날을 기다리면서도 배움에의 열정을 버리지 않았다. 나의 열정은 사그라지기는커녕 더욱 불타오르는 듯했다."

루소는 죽은 뒤 저 세상으로 가져갈 수 있는 것은 지식밖에 없다는 듯 열정적으로 공부했다. 철학과 기하학을 공부했으며, 라틴어까지 익혔다. 철학 책으로는 《포르 루아얄의 논리학》, 로크의 《인간오성론》뿐만 아니라, 말브랑슈, 라이프니츠, 데카르트 등의 저서도 읽었다. 이러한 책을 읽다가 머릿속이 복잡해지면 루소는 독자적인 방법으로 독서를 했다. 즉

샤르메트에서 루소와 바랑 부인
《참회록》 제6권에서, 샤르메트로 옮긴 다음날 숲속을 산책하면서 바랑 부인이 "퍼벵카가 피었구나"라고 말한다.

일단 머릿속을 비운 것이다. 그는 자기 의견이나 제삼자의 의견을 모두 배제하고, 저자의 의견에 따라 책을 읽었다. 이 방법에 대해 루소는 다음과 같이 말했다.

"뭔가 분명한 것이 있다면, 진실이든 거짓이든 간에 그것을 받아들이는 것부터 시작하자. 말하자면 관념을 축적하는 것이다. 그 관념은 무언가를 비교하거나 선택할 때, 분명 도움이 될 것이다."

결별

1737년 11월 11일, 루소는 의사의 진찰을 받기 위해 몽펠리에로 간다. 그런데 그가 다시 부인에게 돌아왔을 때는 상황이 달라져 있었다. 누군가가 루소의 자리를 가로챈 것이다. 집에는 낯선 젊은이가 한 명 있었다. 루소가 자리를 비운 동안 그 젊은이가 부인의 집을 차지하여, 그곳에는 더 이상 그를 위한 자리가 없었다. 루소가 그 순간 자신이 꿈꾸던 행복한 미래가 영원 속으로 사라져가는 모습을 보았다. 루소가 그 젊은이를 새 애인으로 맞이한 부인을 질책하자, 부인은 루소가 자주 집을 비운 탓이라고 말했다. 또한 부인은 자신과 루소의 사랑은 변함없을 거라고 했다. 하지만 루소는 새로 온 젊은이와 부인을 공유하고 싶지 않았다. 그는 한발 물러나, 진짜 아들처럼 부인을 바라보게 되었다. 그는 부인의 행복을 빌었다. 그의 말을 빌리자면, 이때 그의 마음속에 불행과 함께 도덕이 싹텄다. 그것은 학문연구의 성과이기도 했다. 그러나 부인은 루소의 그런 태도가 마음에 들지 않았다. 그녀는 점점 루소를 쌀쌀맞게 대했다. 루소에게 거절당한 부인은, 그가 자신을 무시한다고 오해한 것이다.

바랑 부인의 애정은 완전히 식어 버렸다. 루소는 그 집에서 생활하기가 힘들어졌고, 결국 그곳을 나오기로 결심했다. 부인은 그의 계획에 적극적으로 찬성했다. 때마침 그르노블에 사는 데번이 루소에게 일을 의뢰했다. 데번의 친구인 마블리가 리옹에 살고 있는데, 그 자녀들의 가정교사가 되어 달라는 것이었다. 루소는 리옹으로 출발했다. 떠나는 것이 조금도 아쉽지 않았다. 그렇게 하여 마블리 집안에서 두 명의 아이들을 가르치는 생활을 시작했는데, 그러던 중에 문제가 발생했다. 몰래 포도주를 마셨다가 들킨 것이다. 입장이 난처해진 루소는 마블리를 떠날 수밖에 없었다. 루소가 마블리 집안에 있었던 기간은 약 1년이었다.

루소는 다시 샤르메트의 바랑 부인에게 돌아왔다. 그러나 행복한 지난날은 이제 돌이킬 수 없다는 사실만 깨달았을 뿐이었다. 루소가 그 집에서 마음 편히 지낼 수 있는 장소는 서재밖에 없었다. 그는 서재에서 생각에 잠겼다. 그와 바랑 부인과의 관계가 파국을 맞이할 것은 불을 보듯 뻔했다. 그는 그 파국을 어떻게 하면 막을 수 있을지 진지하게 고뇌했다. 그러던 중 새로운 악보 표기법을 생각해 냈는데, 숫자로 음계를 표현하는 방법이었다. 그는 곧 한몫 잡을 듯한 착각에 빠졌다. 루소는 그 표기법으로 파리에서 성공해야겠다고 마음먹었다. 성공해서 벌어들인 돈으로 바랑 부인의 은혜에 보답하려고 한 것이다. 루소는 그런 열망을 가슴에 품고, 파리를 향해 떠났다.

파리시대

파리

1742년 8월, 루소는 파리에 도착했다. 그는 소르본 근처에 있는 골디에 거리(지금의 빅토르 쿠쟁 거리)의 한 여관에 투숙했다. 그때 루소의 손에는 현금 15루이, 그가 만든 코미디 〈나르시스〉, 그가 발명한 새로운 음표 표기법과 몇 통의 소개장뿐이었다. 그 소개장들 가운데 실질적으로 도움이 된 것은 3통밖에 안 되었다. 그 3통의 소개장을 쓴 사람들은 사부아 귀족인 담잔(그는 루소의 음악 제자였던 망통과 결혼했다), 그 무렵 아카데미 프랑세즈의 서기였던 보즈, 예수회의 카스텔 신부였다.

그들 중 보즈는 친구이자 아카데미 회원인 레오뮈르에게 루소를 소개해 주었다. 레오뮈르는 루소가 발명한 새로운 음표 표기법을 보고 아카데미 심사를 받아 보라고 말했다. 1742년 8월 22일, 루소는 《새로운 악표와 표기법 초안》이라는 글을 아카데미에서 발표했다. 심사위원들은 루소에게 여러 가지 질문을 던졌다. 그는 물론 열심히 대답했다. 아카데미는 심사의 결과를 긍정적으로 내고 그에게 증명서를 주었다. 증명서에는 많은 찬사들이 적혀 있었으나 그것들은 사실 무용지물이었다. 그 찬사들이 그의 발명이 새롭고 유용하다는 사실을 증명해 주지는 않았기 때문이다. 루소가 발명한 표기법은 나중에 책으로 출판되었으나, 그에게 수익을 가져다주지는 못했다. 오히려 생계에 조금이나마 보탬이 된 것은 음악 개인교사 일이었다.

30세가 된 그는 홀로 파리에서 지냈다. 그는 고독했고 돈도 없었다. 그런데도 그가 안심하고 생활했던 것은 아마 그의 천성 덕분이었을 것이다. 힘든 생활을 하는 동안 그는 사람을 거의 만나지 않았다. 다만 마리보, 퐁트넬, 디드로 등만을 잠깐씩 만날 뿐이었다. 루소는 때때로 뤽상부르 공원을 산책하면서 베르길리우스의 시집을 암기하거나, 체스를 하기도 했다. 그는 이런 일들을 하며 하루하루를 보냈다. 하지만 음악을 잊지는 못했다.

그 무렵, 카스텔 신부가 루소를 브장발 부인에게 소개해 주었다. 신부는 루소에게 다음과 같이 말했다.

"음악가나 학자들이 당신에게 맞춰 노래해 주지 않는다면 방법을 바꿔야지요. 현(弦)을 바꿔서 여성들을 만나 보세요. 아마 이 방법이 효과적일 겁니다. 브장발 부인에게 당신 이야기를 해 두었습니다. 그곳에 가면 그녀의 딸인 브로이 부인과도 만날 수 있을 겁니다. 파리에서는 여성의 힘을 빌리지 않고서는 아무것도 할 수 없습니다. 여성은 곡선이며, 현명한 남성들은 그 곡선의 점근선(漸近線)입니다. 점근선은 한없이 곡선에 가까워지지만, 결코 하나가 되지는 않습니다."

그 말을 들은 루소는 브장발 부인을 방문했고, 곧 브로이 부인을 만나 그녀의 연민을 샀다. 또한 그는 뒤팽 부인에게도 접근했다. 뒤팽 부인은 파리 최고의 미녀였다. 그녀 주위에는 생 피에르, 사리에, 푸르몽, 베르니스, 부퐁, 볼테르 등이 있었다. 그러나 이처럼 화려한 살롱은 루소 같은 시골뜨기가 있을 만한 장소가 아니었다. 그는 《신 엘로이즈》에서 이렇게 말했다.

"나는 은밀한 공포심을 품은 채 사교계라는 광대한 사막에 들어섰다. 그 혼돈은 어두운 침묵이 지배하는 무서운 고독만을 나에게 안겨 주었다."

그즈음 루소는 르와이에의 오페라 〈사랑의 힘〉을 보러 갔다. 그것을 본 그는 자신이라면 그보다 더 멋진 작품을 만들 수 있다고 확신했다. 이런 생각에서 탄생한 오페라가 바로 〈사랑의 뮤즈들〉이었다. 이 작품은 무사히 완성되어 상연되었고, 사람들의 호평까지 받게 되었다.

베네치아

1743년 여름, 루소는 베네치아 주재 프랑스 대사 몽테귀 백작의 비서로서 베네치아에 가게 되었다. 브로이 부인이 추천해 준 덕분이었다. 봉급은 1천 프랑씩 받기로 했다.

몽테귀 백작은 무능하고 편협한 사람이었고, 게다가 고집이 세기까지 했다. 그는 모든 일을 루소에게 떠넘겼다. 루소는 열심히 일했으며, 공정하게 직무를 보려고 노력하여 많은 사람들의 존경을 받았다. 하지만 몽테귀 대사는 루소를 정당하게 평가하지 않았다. 대사의 주위에는 사기꾼들이 들끓었다. 그들은 대사의 비위를 맞추기 위해 정직하고 성실한 관원을 내쫓기 일쑤였다. 물론 루소도 예외 대상이 아니었다. 정직한 사람의 공명정대한 눈은 사기꾼들의 커다란 적이기 때문이었다.

루소는 약 1년 만에 비서직을 그만두었다. 베네치아를 떠날 때는 보수조차 받지 못했다. 그가 파리에 돌아온 것은 이듬해인 1744년 10월 무렵의 일이었다. 그런데 파리에 도착해 보니, 자신이 비서를 그만두었다는 사실이 온 도시에 알려져 있었다. 사람들은 그를 동정했다. 루소는 임금 체불 문제로 소송을 걸었지만, 그것은 몽테귀 대

베네치아 주재 프랑스 대사관
루소는 몽테귀 대사의 비서로 1743~44년까지 1년간 근무했다.

사의 판단에 따라야 한다는 결론이 나왔다. 루소가 자국민이 아니었기 때문에, 프랑스는 그를 보호해 주지 않았다. 그의 주장은 정당했지만, 나라는 그 주장을 받아들이지 않았던 것이다. 이 사건으로 그의 마음속에는 불합리한 사회제도에 대한 분노가 싹텄다. 그 분노가 곧바로 활활 타오른 것은 아니지만, 그 불씨는 뒤에 《사회계약론》이 탄생하는 계기가 되었다. 루소는 다음과 같이 말한다.

"오늘날의 바보스러운 사회제도 속에서는, 모든 이에게 공정한 참된 선(善)과 참된 정의가 표면적 질서의 희생양이 되고 있다. 이것은 다른 온갖 질서를 파괴한다. 게다가 이는 약자에 대한 억압과 강자에 대한 권위를 인정하고 보장할 뿐이다."

테레즈와의 만남

베네치아에서 파리로 다시 돌아온 루소는 타인에게 의지하는 것이 불편하다는 사실을 깨달았다. 그래서 남에게 의지하지 않고, 자기 재능을 살려 독립하기로 결심했다. 루소는 비로소 지금까지 자신의 재능을 너무 하찮게 여겨 왔다는 사실을 깨달았다. 그는 예전에 머무르던 호텔에서 지내면서 〈사랑의 뮤즈들〉을 작곡하기 시작했다. 루소는 이곳에서의 생활을 이렇게 떠올렸다.

"하늘은 비극적 상황과 함께 내게 유일한 위로를 마련해 주었다. 그 위로가 나를 기다리고 있었다."

루소는 위로를 통해 어려운 상황을 이겨낼 수 있었다. 그 위로란 바로 테레즈 르 바쇠르(Thérèse Le Vasseur)라는 여성으로, 그녀는 뒤에 그의 충실한 아내가 되었다.

테레즈는 그때 23세였다. 그녀는 고향 오를레앙을 떠나 루소가 묵던 여관에서 일하고 있었다. 그녀의 아버지는 과거에 오를레앙의 조폐국에서 일했으며 어머니는 상인이었다. 그러나 아버지가 실직하고 어머니의 장사 역시 부진해진 뒤로, 테레즈가 돈을 벌어 식구들을 먹여 살려야 했다. 루소는 그녀와 여관 식당에서 알게 되었다. 테레즈는 수줍음 많고 소박하며 겸손한 여성이었는데, 식당에서는 경박한 손님들이 그녀에게 농담을 걸어오곤 했다. 루소는 그 모습을 보고 불쌍하다는 생각을 하여 손님들 가운데 유일하게 그녀를 감싸주고 친절히 돌봐 주었다. 그런데 루소의 이런 행동이 여주인의 반감을 사 그녀는 테레즈를 더 심하게 부려먹었다. 하지만 여주인이 심하게 굴수록 두 사람 사이는 더욱 가까워졌다. 루소는 테레즈를 바랑 부인처럼 여겼다. 부인과 헤어진 뒤로 늘 고독했으며 마음이 언제나 공허했던 루소를 위로하고, 그의 마음을 채워 준 사람이 테레즈였다. 그래서 루소는 하나의 조건을 내건 뒤, 테레즈와 사랑을 나누었다. 그 조건이란 바로 '결코 서로를 버리지 않는다. 또 결혼도 하지 않는다'는 것이었다. 그리고 이듬해에 두 사람의 첫 아이가 태어났다.

테레즈는 무지했다. 글자를 간신히 쓰는 정도였고, 숫자를 읽거나 시계를 보거나 돈 계산도 할 줄 몰랐다. 자기 의도와는 정반대로 이야기할 때도 많았다. 그런데 신기하게도 그녀는 루소가 어려움을 겪을 때마다 적절한 조언을 해 주었다. 테레즈 덕분에 루소는 그런 대로 행복하게 살아갈 수 있었다.

그러나 순진한 테레즈와는 달리 그녀의 어머니는 탐욕스러웠다. 테레즈의 어머니는 두 사람의 소박한 관계를 갈라놓으려 했다. 그러나 가까운 뒷날, 루소는 테레즈의 어머니를 비롯한 몇몇 연고자들을 부양하게 된다.

테레즈 르 바쇠르

루소는 테레즈를 얻은 뒤 안정감을 되찾았고, 불과 3개월 만에 오페라를 완성했다. 그때부터는 그것을 어떻게 활용할지가 문제였다. 루소는 라모의 후원자인 라 푸플리니에르의 중개를 통해, 라모에게 오페라의 일부분을 들려주었다. 라모는 그것을 듣고 이렇게 말했다.

"지금 들은 부분은 완벽한 음악가가 만든 작품이지만, 다른 부분은 생초보가 만든 것이다."

그런데 라모의 평가가 리슐리외 공(公)의 귀에 들어갔다. 리슐리외 공은 그 오페라를 베르사유 궁전에서 상연해 보라고 했다. 이 공연은 실현되지 못했지만 이를 계기로 좋은 일이 생겼다. 리슐리외 공이 라모와 볼테르의 합작 오페라 〈나바르의 여왕〉을 〈라미르의 향연〉으로 개작하는 작업을 루소에게 맡긴 것이다. 루소가 작사, 작곡을 전부 할 줄 안다는 이유였다. 루소는 그 작업을 약 2개월 만에 마쳤다. 〈라미르의 향연〉은 호평을 얻었지만, 개작자인 루소의 이름은 완전히 무시되어 버렸다. 이것은 루소가 라모의 경쟁 상대이며, 제네바 출신이라는 이유로 라 푸플리니에르 부인이 그를 못마땅하게 여겼기 때문이다.

자식을 버리다

루소는 테레즈의 어머니 때문에 몹시 가난한 생활을 하게 된다. 그녀는 사위 덕분에 생활이 좀 편해지자, 그에게 자기 친척들까지 부양하게 만들었던 것이다. 자기 언니와 동생, 아들딸, 심지어는 손녀까지 루소가 사는 곳으로 보냈다. 루소가 테레즈에게 보낸 물건은 거의 다 식객들의 차지가 되었다. 그 무렵 세상을 떠난 루소의 아버지가 남긴 유산마저 곧 바닥나고 말았다. 이런 사정으로 루소는 생활비를 더 많이 벌어야만 했다. 그는 자신이 쓴 희극 〈나르시스〉를 오페라 극장에 가져갔다. 그 작품은 채택되었지만 상연되지는 않았다. 루소는 오페라 극장에 무료로 입장할 권리를 얻었을 뿐이다. 돈이 없었던 루소는 결국 뒤팽 부인과 그녀의 조카인 프랑쾨유 씨에게 의지할 수밖에 없었다. 루소는 두 사람의 공동비서로 일하면서 간신히 입에 풀칠을 했다.

1747년 늦여름, 루소는 뒤팽 부인과 함께 투렌 주에 면해 있는 슈농소 궁전에 갔다. 그는 그곳에서 맛있는 음식을 먹으며 즐거운 시간을 보냈다. 그런데 그동안 파리에 남아 있던 테레즈의 배는 점점 불러오고 있었다. 그녀가 또다시 임신한 것이었다. 이것은 가난한 루소에게는 매우 난처한 일이었다. 결국 루소는 태어난 자식을 맏아이와 마찬가지로 고아원에 보냈다.

루소와 테레즈는 1745년에 맺어졌다. 그리고 이듬해인 1746년, 첫 번째 자식이 태어났고, 그 뒤로 1753년 무렵까지 4명의 자식이 더 태어났다. 그러나 루소는 모든 자식들을 고아원에 보냈다. 그 무렵에는 이런 일이 흔했다. 1745년경 파리에서는 3,444명의 어린이가 버려졌으며, 그런 아이들의 수는 매년 증가했다. 이처럼 자식을 버리는 것이 일상적인 일이었던 것이다. 루소도 이런 사회 풍조에 따랐던 것이리라. 루소의 생활은 상당히 어려웠다. 게다가 식객들 때문에 가정환경이 무척 궁핍했으므로, 더 이상 문젯거리를 늘리지 않으려면 자식들을 고아원에 보낼 수밖에 없었다. 그 편이 자식을 기르는 더 나은 방법으로 생각되었던 것이다. 루소는 자식들을 아무 망설임 없이 차례로 버렸다. 그러나 뒷날 루소는 그것이 잘못임을 깨닫고 후회했다. 이 점은 그가 뤽상부르 원수의 부인에게 보낸 편지를 보면 알 수 있다.

"제 과오가 제 가슴을 꽉 메웠습니다. 그에 대한 고찰은 《에밀》을 기획하는 데 커다란 도움이 되었습니다. 《에밀》 제1권을 보면 그 사실을 알 수 있을 겁니다."

《에밀》에는 이런 부분이 있다.

"아버지의 의무를 다할 수 없는 사람에게는 아버지가 될 권리가 없다. 아버지는 자기 자식을 스스로 양육하고 교육해야 한다. 빈곤이나 일, 현실 등이 그 의무를 면제해 주지는 못한다. 독자여, 내 말을 믿으라. 정(情)이 있으면서도 신성한 의무를 게을리한 인간에게, 나는 다음과 같이 예언한다. 그런 사람은 자신의 잘못 때문에 회한의 눈물을 오랫동안 흘릴 것이다. 그리고 그 고통은 결코 치유되지 않는다."

이것은 루소 자신의 솔직한 심정일 것이다.

늦게 눈뜨는 능력

루소는 베네치아에서 파리로 돌아온 뒤로 디드로와 가깝게 지냈다. 디드로와 루소는 한 살밖에 차이가 나지 않았으며, 둘 다 가난했다. 그리고 루소는 테레즈와 사귀었고, 디드로는 나네트라는 교양이 부족한 여성과 사귀었다. 물론 테레즈도 교양은 부족한 편이었다. 이처럼 루소와 디드로 사이에는 여러 가지 공통점이 있었다. 그래서 두 사람은 가까워질 수 있었다.

또한 루소는 콩디야크와도 친하게 지내며 《백과전서》와 관련된 학자들과 교우했다. 게다가 그는 디드로에게서 《백과전서》의 음악 부분을 담당해 달라는 부탁을 받은 상태였다. 그 무렵 루소는 음악 관계자로서만 알려져 있었다.

1749년, 디드로는 《맹인서간》을 익명으로 공개했다. 그런데 이 글에는 무신론 경향이 드러나 있었다. 이 일로 디드로는 7월 1일에 뱅센 감옥에 갇혔다. 이 사건은 루소에게 큰 충격을 주었다. 100일이 지난 뒤, 디드로는 면회를 허가받아 뱅센 성의 공원에서 친구들과 만날 수 있게 되었다. 루소는 이틀에 한 번씩 8km나 되는 거리를 걸어 디드로를 만나러 갔다.

그날도 루소는 디드로를 만나러 가고 있었는데, 도중에 〈메르퀴르 드 프랑스〉라는 잡지를 꺼내 읽었다. 그는 이 잡지에서 디종 아카데미가 논문을 현상 모집한다는 기사를 발견했다. 논문 주제는 '학문 및 예술의 진보는 풍속을 부패시켰는가, 아니면 도덕적 순화에 기여했는가'였다. 뒷날 루소는 자신의 인생을 바꾸는 계기가 된 이 기사에 대해 이렇게 말했다.

"그 기사를 읽은 순간, 나는 다른 세계를 보았다. 그리고 나는 다른 사람이 되어 버렸다."

루소는 뒷날 1762년 1월 12일에 말제르브에게 쓴 편지에서도 그 사건을 언급했다.

"그것을 읽는 순간, 내 안에서 강한 충동이 일어났습니다. 만일 순간적인 영감이라는 것이 있다면, 그때 느낀 충동이 아마 그것이겠지요."

루소는 커다란 충격을 받았다. 충격이 어찌나 컸는지, 그는 나무 그늘에서 30분이나 쉬어야 했다. 그는 즉석에서 '파브리키우스의 변론'이라는 글을 갈겨 써서 디드로에게 보여 주었다. 이것이 나중에 《학문예술론》에 포함되는 소고로서, 루소의 근본적 사상을 나타내는 글이었다. 디드로는 루소에게 그 생각을 발전시켜 논문을 쓰라고 권했다.

루소는 잠 못 이루는 밤마다 논문을 썼다. 논문의 요지는 예술과 학문의 발전이 영혼을 타락시키고 부패시킨다는 것이었다. 이 글은 1750년 여름, 그가 38세 되던 해에 당선되었다. 루소는 당선 연락을 받을 때까지 그 글에 대해 까맣게 잊고 있었다. 당선 소식을 들은 루소는 이렇게 말했다.

"그 소식은 내 논문에 드러난 생각의 각성을 촉구하고, 그 생각에 새로운 활력을 불어넣어 주었다. ……부귀나 여론에 속박되지 않는, 자유롭고 덕 있는 존재는 위대하다. 그리고 자족하는 삶보다 위대한 것은 없다고 생각한다."

이리하여 루소의 삶의 방향은 새로이 결정되었다.

이 논문은 각종 논쟁을 불러일으켰다. 폴란드의 왕 스타니슬라스 레진스키도 이 논쟁에 참여했다. 왕은 루소의 글에 대해 반박 논문을 썼다. 그 논문 중 일부는 예수회 신부의 영향을 크게 받은 것이었다. 루소는 그 부분을 거세게 논박하면서, 그것을 대단히 의미 있는 일이라고 보았다.

"개인도 군주를 상대로 얼마든지 진리를 옹호할 수 있다. 이것은 그 사실을 대중에게 알려주는 좋은 기회였다."

저작생활

신생(新生)

《학문예술론》의 당선은 이제까지 자신의 가치를 몰랐던 루소에게 자신감을 주었다. 그리고 그의 마음속에서는 그가 어린 시절 읽었던 플루타르코스의 영향이나 아버지로부터 물려받은 히로이즘(heroism)과 덕(德) 사상이 다시 일어나기 시작했다. 어린 시절에 했던 독서는 그의 논문의 모태가 되어 주었다. 그렇게 되자 그는 부자가 되는 일도 출세나 승진하는 일도 모두 단념하고, 얼마 남지 않은 인생을 독립적인 생활을 하며 빈곤 속에서 보내기로 결심했다. 그리고 가장 먼저 프랑쾨유 밑에서 얻은 자신의 비서 지위를 단념하기로 했다. 하지만 프랑쾨유에게서 독립을 해도 먹고는 살아야 하기 때문에 그는 악보 1페이지를 옮기면 얼마를 벌 수 있는지 계산한 뒤에, 자신의 결심을 프랑쾨유에게 편지로 알렸다. 그는 루소의 편지가 무슨 의미인지 모르고, 그가 미쳤다고 생각하여 모든 사람들에게 떠들고 다녔다.

루소는 이렇게 자유의 몸이 되었다. 그는 비싼 옷과 하얀 스타킹을 벗고 검도 버리고 시계도 팔았다. 완전한 자유인이 되면, 시간을 알 필요도 없기 때문이다.

그러나 그가 선택한 자유의 생활도 즐겁기만 한 것은 아니었다. 왜냐하면 그가 유명해졌기 때문이다. 그의 생활 방식이 사람들의 흥미를 자극했다. 사람들은 누구의 도움도 바라지 않고, 독자적인 방법으로 자유롭게 살며 행복한 것 이외에는 아무것도 생각하지 않는, 이 이상한 남자를 알고 싶어했다. 그리고 그 때문에 방문객이 많아져서 루소는 행복을 느낄 시간조차 없었다.

불화

1752년 봄, 루소는 파시에 갔다. 건강이 나빴던 그는 우연히 뮈사르로부터 파시의 물이 좋다는 말을 들었던 것이다. 그곳에서 루소는 〈마을의 점쟁이〉라는 오페라를 만들었다. 그리고 그해 10월, 그것을 국왕 앞에서 공연하고 대단한 호평을 얻어 더욱 유명해졌다. 게다가 공연을 본 국왕이 루소에게 연금을 하사하기로 했다. 그 일로 그는 국왕을 배알해야 했지만 가지 않았다. 그 첫 번째 이유는 비사교성 때문이었다. 루소에게는 이전부터 비뇨기과의 지병(요로결석)이 있었다. 그것은 계속해서 요의를 느끼는 증상으로 나타났고, 결국 그를 사교계로부터 멀어지게 하는 한 이유가 되었다. 자신의 병을 생각하면 국왕을 배알하는 것은 고통이었고, 국왕과 이야기를 잘할 수 있을지도 의문이었다. 두 번째 이유는 연금이라는 속박을 피하기 위해서였다. 루소는 그로 인해 독립과 자유를 잃어버릴까봐 두려워했다. 결국 그는 연금을 거절했다.

그러나 루소가 취한 태도는 많은 사람들로부터 거센 비난을 받았다. 친구인 디드로도 루소를 비난했다. 테레즈와 그녀의 어머니를 위해서라도 연금을 거절하지 말았어야 한다는 것이었다. 두 사람은 이 문제 때문에 격렬히 논쟁했고, 이것이 두 사람 사이를 갈라놓는 원인이 되었다.

그 무렵 루소가 파리에서 추방당할 뻔한 사건이 일어났다. 〈마을의 점쟁이〉가 상연되기 전에, 오페라 극장에서 이탈리아 오페라를 상연한 것이 그 일의 발단이었다. 프랑스 오페라와 동시에 이탈리아 오페라를 상연하는 것은 필연적으로 두 공연을 비교할 수 있게 했다. 그리고 그 일은 사람들에게 프랑스 오페라의 시시함을 알리는 결과가 되었다. 그러나 프랑스 오페라 중에서 〈마을의 점쟁이〉만은 이탈리아 오페라에 필적하는 매력을 발했다. 이것을 계기로 프랑스에서는 프랑스 음악을 지원하는 그룹과 이탈리아 음악을 지원하는 그룹으로 나뉘어 대소동이 일어났다. 프랑스 음악의 옹호자들 중에는 권력자와 부자가 많았다. 이런 가운데 루소는 '프랑스 음악에 대한 편지'에, 이탈리아어가 얼마나 노래에 적합한지에 대해서 썼다. 그 편지는 많은 프랑스 음악 지원자들을 자극했고, 그 결과 루소에게는 여러 박해가 가해졌다. 그리고 나중에는 오페라 극장의 이전을 계기로, 자기 작품과 교환한 오페라 극장의 평생 무료입장권을 빼앗기고 말았다.

자연의 발견—생 제르맹에서

〈마을의 점쟁이〉가 오페라 극장에서 상연되고 있을 때, 코메디 프랑세즈에서는 루소의 작품 〈나르시스〉가 상연되고 있었다. 공연은 실패로 끝났지만, 그는 자신의 이름이 작자로 밝혀지지 않고 상연되었던 그 공연의 대본에 서문을 붙여 인쇄했다. 그 서문에서 그는 《학문예술론》에서 발전시킨 자신의 사상을 더욱 명백하게 썼다. 그것은 뒤에 《인간불평등기원론》에서 더욱 발전하게 된다. 이 《인간불평등기원론》은 1753년, 디종의 아카데미가 제출한 주제 '인간 불평등의 기원은 무엇인가?'로 현상논문을 썼던 것이 계기가 되어 나온 책이다.

그는 그것을 쓰기 위해서 생 제르맹에 갔다. 그곳에서 보낸 일주일은 그의 생애에서 가장 아름다운 나날이었다. 그는 생 제르맹의 숲을 거닐며 사색을 했다. 아름다운 자연에 둘러싸여, 그는 다음과 같이 말했다.

"나는 자연에서 태고의 모습을 원했고, 또 발견했다. 그리고 자랑스럽게 그 역사를 더듬었다. 나는 인간의 작은 허구를 몰살했다. 그 본성을 확실히 폭로하여, 시대와 사람이 왜곡해 온 사물의 진보에 따라서 인위적인 인간과 자연의 인간을 비교함으로써, 그들이 비참한 원인을 모든 진보 속에서 나타내려고 했다. 나의 영혼은 이 숭고한 명상으로 고양되고, 신에게 다가갈 만큼 높아졌다. 그리고 거기에서 나의 동포가 편견과 잘못, 불행, 그리고 죄라는 맹목적인 길을 걸어가는 것을 보고, 나는 그들에게 약한 소리로 외쳤다.

'끊임없이 자연에게 불평을 말하는 무분별한 사람들이여!

당신의 모든 불행은 당신 안에서 생긴다는 것을 깨달으시오!'

그리고 이런 생각이 기초가 되어 《인간불평등기원론》이 태어난 것이다."

이 일주일간의 체류는 그의 건강을 호전시켰다. 생 제르맹에서 돌아오니 이전보다 더 체력이 좋아졌던 것이다. 그 이후 그는 의사와 약에 의존하지 않고, 죽는 것을 하늘의 뜻에 맡긴 채 마음 편한 생활을 하게 되었다. 또 파리의 어수선함은 그의 취향에 맞지 않았기 때문에, 더욱 시골 생활을 열망하게 되었다.

제네바로의 귀향

1754년 6월 1일, 루소는 테레즈를 데리고 제네바로 향했다. 스위스로 간 이유는 공화제의 매력에 끌렸기 때문이다. 제네바에서는 모두에게 환영받아, 그는 점점 애국열에 사로잡혔다. 그것은 루소가 뒤팽 부인에게 보낸 편지에서도 엿볼 수 있다.

"분명한 것은 나에게 제네바는 세계에서 가장 매력이 있는 도시라는 점입니다. ……제네바에서는 완전한 자유가 확립되어 있습니다. 정치는 평온하고, 시민들은 교육을 받고, 신중하게 자신의 권리를 인식하고, 용감하게 주장합니다. 또 타인의 권리를 존중하고 있습니다."

이렇게 공화제에 대한 루소의 열망은 고조되었지만, 그는 선조와 다른 종교를 믿는다는 이유로 조국에서 시민의 권리를 얻을 수 없었다. 그는 이를 부끄럽게 여기고 개종하려고 결심한다. 그때 루소의 생각은 다음과 같았다.

"이성(理性)이 있는 인간에게 그리스도교인이 되는 두 가지 방법은 없다고 판단함과 동시에, 나는 형식적인 일과 종규(宗規)적인 것은 각국의 법률의 영역에 속한다고 판단했다. …… 나는 확정된 종교로 돌아가야 한다.

복음서는 모든 그리스도교인에게 똑같다. …… 예배의 방식과 이해를 넘은 교의를 선택하는 것은 각자의 주권에 속하는 것이다. 따라서 교의를 인정하고 법 아래 규정된 예배에 따르는 것은 시민의 의무이다."

이로써 그는 다시 개종하고, 드디어 제네바의 시민이 될 수 있었다. 그리고 파리로 돌아가서 집안일을 정리하고 테레즈의 부모에게 생활할 수 있는 환경을 만들어 준 다음, 다시 제네바로 돌아오려고 생각했다.

루소는 제네바에서 4개월 동안 머물고, 10월에 파리로 돌아갔다. 그리고 이듬해 1755년 봄 다시 제네바로 돌아올 예정이었다. 그 사이 파리에서 그가 할 일은 《인간불평등기원론》의 교정쇄를 보는 것이었다. 그것은 네덜란드에서 인쇄되어, 레이 서점에서 출판하기로 되어 있었다. 루소는 그 책의 앞머리에 들어 있는 제네바공화국에 올린 헌사가 제네바 사람들의 마음에 들지 않을 것이라고 생각해서, 그 책이 어떤 반향을 일으키는지 보고 난 뒤에 귀국 여부를 결정하려고 생각했다. 그리고 예상대로 반응은 좋지 않았다. 루소는 가장 순수한 애국심에서 그 글을 쓴 것이지만, 제네바 사람들은 그것을 이해하지 못했다. 여기서 루소가 얻은 것은 '마음의 만족 외에 시민의 자격'이 전부였지만, 뒤에 《에밀》이 나왔을 때에는 제네바 당국의 주목을 받다가 결국 시민 자격도 박탈당하게 되었다.

에르미타주

루소가 제네바로 돌아가는 것을 주저한 이유는 《인간불평등기원론》의 반향이 좋지 않았기 때문만은 아니다. 그것은 에피네 부인(Mme d'Épinay)이 그에게 에르미타주(ermitage, 프랑스어로 '은둔자의 집'을 의미한다)라고 불리는 작은 집을 제공했기 때문이기도 했다. 그 집은 몽모랑시의 숲에 위치하고 있었는데, 에피네 부인은 자신의 곁에 유명한 사람을 두고 싶어했다. 거기서 살라는 말을 들었을 때 루소는 매우 망설였다. 하지만 볼테르가 제네바에서 살게 되었다는 사실을 듣고, 그는 제네바에서 은둔할 결심을 포기한다. 루소는 파리에 있을 때 오페라 상연 일로 볼테르와 사이가 나빠져 그에게 좋지 않은 감정을 품고 있었기 때문이다. 그는 볼테르에게 《인간불평등기원론》을 한 부 보냈지만, 볼테르는 자연을 중시하는 《인간불평등기원론》에 대해서 이렇게 빈정거렸다.

"사람은 사람을 짐승이
라고 생각하지 않습니다.
당신의 책을 읽는 사람들
이나 네 다리로 기고 싶다
고 생각하겠지요."

1756년 4월 9일, 루소는
에르미타주로 옮기고, 두
번 다시는 도시에서 살지
않겠다는 각오를 했다. 테
레즈와 그녀의 어머니도
그와 함께 살았다. 루소는
에르미타주의 생활에 대해
서 말제르브에게 보낸 편
지에 이렇게 썼다.

"1756년 4월 9일 드디어
살게 되었습니다."

루소는 아름다운 전원

에피네 부인

생활에서 참생활을 발견했다. 그는 이렇게 말했다.

"나는 은둔과 전원 생활을 위해 태어난 사람이라는 생각이 든다."

새집에 익숙해지자, 그는 드디어 일을 할 마음이 생겼다. 그에게는 하다 만
일이 몇 가지 있었는데, 그중에서 가장 중요한 것은 《정치제도론》의 집필이었
다. 그는 그것을 자신의 평생 작업이라고 생각하고 있었다. 그러나 그 원고가
그대로 출판되지는 못했고, 다만 그 일부가 《사회계약론》이 되었다.

루소가 계획하고 있던 두 번째 일은 친구 생 피에르의 저술을 돕는 일이었
고, 세 번째 일로 생각한 것은 《감각적 도덕 또는 현자의 유물론》에 대한 고찰
을 해 보는 것이었다. 루소는 이것이 인간에게 제공할 수 있는 가장 유익한 책
이 될 것이라고 했지만, 결국 그것을 다 쓰지는 못했다. 또 그는 뒤팽 부인이
의뢰한 교육 체계에 대해서도 생각하고 있었다.

이러한 저작에 관한 일을 산책 시간에 생각하게 된 까닭은 그는 걸으며 가
장 좋은 사색의 결과를 얻었기 때문이다. 루소의 말을 빌리자면 이러하다.

"내 머리는 내 다리와 함께 움직인다."

그는 비가 오는 날에는 서재에서 일을 했다. 그 일은 《음악사전》을 쓰는 것이었고, 그것이 출판된 것은 약 10년 뒤인 1767년이다.

에르미타주에서의 생활은 결코 평온하고 자유로운 것이 아니었다. 첫 번째로 뒤팽 부인과의 친분 때문에, 부인이 부르면 언제든지 가야만 하는 불편이 있었다. 그리고 몽모랑시는 파리에서 16킬로밖에 떨어져 있지 않기 때문에, 사람들이 불쑥 찾아오는 일이 많아 손님 대접에 시간을 보내는 일이 잦았다. 루소는 '에르미타주는 샤르메트가 아니다'라며 한탄했다.

노년의 사랑

그 무렵 루소는 이미 45세가 되어 있었다. 그는 인생의 끝이 가까이 오는 것을 느끼고 있었는데, 그때 이런 생각이 그를 덮쳤다.

"사랑하고 싶다는 욕구에 몸을 태우면서도 그것을 충족시키지 못했는데, 나는 이미 노년의 나이가 되었으니 살아 보지 못하고 죽는 느낌이다."

루소에게 살아가는 일은 곧 사랑하는 일이었다. 그는 인생에서 명성을 얻고 막대한 재산을 쌓거나 위대한 학문체계를 완성했다고 해도, 참된 사랑이 없으면 참된 인생을 살았다고 할 수 없다고 생각했다. 루소는 그때까지 참된 삶을 느끼게 해 주는 사랑(마음도 관능도 풍부한 사랑)을 경험한 적이 없었다. 그런 사랑을 알지 못한 채 사랑의 기대를 버리고 죽음을 떠올릴 때, 사람은 절망을 느끼고 자신의 불운을 원망하게 된다. 그리고 그 다음에는 모든 것을 잊어 버리고 사랑을 찾아 모험을 떠날 것인지 아니면 공상으로 그것을 충족시킬 것인지 둘 중 하나를 선택하게 되는 것이다. 루소는 테레즈에게서 진정한 만족을 느끼지 못했지만, 가정의 평화를 깨고 싶지는 않았다. 그러므로 그는 공상의 세계에서 그것을 구하려고 했다. 이렇게 해서 1년 중 가장 아름다운 6월의 나무 그늘에서 그는 공상에 빠졌다. 그것은 뒤에 《신 엘로이즈》로 결실을 맺었다. 그때 루소는 우드토 부인(Mme d'Houdetot)에게 매료되어 있었고, 이 경험을 거기에 반영했던 것이다. 그들은 그녀의 처녀 시절부터 서로 알고 있던 사이였고, 그녀가 결혼한 다음에 에피네 부인의 영지에서 열린 연회에서 며칠을 함께 어울린 적도 있었다. 그녀의 남편은 헌병 대장이었지만, 그녀에게는 생 랑베르라는 애인이 있었다. 루소는 생 랑베르의 친구였기 때문에, 우드토 부인은 루소에게 그의 소식을 전하러 왔다. 우드토 부인이 두 번째로 그를 방문했을 때, 루소는 완전히 부인에게 마음을 빼앗겨 버렸다. 그것은 그의 생애에서 처음 맛본 유일한 사랑이었다. 그러나 그 결말은 그에게 생각만 해도 두려운 것으로 남았다.

루소에 따르면 부인의 나이는 30세에 가까웠다. 그녀는 미인은 아니었지만 생기 넘치는 모습에, 표정은 살아있고 부드러웠으며 상냥했다. 또 다른 사람에 대해 나쁜 말을 하지 않는

우드토 부인

천사와 같은 성격의 소유자였다. 공상 속에서 대상이 없는 사랑에 취해 있던 루소가 그 취기로 눈이 완전히 멀었을 때 나타난 것이 우드토 부인이었던 것이다. 부인은 열정적으로 자신의 애인인 생 랑베르에 대해 이야기를 했고, 루소는 그런 부인의 모습에서 《신 엘로이즈》의 히로인 줄리를 본 것이다. 루소는 부인의 이야기를 듣고 그녀의 옆에 있다는 것만으로도, 일찍이 다른 여성 옆에서 경험하지 못했던 전율을 느꼈다. 그는 마침내 자신의 마음을 부인에게 고백했다. 그러자 루소의 마음은 편해졌다. 사랑이란 그것을 부채질한 사람에게 알리면 그로 인한 고통이 반감된다고 했다. 그러나 그의 열렬한 고백에도 부인은 루소를 가엾게 여길 뿐이었다. 루소가 다시 이성을 찾은 것은 부인과 생 랑베르, 이 두 사람과 나누던 친밀하고 즐거운 교제가 있었기 때문이다. 부인은 생 랑베르를 사랑하고 있었기 때문에, 이것은 한마디로 루소의 짝사랑이었다. 그렇지만 부인은 루소를 존경하고 호의를 가지고 있었다. 그 뒤로도 부인과 루소는 빈번하게 방문했고, 부인은 우정의 범위에서 그에게 모든 것을 해

주었다.

어느 날 루소는 부인을 방문했다. 그때 마침 부인의 남편과 애인은 멀리 출장을 가 있었다. 두 사람은 정원의 아카시아 나무 아래에서 이야기를 나누었다. 아름다운 달빛을 받으며 루소는 자신의 가슴속에 벅차오르는 감동을 말했다. 루소는 완전히 도취되어 부인의 무릎에 눈물을 흘렸다. 부인도 감동하여 눈물을 흘리며 말했다.

"당신처럼 따뜻한 사람은 없습니다. 그리고 당신처럼 부드럽게 사랑을 말한 사람도 없습니다. 그러나 당신의 친구 생 랑베르가 우리가 말하는 것을 듣고 있습니다. 내 마음은 다른 사람을 사랑할 수 없습니다."

그것을 듣고 루소는 한숨을 쉬었다. 그리고 부인을 포옹했다. 그것으로 모든 것이 끝이었다. 사랑은 그에게 있어 생애에 한 번뿐이었지만, 그 결말은 실연이었다. 루소는 그가 생각한 이상적인 사랑을 가질 수 없었다.

질투

두 사람의 만남은 종종 에피네 부인의 눈에 띄었다. 이를 본 부인은 무시당한다고 생각하여 감정이 상했다. 에피네 부인은 생 랑베르에게 두 사람의 이야기를 편지로 알렸다. 그리고 테레즈를 부추겨서 루소 앞으로 보낸 우드토 부인의 편지를 훔치게 했다. 이렇게 해서 루소와 에피네 부인 사이에 불화가 시작되었다. 에피네 부인이 병으로 제네바의 병원으로 가야 했을 때 루소에게 동행할 것을 요구했지만 루소는 이를 거절했고, 이 일은 그와 부인의 사이가 멀어진 결정적 원인이 되었다. 또 그것은 친구 그림과 디드로와의 사이를 점점 나쁘게 만드는 원인도 되었다. 그림과 디드로가 에피네 부인의 편에 섰던 것이다.

1757년 12월 15일 루소는 에르미타주를 떠났다. 다행히 콩티 공의 재무대리를 맡고 있는 마스터가 몽모랑시의 몽루이에 있는 작은 집을 빌려 주었다. 그 집은 테레즈와 루소가 살기에도 좁았으므로, 테레즈의 어머니는 파리에서 살게 되었다. 이렇게 해서 루소는 오랜 세월 친구로 지내던 에피네 부인과 결별했다. 그런데 새 집이 안정되자 그의 육체는 심한 요폐(尿閉 : 방광에 오줌이 괴어 있지만 배뇨하지 못하는 상태)와 탈장으로 고통받았다. 1758년 모든 상황은 좋아졌지만 건강을 다시 회복하지는 못하고 그는 쇠약해져 갔다.

달랑베르에게 보내는 편지

1758년 3월, 루소는《달랑베르에게 보내는 연극에 관한 편지》를 발표했는데, 이것은 백과전서파의 사람들과 사이가 틀어진 결정적 계기가 된다. 이미 루소는 디드로와 불화 상태였다. 본디 루소는 그림보다 디드로를 믿고 있었지만, 디드로는 루소가《백과전서》에 전력을 쏟고 있는 자신을 아랑곳 않고 파리를 떠나는 것을 보고 그에 대해 좋지 않은 감정을 품게 되었다. 그래서 디드로는 자신의 저서《사생아》에 '혼자 있는 것은 악인뿐이다'라고 써서, 루소의 시골 생활을 비꼬았다. 디드로는 고독을 바라는 루소의 마음을 알 수 없었다. 그것은 루소의 성격 말고도 요폐에서 오는 창피함 때문이기도 했다. 디드로는 테레즈와 그녀의 어머니를 파리로 돌아오게 해서 루소로부터 떼어 놓아 그를 더욱 고립시키려고 했고, 그 계획에는 그림도 가담했다. 이런 루소에 대한 가해는 시시한 감정적인 반감이 원인이지만, 그 본바탕에는 사상의 대립도 있었다. 연극을 소재로 한 서한《달랑베르에게 보내는 편지》가 그 대립을 결정적으로 만들었다. 1757년 말에 나온《백과전서》제7권에서 '제네바' 항목을 담당한 것은 달랑베르였는데, 그는 거기에 제네바에 극장을 세워야 하는 이유에 대해서 썼다. 달랑베르는 볼테르의 충실한 신봉자로서, 오래도록 제네바 극장 건립에 노력을 기울이고 있던 그의 호감을 사려 했던 것이다. 볼테르와 루소는 볼테르가《인간불평등기원론》을 호되게 비판할 때부터 대립하고 있었다. 따라서《달랑베르에게 보내는 편지》는 곧 볼테르에 대한 비판이기도 했다.

달랑베르는 백과전서의 제네바 항목에 제네바에서 칼뱅 이후 극장이 금지된 것을 애석해하는 글을 실었다. 그때 오페라를 만들고 있었던 루소는 제네바의 한 시민으로서 그에 대답할 필요를 느꼈다. 그리하여 그는 연극은 정념과 싸우기는커녕 그에 아첨하기 때문에 최고의 예술인 동시에 가장 위험한 것이라고 했다. 다시 말해 연극은 악덕을 사랑하게 만들고 미덕을 비웃게 만든다는 것이다. 따라서 조국에 극장을 만드는 것은 제네바의 도덕을 위험에 몰아넣고 파괴하는 행위이다. 루소는 이러한 내용의 편지를 쓰면서 그의 서문에는 일부러 디드로에 대해 다음과 같이 써서, 그와 절교했다.

"나에게는 엄하고 분별 있는 아리스타크(냉정한 비평가)가 있었지만, 지금은 없다. 그리고 더 이상 있으면 좋겠다고 생각하지 않는다."

이렇게 해서 루소는 디드로, 그림, 볼테르로부터 고립되어 갔다. 1760년 6월

17일 볼테르에게 보낸 편지에는 이렇게까지 썼다.

"나는 당신이 싫다."

결실의 생활

이런 이유로 친구들과 멀어지게 된 그는 몽모랑시에서 뤽상부르 공작 부부와 교제를 하게 되었다. 그는 몽모랑시에 별장을 가지고 있어서, 그곳에서 일 년에 두 번 5~6주간 머물렀다. 루소는 선천적으로 사교를 싫어했지만, 그가 먼저 방문해서 교제가 시작되었다. 뤽상부르 공작은 루소에게 상당한 호의를 가지고 있었다. 루소는 그와 교제하는 동안 《신 엘로이즈》를 마무리하고 《사회계약론》과 《에밀》을 완성했다.

《신 엘로이즈》가 출판된 것은 1761년 1월이었고, 그는 《참회록》에서 그것에 대해 다음과 같이 쓰고 있다.

"나는 영혼을 빼앗는 내 마음속의 두 가지 우상, 즉 연애와 우정에 대한 공상을 그렸다. 나는 그것들을 내가 언제나 동경해 온 여성이 가진 모든 매력으로 장식하고 즐겼다. 나는 두 남자 친구보다 오히려 두 여자 친구들을 주인공으로 정했다. 이것은 이러한 예가 매우 드물고, 또 여자 쪽이 더 사랑스럽기 때문이다. 나는 그들에게 닮은 것 같지만 다른 성격을 주고, 완전하지 않지만 나의 기호에 맞는 친절하고 배려 있는 모습을 주었다. 한 여자에게는 갈색 머리를, 또 다른 여자에게는 금발 머리를 선사했다. 그리고 한 여자는 활발한 반면 다른 여자는 얌전하게 그렸고, 한쪽이 총명하면 다른 쪽은 미련한 사람으로 묘사했다. …… 그리고 둘 중 한 여자에게는 연인을 주고, 또 다른 한 여자에게는 사랑스러운 친구들, 아니 그 이상의 것을 주었다. 나는 이 두 사람의 매력 있는 인물에 대해서 할 수 있는 한 그 연인과 친구를 나의 모습과 닮게 했다."

이렇게 해서 쓴 《신 엘로이즈》는 상당한 호평을 얻었다. 이것은 그 시절 유럽에서 베스트셀러가 되었고, 1800년까지 79판을 찍어내며 사람들의 마음을 매료했다. 루소의 말에 의하면 "유난히 여성들이 책과 작가에게 빠졌다"고 한다.

그리고 《사회계약론》은 1762년 4월에 출판되었다. 이것은 《정치제도론》이 얼마나 걸려서 완성될지 예상도 할 수 없었기 때문에, 그 일부분을 골라내서 완성한 것이다. 이 《정치제도론》은 그가 베네치아에 있었을 때, 평판이 높았던 베네치아 정체의 결함을 보았을 때 착상했다. 루소는 그때의 일을 다음과 같이 말하고 있다.

"그날 이후, 나의 시야는 도덕의 역사적 연구로 상당히 넓어졌다. 나는 그것이 근본적으로는 정치라는 것에 연결됨을 알았다. 또 어떠한 방법을 써도 모든 국민은 결국 그 정치체제의 성질이 만든 것에 지나지 않음을 알았다."

이렇게 해서 《사회계약론》은 태어났지만, 그것보다 훨씬 큰 문제를 일으킨 것은 《에밀》이다. 《에밀》은 1762년 5월에 출판되었다.

도피시대

체포장

루소는 《사회계약론》과 《에밀》로 사상가로서 부동의 지위를 얻었다. 그와 동시에 《에밀》은 그에게 엄청난 불행을 몰고 왔다. 그 무렵 프랑스에서는 종교나 정치에 관해서 자유로운 생각을 발표하면 박해받는 경우가 종종 있었다. 그것을 피하기 위해서는 외국에서 출판하든지 무명으로 발표하는 방법 말고는 없었다. 가톨릭 교의에 반대하는 자연종교를 주장하는 루소는 그러한 일에는 매우 신경질적이었다.

그러나 《에밀》은 뤽상부르 공작 부부와 말제르브 장관의 추천도 있어서, 네덜란드와 파리에서 인쇄하게 되었다. 그 책의 인쇄 과정에서는 몇 번이나 작업이 중단되는 사건이 발생하였고, 이것은 거센 폭풍의 전조였다. 드디어 《에밀》이 간행되자 반향은 컸다. 세간에는 작가에게 압력이 가해진다는 소문이 돌았고, 이러한 이야기는 루소의 귀에도 닿았다. 심지어는 책을 불태워야 한다는 말도 들리기 시작했다.

며칠 지나자 루소는 뤽상부르 원수로부터 고등법원이 루소를 기소할 매우 강경한 의사를 가지고 당일 체포장을 발부한다는 소식을 들었다. 루소에게 체포장이 내려진 것은 1762년 6월 9일이었는데, 그 전날 밤 그가 집에 들어가서 조금 지나자 뤽상부르 공작의 하인이 콩티 대공의 편지와 제 주인의 편지를 함께 가져 왔던 것이다. 대공의 편지는 다음과 같았다.

"소동이 극에 달하고 있으니 체포를 피할 수는 없을 것입니다. 궁정에서 요구하고, 고등법원도 그것을 바라고 있어요. 아침 7시에 체포장이 발부되면 당신을 체포하러 사람이 갈 것입니다. 그러나 만약 당신이 멀리 도망간다면 쫓지는 않겠다는 정보를 얻었습니다."

새벽 2시였다. 그는 재빨리 옷을 입고 대공에게 조언을 구하러 갔다. 뤽상부르 공작과 부플레르 부인도 왔다. 여러 가지 제안이 나왔지만, 루소는 그곳을 떠나기로 결심했다. 그것이 원수에게 폐를 끼치지 않는 방법이었다. 원고와 서류를 정리하기 시작했지만, 그 전부를 다 살필 수는 없었다. 나머지는 공작이 맡기로 했다. 테레즈가 왔지만, 루소는 테레즈를 남겨 두기로 했다. 그녀는 남아서 재산 정리를 해야 했기 때문이다. 뤽상부르 공작은 마차를 내주며 배웅해 주었다.

1762년 6월 14일, 루소는 이베르동에 도착했다. 그곳에서 로건의 신세를 졌다. 루소는 자유의 땅 제네바로 가고 싶었다. 그러나 제네바에서도 6월 19일, 그에게 체포장이 내려지고, 《에밀》과 《사회계약론》이 불태워졌다. 그는 체포장에 대해서 아래와 같이 말했다.

"이 판결들은 이제까지 예가 없을 정도로 격렬한 것으로, 온 유럽에서 나에게 퍼붓는 저주어린 외침의 신호가 되었다. …… 나는 불신앙자(不信仰者)이며 무신론자, 미치광이이며, 열광자이고, 괴수이고, 승냥이다."

루소는 이베르동에 오랫동안 체류하려고 했지만, 그를 향한 박해의 폭풍은 베른를 거쳐 그곳까지 미쳤다. 7월 초순 지역 판사에게 루소의 추방 명령이 도착한 것이다.

모티에로 가다

로건의 조카 보아드라트르 부인이 루소에게 트라베르 계곡의 모티에 마을에 있는 집을 제공해 주기로 했다. 그곳은 프러시아 영역이었고 그 무렵 프레데릭 2세가 다스리고 있었는데, 루소는 그를 좋아하지 않았다. 왜냐하면 자연법과 인간의 모든 의무에 대한 존중을 왕이 무시한다고 생각했기 때문이다. 루소는 《에밀》에서 그와 같은 내용을 썼다. 하지만 그는 그곳에서 살기로 결심했다. 프레데릭 2세의 통치 아래에 있는 그 땅에서는 위험이 느껴지지 않았고, 그는 프레데릭 2세의 관대함을 믿었다.

뇌샤텔에 가까운 곳에 도착해서 루소는 조지 키스에게 편지를 쓰고, 프러시아 왕의 영지 내에 은둔했다는 사실을 알리며 보호를 의뢰했다. 조지 키스

모티에, 루소가 살던 집(루소박물관)

는 매우 긍정적인 답변을 주었고, 키스로부터 보고를 받은 왕은 루소의 안전한 체재에 대한 보증을 해 주었다. 루소는 테레즈를 불렀다. 이렇게 해서 그는 드디어 잠시 동안 평화로운 생활을 찾을 수 있었다.

루소가 '최고의 여성이자 어머니'라고 생각하던 바랑 부인의 죽음을 안 것은 그해 10월의 일이었다. 그 죽음에 대해서 그는 이렇게 말하고 있다.

"만일 내가 내세에서 그녀를 만나지 못한다고 생각하면, 나의 약한 상상력은 내가 바라는 완전한 행복의 관념을 묘사하길 거절할 것이다."

루소가 바랑 부인과 마지막으로 만난 것은 1854년 제네바로 가는 도중이었고, 그때 바랑 부인은 몰락해 있었다. 부인을 구하는 길은 한 가지 방법밖에 없었다. 그것은 부인을 거두어 함께 생활하면서 부인과 운명을 함께하는 것이었다. 그러나 부인은 그러한 일을 완강하게 거부했다. 그대로 부인과는 헤어졌지만, 그로 인한 후회는 루소의 일생에서 매우 깊게 오랫동안 남게 되었다. 그리고 그는 자신이 당하는 고통스런 박해는 바랑 부인의 은혜를 잊은 것에 대한 당연한 결과라고 생각했다.

박해의 물결

트라베르 계곡(모티에)의 평화로운 생활 속에도 루소에 대한 박해의 기운이 뻗쳐 오기 시작했다. 뇌샤텔에서 특히 목사, 공무원들이 프랑스가 루소를 추방한 것을 이유로 들며 루소의 배척에 동참해야 한다고 주장한 것이다. 마침 이 무렵 파리 대주교 크리스토프 드 보몽이 교서를 내려 《에밀》이 가톨릭의 교의를 거스른다고 천명했다. 그것은 루소에게 매우 슬픈 일이었다. 그에 대하여 루소는 다음과 같은 대답으로 반론했다.

"나는 인간의 권위를 거부합니다. 그리고 나는 내가 진리를 인정하는 범위에서만 인간의 서식에 따르기를 원합니다."

이 편지는 프로테스탄트를 옹호하는 것이었지만, 제네바에서는 오히려 적의로 받아들여졌다. 루소는 제네바에서 자신을 옹호하는 여론이 일어나기를 기대했으나 그 일은 끝내 이루어지지 않았다. 루소는 완전히 실망하여 조국 제네바를 영원히 버리기로 결심하고, 그해 정부에 그 의향을 알렸다. 그것은 1763년 5월 12일이었다. 루소는 그의 시민권 포기와 관련한 편지에 다음과 같이 쓰고 있다.

"이제 나에게 외국이 되는 조국이라도 나에게 무관심할 수는 없을 것입니다. 나에게도 조국은 따뜻하고 좋은 기억으로 남아 있을 것입니다. 잊는 것은 다만 굴욕뿐입니다."

루소의 마지막 수단이 제네바 시민들을 일깨웠다. 그러나 시민들의 항의는 그해 여름이 끝나갈 무렵 지방 총독 트롱섕이 쓴 '들에서의 편지'로 진정되었다. 루소는 그에 대해 '산에서의 편지'로 대답했다. 이것은 1764년 12월에 출판되었는데, 거기에서 그는 트롱섕을 공격하고 자신에 대한 제네바 정부의 조처가 공화국의 정치적 이상과 전통에 어긋난다고 비난했다.

루소를 박해하는 손길은 그 뒤에도 느슨해지지 않았다. 같은 해 12월 31일에는 《시민의 견해》라는 익명의 소책자—사실상 볼테르가 쓴 것으로 추측된다—이 나왔다. 거기에는 다음과 같은 내용이 있었다.

"우리는 수치심과 슬픔으로 고백해야 하지만, 그는 타락에 빠진 남자다. …… 그의 장모는 그 때문에 죽었고, 그는 자신의 다섯 아이를 고아원에 버렸다. ……"

그 공격은 루소에게 심한 타격을 주었다. 그것은 그의 비밀을 온 유럽에 알리는 일이었던 것이다. 그러나 그는 이에 대해서 아무런 변명을 하지 않았다. 같은 날에 루소는 친구 뒤 페루에게 편지를 썼다.

"언젠가 막이 내려질 때, 후세 사람들은 나를 얼마나 사랑해 줄 것인가?……지금 나를 사랑해 주십시오. 그리고 내가 당신의 사랑에 보답하도록 해 주십시오……"

이 말에는 마음 둘 곳 없는 루소의 심정이 잘 나타나 있다.

스트라스부르

모티에에서도 박해를 받고 생명의 위험을 느낀 루소는 1765년 9월 12일, 스위스의 비엔 호수 가운데 있는 생피에르 섬으로 도망갔다. 그곳은 루소의 마음에 들었다. 거기에서 식물학을 연구하고 '피에르 섬 식물지'를 쓰려고 준비도 했다. 아름다운 자연이 루소를 달래 주었다. 루소는 다음과 같이 말하고 있다.

"아아— 자연이여! 나의 어머니여! 여기에서는 당신만이 나를 지켜 주고 있습니다. 이곳에는 당신과 나 사이에 들어올 악한 사람이 없습니다."

그러나 이 섬도 그가 안주할 곳은 아니었다. 10월 21일에 퇴거명령(추방명령)을 받았기 때문이다. 루소는 비엔에 정착했지만, 그곳도 마찬가지로 박해가 심해서 10월 29일 베를린으로 향했다.

그리고 11월 2일 스트라스부르에 도착했다. 여기에서 루소는 행복했다. 시는 그에게 안전을 보장하고, 환영의 뜻으로 그의 작품 〈마을의 점쟁이〉를 상연했다. 숙소에는 아침부터 밤까지 방문자가 끊이질 않았다고 한다. 콘서트가 열렸고, 초대받은 그는 자신이 만든 오페라의 노래를 듣고 즐거운 시간을 보냈다. 그 기쁨을 그는 다음과 같이 말하고 있다.

"여기 사람들이 나에게 보여 주는 호의와 존경과 경의를 대하니 더 이상 아무것도 바랄 것이 없다."

흄으로부터의 편지

루소는 스트라스부르에서 머물려고 생각했지만, 그동안 파리에서 베르드랭 부인이 루소가 프랑스를 통과해도 좋다는 통행권을 입수하고 있었다. 그녀는 몽모랑시에서 루소와 알게 되었는데, 그때 파리에 있었던 흄과도 교류했다. 그래서 루소를 흄이 있는 곳에 보내려고 그 준비를 하고 있었다. 그해 말 루소는 그 통행권을 받았다. 이미 흄에게서 정중한 초대의 편지도 받은 상태였다.

"당신이 감당할 수 없는 기묘한 불행은 당신의 덕과 재기(才氣)와는 아무런 관계도 없습니다. 인정을 아는 모든 사람은 당신에게 관심을 기울여야 합니다. 나는 당신이 영국에 오면 그 법률의 관용 정신뿐만 아니라 당신 인격에 대한 시민들의 존경심으로, 박해에서 벗어나 완전한 안전을 찾을 것이라고 확신합니다."

이에 대해 루소는 12월 4일 편지를 썼다.

"당신의 친절함은 내 몸속까지 파고들었고, 영광으로 생각합니다. 당신의 제안에 가장 적절한 대답은 그것을 받아들이는 것이라고 생각합니다. 나는 당신의 제안을 받아들이겠습니다. 5~6일 사이에 당신의 팔에 나를 맡기기 위해 출발하겠습니다."

개선(凱旋)

12월 9일 루소는 파리를 향해 출발했다. 파리에 도착한 것은 16일 밤이었다. 그는 우선 그가 쓴 책의 출판자인 마담 뒤시누가 있는 곳에 정착했지만, 콩티 대공의 보호를 받고 탕플 광장 근처의 호텔 생 시몽으로 옮겼다. 파리에서 루소는 처음에 사람들 눈에 띄지 않도록 주의했지만, 그가 왔다는 정보는 곧 알려져서, 호텔에는 방문객이 끊이지 않았다. 생 랑베르는 이런 루소를 보고 말했다.

"루소는 명성이라는 부인과 함께 여행하고 있다. 절대로 그를 가엾다고 생각하지 마라!"

조용히 지내라는 경찰의 경고를 받았음에도 불구하고 방문객이 너무 많아서, 시간을 정하고 면회할 정도였다. 이른바 그는 파리로 개선한 것이었다.

그리고 처음으로 흄과 만났다. 당시 흄은 54세였고, 루소는 53세였다. 흄은 루소를 만나 완전히 그의 포로가 되었다. 루소를 온화하고 인자한 인물로 느끼고, 다음과 같이 말하기도 했다.

"나는 그를 좋아한다. 그의 애정을 조금이라도 받고 싶다."

이렇게 흄이 루소에게 심취된 데에 반해서, 그의 주위 사람들은 루소에게 호의적이지 않았다. 흄의 친구 호레스는 종종 루소를 빈정댔으며, 또 드르백 남작은 흄에게 루소의 본질을 알지 못한다고 충고했다.

흄과의 불화

1766년 1월 4일 토요일, 루소는 흄과 함께 파리를 떠났다. 두 사람 외에 루소의 친구인 장 드르우즈가 동행했다. 도중에 그들은 로와에서 하룻밤 같은 방에서 묵었다. 흄에게는 꿈과 같은 일이어서, 그는 몇 번이나 상당히 격한 어조로 프랑스어로 외쳤다고 한다.

"나는 루소를 얻었다!"

그것은 후일 두 사람의 관계를 예언하는 듯이 들렸다.

흄(1711~1776)

그들이 런던에 도착한 것은 1월 3일 오후였다. 먼저 런던에서는 흄이 언제나 머물던 릴 마을의 에리옷 부인에게 갔다. 그곳에는 우연히도 제네바 귀족 출신의 젊은 의사가 있었는데, 그는 루소가 평소 적으로 생각하던 트롱생의 아들이었다. 루소는 이것이 자신에게 굴욕을 맛보게 하기 위한 계획이라고 생각했다. 결국 에리옷 부인과 다툼이 일어나 다른 주거지를 구해야 하는 사건이 일어났다. 런던에서도 루소는 파리와 마찬가지로 주목과 환영을 받았다. 루소의 강아지 사르탄이 행방불명이 되면 그것이 신문에 보도되었고, 또 강아지를 흄이 발견하면 그것도 신문에 나올 정도였다. 요크 공이나 브란슈비크 세습태자도 루소를 방문했다. 그리고 왕과 왕비도 1월 23일에는 돌리레인 극장에 연극을 핑계삼아 루소를 보러 왔다.

런던에 도착해서 처음 몇 주일간은 모든 일이 순조로웠다. 루소는 흄과 2주일 정도 버킹엄에서 함께 지냈고, 뒤에 치즈윅의 시골마을로 이주했다. 2월 13일, 테레즈가 도착하자 3월 19일 두 사람은 우턴으로 떠났다.

그런데 떠나기 전날 밤에 루소가 흄에게 시비를 건 사건이 발생했다. 우턴의 주거를 제공해 준 리처드라는 사람의 호의가 싸움의 발단이 되었다. 그는 루소가 런던에서 우턴으로 갈 때 역마차를 이용하는 것보다 경비를 싸게 해주려고, 다음 날 같은 방향으로 가는 마차가 있다는 거짓말을 했다. 그리고 자신이 마차를 빌리려고 했지만, 루소가 이 사실을 알고 그것을 굴욕적으로 생각한 것이다. 루소는 아무리 가난해도 거지 행세를 하고 싶지 않다고 말했다. 그는 흄에게 자신의 기분을 알면서 리처드와 한패가 되었다고 비난했다. 그러다 결국 그가 사과했지만, 이 일은 두 사람의 불화 원인이 되었다.

또 두 사람 사이를 갈라놓은 일이 일어났다. 그것은 프러시아 왕이 썼다는 가짜 편지가 〈센트 제무즈 크로니클〉지에 발표되어 런던의 신문에 전재된 사건이다. 흄은 그것을 그저 악의 없는 농담으로 받아들였고, 그것을 쓴 친구 월폴과 절교도 하지 않았다. 그러나 그것이 루소에게는 불만이었다. 이 가짜 편지의 공표를 계기로 루소를 야유하는 글이 몇 개 발표되었다. 루소에게 볼테르로부터 편지가 온 것도 이 무렵이다.

루소는 달랑베르를 무시하고 그를 이기적인 남자라고 평가했는데, 흄은 달랑베르가 루소의 적인 것을 알면서도 그의 의견에 동조하지 않았다. 또한 흄은 런던에서 트롱생의 아들과 같은 건물에 살기도 했다. 이러한 점은 루소로 하여금 흄을 적과 한패처럼 생각하게 했다.

이와 같은 루소의 의심을 조금도 몰랐던 흄은 콘웨이 장군을 통해서 루소가 국왕으로부터 연금을 받을 수 있도록 해주려고 바쁘게 뛰어다녔다. 그 결과 5월 2일, 연 100파운드의 연금지급 결정이 내려졌다. 그러나 루소는 콘웨이 장군에게 편지를 썼다. 그 내용은 연금을 받겠다는 것인지, 받지 않겠다는 것인지 정말로 이해하기 어려운 문장의 편지였다. 흄은 연금을 받지 않겠다는 뜻으로 알고 루소에게 편지를 써서 설득했다.

6월 23일 흄에게 루소로부터의 답장이 도착했다. 그러나 그것은 절교의 편지였다. 루소는 흄에게 자신의 정체를 숨기는 속이 시커먼 인간이라고 말했다. 그를 박해자와 한편이라고 생각했던 것이다. 이렇게 해서 루소와 흄은 영원히 헤어졌다.

영국을 떠나다

루소는 우턴에 머물면서 1766년 가을부터 겨울에 걸쳐 《참회록》의 첫 부분을 썼다. 《참회록》을 집필하게 된 계기는 출판사의 권유도 있었지만, 적들의 중상에서 자신을 지키려는 의도 때문이기도 했다.

루소는 말한다.

"내가 참회록을 쓴 본디의 목적은 나의 생애의 모든 내면 상태를 정확히 알리는 것이다."

루소는 1767년 4월, 프랑스로 돌아가는 편이 좋다고 생각한다. 그는 광인(狂人)의 기질을 보이기 시작했다. 영국 사람 모두가 자신을 상대로 음모를 꾸미고 있다고 믿었던 것이다. 그리고 5월 1일에 루소와 테레즈는 몰래 우턴을 떠났다. 거기에는 다벤포드에게 보낸 편지와 30파운드의 돈이 있었다.

"나는 내일 당신의 집을 떠납니다. 나는 나를 기다리고 있는 덫과 나의 무력함을 알고 있습니다. 그러나 나는 살아 왔습니다. 나에게 남겨진 것은 용기와 긍지를 가지고 일생을 끝내는 일밖에 없습니다. 나를 압박하는 것은 쉽습니다. 그러나 나의 품위를 손상시킬 수는 없을 것입니다."

5월 18일 도버에 도착한 루소는 콘웨이 장군에게 상당히 긴 편지를 썼다. 그 편지에서 그는 영국으로부터 자유롭게 놓아 달라고 부탁했다. 루소는 흄의 책략으로 영국의 포로가 되었고, 영국에서 도망갈 수 없게 끊임없이 감시받는다고 믿었던 것이다. 그리고 죽기 전에 조금이라도 자유로워질 수 있다면 행복할 것이라고 말했다. 그 편지에는 이런 말이 있었다.

"멸망과 자유 중 하나라고 결심했습니다. 그 사이에는 아무것도 없습니다."

그는 장군으로부터 답장을 기다리지 않고, 5월 21일 칼레에 도착했다. 흄은 이렇게 해서 영국을 떠난 루소를 가엽게 생각했다. 그래서 츄르고에 편지를 써, 루소가 프랑스로 돌아가서 부당한 취급을 받지 않도록 해 달라고 부탁했다. 싸움으로 헤어진 사이였지만, 차분한 성격의 흄은 루소가 광기에 휩싸이고 있음을 알았던 것이다.

만년의 루소

광기
루소는 영국을 떠나기에 앞서 여러 차례 미라보 백작으로부터 편지를 받았다. 미라보 백작은 중상주의자로 루소처럼 개성이 강한 인물이었다. 그는 루소와 흄의 싸움을 바보스러운 행위라고 비난했지만, 루소의 사상에는 공명하고 있었다. 그는 루소에게 그의 영지 내 어떤 곳에서 살아도 상관없다는 편지를 보내 왔다. 루소는 칼레에 도착하자마자 미라보 백작과 콩티 대공에게 자신의 도착을 알렸다. 미라보는 남몰래 루소를 자신의 영지로 안내했다. 그 당시에는 아직 파리고등법원의 체포장이 효력을 발휘하고 있었기 때문이다. 루소는 자크라는 이름으로 여행을 하고 있었다. 그곳에 잠시 머문 뒤, 그는 콩티 대공의 도움으로 트리 성에 몸을 숨기게 된다. 그 뒤 장 조셉 르노라는 이름을 사용하였고, 테레즈는 그 여동생으로 함께 다녔다.

루소는 트리에서 1768년 6월까지 1년 동안 머물렀다. 그 사이 심한 정신착란 속에서 《참회록》 제2부에 착수했다. 그는 자주 음울한 환상에 골치를 썩곤 했다. 정원사, 급사 등 모두가 흄에게 고용되어 자신을 죽이기 위해 지키고 있다는 생각이 들었으며, 벽이란 벽에는 모두 귀가 있는 것 같았다. 그런 상태에서는 아무것도 쓸 수 없었다. 그리하여 루소는 편지를 쓸 때 이외에는 펜을 들지 않았고, 독서조차 하지 않게 되었다. 그가 흥미를 가진 것은 식물학 정도였다.

뒤 페루가 병을 무릅쓰면서 이런 상태에 있던 루소를 방문했다가, 결국 그곳에서 증세가 악화되었던 것으로 생각된다. 의식이 혼미해진 뒤 페루는 두세 마디를 중얼거렸다. 그 소리를 들은 루소는 그가 자신에게 독을 마시라고 하는 것이라고 믿었다.

1768년 초봄, 이런 증상은 상당한 호전을 보였다. 3월 28일, 그는 디베르노와에게 편지를 썼다.

"나는 즐겁게 산책하고 있습니다. 다시 행복을 찾았습니다."

그러나 그 이틀 뒤 문지기가 죽었을 때, 루소는 자신이 그를 독살한 게 아니라는 것을 증명하기 위해 사체 해부를 주장했다. 아직 그는 완치되지 않았고, 제자 코완데마저도 흄의 스파이라고 생각했다.

정식 결혼

6월 14일 콩티 대공의 만류에도 불구하고, 루소는 안정을 되찾지 못한 상태에서 리옹을 향해 출발했다. 리옹에서 다시 그르노블로 향했고 거기에서 자신을 존경하는 사람들을 만났다. 그중에는 법조계 인물로서 루소의 영향을 받은 그르노블 고등법원 차석검사인 드 세르반도 있었다. 루소는 거기에서 샹베리로 가서 바랑 부인의 묘소를 찾았고, 다시 보르고앙에 갔다. 이윽고 테레즈가 도착하여, 8월 30일에 두 사람은 여관 라 퐁테누 드 오르에서 결혼식을 올렸다. 이것으로 테레즈는 정식으로 루소 부인이 되었다. 루소는 이에 대해 르세이르 부인 앞으로 보낸 편지에 다음과 같이 말하고 있다.

〈식물채집하는 루소〉 파리, 카르나발레 미술관
루소는 박해를 피해 모티에, 비엔 호수 생피에르 섬을 옮겨다닐 때도, 만년에도 틈만 나면 식물채집에 나섰다. 이 식물학에 대한 열정은 그의 상처입은 마음을 위로해 주었다.

"나의 여동생(테레즈)은 신의 축복 속에서 내 아내가 되었습니다. 나는 너무나 기쁘고, 또 이렇게 진정으로 의무를 다한 적은 없었습니다."

그러나 루소는 그곳에서도 자신을 적대시하는 사건을 당하고, 다시 망상에 사로잡혀 괴로워했다. 그리고 키프로스로 갈 것인지 그리스 다도해의 작은 섬으로 갈 것인지, 아니면 디붕폴의 친절을 생각하며 우츠톤으로 가야 할지, 그것도 아니면 미놀카로 가야 할지 고민했다. 결국 1769년 1월 몽캥으로 옮긴 루소는 거기에서 식물채집을 즐겼으며, 11월에 이르러 《참회록》을 다시 쓰기 시작했다. 그는 그곳에서 12권의 1부까지 완성했다.

파리

루소는 프랑스에 돌아온 뒤, 끊임없이 파리로 가고 싶어했다. 그리하여 그는 1770년 4월, 주변인들의 만류에도 리옹을 출발하여, 디종을 거쳐 6월 10일 파리에 도착했다. 파리에서는 너무나 많은 사람들의 환영을 받아, 자신이 법망을 피해 도망가야 한다는 것조차 잊어버릴 정도였다. 루소가 파리에 있다는 사실은 공공연해졌고, 경찰 총장 사르티누는 그것을 묵인하고 있었다. 그래서 루소는 카페에서 체스를 하고, 오페라 극장에서 〈마을의 점쟁이〉를 보기도 했다.

그의 숙소에는 호기심 많은 방문객들이 밀려들었다. 파리에서 가장 유명한 사람과 이야기한 것을 자랑하려는 사람이 적지 않았던 것이다. 또 만찬의 초대도 많았는데, 그는 그것을 거절하지 못했다. 이렇게 바빴던 덕분에 처음에 하고 싶었던 일도 하지 못했던 것 같다. 그러나 그의 마음은 그런 것으로 위로받지 못했다.

그는 파리에서 다시 악보베끼기를 시작했다. 하지만 그의 수입은 테레즈와 둘이서 생활하기에는 충분하지 않았다.

이 무렵 루소의 모습을 비지웨룬스텔은 다음과 같이 말하고 있다.

"루소는 이제 곧 59세가 된다. …… 나는 그가 먼저 말하지 않으면, 그가 그 나이라고 믿지 못하겠다. 그는 나이보다 훨씬 젊어 보인다. 키는 중간 정도다. 크다기보다 작고 아담하다. 눈은 검고 빛을 발하고 있다. 그는 언제나 머리를 한쪽으로 기울이고 있으나, 가끔은 숙이고 있다. 때로는 날카로운 눈빛으로 힐끔 보곤 한다. 그의 얼굴은 동글동글하고 잘 정돈되어 있으며 호감이 간다. 목소리는 낮고 말이 빠름에도 불구하고, 그 언행에 애교가 있으며 품위가 느껴진다."

《참회록》의 완성

루소는 악보베끼기 이외에는 주로 식물채집을 했다. 이 식물학에 대한 열정이 그의 상처 입은 마음을 위로해 주었다. 그는 정해진 일과처럼 날마다 밖으로 산책을 나갔다. 그러는 중에도 《참회록》을 쓰는 것은 멈추지 않았던 루소는 12월에 탈고를 마쳤다. 그러나 그 책을 출판하지 않겠다는 조건으로 파리에서 머물도록 묵인받은 상태였기 때문에, 그것을 낭독회에서 발표하는 이외에는 그 내용을 알릴 방법이 없었다. 1770년 말부터 71년 겨울에 걸쳐, 낭독회가 몇 차례 열렸다. 그 낭독회에서 루소는 《참회록》에 관해 다음과 같이 말했다.

"내가 분명히 말해 왔던 것들에 반대되는 소릴 듣게 된다 해도…… 그것은 거짓이며 중상이다. ……나와 함께 그것을 분명히 하고 명백히 할 것을 거부한다면, 그 사람은 정의도 진리도 사랑하지 않는 것이다."

그러나 첫 낭독회는 성공적이라고 할 수 없었다. 거기에는 감동의 소리가 일지 않았고, 그저 침묵만이 있을 뿐이었다. 그뿐만 아니라 며칠 뒤 루소는 경찰청으로 불려가 다시는 모임을 열지 말라는 통보를 받는다. 그것은 옛 친구 에피네 부인의 요청에 의한 것이었다.

이런 실패와 압박으로 루소의 마음은 상처만 입을 뿐이었다. 게다가 전년 11월 무렵부터 그의 건강이 나빠지고 있었다.

1771년 가을부터 다음해 봄에 걸쳐, 루소는 《폴란드 통치론》을 썼다. 그것은 폴란드의 귀족 비엘호르스키가 폴란드를 구하기 위해서 어떤 수단이 필요한지 물었던 것에 대한 답이었다. 루소는 폴란드에 감돌고 있는 위험을 보고, 그 국경이 인접국가에 의해 침범당할 것을 날카롭게 예언했다. 그리고 폴란드를 구하기 위해서는 공교육이 중요하다고 설명했다. 러시아, 오스트리아, 프러시아가 제1차 폴란드 분할을 실행한 것은 다음해인 72년 5월의 일이다.

만년의 생활

1772년 루소의 생활은 오전 5시에 일어나 악보를 베끼는 일부터 시작되었다. 그는 7시 반쯤 아침식사를 한 뒤 오전 중에는 그 일을 계속했고, 오후에는 카페에 들르거나 식물채집을 하고 저녁에 귀가하여 9시에는 잠을 자는 일과를 보냈다. 루소는 고독과 박해에서 오는 괴로움을 오로지 자연으로부터 위로받고 있었다.

1772년, 루소는 《대화―루소, 장 자크를 심판하다》를 쓰기 시작했다. 《참회록》에 대한 반향은 없었지만, 루소는 그저 이 책을 통해 자기변호를 시도하고자 했다. 그 완성을 본 것은 76년 초였다. 그해 2월 22일에는 그의 망상의 정도가 극도에 달해 있었다. 그는 그 책의 원고를 노트르담 사원의 제단 위에 진리에 대한 맹세로서 바치려고 했다. 그러나 철문이 닫혀 있어 거기에 다다르지 못했다. 루소는 그것을 신이 적들 편을 들어주는 증거라 해석하고, 점점 광기를 더해 갔다. 그는 거리를 헤매고 다니다가 집에 돌아와서야 조금 냉정을 되찾았다. 그 뒤 《대화》의 원고가 박해자의 손에 버려지지 않아야 한다며, 한 부는 콩디야크에게, 다른 한 부는 영국에서 알게 된 청년에게 건넸다. 루소는 4월에는 〈정의와 진리를 사랑하는 모든 프랑스 국민에게〉라는 의견서를 만들어 통행인에게 나누어 주며 자기의 결백을 호소하기도 했다.

그해 가을 어귀에 《고독한 산책자의 몽상》 가운데 '첫 번째 산책'이 완성된다. 그리고 1778년 4월, '열 번째 산책'을 끝으로 이 책은 미완성인 채로 남는다.

루소는 만년의 몇 년 동안 극심한 가난에 시달렸다. 1777년 테레즈가 병들어 루소가 그 간병을 해야 했다. 필사의 정확성이 떨어진 탓에 이미 악보베끼기는 할 수 없게 되었고, 저축은 충분하지 않았다. 78년 5월 20일, 루소는 자신의 애독자인 지라르댕 후작의 호의로 파리에서 20마일(약 32km) 떨어진 에름농빌로 옮겼다. 그달 30일, 루소 평생의 라이벌인 볼테르가 죽었다는 소식이 들려왔다.

7월 2일, 그는 여느 날처럼 아침 일찍 일어나 산책을 했다. 그리고 8시경에 돌아와 테레즈와 함께 아침식사를 하고 나서, 그녀를 자물쇠 가게에 심부름 보냈다. 그러고 난 뒤 루소는 지라르댕 후작의 딸에게 음악을 가르치러 나가던 중 쓰러졌다. 테레즈가 돌아왔을 때 그는 신음하고 있었다. 그리고 이내 심한 두통을 호소하며 삶의 마지막을 맞이했다. 그때가 오전 11시였다. 시체 해부 결과, 사인은 장액성졸중으로 밝혀졌다. 그는 에름농빌 성관에 위치한 포플러 섬에 매장되었다. 그로부터 11년 뒤 프랑스혁명이 일어났는데, 그의 자유민권 사상은 혁명 지도자들의 사상적 지주가 되었다. 1794년, 정부는 위인들을 모시는 파리의 성당 팡테옹으로 그 유해를 옮겨 볼테르 옆에 나란히 묻었다.

루소의 사상

루소의 시대

절대왕조의 성립

루소가 태어난 해는 1712년이며, 그로부터 약 3년 뒤에 프랑스의 루이 14세가 사망하게 된다. 프랑스에서는 위그노 전쟁 이후에 앙리 4세와 그의 대신 리슐리외, 그리고 마자랭이 왕권을 강화했는데, 루이 14세는 그것을 이어받아 절대왕조를 완성했다. 이로부터 봉건영주의 세력은 쇠퇴하고 중앙집권이 확립된 것이다. 루이 14세가 정말 "짐은 국가이다"라고 말했는지는 알 수 없지만, 그는 그 강력한 권력으로 독재 정치를 했다. 그러나 이 정권은 봉건제도에서 완전히 벗어난 것이 아니었고, 본질적으로는 중세적인 종교의 권위를 바탕으로 하고 있었다.

루이 14세의 권력의 기초가 된 것은 그의 강력한 군사력과 관료제도, 그리고 경제력이었다. 군사력을 보유하는 것은 절대군주의 권력을 강화하기 위한 필수 조건인데, 루이 왕조 때에는 육군장관 루부아가 나타나 육군의 근대화를 완성했다. 화약 발명 뒤 변화된 전술에 부응하는 무기의 제조기술이 발달한 것도 이 시기이다. 봉건세력을 약화시키고 나라의 말단까지 정치를 시행하기 위해서는 관료제도를 정비하는 일이 중요했다. 그때까지는 지방 정치를 맡아 한 것은 제후들이었으나, 루이 14세 시대에는 대관(代官)이나 보좌관을 두어 중앙정치를 지방까지 철저히 시행했다. 그로써 제후나 성직자들의 세력은 쇠퇴하게 된다.

이처럼 군대나 관료는 왕의 절대적 권력 유지에 불가결한 것이었는데, 이를 위해서는 무엇보다 큰 경제력이 필요했다. 이에 따라 세제(稅制) 정비가 실시되고, 신흥 상인 또 수공업자들과 왕실의 유대가 강화되었다. 따라서 중상주의(重商主義)의 출현은 마땅한 일이었다.

콜베르티즘

프랑스에서는 콜베르가 루이 14세 밑에서 중상주의를 완성시켰다. 프랑수아 1세 이후, 프랑스에서는 국가 재정상의 어려움이 극심했다. 국가는 관직이나 왕실 영토를 팔거나 자본가로부터 돈을 차용하는 방법으로 그것을 충당하려고 했다. 그러나 콜베르는 그것을 중단하고, 모든 종류의 공업 및 상업을 번영시킴으로써 국가의 재정을 풍요롭게 하는 정책을 폈다. 프랑스에서는 앙리 4세 무렵부터 공업이 일어났는데, 콜베르는 중상주의 정책을 펴 공업을 육성했다. 특히 무기 제조, 야금(冶金) 및 직물 제조업 등과 관련해서는, 외국으로부터 기술을 도입하거나 수입품을 들여올 때는 중과세를 부과함으로써 그러한 산업을 보호하고 더욱 발달시켰다. 그 결과 네덜란드, 에스파냐와의 무역에서 프랑스의 수출량은 늘어나게 되었다.

절대왕조의 쇠퇴

위와 같은 루이 14세의 통치 아래에서도 여전히 화려한 궁정생활이 벌어지고 있었다. 그리고 1661년 마자랭이 죽은 뒤, 루이 14세가 직접 외교에 나서자 전쟁이 일어났다. 루이 14세가 그의 아들 앙주 백작을 에스파냐의 왕위 계승자로 내세워 일어난 에스파냐 왕위계승 전쟁이 그 대표적인 것이었다.

14년간 계속된 이 전쟁의 실패는 프랑스에게 재정상의 어려움을 안겨 주었고, 이리하여 프랑스 절대왕조의 쇠퇴가 시작된다.

태양왕이라 불리며 절대왕정을 상징하던 루이 14세가 1715년에 죽자, 아직 어린 루이 15세가 왕위를 계승했다. 루이 14세는 막대한 빚을 남기고 죽었기 때문에, 루이 15세 시대에 가장 긴급한 문제는 국가재정의 재정립이었다. 이 문제의 해결을 위해 발탁된 사람이 존 로(1671~1729)였다. 그는 스코틀랜드인이었으나 재정에 관해서는 정통한 인물이었다. 1716년 사설 은행을 건립해 지폐를 발행하고 그것을 유통시킴으로써 재정을 살려내려고 했다. 그는 은행 운영의 방식을 국가의 재정 영역에 적용하려고 했다. 즉 국가가 은행이 되어야 하며, 개인의 돈을 받아서 얼마쯤 이익을 얻어야 한다고 생각했던 것이다.

그래서 그는 일람출급(一覽出給) 어음이라는 은행권을 발행했다. 그것이 통상이나 투자의 증대에 따라 불어나면 그 이익에서 국가가 채권자에게 일정액을 지불하려 했던 것이다. 그러나 막대한 지폐의 발행은 도리어 인플레이션을

일으키는 결과가 되었
다. 또한 존 로는 국가
재정을 살리기 위해 '서
방(西方)회사'를 설립하
고 아메리카 식민지에
서 독점적 상업 활동
을 했는데, 그것은 일
반인의 투기 심리를 부
추겼다. 그러나 실제로
이익은 없었고 유가증
권은 폭락했으며, 또 그
에 따라 지폐의 가치도
떨어졌다. 이런 존 로의
정책은 계속 실패로 끝
났고 재정은 더욱 악화
되었다. 그의 유일한 공
적은 금융제도의 발달
을 가져왔다는 점이었
다. 존 로 이후에 프루

루이 14세(1638~1715, 재위 1643~1715)

소, 슈아쇨, 툴레 등이 등장하여 저마다 국가 재정의 재건을 위해 힘썼다. 그
러나 제1차 7년 전쟁, 제2차 7년 전쟁 등으로 사정은 더욱더 어려워질 뿐이었
다. 이런 상태에서 왕위를 이은 것이 루이 16세였고, 그는 특권계급에 대한 과
세 등을 시도하여 재정을 다시 회복시키려 했지만 성공하지 못하고 프랑스혁
명을 맞게 되었다.

자본주의의 싹트기

프랑스 절대왕조에 비해서 귀족의 세력은 대단히 약화되었다. 그 시대의 귀
족은 세금 면제, 군의무 면제, 과세권이나 재판상의 권리 등의 특권이 있었으
며, 그 세력은 삼부회(三部會)나 지방의회에서 성직자 다음이었다. 그러나 그들
의 정치적 권력은 그 시대에 거의 상실되었다. 이와는 달리 성직자는 재정적으

로도 부유하고 자체적인 재판조직을 운영하는 등 그 세력이 매우 강했다.

이와 같은 정세의 프랑스 사회에는 부르주아, 농민, 장인, 노동자 등으로 이루어진 제3계급이 있었다. 그중에서 부르주아는 정치적 권력은 없었으나 이미 경제적 힘을 보유하고 있었고, 그 일부는 귀족이 되기도 했다. 당시 프랑스 왕실은 물론, 사치스런 생활을 하고 있었던 궁정 귀족들도 이 부르주아들로부터 돈을 빌리는 이들이 많았다. 그러나 상층의 부르주아가 금융귀족인 것에 비하여 하층의 부르주아는 거의 일반 평민과 다를 바 없었다.

이러한 부르주아의 성장은 존 로의 정책에 기인하는 바가 있었다. 그런데 그전에 시행되었던 콜베르의 중상주의로 이루어진 산업 발전과 교역 증대는 프랑스 경제조직의 근본적인 변화를 가져왔다. 즉 프랑스는 그때까지 토지 소유 위에 성립되었던 자연경제에서 화폐경제로 이행하게 된 것이다. 그 무렵 농민은 소작인과 반소작인으로 나뉘었는데, 그들이 소유하는 토지는 매우 적었고 생활은 아주 궁핍해서 토지를 잃는 사람이 많았다. 그리고 그들의 태반은 수공업에 종사하는 처지가 되었다. 또한 공업의 기계화가 싹트고 자본 축적이 나타나 자본주의가 생겨났다. 이리하여 힘이 약했던 장인들도 부르주아의 강력한 경제력 아래에서는 이미 경제적 독립을 유지할 수 없게 되었고, 결국 장사꾼이 될 수 없는 사람은 단순한 노동자로 전락했다.

이러한 제3계급은 귀족이나 성직자에 비하면 세제면에서는 아무런 보호도 받지 못하고 아주 불평등하게 취급받았다. 귀족들이 누리는 특권의 이면에는 무거운 세금으로 신음하는 제3계급(그 대부분이 농민들이었다)의 괴로움이 있었던 것이다. 당시 전쟁으로 재정적 어려움이 심했는데도 국왕은 낭비를 계속하고 있었다. 또한 관리의 부패도 재정의 어려움을 더욱 무겁게 했다. 귀족과 성직자는 재산 소득세나 인두세로부터 자유로웠다. 그런 부족한 부분을 충당하는 것은 많은 수의 농민들 몫이었다. 농민은 당시 약 2, 3백만 명 가량이었으며 프랑스 인구의 90%를 차지하고 있었으니, 그들이 특권계급에게 면제되었던 세금을 대부분 부담한 셈이다. 또 그 밖에 '딤'이라는 조세가 있었는데, 이것은 농민이 수확량의 10분의 1을 교회에 바치는 제도였다. 이런 참상에 처해 있었던 많은 사람들의 불만과 반항은 이윽고 프랑스혁명이 폭발하는 근원적 감정을 형성하게 된다.

시대와 사상

계몽사상

프랑스에서 18세기 정신을 대표하는 것은 과학적 정신과 계몽사상이다. 자연과학의 발달은 실생활에 응용되었으며 자본주의의 발달을 촉진했다. 그러나 그와 동시에 '자연'을 존중하는 기풍이 생겨 인간의 사상에도 큰 영향을 미친 것은 부정할 수 없는 사실이다.

또한 계몽주의는 이런 자연과학 발달의 영향을 받았으며, 거기에서는 자연과학적인 합리주의를 엿볼 수 있다. 그리하여 인간 사회를 합리주의적 정신으로 해석하려는 특색을 띤다. 따라서 계몽주의자들은 인간 이성의 힘을 믿는 마음이 뚜렷하며, 이성의 힘으로라면 이해할 수 없는 것이 없다고 생각하고 있었다. 그런 정신은 사회의 불합리한 관습을 타파하여 새로운 이상적 사회를 건설할 것을 목표로 세웠다. 그리고 계몽주의자들은 그를 위해 사람들의 몽매한 마음을 계발해야 한다고 생각했다.

벨

프랑스에서 계몽사상을 향한 길을 준비한 작가 중에서 가장 큰 영향력을 가진 사람은 피에르 벨(Pierre Bayle, 1647~1706)이다. 그는 인간 정신의 근원적 나약함을 주장한 가장 온건한 회의론자이다. 그는 신앙을 이성의 영역 외에 두었는데, 얼핏 보기에 종교에 경의를 나타내면서도 종교의 가르침을 믿는 이유를 부정하고 있다. 이런 생각을 드러내고 있는 그의 《역사비판사전》(1695~1697)은 18세기에 '무신앙자의 무진장한 보고'라고 일컬어졌다. 그는 종교와 이성을 분리했을 뿐만 아니라 종교와 도덕도 분리했다. 도덕이란 양심에만 의존하고 종교는 인간 행위에 아무 영향도 주지 않는다고 말하며, 인간 행위의 자율적 요소를 인정했다.

퐁트넬

벨과 비교하면 퐁트넬(Fontenelle, 1657~1757)은 과학적 정신을 일반화한 사람으로 유명하다. 그는 본디 데카르트주의자였으며, 특히 그의 저서 《다수 세계 문답》(1686)에서 데카르트의 천문학적 이론을 일반화했다. 그러나 모든 면에서

피에르 벨(1647~1706)

데카르트를 따른 것은 아니어서 그의 형이상학과는 다른 견해를 취하는 한편, 뉴턴의 역학에 주목하여 1727년에는 《뉴턴 상찬》을 출판했다. 이리하여 퐁트넬은 과학적 정신을 일반에게 보급하는 일에 노력했는데, 자연을 고찰함으로써 하느님을 증명하려고 시도했다. 또 그는 《전설의 기원》에서 전설이나 신화는 사상(事象)의 설명과정에서 생겨나는데, 상상력에 기인하는 것이지 결코 지성에 의한 것이 아니라고 설명했다. 그리고 현대에는 사상의 신화적 설명이 과학적 설명으로 바뀌어야 한다고 했다. 만년에 퐁트넬은 우리의 관념은 모두 감각적 경험에 귀속되어야 한다고 주장했다.

몽테스키외

이상으로 이성과 과학적 정신을 존중하는 프랑스 계몽주의의 대표적 두 인물을 살펴보았다. 프랑스 계몽주의는 더 나아가 인간의 사회적·정치적 생활을 이해하는 특징을 보이는데, 그러한 경향을 대표하는 사람이 몽테스키외(Montesquieu, 1689~1755)이다. 그는 전제정치를 싫어했으며 자유를 부르짖었다. 그의 저서 《법의 정신》(1748)에서는 사회와 법률과 정치에 대한 비교연구를 했는데, 그 서문 중에는 '나는 나의 원리를 내가 가진 편견이 아닌 사물의 본질에서 이끌어냈다'는 말이 나온다. 몽테스키외는 이처럼 역사적 자료에 의한 귀납의 결과로 인간사회를 연구하려 했다. 또한 정치사회에 있어서 실정법(사회에서 현실적으로 실행되고 있는 법, 현행법)의 조직은 국민의 기질, 자연 환경,

정치체제의 원리, 기후, 경제적 조건 등과 관계가 있으며, 이들 여러 관계의 전체가 법의 정신을 형성한다고 했다.

주지하는 바와 같이 몽테스키외는 삼권분립을 주장했는데, 그것은 절대군주제의 부정을 의미한다. 따라서 몽테스키외가 이상으로 삼은 것은 공화제였다. 그 무렵의 프랑스 정치조직을 싫어했던 그는 영국의 정치제도에 눈길을 보내 그것에서 모범을 구했다. 이것은 그의 정치적

몽테스키외(1689~1755)

자유에 대한 사고방식에 잘 나타나 있다. 몽테스키외에게는 정치적 자유란 아무 구속도 없는 상태를 뜻하는 것이 아니다. 즉 그에 의하면, 정치적 자유는 바라는 것을 할 수 있고 원치 않는 것을 하도록 강제당하지 않는 것이다. 요컨대 그가 말하는 '자유'란 법률이 허락하는 것은 무엇이라도 할 수 있는 권리가 있음을 의미한다. 그러므로 시민이 법률에 의해 허락된 방법으로 자유롭게 행동해도 좋은 곳이 자유로운 사회이며, 법이 금지하는 것을 행할 수 있는 곳은 자유가 없는 곳이라는 것이다. 또한 그는 정치적 자유를 위해서는 권력이 분리되어야 한다고 생각했는데, 이러한 그의 사상은 미국혁명 및 프랑스혁명에 영향을 미쳤다.

볼테르

그밖에 대표적인 프랑스 계몽사상가로는 볼테르(Voltaire, 1694~1778)를 들 수 있다. 그는 초기에 인간의 자유의지를 인정했으나, 나중에 콜린스의 영향을 받아 그에 대해서는 결정론적 입장을 취하게 되었다. 그러나 인간의 정치적 자

볼테르(1694~1778)

유만은 인정하고 옹호했다. 그는 인간의 권리에 관해, 국가는 국민의 자유를 존중해야 한다고 했다.

또한 몽테스키외와 마찬가지로 영국에서 시행되고 있었던 정치제도를 지지했다. 그러나 민중에 의한 지배라는 관점에서는 다른 입장을 보였던 그는 결코 민주주의자가 아니었다. 그는 루소와는 달리 평등이라는 관념을 가지고 있지 않았고, 도리어 그 점에서는 보수적이었다.

볼테르가 이상으로 삼은 것은 절대적 군주제였으며, 또한 합리주의적 독재였다. 그는 인류의 진보를 위해 평생 노력을 바쳤으나, 그 실현을 위해서는 절대군주를 믿었다. 어리석은 대중을 경멸한 그는 민중에 의해서는 진보를 이룰 수 없다고 생각했다. 그와 같은 볼테르가 프랑스혁명을 예언했다고 하여 국민회의에서 프렐라르의 칭찬을 받았다고는 하나, 그는 본질적으로 보수적이었으며 마티에의 표현대로 '군주제와 그 적과의 싸움에서 볼테르는 언제나 군주제 속에 자기를 두었다.' 그래서 그는 군주제의 강화를 모색하고 있었으며, 이를 위해서는 교회 권력으로부터 군주체제가 자유로워져야 한다고 생각했다.

백과전서파 디드로와 달랑베르

루소는 1742년 파리로 가서 디드로와 알게 되었고, 1749년에는 그에게서 《백과전서》에 음악 항목을 써 달라는 부탁을 받았다. 이처럼 루소는 '백과전서파' 사람들과 인연을 맺고 있다.

프랑스 계몽주의에서 《백과전서》가 수행한 역할은 크지만, 그것은 1728

년 간행된 영국의 쳄버스 백과사전(Chamber's Encyclopaedia)을 프랑스어로 번역하는 일에서 힌트를 얻은 것이다. 《백과전서》는 그 무렵 아카데미 회원이었던 달랑베르와 디드로가 편집했다. 그 시절 아카데미에 속해 있는 사람에게 책을 쓰게 하는 것은, 출판사에게는 매출과 직결된 보증수표와도 같았다. 그 제1권은 1751년 7월에, 제2권은 이듬해인 1752년 1월에 나왔는데, 왕실참사원은 그 책들의 발행을

디드로(1713~1784)

금지하려고 했다. 그 까닭은 그것들이 왕의 권위를 해치고 독립정신을 부추겨 풍속을 문란하게 하며, 나아가 무신앙을 초래하고 교회의 권위를 파괴한다는 것이었다. 그럼에도 불구하고 《백과전서》의 간행은 계속되었다. 1758년에는 달랑베르가 편집에서 손을 떼는 사태가 일어났지만, 그래도 디드로는 간행을 계속했다. 1765년에는 8권부터 17권까지 출판되었고, 나아가 5권의 부록편과 2권의 색인이 암스테르담에서 인쇄되었다. 이리하여 《백과전서》는 도판(圖版)을 포함하여 모두 38권으로 1780년에 완성되었다. 그러나 이 책들은 항목 선정 등의 일정한 기준이 없어 제각각이며 전체적으로 통일성이 없었다. 그럼에도 이 《백과전서》가 의의를 갖는 이유는 이것이 단순한 지식을 위한 사전이 아니라, 그 무렵의 교회나 정치체제에 반대하는 이데올로기를 담고 있었기 때문이다. 그것은 미슐레(Michelet)가 말했듯이 단순한 책 이상의 것이었으며, 마치 하나의 결사(結社) 단체와도 같았다.

《백과전서》 편찬을 주도하던 디드로와 달랑베르 중 전자가 모험적이고 서정적인 데 대하여 후자는 신중하고 보수적이며 방법론적이었는데, 이들은 작업

을 하며 서로 장점을 살리고 단점을 보완했다. 디드로는 이 책들의 서문을 아카데미 회원이었던 달랑베르에게 쓰도록 했는데, 그는 《백과전서》를 일반에게 소개하는 데 가장 적합한 인물이었다. 그 덕분에 심술궂은 철학자들도 그 책들의 내용을 믿게 되었던 것이다.

루소와 그의 영향

인간 루소

루소는 '나는 편견을 지닌 사람보다는 역설적인 사람이 좋다'고 말했던 만큼, 그 자신이 편견이나 도그마티즘의 파괴자인 동시에 열성적인 진리의 건설자였다. 루소는 '생명을 진리에 바친다'는 로마의 시인 유베날리스(Juvenalis 50~130)의 시 구절을 모토로 삼고 있었다. 그리고 일반인들의 상식 가운데에서 진리를 발견하기보다는, 자신의 생각에 그렇게 여겨지는 것만을 진리로 삼았다. 또 자신의 모토에 결코 어긋나지 않았다. 그에게는 그 무엇에도 사로잡히지 않는 자유 정신이 있었다. 루소는 저술을 통해 많은 사람들을 감화시켰을 뿐만 아니라, 무엇에도 굽히지 않는 자유 정신의 인도를 받은 자신의 생활 자체로 크나큰 교훈을 주었다. 그는 거짓된 사회에 스스로 저항한 것이다.

루소만큼 그 몸 안에 '천재와 광기를 함께 지녔던 사람은 드물 것이다.' 또한 그의 내부에는 '대단히 격렬한 감정과 둔중(鈍重)하게 나타나는 사상'이 화합하지 않고 병존하고 있었는데, 그것이 그의 사상과 실천의 불일치를 초래했다고 말할 수 있다. 정상적인 교육은 거의 받지 못한 상태에서 스스로 지적인 발달을 이룩한 루소는 그 정신의 표현에 있어 냉정한 억제력을 발휘할 수 없었다.

가정적인 혜택을 받지 못하고 일찍부터 방랑한 루소는 태연하게 거짓말과 도둑질을 했다. 또한 갓 태어난 자기 아이들을 차례대로 버렸다. 그러나 중년부터는 도덕을 따르고 그것에 열중했다. 그리고 스스로 자신의 죄를 책망하며 정직한 사람이 되었다. 그리하여 그는 도덕적으로 완성되어 더 완전한 영혼을 가지려고 애썼다. 배반당하고, 추방되고, 박해받고, 거의 미칠 지경에 몰리게 되었어도 그는 자신의 이상을 추구하는 일에 열중했다.

그러나 인격의 완성을
위해 노력한 루소에게도
여전히 결점은 있었는데,
그 가운데 하나가 교만이
었다. 그것은 자신의 재능
에 대한 것이 아니라 도덕
에 대한 것이었다. 이것은
어렸을 때 읽은 플루타르
코스 영웅전의 영향 때문
이었다. 그는 아마도 영웅
들을 자기와 같은 인물로
생각하면서 마음속에 초
인적인 덕을 그렸을 것이
다. 그리하여 그는 청빈을
유지하고, 파란만장한 생
활 중에 행운이 와도 모든
이익을 거절하고 가난하게
살았다.

달랑베르(1717~1783)

루소의 생애는 자유와 진리의 탐구를 위한 괴로움으로 가득 찬 나날이었다.
그러나 도리어 이로써 충실하고 행복한 삶이었다고 할 수 있을 것이다.

루소의 영향

루소의 영향은 철학, 교육, 문학, 정치 등의 분야에 광범위하게 걸쳐 있다. 예
를 들어 그의 《신 엘로이즈》와 《에밀》은 그 무렵 꽤 많은 사람이 읽었는데, 베
르나르댕 드 생 피에르는 그 영향에 대하여 다음과 같이 말했다.

"(그 책을 읽고 난 뒤) 여왕들은 자기 아이에게 직접 젖을 먹이고 대왕은 손
수 기술을 배웠다. 부자들은 영국풍 전원 취미의 낙원을 만들려고 시도했다."

루소의 많은 독자들은 그들이 스스로 루소의 저서에 등장하는 주인공과
비슷해지려 했다는 내용이 담긴 편지를 보내 왔다. 이와 같이 그의 영향으로
전원 생활이나 자연교감의 취미가 덕성(德性)을 동경하는 기풍과 함께 유럽에

파급되었다.

또 루소의 《사회계약론》은 그가 살아 있는 동안에는 널리 읽히지 않았지만, 그가 죽은 뒤 혁명가들의 복음서가 되어 민주주의(democracy) 정신을 발달시키는 데 큰 역할을 했다. 1793년, 로베스피에르와 생 쥐스트가 국민공회 헌법을 만들 때 바탕이 되었던 것도 이 《사회계약론》이었다.

프랑스뿐만 아니라 외국의 많은 작가들도 그에게서 큰 영향을 받았다.

프랑스에서는 스탈 부인, 샤토브리앙, 라마르탱이나 조르주 상드 등이 그랬고, 독일에서는 슈투름 운트 드랑(1767~1780년 무렵의 독일 문학운동)이 루소의 영향으로 시작되었다. 예컨대 렌츠는 《가정교사》에서 《신 엘로이즈》와 같은 주제를 다루고 있다. 칸트 외에 헤르더, 피히테, 괴테, 실러 등도 적지 않은 영향을 받았다.

루소의 사상이 가진 감화력은 영국의 골드스미스, 쿠퍼, 워즈워스, 바이런, 조지 엘리엇 등에게도 미쳤다.

또 교육사상에 대한 영향을 말한다면, 《에밀》이 발표되었을 때 아직 여섯 살이었던 페스탈로치는 나중에 그의 책을 읽은 일이 그의 인생을 바꾸었다고 할 정도였다. 프뢰벨이나 헤르바르트 역시 루소의 영향을 받았다 할 것이다. 루소 시대에 가까운 사람들에게 미친 영향은 이상과 같으나, 교육에서 어린이의 자유를 존중하는 루소의 정신은 오늘날에도 살아 있다.

프랑스혁명에 끼친 영향

루소가 프랑스혁명을 이끌었다고 할 수는 없지만, 몽테스키외 등의 '필로조프(Philosophe, 거리의 철학자)'들과 함께 그 기운의 형성에 이바지했다고 할 수 있을 것이다. 1791년 12월 29일, 디에마드는 국민회의에서 루소의 동상을 세울 것을 제안하는 연설 중에 "여러분은 장 자크 루소 안에서 대혁명의 선구자를 볼 것입니다"라고 말했다. 또 마라는 1788년에 공공광장에서 《사회계약론》을 읽고 그것을 해설하였는데, 청중은 그에게 큰 박수갈채를 보냈다. 또 1791년, 몽모랑시에 세워진 루소 동상에는 '우리 헌법의 기초를 만들었다'고 새겨져 있다. 이런 것만으로 루소가 프랑스혁명에 미친 영향이 얼마나 컸는가를 짐작할 수 있다. 그러나 1789년의 '인권선언'이 루소풍이라 하더라도, 그 모든 공로를 루소에게 돌릴 수는 없다. 루소 이전에도 그런 사상은 이미 있었으며 특히 미국혁명의 영향은 무시할 수 없기 때문이다. 게다가 루소는 로크나 이른바 '필로조프'의 영향을 받았는데, 로크 역시 미국혁명에도 영향을 끼쳤다.

프랑스혁명과 루소의 연관성을 생각할 때 우리는 그 도덕적 인간상도 아울러 생각해야 한다. 프랑스혁명 당시 루소는 《사회계약론》보다는 도리어 《에밀》이나 《신 엘로이즈》로 유명했으며, 또한 박해를 받고 있으면서도 유덕(有德)하게 진리의 무기로 싸우는 사람으로 상징화되어 있었다. 그것이 그가 혁명가의 전형이 된 이유일 것이다. 사실 루소는 고통스런 운명을 짊어지고 있었지만 결코 인간에 대한 사랑을 잃지 않았다. 루소가 죽은 뒤, 포플러 섬에 있는 그의 묘지를 참배하는 사람이 줄을 이었다고 한다. 이렇기 때문에 루소가 보여 준 도덕적 본보기도 시민적 자유를 제창하는 그의 사회사상을 넓히는 데 기여했다고 평가되는 것이다.

루소의 사상

루소가 추구한 것

루소의 사상을 다룰 때 우리는 그가 다양한 사상가들로부터 받은 영향을 무시할 수 없다. 그의 정치 사상에서는 플라톤, 홉스, 그로티우스 등의 영향을, 교육 사상에서는 로크나 몽테뉴 등의 영향을 찾아볼 수 있다.

루소가 시종일관 추구한 것은 인간의 자유이며, 그것을 해하는 악으로부터 인간을 해방하는 일이었다. 18세기에는 계몽주의 이후 악의 문제가 철학의 주요 문제 가운데 하나였다. 그것은 계몽주의가 인간을 불안하고 불안전한 것으로 만드는 전통적인 종교에 대한 반동이었기 때문이기도 하다. 예를 들면, 벨은 이 세상에서 악의 존재는 이 세상을 창조한 전지전능한 신의 섭리로도 합리적인 설명을 할 수 없다고 생각하고, 종교는 도덕에 아무런 영향력을 갖지 못한다고 했다. 또 라이프니츠는, 악은 음악의 불협화음처럼 전체의 미와 선을 위해 필요한 것이라고 생각했다.

그러나 루소는 악의 문제를 순수하게 철학의 문제로 다루지 않으며, 주로 그 자신에게 직면한 악을 다룬다는 점에서 특색이 있다. 즉 그는 사회제도나 정치에서 악의 근원을 찾았던 것이다. 이것은 루소로 하여금 필연적으로 자연을 중시하게 했다. 그는 자연 상태에서 인간은 자유로우며, 삶을 즐길 수 있다고 생각했다. 그리고 그에 반하여 사회 속에서 인간은 자유를 잃고 불행하다고 생각했다. 그래서 인간이 자유롭고 행복해지기 위한 방법을 인간 그 자체에 관한 고찰과 사회에 관한 고찰, 두 측면에서 추구하는 것이 루소가 다루고자 하는 주제였던 것이다.

문명에 의한 부패

앞서 본 바와 같이 《학문예술론》은 1749년에 쓰였으며, 그것은 루소가 디드로에게 도움받고 있을 무렵이었다. 그러나 이 논문의 성립에는 그 이상으로 플루타르코스, 몽테뉴, 세네카 등이 큰 영향을 끼쳤다. 그 뒤로 루소의 모든 사상은 이 논문에 근거하고 있으며, 그 사상의 모든 맹아는 이 속에 있다고 해도 좋을 것이다.

루소는 이 논문의 제1부에서 르네상스 이래의 학문이나 문학, 예술의 부흥이 어떻게 인간으로부터 그 본래의 자유를 빼앗고, 노예상태를 사랑하는 문명인을 만들어 내는지 살피고 있다. 루소는 학문이나 예술이 인간의 풍속을 부패시키며, 오히려 민중을 억압하는 수단으로 사용되고 있다고 본 것이다. 여기에서 루소를 따라 풍속이 얼마나 부패했는지를 '예절'이라는 관점에서 살펴보자. 그는 그것에 관해 다음과 같이 말하고 있다.

"인위적인 규범들을 지키도록 우리에게 예의를 강요하면서 우리의 정념에 고의적인 말을 쓰도록 가르치지 않았던 시대에는, 우리의 풍속은 세련되지는 않았지만 자연스러운 것이었다. 그리고 태도의 차이가 언뜻 성격의 차이를 알려 주고 있었다. ……

예리한 연구와 섬세한 취미가 사람들에게 호감을 주는 방법의 원리가 된 오늘날, 우리의 풍속 안에는 무가치하며 사람을 잘못된 판단으로 이끄는 획일성이 지배하며, 모든 정신은 같은 형태 안에 있는 듯한 느낌이 든다. 끊임없이 예의가 요구되고 예절이 명령된다. 또 사람들은 끊임없이 관습을 좇으며 결코 그 고유한 재능을 따르려 하지 않는다. 사람들은 이미 구태여 그 시대 사람처럼 행동하지 않는다.

이 영원한 속박 속에서 사회라는 무리를 형성하는 인간은 같은 환경 속에 놓인 채로, 만일 더 강한 동기가 인간의 마음을 움직이지 않는 한 같은 일을 반복할 것이다."

이 말에서 문명에 대한 루소의 날카로운 비판을 엿볼 수 있다. 분명 예의, 예절은 우리의 사회생활을 더욱 쾌적하게 하는 일종의 윤활유이다. 그러나 루소에 의하면, 그것은 인간의 본질을 잃게 하고 인간을 소외시키는 것이며, 사회적인 연대를 도리어 저해하는 것이다. 따라서 루소는 거기에는 성실한 우정도 존재하지 않는다고 말한다. 그는 이런 것이 사실이라면 그 원인은 학문예술의 진보에 있다고 생각했다. 그리고 그것은 오늘날에만 나타나는 현상이 아니며, 몇몇 현인들의 저항이 있긴 했지만 역사상으로 이른바 천체 운행 이상으로 규칙적으로 나타난 것이다.

《학문예술론》(1750) 속표지
디종 아카데미 수상작

이렇게 보면, 학문예술과 덕은 서로가 양립되지 않는 것처럼 보인다. 그러나 과연 그럴까. 또 성실이란 도대체 '무지'의 산물인 것일까. 루소는 이 학문을 학문예술의 기원을 탐구함으로써 해결하려 한다.

학문과 예술은 악덕에서 태어난다

루소에 의하면, 천문학이 미신에서 생겨나고 기하학이 인색함에서 비롯된 것처럼 학문은 인간의 악덕에서 생겨났다. 그리고 이 논리는 예술에도 해당된다. 왜냐하면 학문과 예술이 덕에서 태어났다고 하면, 그들은 우리를 부패시키지 않았을 것이기 때문이다. 이렇게 루소는 학문이나 예술은 그 기원에서부터 결함을 가지고 있으며, 그것은 그 목적을 봐도 알 수 있다고 생각했다. 루소는

"예술은 사치 없이는 자라날 수 없으며, 또 법학은 불의가 없는 곳에 어떠한 도움도 줄 수 없다. 게다가 역사는 폭군이나 전쟁, 음모자 없이는 성립되지 않는다"고 했다.

루소는 이상과 같이 그 목적이 공허한 학문이나 예술은, 요컨대 시간의 낭비를 초래할 뿐이라고 말한다. 이것은 그에 의하면, 사회가 입는 최초의 해(害)이며, 그것은 한가하게 생활하며 선을 행하지 않는 것이기도 하다. 루소는 이렇게 학자, 특히 문학이나 예술 등에 종사하는 이들이 우리에게 유익한가에 대해 의문을 품었다. 그는 다음과 같이 말한다.

"그들은 조국이나 종교라는 오래된 말을 경멸하듯 비웃고, 인간에게 있는 신성한 모든 것을 파괴하고 멸시하기 위해 그들의 재능과 철학을 바치고 있다."

이처럼 루소는 학자나 문학·예술은 사회에 해만 입힌다고 생각했다.

부패를 초래하는 것

루소에 의하면, 일대 해악인 시간 낭비와 허영으로부터 태어난 사치는 가끔 학문과 예술 없이 존재한다. 그러나 결코 사치 없이는 학문, 특히 예술은 성립하지 않는다. 이 한도 안에서 학문과 예술은 사회에 해를 입히는 것이며, 또 미덕과도 양립하지 않는다. 루소는 사치는 부유하다는 증거이며, 돈밖에 문제시되지 않는 시대에는 부만이 추구되며 덕이 경시된다고 한다. 따라서 정치가들은 인간을 그저 가축처럼 평가하고, 인간은 국가에서 그들이 이루는 소비로서만 가치가 인정된다고 생각한다. 거기에서는 덕이 완전히 무시되며, 인간을 평가하기 위한 진정한 기준이 없어진다. 이렇게 사치는 풍속을 부패시킨다고 한다.

이상과 같은 사치에서 유래한 풍속의 부패는, 취미를 타락시킨다. 루소는 생활이 더욱 편리해지고 예술이 완성되고 또 사치가 퍼져나가는 사이에 진정한 용기가 약해졌다고 보았다. 그것을 그리스·로마의 역사를 들어 논했으며, 이것은 학문의 발달로도 설명할 수 있다고 말했다. 또 루소는 학문의 연구가 전투적인 것에 유해하다면, 그것은 그 이상으로 도덕적인 것에도 유해하다고 했다. 왜냐하면 아이 때부터 시킨 학문에 대한 어리석은 교육은 우리의 정신을 갉아먹고, 우리의 판단을 부패시키기 때문이다. 이런 교육을 받은 어린이는 오류와 진리는 구별하지는 못해도, 특수한 의론을 통해 타인이 그것을 분별하지 못하게 하는 방법은 익힌다고 한다. 그래서 그들은 아량, 공평, 절제, 인정, 용기라는 말의 진정한 의미를 알지 못한다. 이렇게 루소는 재능과 덕의 모순을 분명히 밝히고 있다. 그럼, 도대체 이런 모순의 근본은 어디에 있는 것일까.

학문 연구는 불필요한 것인가

루소는 이런 모순의 근본이 재능의 차별과 덕의 타락에 의해 인간에게 주어진 유해한 불평등에 있다고 한다. 여기에서 나중에 보이는 '불평등'에 관한 견해가 나타난다. 루소는 사람들이 성실과 덕을 경시하며 그저 재능이 있는가 없는가만을 묻는다고 한다. 이런 평가에 근거한 불평등을 초래하는 학문예술 연구에서는, 가치 전도가 이루어지고 덕은 문제되지 않는다. 그래서 물리학자·기하학자·화학자·천문학자·시인·음악가가 있어도 덕을 가진 시민은 찾아보기 힘든 것이다. 그리고 그런 시민이 있다 해도 시골에 버려져 뿔뿔이 흩어지거나, 거기에서 매우 가난한 상태로 무시당하며 죽어간다.

그렇다면, 이런 문제를 어떻게 타개해야 하는가.

루소는 결코 학문, 예술을 파기하는 것으로 그 해결을 꾀하지 않는다. 오히려 학문과 예술이 필요하다고까지 생각한다. 즉 학문과 예술의 연구는 어느 한정된 사람에게만 허용해야 한다는 것이다. 예를 들면, 그런 사람은 베이컨이나 데카르트, 뉴턴처럼 교사를 필요로 하지 않는 사람이며, 스스로의 힘으로 그들 거장의 뒤를 더듬어 갈 수 있는 힘과 그것을 따라잡을 힘을 자각하고 있는 사람이다. 루소는 이런 소수의 사람이야말로 인간 정신의 영예로운 기념비를 세울 만한 자들이라고 보았다. 더구나 이런 사람은 왕이나 정치가의 고문이어야 하며, 이러한 덕과 이성과 권력이 협력하면 거기에서 인간의 행복이 생겨난다는 것이다. 따라서 그는 학문과 예술을 일방적으로 부정하는 것이 아니다. 루소가 《학문예술론》을 쓴 것은 '미덕을 유덕한 사람 앞에서 옹호'하기 위함이며, '학문을 학대하기' 위함이 아니라고 말하고 있다. 요컨대 그는 미덕이 인간을 풍속의 부패로부터 구한다고 생각한 것이다. 이렇게 루소는 학문이나 예술보다 덕을 강조했다. 그에게 덕이란 자연스런 인간으로 향하는 길, 행복으로 향하는 길이었고, 이러한 사고는 《에밀》에서 더욱 진전되었다. 결국 이 《학문예술론》은 문명 비평을 빌린 일종의 정치 비판론이었던 것이다.

루소의 저작

인간의 불평등은 어떻게 생겨나는가-《인간불평등기원론》

정치에 대한 관심

《인간불평등기원론》은 이미 본 바와 같이 1752년 〈나르시스〉의 서문에 담긴 생각을 발전시킨 것이다. 이 서문은 루소의 입장을 보다 정치적으로 만들었다는 점에서 중요하며, 그 안에서 처음으로 루소는 정치적 악과 부정을 명확히 논했다. 그는 다음과 같이 말하고 있다.

"기묘하게 불행을 초래하는 정체, 거기에서는 축적된 부가 언제나 더 큰 부의 축적을 용이하게 한다. 거기에서는 아무것도 갖지 않은 자는 아무것도 얻을 수 없다. 거기에서는 선인은 비참으로부터 벗어날 어떠한 수단도 갖지 못한다. 거기에서는 가장 큰 사기꾼이 가장 명예로운 사람이다. 그리고 거기에서는 정직한 인간이 되기 위해 필연적으로 덕을 포기해야 한다. 나는 미사여구에 능한 사람이 그것을 백 번이나 말했던 것을 알고 있다. 그들은 말할 때 꾸미며 말하지만, 나는 근거에 따라 말한다. 그들은 악을 인정하나, 나는 그 원인을 발견한다. 그리고 나는 이들 모든 악덕이 악하게 지배당한 인간에게 속해 있는 한에는, 인간에게 속하지 않는 것을 나타내며 위로가 되는 유익한 것을 특별히 보여 주고 싶다."

이렇게 루소는 다양한 해악은 정치나 사회의 악에 있다는 것을 분명히 했다. 여기에서는 원죄에 대한 인간 본성의 옹호를 볼 수 있다. 이런 생각은 1753년 디종 아카데미 현상논문에 응모하는 형식으로 쓰인 《인간불평등기원론》이나 《정치경제론》(1755)으로 발전되었다.

미개인의 특징

먼저 루소는 불평등의 기원을 찾기 위해 자연 그대로의 모습인 평등하고 행복한 인간을 가정하여 고찰한 다. 그리고 인간으로부터 초자 연적인 선물이나 인공적인 능 력을 없애면 거기에 남는 것은 동물이라고 한다. 그러나 그것 은 '어떤 동물보다 약하고, 다 른 어떤 동물보다 민첩하지 못 하지만, 결국은 모든 것 중에 서 가장 유리하게 조직되어 있는 존재'이다. 따라서 그것 은 너무나 쉽게 그 욕구를 채 울 수 있다. 즉 그 동물은 '떡 갈나무 아래에서 배불리 먹 고 시냇물을 찾으면 바로 목 을 축이고, 그 나무 아래에서 잠을 청하는' 완전히 감각적인 생활을 할 수 있는 것이다. 그 리고 그들에게는 자연이 자못

《인간불평등기원론》(1755) 속표지

스파르타 법률처럼 작용하여 강한 자만이 살아남는다. 이런 미개인은 모든 본 질적인 관점에서 보면 동물이며, 그것이 지향하는 것은 자기 보존이다. 이 상 태에서 미개인의 진정한 적은 질병이다.

미개인은 그러면서도 동물과는 전혀 다른 것을 가지고 있다. 동물은 그저 자연의 지배를 당하고 그에 의해 행동을 결정하는 데 반하여, 미개인은 자유 의지를 갖는다. 또 인간은 자유의지를 가짐으로 자유의식을 가질 수 있다. 루 소는 여기에 나타나는 것이 동물에게는 없는 영혼의 정신성이라고 한다. 또한 인간과 동물을 구별하는 것은 자기를 완성하는 능력이라는 것이다. 이 능력은 우리를 불행하게 만들지만, 미개한 상태에서 이런 속성은 단순히 가능성에 머 물러 있다. 이렇게 그는, 미개인은 자연 상태에서 살아가기 위해 필요한 모든 것을 본능 안에 가지고 있다고 생각했다.

게다가 루소는 자연 상태에서 인간은 선인도 악인도 아니라고 한다. 자연

상태의 미개인에게는 자기 보존의 충동과 연민의 감정, 이 두 가지를 가정할 수 있다. 루소는 이것들은 사회 상태에서 도덕의 기초를 이루는 것이지만, 그 가운데 연민의 감정은 홉스도 전혀 주목하지 않았던 원리라고 말한다. 그는 그것은 자연 감정으로서, 자기애로부터의 활동을 완화하여 상호 보존에 협력하게 하는 것이며, 사회 상태에서의 법률·관습·덕을 대신하는 것으로 본 것이다. 루소는 미개인을 다음과 같이 결론짓는다.

"숲속을 방황하고, 생활 기술도 없고, 언어도 없고, 주거도 없고, 전쟁이나 동맹도 없고, 동포를 필요로 하지 않을 뿐만 아니라 그들을 조금도 해치려고 하지 않고, 그들 중 아무도 개인적으로 기억하는 일조차도 없었던 미개인은, 아주 미약하게 정념에 지배당할 뿐 자기 혼자서 일을 해치울 수 있었으므로 이 상태에 고유한 감정과 지식만을 가지고 있었다."

따라서 자연 상태에서 불평등은 거의 존재하지 않았으며, 인간은 평화롭고 행복했다고 루소는 생각했던 것이다.

현대 사회의 온갖 계급을 지배하고 있는 교육이나 생활양식은 놀랍도록 다양하다. 반면 동물이나 미개인은 모두가 같은 음식을 먹고 비슷하게 생활한다. 전자의 다양성과 후자의 단순성 및 획일성을 비교해 보라. 그러면 인간끼리의 차이가 자연 상태에서보다는 사회 상태에서 더 심하다는 사실을 알 수 있다. 또 자연의 불평등은 제도의 불평등에 의해 커질 수밖에 없음을 이해할 수 있다.

불평등은 어떻게 발생하는가

루소는 불평등을 나이나 건강, 체력의 차이 및 정신이나 영혼의 차이로 성립하는 자연적·육체적 불평등과, 일종의 약속에 의한 도덕적·정치적 불평등으로 나누고 있다. 루소가 여기에서 문제 삼는 것은 후자이다. 왜냐하면 전자의 불평등의 원천은 자연이고, 그런 만큼 그 이상 거론할 수도 없기 때문이다. 그럼 도덕적·정치적 불평등은 어떻게 생겨난 것일까. 루소는 그것이 '우리 능력의 발전과 인간 정신의 진보에서' 생겨나며, 결국에는 '소유권과 법률의 규정에 의해 확고해지며 정당해진다'고 했다. 즉 자연 상태에서 인간은 살기 위해 자연과 투쟁해야 한다는 것을 배우고, 그것으로 인간 정신에 다양한 관계를 나타내는 관념이 생겨났다는 것이다. 루소는 이것이 인간 정신 발달의 첫걸음이라고 가정한다. 이로써 인간은 서로에게 이익이 되기 위해 더 나은 행위의 규칙들을 지켜야 한다는 것을 자각하게 되었다. 이렇게 인간의 정신이 계발됨으로써 산업도 발전하게 되었다는 것이다. 그에 의하면 인간의 정신이 집을 만들게 하고, 거기에서 가족이 생겨난다고 한다. 그리고 이런 결합으로부터 인간의 정신과 문화가 발달하게 되었다. 여기에서 주의해야 하는 것은, 루소가 이 가족과 함께 사유재산이 발생했다고 보았다는 것이다. 그는 이것이 정치사회가 태어나는 기원이 되었다고 생각했다. 이렇게 인간에게 사회가 생겨나고 그 정신과 문화가 발달함에 따라, 인간은 서서히 가치평가를 하게 된다. 예를 들면, 사람들은 어떤 모임 안에서 노래를 가장 잘 하고 춤을 가장 잘 추는 사람이 존경받는다는 사실에서 가치를 발견하는 것이다. 루소에 의하면 이제 여기에서 자존심이 생겨난다. 그리고 이것이야말로 불평등의 시작이자 악덕의 싹인 것이다. 그때부터 한쪽에서는 허영과 경멸이, 또 다른 쪽에서는 불명예와 선망이 생겨나기 때문이다. 그러나 다른 사람의 손을 빌리지 않는 기술로 살고 있었던 상태에서 인간은 아직 자유로운 존재였으며, 행복했다. 그리고 루소는 진정한 사유(私有)와 불평등이 발생하는 것은 노동에서 타인의 손을 빌려야 하기 때문이며, 거기에 더욱 더 박차를 가한 것은 야금술과 농업의 발달이라고 말한다. 이것이 사유의 관념을 더욱 발전시키고 분업을 낳은 것이다. 이렇게 해서 인간의 가치는 쉽게 물질로 잴 수 있을 뿐만 아니라, 그 특수한 재능과 장점 등으로도 평가할 수 있게 된다. 따라서 인간이 존경받기 위해서는 진실로 그것과 어울리거나, 아니면 그것과 어울리도록 보여야 하는 것이다. 루소는 여기에서 위엄 있는 과시와 사람을 속이는 책략이 생겨나고, 그와 함께 모든 악이 생겨났다고 보았다.

불평등이 초래한 것
루소에 의하면 최초의 사유(私有)에서 생긴 것은 경쟁과 대항인데, 그것은 곧 이익의 대립이며 타인을 희생하여 이익을 얻고 싶어 하는 숨겨진 욕망이다. 이에 의해 인간은 탐욕적이고, 야심적이고, 또 사악한 존재가 되었다. 또 여기에서 전쟁이 생긴 것이다.

루소의 관점에서, 이런 전쟁 상태를 완화하고 제어하는 것은 정치의 문제였다. 그에 의하면, 본디 재산이라는 것은 정당하게 얻을 수 있는 것이 아니다.

그래서 전쟁 상태 속에서 그러한 재산을 지키기 위해 부자가 생각한 것은 어떤 형태의 결사(국가)를 만드는 것이다. 그래서 부자는 다음과 같이 호소했다고 한다. "우리 힘을 우리 이익에 부합되도록 모아서, 우리를 현명한 법에 따라 통치하고, 결사의 구성원을 지키고, 공통의 적을 격퇴하며, 우리를 영원히 일치 단결시키는 최고의 권력으로 향하게 하자."

루소는 여기에서 사회와 법률의 기원을 찾고 있으며, 이들이 자연의 자유를 영구히 파괴하고 사유와 불평등의 법을 영구히 확정했다고 보았다. 그리고 그 뒤로 몇몇 야심가들의 이익을 위해 그 이후의 모든 인류는 노동과 예속과 비참함에 복종하게 되었다고 생각한다.

이렇게 탄생한 정부는 정당한 권력으로부터 생긴 것이 아니며, 빈자보다는 부자의 이익 보호에 더 큰 중점을 두고 있다는 점에서 정당한 계약이 아니다. 그리고 정부는 그 형태를 막론하고 선출된 위정자를 갖는다. 즉 군주제이든, 귀족제이든, 민주제이든, 그 체제의 수장은 선거에 의해 뽑히게 되었던 것이다.

위정자에게는 부가 문제가 아니며 재능이나 연령, 침착함 등이 중시되어 왔으나, 선거가 귀찮아지면서 위정자의 세습화가 일어나게 된다. 이렇게 그는 정치상의 불평등이 먼저 부자와 빈자의 구별, 다음으로 강자와 약자의 구별, 그리고 주인과 노예의 구별을 낳는다고 증거하고 있다. 그리고 그는 세 번째 상태는 정부가 완전히 해체되지 않거나 합법적인 기초 위에서 다시 세워지지 않는다면, 계속 이어지게 될 것이라고 생각했다. 이 마지막 단계에서, 전제정치가 공화국의 폐허 위에 확립되는 괴물로서 나타난다는 것이다. 그리고 여기에는 '민중에게는 지도자도 법률도 없고, 그저 있는 것은 독재자뿐이다. 그리고 그 뒤로 풍속이나 덕은 문제가 안 될 것이다. 왜냐하면 전제정치가 지배하는 곳에서는 도덕에 아무런 희망도 가질 수 없으며, 전제는 다른 어떠한 주인도 허락하지 않기 때문이다. 그리고 '전제의 지시가 떨어지자마자, 서로에게 요구되어야 할 성실도 의무도 사라지고 극히 맹목적인 복종이 유일한 덕이 된다.' 루소는 이것이 불평등의 마지막 항목이라고 한다. 더구나 여기에서 모든 사람은 다시 평등해진다고 한다. 왜냐하면 신민(臣民)들은 주인의 의지 이외의 다른 법을 갖지 않고, 또 주인은 그의 욕망 이외에는 다른 규칙을 두지 않게 되며, 따라서 선의 관념과 정의의 원리는 또다시 사라져버리기 때문이다. 따라서 여기에서 모든 것은 가장 강한 것의 법으로 귀착한다. 그리고 여기에서 한 가지 새로운 자연 상태가 생겨나게 된다. 그러나 루소에 의하면 그것은 도를 넘어선 부패에서 오는 것으로 순수한 자연 상태가 아니며, 맨 처음 가정한 자연 상태와는 다른 것이다. 이상과 같이 루소는 불평등은 인간 능력의 발전과 인간 정신의 진보에 의해 그 힘을 얻어 확장되고, 마침내 재산의 확립과 법의 제정을 통해 확고해지며 합법적인 것이 된다고 보고 있다.

이처럼 불평등이 어떻게 태어났는가를 명백히 밝힌 다음에 문제가 되는 것은 불평등이 없는 상태를 실현하고, 인간답게 살아가기 위해서는 어떻게 하면 좋은가 하는 것이다. 이런 사회가 원시적 자연 상태로 돌아간다고 실현되는 것은 아닐 것이다. 루소는 그 해결을 《사회계약론》에서 시도하는데, 거기에서는 같은 조건 아래에서 같은 권리를 누릴 수 있도록 평등이 추구되고 있다. 그러나 여기에서는 그에 앞서 루소의 교육론을 보도록 하자.

자연인의 형성—《에밀》

루소의 교육 사상

루소의 교육 사상은 그 사회 사상과 밀접한 관계를 맺고 있다. 루소는 이 두 가지 주제가 행복한 인간 생활을 추구하기 위해 탐구해야 할 것들이라고 생각했다. 또 《사회계약론》은 《에밀》과 같은 해에 그보다 몇 주 빨리 출판되었을 뿐만 아니라, 이 두 저작은 앞서 본 바와 같이 《신 엘로이즈》의 경우처럼 그의 창조 에너지가 동시에 밀려온 결과 탄생한 것이므로 같은 시점에서 물음을 던져야 한다.

루소의 교육 사상은 주로 《에밀》에서 논술되고 있다. 그는 1740년에 이미 《생트 마리의 교육을 위한 기획》에서 그 생각을 논하고 있다. 《에밀》을 쓴 것은 그 2년 뒤의 일로, 교육에 관한 그의 생각은 《신 엘로이즈》에서, 또 《폴란드 통치론》이나 《정치경제론》 등에서도 나타나고 있다. 교육 문제에 루소가 얼마나 큰 관심을 가지고 있었는지 알 수 있을 것이다. 그의 주장은 교육 제도의 정비가 이루어지지 않아 공교육에 관한 논의가 전혀 없던 시대에서는 받아들이기 어려운 것이었고 지금으로서도 무리가 되는 점이 있으나, 그 근본정신은 오늘날에도 통용되는 것이다. 《에밀》은 어떤 부분은 소설풍으로, 또 어떤 부분은 교과서 풍으로 주인공 에밀의 교육에 관하여 쓰여 있다. 그리고 제5부에서는 이상적인 아내 소피가 등장해 여성 교육론이 전개된다. 그 다음에는 《에밀》에서 나타나는 루소의 교육 사상을 더듬어 보도록 한다.

교육의 목적

루소는 《에밀》의 서문에서 '인간 형성의 방법'이라는 말을 언급하며, 그것이 로크의 《아동 교육의 고찰》(1721) 이후 소홀히 다루어져 왔다고 말한다. 그는 인간을 형성하는 것, 즉 인간을 인간답게 하는 것이 교육이라고 생각하고, 이것을 '인간은 교육을 통해 이루어진다'라는 말로 표현했다.

인간을 인간답게 하는 것이 교육이라고 할 때, 거기에는 교육에 의해 인간이 되기 위한 (소재로서의) 인간과 인간으로서 (이미) 형성된 인간이라는 두 가지의 인간 개념이 관계한다. 그런데 여기서 '인간을 형성한다'는 것은 어떤 직업인을 만든다는 의미가 아니다. 이것은 루소의 다음 말로 알 수 있다.

"자연의 질서에서 인간은 온전히 평등하며, 그 공통의 천직은 인간이라고 하는 것이다. 그리고 인간으로서 잘 교육 받은 사람이라면 누구나 인간에 관한 모든 직업을 훌륭히 완수할 수 있다. 내 아이가 군인, 성직자, 또 변호사가 될 운명이라고 하는 것은 나에게 문제가 안 된다. 아이가 부모의 뒤를 이어 이러한 직업을 갖기 전에, 자연은 그를 인간적인 생활로 불러들인다. 인간으로서 산다고 하는 것이 내 아이가 배웠으면 하는 직업이다. 내 손에서 떠날 때, 그는 법률가도, 군인도, 목사도 아니리라 나는 인정한다. 그는 무엇보다도 먼저 인간인 것이다."

이렇게 루소는 교육이란 먼저 인간을 인간답게 하는 것을 그 목적으로 한다고 생각했다.

인간의 자연

그러면 루소가 교육을 통해 만들고자 했던 인간은 구체적으로 어떤 모습일까. 그것은 한마디로 말해서 자연인이다. 루소의 논리에서 자연이란 말은 원시적 상태라는 의미의 자연사적 개념으로도, 또 많은 인간이 인위적으로 만든 타락에 대해 직접 신에서 유래하는 소박과 조화를 의미하는 신학적 개념으로도 사용된다. 게다가 자연은 심리적인 개념으로 사용될 수도 있어 그 의미가

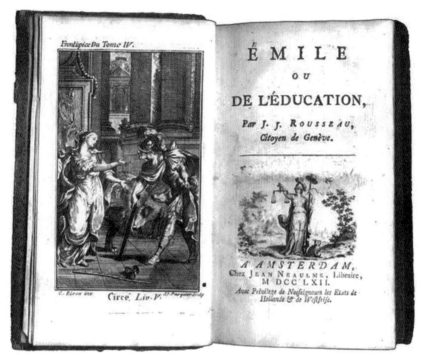

《에밀》(1762) 권두화 및 속표지

일률적이지 않다. 그리고 루소가 인간이 본디 가지고 있는 행복 혹은 완전으로 향하는 경향을 자연이라고 할 때, 그것은 심리학적인 것이라고 할 수 있을 것이다. 이에 관해 그는 다음과 같이 말한다.

"우리는 감성을 갖추고 태어났다. 그리고 태어난 이후, 우리를 둘러싸고 있는 것에 다양한 방법으로 자극을 받는다. 이른바 감각에 관한 의식을 갖게 되자마자, 우리는 그것을 낳는 대상을 추구하거나 피하는 경향을 띠게 되는 것이다. 처음에는 그들이 쾌적한지 불쾌한지에 의해, 다음으로는 우리와 대상 사이에서 발견하는 조화와 부조화에 의해, 그리고 마지막에는 이성이 우리에게 주는 행복 또는 완전한 관념을 근거로 하는 판단에 의해서이다. 이런 경향은 우리가 더욱 감각적이고 다양한 지식이나 경험을 가짐으로써 넓어지며 강해진다. 그러나 이것은 우리 습성에 속박당하기 때문에, 우리 의견에 따라 달라진다. 이런 변화가 일어나기 전의 성향이 바로 내가 우리 안에 있는 자연이라고 부르는 것이다."

이렇게 보면 루소가 말하는 인간의 자연이란, 궁극적으로는 이성에 의한 행복이나 완전함을 추구하는 경향임을 알게 된다. 루소에 의하면, 인간은 태어나면서부터 행복을 추구하는 존재이며, 따라서 우리에게 행복이란 자연이라고 말할 수 있을 것이다.

행복

그렇다면 행복이란 어떤 것일까. 루소는 이렇게 말했다.

"가장 행복한 사람은 고통을 적게 받는 사람이다. 가장 불행한 사람은 기쁨을 적게 느끼는 사람이다."

루소에 의하면, 고통의 감정과 쾌락의 관념은 각각 욕망과 떼 놓고 생각할 수 없다. 이에 대해 그는 다음과 같이 말한다.

"모든 고통의 감정은 그것을 피하고자 하는 욕망에서 떼어 놓을 수 없고, 모든 쾌락의 관념은 그것을 즐기고자 하는 욕망과 떼어 놓을 수 없다. 모든 욕망은 결핍을 전제하며, 우리가 느끼는 모든 결핍은 괴로운 것이다. 그런 까닭에 불행은 우리의 욕망과 능력의 불균형에 있다. 능력과 욕망이 같은 존재는 절대적으로 행복한 존재일 것이다."

이렇게 생각하여 루소는, 진정한 행복에 이르는 길은 '능력을 넘어서는 쓸모없는 욕망을 줄이는 것이며, 또 능력과 의지를 완전한 평등 속에 놓는 것이다'라고 했다.

자유인으로서의 인간

따라서 인간이 행복해지기 위해서는 자기 안에 그 존재를 가둬 두어야 한다. 또 자연이 일련의 존재 속에서 할당해 준 장소에 있어야 한다. 우리는 엄한 자연의 법칙에 맞서려고 해서는 안 되며, 이 법칙에 맞서려고 하늘이 준 힘을 낭비해서는 안 되는 것이다. 그러한 힘은 하늘이 그것이 원하는 만큼, 또 그것이 원하는 범위 내에서 우리 생명을 보존하라고 준 것이다. 우리의 자유와 힘은 우리의 자연적인 힘의 범위 안에서만 커질 뿐이다. 따라서 우리는 스스로 할 수 있는 것만을 바라야 한다. 이런 사람이 참된 자유인이다. 여기에는 능력과 욕망의 균형이 있다. 따라서 자유로운 사람이란 행복한 사람이며 자연인이다. 이것이 루소가 추구하는 인간이다. 그것은 자연성이 박탈된 상대적 존재가 아니며, 어디까지나 하나의 독립된 존재이다. 루소의 교육 사상은 이런 관점에서 출발한다.

사회 속의 자연인

그러나 인간은 동시에 사회적 동물이다. 우리는 사회 안에서 살도록 운명지어졌다. 따라서 인간을 인간으로 길러 내는 교육이 자연스럽고 자유로운 사람을 만드는 것을 목적으로 한다면, 그것은 사회 속에서 자연인을 형성해야 할 것이다.

루소 자신도 우리는 사회 속에서 생활해야 한다는 것을 인정하고 있다. 우리는 첫울음과 더불어 환경과 처음 관계를 맺게 되며, 거기에서 사회 질서가 형성되는 긴 첫 고리가 생겨난다. 따라서 우리는 사회에서 완전히 고립된 채 생활을 할 수 없다. 이렇게 보면 루소가 말하는 자연인이란 결코 황야를 떠도는 인간이 아니며, 사회 속에서의 자연인을 의미하는 것이다. 즉 그것은 사회의 한가운데 있으나 욕망과 억측으로 그에 의해 속박당하지 않는 인간이며, 자신의 눈으로 사물을 보고 자신의 감정으로 느끼고 자신의 이성만을 참되게 권위 있는 것이라고 인정하는 인간이다. 그리고 이런 자연인이 되는 것은 바로 자아를 향한 회귀일 것이다.

루소에게 교육이 목적하는 것은 위와 같은 인간의 형성이다.

자연을 왜곡하지 않는 교육

루소는 《에밀》의 서두에서 '창조주의 손에서 떠날 때에는 모든 것이 선하다. 그러나 인간의 손 안에서는 모든 것이 타락한다'고 했다. 또 '인간은 어떤 것도 자연이 만든 그대로 두려고 하지 않는다. 인간조차도 그대로 두려 하지 않는다. ……더구나 편견, 권위, 필연성, 본보기 및 우리를 매몰시키는 모든 사회제도가 우리 안의 자연을 억압해 버리고 있다' 라고 했다. 이런 말에서 알 수 있듯이, 루소는 인간을 본디 선한 존재로 생각한다. 그리고 그것을 악하게 하는 것은 인위적인 것이라고 본다.

이를 전제로 교육을 생각할 때, 마땅히 인간의 선한 성질을 조금도 왜곡하지 않고 신장시키는 것이 고려되어야 한다. 여기에서 소극적 교육의 필요성이 생겨난다. 루소의 소극적 교육은, 어린이가 갖는 자유성과 활동성을 중요시한

데에서 탄생한다. 만일 어린이들을 무시한 단순 주입식 교육을 한다면, 루소가 이상으로 삼은 자유로운 사람, 즉 자연인은 형성되지 않을 것이다. 따라서 교육은 인간의 본성인 선함을 왜곡하지 않아야 하며, 오히려 그것을 보호해야 한다. 그러나 이것은 결코 교육이 불필요하며 유해하다는 의미는 아니다.

조기 교육의 부정

《에밀》을 보면 먼저 교육은 적절한 시기를 따라야 한다는 내용이 나온다. 제2부에서 루소는 모든 교육 가운데 가장 위대하고, 가장 중요하고, 가장 유용한 규칙을 들고 있다. 그것은 '시간을 벌지 말고, 시간을 잃는 것'이다. 이것은 도대체 무엇을 의미하는 것일까.

루소에 의하면, 아이는 유아기부터 바로 이성을 가진 어른이 되는 것이 아니다. 만일 그렇다면, 시간을 들이지 않고 바로 정신을 형성하면 될 것이다. 그러나 어린아이는 그런 식으로 어른이 되지 않는다. 루소는 12세까지는 아직 인간에게 이성이 없다고 생각했다. 그런데 이 시기는 인간의 삶에서 너무나 중요하기 때문에, 자연의 발전 단계에 따라 교육을 행해야 한다고 보았다. 이에 관해 그는 다음과 같이 말한다.

"어린아이는 영혼이 모든 정신적 기능을 갖게 될 때까지 그것을 사용해서는 안 된다. 왜냐하면 어린이의 영혼이 맹목적인 동안은 그는 자신에게 보이는 횃불도 인식하지 못하기 때문이다. 또 이때 이성은 더욱 좋은 눈에 대해서도 아주 조금밖에 표현되지 않는다. 따라서 관념의 광대한 평원 속에서 어린이의 영혼이 잘 모르는 길을 더듬어 가는 것은 불가능하기 때문이다."

이 말에서 알 수 있듯이, 어린이에게 너무 이른 때부터 그 시기에 어울리지 않는 지식이나 관념을 제공하는 것은 피해야 한다. 이런 교육으로는 교육의 본디 목적을 이룰 수 없으며, 오히려 점점 그것으로부터 멀어지게 된다. 루소는 다음과 같이 말한다.

"초기의 교육은 순수하고 소극적인 것이어야 한다. 그것은 도덕이나 진리를 가르치는 것이 아니라 마음을 악덕으로부터, 또 정신을 단정치 못한 것으로부터 지키는 것에 있다. 만일 당신이 무언가를 시키거나 반대로 방임하거나 하지 않고, 당신의 학생이 좌우도 구별하지 못할지라도 그냥 두고 그를 건강하고 튼튼하게 12살까지 키울 수 있다면, 당신의 첫 가르침에서 학생의 사고의 눈은 이성으로 열리게 될 것이다. 편견도 습관도 없는 아이는 당신의 가르침을 방해하는 어떤 것도 마음속에 갖지 않을 것이다. 그리고 아이는 당신의 손 안에서 가장 현명한 인간이 될 것이다. 그리고 아무것도 하지 않은 것에서 시작하는 것으로, 당신은 경탄할 만한 교육을 한 것이 된다."

시간을 희생하라

따라서 루소는 어린아이를 꾸짖거나 엄히 다루거나, 달래거나, 위협하거나 하면서 지식을 심어 주려 해서는 안 된다고 말한다. 또 어린아이가 싫어하는 것을 받아들이도록 도덕을 강요하거나 해서도 안 된다. 도리나 이치를 내세워 어린아이가 싫어하는 것을 강요하게 되면, 그는 그런 도리나 이치를 귀찮은 존재로 느끼게 되어 제대로 이해하기도 전에 그것들을 불신하게 되기 때문이다. 이런 매우 위험한 상황을 피하기 위해 루소는 시간을 늦출 필요성을 설명한다. 요컨대 어린아이의 몸은 어린아이일 때 충분히 움직여 튼튼하게 해야 하지만, 정신의 힘은 활동하게 하지 말고 놀게 해야 한다는 것이다. 따라서 우리는 어린아이를 자유롭게 내버려 두어야 하며, 그렇게 보내는 시간을 낭비라고 생각해서는 안 된다. 이에 관해 루소는 다음과 같이 말하고 있다.

"아무것도 잃지 않겠다고 욕심을 부리다가 많을 것을 잃는 수전노 같은 행동을 해서는 안 된다. 처음에는 시간을 희생하도록 한다. 그러면 그것을 나중에 높은 이자와 함께 다시 얻을 수 있게 될 것이다."

이렇게 그는 어린 시절에는 마음껏 그 시절을 즐기게 하는 것이 좋다고 생각했다. 따라서 소극적 교육의 본질은 어린아이에게 아무것도 가르치지 않음으로써 오히려 참된 교육을 한다는 역설에 있는 것이다.

루소의 자연 사상과 문학

루소는 타락한 인위적 인간 사회, 즉 문명 사회를 부정하고 인간이 저마다 독립하여 자유롭고 평등했던 '자연 상태'를 이상으로 하는 사상을 견지했다. 그의 저서 《학문예술론》과 《인간불평등기원론》은 이러한 자연 사상을 논술한 것이며, 그의 모든 사상은 여기서 출발되고 있다. 그에게 있어서 자연이란 단순한 외부 세계나 물리적 자연 세계가 아니라, 인간 영혼의 근원적인 보금자리였다. 따라서 루소가 자연을 접할 때 자연은 영혼이 되고 또 영혼은 자연으로 바뀐다. 자연은 이 사상에 있어서 외부 세계인 동시에 내부 세계의 질서였다. 자연이란 인간이 태어날 때부터 가지고 있는 양심이다. 루소는 이 양심의 구현자를 자부하며, 문명 사회의 인간이 자기도 모르게 쓰고 있는 사회적 악의 베일을 벗기고 적나라한 원초적인 인간의 모습을 발견했다. 이것은 인류사적으로 볼 때 인간 자아의 재발견이며 순수한 인간으로의 복귀를 뜻한다. 한편 사회적 구조 면에서 이것은 '주인과 노예' 형태의 비참한 전제 체제로 변한 인간 사회에 대한 통렬한 비판이며, 동시에 사회의 재건과 개혁을 뜻하는 것이다.

루소의 주권재민(主權在民), 평등 사상, 민주주의를 논한 《사회계약론》은 그의 '자연인'에 대한 이념이 뒷받침하고 있다. 그는 노예로 전락해 가는 인간을 깨우쳐 주체성을 자각하게 하고, 나아가 인류의 가장 큰 죄악인 전제 정치가 곧 전쟁과 직결된다는 것을 일찍이 지적했다.

국가 간의 평화가 달성되기 위해서는 첫째 각 국가가 가장 큰 주권에 근거한 체제가 됨으로써 폭정으로부터 해방되어 전체적 통치자의 자의에 의한 전쟁이 일어날 수 없게 해야만 한다. 그러나 국가 간의 현상은 법의 권위에 따르지 않고 무력에 의한 나쁜 자연 상태, 즉 전쟁 상태에 있으며 때로 평화가 지속되더라도 그것은 일시적 휴전에 불과하다. 루소는 이와 같은 모순을 해결하기 위해 국민에게 주권이 있는 국가들이 결합하여 이루는 국제적 민주주의 체제, 각 민족이 평등한 자격으로 참가하고 개인과 국민도 함께 법의 권위에 복종하는 국가연합체를 구상했다. 18세기 전제 군주 아래에서 살던 루소가 이런 생각을 발표했다는 것은 놀라운 일이 아닐 수 없다.

루소의 자연 사상은 사회적, 정치적인 저서뿐만 아니라 그의 교육론인 《에밀》에도 잘 나타나 있다. 오늘날 자연주의 교육의 성전이 된 이 교육서는 18세기 당시 보수파들로서는 허용할 수 없는 위험한 사고 방식을 담고 있었다. 이들 보수파들은 고식적인 종교관에 입각하여 인간을 단순히 이성적 존재로 규정하고, 이성이 충분히 발달하지 않은 유소년기의 교육을 경시했던 것이다. 그러나 루소는 유소년기나 청년기를 어른이 되기 위한 단계로 보는 그들의 교육관을 무시했다. 인생의 각 시기는 저마다 독자적 가치가 있다는 것이 그가 부르짖은 교육론의 기본 사상이었다. 이것은 그의 이념인 인간 성장의 '자연 상태'에 적합한 교육을 가리킨다. 우리가 그를 '어린이의 발견자'라고 하는 까닭도 바로 여기에 있다.

루소는 어린아이의 인격과 인간성을 경시하고 불완전한 인간으로 취급했던 과거의 낡은 교육관에 반기를 들었다. 어린이의 인격과 자유를 존중하는 입장을 취하고, 심신의 발달에 따라 각 시기에 적응하는 교육을 해야 한다는 것이 그의 주장이었다. 그는 어린이의 독자적 존재를 인정하고 어린이를 어린이로서 취급하는 교육을 제창했다. 이와 같은 자연 교육과 함께 그는 정념에 대한 교육을 중요시했고, 자기애(自己愛)와 이기심을 엄격히 구별했다. 루소의 도덕 교육론의 핵심은 어린이에게서 나타나는 건전한 자연적 감정인 자기애가 점차적으로 타락한 사회적 감정인 이기심으로 변질되기 때문에, 이것을 막도록 바르게 이끌어야 한다는 것이다.

루소의 교육론은 낡은 봉건적 사회의 교육 가치관을 뒤엎고 새로운 인간관을 확립했다. 말하자면, 근대 민주주의 사회를 위한 기본적 인간상을 부각시켰다는 점에 그의 교육론《에밀》의 역사적 의의가 있는 것이다.

루소가 늘 추구한 것은 자연의 진실이었다. 루소의 사상은 철학적, 과학적 명제가 아닌 문학적 진실에서 태어나고 있는 것이다. 그의 3대 논문인《학문예술론》《인간불평등기원론》《사회계약론》 등에서 철학적인 면을 찾기란 어렵다. 우리는 거기에서 오히려 문학적인 비유와 문장을 느끼게 된다. 그의 교육론《에밀》 역시 소설식으로 쓴 교육 이론서라는 점을 생각할 때, 그의 사상은 문학적 진실을 바탕으로 하고 있음을 알 수 있다.

그는 서간체의 장편 소설《신 엘로이즈》로 18세기 프랑스 문단에 큰 선풍을 일으켰다. 이 작품은 베스트셀러가 되었지만 소설로서는 그의 처녀작이었던만큼, 여기에서는 영국의 작가 리처드슨, 필딩 등의 영향을 적지 않게 찾아볼 수 있다. 루소는 이 소설에서 "처녀가 애인 하나를 갖는 것보다 어머니가 20명의 애인을 갖는 것이 더 낫다"고 하는 그 무렵 귀족사회의 타락한 풍조와 정조 관념을 공격했다. 그는 이 책을 통해 정조에 대한 종래의 관념을 바꾸고 그 중요성과 순수성을 강조하고자 했다.

루소는 "철학자들은 타인을 위해, 자기 자신의 재지(才知)를 자랑하기 위해 책을 쓰지만, 나는 고뇌하는 나를 구하기 위해 책을 쓴다"고 했다. 그는 자신을 매개로 하지 않는 사상은 타인을 구할 수 없다고 생각했다. 여기서 그의 불후의 문학 작품《참회록》이 탄생하게 된 것이다. 루소는 이 자전적인 작품에서 변화와 다양성과 모순에 찬 자아(自我)를 거리낌없이 그려 냈다. 이런 행동은 그 무렵의 사회에서는 참으로 품위 없는 짓이었을 것임에 틀림없다. 그러나 그는 온 세상에 자연인 장 자크 루소의 모습을 있는 그대로 공개했으며, 여기에 루소의 참모습이 있고 그의 문학적 태도가 있다. 그의 미완성 회고록《고독한 산책자의 몽상》도 이와 같은 계통의 내부 탐구의 서(書)이다. 이리하여 루소는 근대 문학의 선구가 되었으며 프루스트, 조이스 등과 같은 20세기 작가들의 선구자 역할을 한 것이다.

이상국가—《사회계약론》

《사회계약론》

우리가 자유와 독립을 유지하고 살아가는 데 이상적인 사회는 어떤 곳일까. 《에밀》에서 나오는 '창조주의 손에서 떠날 때에는 모든 것이 선하다. 그러나 인간의 손 안에서는 모든 것이 타락한다'는 말을 보면, 루소가 사회를 저주하고 부정하는 것처럼 느껴진다. 사실 그는 사회가 인간이 자연인으로 존재하는 데에는 도리어 해를 줄 뿐이라고 생각했다. 그러나《사회계약론》을 비롯한 그 밖의 저서에서 사회가 있어야 다른 모든 것이 있다고 말하고 있다. 그러므로 인간이 사회 속에서 존재해야 하고 자유의 추구도 그 속에서 해야한다는 것을 생각하면, 자연스럽게 그 자유가 실현되는 이상적인 사회를 필요로 하게 되는 것이다. 《에밀》에서 루소는 사회에서 분리된 벌거벗은 인간의 모습, 즉 인간의 본성을 고찰했다. 그리고 그 본래의 모습을 그대로 유지하는 데 이상적인 사회가 어떤 것인지에 관해서는 《사회계약론》에서 논의하고 있다. 물론 루소는 다른 여러 저술에서도 정치 또는 사회에 관해서 언급했지만, 그러한 저작들 가운데 대표적인 것은 바로 여기에서 거론하는 《사회계약론》인 것이다. 또《에밀》의 마지막 부분에서 언급되고 있는 정치사상은 《사회계약론》의 요점이라고 해도 좋을 것이다.

자유에로의 길

루소는 《사회계약론》의 제1편 제1장에서 다음과 같이 말하고 있다.
"사람은 자유롭게 태어났다. 하지만 여기저기 쇠사슬에 묶여 있다. 자기가 남의 주인이라고 생각하는 자도 사실은 그 사람들보다 더한 쇠사슬에 묶인 노예이다. 왜 이런 변화가 일어난 것인지 나는 잘 모른다. 무엇이 그것을 정당하게 만들 수 있는가? 나는 이 문제를 해결할 수 있다고 믿는다."

루소는 이와 같이 인간은 선천적으로 자유로운 존재라고 가정한다. 그런데 이제 인간에게 그와 같은 자유가 허용되지 않는다고 생각하면, 우리는 다시 자유롭게 되기 위해 우리가 살고 있는 사회를 배척하거나, 그 안에서 어떤 방법으로 그것을 바로잡을 수밖에 없다. 우리가 인간인 이상 사회를 완전히 없애고 그

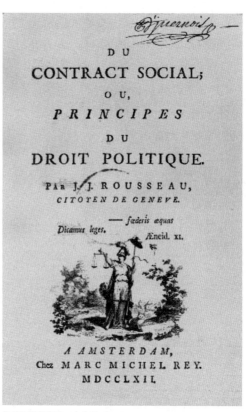

《사회계약론》(1762) 속표지

모든 속박을 뿌리칠 수는 없으므로, 후자만이 가능한 선택이 될 것이다. 루소는 "사회질서는 다른 모든 권리의 기초가 되는 신성한 권리이다"라고 말하고 있다. 그러나 어떤 의미에서 사회는 필연적으로 인간의 자유를 속박하기 쉬운 것이다. 그럼에도 인간이 사회 속에서 살 수밖에 없다면, 참된 자유가 올바른 사회질서 속에서 실현되어야 하며, 또 인간이 선천적으로 지니고 있는 자유가 그와 같은 사회 속에서 유지되어야 한다. 이와 같이 루소는 《사회계약론》에서 사회질서를 정당화함으로써 그 속에서 참된 자유를 추구한 것이다.

폭력은 입법의 권리가 없다

사회질서는 어떻게 정당한 것이 될 수 있을까. 우선 분명한 것은 폭력은 그 방법이 될 수 없다는 것이다. 루소는 폭력 또는 권력이 사회질서를 확립하는

방법이 되어서는 안 된다고 생각했다. 왜냐하면 폭력은 권력을 부여하지 않기 때문이다. 그는 이에 대해서 다음과 같이 말하고 있다.

"폭력은 하나의 물리적인 힘일 뿐이다. 그것이 어떻게 도덕적인 결과를 만들어 낼 수 있는지 나는 모르겠다. 폭력에 굴복하는 것은 어쩔 수 없는 행위이지 자기 의지에 의한 행위가 아니다. 그것은 기껏해야 신중을 기한 행위일 뿐이다. 어떤 뜻에서 복종이 의무일 수 있을까?"

이어서 그는 "만일 힘 때문에 복종해야 한다면 의무 때문에 복종할 필요는 없다. 또 사람이 복종을 강요당하지 않게 되면, 이제 복종의 의무는 없어진다"라고 말한다. 폭력이 없어지면 우리는 그것에 따를 의무가 없다는 것이다. 따라서 굴복의 의무는 폭력의 속성이 아니라고 말할 수 있으며, 이것은 폭력이 사회에 대해서 입법할 권리를 갖지 않았음을 의미한다. 그러므로 우리가 복종할 의무를 지는 대상은 정당한 힘 뿐이다. 이렇게 루소는 폭력에 입각한 사회는 결코 정당화될 수 없다고 말하고 있다.

관습이 사회를 정당화할 수 있을까

이제 루소는 관습을 무비판적으로 그 이전의 상태는 생각지 않고 그 사회를 무조건 정당화하는 사고방식을 비판한다. 그리고 사회에는 처음부터 평등이 존재하지 않았다는 생각도 옳은 것이 아니라고 말하고 있다. 루소는 따라서 모든 권력이 통치자만을 위해 수립된 것은 아니라고 말한 그로티우스의 주장은 옳지 않다고 했다. 그에 의하면 그와 같은 생각은 관습에서 권리를 확립하는 논리로서, 그 성립 이전의 상황은 전혀 고려하지 않고 있는 것이다. 이러한 경향은 아리스토텔레스에게서도 발견된다. 아리스토텔레스는 노예가 존재하는 사회를 인정하며, 누구는 왕이 되기 위해 또 다른 누구는 노예가 되기 위해 태어난다고 했다. 그러나 이러한 차이가 생겨난 것은 그들이 본질적으로 평등하지 않기 때문이 아니다. 그것은 최초의 폭력 이후 자연에 반해 노예가 된 자가 있었기 때문이며, 그의 비굴함이 이른바 본성이 되어 태생적인 노예가 생기고 말았기 때문이다. 앞서 말한 것과 같이 폭력은 사회의 정당성을 뒷받침할 수 없는데도, 아리스토텔레스는 거기에서 사회 또는 국가의 성립 근거를 찾고 있다는 것이다.

가족은 정치 사회의 최초 모델이다

루소는 처음부터 평등이 존재하는 사회를 가족에서 발견한다. 그리고 그것이 정치 사회의 최초 모델이라고 한다. 루소는 "모든 사회 가운데서 가장 오래된 단 하나의 자연적 사회는 가족이다"라고 말하고 있다. 확실히 가족은 처음에 자연적으로 결합되고 있다. 그러나 그것은 아이가 자신을 보존하기 위해 아버지를 필요로 하여 가정에 결합되고 있는 동안뿐이라고 루소는 말한다. 그래서 아이가 성장해 아버지에게 의존할 필요가 없어지고, 또 아버지도 아이를 보살필 필요가 없어지면 이들은 동등한 자격으로 독립하게 된다. 만일 그 이후에도 가족이 아직 함께 살고 있으면 그 결합은 더 이상 자연이 아니라 의지에 의한 것일 뿐이다. 루소는 이와 같은 생각에서 가족도 약속에 의해서만 지속된다고 했다.

그리고 사회의 성립을 아버지와 아이와의 합의에 의해 가족이 유지되는 것과 같은 원리로 이해하고 있다. 그는 가족과 정치 사회를 비교해서 다음과 같이 말했다.

"군주는 아버지와 같고 국민(또는 시민)은 아이와 같다. 그리고 모든 사람은 평등하고 자유로운 존재로서 탄생했으므로, 자신의 이익을 위해서만 그 자유를 양도한다. 단 가족과 국가의 차이는 아버지는 아이에 대한 애정을 그에 대한 보살핌의 이유로 갖는 데 비해, 왕은 인민에 대한 애정이 아닌 명령하는 기쁨을 그 지배의 이유로 갖는다는 데에 있다."

이와 같이 루소는 가족과 사회와의 유사점을 인정하여 군주도 국민처럼 자유롭고 평등하게 탄생했다고 주장했으며, 그 자유의 속박에 동의하는 것은 유용성 때문이라고 했다. 그리하여 그는 합의에 따라 자유를 양도한 사회에서 이상적인 국가의 기초를 추구한다.

양도의 의미

진정한 사회 성립의 기초에는 합의에 바탕을 둔 자유의 양도가 있어야만 한다고 해도, 그 양도가 의미하는 것은 여러 가지가 있다.

루소는 우선 모든 민중이 그 자유를 양도해 군주의 신하가 될 수 있다고 말하는 그로티우스의 주장을 검토하고 있다. 여기에서 양도란 '주는 것, 또는 파는 것'이다. 그런데 예를 들어 몸을 파는 노예는 그 대가로서 생계 수단을 얻는다 해도, 보통 민중은 그것을 통해 도대체 무엇을 얻을 것인가. 이때 민중에게는 그 대가로 생활 수단이 부여되지 않을 것이며, 그에 의해 막대한 생활 수단을 얻는 것은 오히려 군주일 것이다. 이와 같이 일반 민중은 이런 종류의 양도를 통해 아무것도 얻는 것이 없다. 예를 들어 전제군주가 안정된 생활을 보장한다고 해도, 그의 야심이나 탐욕이 소요 사태보다 더 고통스러울 수도 있을 것이다. 그러면 일반 민중은 또다시 아무것도 얻는 바가 없을 것이다. 이렇게 보면 민중에게 아무런 대가도 주지 않는 양도는 사회 성립의 진정한 기초가 될 수 없다는 것이 명백하다.

한편 루소는 비록 사람이 자기 자신을 양도할 수 있을지는 몰라도 자신의 아이를 양도할 권리는 전혀 없다고 말한다. 왜냐하면 아이도 한 인간으로서, 또 자유로운 존재로서 태어났기 때문이다. 그러므로 아이가 비록 아직 이성의 나이에 이르기 전이라고 해도 되돌릴 수도 없이 무조건 아이를 타인에게 줄 수는 없다. 루소에 따르면 그와 같은 일은 자연의 목적에 반하는 것이요 아버지의 월권이다. 그리고 아이의 자유를 무시하고 그를 타인에게 주어서는 안 되는 것과 마찬가지로, 우리도 무조건 자유를 포기해서는 안 된다. 그와 같이 자유를 포기하는 것은 인간의 자격과 권리와 의무를 포기하는 것이다. 루소는 이와 같이 모든 것을 포기하는 자에게는 어떠한 보상도 없을 것이며, 이와 같은 포기는 인간의 본성과 양립할 수 없는 것이라고 말한다.

루소는 이처럼 아이의 자유를 빼앗아 타인에게 주는 경우나 스스로 자유를 포기하는 경우의 부당성을 설명하며, 한쪽에서는 무조건 절대적 권력을 사용하고 또 다른 한쪽에서는 끝없는 복종을 약속하는 것은 완전히 공허한 일이고 모순이며 무효라고 했다.

더 나아가 루소는 이러한 부당한 양도에 의해 성립된 전쟁 노예권에 관해 설명한다. 그라티우스 등은, 전쟁에서 승자는 패자를 죽일 권리를 지니므로 패자는 그 자유를 희생해서 자신의 생명을 살 수 있으며, 이러한 거래는 서로에게 이익이 되므로 정당한 약속이라고 주장한다. 그러나 이와 같은 약속이 과연 정당할까. 루소는 그렇지 않다고 말한다. 왜냐하면 사람을 죽일 권리는 아무에게도 없으며, 또 그러한 권리가 전쟁에서 생기는 것은 아니기 때문이다. 전쟁은 어디까지나 국가와 국가 사이의 일이며, 결코 개인 대 개인의 일이 아니다. 국가 간에 전쟁이 발생했을 때, 개인은 그 국가의 국민이기 때문에 병사로서 우연에 의해 적이 된 것에 지나지 않는다. 그들은 국가의 구성원으로서 혹은 개인으로서나 인간으로서 싸우는 것이 아니다. 다만 그 국가의 방위자로서 싸우는 것이다. 전쟁에서 국가는 국가만을 적으로 할 수 있으며 결코 개인을 적으로 할 수 없다. 왜냐하면 성질이 서로 다른 것 사이에는 어떤 공평한 관계도 성립하지 않기 때문이다. 따라서 전쟁에서 사람을 죽일 권리가 인정되는 것은, 적국의 병사가 무기를 들고 그 나라를 지키고 있는 동안뿐이다. 전쟁은 어디까지나 적국을 파괴하는 것에 그 목적이 있으며, 따라서 병사가 한번 무기를 버리면 그를 죽일 권리는 없어진다. 손에서 무기를 내려놓은 이상 그는 단순한 한 인간으로 돌아간 것이다. 요컨대 전쟁이 부여하는 권리는 그것의 목적이 이루어지는 데 필요한 것들뿐이다.

이렇게 보면 전쟁의 승자는 패자를 죽일 권리가 없기 때문에, 거기에 따라서 패자를 노예로 삼을 권리도 없다. 즉 루소에 의하면, '패자에 대한 아무런 권리도 없으면서 그에게 마음대로 생명을 죽이거나 살리도록 권한을 부여하는 것은 부정한 교환'인 것이다. 또 여기에서 모든 자를 죽일 수 있는 무서운 권리가 주인이나 승자에게 있다고 가정해도, 노예 또는 정복된 사람은 강요받는 동안 그들에게 복종할 뿐이며 그들에 대한 의무를 갖지는 않는다. 왜냐하면 그들은 자유를 빼앗긴 대가로 아무것도 받지 못했기 때문이다.

루소는 이상의 어떤 경우에서도 정치적 사회의 정당한 성립 원리를 발견할 수 없다고 말한다. 특히 그는 전제 정치를 대상으로 이런 비판을 하고 있다. 그는 '군중을 복종시키는 것과 사회를 통치하는 것에는 커다란 차이가 있다'고 했다. 즉 전제정치는 민중을 다스리고 있는 게 아니라 다수를 복종시키고 있을 뿐이라는 것이다. 그곳에는 인원수에 관계없이 단지 한 사람의 주인과 노예의 관계밖에 없다. 통치자와 민중의 관계는 없는 것이다.

그러나 모든 민중이 한 사람의 군주에게 자신을 양도한다는 것에 대해서는 좀 더 생각해 볼 필요가 있다. 예를 들어 '민중은 군주에게 자신을 양도할 수 있다'는 그로티우스의 말은 민중이란 개념을 인지한 후에 나오는 것이라고 할 수 있다. 즉 군주에게 자신을 양도하는 행위 전에, 민중은 이미 민중인 것이다. 그리고 이와 같은 양도란 하나의 시민적인 행위로서, 공중의 의결이 전제될 필요가 있다. 이것은 민중이 민중으로 되는 행위가 왕을 선출하는 행위에 선행함을 의미한다. 따라서 여기에서는 사회를 진정으로 성립시키는 기초가 되는 민중 사이의 약속에 대해 고찰해 보아야 한다.

사회계약

그러면 루소가 말하는 사회계약이란 도대체 어떤 것일까. 그는 사회계약이란 자신의 힘과 자유를 타인이 유용할 수 있게 양도하는 것이라고 주장하면서, 이것의 필요성에 대해서 다음과 같이 말하고 있다.

"나는 사람들이 저마다 자연 상태에 머무르기 위해 쓸 수 있는 힘보다, 인간의 생존을 방해하는 모든 장애의 저항력이 더 커진 시점에 이르렀다고 생각한다.

이제 원시 상태로는 더 이상 존속할 수 없으며, 인류는 생존 방법을 바꾸지 않으면 멸망할 것이다.

그런데 사람들은 새로운 힘을 만들어 내지는 못하고 다만 이미 있는 힘들을 결합하여 방향을 정할 수 있을 뿐이기 때문에, 생존하기 위해서는 힘들을 하나로 모아서, 저항에 이겨낼 수 있는 단결된 힘을 자신들이 만들어 내야 한다. 그리고 그것을 단 하나의 원동력에 따라 함께 움직이게 해야 한다."

루소는 이와 같이 자연 상태에 머물 수 없게 되었기 때문에 인간은 사회계약을 할 수밖에 없다고 생각했다. 여기에서 그는 사회 성립의 기초를 찾고 있는데, 이것은 결국 자연 상태에 머물 수 없는 인간의 나약함에 따른 것이다. 그러나 이렇게 해서 힘의 총화를 도모하는 경우에는 각자의 힘이나 자유를 구속당할 우려가 있다. 따라서 이와 같은 힘의 총화에 의해 사회계약이 성립할 때 문제가 되는 것은 '모든 사람의 신체와 재산을 공동의 힘으로 보호하는, 공동의 형식을 발견하는 것'이다. 루소는 '그것에 의해 각자가 모든 사람에게 맺어지면서 자기 자신에게만 복종할 수 있고 전과 똑같이 자유로울 수 있다'고 생각했다. 사회계약은 이런 방식으로 문제를 해결한다는 것이다. 그는 사회계약은 궁극적으로 다음의 한 조항으로 압축된다고 말한다.

"각 구성원은 그 모든 권리와 함께 자신을 공동체에 완전히 양도해야 한다."

이러한 사회계약이 이루어지면 각자는 모든 사람에게 자신을 주는 것이 되고, 이것은 아무에게도 자신을 주지 않는 결과가 된다. 여기에서 자신이 양도한 것과 똑같은 권리를 얻지 못하는 공동자는 없다. 따라서 사람은 잃는 것과 똑같은 것을 얻고, 또 자신이 지니고 있는 것을 보존하기 위한 더 많은 힘을 얻게 된다.

루소는 이렇게 해서 사회계약의 내용을 다음과 같이 말하고 있다.

"우리는 저마다 신체와 모든 힘을 공동의 것으로 삼아 일반의지의 최고 권위 아래 둔다. 그리고 우리는 구성원 하나하나를 전체와 분리될 수 없는 일부로서 받아들인다."

한편 이런 사회계약이 이루어지려면 각자는 그 힘과 자유를 완전히 양도해야 한다. 그러면 거기에서는 모든 사람의 조건이 동등해진다. 하지만 이때 누군가가 어떤 특수한 권리를 양도하지 않고 지니고 있으면 사회는 전제적이 되거나 무력하게 되고 말 것이다. 이와 같이 루소는 사회계약의 특성은 힘과 자유의 전면적 양도에 있다고 보았다. 그리고 국가는 그 신성한 계약에 의해서 성립하며, 이에 반하는 일은 어떤 것도 해서는 안 되는 것이다. 더구나 사회계약을 깨는 것은 자신을 무(無)가 되게 하는 일이며, 따라서 그것은 한 번 자신의 의지로 맺으면 파기할 수 없다.

국가와 자유

그렇다면 사람은 사회계약 때문에 자유를 잃게 되는 것이 아닐까. 이것을 국가와 그 구성원과의 관계에서 살펴보자.

루소는 사회계약을 국가 성립의 기초로 보았으며, 국가는 정신적이고 집합적인 단체이며 공적인 성격을 띠고 있다고 생각했다. 그는 그 구성원을, 국가를 수동적으로 보았을 때 국가로, 능동적으로 보았을 때 주권자로, 또 같은 것과 비교할 때에는 권력체라고 부른다고 설명한다. 또 구성원들은 집합적으로는 민중, 개별적으로는 주권에 참여하는 자로서 국민(또는 시민), 또 국가의 법률 아래에 있는 자로서는 신민으로 불린다.

그런데 루소에 의하면 계약으로 탄생된 국가는 그 구성원 개개인에 의해서 만들어진 것이므로 그 이익에 반하는 이해를 갖지 않고, 또 가질 수도 없으며 따라서 국가의 권력은 민중에게 아무런 보장도 할 필요가 없다. 왜냐하면 국가는 그 구성원을 해치려고 할 수 없기 때문이다. 이에 반해서 민중이 그 국가에 대해 갖는 관계는 완전히 다르다. 즉 민중은 주권자에 따라야 하는 복종의 의무를 요구받는 것이다. 그것은 각 개인은 일반의지를 지님과 동시에 인간으로서 특수의지를 지니고 있으며, 그러한 의지가 종종 공공의 이익에 반하는 사적인 이익에 따를 때가 있기 때문이다. 개인은 본디 절대적이고 독립적인 존재여서 공공의 이익에 대한 의무의 반환을 종종 희생적인 기부로 생각하기 쉽다. 이런 생각에서 각 개인들이 자신의 의무는 수행하지 않고 권리만을 요구한다면 국가의 존속은 위태롭게 될 것이다. 따라서 국가, 즉 일반의지에 대한 복종이 이루어지지 않을 때 국가의 강제가 없으면 사회계약의 의미는 없어지고 말 것이다.

루소의 사회계약 사상 가운데에는 이와 같이 강제라는 것이 포함되어 있는데, 사실 강제와 자유는 양립할 수 없다. 그 힘과 자유를 전면적으로 양도하고 강제적으로 국가에 복종해야 한다면 자유는 완전히 없어지고 말 것이기 때문이다. 그러나 루소는 그것은 자유를 위한 강제라고 생각한다. 왜냐하면 이것은 사람이 자신을 조국에 양도함으로써 모든 개인적인 종속으로부터 자기를 지키는 데 없어서는 안 될 조건이기 때문이다. 또 그와 같은 일은 정치기관의 수단과 활동을 가능하게 하고, 시민적 참여를 합법적으로 만들어 주는 유일한 조건인 것이다. 루소에 의하면, 우리는 이렇게 해서 진정으로 시민적인 자유, 또는 사회적 자유를 얻을 수 있다.

이와 같은 일은 사회계약 이전의 인간, 즉 자연적 상태의 인간과 사회에 속한 인간을 비교해 보면 더욱 명확해질 것이다. 우선 그 차이는 전자가 본능에 따라서 행동하는 데 비해, 후자는 이성에 따라서 행동한다는 데에서 찾을 수 있다. 루소에 따르면 인간이 사회계약으로 사회 상태에 도달하면 '육체적 충동 대신 의무의 목소리가 나오고, 욕망 대신 권리가 생긴다.' 그리고 이렇게 해서 이제까지 자기 자신의 일밖에 생각하지 않았던 인간이 다른 원리에 따라 움직이게 되고, 자신의 욕구에 따라 행동하기 전에 이성(理性)의 소리에 귀를 기울이게 된다는 것이다. 그러므로 이제 인간은 자연에게서 받고 있는 많은 이익을 잃는 대신 사회 속에서 더 많은 것을 얻는다. 루소에 의하면 사회계약 때문에 인간이 잃는 것은 자연적 자유, 또 자신의 마음을 끄는 것과 얻을 수 있는 모든 것에 대한 무한한 권리이다. 반면 사회계약을 통해서 인간이 얻는 것은 시민적 자유와 갖고 있는 것에 대한 모든 소유권이다. 또한 도덕적 자유도 얻을 수 있다. 왜냐하면 이미 말한 바와 같이 사회 속에서는 이성의 지배로 인해 인간이 더 이상 본능이나 충동에 따르지 않고 자신이 세운 도덕법에 따르기 때문이다.

이렇게 보면 자신의 힘과 자유를 사회계약을 통해 강제적이고 전면적으로 양도하는 것은, 결코 자유를 잃는 것이 아니라 오히려 자유를 얻는 것이다.

일반의지는 무엇을 지향하는가

이상으로 볼 때, 인간이 그 신체와 모든 힘을 양도함으로써 노예가 되는 일 없이 자유롭기 위해서는 사회적인 단체가 필요하고, 또 각 개인에게 적용되는 법이 모든 면에서 완전히 동일한 것이어야 한다. 그리고 그와 같은 법이 가능하다면, 그것은 변덕스럽지 않고 그 성원인 모든 사람이 인정할 수 있는 일반적인 것이어야 한다. 아울러 인간의 본성에 완전히 일치하며, 외부에서 강요한 이질적인 것으로 느껴져도 안 될 것이다. 루소는 이러한 법은 일반의지에 따라야 한다고 생각한다.

한편 일반의지는 특수의지와 구별되어야 하는데, 그것은 또 전체의지와도 구별되어야 한다. 루소는 "일반의지는 공통의 이익만을 고려하는 것이지만, 전체의지는 개인의 이익만을 고려하는 특수의지(개인의)의 총합이다"라고 말한다. 이와 같이 공통 이익을 목적으로 하는 일반의지는 단순히 각자의 이익을 목적으로 하는 특수의지의 총합과는 엄밀하게 구별되어야 한다. 그리고 루소에 의하면 일반의지는 '서로 대립하고 서로 부정하는, 가장 많은 것과 가장 적은 것을 특수의지 속에서 빼고 남은 총계'이다. 즉 전체의지 가운데서 저마다 특수한 차이를 빼고 남은 공통의 것이 일반의지라는 것이다. 이것은 보편적인 주체, 즉 민중 이익을 대변하는 의지라는 의미에서 일반적이다. 루소는 이러한 일반의지로써 공통의 이익 또는 공통의 선을 강조하고 있다. 그는 '일반의지는 언제나 공명정대하고 공공적인 공리로 향하고 있다'고 말하고, 더 나아가 '만일 개인들 사이의 대립이 사회의 설립을 필연적인 것으로 만들었다면, 그 설립을 가능케 한 것은 개인들 사이의 이익의 일치이다. 사회의 유대는 서로 다른 이해 속에 공통의 이해가 있다는 데서 형성되는 것이다'라고 말하며, 사회의 성립과 관련한 공통 이해의 중요성을 강조하고 있다.

따라서 일반의지는 다수 민중이 갖고 있는 특수한 의지의 총화와 그대로 동일시되어서는 안 된다. 이에 관해서 루소는, '의지를 일반화하는 것은 투표의 수가 아니고 그것을 일치시키는 공통의 이해'라고 말하고 있다. 그래서 전체의 일치가 반드시 일반의지를 낳는 것은 아니며 도리어 특수한 의지를 낳을 때가 있는 것이다. 더구나 투표의 결과는 공통의 이익에 반하는 법률을 제정할지도 모른다.

또 이런 일반의지가 진정으로 일반적이기 위해서는 그 본질과 마찬가지로 적용도 일반적이어야 한다. 그것이 개인적이거나 특정한 대상으로 향한다면, 그것은 본래의 공정함을 잃는다고 루소는 말한다.

루소는 일반의지가 좀 더 향상되고 보편적으로 모아지기 위해서는, 각 구성원이 자신의 의지를 주장하기 전에 그 차이를 그대로 둔 채 충분히 토의하는 것이 좋다고 주장했다. 그리고 이에 따라 그는 최대공약수인 일반의지를 끌어내리려고 한다. 사회 속에 형성된 몇 개의 집단이나 부분적인 사회가 그 구성원 각자의 의지에서 일반적인 의지를 형성하면, 그것은 국가에 대해 하나의 특수의지를 갖게 된다. 또 그런 집단 중 하나가 다른 모든 사회를 압도하면, 그것은 큰 집단과 작은 집단들 사이의 의견 차이를 가져온다. 이러한 일들은 결국 특수의지를 지배적인 것으로 만들어 의지의 보편화를 어렵게 만든다. 루소는 일반의지가 잘 표명되기 위해서는 국가 안에 부분적 사회가 없고, 국민(또는 시민) 각자가 자신들의 의지에 따라 의견을 말하는 것이 중요하다고 한다.

이처럼 루소는 일반의지를 강조하면서, 그것은 언제나 공공의 선을 지향하고 있다고 했다. 개인은 본래 선을 추구할 권리가 있다고 생각한 그는 이러한 사고를 국가에까지 확대했다. 그래서 그런 의지를 갖는 국가를 하나의 도덕적인 존재로 간주하는 것이다.

주권의 특질

국가는 앞에서 살펴본 것처럼 하나의 정신적 단체로서, 능동적으로 생각되었을 때에는 주권자로 불리었다. 루소는 주권은 입법하는 것이고, 법은 일반의지의 공정한 작용이라고 생각했다. 따라서 일반의지는 주권과 밀접하게 결합되고 있으며, 그런 점은 주권의 본질을 고찰함으로써 보다 명확해진다. 루소가 말하는 주권의 본질은 다음 셋으로 나뉜다.

(1) 주권은 양도할 수 없다.

왜냐하면 주권은 일반의지의 행사이고, 또 그 의지는 양도될 수 없기 때문이다. 양도될 수 있는 것이 있다고 한다면 그것은 주권이 아니라 힘 또는 권력이다. 그래서 루소는 민중은 그 권리를 행사하는 대표자(대의원)는 선출할 수 없고, 선출할 수 있는 것은 기껏해야 대리인이라고 말한 것이다. 그는 이에 대해서 다음과 같이 말하고 있다.

"주권은 양도될 수 없다. 마찬가지 이유로 주권은 대표될 수 없다. 주권은 본질상 일반의지 속에 존재한다. 게다가 일반의지는 결코 대표될 수 없는 것이다. 일반의지는 그 자체이거나 다른 것이므로 거기에 결코 중간은 없다. 그러기에 대의원은 일반의지의 대표자가 아니며 그렇게 될 수도 없다. 그들은 민중의 심부름꾼에 지나지 않는다. 그들은 무엇하나 확실하게 결정 내리지 못한다. 민중 스스로 승인하지 않은 법률은 모두 무효이며 결코 법률이 아니다."

요컨대 루소는, 주권자는 집합적인 존재일 뿐이며 그 자체에 의해서만 대표되는 것이라고 생각한 것이다.

(2) 주권은 분할할 수 없다.

루소에 의하면, 주권은 양도될 수 없는 것과 똑같은 이유로 분할될 수도 없다. 왜냐하면 일반의지의 행사가 주권인데, 그것은 분할할 수 없는 단일한 것이기 때문이다. 그리고 만일 분할한다면 그것은 특수의지가 되고, 따라서 그것의 행사는 주권이 될 수 없다. 확실히 우리는 주권을 여러 가지 힘으로, 즉 입법권이라든가 집행권으로 나눌 수 있다. 그러나 루소는 집행권이나 정부는 주권도 또 그 일부도 아니라고 말한다. 그것은 법의 집행에 관계하고 있을 뿐이며 단순히 주권의 수단일 뿐이라는 것이다. 루소는 주권을 분할할 수 있다는 잘못된 사고는 주권에 대한 부정확한 개념에서, 또 단순한 주권의 발동을 주권의 일부로 생각하는 데에서 생겨난다고 말한다.

(3) 주권은 일반적 약속의 범위에서 벗어날 수 없다.

루소에 의하면, 주권은 사회계약에 의해 정치체제가 부여 받은 모든 성원에 대한 절대적인 힘이다. 그러므로 국민(또는 시민)은 주권이 요구하면 곧바로 국가에 대해서 할 수 있는 모든 봉사를 할 의무가 있다. 그러나 주권이 부당한 요구를 할 수는 없다고 말한다. 왜냐하면 주권자의 의지로서 일반의지는 모든 민중에게 불필요한 것은 요구할 수 없기 때문이다. 이것은 주권이 특수한 대상으로 향해서는 안 되며 일반에게 향해야 한다는 것, 또 일반의지를 일반적으로 만드는 것은 투표의 수보다도 그것을 일치시키는 이해라는 것에서도 알 수 있다. 주권은 이를 무시하고 거기에서 일탈할 수 없다. 다시 말해 주권이 아무리 절대적이고 신성불가침한 것일지라도, 일반적 약속의 범위를 벗어나지 않으며 또 벗어나서도 안 된다.

그러나 민중이 반드시 무엇이 진정한 공통의 이익이며 또 무엇이 진정한 행복인가를 알고 있다고 말할 수는 없다. 이런 생각에서 루소는 주권자인 민중이 올바른 선의 관념을 지니고 행위할 수 있도록 계몽하는 역할을 하는 것이 입법자라고 주장했다.

입법권과 입법자

주권은 일반의지의 능동적 주체이며, 그 구체적인 표현은 법이다. 루소는 주권자는 입법권만을 갖고 있기 때문에 법률에 의해서만 행동할 수 있다고 생각했다. 즉 일반의지는 오로지 법에 의해서만 작용할 수 있는 것이다. 따라서 일반의지가 정치적으로 작용하는 것은 법을 통해서인데, 루소는 법은 언제나 일반적인 대상을 갖는다고 말한다. 법은 모든 민중이 그 의지에 따라 그들 자신에게 규정한 것이며, 따라서 민중과 그 행위에 대한 개인적, 또 개별적 고려를 해 주지 않는다는 것이다. 이런 의미에서 법의 대상은 일반적이며, 이것이 법을 일반의지의 표출이라고 하는 근거이다. 법은 의지가 보편적인 동시에 그 대상도 보편적이며, 따라서 그것이 누구일지라도 한 인간이 자신의 개인적인 권위로 명한 것은 법이 될 수 없게 된다.

이렇게 보면 입법권이 왜 일반의지의 행위인지, 또 어떻게 국가의 의지가 되는지 알 수 있을 것이다. 루소에 의하면, 양도할 수 없는 이 입법권이란 권리는 민중이 스스로 원한다고 하더라도 버릴 수 없다. 그는 법을 만드는 입법자와 입법권을 분리해, 입법자는 입법권을 가지면 안 된다고 생각했다. 입법자는 주권자도 아니고 행정관도 아니다. 루소는 입법자란 오직 민중을 참된 행복과 이익으로 이끄는 일을 하는 데 한해 그 필요성이 인정된다고 했다.

이렇게 해서 루소의 사회계약 사상, 일반의지 및 주권 개념에 대해서 살펴보았다. 루소는, 국가는 실제로 법을 집행하기 위한 집행권을 지닌 정부 없이는 그 기능을 수행할 수 없다고 했다. 마지막으로 이에 대한 그의 견해를 간략히 알아보도록 하겠다.

국가의 의지와 힘

　루소에 의하면, 국가의 집행권은 그 힘이고 입법권은 그 의지이다. 그리고 그런 것들은 본디 구별되어야 하는 것이다. 입법권은 궁극적으로 민중에 속하는 것이지만, 집행권은 입법자나 주권자로서의 일반 민중에게는 속할 수 없다. 왜냐하면 집행권은 법의 영역 밖에 있는 특수 행위로 성립되어 있어서, 언제나 법률과 일치하는 행동을 하는 주권자의 영역에 속하지 않기 때문이다. 이에 반해, 입법권은 이미 본 것처럼 일반의지의 고유한 작용으로서 민중에게만 속하는 것이다. 한편 루소는 국가 기능의 원활한 수행을 위해서 공공의 힘을 결합해 그것을 일반의지의 지도 아래에서 기능하도록 해야 한다고 주장했다. 또 영혼과 육체의 결합을 이루어 주는 것과 같은 역할을 국가와 주권자 사이에서 수행할 적당한 대리인이 필요하다고 주장했다. 바로 이것이 국가에게 정부가 필요한 이유이다. 정부는 국가와 민중 사이에서 의사소통의 통로가 되는 공적 대리인으로, 주권자와 엄밀하게 구별된다. 다시 말해 단순한 집행인에 지나지 않는 심부름꾼일 따름이다. 그리고 법을 집행해 시민적, 정치적 자유를 유지해야 할 단체이다. 루소는 그 단체의 구성원을 행정관 또는 왕, 즉 지배자로 부르고, 이를 통칭하여 군주라고 부르고 있다.

　한편 루소에 의하면, 주권자인 민중이 지배자에게 몸을 맡기는 것은 계약이 아니다. 그것은 단순한 위임 또는 고용에 지나지 않는다. 따라서 주권자는 그 집행권을 자유롭게 제한하고 수정하고 되찾거나, 그 집행인을 해임할 수도 있는 것이다. 그러므로 루소는 정부의 월권을 막기 위해 정기적인 집회가 필요하다고 한다. 그리고 거기에서 민중은 첫째로 '정부의 현재 형태를 유지할 것인가', 둘째로 '현재 위탁하고 있는 사람들의 손에 계속 관리를 맡길 것인가'에 대해서 투표로 결정해야 한다고 말하고 있다. 물론 이와 같은 일이 가능하기 위해서는 국가의 규모가 작아야 할 것이다. 그런데 루소에 의하면, 정부는 국가와 구별되는 하나의 존재와 생명력을 갖기 위해서, 그 목적을 이루기 위해서, 특수한 자아와 그 구성원들 공통의 감수성 그리고 그 보전을 위한 힘과 고유한 의지를 가져야 한다. 국가가 그 자체로 존재하며, 정부는 단지 주권자에 의해서만 존재한다는 사실을 바꾸지는 않더라도 말이다. 이와 같이 정부가 주권자에게 의존하고 있다는 것은 정부를 지배하고 있는 의지가 법으로 표현된 일반의지임을 의미한다. 정부의 활동은 어디까지나 이 일반의지에 따라서 이루어져야 한다. 그러므로 정부는 무엇보다도 봉사자에 머물러야 하며, 민중의 주인이 되어서는 안 된다. 집행권은 주권에 종속해야 한다. 만일 집행권만이 지배하면 국가는 붕괴하고 말기 때문이다.

이상적인 국가

그러면 루소는 이상적인 국가, 즉 이상적인 정치 체제란 구체적으로 어떤 것이라고 생각했을까.

루소는 모든 민중과 모든 환경에 적합한 이상적인 정부의 형태가 있다고 단언하는 것을 피하고 있다. 그 이유는 '모든 시대에 가장 좋은 정부의 형태에 대해, 어떤 정부가 어떤 경우에 가장 좋고, 어떤 경우에 가장 나쁜지 고려되지 않았는데,' 이에 대해서는 간단히 단언할 수도 없기 때문이다. 따라서 굳이 말한다면 그것은 '민중이 처한 절대적 상황과 상대적 상황 사이에서 가능한 결합의 수만큼 해답이 있는 문제'라는 것이다. 그런데 그중 군주정체는 부유한 국민에게 적합한 것이다. 또 귀족정체는 규모가 작거나 중간 정도의 국가에게 적합하고, 또 민주정체는 작고 가난한 국가에 적합하다고 한다. 이러한 정체들은 그 조건에 가장 적합한 곳에서 채택되지 않는다면 나쁜 평가를 받게 될 것이며, 따라서 모든 국가의 모든 국민에게 무조건적으로 좋은 정체는 없다고 해야 할 것이다.

이렇게 루소는 각 정체를 들어 그 특색을 말하고 있다. 루소에 의하면, 민주정체는 만일 신들로 이루어진 집단이 있다면 그들이 택했을 정체이지만, 그렇게 완전한 체제는 인간에게는 적합하지 않다. 그리고 그것은 입법권과 집행권이 구별되어 있지 않고, 또 당파를 만들어 내분을 일으킨다고 말한다. 이에 비해서 귀족정체에서는 주권과 정부가 분리되어 있으나 엄밀한 평등은 없다. 그러나 가장 현명한 자가 자신의 이익이 아닌 민중의 이익을 위해 통치한다는 보장만 있으면, 그런 사람이 통치하는 것이 가장 좋으며 또 자연스러운 일일 것이다. 끝으로 군주정체에서는 민중의 의지, 지배자의 의지 및 국가의 공적인 힘과 정부의 특수한 힘이 모두 같은 원동력에 호응하고 있다. 즉 그곳에서는 국가 기관의 추진력이 한 사람의 손에 있고 모든 것은 동일한 목적으로 나아간다. 그러나 군주가 자신의 이익을 위해 절대적인 권력을 행사할 때 민중은 매우 불행해진다.

이렇게 보면 모든 것에 특색과 결점이 있고, 따라서 어떤 것이 가장 좋은 정체인지는 쉽게 말할 수 없다. 더구나 루소는 아무리 좋은 정체도 인간과 마찬가지로 쇠퇴해 죽는 것이라고 생각했다. 따라서 그것을 될 수 있는 한 건강하게 유지하기 위해서는 최소한 집행권과 입법권을 분리해야 한다고 주장했다. 또 그러기 위해서는 앞서 언급했듯이 정기적 집회를 통해 정부를 바꾸는 것도 필요하다고 루소는 말하고 있다.

그는 《인간불평등기원론》 가운데서 "나는 국가 기관의 운동이 공통된 행복 이외에는 작용하지 않도록 하기 위해 주권자와 국민이 같은 이해(利害) 관계를 가진 나라에 태어나고 싶다고 생각했을 것입니다. 그러나 그런 일은 국민과 주권자가 동일한 인격이 아니고서는 이루어질 수 없는 일이므로, 결국 나는 사려 깊고 온건한 민주적인 정부 아래 태어났더라면 하고 생각합니다"라고 말한다. 이어서 그는 "나는, 나든 누구이든, 법이라는 명예로운 멍에라면 벗어 던지지 않고 그것에 순종하며 살다 죽고 싶을 것입니다"라고 말하고 있다. 루소는 민주정체란 용어를 일정한 의미로 사용하지 않고 넓은 의미로 쓰고 있는데, 그것이 민중의 주권으로서의 정체를 의미하고 있음은 확실하다. 또 훌륭하게 다음과 같은 말도 했다.

"만일 태어날 장소를 선택할 수 있었다면 나는 인간 능력의 범위로 한정된, 이를테면 충분히 통치할 수 있는 크기를 가진 사회, 그리고 각자가 그 일을 충분히 해낼 수 있으므로 누구나 자기에게 주어진 책임을 다른 사람에게 떠맡기는 일이 없는 사회를 택했을 것입니다. 그런 국가에선 개개인이 서로 알고 있으므로, 몰래 이루어지는 악덕이나 검소한 미덕이 모두 대중의 시선과 심판을 면할 수 없으며, 이처럼 서로 안다는 것을 통해 조국애는 토지에 대한 사랑보다 시민에 대한 사랑으로 나타나게 될 것입니다."

루소는 또 그곳에서는 정기적 집회도 자주 이루어진다고 상상한다.

이것을 보면 그가 사랑으로 가득 찬 자유롭고 평화로운 작은 국가를 생각했음을 알 수 있다. 그는 진정한 민주제는 이제까지 존재하지 않았고 앞으로도 존재하지 않을 것이라고 하였으나, 역시 그가 이상으로 삼은 것은 다름 아닌, 이 민중 주권의 직접 민주제였을 것이다.

그런데 루소는 《사회계약론》의 마지막에서, 국가가 그 국민(또는 시민)에게 자기의 의무를 사랑하게 하는 시민적 종교를 갖도록 하는 일은 매우 중요하다고 말하고 있다. 이것은 그가 도덕과 종교를 밀접한 관계로 생각했음을 보여 준다. 루소는 도덕과 종교 없이는 좋은 시민이 될 수 없다고 보았다. 주권자가 정해야 할 시민적 종교의 교의는 우선 긍정적인 것으로서 '힘이 있고 지혜로우며, 자비심이 많고, 선견지명이 있고, 은총을 베풀어 주는 신의 존재, 내세의 생활, 올바름의 행복, 악인에 대한 처벌, 사회계약과 법의 신성함' 등이 있다고 한다. 그리고 부정적 교의에 대해서는 '불관용'을 들고 있다. 이러한 점을 보면 루소에게 종교는 사회사상의 밑바탕을 이루는 것이었다고 할 수 있다.

사회계약론에 대한 반론

마지막으로 이 책을 요약하면서 루소에게 질문을 던져 보자. 조금 집요하게 추궁하다 보면 이 책의 의미가 좀 더 명백해질 것이다.

첫째, 인간이 자유권을 포기하지 않으면서도 사회적 결합을 이룰 수 있는가? 그는 인간은 본디 자유로운 존재라고 했다. 그러나 자유롭게 태어났음에도 어디서나 사회의 속박에 매어 있다. 그렇다면 어떻게 해야 하는가? 이제 와서 자연의 상태로 되돌아갈 수는 없다. 최선책은 자유권이 보장되는 사회를 건설하는 것이다.

이를 위해서는 먼저 평등을 파괴하고 억압하는 원인이 되는 사적소유권을 포기해야 한다. 즉 모든 사람이 (1) 사적소유권을 제삼자에게 양도한다, (2) 제삼자가 사적소유권을 승인한다, (3) 제삼자는 각 사람에게 사적소유권을 모두 환원한다, 이러한 사회계약을 맺어야 하는 것이다.

그러나 이런 계약을 맺는 것이 과연 가능한가? 그것은 모든 사회 구성원들이 그 제삼자, 바로 자유롭고 평등한 권리를 지닌 독립된 구성원이 되어야만 실현된다.

둘째, 사회계약으로 무엇이 달라지는가? 사회 구성원들이 모든 것을 양도한다. 그리고 그것이 공인되고, 환원된다. 사람들은 이런 계약을 맺었다고 무엇이 달라지겠는가 물을 것이다. 그러나 이것으로 각 사람의 사적소유가 철저하게 공개되며, 부정한 수단으로 획득한 것이나 특권이 검토되고 몰수당한다.

그러나 구성원 저마다에게 평등한 자격을 부여하는 사회는 결속이 잘 되지 않으며, 의견이나 사적 이해(利害) 등의 대립이 순조롭게 해결되지 않는다. 이는 많은 역사적 사례들이 보여주는 바가 아닌가?

그러나 제삼자=공화제를 지휘하는 것은 다수의 힘(전체의지)이 아니다. 일반의지이다. 사회가 나아가야 할 길을 통찰하고, 지향해야 할 바를 실현하고, 사회전체에 이익을 가져다주는 이성의 힘이다. 이 의지를 따라야 한다.

셋째, 그렇다면 일반의지란 것이 과연 존재하는가? 그 법칙을 올바르게 인식하고, 그 인식에 기초하여 올바르게 실현하는 주체적 존재가 전제되는 한 가능하지 않겠는가? 그러한 의지를, 역사는 신의 의지 또는 천명(天命)이라 부르며 인간의 의지를 초월하는 것으로 간주했다. 하지만 신의 의지를 대변하는 '인간'—단수이든 복수이든—이 실천한 것이란 '내 의지는 절대적으로 옳다. 이것을 따르지 않는 사람은 허위와 부정을 저지르는 역적이다. 결코 용서할 수 없다'였던 것은 아닌가? 약속되는 계약사회는 진리·이성이라는 이름으로, 개인들의 자유를 판단하고 억압하는 결과를 낳는 것은 아닌가?

고독에서 시작된 자기 탐구의 길–《고독한 산책자의 몽상》

나는 누구인가

친구들의 만장일치로 추방당한 뒤, 루소는 자신의 처지를 돌이켜보았다. 그리고 이 무렵부터 자신이 겪었던 박해와 고통을 냉정하게 생각하게 되었다. 그는 모든 저항이 허무함을 깨달았다. 박해는 이미 모두 이루어졌으니, 더는 아무것도 무서울 게 없다고 생각하게 되었다. 그리하여 그는 '나는 도대체 누구인가'를 탐구하기 시작했다. 이렇게 고독한 산책자는 이제 자신만을 문제삼고, 그 탐구를 통해서만 위로를 얻었다. 루소는 고독으로 내몰리면서도 그 속에서 도리어 행복을 찾은 것이다. 그는 이렇게 말했다.

"인내, 온화한 마음, 체념, 청렴, 공평무사한 정의(正義) 같은 것은 모두 사람들이 자기와 더불어 가지고 갈 수 있으며 끊임없이 살찌울 수 있는 재산이므로, 죽음도 그 가치를 없애지는 못한다. 나는 이 단 하나의 유익한 연구에 나의 노년을 바칠까 한다."

흥미롭고 아름다운 부록

《고독한 산책자의 몽상》은 야릇한 흥분 속에 받아들인 체념과 또다시 타오르는 격정과의 교감으로 탄생했다. 이 책의 집필 동기는 제1장에 상세히 적혀 있다. 사회에서 완전히 따돌림을 당하고 세상에서 오로지 혼자라고 느꼈던 루소는 《참회록》에서 시작한 자기탐구의 길을 더 멀리 가려고 한다. 그러나 여기에는 연대적인 서술과 일정한 구상에 근거한 기술은 그만두고, 날마다 산책하면서 저절로 떠오르는 개념을 그대로 기록함으로써 자신에 대해 더욱 잘 알게 된다.

자아의 탐구는 근대·현대 문학의 중요한 과제 가운데 하나이지만, 몽테뉴의 자기성찰을 더욱 깊이 있게 발전시켜 새로운 탐구의 길을 연 루소의 자전적 작품의 의의는 크다. 《참회록》은 실로 세계문학의 기념비적 작품 가운데 하나이다. 저자 자신이 말하듯이 《고독한 산책자의 몽상》은 《참회록》의 부록으로 간주된다. 그러나 폭풍 뒤의 고요함을 생각나게 하는 내면적인 작품으로, 본문과는 별개의 흥미롭고도 아름다운 부록이라고 할 수 있다. 특히 1765년 가을 머물렀던 생피에르 섬의 추억과 함께 자연을 관조하면서 경험한 깊은 황홀함을 전하고 있는 '다섯 번째 산책'은 문학적 사상적으로 더욱 흥미롭다. 낭만파 이후 현대에 이르는 많은 시인, 작가에게 영감을 주고 프랑스 산문 역사상 가장 드문 아름다운 문장으로 알려져 있다. 몽마르트 언덕과 불로뉴 숲 주변 또는 세느 강가의 어린아이나 소녀들, 노병과의 잠깐의 우연한 만남, 기뻐서 눈물을 흘리는 노인 루소의 모습이 떠오르는 '아홉 번째 산책' 등도 독자에게 잊기 어려운 감동을 남긴다. 인간에 대한 막을 수 없는 애착, 운명에 의한 어쩔 수 없는 절망적 고독, 이 모순되는 감정이 루소의 자전적 작품에 깔려 있다.

열 번의 산책에서

《고독한 산책자의 몽상》은 모두 열 번의 산책으로 이루어져 있다(첫 번째 산책 : 1776년 5월, 두 번째 산책 : 1776년 12월~1777년 1월, 세 번째~일곱 번째 산책 : 1777년 봄에서 여름 사이, 여덟 번째~아홉 번째 산책 : 1778년 봄, 열 번째 산책 : 1778년 4월 집필).

'첫 번째 산책'에서 루소는 사람들의 공감을 얻고 자신의 정당성을 옹호하기 위해 끝까지 희망을 버리지 않고 노력했으나 아무것도 돌이킬 수 없음을 확인

한다. 그는 마음의 평온을 되찾은
뒤 산책을 하면서 떠오르는 몽상
을 기록하기로 결심한다.

'두 번째 산책'은 메닐몽탕 언덕
에서 마구 달려오는 개 때문에 넘
어진 사고에 대해 이야기한다. 그
는 그때 망각의 묘한 즐거움을 맛
본다. 산책에서 돌아오다 개에게
부딪쳐 의식을 잃지만 다시 정신
을 찾는 순간 새로 태어나는 야릇
한 쾌감에 젖는다.

'세 번째 산책'에서 그는 도덕과
종교에 대해 명상에 잠긴다. 그리
고 《에밀》에 묘사함으로써 그리스
도 교인들에게서 큰 반발을 샀던
〈사부아 보좌신부의 신앙고백〉을
쓰게 된 동기에 대해서 기술한다.

'네 번째 산책'은 거짓에 대한
성찰이다. 50년이 지나도록 그를

LES

REVERIES

DU

PROMENEUR SOLITAIRE.

DE

J. J. ROUSSEAU

A LAUSANNE,
Chez FRANÇOIS GRASSET & Comp

M. DCC. LXXXII.

《고독한 산책자의 몽상》(1782) 속표지

따라다니며 고통을 주는 지난날의 한 거짓말, 청년 시절 토리노에서 하인으로
일할 때 자기가 훔쳐놓고도 하녀에게 그 죄를 떠넘겼던 '범죄적인' 사건을 우울
하게 떠올리면서 거짓과 진실에 대해 깊은 성찰을 한다.

'다섯 번째 산책'에서 그는 모티에 투석사건 뒤 도피해 살았던 생피에르 섬
의 행복한 삶에 대해 묘사한다. 그는 무인도 같은 자연 속에서 유유자적하
며 평정과 진실한 행복을 맛본다. 이 자연 묘사는 루소 문학의 백미로 일컬어
진다.

'여섯 번째 산책'에서는 식물학에 대해 고찰한다. 우울한 마음에 위안삼아
식물 채집을 하는 그는 '인간의 숲'을 피해 자연의 품에서 고독과 여유로움을
즐긴다.

'여덟 번째 산책'에서는 고난과 행복에 대해 고찰한다. 고난과 그 고난을 가

져다준 적들을 원망하지만, 그들이 오히려 자신에게 내면으로 돌아가 성찰할 기회를 주었다며 '고마워한다'. 그리고 자신의 본성에 대해 명상함으로써 '자연이 그에게 원했던 상태'를 되찾은 그는 지복(至福, 더없는 행복)의 경지를 경험한다. 그것이 자신에 대한 하느님의 뜻이요 은총이라는 결론에 도달한다.

'아홉 번째 산책'에서 그는 자기 아이들을 고아원으로 보낸 경위와 이유에 대해 해명한다. 고아원으로 보내는 것이 아이들 교육을 위해 최선의 길이었다고 주장하는 그는 또 다른 아이가 태어나도 그렇게 하겠다는 자신감을 보인다. 아울러 아이들을 고아원으로 보냈기 때문에 사람들이 자기를 아이를 싫어하는 냉정한 아버지로 비난하는데, 자신이야말로 아이들을 진정으로 걱정하는 사람이라고 강변한다.

'열 번째 산책'에서 그는 바랑 부인을 떠올린다. 그에게는 '영원한 여인'이 되어 버린 바랑 부인과 함께 샤르메트에서 보냈던 행복했던 날들을 추억한다. 그녀와의 만남은 생애 최고의 행운이었으며, 방황하는 자신의 영혼을 인도하여 자신의 운명을 이끌어 준 여인이라며 부인을 찬미한다.

《고독한 산책자의 몽상》은 저자가 죽은 뒤 1782년에 제네바에서 《참회록》 제1부와 함께 출판되었다. 그 뒤 판본은 모두 이것에 따르지만, 1948년 뇌샤텔 도서관에 있는 루소의 자필 원고를 1782년판과 합친 두 개의 신판이 출판된다. 하나는 제네바 대학의 마르셀 레몽이, 다른 하나는 존 스핑크가 교정한 것으로 이 두 개의 본문에는 1782년판으로 서명이 되어 있는 이름과 거기에 관련한 문장이 복원되고, 그 외에도 세세하게 이전과 다른 점이 있다. 단 이두 가지 사이에도 문자와 어구의 읽는 법, 취급법에서 차이가 보인다.

루소의 마지막

《고독한 산책자의 몽상》 집필을 시작한 시기는 1776년 가을 어귀로 추정된다. 그리고 도중에 끝난 마지막 장은 확실히 1778년 4월 12일에 쓴 것 같다. 루소는 다음 달 20일에 파리를 떠나 지라르댕 후작의 배려로 에름농빌 별장의 작은 집으로 이사한다.

1778년 5월 30일, 그의 거처로 볼테르의 죽음 소식이 들려왔다. 그때 루소는 이렇게 말했다고 한다.

"내 존재는 그에게 묶여 있다. 그가 죽은 지금, 나는 그를 따라 빨리 가야 한다.”

그는 그곳을 좋아했고, 거기에서 지라르댕 후작의 아들에게 식물학도 가르치며 식물채집을 즐겼다.

7월 2일 아침, 신음하는 루소를 테레즈가 발견했다. 테레즈는 그의 임종을 지켜 본 유일한 사람이었다.

그녀의 말을 근거로 작성된 의사의 보고에 따르면, 그가 죽음을 맞이했을 때의 모습은 다음과 같다.

“……그는 계속해서 발바닥이 몹시 찔리는 듯한 느낌이 든다, 등줄기에 매우 차가운 것이 흐르는 듯한 한기가 든다, 가슴이 답답하다고 했다. 특히 마지막에는 두통이 너무 심하다고 했다. 그 증상은 발작적으로 일어났다. 그는 양손으로 머리를 감싸안으며 그 고통을 표현했다. 그리고 두개골이 깨지는 것 같다고 했다. 그의 목숨이 끊어진 것은 이런 발작 동안이었다. 그는 의자에서 떨어졌다. 바로 그를 일으켰지만 그는 죽어 있었다. ……”

시간은 11시였다고 한다. 다음 날 파리의 유명 조각가인 우동과 몇 명의 이탈리아 조각가들이 와서 데드마스크를 떴다. 지라르댕 후작은 루소를 편안히 쉴 수 있는 곳에 묻어 주기로 했다. 그리하여 7월 4일 밤 11시, 시신은 성관의 호수 포플러 섬으로 옮겨졌다. 달이 밝게 뜨고, 포플러 그림자가 조용히 수면에 드리워져 있었다.

루소를 가리켜 ‘모순과 역설의 천재’라고 하는 이도 있다. 그는 어린이에 대한 사랑을 논한 《에밀》이라는 교육론을 썼지만 자기 아이는 다섯이나 모두 고아원에 보냈고, 평민주의를 주장하면서도 귀족들의 보호를 받고 그들과 친교를 맺었으며, 소설의 해독을 공격하면서도 연애 소설을 썼다. 이러한 모순이 그로 하여금 《참회록》을 쓰게 했고, 그의 문학을 더욱 깊이 있는 것으로 만들었으리라.

정규 교육을 한 번도 받은 적 없이 오직 독학으로 지식을 흡수하여 위대한 사상과 문학의 독창적 업적을 이룩한 루소, 그의 영향은 오늘날까지 철학·교육·문학·정치·종교의 광범위한 문제에 미치고 있다. 우리는 숱한 고난을 지나온 모순에 찬 루소라는 인간의 솔직성을 통하여 그의 사상과 문학을 다시 돌아보아야 할 것이다.

루소 연보

1712년   6월 28일 스위스 제네바에서 아버지 이작 루소와 어머니 수잔 베르나르의 둘째 아들로 태어나다. 7월 4일 프로테스탄트 교회에서 세례를 받다. 7월 7일, 그가 태어난지 10일만에 어머니가 죽고(당시 39세), 고모 수잔 루소의 손에서 자라다.

1722년(10세) 10월 11일 퇴역 군인과의 싸움 끝에 아버지가 제네바를 떠나 리옹으로 이주하다. 10월 21일 외사촌 아브람 베르나르와 함께 프로테스탄트 목사 랑베르세에게 보내져 뽀세에서 지내다.

1724년(12세) 겨울에 제네바로 돌아와 외삼촌 가브리엘 베르나르 밑에서 살게 되다.

1725년(13세) 법원 서기 마슬롱의 조수가 되다. 4월 26일 시계 도금공 아벨 뒤코망 집에 5년 계약으로 견습공으로 들어가다.

1726년(14세) 3월 5일 아버지가 리옹에서 재혼하다.

1728년(16세) 3월 14일 뒤코망의 집에서 도망치기로 결심하고 고향 제네바를 떠나다. 3월 21일 퐁베르 신부의 소개로 안시의 바랑 부인을 찾아가다. 4월 12일 부인의 주선으로 토리노 구호소에 들어가다. 4월 21일 그곳에서 가톨릭으로 개종하다. 가을에 그곳을 나와 점원과 하인 일을 전전하다가 구봉 백작 댁에 들어가 백작의 아들 구봉 신부의 비서가 되다.

1729년(17세) 6월경 구봉 백작 댁에서 해고당하고 친구 바클과 함께 안시로 돌아와 바랑 부인 집에 머물다. 여름부터 가을까지 신학교에 다니면서 안시의 교회 성가대 학교에서 성가대장 메트르로부터 음악을 배우다. 바랑 부인과 모자지간 같은 사이로 발전하다.

1730년(18세) 4월 메트르와 함께 리옹에 가다. 메트르가 간질병 발작을 일으키자 안시로 돌아오다. 7월 프리부르까지 바랑 부인의 하녀를 데려다주는 길에 리옹에 들러 아버지를 만나다. 그해 겨울 뇌샤텔에 도착, 그곳에서 음악을 가르치다.

1731년(19세) 5월 바랑 부인을 찾아 뇌샤텔에서 파리로 가다. 9월 샹베리에서 바랑 부인을 만나다. 10월 샹베리에서 사부아 왕국의 지적과(地籍課)에 근무하다.

1732년(20세) 6월 지적과를 그만두고 음악 교사가 되다.

1733년(21세) 바랑 부인의 제안으로 한 사람의 남자가 되는 의식을 치르면서 '근친상간의 죄를 저지르는 듯한 기분'을 맛보다.

1735년(23세) 샤르메트에 집을 구해 바랑 부인과 함께 머물다.

1737년(25세) 6월 화학 실험 중 폭발로 일시적 실명. 7월 어머니와 형의 유산을 받기 위해 몰래 제네바로 가다. 9월 샹베리에서 요양을 위해 몽펠리에로 가다.

1739년(27세) 혼자 샤르메트에서 독학하다. 이해 런던 자콥 톰슨사에서 루소의 처녀 시집 《바랑 남작부인의 과수원》이 간행되다.

1740년(28세) 4월 샹베리를 떠나 리옹에서 리옹법원장인 마블리의 두 아들을 가르치는 가정교사가 되다. 18세기 감각론 철학의 대표자 콩디야크와 알게 되다. 11~12월 《생트 마리의 교육을 위한 계획안》을 쓰다.

1741년(29세) 마블리 집안 가정교사를 그만두고 샹베리로 돌아오다.

1742년(30세) 새로운 생활을 개척하려고 바랑 부인 곁을 떠나 파리로 가다. 8월 과학 아카데미에서 《새로운 악보와 표기법 초안》을 발표하다. 9월 《표기법 초안》에 대한 심사 뒤 아카데미는 루소에게 음악자격증을 수여하다. 이 무렵 디드로와 알게 되어 귀족들의 살롱에 출입하게 되다.

1743년(31세) 1월 음악에 대한 이론이 담긴 《현대음악론》 간행. 7월 프랑스 대사 몽테귀 백작의 비서로서 베네치아공화국으로 가다. 베네치아에서 《사회계약론》의 밑거름이 된 《정치경제론》의 구상을 얻다.

1744년(32세) 몽테귀 대사와의 의견 충돌로 사직하고 파리로 돌아오다.

1745년(33세) 3월 여관집 하녀 테레즈 르 바쇠르와 결혼하지 않는 조건으로 연인이 되다(그녀는 평생의 반려자가 됨). 7월 오페라 〈사랑의 뮤즈들〉을 완성하고 리슐리외 공작 앞에서 상연하다. 볼테르와 라모의 합작 오페라 〈나바르 여왕〉을 〈라미르의 향연〉으로 개작하는 작업을 의뢰받으면서 볼테르와도 편지를 주고받다.

1746년(34세) 겨울에 첫아이가 태어나자 고아원으로 보내다. 그 뒤 차례차례 다섯째 아이까지 같은 방법으로 고아원으로 보내져 자식들은 영원히 행방불명이 되다.

1747년(35세) 5월 9일 리옹에서 아버지 죽다.

1748년(36세) 디드로와 함께 정기 간행지 〈조소자(嘲笑者)〉를 기획했으나, 제1집만 내고 중단하다.

1749년(37세) 1월 디드로의 권유로 《백과전서》의 음악 항목을 집필하다. 8월 그림과 알게 되다. 10월 〈메르퀴르 드 프랑스〉 기사에서 디종 아카데미의 현상 논문의 제목 〈학문과 예술의 진보는 도덕을 순화시켰는가 악화시켰는가〉을 읽고 충동적인 영감을 느껴 현상 응모하기로 결심하다.

1750년(38세) 7월 디종 아카데미 현상에 당선되다. 이로써 이름이 세상에 널리 알려지다. 그의 당선 논문에 《학문예술론》으로 연말에 제네바 바리요 서점에서 간행되다.

1752년(40세) 10월 오페라 〈마을의 점쟁이〉가 퐁텐블로 궁전에서 국왕 루이 15세 앞에서 상연되어 대성공하다. 이튿날 루이 15세의 알현을 거부하고 퐁텐블로를 떠나다. 12월 테아트르 프랑세즈에서 옛날 작품 〈나르시스〉가 상연되다.

1753년(41세) 3월 〈마을의 점쟁이〉가 오페라 극장에 초연되다. 11월 〈메르퀴르 드 프랑스〉지에 디종 아카데미 현상 논문 공모 주제 〈인간불평등의 기원은 무엇인가. 그 불평등은 허락될 수 있는가〉가 실렸다. 이 주제에 대한 구상을 위해 생제르맹에서 일주일 간 보내다. 《프랑스 음악에 관한 편지》 간행되다.

1754년(42세) 4월 현상 논문 《인간불평등기원론》을 완성하다. 여름 4개월 간 제네바에서 머무르면서 가톨릭에서 다시 프로테스탄트로 개종하여 제네바 시민권을 다시 얻다.

1755년(43세) 《인간불평등기원론》이 암스테르담 레이 서점에서 간행되다. 9월 디드로의《백과전서》제5권에《정치경제론》을 기고.

1756년(44세) 4월 에피네 부인이 넘겨 준 몽모랑시의 숲속 집 에르미타주로 옮기다. 볼테르로부터 신의 섭리를 의심하는 편지를 받고 그에게 〈섭리에 관한 편지〉를 쓰다. 이때부터 그와의 사상적 대립이 시작되다.

1757년(45세) 3월 디드로의《사생아》한 부분을 비판하다. 12월 디드로, 에르미타주를 방문하다. 테레즈와 함께 몽모랑시에 거주하다.

1758년(46세) 3월《달랑베르에게 보내는 연극에 관한 편지》완성, 10월에 레이 서점에서 간행되다.

1759년(47세) 뤽상부르 공작의 방문을 받고 5월에 그의 호의로 몽모랑시의 작은 성으로 옮겨 지내다. 여기서《에밀》의 제5부를 완성하다.

1760년(48세) 9월 콩티 대공의 방문을 받다. 10월《에밀》을 완성하다. 12월《사회계약론》초고를 완성하다.

1761년(49세) 1월《신 엘로이즈》를 파리에서 간행하여 대단히 호평을 받다. 3월《생 피에르 신부의 영구평화론 발췌》를 간행하다. 6월 중병에 걸리다. 죽음이 가까웠음을 느끼고 테레즈를 뤽상부르 부인에게 부탁하다. 테레즈는 과거에 고아원에 보낸 맏아들을 찾으려 했으나 찾지 못하다. 10월 파리 뒤셴 서점에서《에밀》인쇄 시작하다.

1762년(50세) 4월《사회계약론》이 암스테르담의 레이 서점에서 간행되다. 5월《에밀》암암리에 발매되다. 6월 3일《에밀》당국에 압수되다. 6월 7일 소르본 대학 신학부에 의해 고발되다. 6월 9일 고등법원은《에밀》을 금서 처분하고 루소 체포령 내리다. 그날 오후 도망치다. 6월 11일《에밀》파리에서 불태워지다. 6월 14일 체포를 피해 스위스 베른공화국 소속 이베르동으로 가서 친구 로건의 신세를 지다. 6월 19일 제네바에서 루소 체포령이 내려지고《에밀》《사회계약론》불태워지다. 7월 10일 이베르동을 떠나 프러시아 영역인 뇌샤텔 소속 모티에로 들어가 총독 조지 키스의 보호를 받다. 바랑 부인이 샹베리에서 죽다. 8월 파리 대주교 크리스토프 드 보몽이《에밀》을 단죄하는 교서를 발표하다.

1763년(51세) 3월《에밀》을 변호하는 〈크리스토프 드 보몽에게 보내는 편지〉발표. 4월 뇌샤텔 시민권을 획득. 5월 제네바 시민권을 포기하다.

1764년(52세) 이 무렵 식물채집에 취미를 갖기 시작하다. 8월 코르시카의 투사 뷔타퓌오코로부터 〈코르시카 헌법 초안〉을 의뢰받다. 9~10월 크르시에의 뒤 페루 집에서 지내다. 12월 볼테르가 익명으로 소책자 《시민의 견해》를 써서 루소 평생의 약점인 기아(棄兒) 사실을 폭로하다. 이에 루소는 《참회록》을 쓸 결심을 하고 서문을 쓰다.

1765년(53세) 9월 6일 모티에 사람들이 그의 집에 돌을 던지다. 9월 12일 베른호의 생피에르 섬으로 옮기다. 10월 베른공화국으로부터 퇴거명령을 받다. 11월 베를린으로 가기 위해 스트라스부르에 도착. 영국 철학자 흄의 권유로 영국 망명을 결심하다. 12월 파리에 도착, 《참회록》 집필에 필요한 자료를 보내 달라고 스위스에 있는 친구 뒤 페루에게 부탁하다.

1766년(54세) 1월 흄과 함께 파리를 떠나 런던에 도착. 2월에 테레즈도 오다. 3월 다시 치즈윅을 거쳐 더비셔의 우턴으로 가다. 다벤포드의 집에서 《참회록》을 쓰기 시작. 흄과 논쟁으로 사이가 나빠지다. 이 무렵부터 피해망상에 사로잡히다.

1767년(55세) 4월 영국 국왕 조지 3세가 루소에게 해마다 연금 100파운드를 주기로 하다. 5월 영국마저 자기에 대한 음모에 가담했다는 망상에 빠져, 《참회록》 원고 첫 부분을 친구 뒤 페루에게 부탁하고 테레즈와 함께 영국을 떠나기 위해 도버에 도착하다. 6월 프랑스의 아미앵에 열흘 정도 머무른 뒤 미라보 후작 집에 잠시 거주. 트리에 있는 콩티 대공의 저택으로 옮기다. 11월 《음악사전》 파리에서 시판되다.

1768년(56세) 봄 《참회록》을 포함한 모든 원고를 퐁텐 수도원 나타이야크 부인에게 맡기고 트리를 떠나다. 6~8월 그르노블을 거쳐 샹베리에서 바랑 부인 묘소를 둘러보고 도피네 지방의 보르그앙에 정착하다. 8월 30일 보르그앙 마을 사무소에 테레즈와 함께 방문하여 정식 결혼수속을 밟다.

1769년(57세) 1월 몽캥으로 옮기다.

1770년(58세) 4월 몽캥을 떠나 리옹으로 가다. 6월 파리로 돌아와 플라트리에르 거리에 주거를 정하다. 이 거리는 루소가 죽은 뒤에 1791년부터 '장 자크 루소 거리'라 불리게 되다. 12월 《참회록》을 완성하다.

1771년(59세) 2월 스웨덴 왕자 앞에서 《참회록》 낭독하다. 5월 에피네 부인, 《참회록》 낭독을 금지시킬 것을 경찰에 요청하다.

1772년(60세) 4월 《폴란드 통치론》을 완성하다. 피해망상으로 괴로워하면서 자기탐구의 책 《대화—루소, 장 자크를 심판하다》를 쓰기 시작하다.

1775년(63세) 연말 《대화—루소, 장자크를 심판하다》를 완성하다.

1776년(64세) 4월 거리에 나가 〈정의와 진리를 사랑하는 모든 프랑스 국민에게〉라는 제목의 의견서를 돌리다. 가을 《고독한 산책자의 몽상》을 쓰기 시작하다.

1778년(66세) 4월 12일 《고독한 산책자의 몽상》 '열 번째 산책'까지 쓰고는 중단하다. 5월 2일 《대화》의 원고와 《참회록》의 원고를 포함한 각종 원고를 제네바의 옛 친구 포르 무르투에게 맡기기 위해 그의 아들 피에르 무르투에게 넘기다. 5월 20일 지라르댕 후작의 호의로 그의 영지 에름농빌 별장의 작은 집에 묵다. 5월 30일 루소 평생의 라이벌 볼테르 죽다. 7월 2일 아침 산책을 한 뒤에 지라르댕 후작의 딸에게 음악을 가르치러 나가던 중 쓰러지다. 테레즈가 발견했을 때 그는 신음하고 있었다. 그리고 심한 두통을 호소하며 오전 11시 운명하다. 에름농빌 별장 호수에 위치한 포플러 섬에 묻히다.

1794년 프랑스 정부는 그의 유해를 나라에 공헌한 위인들을 모시는 팡테옹으로 옮겨 볼테르 옆에 묻다.

최석기(崔碩起)

한국외국어대학교 프랑스어과를 졸업하고 프랑스 파리대학교 제4대학에서 수학하였다. 한국외국어대학교 프랑스어과 교수 역임. 옮긴책 사르트르《자유의 길》, 루소《사회계약론》《인간불평등기원론》《고독한 산책자의 몽상》로브그리예《변태성욕자》등이 있다.

세계사상전집019

Rousseau, Jean Jacques
DISCOURS SUR L'ORIGINE DE
L'INEGALITÉ PARMI LES HOMMES
DU CONTRAT SOCIAL OU PRINCIPES DU DROIT POLITIQUE
LES RÊVERIES DU PROMENEUR SOLITAIRE
인간불평등기원론/사회계약론/고독한 산책자의 몽상
장 자크 루소/최석기 옮김
동서문화사창업60주년특별출판
1판 1쇄 발행/2016. 6. 9
1판 3쇄 발행/2021. 4. 1
발행인 고정일
발행처 동서문화사
창업 1956. 12. 12. 등록 16-3799
서울 중구 마른내로 144(쌍림동)
☎ 546-0331~6 Fax. 545-0331
www.dongsuhbook.com
*
사업자등록번호 211-87-75330
ISBN 978-89-497-1427-1 04080
ISBN 978-89-497-1408-0 (세트)

월드북(세계문학/세계사상) 목록

분류	NO.	도서명	저자/역자	쪽수	가격
사상	월드북1	소크라테스의 변명/국가/향연	플라톤/왕학수 옮김	824	20,000
사상	월드북2	니코마코스윤리학/시학/정치학	아리스토텔레스/손명현 옮김	621	18,000
사상	월드북3	형이상학	아리스토텔레스/이종훈 옮김	560	15,000
사상	월드북4	세네카 삶의 지혜를 위한 편지	세네카/김천운 옮김	624	18,000
사상	월드북5	고백록	아우구스티누스/김희보·강경애 옮김	566	14,800
사상	월드북6	솔로몬 탈무드	이희영	812	14,000
사상	월드북6-1 6-2	바빌론 탈무드/카발라 탈무드	〃	각810	각18,000
사상	월드북7	삼국사기	김부식/신호열 역해	914	25,000
사상	월드북8	삼국유사	일연/권상로 역해	528	15,000
사상	월드북10	인간불평등기원론/사회 계약론	루소/최석기 옮김	530	15,000
사상	월드북11	마키아벨리 로마사이야기	마키아벨리/고산 옮김	674	18,000
사상	월드북12	몽테뉴 수상록	몽테뉴/손우성 옮김	1,344	28,000
사상	월드북13	법의 정신	몽테스키외/하재홍 옮김	752	16,000
사상	월드북14	학문의 진보/베이컨 에세이	베이컨/이종구 옮김	574	9,800
사상	월드북16	팡세	파스칼/안응렬 옮김	546	14,000
사상	월드북17	반야심경/금강경/법화경/유마경	홍정식 역해	542	15,000
사상	월드북18	바보예찬/잠언과 성찰/인간성격론	에라스무스·라로슈푸코·라브뤼예르/정병희 옮김	520	9,800
사상	월드북19 20	에밀/참회록	루소/정병희 홍승오 옮김	740/718	12,000/16,000
사상	월드북22	순수이성비판	칸트/정명오 옮김	770	25,000
사상	월드북23	로마제국쇠망사	에드워드 기번/강석승 옮김	544	15,000
사상	월드북25	헤로도토스 역사	헤로도토스/박현태 옮김	810	18,000
사상	월드북26	역사철학강의	헤겔/권기철 옮김	570	15,000
사상	월드북27-1	의지와 표상으로서의 세계	쇼펜하우어/권기철 옮김	564	15,000
사상	월드북28	괴테와의 대화	에커먼/곽복록 옮김	868	15,000
사상	월드북29	자성록/언행록/성학십도/논사단칠정서	이황/고산 역해	616	18,000
사상	월드북30	성학집요/격몽요결	이이/고산 역해	620	18,000
사상	월드북31	인생이란 무엇인가	똘스또이/채수동 고산 옮김	1,180	28,000
사상	월드북32	자조론 인격론	사무엘 스마일즈/장만기 옮김	796	14,000
사상	월드북33	불안의 개념/죽음에 이르는 병	키에르케고르/강성위 옮김	546	15,000
사상	월드북34	잠 못 이루는 밤을 위하여/행복론	카를 힐티/곽복록 옮김	937	15,000
사상	월드북35	아미엘 일기	앙리 프레데릭 아미엘/이희영 옮김	1,042	18,000
사상	월드북36	나의 참회/인생의 길	똘스또이/김근식 고산 옮김	1,008	18,000
사상	월드북37	인간적인 너무나 인간적인	니체/강두식 옮김	1,072	19,800
사상	월드북38	차라투스트라는 이렇게 말했다	니체/곽복록 옮김	1,040	19,800
사상	월드북41	인생 연금술	제임스 알렌/박지은 옮김	824	18,000

사상	월드북42	유토피아/자유론/통치론	모어 · 밀 · 로크/김현욱 옮김	506	15,000
사상	월드북43	서양의 지혜/철학이란 무엇인가	러셀/정광섭 옮김	994	19,800
사상	월드북44	철학이야기	윌 듀랜트/임헌영 옮김	528	15,000
사상	월드북45	소유냐 삶이냐/사랑한다는 것	프롬/고영복 이철범 옮김	644	15,000
사상	월드북47	행복론/인간론/말의 예지	알랭/방곤 옮김	528	15,000
사상	월드북48	인간의 역사	미하일 일린/동완 옮김	720	12,000
사상	월드북49	카네기 인생철학	D. 카네기/오정환 옮김	546	9,800
사상	월드북50	무사도	니토베 이나조 · 미야모토 무사시/추영현 옮김	528	12,000
문학	월드북52	그리스비극	아이스킬로스 · 소포클레스 · 에우리피데스/곽복록 조우현 옮김	688	18,000
문학	월드북55	이솝우화전집	이솝/고산 옮김	760	15,000
문학	월드북56	데카메론	보카치오/한형곤 옮김	832	19,800
문학	월드북57	돈끼호테	세르반떼스/김현창 옮김	1,288	16,000
문학	월드북58	신곡	단테/허인 옮김	980	19,800
사상	월드북59	상대성이론/나의 인생관	아인슈타인/최규남 옮김	516	15,000
문학	월드북60	파우스트/젊은 베르테르의 슬픔	괴테/곽복록 옮김	900	14,000
문학	월드북61	그리스 로마 신화	토머스 불핀치/손명현 옮김	530	14,000
문학	월드북66	죄와 벌	〃	654	15,000
사상	월드북67	대중의 반란/철학이란 무엇인가	오르테가/김현창 옮김	508	9,800
사상	월드북68	동방견문록	마르코 폴로/채희순 옮김	478	9,800
문학	월드북69 70	전쟁과 평화 I II	똘스또이/맹은빈 옮김	834/864	각18,000
사상	월드북71	철학학교/비극론/철학입문/위대한 철학자들	야스퍼스/전양범 옮김	608	18,000
사상	월드북72	리바이어던	홉스/최공웅 최진원 옮김	712	15,000
문학	월드북73	사람은 무엇으로 사는가	똘스또이/김근식 고산 옮김	560	14,000
사상	월드북74	웃음/창조적 진화/도덕과 종교의 두 원천	베르그송/이희영 옮김	760	20,000
문학	월드북76	모비딕	멜빌/이가형 옮김	744	18,000
사상	월드북77	갈리아전기/내전기	카이사르/박석일 옮김	544	15,000
사상	월드북78	에티카/정치론	스피노자/추영현 옮김	560	18,000
사상	월드북79	그리스철학자열전	라에르티오스/전양범 옮김	752	12,000
문학	월드북80	보바리 부인/여자의 일생/나나	플로베르 · 모파상 · 졸라/민희식 이준복 김인환 옮김	1,154	16,000
사상	월드북81	프로테스탄티즘의 윤리와 자본주의 정신/직업으로서의 학문/직업으로서의 정치	막스베버/김현욱 옮김	577	14,800
사상	월드북82	민주주의와 교육/철학의 개조	존 듀이/김성숙 이귀학 옮김	624	15,000
문학	월드북83	레 미제라블 I	빅토르 위고/송면 옮김	1,104	16,000
문학	월드북84	레 미제라블 II	〃	1,032	16,000
사상	월드북85	인간이란 무엇인가 오성/정념/도덕	데이비드 흄/김성숙 옮김	808	18,000
문학	월드북86	대지	펄벅/홍사중 옮김	1,067	18,800
사상	월드북87	종의 기원	다윈/송철용 옮김	664	18,800

사상	월드북88	존재와 무	사르트르/정소성 옮김	1,130	28,000
문학	월드북89	롤리타/위대한 개츠비	나보코프 피츠제럴드/박순녀 옮김	524	9,800
문학	월드북90	마지막 잎새/원유회	O. 헨리 맨스필드/오정환 옮김	572	9,800
문학	월드북91	아Q정전/아침 꽃을 저녁에 줍다	루쉰/이가원 옮김	538	9,800
사상	월드북92	논리철학논고/철학탐구/반철학적 단장	비트겐슈타인/김양순 옮김	730	18,000
문학	월드북94	채털리부인의 연인	D. H. 로렌스/유영 옮김	550	15,000
문학	월드북95	백년의 고독/호밀밭의 파수꾼	마르케스·샐린저/이가형 옮김	624	15,000
문학	월드북96 97	고요한 돈강 I II	숄로호프/맹은빈 옮김	916/1,056	각15,000
사상	월드북98	경제학·철학초고/자본론/공산당선언/철학의 빈곤	마르크스/김문운 옮김	768	18,000
사상	월드북99	간디자서전	간디/박석일 옮김	622	15,000
사상	월드북100	존재와 시간	하이데거/전양범 옮김	686	22,000
사상	월드북101	영웅숭배론/의상철학	토마스 칼라일/박지은 옮김	500	14,000
사상	월드북102	월든/침묵의 봄/센스 오브 원더	소로·카슨/오정환 옮김	681	15,000
문학	월드북103	성/심판/변신	카프카/김정진·박종서 옮김	624	12,000
사상	월드북104	전쟁론	클라우제비츠/허문순 옮김	992	19,800
문학	월드북105	폭풍의 언덕	E. 브론테/박순녀 옮김	550	9,800
문학	월드북106	제인 에어	C. 브론테/박순녀 옮김	646	12,000
문학	월드북107	악령	도스또옙프스끼/채수동 옮김	869	18,000
문학	월드북108	제2의 성	시몬느 드 보부아르/이희영 옮김	1,072	24,800
문학	월드북109	처녀시절/여자 한창때	보부아르/이혜윤 옮김	1,055	16,000
문학	월드북110	백치	도스또옙스끼/채수동 옮김	788	18,000
문학	월드북112	적과 흑	스탕달/서정철 옮김	672	12,000
문학	월드북113	양철북	귄터 그라스/최은희 옮김	644	15,000
사상	월드북114	비극의 탄생/즐거운 지식	니체/곽복록 옮김	584	15,000
사상	월드북115	아우렐리우스 명상록/키케로 인생론	아우렐리우스·키케로/김성숙 옮김	543	15,000
사상	월드북116	선의 연구/퇴계 경철학	니시다 기타로·다카하시 스스무/최박광 옮김	644	15,000
사상	월드북117	제자백가	김영수 역해	604	15,000
문학	월드북118	1984년/동물농장/복수는 괴로워라	조지 오웰/박지은 옮김	436	9,800
문학	월드북119	티보네 사람들 I	로제 마르탱 뒤 가르/민희식 옮김	928	18,000
문학	월드북120	티보네 사람들 II	〃	1,152	18,000
사상	월드북122	그리스도인의 자유/루터 생명의 말	마틴 루터/추인해 옮김	864	15,000
사상	월드북123	국화와 칼/사쿠라 마음	베네딕트·라프카디오 헌/추영현 옮김	410	9,800
문학	월드북124	예언자/눈물과 미소	칼릴 지브란/김유경 옮김	440	9,800
문학	월드북125	댈러웨이 부인/등대로	버지니아 울프/박지은 옮김	504	9,800
사상	월드북126	열하일기	박지원/고산 옮김	1,038	25,000
사상	월드북127	자기신뢰 철학/영웅이란 무엇인가	에머슨/정광섭 옮김	458	15,000
문학	월드북128 129	바람과 함께 사라지다 I II	미첼/장왕록 옮김	644/688	12,000

사상	월드북130	고독한 군중	데이비드 리스먼/류근일 옮김	422	13,000
문학	월드북131	파르마 수도원	스탕달/이혜윤 옮김	558	9,800
문학	월드북132	오만과 편견	제인 오스틴/김유경 옮김	422	9,800
문학	월드북133	아라비안나이트 I	리처드 버턴/고산고정일	1,120	18,800
문학	월드북134	아라비안나이트 II	〃	1,056	18,800
문학	월드북135	아라비안나이트 III	〃	1,024	16,000
문학	월드북136	아라비안나이트 IV	〃	1,112	16,000
문학	월드북137	아라비안나이트 V	〃	1,024	16,000
문학	월드북138	데이비드 코퍼필드	찰스 디킨스/신상웅 옮김	1,136	18,800
문학	월드북139	음향과 분노/8월의 빛	윌리엄 포크너/오정환 옮김	816	15,000
문학	월드북140	잃어버린 시간을 찾아서 I	마르셀 프루스트/민희식 옮김	1,048	20,000
문학	월드북141	잃어버린 시간을 찾아서 II	〃	1,152	18,000
문학	월드북142	잃어버린 시간을 찾아서 III	〃	1,168	18,000
사상	월드북143	법화경	홍정식 역해	728	18,000
사상	월드북144	중세의 가을	요한 하위징아/이희승맑시아 옮김	582	12,000
사상	월드북145 146	율리시스 I II	제임스 조이스/김성숙 옮김	712/640	각15,000
문학	월드북147	데미안/지와 사랑/싯다르타	헤르만 헤세/송영택 옮김	546	15,000
문학	월드북148 149	장 크리스토프 I II	로맹 롤랑/손석린 옮김	890/864	각18,000
문학	월드북150	인간의 굴레	서머싯 몸/조용만 옮김	822	18,000
사상	월드북151	그리스인 조르바	니코스 카잔차키스/박석일 옮김	425	9,800
사상	월드북152	여론이란 무엇인가/환상의 대중	월터 리프먼/오정환 옮김	488	15,000
문학	월드북153	허클베리 핀의 모험/인간이란 무엇인가	마크 트웨인/양병탁 조성출 옮김	704	12,000
문학	월드북154	이방인/페스트/시지프 신화	알베르 카뮈/이혜윤 옮김	522	15,000
문학	월드북155	좁은 문/전원교향악/지상의 양식	앙드레 지드/이휘영 이춘복 옮김	459	9,800
문학	월드북156 157	몬테크리스토 백작 I II	알렉상드르 뒤마/이희승맑시아 옮김	785/832	각16,000
문학	월드북158	죽음의 집의 기록/가난한 사람들/백야	도스토옙스키/채수동 옮김	602	12,000
문학	월드북159	북회귀선/남회귀선	헨리 밀러/오정환 옮김	690	12,000
사상	월드북160	인간지성론	존 로크/추영현 옮김	1,016	22,000
사상	월드북161	중력과 은총/철학강의/신을 기다리며	시몬 베유/이희영 옮김	666	20,000
사상	월드북162	정신현상학	G. W. F. 헤겔/김양순 옮김	572	15,000
사상	월드북163	인구론	맬서스/이서행 옮김	570	18,000
문학	월드북164	허영의 시장	W.M.새커리/최홍규 옮김	925	18,000
사상	월드북165	목민심서	정약용 지음/최박광 역해	986	18,000
문학	월드북166	분노의 포도/생쥐와 인간	스타인벡/노희엽 옮김	712	18,000
문학	월드북167	젊은 예술가의 초상/더블린 사람들	제임스 조이스/김성숙 옮김	656	18,000
문학	월드북168	테스	하디/박순녀 옮김	478	12,000
문학	월드북169	부활	톨스토이/이동현 옮김	562	14,000

문학	월드북170	악덕의 번영	마르키 드 사드/김문운 옮김	602	25,000
문학	월드북171	죽은 혼/외투/코/광인일기	고골/김학수 옮김	509	14,000
사상	월드북172	이탈리아 르네상스 이야기	부르크하르트/지봉도 옮김	565	18,000
문학	월드북173	노인과 바다/무기여 잘 있거라	헤밍웨이/양병탁 옮김	685	14,000
문학	월드북174	구토/말	사르트르/이희영 옮김	500	15,000
사상	월드북175	미학이란 무엇인가	하르트만/ 옮김	590	18,000
사상	월드북176	과학과 방법/생명이란 무엇인가?/사람몸의 지혜	푸앵카레·슈뢰딩거·캐넌/조진남 옮김	538	16,000
사상	월드북177	춘추전국열전	김영수 역해	592	18,000
문학	월드북178	톰 존스의 모험	헨리 필딩/최홍규 옮김	912	25,000
문학	월드북179	난중일기	이순신/고산고정일 역해	552	15,000
문학	월드북180	프랭클린 자서전	벤저민 프랭클린/주영일 옮김	502	12,000
문학	월드북181	즉흥시인	한스 크리스티안 안데르센/박지은 옮김	515	15,000
문학	월드북182	고리오 영감/절대의 탐구	발자크/조홍식 옮김	562	14,000
문학	월드북183	도리언 그레이 초상/살로메/즐거운 인생	오스카 와일드/한명남 옮김	466	12,000
문학	월드북184	달과 6펜스/과자와 맥주	서머싯 몸/이철범 옮김	450	12,000
문학	월드북185	마음은 외로운 사냥꾼/슬픈카페의 노래	카슨 맥컬러스/강혜숙 옮김	442	12,000
문학	월드북186	걸리버 여행기/통 이야기	조나단 스위프트/유영 옮김	492	12,000
사상	월드북187	조선상고사/한국통사	신채호/박은식/윤재영 역해	576	18,000
문학	월드북188	인간의 조건/왕의 길	앙드레 말로/윤옥일 옮김	494	12,000
사상	월드북189	예술의 역사	반 룬/이철범 옮김	774	18,000
문학	월드북190	퀴리부인	에브 퀴리/안응렬 옮김	442	12,000
문학	월드북191	귀여운 여인/약혼녀/골짜기	체호프/동완 옮김	450	12,000
문학	월드북192	갈매기/세 자매/바냐 아저씨/벚꽃 동산	체호프/동완 옮김	450	15,000
문학	월드북193	로빈슨 크루소	다니엘 디포/유영 옮김	600	15,000
문학	월드북194	위대한 유산	찰스 디킨스/한명남 옮김	560	15,000
사상	월드북195	우파니샤드	김세현 역해	570	15,000
사상	월드북196	천로역정/예수의 생애	버니언/르낭/강경애 옮김	560	14,000
문학	월드북197	악의 꽃/파리의 우울	보들레르/박철화 옮김	482	15,000
문학	월드북198	노트르담 드 파리	빅토르 위고/송면 옮김	614	15,000
문학	월드북199	위험한 관계	피에르 쇼데를로 드 라클로/윤옥일 옮김	428	12,000
문학	월드북200	주홍글자/큰바위 얼굴	N.호손/김병철 옮김	524	12,000
사상	월드북201	소돔의 120일	마르키 드 사드/김문운 옮김	440	20,000
문학	월드북202	사냥꾼의 수기/첫사랑/산문시	이반 투르게네프/김학수	590	15,000
문학	월드북203	인형의 집/유령/민중의 적/들오리	헨리크 입센/소두영 옮김	480	12,000
사상	월드북204	인간과 상징	카를 융 외/김양순 옮김	634	25,000
문학	월드북205	철가면	부아고베/김문운 옮김	755	18,000
문학	월드북206	실낙원	밀턴/이창배 옮김	648	19,800

문학	월드북207	데이지 밀러/나사의 회전	헨리 제임스/강서진 옮김	556	14,000
문학	월드북208	말테의 수기/두이노의 비가	릴케/백정승 옮김	480	14,000
문학	월드북209	캉디드/철학 콩트	볼테르/고원 옮김	470	12,000
문학	월드북211	카르멘/콜롱바	메리메/박철화 옮김	475	12,000
문학	월드북212	오네긴/대위의 딸/스페이드 여왕	알렉산드르 푸시킨/이동현 옮김	412	14,000
문학	월드북213	춘희/마농 레스코	뒤마 피스/아베 프레보/민희식 옮김	448	14,000
문학	월드북214	야성의 부르짖음/하얀 엄니	런던/박상은 옮김	434	12,000
문학	월드북215	지킬박사와 하이드/데이비드 모험	로버트 루이스 스티븐슨/강혜숙 옮김	526	14,000
문학	월드북216	홍당무/박물지/르나르 일기	쥘 르나르/이가림 윤옥일 옮김	432	12,000
문학	월드북217	멋진 신세계/연애대위법	올더스 헉슬리/이경직 옮김	804	18,000
문학	월드북218	인간의 대지/야간비행/어린왕자/남방우편기	생텍쥐페리/안응렬 옮김	448	12,000
문학	월드북219	학대받은 사람들	도스토옙스키/채수동 옮김	436	12,000
문학	월드북220	켄터베리 이야기	초서/김진만 옮김	640	18,000
문학	월드북221	육체의 악마/도루젤 백작 무도회/클레브 공작 부인	레몽 라디게/라파예트/윤옥일 옮김	402	12,000
문학	월드북222	고도를 기다리며/몰로이/첫사랑	사무엘 베게트/김문해 옮김	500	14,000
문학	월드북223	어린시절/세상속으로/나의 대학	막심 고리키/최홍근 옮김	800	18,000
문학	월드북224	어머니/밑바닥/첼카쉬	막심 고리키/최홍근 옮김	824	18,000
문학	월드북225	사랑의 요정/양치기 처녀/마의 늪	조르주 상드/김문해 옮김	602	15,000
문학	월드북226	친화력/헤르만과 도로테아	괴테/곽복록 옮김	433	14,000
문학	월드북227	황폐한 집	찰스 디킨스/정태륭 옮김	1,012	22,000
문학	월드북228	하워즈 엔드	에드워드 포스터/우진주 옮김	422	12,000
문학	월드북229	빌헬름 마이스터 수업시대/편력시대	괴테/곽복록 옮김	1,128	20,000
문학	월드북230	두 도시 이야기	찰스 디킨스/정태륭 옮김	444	14,000
문학	월드북231	서푼짜리 오페라/살아남은 자의 슬픔	베르톨트 브레히트/백정승 옮김	468	14,000
문학	월드북232	작은 아씨들	루이자 메이 올컷/우진주 옮김	1,140	22,000
문학	월드북233	오블로모프	곤차로프/노현우 옮김	754	18,000
문학	월드북234	거장과 마르가리타/개의 심장	미하일 불가코프/노현우 옮김	626	14,000
문학	월드북235	성 프란치스코	니코스 카잔차키스/박석일 옮김	476	14,000
사상	월드북236	나의 투쟁	아돌프 히틀러/황성모 옮김	1,152	20,000
문학	월드북239	플라테로와 나	후안 라몬 히메네스/김현창 옮김	402	12,000
문학	월드북240	마리 앙투아네트/모르는 여인의 편지	슈테판 츠바이크/양원석 옮김	540	22,000
사상	월드북241	성호사설	이익/고산고정일 옮김	1,070	20,000
사상	월드북242	오륜행실도	단원 김홍도 그림/고산고정일 옮김	568	18,000
문학	월드북243~245	플루타르코스 영웅전ⅠⅡⅢ	플루타르코스/박현태 옮김	각672	각15,000
문학	월드북246 247	안데르센동화전집ⅠⅡ	안데르센/곽복록 옮김	각800	각18,000
문학	월드북248 249	그림동화전집ⅠⅡ	그림형제/금은숲 옮김	각672	각16,000
사상	월드북250 251	신국론ⅠⅡ	아우구스티누스/추인해 추적현 옮김	688/736	각19,800